中国农垦农场志丛

新 疆
红旗坡农场志

中国农垦农场志丛编纂委员会 组编

新疆红旗坡农场志编纂委员会 主编

中国农业出版社

北 京

图书在版编目（CIP）数据

新疆红旗坡农场志 / 中国农垦农场志丛编纂委员会
组编；新疆红旗坡农场志编纂委员会主编 . —北京：
中国农业出版社，2022.12
（中国农垦农场志丛）
ISBN 978-7-109-30633-2

Ⅰ.①新… Ⅱ.①中… ②新… Ⅲ.①国营农场－概
况－阿克苏地区 Ⅳ.①F324.1

中国国家版本馆 CIP 数据核字（2023）第 078868 号

出 版 人：刘天金
出版策划：苑 荣 刘爱芳
丛书统筹：王庆宁 赵世元
审 稿 组：柯文武 干锦春 薛 波
编 辑 组：杨金妹 王庆宁 周 珊 刘昊阳 黄 曦 李 梅 吕 睿 赵世元 黎 岳
　　　　　刘佳玫 王玉水 李兴旺 蔡雪青 刘金华 陈思羽 张潇逸 喻瀚章 赵星华
工 艺 组：毛志强 王 宏 吴丽婷
设 计 组：姜 欣 关晓迪 王 晨 杨 婧
发行宣传：王贺春 蔡 鸣 李 晶 雷云钊 曹建丽
技术支持：王芳芳 赵晓红 张 瑶

新疆红旗坡农场志

Xinjiang Hongqipo Nongchang Zhi

中国农业出版社出版
地址：北京市朝阳区麦子店街 18 号楼
邮编：100125
责任编辑：王庆宁　文字编辑：赵世元
版式设计：王 晨　责任校对：吴丽婷
印刷：北京通州皇家印刷厂
版次：2022 年 12 月第 1 版
印次：2022 年 12 月北京第 1 次印刷
发行：新华书店北京发行所
开本：889mm×1194mm　1/16
印张：43.75　插页：20
字数：1020 千字
定价：268.00 元

大众分社投稿邮箱：zgnywwsz@163.com

红旗坡农场场标

新疆红旗坡农业发展集团有限公司标志

一、自然

红旗坡原始地貌 ■

2020年，新疆红旗坡农业发展集团有限公司林果生产基地鸟瞰图 ■

新疆红旗坡农业发展集团有限公司大门

新疆红旗坡农业发展集团有限公司总部1号办公楼

新疆红旗坡农业发展集团有限公司总部 2 号办公楼 ■

新疆红旗坡农业发展集团有限公司总部 3 号办公楼 ■

新疆红旗坡农业发展集团有限公司总部2号办公楼职工食堂

红旗坡源动力水务有限公司、集团公司阿克苏分公司办公楼外景（照片提供：集团公司阿克苏分公司）

2021 年 6 月 29 日，红旗坡集团公司全体党员党日活动（照片提供：综合部）

2021 年 12 月 10 日，红旗坡集团公司党委召开全体党员大会（照片提供：综合部）

2020 年 1 月 14 日，红旗坡集团公司"不忘初心、牢记使命"主题教育工作部署会（照片提供：综合部）

2020 年 6 月 30 日，红旗坡集团公司召开先进基层党组织和优秀共产党员表彰大会（照片提供：综合部）∎

2020 年 4 月 2 日，红旗坡集团公司召开党建工作会议（照片提供：综合部）∎

2019 年 11 月 27 日，红旗坡集团公司召开 2020 年元旦春节前警示教育会议
（照片提供：纪检监察室）

2008 年 8 月 19 日，地区反腐倡廉演讲团的农场代表在红旗坡农场作反腐倡廉演讲
（照片提供：档案室）

1999 年 1 月，农场召开 1998 年度总结表彰大会（照片提供：档案室）

2007 年 7 月 16 日，农场举办中层管理干部培训班（照片提供：纪检监察室）

2011 年 12 月 5 日，农场进行 2011 年度机关干部考核（照片提供：杨聪靓）

2018 年 12 月，红旗坡集团公司召开企业激励系统优化升级启动大会（照片提供：综合部）

2020 年 4 月 2 日，红旗坡集团公司召开干部大会（照片提供：综合部）

2019 年 5 月 29 日，源动力水务公司辖区安全生产及卫生环境协调会（照片提供：水务公司）

嘎拉

新红星

金元帅

青香蕉

红旗坡红富士苹果的冰糖心

农场主要果品（照片提供：杨聪靓）

核 桃

红 枣

香 梨

葡 萄

山 楂

樱 桃

农场主要果品（照片提供：杨聪靓）

2008 年，农场苗圃葡萄苗种植（照片提供：档案室）

2017 年 6 月 2 日，对林果基地种植户现场技术培训（照片提供：杨聪靓）

铺设反光膜（照片提供：杨聪靓）

果树虫害生物防治（照片提供：杨聪靓）

苹果采摘（照片提供：杨聪靓）

三位一体种植技术（照片提供：杨聪靓）

红旗坡集团公司 333 公顷樱桃示范基地

1992 年 7 月，农场小麦机械化收割作业（照片提供：档案室）

2008 年，园艺十一分场果园套种棉花（照片提供：杨聪靓）

2005 年，农场果园套种西瓜（照片提供：杨聪靓）

2008 年，农场园艺二分场的野猪养殖（照片提供：杨聪靓）

林下养殖（照片提供：杨聪靓）　■

职工家庭分散养羊（照片提供：杨聪靓）　■

农场总干渠（照片提供：杨聪靓）　■

2008年4月，农场实施200公顷滴灌工程（照片提供：杨聪靓）　■

2011年，农场园艺二分场利用"一事一议"财政奖补资金开展农田水利建设（照片提供：杨聪靓）

红旗坡集团产业园

红旗坡集团产业园区 3 万吨冷链保鲜库

阿克苏红旗坡金物联电子商务有限公司

冷库果品装车出库（照片提供：优能公司）■

阿克苏红旗坡金物联电子商务有限公司苹果分选设备（照片提供：林果公司）■

阿克苏红旗坡金物联电子商务有限公司苹果片加工
（照片提供：林果公司）

红枣清洗分选（照片提供：杨聪靓）

冻干苹果粒　　　　苹果脆片　　　　蜜枣　　　　五香核桃　　　　十味葡萄干

冻干红枣脆　　　　　　冻干七彩椒　　　　　　枣苏苏

冻干洋葱脆　　　　　　　　　膨化苹果脆

红富士苹果酒　　　　　　苹果蒸馏酒

农场生产的部分深加工产品 ■

2007年10月18日，红旗坡农场首届苹果展示会（照片提供：杨聪靓）

2011年10月8日，全国林果业参观团在农场果园参观（照片提供：杨聪靓）

2012年9月5日，农场参加2012年新疆果品展销会（照片提供：综合部）

2019年9月18日，北京汇源控股有限公司和新疆红旗坡农业发展集团有限公司签订投资合作协议后，在温宿国家农业科技园区举行汇源红30万吨果蔬饮料加工项目签约及开工奠基仪式
（照片提供：综合部）

2019年10月12日，第六届新疆特色果品（阿克苏）交易会暨2019年全国农产品产销对接扶贫行活动在新疆红旗坡农贸物流园举行开幕式（照片提供：综合部）

红旗坡农贸物流园（摄影：袁博文）

位于阿克苏市红旗坡农贸物流园交易服务大厅一楼，面积 3000 平方米的集批发、零售、仓储为一体的红旗坡优购园（照片提供：袁博文）

红旗坡农贸市场外景

2008 年 1 月，农场举办"科技之冬"技术培训（照片提供：档案室）

2008 年 1 月，农场与塔里木大学签订实习基地协议，成为大学实习基地（照片提供：档案室）

2017 年，红旗坡集团公司启动国家药肥双减项目（照片提供：杨聪靓）■

2008 年 10 月 16 日，农场举行建场 50 周年庆典活动（照片提供：档案室）■

2013 年 9 月 30 日，"美丽红旗坡　幸福红旗坡"文艺汇演在场部举行（照片提供：综合部）

2016 年 10 月 20 日，中央电视台直播的苹果采摘节大型活动——"果园里的阿克苏"在红旗坡
农场举行（照片提供：综合部）

2011 年 4 月 28 日，农场举行庆"五一""五四"运动会
（照片提供：杨聪靓）

2014 年 4 月 28 日，农场举办运动会，排球比赛
（照片提供：杨聪靓）

2019 年 6 月 30 日，源动力水务公司组织职工开展湿地公园徒步活动（摄影：闫小明）

八、精神文明建设

1991年5月，农场召开民族团结表彰大会
（照片提供：档案室）

1992年1月24日，农场首次举办集体婚礼
（照片提供：档案室）

2019年10月7日，红旗坡集团公司组织收看第六届道德模范
颁奖典礼（照片提供：综合部）

2020年4月27日，阿克苏人民捐赠的农产品
专车由新疆红旗坡农产品批发园发往武汉
（照片提供：综合部）

建场初期的职工住房（照片提供：杨聪靓）

2006 年开始建设的场部新农村建设示范点

2000 年前，农场道路基本为土路或砂石路面
（照片提供：杨聪靓）

2000 年后，农场大力开展道路建设，至 2020 年，
实现队队通柏油路（照片提供：水务公司）

2000 年后，农场职工富裕后，生活条件得到改善
（照片提供：杨聪靓）

2000 年后，农机、小汽车走进农场家家户户
（照片提供：杨聪靓）

证　书　No.1229

新疆红旗坡农业发展集团有限公司：

经农业农村部、国家发展和改革委员会、财政部、商务部、中国人民银行、国家税务总局、中国证券监督管理委员会、中华全国供销合作总社联合审定，你单位为农业产业化国家重点龙头企业。

特发此证

（有效期至2020年12月底）　2018年12月

证　书

阿克苏地区红旗坡农场农产品加工示范基地：

经评审，批准你单位为全国农产品加工业示范基地。

二〇一〇年十二月

荣誉证书

新疆阿克苏红旗坡农场

在2007年北京奥运推荐果品综合评选活动 水果 评比中，荣获 苹果 品种

一等奖

2007年8月

新疆维吾尔自治区无公害农产品认定资格证书

阿克苏地区红旗坡农场：

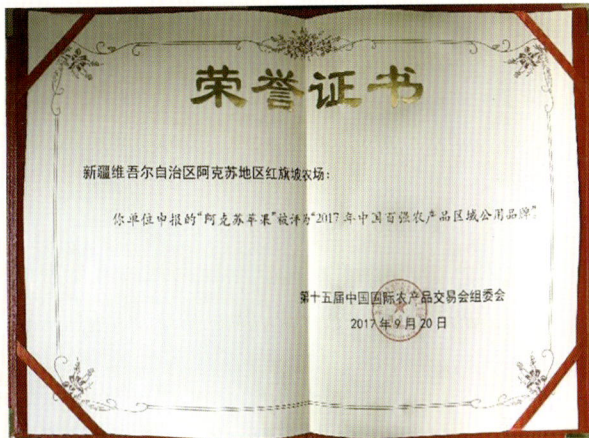

荣誉证书

新疆维吾尔自治区阿克苏地区红旗坡农场：

你单位申报的"阿克苏苹果"被评为"2017年中国百强农产品区域公用品牌"

第十五届中国国际农产品交易会组委会
2017年9月20日

2019新疆名优特农产品上海交易会

产品金奖

浙江农发浙疆农产品发展有限公司"阿克苏好果源"牌熟制核桃

2019新疆名优特农产品上海交易会组委会
2019年12月16日

红旗坡农场影像图

审图号：新S（2023）010号

新疆维吾尔自治区测绘成果中心

图　例

县级行政中心
乡、镇、街道
村、社区
农、林、牧、渔
学校
机场
县界
红旗坡农场工作界
小队工作界
高速
国道
省道
县乡道

1：120 000
本图界线不作为定界依据。

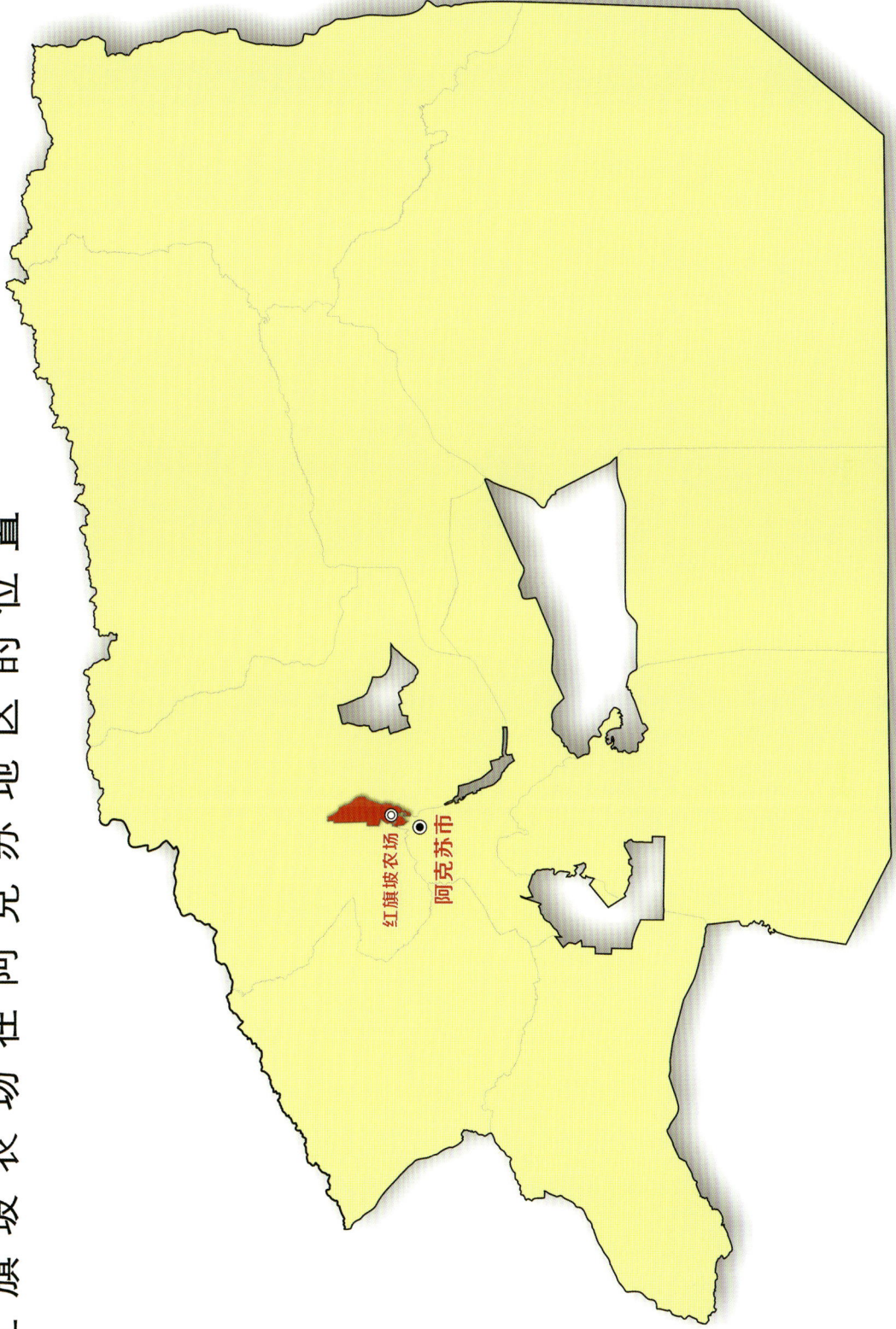

红旗坡农场在阿克苏地区的位置

红旗坡农场

阿克苏市

1：2 000 000

审图号：新S（2023）010号

新疆维吾尔自治区测绘成果中心

红旗坡农场区划图

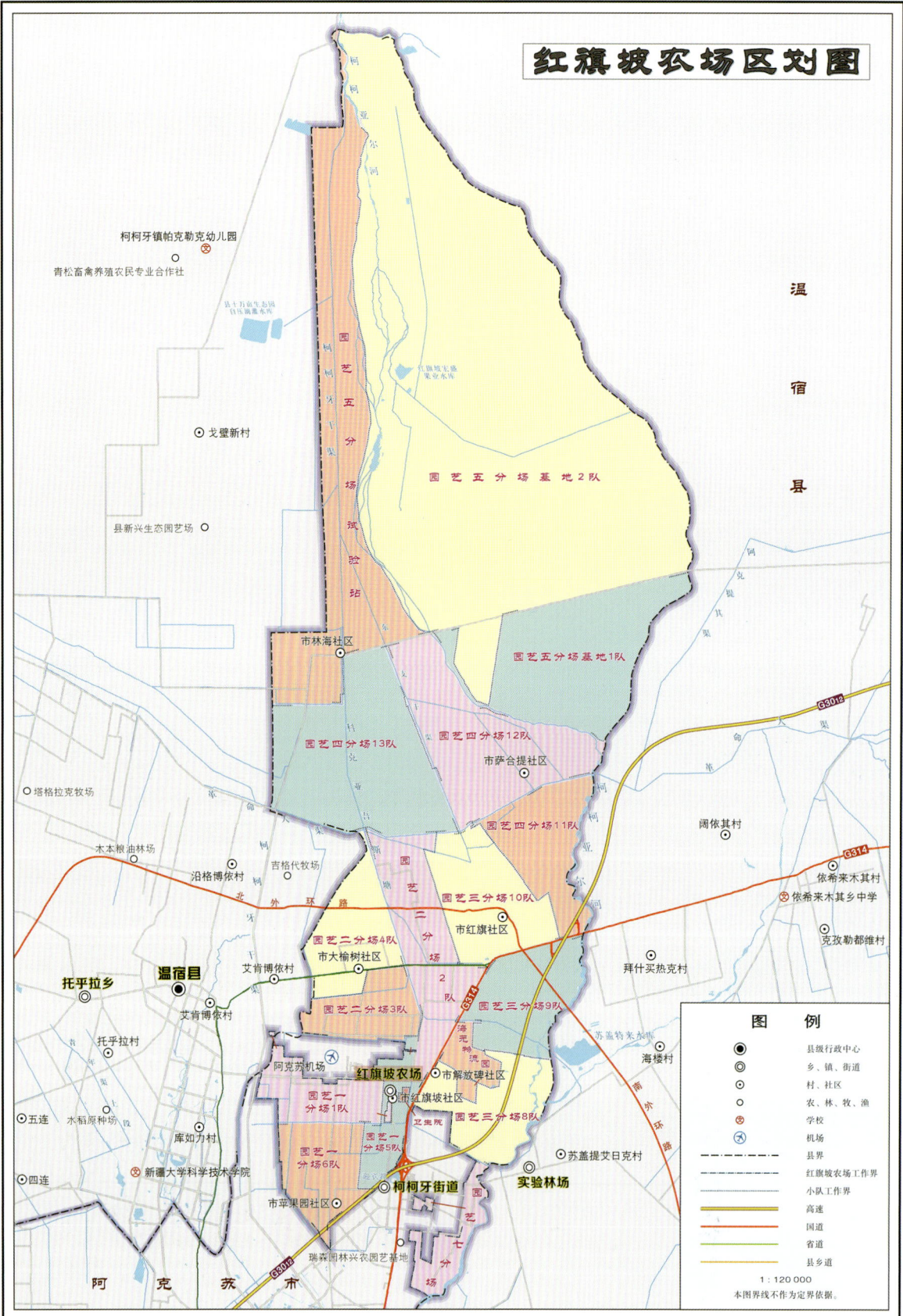

温宿县

柯柯牙镇帕克勒克幼儿园
青松畜禽养殖农民专业合作社
县十万亩生态园
县红旗激水库

戈壁新村

县新兴生态园艺场

红旗坡宏盛果业水库

园艺五分场基地2队

园艺五分场试验站

市林海社区

园艺五分场基地1队

园艺四分场13队

园艺四分场12队

市萨合提社区

塔格拉克牧场

园艺四分场11队

阔依其村

木本粮油林场
沿格博依村
吉格代牧场

园艺三分场10队

市红旗社区

G314

依希来木其村
依希来木其乡中学
克孜勒都维村

北外环路

托乎拉乡 温宿县
艾肯博依村
艾肯博依村

园艺二分场4队
市大榆树社区
园
艺
二
分
场
2
队

拜什买热克村

园艺二分场3队

园艺三分场9队

苏盖特水库
海楼村

托乎拉村

阿克苏机场

红旗坡农场
市解放碑社区
市红旗坡社区

五连
水稻原种场
库如力村

园艺一分场1队

新疆大学科学技术学院

四连

园艺一分场5队

园艺一分场6队

园艺三分场8队

艺集院

实验林场

苏盖提艾日克村

市苹果园社区

柯柯牙街道

园
艺
七
分
场

瑞森园林兴农园艺基地

阿克苏市

G3012

图例

◉	县级行政中心
◎	乡、镇、街道
○	村、社区
○	农、林、牧、渔
⊗	学校
✈	机场
---	县界
---	红旗坡农场工作界
·····	小队工作界
===	高速
===	国道
===	省道
===	县乡道

1:120 000
本图界线不作为定界依据。

审图号：新S（2023）010号

新疆维吾尔自治区测绘成果中心

中国农垦农场志丛编纂委员会

主　任

张兴旺

副主任

左常升　李尚兰　刘天金　彭剑良　程景民　王润雷

成　员（按垦区排序）

肖辉利　毕国生　苗冰松　茹栋梅　赵永华　杜　鑫

陈　亮　王守聪　许如庆　姜建友　唐冬寿　王良贵

郭宋玉　兰永清　马常春　张金龙　李胜强　马艳青

黄文沐　张安明　王明魁　徐　斌　田李文　张元鑫

余　繁　林　木　王　韬　张懿笃　杨毅青　段志强

武洪斌　熊　斌　冯天华　朱云生　常　芳

中国农垦农场志丛编纂委员会办公室

主　任

王润雷

副主任

王　生　刘爱芳　武新宇　明　星

成　员

胡从九　刘琢琬　干锦春　王庆宁

— 1 —

中国农垦农场志

新疆红旗坡农场志编纂委员会

主　任

李波涛（党委书记、董事长）

副主任

李志平（党委副书记、副董事长、总经理）

委　员

倪　忠（党委委员、纪委书记、监事会主席）

张　语（党委委员、副总经理）

卡哈尔江·库尔班（党委委员、副总经理）

葛　超（党委委员、副总经理）

新疆红旗坡农场志编纂人员

主　编

李波涛

副主编

李志平　倪　忠

编写人员

李旭峰　王长寿　马新军　童金茹

中国农垦农场志丛自 2017 年开始酝酿，历经几度春秋寒暑，终于在建党 100 周年之际，陆续面世。在此，谨向所有为修此志作出贡献、付出心血的同志表示诚挚的敬意和由衷的感谢！

中国共产党领导开创的农垦事业，为中华人民共和国的诞生和发展立下汗马功劳。八十余年来，农垦事业的发展与共和国的命运紧密相连，在使命履行中，农场成长为国有农业经济的骨干和代表，成为国家在关键时刻抓得住、用得上的重要力量。

如果将农垦比作大厦，那么农场就是砖瓦，是基本单位。在全国 31 个省（自治区、直辖市，港澳台除外），分布着 1800 多个农垦农场。这些星罗棋布的农场如一颗颗玉珠，明暗随农垦的历史进程而起伏；当其融汇在一起，则又映射出农垦事业波澜壮阔的历史画卷，绽放着"艰苦奋斗、勇于开拓"的精神光芒。

（一）

"农垦"概念源于历史悠久的"屯田"。早在秦汉时期就有了移民垦荒，至汉武帝时创立军屯，用于保障军粮供应。之后，历代沿袭屯田这一做法，充实国库，供养军队。

中国共产党借鉴历代屯田经验，发动群众垦荒造田。1933 年 2 月，中华苏维埃共和国临时中央政府颁布《开垦荒地荒田办法》，规定"县区土地部、乡政府要马上调查统计本地所有荒田荒地，切实计划、发动群众去开荒"。到抗日战争时期，中国共产党大规模地发动军人进行农垦实践，肩负起支援抗战的特殊使命，农垦事业正式登上了历史舞台。

20 世纪 30 年代末至 40 年代初，抗日战争进入相持阶段，在日军扫荡和国民党军事包围、经济封锁等多重压力下，陕甘宁边区生活日益困难。"我们曾经弄到几乎没有衣穿，没有油吃，没有纸、没有菜，战士没有鞋袜，工作人员在冬天没有被盖。"毛泽东同志曾这样讲道。

面对艰难处境，中共中央决定开展"自己动手，丰衣足食"的生产自救。1939 年 2 月 2 日，毛泽东同志在延安生产动员大会上发出"自己动手"的号召。1940 年 2 月 10 日，中共中央、中央军委发出《关于开展生产运动的指示》，要求各部队"一面战斗、一面生产、一面学习"。于是，陕甘宁边区掀起了一场轰轰烈烈的大生产运动。

这个时期，抗日根据地的第一个农场——光华农场诞生了。1939 年冬，根据中共中央的决定，光华农场在延安筹办，生产牛奶、蔬菜等食物。同时，进行农业科学实验、技术推广，示范带动周边群众。这不同于古代屯田，开创了农垦示范带动的历史先河。

在大生产运动中，还有一面"旗帜"高高飘扬，让人肃然起敬，它就是举世闻名的南泥湾大生产运动。

1940 年 6—7 月，为了解陕甘宁边区自然状况、促进边区建设事业发展，在中共中央财政经济部的支持下，边区政府建设厅的农林科学家乐天宇等一行 6 人，历时 47 天，全面考察了边区的森林自然状况，并完成了《陕甘宁边区森林考察团报告书》，报告建议垦殖南泥洼（即南泥湾）。之后，朱德总司令亲自前往南泥洼考察，谋划南泥洼的开发建设。

1941 年春天，受中共中央的委托，王震将军率领三五九旅进驻南泥湾。那时，南泥湾俗称"烂泥湾","方圆百里山连山",战士们"只见梢林不见天",身边做伴的是满山窜的狼豹黄羊。在这种艰苦处境中,战士们攻坚克难,一手拿枪,一手拿镐,练兵开荒两不误,把"烂泥湾"变成了陕北的"好江南"。从1941年到1944年,仅仅几年时间,三五九旅的粮食产量由0.12万石猛增到3.7万石,上缴公粮1万石,达到了耕一余一。与此同时,工业、商业、运输业、畜牧业和建筑业也得到了迅速发展。

南泥湾大生产运动,作为中国共产党第一次大规模的军垦,被视为农垦事业的开端,南泥湾也成为农垦事业和农垦精神的发祥地。

进入解放战争时期,建立巩固的东北根据地成为中共中央全方位战略的重要组成部分。毛泽东同志在1945年12月28日为中共中央起草的《建立巩固的东北根据地》中,明确指出"我党现时在东北的任务,是建立根据地,是在东满、北满、西满建立巩固的军事政治的根据地",要求"除集中行动负有重大作战任务的野战兵团外,一切部队和机关,必须在战斗和工作之暇从事生产"。

紧接着,1947年,公营农场兴起的大幕拉开了。

这一年春天,中共中央东北局财经委员会召开会议,主持财经工作的陈云、李富春同志在分析时势后指出:东北行政委员会和各省都要"试办公营农场,进行机械化农业实验,以迎接解放后的农村建设"。

这一年夏天,在松江省政府的指导下,松江省省营第一农场(今宁安农场)创建。省政府主任秘书李在人为场长,他带领着一支18人的队伍,在今尚志市一面坡太平沟开犁生产,一身泥、一身汗地拉开了"北大荒第一犁"。

这一年冬天,原辽北军区司令部作训科科长周亚光带领人马,冒着严寒风雪,到通北县赵光区实地踏查,以日伪开拓团训练学校旧址为基础,建成了我国第一个公营机械化农场——通北机械农场。

之后,花园、永安、平阳等一批公营农场纷纷在战火的硝烟中诞生。与此同时,一部分身残志坚的荣誉军人和被解放的国民党军人,向东北荒原宣战,艰苦拓荒、艰辛创业,创建了一批荣军农场和解放团农场。

再将视线转向华北。这一时期，在河北省衡水湖的前身"千顷洼"所在地，华北人民政府农业部利用一批来自联合国善后救济总署的农业机械，建成了华北解放区第一个机械化公营农场——冀衡农场。

除了机械化农场，在那个主要靠人力耕种的年代，一些拖拉机站和机务人员培训班诞生在东北、华北大地上，推广农业机械化技术，成为新中国农机事业人才培养的"摇篮"。新中国的第一位女拖拉机手梁军正是优秀代表之一。

（二）

中华人民共和国成立后农垦事业步入了发展的"快车道"。

1949 年 10 月 1 日，新中国成立了，百废待兴。新的历史阶段提出了新课题、新任务：恢复和发展生产，医治战争创伤，安置转业官兵，巩固国防，稳定新生的人民政权。

这没有硝烟的"新战场"，更需要垦荒生产的支持。

1949 年 12 月 5 日，中央人民政府人民革命军事委员会发布《关于 1950 年军队参加生产建设工作的指示》，号召全军"除继续作战和服勤务者而外，应当负担一部分生产任务，使我人民解放军不仅是一支国防军，而且是一支生产军"。

1952 年 2 月 1 日，毛泽东主席发布《人民革命军事委员会命令》："你们现在可以把战斗的武器保存起来，拿起生产建设的武器。"批准中国人民解放军 31 个师转为建设师，其中有 15 个师参加农业生产建设。

垦荒战鼓已擂响，刚跨进和平年代的解放军官兵们，又背起行囊，扑向荒原，将"作战地图变成生产地图"，把"炮兵的瞄准仪变成建设者的水平仪"，让"战马变成耕马"，在戈壁荒漠、三江平原、南国边疆安营扎寨，攻坚克难，辛苦耕耘，创造了农垦事业的一个又一个奇迹。

1. 将戈壁荒漠变成绿洲

1950 年 1 月，王震将军向驻疆部队发布开展大生产运动的命令，动员 11 万余名官兵就地屯垦，创建军垦农场。

垦荒之战有多难，这些有着南泥湾精神的农垦战士就有多拼。

没有房子住，就搭草棚子、住地窝子；粮食不够吃，就用盐水煮麦粒；没有拖拉机和畜力，就多人拉犁开荒种地……

然而，戈壁滩缺水，缺"农业的命根子"，这是痛中之痛！

没有水，战士们就自己修渠，自伐木料，自制筐担，自搓绳索，自开块石。修渠中涌现了很多动人故事，据原新疆兵团农二师师长王德昌回忆，1951年冬天，一名来自湖南的女战士，面对磨断的绳子，情急之下，割下心爱的辫子，接上绳子背起了石头。

在战士们全力以赴的努力下，十八团渠、红星渠、和平渠、八一胜利渠等一条条大地的"新动脉"，奔涌在戈壁滩上。

1954年10月，经中共中央批准，新疆生产建设兵团成立，陶峙岳被任命为司令员，新疆维吾尔自治区党委书记王恩茂兼任第一政委，张仲瀚任第二政委。努力开荒生产的驻疆屯垦官兵终于有了正式的新身份，工作中心由武装斗争转为经济建设，新疆地区的屯垦进入了新的阶段。

之后，新疆生产建设兵团重点开发了北疆的准噶尔盆地、南疆的塔里木河流域及伊犁、博乐、塔城等边远地区。战士们鼓足干劲，兴修水利、垦荒造田、种粮种棉、修路架桥，一座座城市拔地而起，荒漠变绿洲。

2. 将荒原沼泽变成粮仓

在新疆屯垦热火朝天之时，北大荒也进入了波澜壮阔的开发阶段，三江平原成为"主战场"。

1954年8月，中共中央农村工作部同意并批转了农业部党组《关于开发东北荒地的农建二师移垦东北问题的报告》，同时上报中央军委批准。9月，第一批集体转业的"移民大军"——农建二师由山东开赴北大荒。这支8000多人的齐鲁官兵队伍以荒原为家，创建了二九〇、二九一和十一农场。

同年，王震将军视察黑龙江汤原后，萌发了开发北大荒的设想。领命的是第五师副师长余友清，他打头阵，率一支先遣队到密山、虎林一带踏查荒原，于 1955 年元旦，在虎林县（今虎林市）西岗创建了铁道兵第一个农场，以部队番号命名为"八五〇部农场"。

1955 年，经中共中央同意，铁道兵 9 个师近两万人挺进北大荒，在密山、虎林、饶河一带开荒建场，拉开了向三江平原发起总攻的序幕，在八五〇部农场周围建起了一批八字头的农场。

1958 年 1 月，中央军委发出《关于动员十万干部转业复员参加生产建设的指示》，要求全军复员转业官兵去开发北大荒。命令一下，十万转业官兵及家属，浩浩荡荡进军三江平原，支边青年、知识青年也前赴后继地进攻这片古老的荒原。

垦荒大军不惧苦、不畏难，鏖战多年，荒原变良田。1964 年盛夏，国家副主席董必武来到北大荒视察，面对麦香千里即兴赋诗："斩棘披荆忆老兵，大荒已变大粮屯。"

3. 将荒郊野岭变成胶园

如果说农垦大军在戈壁滩、北大荒打赢了漂亮的要粮要棉战役，那么，在南国边疆，则打赢了一场在世界看来不可能胜利的翻身仗。

1950 年，朝鲜战争爆发后，帝国主义对我国实行经济封锁，重要战略物资天然橡胶被禁运，我国国防和经济建设面临严重威胁。

当时世界公认天然橡胶的种植地域不能超过北纬 17°，我国被国际上许多专家划为"植胶禁区"。

但命运应该掌握在自己手中，中共中央作出"一定要建立自己的橡胶基地"的战略决策。1951 年 8 月，政务院通过《关于扩大培植橡胶树的决定》，由副总理兼财政经济委员会主任陈云亲自主持这项工作。同年 11 月，华南垦殖局成立，中共中央华南分局第一书记叶剑英兼任局长，开始探索橡胶种植。

1952 年 3 月，两万名中国人民解放军临危受命，组建成林业工程第一师、第二师和一个独立团，开赴海南、湛江、合浦等地，住茅棚、战台风、斗猛兽，白手起家垦殖橡胶。

大规模垦殖橡胶，急需胶籽。"一粒胶籽，一两黄金"成为战斗口号，战士们不惜一切代价收集胶籽。有一位叫陈金照的小战士，运送胶籽时遇到山洪，被战友们找到时已没有了呼吸，而背上箩筐里的胶籽却一粒没丢……

正是有了千千万万个把橡胶看得重于生命的陈金照们，1957年春天，华南垦殖局种植的第一批橡胶树，流出了第一滴胶乳。

1960年以后，大批转业官兵加入海南岛植胶队伍，建成第一个橡胶生产基地，还大面积种植了剑麻、香茅、咖啡等多种热带作物。同时，又有数万名转业官兵和湖南移民汇聚云南边疆，用血汗浇灌出了我国第二个橡胶生产基地。

在新疆、东北和华南三大军垦战役打响之时，其他省份也开始试办农场。1952年，在政务院关于"各县在可能范围内尽量地办起和办好一两个国营农场"的要求下，全国各地农场如雨后春笋般发展起来。1956年，农垦部成立，王震将军被任命为部长，统一管理全国的军垦农场和地方农场。

随着农垦管理走向规范化，农垦事业也蓬勃发展起来。江西建成多个综合垦殖场，发展茶、果、桑、林等多种生产；北京市郊、天津市郊、上海崇明岛等地建起了主要为城市提供副食品的国营农场；陕西、安徽、河南、西藏等省区建立发展了农牧场群……

到1966年，全国建成国营农场1958个，拥有职工292.77万人，拥有耕地面积345457公顷，农垦成为我国农业战线一支引人瞩目的生力军。

（三）

前进的道路并不总是平坦的。"文化大革命"持续十年，使党、国家和各族人民遭到新中国成立以来时间最长、范围最广、损失最大的挫折，农垦系统也不能幸免。农场平均主义盛行，从1967年至1978年，农垦系统连续亏损12年。

"没有一个冬天不可逾越，没有一个春天不会来临。"1978年，党的十一届三中全会召开，如同一声春雷，唤醒了沉睡的中华大地。手握改革开放这一法宝，全党全社会朝着社会主义现代化建设方向大步前进。

在这种大形势下，农垦人深知，国营农场作为社会主义全民所有制企业，应当而且有条件走在农业现代化的前列，继续发挥带头和示范作用。

于是，农垦人自觉承担起推进实现农业现代化的重大使命，乘着改革开放的春风，开始进行一系列的上下求索。

1978年9月，国务院召开了人民公社、国营农场试办农工商联合企业座谈会，决定在我国试办农工商联合企业，农垦系统积极响应。作为现代化大农业的尝试，机械化水平较高且具有一定工商业经验的农垦企业，在农工商综合经营改革中如鱼得水，打破了单一种粮的局面，开启了农垦一二三产业全面发展的大门。

农工商综合经营只是农垦改革的一部分，农垦改革的关键在于打破平均主义，调动生产积极性。

为调动企业积极性，1979年2月，国务院批转了财政部、国家农垦总局《关于农垦企业实行财务包干的暂行规定》。自此，农垦开始实行财务大包干，突破了"千家花钱，一家（中央）平衡"的统收统支方式，解决了农垦企业吃国家"大锅饭"的问题。

为调动企业职工的积极性，从1979年根据财务包干的要求恢复"包、定、奖"生产责任制，到1980年后一些农场实行以"大包干"到户为主要形式的家庭联产承包责任制，再到1983年借鉴农村改革经验，全面兴办家庭农场，逐渐建立大农场套小农场的双层经营体制，形成"家家有场长，户户搞核算"的蓬勃发展气象。

为调动企业经营者的积极性，1984年下半年，农垦系统在全国选择100多个企业试点推行场（厂）长、经理负责制，1988年全国农垦有60%以上的企业实行了这项改革，继而又借鉴城市国有企业改革经验，全面推行多种形式承包经营责任制，进一步明确主管部门与企业的权责利关系。

以上这些改革主要是在企业层面，以单项改革为主，虽然触及了国家、企业和职工的最直接、最根本的利益关系，但还没有完全解决传统体制下影响农垦经济发展的深层次矛盾和困难。

"历史总是在不断解决问题中前进的。" 1992 年，继邓小平南方谈话之后，党的十四大明确提出，要建立社会主义市场经济体制。市场经济为农垦改革进一步指明了方向，但农垦如何改革才能步入这个轨道，真正成为现代化农业的引领者？

关于国营大中型企业如何走向市场，早在 1991 年 9 月中共中央就召开工作会议，强调要转换企业经营机制。1992 年 7 月，国务院发布《全民所有制工业企业转换经营机制条例》，明确提出企业转换经营机制的目标是："使企业适应市场的要求，成为依法自主经营、自负盈亏、自我发展、自我约束的商品生产和经营单位，成为独立享有民事权利和承担民事义务的企业法人。"

为转换农垦企业的经营机制，针对在干部制度上的"铁交椅"、用工制度上的"铁饭碗"和分配制度上的"大锅饭"问题，农垦实施了干部聘任制、全员劳动合同制以及劳动报酬与工效挂钩的三项制度改革，为农垦企业建立在用人、用工和收入分配上的竞争机制起到了重要促进作用。

1993 年，十四届三中全会再次擂响战鼓，指出要进一步转换国有企业经营机制，建立适应市场经济要求，产权清晰、权责明确、政企分开、管理科学的现代企业制度。

农业部积极响应，1994 年决定实施"三百工程"，即在全国农垦选择百家国有农场进行现代企业制度试点、组建发展百家企业集团、建设和做强百家良种企业，标志着农垦企业的改革开始深入到企业制度本身。

同年，针对有些农场仍为职工家庭农场，承包户垫付生产、生活费用这一问题，根据当年 1 月召开的全国农业工作会议要求，全国农垦系统开始实行"四到户"和"两自理"，即土地、核算、盈亏、风险到户，生产费、生活费由职工自理。这一举措彻底打破了"大锅饭"，开启了国有农场农业双层经营体制改革的新发展阶段。

然而，在推进市场经济进程中，以行政管理手段为主的垦区传统管理体制，逐渐成为束缚企业改革的桎梏。

垦区管理体制改革迫在眉睫。1995 年，农业部在湖北省武汉市召开全国农垦经济体制改革工作会议，在总结各垦区实践的基础上，确立了农垦管理体制的改革思路：逐步弱化行政职能，加快实体化进程，积极向集团化、公司化过渡。以此会议为标志，垦区管理体制改革全面启动。北京、天津、黑龙江等 17 个垦区按照集团化方向推进。此时，出于实际需要，大部分垦区在推进集团化改革中仍保留了农垦管理部门牌子和部分行政管理职能。

"前途是光明的，道路是曲折的。"由于农垦自身存在的政企不分、产权不清、社会负担过重等深层次矛盾逐渐暴露，加之农产品价格低迷、激烈的市场竞争等外部因素叠加，从 1997 年开始，农垦企业开始步入长达 5 年的亏损徘徊期。

然而，农垦人不放弃、不妥协，终于在 2002 年"守得云开见月明"。这一年，中共十六大召开，农垦也在不断调整和改革中，告别"五连亏"，盈利 13 亿。

2002 年后，集团化垦区按照"产业化、集团化、股份化"的要求，加快了对集团母公司、产业化专业公司的公司制改造和资源整合，逐步将国有优质资产集中到主导产业，进一步建立健全现代企业制度，形成了一批大公司、大集团，提升了农垦企业的核心竞争力。

与此同时，国有农场也在企业化、公司化改造方面进行了积极探索，综合考虑是否具备企业经营条件、能否剥离办社会职能等因素，因地制宜、分类指导。一是办社会职能可以移交的农场，按公司制等企业组织形式进行改革；办社会职能剥离需要过渡期的农场，逐步向公司制企业过渡。如广东、云南、上海、宁夏等集团化垦区，结合农场体制改革，打破传统农场界限，组建产业化专业公司，并以此为纽带，进一步将垦区内产业关联农场由子公司改为产业公司的生产基地（或基地分公司），建立了集团与加工企业、农场生产基地间新的运行体制。二是不具备企业经营条件的农场，改为乡、镇或行政区，向政权组织过渡。如 2003 年前后，一些垦区的部分农场连年严重亏损，有的甚至濒临破产。湖南、湖北、河北等垦区经省委、省政府批准，对农场管理体制进行革新，把农场管理权下放到市县，实行属地管理，一些农场建立农场管理区，赋予必要的政府职能，给予财税优惠政策。

这些改革离不开农垦职工的默默支持，农垦的改革也不会忽视职工的生活保障。1986 年，根据《中共中央、国务院批转农牧渔业部〈关于农垦经济体制改革问题的报告〉的通知》要求,农垦系统突破职工住房由国家分配的制度,实行住房商品化,调动职工自己动手、改善住房的积极性。1992年,农垦系统根据国务院关于企业职工养老保险制度改革的精神,开始改变职工养老保险金由企业独自承担的局面,此后逐步建立并完善国家、企业、职工三方共同承担的社会保障制度,减轻农场养老负担的同时,也减少了农场职工的后顾之忧,保障了农场改革的顺利推进。

从1986年至十八大前夕,从努力打破传统高度集中封闭管理的计划经济体制,到坚定社会主义市场经济体制方向;从在企业层面改革,以单项改革和放权让利为主,到深入管理体制,以制度建设为核心、多项改革综合配套协调推进为主:农垦企业一步一个脚印,走上符合自身实际的改革道路,管理体制更加适应市场经济,企业经营机制更加灵活高效。

这一阶段,农垦系统一手抓改革,一手抓开放,积极跳出"封闭"死胡同,走向开放的康庄大道。从利用外资在经营等领域涉足并深入合作,大力发展"三资"企业和"三来一补"项目;到注重"引进来",引进资金、技术设备和管理理念等;再到积极实施"走出去"战略,与中东、东盟、日本等地区和国家进行经贸合作出口商品,甚至扎根境外建基地、办企业、搞加工、拓市场:农垦改革开放风生水起逐浪高,逐步形成"两个市场、两种资源"的对外开放格局。

(四)

党的十八大以来,以习近平同志为核心的党中央迎难而上,作出全面深化改革的决定,农垦改革也进入全面深化和进一步完善阶段。

2015年11月,中共中央、国务院印发《关于进一步推进农垦改革发展的意见》(简称《意见》),吹响了新一轮农垦改革发展的号角。《意见》明确要求,新时期农垦改革发展要以推进垦区集团化、农场企业化改革为主线,努力把农垦建设成为保障国家粮食安全和重要农产品有效供给的国家队、中国特色新型农业现代化的示范区、农业对外合作的排头兵、安边固疆的稳定器。

2016年5月25日,习近平总书记在黑龙江省考察时指出,要深化国有农垦体制改革，以垦区集团化、农场企业化为主线，推动资源资产整合、产业优化升级，建设现代农业大基地、大企业、大产业，努力形成农业领域的航母。

2018年9月25日，习近平总书记再次来到黑龙江省进行考察，他强调，要深化农垦体制改革，全面增强农垦内生动力、发展活力、整体实力，更好发挥农垦在现代农业建设中的骨干作用。

农垦从来没有像今天这样更接近中华民族伟大复兴的梦想！农垦人更加振奋了，以壮士断腕的勇气、背水一战的决心继续农垦改革发展攻坚战。

1. 取得了累累硕果

——坚持集团化改革主导方向，形成和壮大了一批具有较强竞争力的现代农业企业集团。黑龙江北大荒去行政化改革、江苏农垦农业板块上市、北京首农食品资源整合……农垦深化体制机制改革多点开花、逐步深入。以资本为纽带的母子公司管理体制不断完善，现代公司治理体系进一步健全。市县管理农场的省份区域集团化改革稳步推进，已组建区域集团和产业公司超过300家，一大批农场注册成为公司制企业，成为真正的市场主体。

——创新和完善农垦农业双层经营体制，强化大农场的统一经营服务能力，提高适度规模经营水平。截至2020年，据不完全统计，全国农垦规模化经营土地面积5500多万亩，约占农垦耕地面积的70.5%，现代农业之路越走越宽。

——改革国有农场办社会职能，让农垦企业政企分开、社企分开，彻底甩掉历史包袱。截至2020年，全国农垦有改革任务的1500多个农场完成办社会职能改革，松绑后的步伐更加矫健有力。

——推动农垦国有土地使用权确权登记发证，唤醒沉睡已久的农垦土地资源。截至2020年，土地确权登记发证率达到96.3%，使土地也能变成金子注入农垦企业，为推进农垦土地资源资产化、资本化打下坚实基础。

——积极推进对外开放，农垦农业对外合作先行者和排头兵的地位更加突出。合作领域从粮食、天然橡胶行业扩展到油料、糖业、果菜等多种产业，从单个环节向全产业链延伸，对外合作范围不断拓展。截至 2020 年，全国共有 15 个垦区在 45 个国家和地区投资设立了 84 家农业企业，累计投资超过 370 亿元。

2. 在发展中改革，在改革中发展

农垦企业不仅有改革的硕果，更以改革创新为动力，在扶贫开发、产业发展、打造农业领域航母方面交出了漂亮的成绩单。

——聚力农垦扶贫开发，打赢农垦脱贫攻坚战。从 20 世纪 90 年代起，农垦系统开始扶贫开发。"十三五"时期，农垦系统针对 304 个重点贫困农场，绘制扶贫作战图，逐个建立扶贫档案，坚持"一场一卡一评价"。坚持产业扶贫，组织开展技术培训、现场观摩、产销对接，增强贫困农场自我"造血"能力。甘肃农垦永昌农场建成高原夏菜示范园区，江西宜丰黄冈山垦殖场大力发展旅游产业，广东农垦新华农场打造绿色生态茶园……贫困农场产业发展蒸蒸日上，全部如期脱贫摘帽，相对落后农场、边境农场和生态脆弱区农场等农垦"三场"踏上全面振兴之路。

——推动产业高质量发展，现代农业产业体系、生产体系、经营体系不断完善。初步建成一批稳定可靠的大型生产基地，保障粮食、天然橡胶、牛奶、肉类等重要农产品的供给；推广一批环境友好型种养新技术、种养循环新模式，提升产品质量的同时促进节本增效；制定发布一系列生鲜乳、稻米等农产品的团体标准，守护"舌尖上的安全"；相继成立种业、乳业、节水农业等产业技术联盟，形成共商共建共享的合力；逐渐形成"以中国农垦公共品牌为核心、农垦系统品牌联合舰队为依托"的品牌矩阵，品牌美誉度、影响力进一步扩大。

——打造形成农业领域航母，向培育具有国际竞争力的现代农业企业集团迈出坚实步伐。黑龙江北大荒、北京首农、上海光明三个集团资产和营收双超千亿元，在发展中乘风破浪：黑龙江北大荒农垦集团实现机械化全覆盖，连续多年粮食产量稳定在 400 亿斤以上，推动产业高端化、智能化、绿色化，全力打造"北大荒绿色智慧厨房"；北京首农集团坚持科技和品牌双轮驱动，不断提升完善"从田间到餐桌"的全产业链条；上海光明食品集团坚持品牌化经营、国际化发展道路，加快农业

"走出去"步伐，进行国际化供应链、产业链建设，海外营收占集团总营收20%左右，极大地增强了对全世界优质资源的获取能力和配置能力。

千淘万漉虽辛苦，吹尽狂沙始到金。迈入"十四五"，农垦改革目标基本完成，正式开启了高质量发展的新篇章，正在加快建设现代农业的大基地、大企业、大产业，全力打造农业领域航母。

（五）

八十多年来，从人畜拉犁到无人机械作业，从一产独大到三产融合，从单项经营到全产业链，从垦区"小社会"到农业"集团军"，农垦发生了翻天覆地的变化。然而，无论农垦怎样变，变中都有不变。

——不变的是一路始终听党话、跟党走的绝对忠诚。从抗战和解放战争时期垦荒供应军粮，到新中国成立初期发展生产、巩固国防，再到改革开放后逐步成为现代农业建设的"排头兵"，农垦始终坚持全面贯彻党的领导。而农垦从孕育诞生到发展壮大，更离不开党的坚强领导。毫不动摇地坚持贯彻党对农垦的领导，是农垦人奋力前行的坚强保障。

——不变的是服务国家核心利益的初心和使命。肩负历史赋予的保障供给、屯垦戍边、示范引领的使命，农垦系统始终站在讲政治的高度，把完成国家战略任务放在首位。在三年困难时期、"非典"肆虐、汶川大地震、新冠肺炎疫情突发等关键时刻，农垦系统都能"调得动、顶得上、应得急"，为国家大局稳定作出突出贡献。

——不变的是"艰苦奋斗、勇于开拓"的农垦精神。从抗日战争时一手拿枪、一手拿镐的南泥湾大生产，到新中国成立后新疆、东北和华南的三大军垦战役，再到改革开放后艰难但从未退缩的改革创新、坚定且铿锵有力的发展步伐，"艰苦奋斗、勇于开拓"始终是农垦人不变的本色，始终是农垦人攻坚克难的"传家宝"。

农垦精神和文化生于农垦沃土，在红色文化、军旅文化、知青文化等文化中孕育，也在一代代人的传承下，不断被注入新的时代内涵，成为农垦事业发展的不竭动力。

"大力弘扬'艰苦奋斗、勇于开拓'的农垦精神，推进农垦文化建设，汇聚起推动农垦改革发展的强大精神力量。"中央农垦改革发展文件这样要求。在新时代、新征程中，记录、传承农垦精神，弘扬农垦文化是农垦人的职责所在。

（六）

随着垦区集团化、农场企业化改革的深入，农垦的企业属性越来越突出，加之有些农场的历史资料、文献文物不同程度遗失和损坏，不少老一辈农垦人也已年至期颐，农垦历史、人文、社会、文化等方面的保护传承需求也越来越迫切。

传承农垦历史文化，志书是十分重要的载体。然而，目前只有少数农场编写出版过农场史志类书籍。因此，为弘扬农垦精神和文化，完整记录展示农场发展改革历程，保存农垦系统重要历史资料，在农业农村部党组的坚强领导下，农垦局主动作为，牵头组织开展中国农垦农场志丛编纂工作。

工欲善其事，必先利其器。2019年，借全国第二轮修志工作结束、第三轮修志工作启动的契机，农业农村部启动中国农垦农场志丛编纂工作，广泛收集地方志相关文献资料，实地走访调研、拜访专家、咨询座谈、征求意见等。在充足的前期准备工作基础上，制定了中国农垦农场志丛编纂工作方案，拟按照前期探索、总结经验、逐步推进的整体安排，统筹推进中国农垦农场志丛编纂工作，这一方案得到了农业农村部领导的高度认可和充分肯定。

编纂工作启动后，层层落实责任。农业农村部专门成立了中国农垦农场志丛编纂委员会，研究解决农场志编纂、出版工作中的重大事项；编纂委员会下设办公室，负责志书编纂的具体组织协调工作；各省级农垦管理部门成立农场志编纂工作机构，负责协调本区域农场志的组织编纂、质量审查等工作；参与编纂的农场成立了农场志编纂工作小组，明确专职人员，落实工作经费，建立配套机制，保证了编纂工作的顺利进行。

质量是志书的生命和价值所在。为保证志书质量，我们组织专家编写了《农场志编纂技术手册》，举办农场志编纂工作培训班，召开农场志编纂工作推进会和研讨会，到农场实地调研督导，尽全力把好志书编纂的史实关、政治关、体例关、文字关和出版关。我们本着"时间服从质量"的原则，将精品意识贯穿编纂工作始终。坚持分步实施、稳步推进，成熟一本出版一本，成熟一批出版一批。

中国农垦农场志丛是我国第一次较为系统地记录展示农场形成发展脉络、改革发展历程的志书。它是一扇窗口，让读者了解农场，理解农垦；它是一条纽带，让农垦人牢记历史，让农垦精神代代传承；它是一本教科书，为今后农垦继续深化改革开放、引领现代农业建设、服务乡村振兴战略指引道路。

修志为用。希望此志能够"尽其用"，对读者有所裨益。希望广大农垦人能够从此志汲取营养，不忘初心、牢记使命，一茬接着一茬干、一棒接着一棒跑，在新时代继续发挥农垦精神，续写农垦改革发展新辉煌，为实现中华民族伟大复兴的中国梦不懈努力！

中国农垦农场志丛编纂委员会

2021 年 7 月

新疆红旗坡农场志
XINJIANG HONGQIPO NONGCHANG ZHI

红旗坡农场于1958年建场，经过60余年的发展，取得了辉煌的成就。

红旗坡农场成立以来，在各级领导的关怀和支持下，在历届班子和全体职工的辛勤努力下，农场伴随着社会主义事业的发展而成长、壮大。在60余年的发展岁月中，广大各族干部职工在中国共产党的领导下，携手共进，艰苦创业，经过几代人的努力，红旗坡农场已建设成为一个基础设施健全、内部管理制度规范、各项业务实现高科技电子化和规范化运行的现代化国有农场。

习近平总书记强调，中国特色社会主义文化，源自中华民族五千多年文明历史所孕育的中华优秀传统文化，熔铸于党领导人民在革命、建设、改革中创造的革命文化和社会主义先进文化，植根于中国特色社会主义伟大实践。编史修志，是中华民族特有的优秀文化传统，对于发展社会主义先进文化具有重要作用。《新疆红旗坡农场志》付梓面世，是农场政治、经济、文化生活中的一件大事，也是记录历史、服务当代、惠及后世的一项重要文化成果，是农场文化建设的一件盛事。

编纂出版的《新疆红旗坡农场志》系统记录、客观反映了建场以来，特别是党的十八大以来，在以习近平同志为核心的党中央坚强领导下，在自治区党委、阿克苏地委的正确领导下，农场各族干部群众团结一致、砥砺前行，顽强拼搏、奋发进取，全场政治建设、经济建设、文化建设、社会建设和生态建设取得了历史性变革。建场以来，农场经济繁荣，社会稳定，文化昌盛，人民富庶，场貌日新月异，"盛世修志"成为上下共识。2021年10月起，农场按照中国农垦农场志丛编纂委员会办公室的要求，开始编纂《新疆红旗坡农场志》，在经过充分准备，明确修志目的后，制订计划，抽调人员组织一支编纂队伍，聘请专业人员，在历史资料奇缺的极大困难中，历经艰辛，在各方面的共同努力下，把农场改革开放以来的奋斗历程、发展史实熔铸一炉，使零星散乱的资料成为一部具系统性、综合性、整体性和具"存史、资治、教化"作用的科学历史文献，以此来鼓舞士气，激发斗志，掀起农场新一轮发展热潮。做了一件有益当今、惠及后世的实实在在的好事。

《新疆红旗坡农场志》记录红旗坡农场历经分合嬗变、曲折兴衰地走过60余年的风雨历程，彰显农场在服务"三农"、推动社会主义新农村建设和为建成小康社会做贡献方面的突出业绩，是丰富红旗坡农场文化建设内涵的重要载体，是让社会各界了解红旗坡农场的信息窗口，也是我们红旗坡农场把握发展规律的必备资料。本志书集中体现农场改革与发展的历程，记述其丰富的内容和宝贵经验，对今人是一项财富，对后人同样具有极大的参考价值。读史使人明智，学习和研究红旗坡农场志，追念红旗坡农场的创业精神，探寻农场事业的发展规律，品味成败与得失，将使我们受益无穷。

回顾过去的60余年，有先驱者披荆斩棘、百折不挠的开篇壮景；也有老一辈呕心沥血、发奋图强的创业画面；还有新一代科教兴场、开拓进取的崭新篇章。这凝聚着一代代农场人智慧和汗水的历史长卷，让我们为之感慨。今天，农场秉笔直书，忠于史实，全方位、多角度、认真翔实地编纂《新疆红旗坡农场志》，以此缅怀历史、激励后人，让农场精神传承接力，发扬光大。这是农场文化建设的一项重大工程，也是农场精神文明建设的重要成果，可喜可贺！

知昔日始可喻今者，观已事所以察未然。眺望那一道道遥远而恢弘的历史的山峦：浩瀚如海的塔里木盆地依旧，蜿蜒流淌的阿克苏河依旧，屹立不倒的胡杨依旧，红旗坡农场人拼搏奋进的精神依旧。60余年来，红旗坡农场坚持解放思想、实事求是，在探索中前进、在突破中创造、在夹缝中求生、在磨难中壮大，用自己的智慧和辛劳创造着奇迹。60余年来，勤劳勇敢的红旗坡人，始终服从和服务于改革发展稳定大局，在改革中积极探索，在实践中谋求发展，在长期的工作中锻造出政治坚定、业务精通、作风优良的优秀品质，发扬特别能吃苦、特别能奉献、特别能战斗的精神，为维护社会稳定，促进经济高质量发展，做出了重大贡献。

青出于蓝而胜于蓝。我们这一代农场人肩负着承上启下、继往开来的重任，让我们以《新疆红旗坡农场志》出版为契机，激励农场各族人民进一步读志爱场，以史为鉴，勇于开拓，艰苦创业，不断增强"四个意识"，坚定"四个自信"，做到"两个维护"，在习近平新时代中国特色社会主义思想的指引下，以无愧于历史、无愧于时代、无愧于人民的新业绩，在夺取新时代中国特色社会主义伟大胜利的新征程中，谱写农场文明富裕美丽新篇章。

红旗坡农场场长、红旗坡农业发展集团有限公司党委书记、董事长

李建涛

2022年8月

新疆红旗坡农场志
XINJIANG HONGQIPO NONGCHANG ZHI

凡
例

一、指导思想

本志以马克思列宁主义、毛泽东思想、邓小平理论、"三个代表"重要思想、科学发展观、习近平新时代中国特色社会主义思想为指导，运用历史唯物主义与辩证唯物主义立场、观点、方法，客观、翔实、实事求是地记录红旗坡农场的发展过程和现状，力求全面、系统、客观地反映红旗坡农场行业特点和时代特色。

二、记述时限

本志由红旗坡农场组织编纂。上限1958年，下限2020年。为保证记述资料的系统和完整，根据掌握的文献资料，横排门类，纵述事物的发展变化过程。

三、框架体例

本志按科学分类和社会分工相结合的原则横排门类，纵述史实，述而不论。以编、章、节、目为基本结构，以述、记、志、图、表、录为体裁，采用语体文记述。以志为主，表图随之，照片集中，详近略远。书首置序，书末设编后记。除概述、大事记、附录外，设7编30章106节。为体现农场特色，设红旗坡苹果章。

四、称谓

本志一律以第三人称书写。记述单位或机构名称时，首次出现用全称，其后用习惯性简称。其他机构名称、文件名称、会议名称，首次出现时使用全称，后使用简称。志文中"自治区"指新疆维吾尔自治区，"地委"指中共阿克苏地委，"行署"指阿克苏地区行政公署，"地区"指阿克苏地区；"农场"指红旗坡农场，"红旗坡集团公司"指新疆红旗坡农业发展集团有限公司。志文中记述事物的名称，第一次出现时用全称，以后用简称。人物第一次出现冠以职务，后直书姓名；少数民族人名力求全称，在本名和父名中加"·"间隔。

五、标点、数字、计量用法

本志所用标点符号以中华人民共和国 2012 年 6 月 1 日起实施的《标点符号用法（GB/T 15834—2011）》为准。数字用法一律按中华人民共和国 2012 年 6 月 1 日起实施的《出版物上数字用法的规定》（GB/T 15835—2011）为准。计量单位一律采用中华人民共和国国家标准《量和单位》（GB 3100～3102—93），行文中不夹带计量单位符号。历史上使用过的旧计量单位，在记述时照实记录。

六、照片图表

本志照片均属红旗坡农场实物实景之照。表格均经相关单位审定，表格标题均居中排列，标题下边左侧文字表明表格序号，右侧标明表格所用的计量单位。表格序号由所在篇号加表序号组成。

七、资料来源

本志以档案、史籍、报刊资料为主，网络、口碑、调查资料为辅。志书中采用各业务部门提供的有关数据和资料。各种资料已考证、审核，文中一般不再注明出处。本志书采用的数据以报表为准。

八、人物收录

本志为倡导社会主义核心价值观，弘扬社会正能量，坚持生不立传原则。简介人物收录至红旗坡农场领导。"名表"收录农场以上单位表彰的先进集体、先进工作者，以获得荣誉时间先后为序。离退休干部以列表的方式表述，排列以离退休时间为序。

九、大事记

本志大事记以记述红旗坡农场自成立以来发生的有影响力的大事为主，采用编年体为主、纪事本末体为辅的记述方法。

中国农垦农场志丛

目 录

第三编　管理体制

第四编　基层党政群团组织与国防教育

第五编　文　　化

第六编　社　　会

第七编　人　　物

中国农垦农场志丛

概　述

（一）

新疆阿克苏地区红旗坡农场位于塔里木盆地边缘，天山南麓冲积扇地带，科克亚河下游。地处北纬 41°10′00″—41°26′00″、东经 80°09′30″—80°26′00″。场部距阿克苏市中心区 10 千米，东连阿克苏市、温宿县，西、北毗温宿县，南邻阿克苏市，国道 G314 贯穿农场南北，红旗坡飞机场坐落在农场腹地，距阿克苏火车站 8 千米。全场总面积 217.02 平方千米。其中种植用地面积 16869.93 公顷、滩涂冲积面积 2067.75 公顷、内部道路用地 1106.54 公顷、居民点用地 692.43 公顷、高速道路 66.55 公顷、机场快速道路用地 11.56 公顷、北外环 13.83 公顷、温宿迎宾路 14.43 公顷、收费站用地 8.08 公顷、国道 G314 建设用地 12.49 公顷、南外环 26.96 公顷、沉砂池 34.15 公顷、革命大渠 40.10 公顷、机关团体用地 50.21 公顷、仓储用地 23.42 公顷、林带用地 593.03 公顷、其他用地 70.38 公顷。原始地形由北向南倾斜，南部海拔为 1136.48～1177.70 米，地形坡降为 4‰～5‰；北部海拔为 1177.69～1334.00 米，地形坡降为 10‰。土壤主要为荒漠土和盐土两大类，细分为 18 种。土壤质地较轻，以沙壤为主。经过多年不懈的改良土壤，农场土地土壤状况明显改善。

农场地处中纬度欧亚大陆腹地，远离海洋，北部和西部受天山屏障阻隔，属典型的暖温带大陆性干旱气候，气候干燥，降水少，蒸发量大，日照充足，昼夜温差大，夏季酷热，冬季干冷，春季多风。各年平均温度为 9～12.6℃。多年年均太阳总辐射为 135.8 千卡/平方厘米，多年年均生理有效辐射量为 67.9 千卡/平方厘米。多年平均日照时数为 2556.1 小时，日照百分率为 58%。多年年均降水量为 62～70 毫米。常年盛行西北风，多发生于 3—6 月，一般风速为 5.5～7.9 米/秒（4 级风），最大风速为 18～24 米/秒（8～9 级风），瞬时最大风速达 40 米/秒，风力在 12 级以上。

农场灌溉唯一的地表水源为科克亚河，科克亚干渠引水，为红旗坡农场和实验林场分水配水，形成科克亚河小水系的相对独立灌区。科克亚河多年年均径流量为 0.88～1.10 亿立方米，多年年均流量为 2.56～5.66 立方米/秒。

（二）

农场自建场以来，全场干部职工拓荒耕耘，战胜狂风，克服干旱，平整土地，征服盐碱，本着"边生产、边建设、边开荒、边扩大、边积累"的"五边方针"，历经艰辛，几度转型，规模不断发展壮大。

1958年1月，中共阿克苏地委、阿克苏专区专员公署、自治区农垦厅同时发出征服大卡坡的号召，动员数百名干部和青年向戈壁进军，将万古沉睡的大卡坡命名为红旗坡。同年3月14日，红旗坡农场建场。场机关由计划财务室、生产基建室、供销室、秘书室组成场管理委员会。有基层单位15个，其中生产单位有农田队3个，园林队、蔬菜队、畜禽队各1个，非农林牧生产单位有开荒造田队5个，水利队、基建队、机耕队、供销合作社各1个。到1970年，全场有基层单位20个，其中生产单位有农田队11个，园林队、蔬菜队、畜牧队、副业队各1个，还有基建队、机耕队、水管站、学校、医务所等单位。1980年，全场基层单位中，农林牧生产单位有农田队11个，园林队、奶牛队各1个，工副业单位有加工队、工程队，其他单位有机耕队、机修队、水管站及场队中小学11所，场队医疗机构6个。1990年，全场农林生产单位有农田队10个，园林队2个，工副业单位有工业单位6个，商业单位2个，工程队、副业队及运输单位各1个，其他单位有农机站、水管站、场办中小学12所及场队医疗机构7个。2000年，全场农林生产单位有农田队11个，园艺分场2个，园艺实验站1个，场办工商运建业单位9个，其他单位有水管站、场办中小学13所及场办医院1所。

2016年2月2日，阿克苏地区红旗坡农场企业化改制，成立新疆红旗坡农业发展集团有限公司，公司管理机构设董事会、监事会，形成管理、经营、监督三分离的工作机制。11月22日，红旗坡集团公司内设行政办公室、党办室、财务室、人力资源部、法律事务部、纪检审计监察部、投资发展规划部、生产基地管理部、群众工作部9个部（室）。

2020年底，红旗坡集团公司内设10个部（室），分别为办公室、党委办公室、财务核算部、人力资源部、生产经营部、投资发展部、纪检监察审计部、法律事务部、群众工作部、市场营销部。辖阿克苏分公司、新疆阿克苏振泰房地产开发有限公司、阿克苏红旗坡雪峰生态旅游牧业有限公司、新疆红旗坡云农物流产业园股份有限公司、阿克苏红旗坡林果开发股份有限公司、阿克苏优能农业科技有限公司、阿克苏地区红旗坡源生态农业发展有限公司、阿克苏优购市场运营有限公司、新疆红旗坡源动力水务有限公司9个分（子）公司，其中阿克苏分公司下设园艺一分场、园艺二分场、园艺三分场、园艺四分场、园艺五分场5个分场。园艺一分场下辖园林一队、园林五队、园林六队，园艺二分场下辖园林二队、园林三队、园林四队，园艺三分场下辖园林八队、园林九队、园林十队，园艺四分场下辖园林十一队、园林十二队、园林十三队；水务公司管理有水管站、自来水厂、实验站、基地一队、基地二队；阿克苏红旗坡林果开发有限公司下辖阿克苏金物联电子商务有限公司；振泰公司管理有园艺七分场。

（三）

坚持不懈抓组织建设，加强党员教育和党风廉政建设，发挥党组织的战斗堡垒作用和党员的先锋模范作用。

农场党组织成立后，围绕工作中心，加强组织建设，完善各项规章制度，严格组织管理，不断探索农场组织建设工作新路子。组织开展各项活动，发挥党委政治核心作用、支部战斗堡垒作用、党员先锋模范作用、共青团先锋队作用和职工的"主人翁"精神，为农场各项工作开展提供坚强组织保证。深入开展"三个代表"重要思想学习教育、保持共产党员先进性教育活动、科学发展观教育实践活动、创先争优活动、党的群众路线教育实践活动、"三严三实"专题教育、"两学一做"学习教育、"不忘初心、牢记使命"专项活动，党的建设全面加强，各族群众获得感、幸福感得到增强。全面推进党的思想建设、组织建设、作风建设、制度建设和党风廉政建设，全力打造党的领导坚强有力、党的作风优良高效、党员教育常抓不懈、干部培养措施得力、反腐倡廉成效显著的风清气正的良好政治环境。

场党组织坚持民主集中制原则，建立健全党建各项制度，实行民主决策机制。重大决策出台前广泛听取各方面意见，集思广益，力求决策科学化、民主化。健全党内民主生活会制度，深入开展谈心交心活动，广泛征求干部职工意见，积极开展批评与自我批评，认真抓好整改措施的落实。

农场党组织做好入党积极分子、发展党员培养工作。加强党员队伍建设，加强对党员的教育、管理和监督。坚持每周政治理论学习制度，积极落实"三会一课"制度，通过开展向模范人物学习活动，组织"党员活动日""扶贫帮困"等活动，丰富党员教育工作的内涵，增强党员教育工作的实效。

中共红旗坡农场纪律检查委员会以建立健全惩治和预防腐败体系各项规章制度为重点，以制约和监督权力为核心，以提高制度执行力为抓手，加强整体规划，逐步建立内容科学、程序严密、配套完备、有效管用的反腐倡廉制度体系。落实党风廉政建设责任制，坚持标本兼治，努力从源头上预防和治理腐败，抓好落实"廉政准则"和党员干部"八个不准"规定。利用各种形式大力宣传党风廉政建设和反腐倡廉工作的各项规定。将惩防体系工作任务进行分解落实，场长与各部室负责人，认真落实"三重一大"管理要求，对重大决策、重要干部任免、重大项目安排和大额度资金使用等重要问题，均通过集体讨论决定。场党委加强纪检监察制度建设，结合内外部检查、风险排查、加强员工异常行为管理等措施，为更好地加强党风廉政建设工作奠定了措施保障。

农场工会、共青团、妇联等群团组织充分发挥桥梁、纽带作用，积极投身物质文明建设、精神文明建设以及农场文化建设活动，为农场事业发展做出积极贡献。工会组织紧紧围绕党的中心工作，带领干部职工学习有关法律法规和规章制度，开展干部职工政治思想教育，丰富干部职工业余生活，维护干部职工合法权益。共青团组织引导青年干部职工弘扬艰苦创业和爱岗敬业精神，立足本职岗位，争创一流成绩。妇联依法维护女职工的合法权益和特殊利益，认真履行职责。大力开展"巾帼建功"活动，开展文体活动，开展"自尊、自信、自立、自强"教育，充分发挥"半边天"作用。

场党委按照"共同团结奋斗、共同繁荣发展"的民族工作宗旨，始终把民族团结工作作为推进全场发展的基础性工作常抓不懈。一方面在全场各族干部职工中，认真贯彻党的民族政策，推动党的民族理论、民族政策、法律法规、民族知识、民族团结典型人物事迹进头脑，实现民族团结教育全覆盖；另一方面完整准确贯彻新时代党的治疆方略，对广大党员和干部进行深层次的维护民族团结教育。突出各民族交往交流交融和铸牢中华民族共同体意识，并不断地加以引导，夯实民族团结的基础，全场呈现出共同发展、共同繁荣进步的良好局面。

农场在抓好各项工作的同时，狠抓精神文明建设。坚持不懈地进行党的方针路线教育，坚持爱国主义、社会主义教育，以及公民道德、民族团结、军民共建和综合治理教育，积极营造优美环境、优良秩序、优质服务，对干部职工进行有理想、有道德、有文化、有纪律的"四有"教育。开展优美环境、优良秩序、优秀作风等竞赛活动，规范职工职业道德。开展民族团结教育，开展爱心捐助、军警共建、文明单位创建等活动，促进各民族团结友善；弘扬和倡导社会新风，奉献爱心资助他人。以推进农场事业发展为重点，促进各项工作的落实，提高全体干部职工的思想道德素质和科学文化素质，把农场精神文明建设和农场各项事业紧密结合起来，为推动农场发展做出贡献。

（四）

农作物结构逐步优化。1958 年农场成立后，以粮食种植为主，粮食生产逐步发展。

建场至 2010 年，粮食作物播种面积最多的 1971 年为 1564.07 公顷，比 1959 年增加 52.3%，当年粮食作物面积占农作物总面积的 88.4%，粮食总产 1904.03 吨，比 1959 年增加 1.52 倍。1980 年后，在提高单产、保证总产的原则下，压缩粮食作物播种面积。1996 年，粮食作物播种面积占农作物面积的比例为 48.2%，粮食总产 5008 吨，创历史最好水平。

1980 年后，农场逐步调整农作物内部结构，适当扩大甜菜种植，1997 年甜菜种植面积最多为 374.33 公顷，占当年农作物面积的 19.8%。1990 年开始，大幅度压缩粮食作物种植面积，扩大棉花种植面积，棉花开始占据农场的主导地位。2007 年是棉花种植面积最大的一年，为 2392.8 公顷，占农作物面积的 96.1%，总产（皮棉）2494.47 吨。

20 世纪 80 年代后期开始，农场大力发展果类生产。1990 年，果类种植面积达到 763.93 公顷。2002 年果类种植面积 1150 公顷，首次超过农作物种植面积。2010 年果类种植面积增为 7597.6 公顷，占耕地总面积的 89.01%。2020 年，果类种植面积达到 14252.6 公顷，其中苹果种植面积 6376.2 公顷。1998 年，果类生产总值 1754.06 万元，占全场生产总值的 35.7%，首次居各业之首。2000—2020 年，果类生产总值占全场生产总值的比例持续居于首位。2020 年，全场总产值 112145.23 万元，其中林果业产值 109586.88 万元，占比达 97.72%。

农场产业结构逐步调整。20 世纪 80 年代中期开始，工副业逐步进入发展高峰期。1988 年，工副业生产值 391.33 万元，占全场生产总产值的 38.6%，位居各业之首，1989 年、1990 年、1993 年和 1994 年继续保持首位，占全场生产总产值的比例分别为 39.9%、34.9%、35.5% 和 36.5%。进入 21 世纪后，农场对工副业进行战略性调整，林果业在产业结构中的比重持续上升，工副业比重持续下降。受市场因素影响，至 2005 年，企业纷纷关停并转或改制。2010 年后，随着农场林果业的兴起，农场开始围绕果品产业链，推进向优势产业集中布局，发展优势农产品深加工，提高产品附加值。

（五）

经济效益逐步提高。1958—1984 年，农场连续 27 年亏损，累计亏损 1332.25 万元。1985 年，农场扭亏为盈，实现经济效益历史性的转折。1989 年，农场盈利 80.4 万元。20 世纪 90 年代，其中 9 年盈利累计 885.79 万元，其中盈利最多的 1997 年为 289.13 万元。2007 年起，农场的发展进入新阶段。新植果园基本进入盛果期，以农场为奥运指定果品生产基地、农场生产的苹果等果品为奥运指定果品为标志，农场生产的果品得到消费者的认可，市场供不应求，农场的发展进入快车道。2008—2015 年，全场净利润分别达到 3168.01 万元、3364.44 万元、4177.78 万元、4221.36 万元、2713.49 万元、5419.32 万元、6589.26 万元、5469.47 万元。2016 年，集团公司成立后，开始进行多元化经济改革，采取以林果业生产为核心、延伸产业链和资源整合。因处于市场布局阶段，大量投资未取得收益，2020 年农场亏损 985.4 万元。

职工收入逐步增加。建场至 20 世纪 70 年代，农场职工收入很低。1975 年，全场职均收入 308 元。20 世纪 80 年代中期，实行各种形式的承包责任制以后，职工收入逐步增加。1985 年，全场职均收入 1285 元，人均收入 550 元。1989 年，全场职均收入 1935.4 元，人均收入 610 元。1997 年职均收入 7440 元，人均收入 2063 元。2007 年，全场人均纯收入 7600 元。2012 年，职工增收势头依然强劲，全场人均纯收入达 9764 元。2014 年，红旗坡冰糖心苹果价格高，收益好，全场果农平均收入突破万元大关，达到 10068 元。2020 年，职均收入为 19182 元。

（六）

实施品牌战略。农场经过多年的发展，从种植粮食作物到经济作物，到林果业，逐步摸索出适合自己的发展道路。尤其是 20 世纪 80 年代后期开始，大力发展果类生产，引进富士系列。经过果品种植结构调整与优化，尤其是 2000—2012 年苹果大发展时期的品种结构变化，奠定了红旗坡苹果主栽培品种的基本格局。先后引进长富 2 号、烟富 3 号、烟富 6 号、寒富、秋富、宫崎富士、蜜脆等红富士优系，选育"新红一号"苹果新品种，并推广种植。苹果栽培方式以乔化中密或密植为主，加强果树灾害防治，重视标准化基地建设。建立苹果标准化示范园，制定并形成红旗坡苹果标准化体系。在苹果种植中严格执行各项规范要求，通过政府与企业、农户、产业协会、产业基地＋地理商标＋销售终端的互联推进，从"红旗坡苹果"产业基地建设入手，打造"生态、绿色、有机"林果产品。实行统一标准、统一收购、统一分类、统一包装、统一品牌，不断提高苹果基地的标准化建设，提升林果产品质量和效益，通过项目示范带动苹果产业的发展。1999 年，农场注册"红洁蜜"牌商标。2001 年，红旗坡苹果生产基地被自治区认定为无公害农产品生产基地，同时颁发无公害农产品资格证书。红旗坡农场成功注册"红旗坡"商标，被自治区工商局评为著名商标，红富士苹果被评为"新疆农业名牌产品"，新疆第一个地理性著名商标就此诞生。2003 年，"红旗坡"牌系列水果被自治区消费者协会评为"推荐商品"。2005 年 11 月，"红旗坡"牌被自治区工商局评为著名商标。2007 年，在"北京奥运会推荐商品评选"活动中，"红旗坡"牌红富士苹果获得一等奖。红旗坡农场被列为北京奥运会指定果品生产基地。2008年，"红旗坡"牌红富士苹果获得"中国知名品牌"，2008年北京奥运会指定果品。2009年，经农业部实地调研，红旗坡农场成为新疆首个实施农产品质量追溯的农业企业。2011年2月，红旗坡农场通过质量追溯项目验收和农产品质量追溯体系认证。2011年5月，红旗坡农场正式使用中国地理标志产品保护。统一规范阿克苏苹果品牌的包装、标识和二维码，让"阿克苏苹果"有自己合法的"身份证"。2012年，"红旗坡"牌红富士苹果获得中国国家林业博览会金奖。2013年后，农场加快特色红富士苹果产业化进程，提高市场竞争力，以实施红富士苹果农业标准化示范区建设项目为突破口，推进红富士苹果无公害产品质量认证和产地认证，推广苹果无公害栽培技术、幼龄苹果园优质高效早产早丰综合配套栽培技术、疏花疏果和苹果套袋栽培技术等，并发布实施红富士苹果地方标准，促进苹果基地建设。2014—2020年，农场大力实施"红旗坡"品牌战略，凭借高品质的"红旗坡"果品和优质的服务信誉赢得消费者的青睐，发展成为阿克苏乃至新疆的一张亮丽的名片。农场全力开展苹果品牌的推介工作，参加博览会、推介会，举办宣传周、网络文化节等活动，全方位推介红旗坡苹果。在阿克苏地区连续7年参加新疆特色果品（阿克苏）交易会，并开展果品评比活动。2020年，农场已发展成为重点突出（红富士苹果）、品种齐全（香梨、葡萄、核桃、红枣、桃、杏等）的果品生产格局，成为阿克苏苹果主产区和阿克苏地区果品主要生产基地。

（七）

红旗坡农场在62年的发展过程中，形成了"团结拼搏、艰苦奋斗、不懈追求、居胜思进、争创一流"的精神，打造了"管理出队伍、管理出团结、团结出干劲、团结出成果"的核心文化。农场的文化是通过自身管理实践所形成的并为各族干部职工共同创造和遵循的价值观念、职业道德、行为规范及创新能力的总和。为充分发挥农场文化在提高管理水平、增强核心竞争力、促进改革发展中的作用，农场把人的因素摆在管理的突出位置，充分信任、尊重和关心各族干部职工，把干部职工的自我发展和价值实现与农场发展结合起来。农场借鉴先进的管理理念和文化建设的优秀成果，用创新的思维对现有的文化进行整合、提升和创新，进一步弘扬时代精神，与时俱进，探索在发展中创新、在创新中发展农场文化，使农场文化建设不断适应新时代、新目标、新任务的要求。从而为农场塑造良好的外部形象，赢得社会的认可。

（八）

红旗坡农场取得的历史性成就，得益于农场党委、场管理委员会坚持以人民为中心的发展理念，带领全场各族职工，坚持发展为第一要务，立足场情，突出特色，发挥优势，不断探索深化具有农场特色的发展之路。实施的生态经济强场战略，就是对场情认识不断深化、发展思路不断完善、主导产业不断明晰、发展速度不断加快的过程。全场经济快速发展，综合经济实力明显增强；主导产业不断壮大，经济结构逐步优化；农场面貌日新月异，人民生活显著改善，一个和谐、文明、富裕的新农场已经展示在世人面前。回顾农场62年来的光辉奋斗历程，认真总结经验和教训，对于促进全场物质文明、精神文明、政治文明、社会文明、生态文明建设具有十分重要的意义。红旗坡农场国民经济和社会发展62年来成就，总结出重要经验是做到"五个坚持"、弘扬"五种精神"。

"五个坚持"。坚持党对农场工作的领导，服务大局。农场作为国有农业经济的骨干和代表，始终把坚持党的领导作为一切工作的根本原则，坚持党对农场工作的领导，是深化农场改革开放必须坚守的政治方向和政治原则。实践证明，只有坚持党的领导，才能准确把握农场改革开放的方向，确保各项政策措施的贯彻实施，形成推动农场改革发展的合力；只有坚持党的领导，才能凸显农场企业的战略定位，更好地发挥农场重要农产品有效供给的中坚作用。坚持社会主义市场经济改革方向，不断创新体制机制。62年来，农场不断破除体制机制的藩篱，克服"等、靠、要"的思想，大胆创新实践，不断丰富农场经济，实现由计划经济向市场经济的转变。从财务包干、放权让利、推行各类责任制、搞活国企经营机制，到农场管理体制改革，抓大放小，建立现代企业制度；从完善公司法人治理结构，改组组建和发展各类专业公司，实施并购做大做强，到参与混合所有制改革，完成传统国有企业的公司制改革，一路走来，农场冲破计划经济体制的束缚，逐步确立企业在市场的主体地位，实现从行政管理向资本管理的转变、从传统企业向现代企业的转变。坚持推进农场农业现代化，实现绿色高质量发展。农场以农为基，健全完善以职工家庭经营为基础，突出抓好加快构建现代农业产业体系、生产体系、经营体系三个重点，不断解放和发展生产力，引领现代农业发展。贯彻新发展理念，深入推进农业供给侧结构性改革，积极探索现代农业融合，实现资源的高效集约利用，绿色高质量发展之路愈走愈宽。坚持因地制宜，统筹兼顾。农场改革始终强调分类指导、因地制宜；始终强调立足场情、统筹协调各方利益，处理好改革、发展和稳定的关系；始终强调全面统筹，把握改革的重点领域和关键环节，全面系统而又积极稳妥地推进；始终把维护广大职工群众的利益作为农场工作的出发点和落脚点。坚持传承和弘扬"艰苦奋斗、勇于开拓"的精神。农场人克服困难、敢为人先，不断推进农场体制机制和各个领域的改革创新，铸就了农场事业新辉煌。在艰苦卓绝的创业和改革开放的实践中逐渐形成并发展的农场精神和农场文化，承载着时代特点和行业特色，是农场建设者综合素质的集中反映，更是农场系统的无形资产和无价之宝。弘扬农场精神，创新农场文化，是农场适应新形势、不断完善自我、提高竞争力、加快改革发展的需要。

弘扬"五种精神"。解放思想、实事求是的精神；紧跟时代、勇于创新的精神；知难而进、一往无前的精神；艰苦奋斗、务求实效的精神；淡泊名利、无私奉献的精神。

大鹏一日同风起，扶摇直上九万里。回首过去，红旗坡农场正处在发展的重要战略机遇期，经过多年的发展积累，已进入大发展的历史机遇期。勤劳朴实的农场干部职工已经并将继续发扬艰苦创业、自强不息的进取精神，锐意进取、不断开拓的创新精神，兼收并蓄、海纳百川的开放精神，在自治区党委、中共阿克苏地委、阿克苏地区行署领导下，以习近平新时代中国特色社会主义思想为指导，认真落实习近平总书记关于新疆工作重要指示精神、第三次中央新疆座谈会精神，贯彻新时代党的治疆方略，铸牢中华民族共同体意识，贯彻依法治疆、团结稳疆、文化润疆、富民兴疆、长期建疆，坚决打赢疫情防控阻击战，建设团结、和谐、繁荣、富裕、文明、进步、安居乐业、生态良好的美好农场而努力奋斗。农场的未来一定会更加美好，农场人民的生活一定会更加幸福！

大　事　记

● **1958 年**　1 月初　阿克苏地委开始筹建专区农场。

1 月上旬　阿克苏专区先后抽调机关干部和阿克苏、温宿县民工 1800 多人，阿克苏军分区和驻地部队出动部分指战员，为农场挖筑台兰河引水总干渠。至 3 月上旬，9 千米长的总干渠通水。投资 13.5 万元。

3 月 3 日　中共阿克苏地委任命蔡金钊为筹建中的阿克苏专区农场首任场长。

3 月 14 日　阿克苏专区农场正式成立，定名为地方国营阿克苏专区第一农场。是时，农场有职工 1060 人。农场组建 12 个生产队，一队为农业生产队、二队为渠道基建队、三至九队为开荒造田队、十队为房屋基建队、十一队为畜禽队、十二队为蔬菜队；7 个独立生产组，分别为灌水组、平地施工组、运输组、苗圃组（10 月 26 日改为园林队）、铁工组、机耕组（11 月 12 日改为机耕队）、供销组。

3 月　阿克苏地委任命周传家为阿克苏专区农场党委副书记。是时，农场有中共党员 35 人，分设 2 个党支部。

3 月　阿克苏专区任命周传家、司马益·热西甫为阿克苏专区农场副场长。农场机关设计划财务室、生产基建室、供销室、秘书室，组成场管理委员会。

3 月　农场成立共产主义青年团总支部，有团员 113 人，首任团总支书记王玉琦。

4—5 月　农场从库车、沙雅、新和、乌什、阿瓦提、阿克苏、温宿、柯坪县招收农工 830 人。

5 月　农场成立基建队。

10 月 4 日　阿克苏专区任命吐尔逊·司拉依力为农场副场长。

10 月 19 日　地委批准成立农场党委会，由 3 人组成，周传家任党委副书记，蔡金钊、罗合俊为委员。

12月 农场基层单位调整为6个生产队(农业队3个,园林队、畜禽队、蔬菜队各1个),5个开荒造田队,水利队、房屋基建队、机耕队、供销社各1个。

12月 农场召开第一次工会会员代表大会。

1958年 农场以开荒造田为生产建设头等大事,开荒造田1625.33公顷。

1958年 农场种植粮食作物收获面积36.53公顷,产量26.88吨。农场粮油全由国家供应。

1958年末 农场总人口2803人,其中职工1890人。

● **1959年** 1月 农场新组建砖窑厂、榨油房、化肥厂、被服厂、煤矿、鸡兔场、豆腐房、石灰厂、轧花组、皮毛加工组、莫合烟组、制糖厂、缝纫组、草席组、水磨房等工副业生产单位。

2月 农场机关增设工副业室。

8月 农场整合副业生产单位,成立副业队。

8月 农场接收安置安徽省卢江县支边青年177人。

10月 农场基层生产单位编为农田生产队一队至八队,另有蔬菜队、畜牧队、水利基建队、开荒造田队、园林队、机耕队,场工副业室管理房屋基建队、砖厂、化肥厂、加工厂、门市部及食堂。

11月15日 阿克苏专区任命柴有德为农场场长,居维香为农场副场长。

11月 温宿县九区兰干农业社、库木塔木农业社先后划归农场。

1959年 农场粮食作物收获面积1027.2公顷,总产756.85吨。国家供应农场缺粮146吨。

1959年 农场财务亏损17.69万元。

● **1960年** 1月15日 自治区农垦厅在农场召开南疆片农场工副业生产现场会。

2月21日 科克亚河引水总干渠第一期工程开工。工程由地委、专署统一领导,成立临时指挥部。参加施工人员有阿克苏专区机关干部、军分区和驻地部队指战员以及农场职工3000多人。至5月10日,完成总干渠挖基砌石21.2千米,并试放水。投资8.06万元。

5月 农场接收安置江苏省常熟支边青年141人。

8月28—30日 农场召开首届劳模会议,有45名劳动模范获得表彰,其中一等模范10人、二等模范18人、三等模范17人。

8 月　农场开始办学，成立子弟小学。

10 月 20 日　地委决定成立中共阿克苏专区地方国营农场总场委员会，阿克苏专区第一农场更名为阿克苏专区红旗坡农场。总场党委书记张先贵兼任红旗坡农场党委书记，周传家任党委副书记。党委设党委办公室。

12 月　对基层单位调整，农田队改变排序编为新的一至七队。水利队、开荒造田队撤销。

1961 年　4 月 21 日　农场各工副业单位整合为综合加工厂。基建队撤销。

4 月　农场成立水管站。

5 月 7 日　农场遭遇 8 级以上大风，持续 6 小时。各种农作物受灾面积 456.2 公顷，其中严重受灾面积 100.73 公顷、绝收面积 54.87 公顷。

9 月　农场接收铁路学校下放人员（湖北支边青年）143 人，组建农田八队。

11 月 22 日　农场接收专区机关厂矿下放干部工人 136 人，组建农田九队。

1961 年　农场开始实行三包（包工、包产、包财务），一奖（超产奖励），四固定（固定土地、固定劳力、固定投资、固定牲畜农具）。

1962 年　2 月 15 日　农场召开首届职工代表大会，选举产生场务管理委员会。

3 月　阿克苏专区农场总场决定，科克亚河总干渠引水，开始给实验林场分水。

3 月　专区任命阿不都·瓦衣提任农场副场长。

4 月 26 日　专区任命李作祯为农场副场长。

6 月　农场首次组建民兵营。

9 月　农场机关设治安保卫股。

10 月 19 日　专区任命周传家为农场场长。

10 月　专区农场总场党委撤销，张先贵任红旗坡农场党委书记。

10 月　农场接收安置乌鲁木齐铁路局下放职工 100 多人。

1962 年　农场撤销加工厂，改为副业队。

1962 年　农场成立妇女联合会，各基层单位成立妇女联合小组。

1962 年　上级分配农场电影放映机。

1962 年　农场粮食总产 740.26 吨，实现粮食自给有余，首次上交国家粮食 31.7 吨。

● **1963 年** 1 月　专区农场总场试验站移交红旗坡农场。

1 月 30 日至 2 月 2 日　农场召开首届先进生产（工作）者代表大会，39 名代表参会。会议选举农田四队指导员阿不都热衣木·尼亚孜为先进集体和先进个人代表，出席专区先进生产者代表大会。

5 月 3 日　专区任命刘海森为农场副场长。

5 月　科克亚河总干渠第三期工程自 1962 年 12 月动工至 1963 年 5 月完工，干渠 21.2 千米加高，延长 3.3 千米，新建、改建部分配套设施，投资 10.5 万元，按设计要求建成科克亚河总干渠。

7 月 2 日　阿克苏专区任命吐尼牙孜·买买提为农场场长。

1963 年　农场粮食生产大丰收，总产首次突破 1000 吨，为 1262.21 吨，比 1962 年增产 70%。

● **1964 年** 7 月　自治区党委批准，从 1965 年 1 月 1 日起，阿克苏专区红旗坡农场转为自治区直属地方国营农场。

8—11 月　农场建成阿克苏门市部（含民汉餐厅及销售门市部），建筑面积 996 平方米，投资 6.4 万元。

1964 年　农场被评为专区级"五好"单位。

1964 年　自治区党委〔1964〕544 号批文附件明确划定红旗坡农场四至地界。

1964—1965 年　农场定植果园 77 公顷，其中梨园 38 公顷、苹果园 38 公顷，被称为"六四"果园、"六五"果园，标志着农场林果业开始起步。

● **1965 年** 1 月 1 日　阿克苏专区红旗坡农场转为自治区直属地方国营农场，农场的计划、财经、人事和物资调配归自治区农垦厅管理，农场的生产、行政工作由自治区农垦厅和阿克苏地委、专署双重领导，农场内党的工作、政法、文教、卫生等工作分别归阿克苏地委和专署管理。

2 月　农场成立党委监察委员会，王汉臣任书记。

4 月 7 日　阿克苏专区任命黄荣为农场副场长。

5 月 23 日　蔬菜队合并到园林队。

5 月 29 日　农场遭风雨袭击，历时 2.5 小时，渠系被淹或被冲毁，淹没农作物 52.33 公顷、林带 300 米。

7—8 月　农场接收安置江苏省镇江市支边青年 422 人，其中男 208 人，女 214 人。

1965 年　农场职工夏仕友获"全国劳动模范"称号，出席全国劳动模范代表大会。

1965 年　农场新建居民点 3 个（支边青年居民点 2 个），建筑面积 5095 平方米，投资 14.27 万元。

1965 年　农场生产经营首次盈利 0.27 万元，其中农业生产盈利 1.56 万元，农场财务净亏损减为 2.57 万元。

● **1966 年**　1 月 1 日　农场成立政治处，为党委办事机构。

2 月　专署领导主持，召集有关部门、单位负责干部协商决定，温宿县塔拉克库塔、库台力克草场划给农场作为畜群放牧草场。

3 月 17 日　农场成批接收安置退伍军人 100 人。

3 月　农场召开共产主义青年团第一次代表大会。

4 月 16 日　农场成立林管组。

4 月 28—30 日　自治区农垦厅厅长到农场检查工作。

4 月　农场召开第一次妇女代表大会。

6 月　地委任命依米提·阿西木为农场党委副书记。

6 月 1 日—8 月 15 日　农场配合自治区农垦厅工作组在农田二队进行改革农场经营管理制度和"三包制"试点。"三包"改为包产量、包费用、包上交，超额实行双重奖，即超粮奖、超交奖。

8 月　农场第五生产队划归阿克苏专区农业科学研究所。

12 月　农场各基层单位全部成立贫下中农协会。

1966 年　农场职工吐尼牙孜·依明在自治区农垦厅召开的学习毛主席著作积极分子代表大会上受到表彰。王巧云、吾守尔·夏尤甫、吾介克·依地力斯、托乎提·阿吾提、吐尼牙孜·大比提、睦生年 6 人获阿克苏地区"五好"（学习好、身体好、思想好、劳动好、能力好）积极分子称号。

● **1967 年**　3 月　阿克苏军分区毛泽东思想宣传队派驻农场。

4 月 28 日　经阿克苏军分区批准，农场组成生产领导班子，军代表王进胜任主任，黄荣、王福堂任副主任，委员 8 人。

● **1968 年**　2 月 19 日　农场成立农田十队。

1968 年　经阿克苏军分区生产办公室批准，农场子弟学校开始开设初中班。

● **1969 年**   4 月 17 日   农场成立革命委员会，主任王广才（军代表），副主任阿不都热衣木·尼牙孜、童保仁（群众代表）、吴玉春（群众代表）、姜春生，常委 4 人，委员 10 人。革委会下设办事组、政工组、生产组、财务组、人保组 5 个办事部门。

5 月   农场撤销"五七公社"和"红联总"群众组织。

● **1970 年**   1 月 21 日   农场成立"整党建党核心领导小组"。至 8 月，对农场原 1 个党委、11 个党支部、89 名正式和预备党员进行整顿。通过整顿，党员中暂挂 10 名，开除 4 名，其他党纪处分 2 名。过程中，发展新党员 24 人。

5 月   农场成立农田十一队。

7 月 18 日   各基层党支部开始陆续成立，恢复日常领导和组织活动。

9 月 7—12 日   农场召开首届党员代表大会，出席会议代表 39 名。

9 月 17 日   农场建立党委会，党委书记王广才，党委副书记周传家、阿不都热衣木·尼牙孜，委员 6 人。

10 月 16 日   农场恢复菜队。

10 月   农场开始建沙合提水库。至 1973 年建成，累计投资 16.82 万元。

1970 年   农场成立水工队。

1970 年   农场粮食总产 1799.25 吨，比上年增产 31.3%，比 1960 年增加 2.7 倍。人均生产粮食 403.1 千克，比 1960 年增加 1.8 倍。

1970 年   农场财务亏损 34.23 万元，比上年减少 26.4%。

● **1971 年**   1 月   农场党委在党内开展"反骄破满、立廉谨慎、开门整风"运动。

3 月 1—5 日   农场召开首届三级代表会议。

3 月   阿克苏专区奶牛场（奶牛配种站）移交并入农场，成立奶牛队。

5 月   农场先后 3 次遭受 7 级以上大风袭击，467 公顷农作物受灾。

6 月 15 日   经阿克苏专区批准，农场成立糖厂筹建处，开始筹建红旗坡农场糖厂。

7 月 5—7 日   农场连降暴雨，盐碱上升，形成严重碱害。同时，因暴雨形成洪峰，科克亚河洪水直冲农场，给农场造成重大损失。

10 月 26 日   文武志（军代表）任农场党委书记。黄荣任农场党委副书记。

10 月   农场成立战备领导小组。对全场民兵进行整顿，新组建基干武装民兵连 2 个。

1971 年　农场由自治区下放阿克苏专区管理。

1971 年　农场第一个机械化生产的工业项目——面粉厂初步建成。

1972 年　4 月 9 日　农场成立糖厂临时领导小组。

6 月　农场成立农田十一队。

1972 年　农场基建队改为工程队。

1973 年　4 月 23—25 日　农场召开共青团第二次代表大会。

9 月 27 日　经阿克苏军分区批准，农场成立民兵连。

1974 年　3 月 23—28 日　农场召开首届贫下中农代表会和农业学大寨会议。

4 月 15 日晚　农场棉花仓库发生一起火灾事故，经过 3 个小时的抢救，将火熄灭。在灭火过程中，4 人受伤，造成损失 1.4 万元。

5 月　农场恢复妇女联合会。各基层单位重新组建妇联组织，全场基层妇联小组 18 个。

1974 年　农场开始实行基本口粮加工分口粮的口粮分配办法。

1974 年　农场成立机修队。

1974 年　农场开始恢复实行"三定"（定产量指标、定工资总额、定财务盈亏指标）、"一奖"（超收留成奖励、短收或超亏承担经济责任）制度。

1975 年　1 月 22 日　农场授予机耕队、四队党支部、一队团支部为先进集体，乌守·瓦得被授予先进个人，出席地区农业学大寨大会。

4 月 17 日—5 月 14 日　农场连续遭遇 5 次 7～8 级大风，部分农作物被刮倒或被沙埋，受灾面积 473.87 公顷，其中绝收面积 249 公顷。

4 月　新疆生产建设兵团撤销，农一师并入地区，成立地区农垦局，红旗坡农场归属地区农垦局管辖。

4 月　糖厂建设接近竣工。地区决定移交地区直接管理，名称为阿克苏地区红旗坡糖厂。

11 月　阿不都热衣木·尼牙孜任农场党委书记。

12 月　农场调整机关党政工作部门。

1975 年　农场职工乌守·瓦得获"阿克苏地区先进工作（生产）者"称号。

1976 年　10 月　农场增设人民武装部、劳资科，生产科和机务科合并为生产机务科。农场设人民法庭。

11 月 3 日 农场成立职工医院，有职工 53 人，病床 64 张。当时，基层单位有医务所 3 个。

1976 年 下半年开始，农场子弟学校开设高中班。

1976 年 农场粮食较大幅度增产，总产 1704.28 吨，比上年增产 22.7%。

● **1977 年** 1977 年 农场开始全面实行"两定一留"制，即定主要产品计划指标、定财务盈亏指标、超收按比例留成。

● **1978 年** 4 月 20 日 农场成立钻井队。

10 月 农场开始开展"揭、批、查"运动。"揭、批、查"中，受到审查的人员共 35 人，受到各种处分和处理的人员 13 人。至 1979 年，复查落实政策 73 人。

1978 年 农场粮食总产 1981.2 吨，比上年增产 12.1%。农场财务亏损 54.89 万元，比上年减亏 32.9%。各单位中，盈利上交单位 4 个，超交单位 2 个，比计划减亏单位 4 个，比上年减亏单位 8 个。

● **1979 年** 4 月 农场机关设组织科、宣传科、保卫科，3 个科为农场党委会和管委会双重职能部门。

1979 年 农场成立纪律检查委员会，吴树枫任书记。

1979 年 农场新组建两个民兵连。

● **1980 年** 1980 年 农场开始引进红富士苹果，扩大红富士苹果和香梨等优良品种果树种植。

1980 年 农场粮食总产首次突破 2000 吨，达到 2099.37 吨，比 1979 年增加 58.9%。

1980 年 农场财务亏损 127.96 万元。

● **1981 年** 7 月 31 日 仓库从副业队划出，单独成立为农场仓库。

1981 年 农场开始新建红旗坡三角地综合服务部，建筑面积 335 平方米，投资 2.35 万元。

1981 年 农场首次考核、评议专业技术人员职称，聘任各系列专业技术职称人员 81 人。

1981 年 农场果类产量首次超过 1000 吨，达到 1047.9 吨。

1981 年 农场修订《"三定一奖"若干问题实施细则》，对队的"四固定"改为"五固定"，增加固定机力服务单位。

● **1982 年** 1 月 地区恢复农一师建制，红旗坡农场归属农一师，更名为农一师红旗坡农场。

3月20日　农场机耕队、农田八队机务排建制取消，并入机修队建制。

5月10日　农场重新成立畜牧队。

1982年　农场制定《经济责任制实施细则》，实行定、包、奖经济责任制和浮动工资制。

1982年　农场成立电影放映队。

1983年　5月　农场召开共青团第三次代表大会。

9月1日　红旗坡农场脱离农一师，回归阿克苏地区行署农业处管理，为地区直属农场。

10月　农场改建砖厂，首次配备制砖机、压砖机，开始机械制砖生产。

10月　地区行署任命外司丁·牙生、史国基为农场副场长。

1983年　农场试行财务大包干和承包经营责任制。

1983年　阿克苏撤县设市，农场由温宿县划入阿克苏市行政区，建制仍为地区直属。

1984年　2月14日　农场子弟中学维吾尔族部改为第一中学，汉族部改为第二中学。

6—8月　地委、行署派工作组进场进行组织整顿，重新组建党委、场领导班子和部门、连队党政领导班子。

7月28日　农场重新组建场党委，成员7人，阿不都热衣木·尼牙孜任农场党委书记。王福堂任农场场长、党委副书记，阿不都力米提·艾买尔、姜春生、马文宗任副场长。组成纪律检查委员会，王巧云任书记。

10月20日　阿克苏地区行署以阿行署发〔1984〕089号文件再次明确农场四至界线。

12月　农场制定《生产经济责任制实施细则》。

1984年　农场开始扩大甜菜种植，当年种植面积135.53公顷，总产2694吨。

1984年　农场财务亏损39.98万元，比1983年减亏39.8%。全场生产单位中，10个单位盈利，共上缴利润61.7万元，7个单位经营性亏损共计21.95万元。

1985年　2月　农场榨油厂建成投产。

4月　农场成立供销服务中心，与供销科一套班子，两块牌子。

7月　农场饲料厂建成投产。

10月　农场建亨地调节水库，至1986年7月完工。工程总投资25万元，设计蓄水量10万立方米。

1985年　农场成立园林二队。

1985年　农场机关组织科、宣传科、保卫科合并为政工科。

1985年　农场面粉车间完成加工主机设备标准定型和基本设备配套。

1985年　农场果品质量首次获部级金杯奖。

1985年　农场全面推行以家庭承包为主要形式的承包责任制。

1985年　农场首次转亏为盈，改变了农场连续27年亏损的历史。

● **1986年**　1月28日　农场撤销农田五队，并入工程队。

5月　农场饮料厂建成投产，有流水生产线2条。

6月　农场建设的地区农工商果品加工厂建成投产，配置年生产能力500吨的果品罐头设备1套。

10月　地委任命王福堂为农场党委书记。

1986年　农场三角地综合服务部扩建，建筑面积1041平方米，投资14.15万元。

1986年　农场改扩建成制砖机械作业线2条，年生产红砖2500万块。

1986年　农场获自治区苹果丰收二等奖，果品质量获自治区厅级奖。

1986年　农场首次出口香梨430吨，外销东南亚国家。

● **1987年**　1987年　农场总投资56.4万元的阿克苏市东大街综合服务部（兴盛楼）建成，总建筑面积1754平方米，其中营业用房1028平方米。农场成立兴盛供销服务公司。

1987年　农场实行场长任期目标负责制。

1987年　农场果品产量首次超过2000吨，达到2129吨。

1987年　农场全场通电。部分队有自来水。

1987年　共有职工住房6.58万平方米（人均住房10.1平方米），其中职工自建住房3.8万平方米。

● **1988年**　1月25日　农场召开1987年度总结表彰大会。

8月25日　科克亚河出现大洪峰，流量达350立方米/秒，持续45分钟，农场防洪坝被冲垮，总干渠被冲决口，淹没农田，冲塌房屋，直接经济损失8万多元。

1988 年　农场成立农机站。

1988 年　农场制定《园艺生产管理制度》。

1988 年　农场粮食总产超过 3000 吨，达到 3082.66 吨。

1988 年　农场农作物种植结构调整见成效，经济作物产值首次超过粮食作物。

1988 年　农场工副业产值 391.33 万元，比 1987 年增加 1.26 倍，占工农总产值的 38.6%，首次居各业第一位。

● **1989 年**　6 月　农场砖厂改为丰茂建材厂。

1989 年　农场聘任专业技术人员高、中、初级职称共 173 人，其中高级农艺师 1 人。

1989 年　农场成立社会治安领导小组，场长、党委书记王福堂任组长。下设综合治理办公室。农场与各单位制定社会治安综合治理议事制度。农场与下属单位，单位与职工签订社会治安综合治理责任状，实行社会治安综合治理一票否决制。

1989 年　农场果树面积首次突破万亩①，达到 713.8 公顷。

1989 年　农场工副业企业盈利 25.99 万元，占农场总盈利的 32.3%。

1989 年　农场生产经营盈利 106.17 万元，各业生产经营全面盈利。全场总净盈利 80.4 万元。全场 23 个生产经营单位中，19 个单位盈利，2 个单位亏损。当年农场财务包干结余留成 17.1 万元。

● **1990 年**　2 月 17 日　地委任命王巧云为农场党委副书记。

5 月 29 日　农场饮料厂、果品厂合并。

9 月 11 日　自治区、地区科委联合举办阿克苏柯柯牙绿化造林工程成果鉴定会，通过鉴定验收，21 位专家认为工程达到全国先进水平，是新疆绿化造林的一面旗帜，是全社会办林业的典型。

1990 年　自治区农业厅授予农场"开拓奋进、科技兴农"园艺生产先进单位。

1990 年　地区授予农场"连续十年丰收"先进单位，授予王福堂"先进个人"称号。

1990 年　农场粮食总产 3948.45 吨，人均产粮 521.9 千克。

---

①　亩为非法定计量单位，1 亩≈667 平方米。——编者注

1991 年　3 月　农场成立宗教管理领导机构，初为宗教管理小组。

4 月　农场召开共青团第四次代表大会。

1991 年　全地区果品评选的 6 个第一名中，农场果品获 3 个第一名。

1991 年　农场园林队改为园艺分场。园艺分场新建果树研究培训中心，建筑面积 680 平方米，投资 15.8 万元。

1991 年　农场开始调整农作物结构，扩大棉花种植，当年棉花种植面积 97.13 公顷。

1992 年　1 月 24 日　农场举行首届集体婚礼，6 对新人喜结良缘。

4 月　农场参加亚太经济合作会议第 48 届中国中小企业成果博览会，获荣誉证书。

5 月　地委任命张卫真（高级农艺师）为农场党委副书记，地区行署任命张卫真为农场副场长。

6 月 1 日　农场举办迎"六一"文艺会演。

1992 年　阿克苏人民武装部授予农场"民兵基层建设先进单位"称号。

1992 年　农场新建肉食品厂，土建工程 407 平方米。至 1993 年，累计投资 13.2 万元。新建花炮厂，土建工程 806 平方米，至 1994 年，累计投资 15.62 万元。新建玻璃纤维车间，土建工程 470 平方米，总投资 22.9 万元。

1992 年　农场第一中学新建砖混结构教学楼，建筑面积 1600 平方米，投资 45 万元。

1992 年　农场粮食总产首次突破 4000 吨，达 4218.14 吨，比 1991 年增长 6.4%。棉花面积 247.4 公顷，比 1991 年增加 1.55 倍，总产（皮棉）173.6 吨，比 1991 年增加 2.68 倍。

1993 年　2 月 19 日　农场聘任王欣荣为副总农艺师，聘任贾正刚为副总会计师。

2 月　农业部颁发证书，认定农场生产的红富士苹果和香梨符合"绿色食品"标准。

7 月　农场举办新会计制度学习班，制定新的会计科目和财务核算办法，进行账目转换，实行新的会计核算模式。

10 月　中共中央办公厅老干部局、国务院机关事务管理局老干部局、中国老龄委、中国未来研究会授予农场场长、党委书记王福堂"共和国群星"金质奖章。

1993 年　农场第二中学砖混结构教学楼始建，1994 年竣工，建筑面积 1600 平方米，投资 66 万元。

1993 年　农场遭受建场以来特大自然灾害，经济损失达 168 万元。

1993 年　农场果品产量首次突破 4000 吨，达到 4340 吨。

1993 年　农场工副业单位上交场三项费用 48.35 万元，占全场各单位上交场三项费用总额的 23.5%。

● **1994 年**　1994 年　农场妇联召开第二次代表大会。

1994 年　农场建成轧花厂。

1994 年　农场民兵代表阿克苏市参加新疆军区、南疆军区的盾棍术、军体拳、擒敌拳、徒手对打汇报表演，通过军区的考核验收，受到军区的表彰。

● **1995 年**　4 月　地委任命郝广雄为农场党委副书记，地区行署任命郝广雄为农场副场长。

10 月　农场参加第二届中国农业博览会，农场酥梨获银奖、红富士苹果获铜奖。

1995 年　农场成立计划生育协会，农场场长、党委书记王福堂任会长。同年，农场成立人口和基础知识学校，下属各单位成立分校。

1995 年　农场党委开始实行党建目标管理。

1995 年　农场获柯柯牙"工程绿化先进单位"称号，受到中共阿克苏地委、地区行署的表彰。

1995 年　农场新建砖混结构场部办公楼，建筑面积 1840 平方米，主体及配套建筑、设施总投资 161.05 万元。

1995 年　农场由于上年冬连续大雪，造成开春持续长时间低温，致使新老果园遭遇建场以来极为罕见的冻害，老果树冻死 1621 株，坐果率剧减而严重减产或绝收，经济损失 1254 万元。由于冻害，果树腐烂病蔓延，发病率在 30% 以上，病树死亡 4 万余株。同年 5 月起，大风不断，各种农作物因灾减产，估算经济损失 180 余万元。

1995 年　农场棉花种植面积 435 公顷，比 1994 年增加 1.1 倍，总产皮棉 378 吨，比 1994 年增加 1.04 倍。

● **1996 年**　3 月　红旗坡农场被阿克苏军分区政治部评为民兵政治教育第一名，被中共阿克苏市委和人民武装部党委授予农场"民兵预备役工作先进单位"称号。

8月28—29日　农场遭受7~8级大风，持续20个小时，300余公顷果园受灾，果实被刮落在地，估算经济损失175万元。

10月　农场始建红旗坡三角地农贸市场，至1997年建成。占地面积6500平方米，房屋建筑面积1314平方米，营业用房60间，面积3659平方米，钢管棚架石棉瓦顶营业棚859平方米，总投资91.69万元。

11月　农场聘任各序列专业技术人员职称352人，其中高级职称3人、中级职称74人、初级职称275人。

1996年　农场机关设机务科。

1996年　农场粮食总产首次超过5000吨，达到5008吨，比1995年增产12.1%。

1997年　3月　中共阿克苏市委和市人民武装部党委授予农场"民兵预备役工作先进单位"。

1997年　农场果品大丰收，总产9028.7吨，比1996年增产54.6%。

1997年，农场财务盈利289.33万元，比1996年增加2倍，创历史之最。

1998年　3月　阿克苏市委、政府、人民武装部授予农场"民兵预备役全面建设标兵单位"称号。

5月13日　连刮十几个小时的沙尘暴，农场作物被严重破坏，300余公顷棉苗遭到毁灭性损坏。

9月　在第十一届全国发明展览会暨新疆优秀科技成果展览会上，红旗坡农场"红洁蜜"牌香梨、苹果被评为新疆名牌农业产品；红旗坡农场"红洁蜜"注册商标被评为新疆著名商标。

1998年　农场设财务督导员。

1998年　开春至8月中旬，农场遇连续低温、干旱、冰雹、洪涝等多种灾害袭击，经济损失345万元。

1998年　农场产业结构调整见成效。林果业产值1777.93万元，占全场总产值的36.2%，首次居各业第一位，比居于第二位的种植业高8.1个百分点。

1999年　1月6日　中共阿克苏地委任命郝广雄为农场党委书记，热合曼·依米尔为党委副书记，黄松林为党委委员、纪委书记。

1月7日　阿克苏地区行署任命郝广雄为农场场长，唐长青为农场副场长。

1月19日　农场聘任王炳申为副总政工师，聘任贾正刚为总会计师，聘任李培新为副总农艺师，聘任姚桂池为副总园艺师，聘任梅新生为总经济师。

1月　农场成立中共红旗坡农场委员会党校，并在园艺一分场举办为期1个月40名中青干部参加的封闭式培训。

1月　农场成立供销服务中心。

2月21日　农场副业队及医院、学校、场机关的果园部分合并，组建为五队。

3月2日　地委书记侯长安到农场调研改革发展工作。

3月　农场机关设审计科。

4月23—24日　农场受暴风雪侵袭，气温急剧下降。各种作物受到冻害，经济损失达1294万元。

4月　农场召开共青团第五次代表大会。

6月9日　农场聘任粟道文为副总政工师。

8月13日　下午7:30分农场受到冰雹侵袭，冰雹直径达1厘米，即将成熟的香梨等产品受灾严重，直接经济损失达1800余万元。

9月　新疆农业名牌产品认定委员会认定农场贡梨为首批新疆农业名牌产品。

9月　一批40余吨价值1.2万美元的红旗坡农场红元帅苹果经自治区外贸厅报关，通过红其拉甫口岸，首次出口运往巴基斯坦。

10月　农业部副部长刘坚到红旗坡农场调研。

12月11日　农场撤销园林二队、机修队，成立园艺二分场。

12月　农场机关工作部门设置调整：政工科、行政办公室、宗教管理办公室合并，成立党委办公室；纪检监察室、审计科合并，成立纪检监审办公室；武装部、保卫科合并，成立武装政法部；撤销供销科，成立多种经营科；成立财务经营管理科；成立农牧生产科，土地管理科并入农牧生产科；成立园艺特产科；成立劳资社保科；成立公益事业科。

1999年　农场成立农场机务中心，成立园艺实验站。

1999年　农场全面改造东一支渠10.5千米，投资209万元。

1999年　农场医院新建砖木结构病房及门诊房586平方米，投资23万元。

1999 年　农场从亏转盈后首次出现净亏损，由上年财务盈利 115.42 万元转为巨额亏损 401.13 万元。种植业亏损严重，有 7 个种植业单位经营亏损共 470 万元。

2000 年　3 月　农场成立新一届管理委员会。

4 月 16 日　农场成立企务公开领导小组和企务公开监审评议小组，制定《红旗坡农场企务公开实施办法》。

5 月　农场和深圳源兴公司合资 700 余万元建起 1500 吨气调保鲜库，9 月工程竣工并投入使用。

6 月　中国农业科学院"西部万里行"专家组到农场调研。

8 月 1 日　农场组织各基层单位先后前往十一队果园、九队新梨园、八队桃园召开园艺技术现场观摩会。

8 月 4 日　农场部分地区遭受严重冰雹袭击，持续 20 分钟，直接经济损失 94.12 万元。

11 月　自治区对外贸易经济合作厅颁发资格证书，批准农场为中华人民共和国进出口企业。

2000 年　农场开始实行会计人员委派制度。

2000 年　农场工会召开第二次会员代表大会。

2000 年　农场为主要发起人，联合 8 个单位成立塔里木林果产业有限责任公司。

2000 年　农场开始果园第二轮家庭承包。

2000 年　农场开展"园艺科技质量效益年"活动。

2000 年　农场改革种植业生产模式，试行种植业"三田制"，即场级计划田、队级经营田、职工基本责任田，三类田各占种植业耕地的三分之一。

2000 年　农场棉花播种首次超过 666.67 公顷，达到 711.33 公顷，比 1999 年增加 74.3％，总产皮棉 538 吨，比 1999 年增加 84.9％。经济作物与粮食作物产值比为 3.63：1。

2000 年　农场果品产量首次超过 1 万吨，达到 1.07 万吨。果品产量中，苹果、梨占 93％。果业产值（不含林）占总值的 33.7％，居各业第一位。农场完善果品质量验收体系，实行三级检验制度。

2001 年　2 月　国家海关颁发自理报关企业注册登记证书，批准红旗坡农场按海关批准范围自理报关业务。

3月2日 农场撤销农田八队，改为园艺三分场；撤销农田九队，改为园艺四分场。

3月28日 经自治区人民政府批准，由地区红旗坡农场、实验林场、阿瓦提"广大"农场、库尔勒安利达商贸有限责任公司、地区林科所、库车县龟兹食品工业总公司、塔里木农垦大学科技开发实业公司7家单位共同发起成立大型农业股份制企业——新疆绿洲果业股份有限公司。

3月29日 自治区党委副书记、自治区常务副主席张文岳，自治区党委常委、人大常委会副主任阿不都热衣木·阿米提，自治区副主席熊辉银视察红旗坡农场气调保鲜库。

3月 农场机关工作部门增设政策研究室。

4月7—8日 农场遭8级以上大风袭击，持续20多个小时，经济损失824万元。

4月30日 地委任命黄松林为农场党委副书记。

5月8日 阿克苏地区行署任命居来提·喀斯木、张经民、郭正红为农场副场长。

6月22日 农场党委授予二队党支部等8个党支部为"先进党支部"；授予赛买提·买买提等7人为"优秀党务工作者"；授予阿不力米提·亚克甫等26人为"优秀共产党员"。

6月27日 自治区政协副主席黄昌元一行到农场调研。

8月 农场红富士苹果、香梨再次被新疆农业名牌产品认定委员会认定为新疆农业名牌产品。

10月 阿克苏市建步行街拆除农场兴盛楼，置换土地849.1平方米。

12月 自治区农业厅颁发资格证书，认定农场为无公害农产品生产基地，分别认定农场的新疆香梨、红富士苹果为无公害产品。

2001年 农场成立党风廉政建设领导小组。党委与各单位党政一把手签订党风廉政责任书。党委成员实行责任分工，落实"一岗三责"。农场聘请党风廉政特邀监督员。农场制定党风廉政建设责任制度。党委召开党风廉政承诺会，全场近百名副科级以上干部向党委及全场职工做廉政承诺。

2001年 农场农田五队新建农贸市场，占地面积1.19万平方米，营业房面积4932平方米，营业棚面积1334平方米，投资209.4万元。

2001年　农场医院新建门诊用房527平方米，投资17.37万元。

2001年　农场正式启用"红旗坡"商标。

2001年　农场果品大丰收，总产2万吨，比2000年增产87.3%。果类产值2213.05万元，占农场总产值的47.9%。

2001年　农场财务亏损278.86万元。

● **2002年**　2月6日　农场聘任王炳申为专职总政工师、聘任李培新为专职总农艺师、聘任姚桂池为专职园艺师，3人均不再担任其他职务。

6月28日　农场党委授予农田四队等7个党支部为"先进党支部"；授予沙吾提·达吾提7人为"优秀党务工作者"；授予阿不力米提·牙克甫等26人为"优秀共产党员"。

10月　自治区工商行政管理局颁发证书与匾牌，授予农场"红洁蜜"牌鲜水果为新疆名牌商标。

11月　园艺一分场集资720万元，新建3000吨的富民果品保鲜库。

2002年　农场"红洁蜜"牌鲜水果正式在国家商标局注册。

● **2003年**　1月　农场撤销水管站党支部，撤销面粉厂建制，撤销面粉厂党支部。

2月18日　农场召开第三届职工代表大会，选举产生新一届管理委员会，由19人组成，郝广雄任主任，设副主任6人。

2月19日　农场制定执行《红旗坡农场综合管理办法》。

3月7日　农场制定实行内部职工分配方案。

3月10日　红旗坡农场生产的"红洁蜜"牌鲜水果被自治区评为2003—2004年度向消费者推荐产品。

3月　农场在地委党校分2期委培中层干部近100人。

4月13日　农场成立果品营销服务中心。行政办公室、宗教工作办公室、计划生育办公室分设为独立科室。

4月　农场遭受低温及风灾，造成500余公顷作物重播，其他作物亦因灾受损，经济损失100余万元。

5月20日　农场实验站果树滴灌工程动工，至7月30日建成，面积24.13公顷，投资81万元。

6月27日　农场党委授予四队党支部等7个党支部为"先进党支部"；授予沙吾提·达吾提6人为"优秀党务工作者"；授予牙生·西力甫等25人为"优秀共产党员"。

7月17日　撤销林管组，成立林管站。

9月25日　农场第二小学更名为第三中学。

10月16日　自治区政协副主席黄昌元带领劳动厅一行9人到红旗坡农场，参加由阿克苏地区劳动局在农场组织召开的阿克苏地区国有农场职工参加基本养老保险社会统筹试点工作会议。

10月　自治区消费者协会颁发证书，授予农场"红洁蜜"牌鲜水果为"向消费者推荐商品"。

2003年　农场成立防治"非典"工作领导小组，安排组织预防工作，对人群集中的学校及公共场所进行全面消毒，坚持每天对10所学校近4000名学生晨检。

2003年　园艺三分场多方筹集资金，新建果品保鲜库3200吨，成立阿克苏地区惠民保鲜有限责任公司。

2003年　农场为提高职工的科学文化素质，在农田十队修建1座职工文化活动中心。

2003年　农场开始纳入基本养老保险社会统筹。全场纳入社会统筹的离退休人员923人、在职职工3320人（国有职工身份2080人、非国有职工身份240人）。

2003年　农场连续第三年财务亏损，亏损额为260.66万元。

● **2004年**　2月6日　农场纪检监审办公室改为纪检监察办公室，设立审计统计科。

2月9日　农场成立水厂。5月，阔滚其水厂动工凿井，土建工程6月动工，10月试通水运行。至2005年8月，完成全工程正式通水，总投资291.75万元。设计日供水量800立方米。

3月　农场召开第三次工会会员代表大会。

3月　农场学校移交阿克苏市并更名为阿克苏市库木塔木第一中学、库木塔木第二中学。

7月1日　农场党委授予一队党支部等8个党支部为"先进党支部"；授予阿不力米提·亚克甫8人为"优秀党务工作者"；授予亚森·西力甫等27人为"优秀共产党员"。

7月　农场医院移交阿克苏市。

9月10日　农场成立保持共产党员先进性教育活动领导小组。

12月29日　农场撤销农田五队，成立园艺五分场。果品厂与农贸市场合并后成立农场物流中心。

2004年　农场建成阿克苏市步行街商住综合楼,建筑面积3839平方米,总投资483万元。

2004年　农场派专人赴乌鲁木齐市打假。在阿克苏地区和乌鲁木齐市工商行政管理局的支持下,在乌鲁木齐市火车南站、奇台路、北园春果品批发市场查处假冒"阿克苏红富士""红旗坡红富士苹果"2.6万箱。

2004年　农场果树面积1575.67公顷,总产量超过2万吨,达到2.13万吨。

2004年　农场扩大棉花种植,棉花面积达1694公顷,比2003年增加694公顷,总产皮棉2033吨,比2004年增加1.54倍。棉花产值2176.16万元,占农场总产值的37.9%.接近农场果品产值。

● 2005年

1月13日　农场机关科室调整:撤销公益事业科、宗教办公室,其职能归口工会;生产科、园艺科与多种经营科合并;政策研究室并入党委办公室;土地管理职能归口行政办公室。调整后,农场机关设9个科室:党委办公室、行政办公室、财务科、生产销售科、劳资社保科、纪检监察室、武装(保卫)科、审计统计科、计划生育办公室。

2月4日　农场制订下发《关于在全场开展保持共产党员先进性教育活动实施方案》。

2月28日　地委书记朱昌杰带领地区有关部门领导到红旗坡农场园艺五分场防洪坝附近的红枣园调研指导工作。

2月28日　农场撤销轧花厂党支部。

7月1日　农场党委授予四队党支部等5个党支部为"先进党支部";授予沙吾提·达吾提等6人为"优秀党务工作者";授予买买提·艾力等20人为"优秀共产党员"。

7月28日　自治区农业厅调研组一行8人到农场调研工作。

7月　农场与支边青年在江苏省镇江市举行支边进疆四十周年庆典活动。

10月　地区决定由红旗坡农场牵头成立阿克苏苹果协会。

10月　地委免去郝广雄农场党委书记、场长职务(离任)。

11月15日　地委任命居来提·喀斯木为农场党委书记。

11月28日　地区行署任命高焰为农场场长。

11月　自治区工商行政管理局再次颁发证书,授予农场"红旗坡"牌鲜水果为新疆名牌商标。"红洁蜜"商标停止使用。

12月　农场被阿克苏地区农业产业化领导小组办公室认定为第一批地区级农业产业化重点龙头企业。

2005年　农场开展以实践"三个代表"重要思想为主要内容的保持共产党员先进性教育活动。

2005年　阿克苏地区惠民保鲜有限责任公司增建1座2000吨的果品保鲜库。

● **2006年**　2月22日　农场成立项目办公室；工程队并入物流中心，更名为农场工贸中心。

4月11日　农场气温因春雪剧降，导致各种果树冻伤。

4月28日　位于园艺三分场的红旗坡果业冷库动工兴建。

4月28日　农场在场部院内举行运动会。运动会设拔河、赛跑、自行车慢骑、排球、篮球、象棋等比赛项目。

4月　农场以高坤、董恬华为主要股东，成立红旗坡果业有限责任公司。

6月26日　农场举办庆祝中国共产党成立85周年党的知识竞赛活动。

6月　农场遭受大风袭击，全场40余公顷棉花受害，直接损失达40余万元。本月风灾与4月冻害共造成500多万元损失。

7月20日　农场在阿克苏世纪广场举办阿克苏水果节。

7月　地区行署免去高焰场长职务（离任）。

8月22日　农场首次举办果品公开竞价拍卖会。

9月6日　农场再次举办果品公开竞价拍卖会。

10月8日　农场与实验林场干支渠节水改造工程开工。

10月17日　地委任命范江明为农场党委副书记，地区行署任命范江明为场长。

12月3日　地委书记朱昌杰对红旗坡农场做工作指示：红旗坡农场的林业果业要走到地区的前头，发挥龙头企业的作用。红旗坡农场新农村建设作为地区新农村建设的示范。同月7日，农场召开党委会，就贯彻朱昌杰书记指示进行专题研究，做出安排部署。

12月30日　地区行署任命李更生为农场副场长。

2006年　农场投入7.5万元，购置健身器材，建成健身场所。

2006年　农场参加地区首届果品状元评比，园艺二分场段凤斌、一分场何忠昌分别获"苹果状元"和"香梨状元"称号，园艺三分场获葡萄生产第三名。

2006年　农场棉花种植面积大幅度增加，达2328.4公顷，比上年增加64.4%；总产皮棉2695吨，比上年增加92.1%。棉花面积占农作物总面积的96.3%。

● 2007年　1月9日　农场农田生产单位全部撤队建园艺分场：农田四队更名为园艺六分场，农田三队更名为园艺七分场，农田二队更名为园艺八分场，农田一队更名为园艺九分场，农田十队更名为园艺十分场，农田十一队更名为园艺十一分场，农田七队更名为园艺十二分场，农田六队更名为园艺十三分场。

3月　农场实施人员身份清理整顿，实行全员劳动合同制，农场与干部、职工签订劳动合同2300份。

3月　农场被批准为北京市果树产业协会外埠会员单位。

4月　由农场和地市国土资源局组织领导，阿克苏地区土地勘测规划院具体实施的地区红旗坡农场土地利用调查基本结束，历时4个月。7月，完成《阿克苏地区红旗坡农场土地利用总体规划局部调整报告》《阿克苏地区红旗坡农场耕地和基本农田保护专题报告》《红旗坡农场土地利用现状变更调查分析报告》。

6月19日　农场召开第一次信访工作会议。

6月29日　农场果品正式通过有机产品认证。

7月1日　自治区副主席钱智及自治区农民增收考察观摩会代表到红旗坡农场观摩调研。

7月19日　伊犁自治州考察团一行15人到农场参观、调研。

8月13日　在北京举办的"2008奥运推荐果品评选"中，农场生产的红富士苹果获苹果类唯一的一等奖，葡萄获二等奖，香梨、核桃、红枣获推荐果品奖；农场为奥运指定果品生产基地，农场生产的苹果、葡萄为奥运指定果品。

8月12日　宁夏回族自治区考察团到农场考察调研。

8月15日　地区领导朱政、李更生及八县一市领导到红旗坡农场视察调研。

8月17日　在农场举行奥运指定果品生产基地和指定果品授牌仪式，北京市园林局、北京市果树产业协会、北京市百果神农果品有限公司领导专程到阿克苏为农场正式授牌，并与农场签订奥运果品购销和助建千亩樱桃园合作协议。

8月23日　中国国际电视台《神州行》节目组到农场采访。

8月24日　新疆农业科学院一行15人到农场调研。

8月　农场入选江苏省食品创强势品牌单位。

9月1日　农场成立市场营销部、普法办公室、政策研究室、信访办公室、畜牧办公室。

9月8日　农场任命陈照文为农场财务总监（享受副场级待遇）；任命王炳春为农场果品协会专职会长（享受副场级待遇）；贺金文、王疆生、沙吾提·达吾提、阿不都·肉苏里享受副总师待遇。

9月　农场成立果品协会。

10月18日　农场举办第一届苹果评选展示会。

11月14日　红旗坡农场进行打假活动。

11月　农场参加第二届新疆特色农产品（上海）交易会，获最佳产品畅销奖、最佳企业参与奖、最佳展位设计奖。

12月25日—2008年1月15日　农场所有地域连续17天遭受—15℃的低温天气灾害，农场大面积果树冻死。

12月　农场红富士苹果获中国国际林果业博览会金奖、银奖。

12月　农场红富士苹果被中国果品流通协会授予"中华名果"称号。

12月　自治区农业厅授予农场"现代农业示范场"称号。

2007年　农场对各单位、各部门主要领导干部进行调整，实行交叉任职。

2007年　红旗坡农场和实验林场干支渠节水改造工程设计改造渠道55千米，完成44千米。红旗坡农场被地区水利局、地区塔里木河项目执行办授予"2007年度塔里木河综合治理项目建设管理优良单位"称号。

2007年　农场农业综合开发项目投入资金350万元和农场投入资金90万元，完成四分场、十三分场引水渠工程10千米；农场投入资金78.85万元，新打机井6眼；投入资金139.2万元，新修防渗渠13.4千米。

2007年　农场投入资金60万元，新铺修柏油路2.3千米；投入资金74.9万元，新铺砂石路15.3千米；争取防病改水项目资金50万元和农场投入资金 20 万元扩建水厂。

2007 年　农场以场部居民点、园艺三分场为社会主义新农村建设示范点的建设初具规模。园艺三分场投资 50 万元新建民居 1400 平方米，20 户职工乔迁新居；场部示范点总规划建设 1.1 万平方米，计划总投资 1000 万元，完成投资 200 万元，修建房屋 2200 平方米。农场实施拆墙透绿。至 2007 年，全场累计拆除沙枣及木枝围栏 88.7 千米，投入人力、物力折合 152.31 万元。

2007 年　农场果树种植面积 3910.47 公顷，果品总产 2.34 万吨；棉花种植面积（含套种面积）2392.8 公顷，总产皮棉 2497.47 吨。

2007 年　农场实现总产值 11929.2 万元，比上年增长 52.3％。其中林果业 6737.75 万元，占总产值的 56.49％，增长 82.4％；种植业 3864.06 万元，占总产值的 32.4％，增长 13.5％；工副业（含商业、饮食服务业）1189.87 万元，占总产值的 9.96％，增长 107.6％；畜牧业 137.52 万元，占总产值的 1.15％，减少 14.1％。农场实现利润 318.34 万元。农场人均纯收入 7600 元。

2008 年　1 月中旬　农场举办"科技之冬"技术培训班。

1 月 17 日　农场被自治区农业厅确定为自治区级现代农业示范场。

1 月 30 日　农场召开总结表彰大会，表彰 2007 年度先进集体和先进个人，授予园艺三分场、园艺四分场、园艺六分场、园艺十一分场、园艺十二分场、工贸中心"双先单位"，授予园艺十分场、园艺十三分场、水管站"先进生产单位"，授予园艺二分场"科技示范先进单位"，授予田小平等 117 人"先进生产（工作）者"。

1—4 月　农场林果业及其他部分设施遭受严重低温雪灾，果园老树花芽受冻，大量幼树被冻死，部分设施损坏，评估经济损失 1000 万元。灾后，农场组织抗灾救灾和恢复重建，出工 1.32 万人次，自筹投入资金 225 万元。全场共计栽植、补植面积 267 公顷，使用苗木 11.3 万株，恢复大棚 2.67 万平方米，恢复采穗园 3 公顷，恢复给水管线 25 千米。对受灾承包户，农场制定相应缓交年限。

2 月 2 日　农场召开第四次职工代表大会，选举产生新一届管理委员会。主任委员范江明，副主任委员热合曼·依米尔、黄松林、唐长青、郭正红、李更生，委员 15 人。会议表决通过《红旗坡农场综合管理办法（修订稿）》；表决通过红旗坡农场领导干部工资套改方案；表决通过筹集750元/公顷资金，用于农场范围内渠道、道路等公益事业的建设和维修；表决通过《红旗坡农场企业综合管理办法》，内容为总则、生产经营概要、干部职工和承包户管理、土地管理、林果业生产管理、畜牧业管理、财务管理和内部审计、党的建设和精神文明建设等9章，共97条。

2月19日 红旗坡农场成立新一届工会委员会，委员会下设成立群众工作委员会、资金审查委员会和妇女工作委员会。

3月25日 农场注销轧花厂。

4月19—23日 农场遭受沙尘天气，正值坐果期的果树因沙尘覆盖花芽，致使开花坐果受到严重影响。

4月23日 中共中央政治局委员、自治区党委书记王乐泉到红旗坡农场调研。

4月29日 阿克苏地区领导朱政、李更生率八县一市领导及有关部门领导到农场参观视察。

5月1—2日 农场遭受风沙袭击。风灾给农场带来600万元以上损失，直接经济损失90万元。

5月30日 农场成立林路管护站，撤销林管站；成立植保站（副区级）；园艺实验站并入园艺八分场。

6月13日 地直机关工委命名红旗坡农场园艺三分场党支部、园艺十一分场党支部、园艺六分场党支部、园艺十分场党支部为地直机关"五好"党支部。

6月15日 农场投资288.84万元的塔里木河综合治理项目——200公顷果树滴灌工程全部完工。

6月25日 为庆祝中国共产党成立87周年，农场授予机关党支部等6个党支部为"先进党支部"，授予姜毅等9人为"优秀党务工作者"，授予艾买尔江·司马义等18人为"优秀共产党员"。

7月10日 在地区召开的"林果业管理增效年"现场观摩会上，地委书记朱昌杰，地委副书记、行署专员穆铁礼甫·哈斯木等地区领导带领八县一市县（市）委书记、县（市）长，分管农业的县（市）委常委、副县长等近百人到红旗坡农场进行观摩。

8月2—3日 国家林业局党组副书记、副局长李育材及来自全疆各地州市、自治区相关部门、单位负责人共 400 余名参加在阿克苏召开的自治区特色林果业工作会议的代表到红旗坡农场观摩红枣、核桃高密种植及果品优选分级、果品加工等地区特色林果业发展亮点。

8月3日　国家科技支撑计划项目（农业类）课题组到红旗坡农场，对"环塔里木盆地特色林果产业发展关键技术研究与示范"与"干旱区绿洲农业节水技术研究与示范"两个项目的课题研究进展情况进行检查。

8月19日　地区反腐倡廉巡回演讲团到红旗坡农场作反腐倡廉演讲。

8月19日　农场成立特色林果业示范基地、红旗坡农场果业销售总公司。

8月21日　农场成立第二次经济普查领导小组，下设办公室。

10月16日　中共中央政治局委员、自治区党委书记王乐泉，地委书记朱昌杰、行署专员穆铁礼甫·哈斯木视察红旗坡农场。

10月16日　农场召开红旗坡农场建场 50 周年暨改革开放 30 周年庆典。

12月16日　地区行署免去黄松林红旗坡农场党委副书记职务。

12月25日—2009年1月15日　农场连续 20 天遭受 −15℃ 低温天气灾害，导致大面积果树严重冻伤。

● 2009 年　2月5日　农场成立深入学习实践科学发展观活动领导小组。

3月17日　农场为加强生产工作的劳动保护、改善劳动条件，保护劳动者在生产过程中的安全和健康，促进农场事业的发展，印发《红旗坡农场安全生产监督管理条例》。

3月18日　农场召开深入学习实践科学发展观活动动员大会。

4月2日　农场被授予地区档案工作先进单位。

4月7日　农场职工全部纳入工伤保险范围，缴费标准按一类企业执行。

4月16日　农场受大风袭击，果树和农作物等受灾严重，造成 500 万元以上的直接经济损失。

4月18日　地区行署聘任苏建华为红旗坡农场副场长。

5月26日　自治区党委常委、纪委书记付强到农场红枣园示范园视察指导工作。

6月27日　为庆祝中国共产党成立 88 周年，农场授予园艺二分场党支部、园艺十二分场党支部为"先进党支部"，授予姜毅等 6 人为"优秀党务工作者"，授予尤存平等 21 人为"优秀共产党员"。

9月16日 农场遭受严重大风灾害，温宿迎宾路以北已挂果的200余公顷果树严重受损，造成直接损失100余万元。

12月24日 农场根据城市规划的要求，对园艺七分场、工贸中心、原果品厂等地的苹果园实施搬迁。

● **2010年**

1月27日 农场被自治区农业产业化发展局认定为自治区农业产业化重点龙头企业。

2月11日 农场成立驻乌鲁木齐办事处（副科级），隶属党委办公室、行政办公室。

3月1日 农场召开2009年度总结表彰大会，授予园艺二分场先进集体一等奖；授予园艺一分场、园艺五分场先进集体二等奖；授予园艺三分场、园艺十一分场、园艺十三分场先进集体三等奖。授予粟杨等24人"先进工作者"；授予园艺一分场郑志高等28人"先进工作者"；授予园艺一分场买提尼亚孜·肉孜等25人"先进生产者"。

3月20日 农场开展"讲政治、讲党性、树正气"活动，制订下发《红旗坡农场"讲政治、讲党性、树正气"活动实施意见》。

3月25日 阿克苏地区编制完成特色林果产品名录，"红旗坡"等56个果品品牌、12个地理标志商标被纳入其中。

4月15日 农场成立阿克苏地区法律援助中心红旗坡农场法律工作站。

4月 农场危房改造及保障性住房建设项目开工建设。建设内容为3206套危房改造住房，其中职工互助自建平房2753套、统建房453套。

5月12日 农场召开创先争优活动动员大会。制订《红旗坡农场开展以"四强四优"（政治引领力强、推动发展力强、改革创新力强、凝聚保障力强，政治素质优、岗位技能优、工作业绩优、群众评价优）为主要内容的创先争优活动的实施意见》。

5月14日 农场成立特色林果业生产基地；农场成立基建科。

5月14—31日 农场遭受6级大风、降温、冰雹及沙尘等自然灾害袭击，导致林果业严重受灾。

6月18日 农场成立第六次全国人口普查领导小组，下设办公室，办公室设在审计统计科。

6月29日 农场党委授予机关党支部等4个党支部为"先进党支部"；

授予姜毅等 11 人为"优秀党务工作者";授予陈照文等 20 人为"优秀共产党员"。

7 月 9 日 "红旗坡"果品成为新疆唯一确定建设质量追溯体系果品,"红旗坡"果品成为全国人大会议专供果品。

8 月 1 日 为解决职工住房困难,改善职工生活环境,加快阿克苏市三角地棚户区改造步伐,农场决定用三年(2010 年 8 月至 2013 年 7 月)时间对三角地棚户区实施改造。

9 月 16 日 农场与香港华润万家有限公司农超对接基地挂牌。根据双方意向,地区红旗坡农场生产的苹果、香梨、核桃、红枣、葡萄和瓜果类 6 大果品,将通过华润万家有限公司的营销网络进入全国 25 个省市区的 3000 多家果品销售网点。

11 月 8 日 农场制订《红旗坡农场内部管理人员工资套改实施意见》。套改后的工资由职务工资、薪级工资、艰边津贴、工龄补贴、学历职称补贴、其他岗位补助、午餐补助、通信交通补助组成。

11 月 26 日 农场在浙江杭州和平国际会展中心参加浙江农业博览会开幕式和地区农产品推介会。

12 月 21 日 农场农产品加工示范基地被农业部评为"第四批全国农产品加工业示范基地"。

2010 年 农场建成红旗坡果品产品质量追溯系统建设项目。

● **2011 年** 1 月 20 日 农场印发《红旗坡农场开展"讲政治、讲党性、讲正气、作表率"活动实施意见》。

2 月 17 日 农场印发《关于推进学习型党组织、学习型机关建设的实施意见》。

2 月 24 日 农场党委、管委授予园艺二分场为 2010 年度先进集体一等奖,授予园艺四分场、园艺十一分场为先进集体二等奖;授予园艺三分场、园艺五分场、园艺十分场为先进集体三等奖。授予王长寿等 44 人为"2010 年度先进工作者";授予于德友等 26 人为"先进生产者"。

3 月 29 日 农场推行"红旗坡"苹果"二维码"管理。红旗坡农场和北京卓望公司联手建立"红旗坡"苹果"二维码"管理系统,旨在提高"红旗坡"苹果防伪能力,对果品的产地、生长环境、生产过程等情况通过网络输入特定的数据库生成二维码,消费者可通过二维码追溯查询,真正实现果品从田间地头到消费终端的有效监控。

6月26日　农场党委授予机关党支部、园艺二分场党支部、园艺四分场党支部"先进党支部"，授予姜毅等13人"优秀党务工作者"；授予李强等17人"优秀共产党员"。

7月13日　农场制订《红旗坡农场农产品质量安全事故应急预案》《红旗坡农场安全生产应急救援预案》。

7月18日　农场制定印发《红旗坡农场工作人员考勤管理办法》。

8月3日　农场召开第五届职工代表大会暨"一事一议"审议会议，讨论通过农场重大项目规划实施当中农场和职工筹资筹劳的问题。

8月23日　农场制定《红旗坡农场土地承包转让办理程序》，进一步规范农场土地承包转让工作。

9月6日　农场成立安全生产委员会。

9月27日　农场印发《红旗坡农场基层党组织党务公开实施意见》，在全场各级党组织全面推行党务公开。

10月　阿克苏市成立柯柯牙街道办事处（正科级），辖红旗坡农场三角地。

10月　自治区副主席钱智到红旗坡农场果园参观。

2012年　3月　阿克苏市在农场区域内成立首个社区——红旗坡社区，归柯柯牙街道管理。

4月8日　自治区林果参观团到农场参观调研。

4月12日　温宿县农村信用联社在红旗坡农场设立红旗坡支行。

4月20日　农场通过阿克苏市申报的2012年中央农业开发667公顷低产田改造项目通过自治区批复，项目资金总额990万元，其中阿克苏市财政配套资金26.4万元。

6月18日　农场制定印发《红旗坡农场"一事一议"财政奖补项目管理规程》。

6月26日　农场党委授予园艺二分场党支部等3个党支部"先进党支部"；授予姜毅等14人"优秀党务工作者"，授予阿布都热依木·卡斯木等20人"优秀共产党员"。

6月29日　农场授予园艺二分场先进集体一等奖，授予园艺九分场、园艺六分场先进集体二等奖；授予园艺十三分场、园艺三分场、园艺十一分场先进集体三等奖。授予王长寿等 43 人"先进工作者"，授予王焕成等 25 人"先进生产者"。

9 月 19 日　农场党委制定印发《红旗坡农场党委议事规则》。

9 月 19 日　农场印发《信访工作制度》，包括《红旗坡农场职工来访接待制度》《信访形势分析制度》《信访工作例会制度》《农场信访工作人员职责》《农场分管信访工作领导职责》《信访苗头排查制度》《农场信访档案管理制度》《农场信访现场接访制度》《红旗坡农场信访人行为准则》《农场领导包案制度》《农场信访工作责任追究制度》。

9 月 19 日　农场印发《红旗坡农场党员干部联系群众、服务群众工作制度》《红旗坡农场党员电化教育制度》《红旗坡农场发展党员工作制度》《红旗坡农场民主生活会制度》《红旗坡农场基层党支部"三会一课"制度》《红旗坡农场基层党支部民主评议党员制度》《红旗坡农场领导干部述职述廉制度》《红旗坡农场党风廉政建设责任制》《红旗坡农场关于进一步加强和改进离退休干部党员教育和管理工作的意见》《红旗坡农场关于加强流动党员教育管理的实施意见》《红旗坡农场团委（团支部）工作制度》《红旗坡农场工会工作制度》《红旗坡农场社会综合治理工作制度》。

9 月 21 日　农场印发《红旗坡农场园艺管理制度》《红旗坡农场内部审计工作制度》《红旗坡农场统计工作制度》《红旗坡农场劳动社保科工作制度》。

9 月 26 日　农场撤销园艺二分场、园艺三分场、园艺四分场行政建制，合并重组成立园艺二分场，为正科级单位。原园艺二分场、园艺三分场、园艺四分场更名为园林二队、园林三队、园林四队，为副科级单位，隶属园艺二分场管理。

9 月 26 日　成立中共红旗坡农场园艺二分场总支委员会（正科级）。原园艺二分场、园艺三分场、园艺四分场党支部更名为园林二队、园林三队、园林四队党支部（副科级），隶属园艺二分场总支委员会管理。

10 月 26—29 日　在参加第三届新疆名优特及精深加工农产品上海展会上，红旗坡农场生产的阿克苏苹果获得产品金奖。

11 月 27 日　农场下发《红旗坡农场宣传学习贯彻党的十八大精神实施方案》。

● **2013 年**　1 月 4 日　农场党委为适应市场经济的发展，推动农场体制改革，加强人力资源配置，优化管理队伍机构，决定对部分领导干部岗位采取竞（招）聘上岗。

1 月 29 日　农场党委、管委授予园艺二分场先进集体一等奖，授予园艺三分场、园艺四分场先进集体二等奖，授予园艺一分场、园艺九分场、园艺十三分场先进集体三等奖；授予王长寿等 42 人"先进工作者"；授予徐居峰等 27 人"先进生产者"。

1 月 29 日　农场撤销园艺一分场、园艺五分场、园艺六分场行政建制，合并重组成立园艺一分场，为正科级单位。原园艺一分场、园艺五分场、园艺六分场更名为园林一队、园林五队、园林六队，为副科级单位，隶属园艺一分场管理。

1 月 29 日　农场成立中共红旗坡园艺一分场党总支委员会（正科级）。原园艺一分场、园艺五分场、园艺六分场党支部更名为园林一队、园林五队、园林六队党支部（副科级），隶属园艺一分场总支委员会管理。

1 月　农场被自治区农业产业化领导小组审定为自治区农业产业化重点龙头企业。

2 月 5 日　农场做出《红旗坡农场关于改进工作作风、密切联系群众的十项规定》。

2 月 26 日　由地区红旗坡农场和地区供销社作为主发起人，建设和实施大宗农产品现货电子交易项目。10 月 21 日，新疆农副产品电子交易市场正式上线运行。

2 月 27 日　农场撤销园艺八分场、园艺九分场、园艺十分场、园艺十一分场、园艺十二分场、园艺十三分场行政建制，合并重组成立园艺三分场、园艺四分场，为正科级单位。原园艺八分场、园艺九分场、园艺十分场更名为园林八队、园林九队、园林十队，为副科级单位，隶属园艺三分场管理。原园艺十一分场、园艺十二分场、园艺十三分场更名为园林十一队、园林十二队、园林十三队，为副科级单位，隶属园艺四分场管理。

2 月 27 日　农场成立中共红旗坡农场园艺三分场、园艺四分场总支委员会（正科级）。原园艺八分场、园艺九分场、园艺十分场党支部更名为园林八队、园林九队、园林十队党支部（副科级），隶属园艺三分场党总支委员会管理。原园艺十一分场、园艺十二分场、园艺十三分场党支部更名为园林十一队、园林十二队、园林十三队党支部（副科级），隶属园艺四分场总支委员会管理。

4月2日　农场成立红旗坡农工商总公司，园艺七分场、果品销售总公司、工贸中心归属管理；成立拆迁办；成立园艺五分场，管辖特色林果业基地、实验站；成立综合执法大队、农村工作办公室、社会职能管理办公室、基本建设管理办公室、财经工作办公室、党群工作办公室、绩效考核督察办公室；撤销水厂，成立水电管理所；撤销林路管护站，成立林管站。

4月2日　农场成立红旗坡农工商总公司党总支，园艺七分场党支部、工贸中心党支部归属其管理；成立园艺五分场党总支（正科），实验站党支部归属管理；撤销果品销售总公司党支部。

4月11日　农场印发《红旗坡农场土地管理（暂行）办法》《红旗坡农场财务管理制度（暂行）》《红旗坡农场职工及承包户贷款流程（暂行）》《红旗坡农场基层单位委派会计制度（暂行）》《红旗坡农场统筹制度和缴费（暂行）办法》。

6月28日　农场党委授予机关党支部等4个党支部"先进基层党组织"，授予郸云辉等4人"优秀党务工作者"，授予姜艳等14人"优秀共产党员"。

6月28日　农场党委决定联合党支部、销售总公司党支部并入机关党支部，水管站党员归属园艺五分场党总支管理；实验站党支部并入园艺五分场党总支。

9月17日　农场成立新疆阿克苏振泰房地产开发有限公司。

10月5日　农场的"红旗坡"牌苹果获得第四届新疆农产品北京交易会"金奖产品"称号。

11月13日　农场通过阿克苏市申报的2014年度生态综合治理项目通过自治区批复，项目资金总额300万元，其中农场配套资金8万元。

11月　农场"红旗坡"牌苹果荣获第十一届中国国际农产品交易会参展产品金奖。

2014年　1月16日，农场党委成立党的群众路线教育活动领导小组。

1月　农场经自治区农业产业化领导小组审定为自治区农业产业化重点龙头企业。

3月3日　农场撤销宗教办，新设统战民宗事务管理办公室。

3月7日　农场制订《红旗坡农场党的群众路线教育活动实施方案》。

3月13日　农场授予园艺二分场先进集体一等奖，授予园艺四分场先进集体二等奖，授予园艺一分场先进集体三等奖，授予园艺三分场先进集体四等奖；授予吕杰强等48人"先进工作者"，授予张秋梅等14人"先进生产者"。

5月6日　国家林业组调研组一行到红旗坡农场调研指导林果业生产。

5月15日　农场为深入推进党的群众路线教育实践活动，开展党的群众路线教育实践活动专题知识竞赛，共6支代表队参赛，每队由5人组成，其中至少有3人为科室领导。

6月17日　农场申报的"全国苹果（阿克苏红富士）产业知名品牌创建示范区"获国家质检总局批准筹建。

6月30日　农场党委授予园林五队党支部等4个党支部"先进基层党组织"；授予李旭峰等5人"优秀党务工作者"；授予李春明等16人"优秀共产党员"。

7月17日　经地区行署办公室同意，农场5个园艺分场各增设2个园艺队，共增加10个园艺队（村级）。

8月2日　地区行署免去郭正红农场副场长职务。

8月3日　地委免去热合曼·依米尔红旗坡农场党委副书记职务。

9月10日　农场党委决定开展软弱涣散基层组织集中专项整顿工作，并成立领导小组。

10月19日　农场制定出台《红旗坡农场党委中心组学习制度》《红旗坡农场基层党支部"三会一课"制度》《红旗坡农场党委会议管理制度》《红旗坡农场党委基层党组织考核办法》《红旗坡农场关于进一步加强和改进离退休干部党员教育和管理工作的意见》《红旗坡农场关于加强流动党员教育管理的实施意见》《红旗坡农场贫困户联系帮扶制度》《红旗坡农场公务接待、产品馈赠管理制度》《红旗坡农场工作人员考勤管理办法（试行）》《红旗坡农场党员干部联系群众、服务群众工作制度》。

10月19日　农场为进一步规范管理工作，党委新建《领导干部调查研究工作制度》《重要决策调研论证制度》《工作督察制度》《公文规范化管理制度》《红旗坡农场"三公"经费管理制度》《办公用品购置和管理制度》《车辆驾驶员管理制度》。

2015年　2月9日　农场授予园艺二分场2014年度先进集体一等奖，授予园艺一分场、园艺四分场先进集体二等奖，授予农工商总公司、园艺三分场、园艺五分场先进集体三等奖；授予园艺一分场郑志高等35人"先进工作者"，授予园艺一分场哈力丹·阿不力孜等14人"先进生产者"。

3月16日　农场成立社会治安综合治理办公室。

3月17日　农场为推进上市工作进行，成立红旗坡农场推进改制上市工作领导小组，领导小组设办公室，办公室下设财务组、信息调研组、文秘组、人才资源组、后勤保障组、外勤联络组。

4月　农场饮水安全改扩建工程进入实施阶段。为加强工程建设管理，协调和解决施工过程中的具体问题，确保工程顺利进行，成立饮水安全改扩建工程领导小组，组长由场长担任。下设办公室，办公室设在基建科。

5月7日　农场为解决农贸市场脏、乱、差的问题，改善辖区面貌，提高群众生活环境，成立市场整顿改建领导小组。

5月　农场按照地委、行署的安排，实行"场社合一"，将部分工作人员安排到红旗坡片区管委会相应社区工作。

6月29日　农场党委授予园艺四分场党总支、园林六队党支部、园林三队党支部、园林九队党支部"民族团结先进基层党组织"；授予刘秀梅等4人"民族团结优秀党务工作者"；授予李春发等12人"民族团结优秀共产党员"。

6月29日　农场党委授予园林五队党支部等4个党支部"先进基层党组织"；授予李旭峰等7人"优秀党务工作者"；授予李军等16人"优秀共产党员"。

6月30日　农场成立阿克苏红旗坡林果开发股份有限公司。

6月　地区行署免去唐长青红旗坡农场副场长职务。

9月10日　农场成立岗位招聘工作组，面向阿克苏地区招聘所需岗位。

10月　在新疆第二届特色林果产品（阿克苏）交易会中，红旗坡农场红富士（光果）获得一等奖、红富士（套袋）获得二等奖。

11月10日　红旗坡农场的红旗坡苹果被第十三届中国国际农产品交易会组委会评为参展产品名优果品金奖。

● **2016 年**　2 月 2 日　新疆红旗坡农业发展集团有限公司（以下简称红旗坡集团公司）正式成立。

2 月 2 日　地区行署任命范江明为红旗坡集团公司董事长、总经理。

3 月 11 日　"红旗坡苹果"入选《2015 年度全国名特优新农产品名录》。

3 月　阿克苏市成立红旗坡片区管委会（副县级），管辖红旗坡农场的 11 个社区。

4 月 21 日　新疆红旗坡源动力水务有限公司成立。

4 月 27 日　集团公司印发《红旗坡农场民族团结进步年活动实施方案》。

5 月 25 日　集团公司印发《关于在全场党员中开展"学党章党规、学系列讲话，做合格党员"学习教育实施方案》。

6 月 15 日　集团公司物流冷链加工项目（金物联）奠基。

6 月 17 日　集团公司印发《红旗坡农场庆祝中国共产党成立 95 周年系列活动实施方案》。

6 月 29 日　集团公司党委授予园艺四分场党总支、园林六队党支部、园林三队党支部、园林九队党支部"民族团结先进基层党组织"；授予刘秀梅等 4 人"民族团结优秀党务工作者"；授予李春发等 12 人"民族团结优秀共产党员"。

7 月 11 日　地委任命范江明为新疆红旗坡农业发展集团有限公司党组书记。李更生、许新萍、麦麦提·托乎提为新疆红旗坡农业发展集团有限公司党组成员；免去帕尔哈提·那曼红旗坡农场党委书记职务。

7 月 14 日　地区行署任命李更生为新疆红旗坡农业发展集团有限公司监事会主席，免去其副总经理职务；任命许新萍、麦麦提·托乎提为集团公司副总经理。免去帕尔哈提·那曼红旗坡农场副场长、新疆红旗坡农业发展集团有限公司监事会主席职务。

10 月 20 日　2016 年阿克苏地区大型外宣活动——"果园里的阿克苏"在红旗坡农场启动。地委副书记万基虎出席启动仪式并致辞，地委委员、统战部部长艾尼瓦尔·赛依提，地委委员、宣传部部长吴宕参加启动仪式。《人民日报》《光明日报》、中央电视台等 50 家媒体百余名记者聚焦阿克苏。中央电视台 7 套《乡村大世界——走进阿克苏》、"大美新疆·绚丽阿克苏"摄影展走进浙江等一系列重大活动，向全国乃至世界全方位地呈现出一个多元、开放、包容、文明、现代的阿克苏。同时，承办

"新疆特色农产品产销对接会""中国采购天山行活动"。先后开展"阿克苏的苹果红了""果园里的阿克苏"等宣传活动,提高阿克苏特色果品的市场竞争力和知名度。

10月20日　新疆红旗坡农业发展集团有限公司举行4.0品牌战略发布会。

10月28日　中共阿克苏地委撤销中共阿克苏地区红旗坡农场委员会,成立中共新疆红旗坡农业发展集团有限公司党组,红旗坡农业发展集团公司原有的连队党组织并入片区管委会管辖的社区党组织。原红旗坡农场有关党组织及所属269名党员组织关系转至阿克苏市红旗坡片区管委会,新疆红旗坡农业发展集团有限公司党组及党员组织关系转至地区国资委党工委。

11月13日　湖北卫视到红旗坡直采基地进行直播。

11月22日　新疆红旗坡农业发展集团有限公司内设机构设置为:办公室、党办室、财务部、人力资源部、法律事务部、纪检审计监察部、投资发展规划部、生产基地管理部、群众工作部。

11月　新疆红旗坡农业发展集团有限公司在新疆特色林果产品(广州)交易会中其优质产品被评为金奖。

● **2017年**　1月24日　成立阿克苏红旗坡林果开发股份有限公司;成立新疆红旗坡源动力水务有限公司,下设水管站、自来水厂;成立阿克苏红旗坡雪峰生态旅游牧业有限公司,均为集团公司下设子公司。集团公司机关党办室下设党务科、党建科、组织科;办公室下设后勤科、安保科、车队;财务部下设资金管控科、财务核算科、基层核算科、项目基建办、统计科、信息管理中心;人力资源部下设社保科、绩效考核办、招聘培训办、人事科;法律事务部下设合同管理科、法律事务(诉讼)科、执法大队、固定资产管理科、土管科、林管站;纪检审计监察部下设纪检监察室、审计科。群众工作部下设信访办、计生办、妇联、共青团委;生产基地管理部下设生产科、基地办。撤销基本建设办、项目办、基建科,相关业务归项目基建办;撤销农办,相关业务工作归生产科。撤销农工商总公司党政机构。撤销工贸中心党政机构。

7月22日　17:30分左右,红旗坡农场出现强对流天气,部分地块遭受冰雹袭击,全场受灾面积共计2506公顷,涉及农户84户。

3月10日　红旗坡集团公司制订《国家"十三五"药肥双减项目实施方案》。

4月11日　成立阿克苏红旗坡好果源林果生产管理服务公司。园艺一分场、园艺二分场、园艺三分场、园艺四分场归属阿克苏红旗坡好果源林果生产管理服务公司管理，各队行政建制保留，归所属分场管理。阿克苏红旗坡好果源林果生产管理服务公司下设财务部、办公室、综合部。原红旗坡农场土地执法、林管站归阿克苏红旗坡好果源林果生产管理服务公司管理。

5月12日　红旗坡集团公司加大安全生产综合管理力度，成立安全生产领导小组，下设办公室。

5月18日　19：28分，中央电视台2套、7套报道关于阿克苏林果产业及红旗坡农业深加工情况。

5月31日　交通运输部副部长戴东昌一行到新疆红旗坡农业发展集团公司调研农村公路建设情况。

6月26日　红旗坡集团公司与河北辛集市万隆食用菌有限责任公司签订战略合作协议书，结成深度战略合作伙伴关系。

6月29日　红旗坡集团公司党组授予机关党支部等4个党支部"先进基层党组织"；授予李旭峰等4人"优秀党务工作者"；授予郭建忠等8人"优秀共产党员"。

6月　总投资2.5亿元的红旗坡冷链物流及果品深加工基地（一期）建设项目在温宿县农业科技园区开工建设。项目规划占地面积10万平方米，规划总建筑面积6.29万平方米。

8月1日　红旗坡集团公司举行阿克苏地区农副产品物流园项目奠基仪式和阿克苏地区红旗坡特色田园小镇项目奠基仪式。

8月7日　红旗坡集团公司与新光控股集团在产业互联网以及供应链建设与运营项目的合作达成战略合作协议。

8月28日　按照浙江、新疆两地提出的市场援疆"十城百店"项目工程，阿克苏红旗坡好果源农产品股份公司、浙江农发浙疆农产品发展有限公司先后在阿克苏、浙江成立。两家实体化运营公司的设立，标志着"十城百店"项目正以统一规划、高效运行的模式全力进行。

9月19日　红旗坡集团公司携苹果、核桃、香梨、红枣、葡萄等"红旗坡"系列果品，参加在阿克苏市举行的第四届新疆特色果品交易会。

9月19日　在阿克苏召开的2017年全国林业援疆工作会上，红旗坡集团公司与浙江省农村发展集团有限公司共同签署农业产业化"十城百店"战略合作框架协议，双方将一致致力于阿克苏地区农产品的产销对接，共同打造阿克苏地域品牌，构建浙阿两地农产品现代化体系，发挥新疆林果业特色优势，打造"产供销"一体化营销机制，推动林果业科学发展。

9月20日　红旗坡集团公司申报的"阿克苏苹果"被评为"2017年中国百强农产品区域公用品牌"。

9月27日　新疆老科技工作者协会一行到红旗坡集团公司进行调研，了解林果业生产现状及农业合作社情况，对红旗坡集团公司今后的生产发展提出意见和建议。

9月　浙江农发集团董事长施小东一行到红旗坡集团公司调研交流，并参观集团公司林果生产基地、万亩生态园、示范园等果品基地。

10月9日　阿克苏红旗坡好果源林果生产管理服务公司更名为阿克苏红旗坡鲜果源林果生产管理服务公司，内设机构、管理人员、业务内容不变。

12月19日　自治区党委副书记、教育工委书记李鹏新到新疆红旗坡农业发展集团公司金物联电子商务有限公司调研，听取"十城百店"工程及"十仓百企"工程建设情况。

2018年　1月5日　阿克苏红旗坡鲜果源生产管理服务公司更名为新疆红旗坡农业发展集团有限公司阿克苏分公司，领导班子成员不变，内部管理结构不变。

1月9日　地委书记窦万贵到红旗坡金物联电子商务有限公司园区视察指导工作。

1月　在由中国果品流通协会、国家"十三五"苹果产业药肥双减项目组联合主办的中国好苹果大赛上，"阿克苏红旗坡冰糖心苹果"获得"金苹果奖"。

2月10日　农业部农垦局副局长彭剑良、自治区农业厅副巡视员何华新、民政部基层政权和社区建设司综合处调研员王晓安、自治区农业厅地方国有农场管理局局长雷钧、自治区畜牧厅产业发展与牧场管理局局长谈锐、国土资源部地籍管理司权属处干部陆琪、农业部农垦局政策体改处主任科员梅东海、自治区国土厅地籍处主任科员李阳、自治区畜牧厅产业发展与牧场管理局高级畜牧师欧阳喜光到红旗坡农业发展集团公司进行调研指导，并在集团会议室召开地区农牧场改革座谈会。

2月26日　园艺七分场划归新疆明隆满疆生物科技有限公司管理。

2月28日　地委任命杨博为新疆红旗坡农业发展集团有限公司党组副书记。

3月2日　地区行署免去范江明新疆红旗坡农业发展集团有限公司总经理、红旗坡农场场长职务；任命杨博为新疆红旗坡农业发展集团有限公司总经理、副董事长。

3月3日　自治区党委常委、副主席、教育工作委员会副书记艾尔肯·吐尼牙孜，自治区政府副秘书长高志敏，自治区林业厅原巡视员英胜，自治区农业厅副巡视员何华新，自治区政府办公室秘书五处处长田照敏等一行到红旗坡视察了解林果生产管理情况，并进行工作指导。

3月25日　成立新疆红旗坡农业发展集团有限公司阿克苏分公司园艺生产部，负责分公司园艺生产技术和示范园的生产管理工作。

5月31日　浙江时间林科技有限责任公司开展的"我有一果树，长在阿克苏"活动，在红旗坡优选20万棵9年树龄的阿克苏冰糖心苹果树，通过该公司App在线上预售，单树定价298元。认购者购买后，每棵树享有20千克苹果收益，可自己持有，也可转赠他人。

6月1日　地委免去李更生、粟扬新疆红旗坡农业发展集团有限公司党组成员职务，任命赵红军、贺章平为新疆红旗坡农业发展集团有限公司党组成员。

6月5日　地区行署免去李更生新疆红旗坡农业发展集团有限公司监事会主席职务；任命赵红军、贺章平为新疆红旗坡农业发展集团有限公司副总经理。

6月6日　红旗坡农业发展集团公司成立数字苹果项目推进工作领导小组，下设办公室。

6月23日　地委任命穆合塔尔·达吾提为新疆红旗坡农业发展集团有限公司党组成员。

6月30日　地区行署任命穆合塔尔·达吾提为新疆红旗坡农业发展集团

有限公司副总经理。

6月30日　红旗坡集团公司党组授予阿克苏分公司园艺二分场党支部等4个党支部"先进基层党组织"；授予蒋先龙等5人"优秀党务工作者"；授予王新荣等10人"优秀共产党员"。

6月　红旗坡区域发生冰雹灾害，12个生产连队受灾，面积达3916.32公顷，经济损失约2.5亿元。

8月　由新疆红旗坡农业发展集团有限公司旗下子公司新疆红旗坡云农物流产业园股份有限公司实施开发的阿克苏市绿色农业交易中心暨新疆云农贸中心建设项目开工建设，项目规划占地39.57万平方米。

9月2日　地委免去李勇（浙江援疆）新疆红旗坡农场集团有限公司党组成员职务；冯波（浙江援疆）任新疆红旗坡农场集团有限公司党组成员。

10月22日　园艺五分场归属新疆红旗坡源动力水务有限公司行政管理。成立新疆红旗坡农业发展集团有限公司督察办公室，归属纪检监察审计部。成立新疆红旗坡农业发展集团有限公司网络和信息安全办公室，归属集团公司党办室。

10月24日　红旗坡集团公司召开"聚焦总目标 作风再整顿"专项活动动员大会。

10月29日　在浙江省杭州举行的阿克苏农产品"十城百店"推介会暨"阿克苏好果源"品牌首场发布会上，红旗坡的苹果和苹果酒引起关注。

11月29日　地区行署副专员、浙江省援疆指挥部副指挥长陈建忠带领来自贵州、西藏等地区的援建干部90余人，到红旗坡集团公司所属金物联调研，援建干部就红旗坡集团公司继续深化"十城百店"工程具体实施工作等重点问题进行探讨交流。

12月4日　自治区党委调研组一行到红旗坡集团金物联公司调研。

12月5日　红旗坡农业发展集团有限公司成立深化改革领导小组，下设办公室，办公室设在集团改制办。

12月10日　地委任命范江明为新疆红旗坡农业发展集团有限公司党委委员、书记；杨博为新疆红旗坡农业发展集团有限公司党委委员、副书记；赵红军、贺章平、穆合塔尔·达吾提、冯波为新疆红旗坡农业发展集团有限公司党委委员。

12月15日　阿克苏地委撤销新疆红旗坡农业发展集团有限公司党组，设立新疆红旗坡农业发展集团有限公司党委，同步设立纪委检查委员会。

12月22日—2019年1月19日　由地区市场监督管理局牵头，在全国范围内开展为期1个月的"阿克苏苹果"商标打假维权专项活动。

12月30日　地委书记窦万贵一行10余人到红旗坡集团公司金物联参观指导工作。

2019年　1月1日　为规范集团公司及下属分（子）公司的采购工作，红旗坡集团公司制定《新疆红旗坡农业发展集团有限公司采购管理制度（试行）》。

1月3日　"本来生活"食品购买平台携手红旗坡集团战略合作暨"100冰糖心"上线发布会在北京新疆大厦举行。双方将整合资源，通过高品质的区域农产品和具有互联网基因的品牌电商之间有机结合，打造出具有中国品质标签的新时代农产品品牌。

3月25日　成立新疆红旗坡农业发展集团有限公司阿克苏分公司生产经营部；撤销红旗坡农场园艺五分场设置，成立新疆红旗坡农业发展集团有限公司阿克苏分公司园艺五分场；撤销新疆红旗坡农业发展集团有限公司阿克苏分公司园艺生产部，相关业务分归园艺五分场和生产经营部；园艺七分场划归新疆阿克苏振泰房地产开发有限公司管理。

3月29—31日　红旗坡集团公司132名领导职工在空台里克植树造林1.5公顷，为2019年红旗坡集团公司植树造林活动拉开帷幕。

4月19日　阿克苏地区行署副专员艾买尔江·阿吾提，塔城地委副书记木合亚提·加尔木哈买提，地委委员、行署副专员薛桂一行到红旗坡集团公司云农物流产业园和红旗坡集团金物联农产品深加工生产基地视察。

6月30日　红旗坡集团公司授予新疆红旗坡源动力水务有限公司党支部、阿克苏红旗坡雪峰生态旅游牧业有限公司党支部"先进基层党组织"；授予赵建成等5人"优秀党务工作者"；授予王长寿等12人"优秀共产党员"。

9月17日　北京汇源控股有限公司和新疆红旗坡农业发展集团有限公司签订投资合作协议，在温宿国家农业科技园区举行汇源红30万吨果蔬饮料加工项目签约及开工奠基仪式。汇源红30万吨果蔬饮料加工项目总投资4亿元，占地面积12.67公顷，建设项目为果浆厂、果汁厂及果汁饮料灌装厂。

9月　由阿克苏优能农业科技股份有限公司实施的红旗坡冷链物流及果品深加工二期建设项目在温宿县国家科技园区开工建设。项目总投资7.9亿元，规划占地面积20.43万平方米，规划总建筑面积7.62万平方米。建设项目包括3万吨相温气调库（3.08万平方米）、配套保鲜冷库选果车间1.59万平方米、包装车间9425平方米、果品包装车间7503平方米、包材仓库1.39万平方米、科技研发中心9199.07平方米及其他配套设备和10辆新型智能气调冷藏运输车等。

10月12—13日　第六届新疆特色果品（阿克苏）交易会暨2019年全国农产品产销对接扶贫行活动在新疆红旗坡农贸物流园举行。参加交易会的共有企业、合作社573家，其中国内其他省市采购商203家，其他省市、地州55家企业，阿克苏各县（市）315家，共38家媒体及1500余人参会。交易会达成148项购销协议，交易各类农产品近63万吨，活动总成交额71.07亿元。

10月24日11时　《南京现代快报》在红旗坡农村示范基地直播红旗坡冰糖心苹果生产状况。

● **2020年** 3月2日　地委免去杨博新疆红旗坡农业发展集团有限公司党委副书记、委员职务，任命韩双胜为新疆红旗坡农业发展集团有限公司党委委员、副书记。

3月3日　地区国资委免去杨博新疆红旗坡农业发展集团有限公司副董事长、总经理职务，任命韩双胜为新疆红旗坡农业发展集团有限公司副董事长、总经理（聘期三年）。

3月27日　红旗坡集团公司调整及成立相关内设机构。乌鲁木齐办事处归新疆红旗坡农业发展集团有限公司投资规划部管理；成立新疆红旗坡农业发展集团有限公司内部审计科，归属新疆红旗坡农业发展集团有限公司纪检监察审计部。

4月3日　为做好红旗坡农场企业退休人员社会化管理工作，红旗坡集团公司印发《阿克苏地区红旗坡农场企业退休人员社会化管理工作实施方案》，2019年12月31日之前退休的人员按全部移交属地政府指定的退休人员社会化管理机构实行社会化管理。

4月15日　集团公司为加强组织管理，对相关内设机构名称统一进行规范，新疆红旗坡农业发展集团有限公司生产科规范名称为新疆红旗坡农业发展集团有限公司生产经营部；新疆红旗坡农业发展集团有限公司投资规划部规范名称为新疆红旗坡农业发展集团有限公司投资发展部；新疆红旗坡农业发展集团有限公司财务部规范名称为新疆红旗坡农业发展集团有限公司财务核算部；新疆红旗坡农业发展集团有限公司纪检审计监察部规范名称为新疆红旗坡农业发展集团有限公司纪检监察审计部；新疆红旗坡农业发展集团有限公司党务科、党建科合并为组织人事科，归属新疆红旗坡农业发展集团有限公司党委办公室；成立新疆红旗坡农业发展集团有限公司市场营销部；新疆红旗坡农业发展集团有限公司下属分（子）公司办公室规范名称为综合部（党建办公室）。

5月24日　地委书记窦万贵到红旗坡集团公司参加集团公司民主生活会。

6月16日　地委免去范江明新疆红旗坡农业发展集团有限公司党委书记、委员职务，任命李波涛为新疆红旗坡农业发展集团有限公司党委委员、书记。

6月16日　地区行署免去范江明新疆红旗坡农业发展集团有限公司董事长职务，任命李波涛为新疆红旗坡农业发展集团有限公司董事长（聘期三年）。

6月30日　中共新疆红旗坡农业发展集团有限公司委员会授予新疆红旗坡农业发展集团有限公司机关党支部"先进基层党组织"，授予何俊杰等6人"优秀共产党员"。

9月18日　阿克苏地区审计局到红旗坡集团公司召开经济责任审计进点见面会。

10月17—18日　由红旗坡集团公司承办的第七届新疆特色果品（阿克苏）交易会在新疆红旗坡农贸物流园开幕。交易会期间，陆续开展会前媒体见面会，开幕式，农业产业化"十城百店"工程特色农产品暨"阿克苏好果源"品牌推进会，百家采购商，媒体走进阿克苏优质农产品生产示范基地实地调研，阿克苏苹果产业发展论坛，阿克苏红枣产业发展论坛，阿克苏核桃产业发展论坛，阿克苏苹果协会会员大会及改选等系列活动。交易会共达成 350 项购销协议，交易各类农产品近 43 万吨，协议金额突破 40.5 亿元；农业产业化招商引资项目 10 个、金额 40.2 亿元。

中国农垦农场志

第一编

地　理

中国农垦农场志丛

第一章 场域 建制

红旗坡农场位于天山南麓中段，南临阿克苏市，西毗温宿县，国道 G314 贯穿农场南北，省道 S2949 线横穿东西。场部距阿克苏市中心区 10 千米。阿克苏红旗坡机场坐落在农场腹地，距阿克苏火车站 8 千米。

农场始建于 1958 年。至 2020 年，农场区域面积 217.02 平方千米。

第一节 场 域

一、农场边界

红旗坡农场四至界线最初由 1964 年自治区党委〔1964〕544 号批文附件明确划定：东以台兰古道为界与专区实验林场相邻，西至卡坡，北以古木别孜山为界，南抵阿克苏市城区。

1984 年 10 月 20 日，鉴于温宿县镇公社、石油公司、核桃林场、养畜场在红旗坡农场界线之内占用土地已成事实，阿克苏地区行署发出阿行署发〔1984〕089 号文件确定：温宿县食品公司、养畜场以东，红旗坡农场九队以西小水渠为分界线，向北延伸至革命大渠，向南延伸，沿温宿县镇公社菜地与红旗坡农场八队最西边林带向下至八队与机场的林带直至卡坡；革命大渠以北至柯柯牙干渠的一支干之间，以柯柯牙干渠为基点，向西延伸至 2 千米处为界，一支干以北至柯柯牙河龙口，以柯柯牙干渠为基点，向西延伸至 400 米处为界，龙口以上至古木别孜山脚，以柯克亚河为界，以西为温宿县，以东为红旗坡农场。柯柯牙干渠以西的革命大渠两岸各 200 米为护渠地段。

2006 年 6 月，地区勘界办、阿克苏市勘界办、温宿县勘界办、地区红旗坡农场共同实地勘定，确认 24 号界桩以北为红旗坡农场的行政区域界线。地理坐标为北纬 40°17′，东经 80°18′。

二、建置沿革

1958 年 1 月，开始筹建阿克苏专区第一农场，3 月 14 日正式成立。隶属于阿克苏专员公署。

1959 年 11 月，温宿县九区兰干农业社、苦木他木农业社先后划归农场。

1960 年 10 月，专区成立地方国营阿克苏农场总场，统一领导阿克苏专区第一农场、共青团农场、西兰其农场、扎木台林场、实验林场。与此同时，阿克苏专区第一农场更名为阿克苏专区红旗坡农场。

1962 年 10 月，专区地方国营阿克苏农场总场撤销，红旗坡农场隶属于地委、专署领导。

1964 年 7 月，经自治区党委批准，从 1965 年 1 月 1 日起，阿克苏专区红旗坡农场转为自治区直属地方国营农场，农场的计划、财经、人事和物资调配四权归自治区农垦厅管理，农场的生产行政工作由自治区农垦厅和阿克苏地委、专署双重领导，以农垦厅为主；农场党的工作和政法、文教、卫生等工作分别归阿克苏地委和专署领导。

1966 年 8 月，红旗坡农场第五生产队划归阿克苏专区农科所。

1971 年，红旗坡农场由自治区下放地区管辖。

1975 年 4 月，新疆生产建设兵团撤销后并入地区。地区成立农垦局，红旗坡农场归属地区农垦局管辖。

1982 年，恢复农一师建制，红旗坡农场归属农一师，更名为农一师红旗坡农场。

1983 年 9 月 1 日，红旗坡农场脱离农一师，回归阿克苏地区行署农业处管理，为地区直属农场。

2016—2020 年，为提升企业的影响力、控制力和市场竞争能力，红旗坡农场改制为新疆红旗坡农业发展集团有限公司，由地区国资委直接监管。

第二节　区　　位

红旗坡农场位于塔里木盆地边缘，天山南麓冲积扇地带，科克亚河下游。地理坐标北纬 41°10′00″—41°26′00″、东经 80°09′30″—80°26′00″。场部距阿克苏市中心区 10 千米，西毗温宿县，国道 G314 贯穿农场南北，阿克苏红旗坡飞机场坐落在农场腹地，距阿克苏火车站 8 千米，区域面积 217.02 平方千米。

第二章　自然地理

　　红旗坡农场地处欧亚大陆腹地、塔里木盆地西北边缘，位于科克亚河冲积平原，地形呈西北高东南低，由西北向东南倾斜。因远离海洋，北部和西部受天山屏障阻隔，西风环流带来的水气部分翻越帕米尔高原或天山进入农场，属典型的暖温带大陆性干旱气候。特点是气候干燥、降水少、蒸发大、日照充足、昼夜温差大、夏季酷热、冬季干冷、春季多风。

第一节　自然环境

一、地质

（一）地质演变

　　早震旦纪时期，新疆大部分地区被海水覆盖，红旗坡处于塔里木河和天山河之中。

　　石炭纪早期，受华力西构造运动（海西运动）影响，地壳变动强烈，格局发生重大变化，塔北丘陵形成长条形的塔北岛（天山南麓坡前平原一带），并向西南延伸，塔里木平原复变为塔里木河。红旗坡农场地域处于狭长的塔北岛地段。早二叠纪时期，受华力西晚期构造运动影响，南天山海往南推移，红旗坡农场片区处于南天山海上，南绿洲地带处于塔西海中。晚二叠时期，南天山海消失，其东部形成库车盆地，红旗坡农场处于库车盆地。早三叠纪时期，库车盆地向南扩展，形成巨大的库车——满加尔盆地。

　　古天山经长期的侵蚀作用，形成丘陵和丘陵低地，而塔里木低地和库车盆地（塔里木盆地一带）成为一片汪洋——塔西海，红旗坡农场地域均深入大海中。中新世时期，新构造运动强烈，山区上升，塔里木成为统一的盆地。阿克苏市地域在塔里木盆地里。至第四纪，形成与今基本相似的地理环境，北为天山，南为塔里木盆地。

（二）地质结构

　　红旗坡农场的构造整个处在库车山前抛陷区与塔东台拗及其过渡区。其北部为塔里木地台、库车山前拗陷。红旗坡农场地处沙井子断裂、琼木兹杜克深断裂与却勒塔格深断裂的交汇处。

红旗坡农场属地台型构造，华力西晚期运动和喜马拉雅运动表现都十分显著。在地台发展过程中，曾经历过多期构造变动和海陆变迁。

塔里木运动时期，发生在晚元古代晚期，塔里木地台结晶基底形成，使元古界地层发生区域变质，并形成紧闭的揉皱和发生断裂位移，还伴有基性岩脉侵入活动。塔里木运动使本区褶皱，上升成陆，地形差异较大。经过长期剥蚀作用，地形渐趋平缓。至晚震旦纪末期，西部地壳相对平衡，并平稳下降，浅海广阔，沉积一套厚度不大但岩性相对稳定的镁质碳酸盐岩。

桐湾运动时期，阿克苏窝形隆起和木扎尔特河隆起等两单元所在地段升幅较大，并使这两个构造初具雏形。

加里东运动时期发生在桐湾运动之后，塔里木地台经历着长达1亿多年平静发展过程。加里东运动中期使塔里木地台区，在早奥陶纪期间一直延续由晚寒武纪以来的稳定的浅海环境，从而连续沉积着碳酸盐建造。中奥陶纪，地壳缓慢上升，在退却中的浅海环境下陆续发育碳酸盐，含石炭泥质和泥灰质沉积；在晚奥陶纪，地台大部分地域上升成陆，但地形平缓，只在局部残留水域中沉积百余米厚发育一套陆源碎屑沉积，假整合于奥陶系之中。至中、晚志留纪，地台区全面上升成陆地。

华力西运动时期，早期华力西运动使地台区长时期上升，直至晚石炭纪又下降，中期运动不强烈，显示深断裂活动的存在。晚期运动在塔里木地台北缘表现强烈，褶皱变动明显，形成一系列平缓的向斜和紧闭的背斜褶皱，并伴有断裂活动。华力西运动使地台上升成陆地，并由此基本上结束本区海的历史。

印支运动、燕山运动和喜马拉雅运动时期（简称喜山期），塔里木地台在印支、燕山运动时期表现为上升，喜马拉雅运动时期则表现为下降。

（三）地层

红旗坡农场区域从南天山褶皱带边缘至塔里木河南岸，整个区域内中、新生界发育完整，古生界以下仅在北部出露，乌喀公路阿克苏段被第四系覆盖，为风积、洪积、冲积砂渍、盐渍化砂质黏土、漂砾淤泥层。二叠系仅见有上统出露于北部，主要是河流沼泽相沉积。三叠系中、下统主要是干旱气候下的河流相粗碎屑沉积夹沼泽相泥岩；中统和上统是河流相和沼泽相的交互沉积。

（四）构造

红旗坡农场区域早在海西期，由于地球构造运动，在塔里木海和南天山海之间，隆起库车—满加里陆。喜山期后，印度板块与塔里木地台的挤压，形成天山及托木尔峰。大约以今阿克苏、温宿之间的卡坡为界，东为库车—满加尔盆地，西为塔里木低地。全新世后，塔里木盆地逐渐形成，加上喀拉尤勒滚山不断隆起，天山冰川融化的河流不断切割洪积平原，在洪积平原边缘形成洪积阶地。红旗坡农场即处于这个阶地上。地层岩性依次为黏土、粉砂黏土、砂质黏土、中细砂、粗砂、砾石等。沙壤土和黏土层覆盖层约10米。

二、地貌

红旗坡农场地形呈西北高东南低，由西北向东南倾斜。科克亚阶地地形十分复杂，其间有许多大面积的碱包和高地，纵横着众多又宽又深的深谷。海拔高度1124～1230米，地面坡降1/80～1/1500。阶地的部分地段生长有骆驼刺等杂草，但数量极少，分布稀疏。以314国道为界，南部为科克亚河冲洪积砾质倾斜平原和细土平原，海拔高程1136.48～1177.7米，地形坡降4%～5%，北部为砾质倾斜平原，海拔高程1177.69～1334米，地形坡降10%。农场干支渠两岸地质和地层岩性：科克亚干渠前段位于科克亚河冲洪积砾质倾斜平原，沿线均为荒地，地层岩性为卵石，卵石含量占70%～80%，砾石含量占10%～15%；后段位于科克亚河冲洪积平原上游，沿线耕地、荒地相间分布，地层岩性为粉质黏土、粉土相砂砾石互层，单层厚度为30～60厘米。科克亚西支渠位于科克亚河冲洪积倾斜平原，沿线为砾质荒漠，地层岩性为卵砾石，由北向南，卵砾石渐变为粗沙砾石层。科克亚东一干渠位于科克亚河冲洪积平原中上部，前段地层岩性以细砂、粉砂含砾为主；后段地层岩性为三元结构，表层为低液限黏土，厚度为0.2～2.5米，由北向南层厚逐渐加大，第二层为低液限黏土与粉砂含砾互层，其下为大厚度粉砂含砾。

三、气象

红旗坡农场地处欧亚大陆腹地，位于科克亚河冲积平原，远离海洋，北部和西部受天山屏障阻隔，西风环流带来的水气部分翻越帕米尔高原或天山进入农场，属典型的暖温带大陆性干旱气候。特点是气候干燥，降水少，蒸发大，日照充足，昼夜温差大，夏季酷热，冬季干冷，春季多风。大风多，历年平均风速1.7米/秒，最大风速40米/秒，年均沙暴11.5日、扬沙25.7次。

（一）四季特征

红旗坡农场区域春季气温回升快，降雨较多，常造成雨害；春季大风较多，约占全年大风日数30%～35%，平均大风日数3～6天。加上冷空气活动频繁，盛行东灌回流天气，常造成持续的风沙和浮尘天气，占全年浮尘天气的一半以上，能见度较差。夏季气温高，日照长，降雨多，蒸发量大，阵性大风较多。各月平均气温在 25～29℃，比阿克苏市西城区高 3℃ 左右；夏季平均大风 6～11 天，占全年大风日数的 55%～66%。秋季降温较快，大风较少，降雨不多；10 月中旬出现轻初霜，10 月下旬出现重初霜。冬季寒冷，多晴天，大风少，风速小；12 月初土壤封冻，12 月中、下旬出现初雪，翌年 2 月土壤开始解冻。

（二）日照

红旗坡农场区域干旱，云量少，日照多。年总日照在 2800～3831.35 小时，年太阳总辐射量可达 6000 兆焦/平方米。年最大日照时数是 1995 年的 3136.6 小时，年最小日照时数是 2008 年的 2505.1 小时。

全年日照时数夏季较多，春、秋次之，冬季较少。全场日照百分率最高值多出现在秋高气爽的季节，平均在 70% 以上，主要因为秋季大气透明度好，晴天多，风沙天气少。春季日照百分率较低。

表 1-2-1　1958—2020 年红旗坡农场月平均日照情况表

月份	1月	2月	3月	4月	5月	6月	7月	8月	9月	10月	11月	12月	全年
日照时数（小时）	189.3	186.3	205.9	222.8	265.4	291.3	306.0	283.0	285.9	251.3	209.5	187.6	2857.6
日照百分率（%）	64	62	56	56	60	65	67	67	69	74	72	66	65

（三）辐射

红旗坡农场区域干旱，云量少，太阳总辐射量夏季较多，春、秋次之，冬季较少。1958—2020 年，多年年平均太阳总辐射为 135.8 千卡/平方厘米。多年年平均生理有效辐射量为 67.9 千卡/平方厘米。

表 1-2-2　1967—2020 年红旗坡农场平均太阳总辐射、生理有效辐射能量表

单位：千卡/平方厘米

项目	1月	2月	3月	4月	5月	6月	7月	8月	9月	10月	11月	12月	全年
总辐射	5.9	7.1	9.9	12.1	15.1	16.3	17.5	15.6	13.1	10.3	6.8	5.4	135.8
生理辐射	2.9	3.5	5.0	6.1	7.5	8.2	8.7	7.8	6.5	5.1	3.4	2.7	67.9

（四）温度

1. **气温年变化**　红旗坡农场区域年平均气温在 10～11℃，年际变化不大，最暖年份为 11.7℃，最冷为 9.4℃，冷暖年最大相差 2.3℃ 左右。年平均最高气温为 2009 年的 19.2℃。

2. 气温月变化 红旗坡农场区域气温月变化明显，全年气温成单峰型，一年之中7月最热，月平均气温在20.7～25.4℃。1月最冷，月平均气温暖年大约在－7～－5℃，冷年在－12～－9℃。

3. 气温日变化 红旗坡农场气温日变化显著，昼夜温差较大，有"早穿皮袄午穿纱"之说。一天中最低气温一般出现在清晨，最高气温一般出现在午后。平均日较差在10～16℃，年日较差在13～14℃。一年中平均日较差以秋季最大，冬季最小。各月最大日较差在18～21℃。

4. 最高、最低气温 红旗坡农场日最高气温≥20℃日数172～204天，≥25℃日数120～150天，≥35℃高温日数平均为5天；全年平均最高气温为16.4～19.0℃，7月平均最高气温29.1～33.8℃，极端最高气温达40.7℃。

最低气温≤0℃日数130～147天，≤－5℃日数72～105天，≤－10℃日数40～60天。年平均最低气温在3.0～5.1℃，1月平均最低气温一般在－14～－11℃；极端最低气温－27.6℃。1990年以来最高、最低气温没能突破历史极值，2015年7月18日出现的日最高气温39.7℃；日最低气温为2005年的－29℃。

（五） 地温

红旗坡农场历年平均地面温度11.7～12.1℃，比气温高2℃左右。一年中，11月至次年2月，地面平均温度低于0℃，以1月最低，月平均地面温度为－9～－6℃。夏季各月地面平均温度较高，7月为28～33℃，比同期平均气温高2～4℃。

地中各层土壤温度的年变化趋势和地面温度趋于一致，变化幅度较小，极值出现时间有明显的后滞现象。随深度增加，各层地中温度的年、日变化越小，320厘米深处土壤温度的年振幅仅8℃左右。各层的温度分布是：夏季温度随深度增加而降低，冬季随深度增加而升高；春、秋两季为过渡期。地中5厘米深处，历年平均温度为10.5～13.2℃。4—5月为16.4℃，比地面平均低1℃左右。

表 1-2-3　1958—2020 年红旗坡农场气温和地中 5 厘米深处地温表

单位：℃

项目	4 月			5 月		
	上旬	中旬	下旬	上旬	中旬	下旬
气温	12.3	15.1	17.4	18.9	19.5	21.4
地温	10.7	13.5	15.7	18.1	18.5	21.1

1958—2020年，红旗坡农场10厘米土层封冻期最早为11月7日，最晚为12月7日；解冻期最早3月1日，最晚为3月10日。多年平均冻土深度70厘米，历年最大冻土深度1.2米。

（六）积温

红旗坡农场光热条件较好，热量资源丰富。全年≥10℃界限积温达3900～4100℃，≥15℃界限积温达3300～3500℃，≥20℃界限积温达2300～2500℃。1958年后，随着气温的升高，各界限积温都有所增加，其中≥20℃界限积温尤为明显。

（七）无霜期

红旗坡农场无霜期较长，一般为190～215天，历年平均无霜期为200天。无霜期最长可达242天，最短160天。无霜期一般在3月中旬至10月中旬。由于无霜期较长，热量丰富，昼夜温差大，能够满足各种作物生长的气候条件。

轻霜初日变化幅度较大，一般在9月下旬到10月中下旬之间，历年平均轻霜初日在10月11日，2000年以后初霜日均较历年偏晚。重初霜出现日期变化幅度较小，一般在10月20—30日，历年平均重霜初日在10月23日。

（八）气压

红旗坡农场一年之中，秋冬季比春夏季气压高。一天中，气压有一个最高值、一个最低值，分别出现在9～10时和15～16时，还有一个次高值和一个次低值，分别出现在21～22时和3～4时。气压日变化幅度较小，一般为0.1～0.4千帕，并随纬度增高而减小。历年气压年平均值变化范围不大，在890.2～891.6百帕，气压最大值916.5百帕，出现在2014年12月5日，气压最小值870.7百帕，出现在2013年6月12日。

（九）降水

1. **年降水量** 农场区域降雨少，年际变化和四季差异都很大。

1958—1966年，年平均降水量为40.1毫米，年最少降水量为21.8毫米（1956年），年最大降水量为53.3毫米（1955年），4—10月平均降水量为36.7毫米，占年平均降水量的91.5%。

1967—1990年，多雨年份降水量100毫米以上，少雨年份降水少于30毫米，雨日以7月、8月最多，连阴雨较少，最长持续6天。年平均降水量65.4毫米，其中春季占全年降水量的9.9%、夏季占32.3%、秋季占49.7%、冬季占8.1%，6—8月共占全年的59.8%。

1991—2020年，年降水量一般在60～80毫米，历年平均为74.5毫米，但年际变化很大，年最大降水量达186.2毫米，最小降水量仅18.7毫米，降水量相差达9倍。20世纪90年代后，进入一个多降水时段，除1999年和2006年与历年持平外，其余年份年降水量均偏多，其中1996年、2002年和2003年降水量均超过100毫米。

2. **降水量月季分布** 红旗坡农场降水月变化也比较显著，主要降雨时段集中在5—9

月，占全年降水量的70%～80%；11月降水量最少，平均月降水量仅0.5毫米。1990年后，各月降水量都有所增加，5—9月降水量所占比例有所下降，占全年的60%～70%。1996年仅7月全月降水量就达到72.4毫米。历史月降水量最大93.2毫米，出现在2013年6月。

一年四季中，夏季（6—8月）降水最多，占全年总降水量的60%左右；春季（3—5月）次之，占全年的20%；秋季和冬季各占12%和8%。20世纪90年代，红旗坡农场春季和平均降水量较历年增加25%和75%。夏、秋季增长10%；近5年春季和秋季降水量分别达26.7毫米和24.9毫米，较历年增长70%和1.8倍。

3. 日降水量　红旗坡农场全年日降水量≥0.1毫米的天数平均为36天，≥2.0毫米的天数为9.3天，≥5.0毫米的天数为3.8天。20世纪90年代有所增加，分别为41.8天、11.4天、5.0天。近30年内日降水量≥25.0毫米的日期分别为1996年7月2日、1997年6月29日、2001年10月12日、2010年7月29日、2013年6月17日，近30年的单日最大降水出现在2013年6月17日，达31.8毫米。

（十）降雪

红旗坡农场降雪主要集中在12月到次年2月之间，降雪日数一般为10～25天，历年平均降雪日数16.3天，最多降雪日数为38天，最少2天。降雪初日一般在11月中下旬到12月，最早出现在10月27日，最晚出现在1月22日；降雪终日一般在2月下旬到3月中旬，最早降雪终日出现在11月17日，最晚出现在3月25日。

测站积雪深度≥1厘米的天数平均为12.4天，≥5厘米的天数为1.2天，测站最大积雪深度为20厘米，出现在2003年3月5日；测站最长连续积雪日数为2012年和2014年，均为82天，终止日期最晚的是2012年为3月6日。

（十一）蒸发

红旗坡农场地处荒漠，气候干燥，蒸发量大。年蒸发量1750～2070毫米，是年降水量的24～28倍。一年之中以5—8月蒸发量最大，月平均蒸发量262～326毫米，冬季最小，仅20毫米左右，夏季和冬季相差12倍以上，日最大蒸发量22.5毫米。

表1-2-4　1958—2020年红旗坡农场全年月平均蒸发量表

单位：毫米

月份	1月	2月	3月	4月	5月	6月	7月	8月	9月	10月	11月	12月	全年
蒸发量	21.0	41.8	122.4	227.5	283.6	309.8	297.1	245.6	173.9	112.0	43.4	18.4	1896.5

（十二）霜

红旗坡农场的初霜一般在每年的10月上旬出现，一般到次年3月中、下旬，随着气温的升高，地面温度达到 0℃ 以上时就不再出现。最早出现初霜的时间是 2012 年 10 月 2 日，最晚出现初霜的时间是 2006 年 10 月 31 日，最晚终霜日是 2002 年 4 月 30 日。

（十三）湿度

红旗坡农场气候干燥，湿度小，年平均相对湿度在 50%～60%。一年中相对湿度以冬季最大，一般在 60%～75%；夏、秋次之，春季最少，一般为 30%～45%。相对湿度的日变化和气温变化相反，一日中最大相对湿度出现在早晨，最小相对湿度出现在午后。最小相对湿度一般出现在春季，其他各月最小相对湿度均出现过 0 的情况。

表 1-2-5　1958—2020 年红旗坡农场全年各月平均相对湿度表

月份	1月	2月	3月	4月	5月	6月	7月	8月	9月	10月	11月	12月	全年
湿度（%）	68	62	50	41	44	52	58	60	64	62	68	74	59

（十四）风

红旗坡农场由于受天山屏障作用，全年风速较小，年平均风速为 1.2～1.8 米/秒，一年之中以春季风速最大，夏季次之，秋冬季风速最小。按月而言，4—6 月风速最大，达 1.7～2.6 米/秒，10—12 月最小，为 0.6～1.4 米/秒。一天之中，中午风力最小，午后到傍晚风力有所增加，大风出现一般在夜间。全年盛行偏北风，西北风次之。春季多北风和西北风，夏季以西北风为主，南风和东南风有所增强，秋冬季主要为偏北风。

最大风速一般在 10～15 米/秒，风向多为西北风或西风，出现最大风速为 2009 年 4 月 16 日的 18.5 米/秒（西北风），极大风速为 2001 年 4 月 8 日的 30.2 米/秒（西北风）。

表 1-2-6　1958—2020 年红旗坡农场全年各月最大风速及风向表

月份	1月	2月	3月	4月	5月	6月	7月	8月	9月	10月	11月	12月	全年
风速（米/秒）	6.3	11.1	26.0	20.0	17.3	16.0	15.0	13.7	14.0	13.0	14.0	9.0	26.0
风向	东南东	西北西	西北西	西北西	西北西	西北西	西北西	西北西	西北西	西北西	西北西	西北西	西北西

（十五）物候

红旗坡农场是新疆特色林果的主产区，苹果等尤为有名。物候现象是冬小麦 3 月上旬返青，4 月上旬玉米、棉花及早春作物开始播种，各种作物相继萌芽。6 月中旬棉花现蕾，6 月下旬小麦收割，瓜果相继上市。9 月上旬玉米及晚熟瓜果陆续成熟，冬小麦开播，9 月下旬棉花吐絮。

表 1-2-7　1958—2020 年红旗坡农场主要树种生长周期表

树种	物候期			
	萌芽	展叶	开花	落叶
苹果树	3月24日	4月2日	4月12日	12月8日
杏树	3月3日	4月9日	3月26日	11月20日
柳树	2月25日	3月20日	3月26日	11月19日
沙枣	4月4日	4月2日	5月7日	12月18日

四、水文

（一）地表水

红旗坡农场建场初期，地表水源来自台兰河。后因台兰河分水过少，于 1960 年 5 月完成科克亚河干渠第一期工程，此后逐步引科克亚河水，科克亚河为农场唯一地表水流，红旗坡农场成为科克亚河小水系的相对独立灌区。

科克亚河，《西域图志》称库克墨尔根郭勒，《西域水道记》称固洛克水或墨尔根郭勒，《新疆图志》称楚克达尔河。科克亚河发源于温宿县内天山山脉托木尔山区南麓阿克依卡克，北南流向，全长 21 千米，平均宽约 100 米。河道径流主要由冰川融水、积雪融化及降雨构成，山区集水面积为 500 平方千米，属山洪性河流。科克亚河出山后，一部分河水由渠首经科克亚干渠进入灌区，另一部分在山前戈壁带呈散流状，平水期渗为地下水或被蒸发，洪水期经红旗坡农场园林七队逐渐形成科克亚冲沟，至实验林场水库下游在自然状态下通过卡尔斯亚洪沟，再由东北向西南，经阿克苏市东城区，跨越多浪渠，在乔格塔汇入阿克苏新大河。

科克亚河一般流量为 5 立方米/秒。1957 年，年均流量为 2.56 立方米/秒，最大月（8 月）为 6.55 立方米/秒，最小月（12 月）为 0.92 立方米/秒。

1965 年，科克亚河多年平均径流量为 1.101 亿立方米，平均流量为 3.2 立方米/秒，年内流量分布极不均匀，月均流量最大月（8 月）为 10.6 立方米/秒，最小月（3 月）为 0.92 立方米/秒，6—8 月径流量约占总径流量的 51%。

1979 年，参数 P＝50%，平均径流量为 0.97 亿立方米，平均流量为 2.81 立方米/秒，最大月（8 月）为 8.8 立方米/秒，最小月（12 月）为 0.46 立方米/秒；参数 P＝75%，平均径流量为 0.88 亿立方米/秒，年均流量为 2.56 立方米/秒，最大月（8 月）为 7.9 立方米/秒，最小月（12 月）为 0.98 立方米/秒。

2002 年，农业部新疆水利设计院计算：参数 P＝50%，年流量为 5.66 立方米/秒；参数＝75％，年流量为 5.2 立方米/秒。径流年内分配不均，夏秋两季水量占全年径流量的 84％，径流量年际变化：丰水年水量不超过正常年水量的 1 倍，最枯年水量不少于正常年水量的 50％。年内流量变化较大，6—9 月流量最大，4 个月平均流量为 12.38 立方米/秒，最大月（8 月）为 15.86 立方米/秒，1—3 月和 11 月、12 月流量最少，5 个月平均流量为 1.2 立方米/秒，最小月（3 月）为 0.96 立方米/秒。科克亚干渠从科克亚河引水，红旗坡农场和实验林场两场分水。依据科克亚河在 50％和 75％保证率的来水量，2003 年科克亚干渠从科克亚河龙口引水量为 8995.54 万立方米（P＝50％）和 8732.61 万立方米（P＝75％），其中红旗坡农场引水量为 6583.07 万立方米（P＝50％）和 6327.1 万立方米（P＝75％）。由于干支渠渗漏比较严重，水量沿程损失很大，渠系水利用率低，干渠水利用率为 0.88，支渠水利用率为 0.85～0.92，加上一些不合理、不科学的灌溉方式和管理漏洞，加剧水资源浪费，造成灌区严重缺水。

2005 年，科克亚干渠龙口年总引水量为 7800 万立方米，其中自龙口至六队的 25 千米的渗漏和水面蒸发量占 28％，即 2124 万立方米，总引水量按比例分给实验林场 1794 万立方米，红旗坡农场引水量为 3882 万立方米。农场除部分水渠实现防渗外，至 2006 年还有 47 千米水渠是建场初期的土渠，这些支渠渗漏和水面蒸发量为 20％左右，农场实际用水量只为 3105.6 万立方米，灌溉面积每公顷平均用水量为 7176 立方米/年。根据产量高低确定用水量，平均每公顷为 9750 立方米。这种缺水状况，严重制约农场的生产和发展。红旗坡农场与实验林场干支渠节水改造工程完成后，水资源损失浪费得到很大程度的遏制。

表 1-2-8　—1979 年科克亚河年内各月流量变化情况表

单位：立方米/秒

年份		1月	2月	3月	4月	5月	6月	7月	8月	9月	10月	11月	12月	全年平均
1957		0.77	1.43	1.27	1.42	1.78	4.27	5.01	6.55	3.00	2.33	1.20	0.92	2.56
1959		1.27	1.40	1.27	1.43	2.01	4.20	5.04	6.61	3.48	2.33	1.20	0.97	2.60
1979	P＝50％	0.80	0.76	0.82	1.66	1.42	5.50	8.17	8.80	3.25	1.00	1.07	0.46	2.81
	P＝75％	0.86	0.73	0.62	1.00	1.81	4.07	7.66	7.90	2.88	1.06	1.1	0.98	2.56

表 1-2-9　1998 年红旗坡农场地表水年内分配计算表

单位：万立方米

月份	P＝50％			P＝75％		
	科克亚河流量	科克亚干渠引水量	分配红旗坡农场水量	科克亚河流量	科克亚干渠引水量	分配红旗坡农场水量
1月	390.00	351.00	268.87	380.00	342.00	261.97
2月	320.00	288.00	220.61	190.00	171.00	130.99

（续）

月份	P=50%			P=75%		
	科克亚河流量	科克亚干渠引水量	分配红旗坡农场水量	科克亚河流量	科克亚干渠引水量	分配红旗坡农场水量
3 月	260.00	234.00	179.24	400.00	360.00	275.76
4 月	760.00	722.00	553.05	580.00	551.00	422.07
5 月	1390.00	979.00	665.72	1310.00	979.00	636.35
6 月	2540.00	1697.00	1300.04	2750.00	1575.00	1181.25
7 月	4000.00	1416.68	963.34	4890.00	1416.68	963.34
8 月	4250.00	1537.67	1076.37	3380.00	1537.67	1076.37
9 月	2470.00	660.04	505.59	1270.00	656.89	503.18
10 月	830.00	581.00	445.05	580.00	522.00	399.85
11 月	350.00	332.50	254.70	370.00	315.50	269.25
12 月	280.00	196.00	150.14	300.00	270.00	206.82
全年	17840.00	8995.54	6583.07	16400.00	8732.74	6327.19

说明：本表据《红旗坡农场与实验林场干支渠节水改造工程初步设计报告》。

表 1-2-10　2003 年科克亚河径流年内分配表

项目		单位	1月	2月	3月	4月	5月	6月	7月	8月	9月	10月	11月	12月	全年
P=50%	流量	立方米/秒	1.47	1.20	0.96	2.82	5.18	9.50	14.92	15.86	9.22	3.11	1.31	1.05	5.66 （平均）
	径流量	×10⁸ 立方米	0.039	0.032	0.026	0.076	0.139	0.254	0.400	0.425	0.247	0.083	0.035	0.028	1.785
	分配比例	%	2.2	1.8	1.4	4.2	7.8	14.2	22.4	23.8	13.8	4.7	2.0	1.6	100
P=75%	流量	立方米/秒	1.41	0.72	1.50	2.18	4.89	10.28	18.26	12.63	4.73	2.17	1.39	1.13	5.20 （平均）
	径流量	×10⁸ 立方米	0.038	0.019	0.040	0.058	0.131	0.275	0.489	0.338	0.127	0.058	0.037	0.030	1.641
	分配比例	%	2.3	1.2	2.4	3.6	8.0	16.8	29.8	20.6	7.7	3.5	2.3	1.8	100

说明：本表据 2003 年《红旗坡农场与实验林场干支渠节水改造工程初步设计报告》。

（二）地下水

农场地下水资源丰富，为地下水丰水区。地下水补给来源主要为天山山脉融雪水，由阿克苏河、科克亚河、台兰河不断补充，属第四代全新统冲洪积细土平原区潜水和承压水类型。穿透 20～30 米的砂及黏沙土互层后，为丰富的含水砂砾、卵砾石层，含水层厚度大，地下径流条件好，涌水量稳定。承压水储存于砂砾卵石层和粗砂层间。在地下 200 米深的地层中，含水层厚度 140～170 米，30～60 米以下即有承压水。地下水流向由东北向西南，埋藏深度由东向西逐渐加深。

1964 年，农场中部、南部由东向西地下水水位为 2～14 米，东边为 2～8 米，西边为8～14 米，耕作绿叶区一般为 3～4 米。

1998 年，10 眼灌溉机井深度均为 125 米，静水位为 20 米，动水位为 25 米，单井出水量平均为 120～160 立方米，全年地下水提取量为 195 万立方米。

1999—2005年，农场多渠道投资开发地下水资源，集体打机井18眼，年出水量486万立方米，个人打机井43眼。

2007年，农场有机井120眼。

2020年，农场地下水流量指标为9211万立方米。

（三）洪水

农场洪水来自科克亚河。科克亚河属消冰融雪的山洪型河流，洪水为消冰融雪暴雨混合型洪水。按季节，分为春季洪水和夏季洪水。其中由于中低山冰川积雪受气温上升影响，冰川、积雪融化发生洪水，这类洪水涨、落缓慢，夹带泥沙，较暴雨型洪水少，洪峰持续时间相对较长，洪量较大，洪水过程有明显的日变化；暴雨洪水常集中在7月、8月，这类洪水起涨迅速，峰高量少，洪峰持续时间较短，洪水常挟带大量泥沙；融冰雪与暴雨混合型最为普遍，常发生在6月、7月、8月，这类洪水起涨速度快，持续时间较短，流速急，洪量大，日变化明显。

（四）泥沙

由于科克亚河汇流区植被稀疏，地表受到洪水强烈冲击，加之山区河段坡降较大，水流挟沙能力较强，河岸地表岩石风化严重，干燥剥蚀作用强烈，河流含沙量从河流至出山口沿程逐渐增大，造成科克亚河流含沙量大。

1977年7月15日暴雨洪峰时，科克亚干渠河道流量为60～70立方米/秒，悬移质含量为131.5千克/立方米。7月，河道平均流量为13～15立方米/秒，悬移质含沙量为4.8千克/立方米。根据科克亚河特点计算，悬移质输沙率约占总输沙量的30%以上。6月下旬至9月上旬汛期引水量约为3000万立方米，含沙量按4千克/立方米，容重按1.7吨/立方米计，每年入渠泥沙量最少为7万立方米。

根据测算，2003年科克亚河渠道年均悬移质含沙量为2.33千克/立方米，年均输沙量为83万吨，含沙量年内分配极不均匀，汛期（6—8月）含沙量占全年含沙量的80%以上。

（五）水质

1. 地表水水质　2002年7月和8月，阿克苏地区水文局两次在科克亚河山口取水样化验分析，科克亚河水出山口段水质完全是天然状态，未受人为污染，pH在7.5～8.5，水质略偏碱性；总硬度为84.6毫克/升，属微硬水；矿化度为373毫克/升；水化学类型主要是重碳酸盐钙型；枯水期出现氯化钠型和硫酸盐型水质。河水矿化度受河流水量的季度变化影响较大，5—8月为丰水期，河流水量补给主要来源于冰雪融化和降雨，河水矿化度较低，平均为266毫克/克；平、枯期河水量主要由地下水补给，矿化度较高，为

496毫克/升以上。平均氯化物含量为6.54毫克/升，硫酸盐含量为165毫克/升，通常平、枯期含量大于丰水期；汛期山间暴雨径流，将山沟内高盐水物质带入河中，引起水体中氯化物、硫酸盐含量和水体矿化度剧增。按照国家有关水质标准，科克亚河出山口的水质综合评价为二级。科克亚河河水出山进入平原和灌区后，沿程河水水质程度不同有所变化。

科克亚河河水含碘量偏低，含氟量高，科克亚河灌区属阿克苏地区高氟区。2002年8月，地区水文局对科克亚河山口段水质分析，河水含氟量为0.52毫克/升。出山后经沿程溶解，到灌区河水含氟量又有所提高。

农场完成改水工程前，人畜长期饮用含氟超标的渠道水和浅层地下水，引发多种疾病。科克亚河灌区居民普遍有氟病症，中度者占67.8%，严重者占32%。通过实施多年的防病改水工程，至2015年，农场自来水全部入户。

2017年3月，塔里木河流域阿克苏管理局水质检测中心对农场（老水厂、新水厂）生活饮用水水源水水质检测分析，全部符合饮用水标准（表1-2-11）。

表1-2-11 2017年塔里木河流域阿克苏管理局水质检测中心科克亚河检测报告表

序号	检测项目	单位	技术要求	检验结果
001	色度	度	≤15	<5
002	浑浊度	NTU	≤1，条件限制时≤3	0
003	嗅和味	/	无异臭异味	无
004	肉眼可见物	/	无	无
005	pH	/	6.5～8.5	7.23
006	温度	℃	/	10.6
007	溶解氧	mg/L	/	0.23
008	电导率	us/cm	/	286
009	总硬度（以$CaCO_3$计）	mg/L	≤450	201
010	含氟量	mg/L	≤1.0	0.35
011	溶解性总固体	mg/L	≤1000	267
012	硫化物	mg/L	≤0.02	<0.02
013	氯化物	mg/L	≤250	52.48
014	硫酸盐	mg/L	≤250	71.64
015	硝酸盐（以N计）	mg/L	≤10	3.01
016	铁	mg/L	≤0.3	<0.05
017	六价铬	mg/L	≤0.05	<0.004
018	铜	mg/L	≤1.0	<0.02

（续）

序号	检测项目	单位	技术要求	检验结果
019	锰	mg/L	≤0.1	<0.05
020	锌	mg/L	≤1.0	<0.002
021	镉	mg/L	≤0.005	<0.002
022	铅	mg/L	≤0.01	<0.002
023	银	mg/L	/	<0.002
024	汞	mg/L	/	<0.0001
025	砷	mg/L	/	<0.001

2. **地下水水质**　红旗坡农场境内地下水矿化度淡水分布面积较广，地下水矿化度均在0.46～0.92克/升，总硬度一般介于0.46～1.51克/升，总硬度一般小于8度（德国度），地下水质较好，宜于农业灌溉及居民安全饮用。

1964年，农场地下水水质主要为矿化水和弱矿化水，西北区为淡水区水质，含盐量为0.39～0.76毫克/升，水质化学成分以重碳酸盐为主；东北部为矿化水和弱矿化水，含盐量为3.09～2.47毫克/升，水质化学成分以氯化物为主，硫酸盐次之；西南部为矿化水，含盐量为2.42～9.16毫克/升，水质化学成分以硫酸盐为主。

2002年，农场实施改水工程，地下深水层抽样送检，经自治区环境监测中心阿克苏分中心检测，按《生活饮用水卫生标准》和《农村生活饮用水量卫生要求》，符合饮用水要求（表1-2-12）。

2010年，经检测，农场地下水水质检测结果均符合饮用水标准（表1-2-13）。

表1-2-12　2002年红旗坡农场地下水检测结果报告表

分析项目	含量（mg/L）	划分级别	分析项目	含量（mg/L）	划分级别
色（度）	5度	一级	氟化物	1.38	三级
浑浊（度）	<3度	一级	砷	<0.007	一级
肉眼可见物	无	一级	汞	<0.001	一级
pH	7.8	一级	镉	<0.01	一级
总硬度	192	一级	（铬）六价	<0.004	一级
铁	0.10	一级	铅	<0.01	一级
锰	<0.05	一级	硝酸盐	0.55	一级
氯离子	41.5	一级	细菌总数	0（个/mL）	一级
硫酸盐	51.8	一级	总人肠菌群	8（个/L）	二级
溶解性总固体	306	一级	游离余氯	0.01	
质控情况			内控样品控制质量及平行测定		
备注			根据《生活饮用水卫生标准》（GB 5748—1975）和《农村生活饮用水量卫生要求》（GB 11730—1985），从监测指标看，未超标，符合要求。		

表 1-2-13　2010 年红旗坡农场地下水检测结果报告表

序号	项目	含量	检测方法	评价标准	国家生活饮用水标准限值	检测结论
1	色度（铂钴色度单位）（度）	<5			15	达标
2	臭和味	无			无异臭、异味	达标
3	浑浊度（散射浑浊度单位）（NTU）	<1			1（水源与静水条件限制时为3）	达标
4	肉眼可见物	无			无	达标
5	pH	7.7			≥6.5且≤8.5	达标
6	总硬度（以碳酸钙计）（毫克/升）	111			450	达标
7	溶解性总固体（毫克/升）	204			1000	达标
8	硫酸盐（毫克/升）	53.9			250	达标
9	氯化物（毫克/升）	13.1			250	达标
10	铁（毫克/升）	<0.03			0.3	达标
11	锰（毫克/升）	<0.01			0.1	达标
12	铜（毫克/升）	<0.01			1.0	达标
13	锌（毫克/升）	<0.05	中华人民共和国国家标准《生活饮用水检验方法》（GB/T 5750—2006）	中华人民共和国国家标准《生活饮用水卫生标准》（GB 5749—2006）	1.0	达标
14	铅（毫克/升）	<0.0025			0.01	达标
15	镉（毫克/升）	<0.0005			0.005	达标
16	硝酸盐（以氮计）（毫克/升）	0.96			10	达标
17	氟化物（毫克/升）	0.74			1.0	达标
18	六价铬（毫克/升）	<0.004			0.05	达标
19	氰化物（毫克/升）	<0.002			0.05	达标
20	砷（毫克/升）	0.0010			0.01	达标
21	汞（毫克/升）	<0.00001			0.001	达标
22	硒（毫克/升）	0.0020			0.01	达标
23	耗氧量（化学需氧量）（毫克/升）	0.8			3	达标
24	挥发酚（以苯酚计）（毫克/升）	<0.002			0.002	达标
25	阴离子洗涤剂（毫克/升）	<0.02			0.3	达标
26	菌落总数（毫升）	0			100	达标
27	总大肠菌群（100毫升）	<2			不得检出	达标

五、土壤

（一）土壤类型

红旗坡农场建场时，农场区域入场的 2 个村（农业合作社）多年耕地，土壤状况稍有变化，其余全为原始荒漠。

1958 年，两个村东部土层深度为 80～100 厘米，第一层厚度变化为 13～41 厘米，质地一般为粉沙壤土，较疏松，部分成胶结块状，较紧实，酸碱度（pH）为 7.5～8，为弱碱性土壤；第二层厚度变化为 18～56 厘米，质地多属黏壤土，少数为粉沙壤土，结构为块状或片状，一般较紧实；下面各层多为灰白色粉沙壤土和黄棕色黏壤土相互交错。野生植物以苦豆子、骆驼刺为多。自然村西南部，第一层土壤厚度变化为 6～21 厘米，质地多属沙壤土，结构为单粒构造，较疏松，酸碱度（pH）为 7.5～8，为弱碱性土壤；第二层土壤厚度变化为 3～60 厘米，质地多属粉沙壤土。野生植被较少。

1963 年，通过自治区农垦厅勘测设计四队调查，农场 8124.67 公顷范围内土地的土壤分为 18 种（表 1-2-14）。包括耕地（含灌溉耕作地和休闲地 2 种），面积占调查面积的 22.68％；稍加改良可利用的土地，为弱盐化荒漠棕漠土、强盐化壤质荒漠棕漠土、灌木林盐土、轻度白蚀薄结皮松陷盐土、强度白蚀强盐化荒漠棕漠土，共 5 种，面积占调查面积的 25.86％；须经繁杂改良的土地，为厚盐壳盐土、厚层结皮盐土、薄层结皮盐土、沙丘覆盖的弱盐化荒漠棕漠土、强盐化黏质荒漠灰漠土 5 种，面积占调查面积的 18.36％；改良后可作林果区的土地，为弱盐化薄层砾质荒漠土、弱盐化中厚砾质荒漠土、多沙覆盖的中盐化荒漠棕漠土 3 种，面积占调查面积的 22.32％；不能利用的土地，为厚层砾质荒漠土、深层砾质荒漠土、流沙荒漠土 3 种，面积占调查面积的 10.78％。

1964 年，经自治区农垦厅勘测设计三队调查，农场区域内土地土壤主要为荒漠土和盐土两大类。由于地处冲洪积地带，土壤母质属第四纪食盐物质，质地较轻，以沙壤为主。北部地表层为砂、砾石，有的为砾石、砂、土混合层，深 80 厘米左右。灌溉耕地，含撂荒地和盐分较轻的荒漠土，总面积约 4000 公顷。分布于地形较为平坦地区。在耕地边缘分布的撂荒地为含盐较轻的荒漠土、轻盐土，0～30 厘米层含盐量约为 3％，盐分化学成分以硫酸盐为主。薄层砾质荒漠土，分布于农场西边，面积约为 2000 公顷。石砾层厚度表层 10 厘米，其下为砂土、夹粗砂，保水、保肥能力差。农场西北部分布有含砾质略厚的沙质荒漠土，面积约 2000 公顷。盐土，分布于农场东北低洼地带，面积约 1667 公顷。为结皮盐土，由于含盐量不同，分为厚盐壳盐土、厚层结皮盐土、薄层结皮盐土，0～30 厘米层含盐量为 10％～30％，盐分化学成分以硫酸盐为主。土壤质地轻，土壤剖面含有多量石膏。厚层砾质荒漠土和流动沙丘，分布于农场北部，面积约 6667 公顷。

2020 年，农场有 2067.75 公顷可垦荒地，由于盐碱严重和缺水，尚待开发。根据新疆维吾尔自治区人民政府《关于全疆水土流失重点预防保护区、重点监督区、重点治理区的公告》，农场属于重点治理区。

表 1-2-14 1963 年红旗坡农场土壤、植被调查表

土壤名称	地形地貌、植被	土壤主要特征
弱盐化荒漠壤质棕漠土	在低洼地形区及河床两侧较高平地，个别地表有沙丘群，薄流沙覆盖。植被以骆驼蓬、盐角草为主，骆驼刺、柽柳为次，覆盖率 5% 左右	0～80 厘米层主要为细砂的砂性壤土，1 米以下间有砂质地，是浅棕色或浅灰色的沙土细砂砂壤质的复合体
强盐化壤质荒漠棕漠土	分布于较高的平地。植被以骆驼蓬为主，甘草、花花柴、骆驼刺、芨芨草为次，覆盖率 15% 左右	0～20 厘米层为较紧实的砂质壤质混合层，有盐斑，下有石膏结晶，表层 0～30 厘米。含盐量为 3.09%
灌木林盐土	分布于西北洪板的斜坡与东南微斜坡之间的低洼平坦地，地面有白蚀和冲刷的沟印。植被以林盐草为主，柽柳、芨芨草为次，覆盖率 30%	0～7 厘米层有少量碱粉，20～90 厘米范围有成层分布的灰包芒硝。以灰黄棕色的沙壤质轻壤为主，中壤重壤为次。0～39 厘米土层含盐量为 4.97%
轻度白蚀薄结皮松陷盐土	中部以南有起伏的微斜地，地表有稀少的沙丘和残土丘，冲刷沟成片，白蚀基成多角形龟裂，有白色盐霜成片或插花分布地面，并有石膏或芒硝结核。植被以骆驼刺、花花柴为主，柽柳、鹿角草为次，覆盖率 1% 上下	地面有 1 厘米左右的淡棕色的壤土结皮，裂缝处夹有层盐粒，以下 30 厘米范围为粉状白土粒与含盐不等的盐粒相混合，再往下质地由松散到紧实，并有石膏沉淀，质地以棕或灰色为主的轻壤质，少数为沙壤、中壤、重壤砂土。含盐量 0～13 厘米为 1.82%，13～74 厘米为 2.94%
强度白蚀强盐化荒漠棕漠土	测区南部平坦高地因冲刷、白蚀，中区起伏，小区最高地面光滑有裂缝。植被有少量的骆驼刺、鹿角草，覆盖率 1% 以下	表层有不到 1 厘米厚的含少量细沙的泥土结皮，下为松散层，再往下由疏松至紧实。质地以灰黄棕色沙壤为主，次为轻壤土、中壤土，壤内有石膏淀板。0～33 厘米含盐量 3.08%
灌溉耕作地	无资料	无资料
休闲地	无资料	无资料
厚层砾质荒漠土	在洪积扇前之微斜坡地形上有稀疏沙丘和均匀的砾石。植被以假木贼属为主，覆盖率 1% 以下	0～80 厘米层为砾石、沙混合区。沙土壤土表区 30 厘米含盐量 0.43%
深层砾质荒漠土	在与冲积扇相接的扇前坡地上河床与洪水冲沟一带的冲积物质有较高石砾堆。无植被	0～80 厘米土壤发生层全为多云母的沙和石砾或卵石混合层
流沙荒漠土	不平坦，地势较高，起伏大，地表有流沙丘密集。无植被	全为流动沙丘和沙地
厚盐壳盐土	测区东北低洼地槽形两侧微斜坡中下部中区微有起伏，地表有由松至硬的白色盐结皮。植被以骆驼刺、酸浆、沙棘为主，次为盐角草，覆盖率 5%～15%	地表 0～1 厘米为疏松的盐结皮，结皮下为硬盐壳，局部高地盐壳下出现硬盐盘，其下至 30 厘米为盐聚层，以下有石膏斑点，质地为沙土壤。壤表层 0～30 厘米，含盐总量为 66.89%
厚层结皮盐土	地面有白色盐结皮和较厚的盐聚层。植被以花花柴为主，次为串串芦、柽柳、骆驼刺，覆盖率为 25%	地表 0.3～1 厘米为凹凸不平的疏松灰白色盐皮，1～3 厘米为蜡包的盐聚层。质地以棕色或灰色的土壤质为主，剖面内有次黏化现象。表层 0～30 厘米总含盐量为 34.33%
薄层结皮盐土	在东北槽形洼地微斜地最上部有沙土丘，高 40 厘米，直径 80 厘米，沙丘间地面有灰色盐结皮。植被以柽柳、盐蒿为主，次为花花柴、骆驼刺，覆盖率 15%	0.3～0.8 厘米厚的雪片状疏松盖皮，表土可踏陷 3～5 厘米的脚印，10～90 厘米多是石膏核，质地以棕灰色壤质为主。表层 0～30 厘米总含盐量为 7.17%
沙丘覆盖的弱盐化荒漠棕漠土	在东北洪积扇微起伏的地区或分水岭侧之碟形平地上沙丘成斑点状分布，约占地面 20%，剩余 80% 地面受风水白蚀形成光滑地面和白蚀细沟，局部有小片砾石抛露。植被有骆驼蓬、骆驼刺，覆盖率 1% 以下	0.5～1.5 厘米深处为多细孔及少量扁平孔隙的结皮层，地面有裂缝，裂际有的被砂土填塞砾石覆盖，有的厚度达 90～100 厘米，有细砂的夹层厚度 8～10 厘米。表层 0～30 厘米总含盐量为 1.05%
强盐化黏质荒漠灰漠土	冲洪积漫坡及平原碟形地地面有无数不规则的波纹小沟，地表板结发光，有龟裂细缝。无植被	土壤干燥，结构坚实。质地以灰棕色重壤黏土为主。表层 0～35 厘米总含盐量为 7.73%
弱盐化薄层砾质荒漠土	测区北冲积扇前的漫坡地地面有不均匀的波纹状石砾分布和小片细沟白蚀。植被有假木贼、骆驼蓬、猫头刺，覆盖率 1% 以下	石砾层厚度在 10 厘米以下，剖面均为沙土夹粗砂，质地为灰色棕色壤土质粗砂组成复合体

(续)

土壤名称	地形地貌、植被	土壤主要特征
弱盐化中等厚砾质荒漠土	地面有沙丘和均匀的砾石。植被有假木贼、骆驼蓬、猫头刺,覆盖率1%以下	剖面内砾石、沙厚度呈不均匀分布,质地灰色或灰棕色的壤质土及沙、石砾组成的复合体
多沙覆盖的中盐化荒漠标漠土	位于相对较低平地地面,有较多的沙丘,丘高一般0.5~1米,覆盖度60%。植被以白刺为主,次为骆驼刺,覆盖率约15%	地表有0.5~1厘米结皮,偏圆形蜂窝的孔际地面成不很坚硬的板质结层,皮面通体干燥坚硬,质地以棕灰色壤土为主

说明:本表据自治区农垦厅勘测设计队提供的资料。

(二) 土壤肥力

红旗坡农场境内农耕地土壤有机质含量一般在0.5%~0.8%,高的达1.4%以上,低的只有0.2%,平均0.93%,相当于国家分级标准的5级以下。全氮含量一般在0.04%~0.06%,高的在0.09%以上,低的0.02%,平均0.63%,属国家分级标准的5级。全磷含量一般在0.06%~0.11%,高的在0.13%以上,低的在0.03%。速效磷含量平均2.9毫克/千克,属国家分级标准的6级。速效钾含量为253毫克/千克,属国家分级标准的1级。

六、植被

红旗坡农场由于受荒漠气候的影响,植被种类少,覆盖率低,因而有机质积累少,这也是土壤肥力低的主要原因,在不同的土壤类型上分布的植被类型有以下几种。

(一) 荒漠植被

分布在冲积扇上部和切割中山区的坡积,洪积物上的草甸土地带,因缺水干旱,植被稀疏,覆盖率低(据实测约为1%覆盖率),对土壤发育演变影响较小。植株多为木质和粗纤维组成,不易分解。此生物的有机质积累极少,只能是荒漠景观的一个标志。植物群落组成:以旱生和半旱生灌木、小灌木为主,有铁线莲、麻黄、霸王、沙拐枣、假木贼、戟叶火绒草、刺沙蓬、红砂柴,因生长稀疏,故没有主体群落。

(二) 草甸植被

分布在冲积扇的下部及扇缘带和河滩地的草甸土上,以中生性草本植被物种类占优势,但长势不良,且大部分作为家畜牧草用。因此,生草层不易生成,有机质积累很少,在土壤剖面中不易观察到,土色也不暗。植物主体群落:矮芦苇,其覆盖率达50%~70%,伴生有甘草、骆驼刺、罗布麻、苦豆子、芨芨草、野苜蓿、盐梭梭以及柽柳、胡杨。

(三) 盐生植被

分布在扇缘的草甸型盐土上,生长着耐盐的草本、小灌木植物群落,其生长势较弱,但根系较深,以便吸收弱矿化度的土壤中上层滞水,有机质积累较少。植物主体群落:以铁杆芦苇为主，呈匍匐状，有的以旱生芦苇为主，覆盖率达50％以上，高约20～40厘米，伴有白刺、盐爪爪、盐生草、盐穗木、碱蓬、碱蒿、獐毛、盐蒿等。

（四）农田植被

主要为农田内的杂草植被，有芦苇、大蓟、刺儿菜、杂配藜、马齿苋、马鞭草、车前、牛皮消、播娘蒿、萹蓄、红蓼等，一般都作为家畜的饲草用，除残根腐烂后增加少量的有机质外，地上部分只少量的参与土壤生态活动。因植被丛生杂长，未形成主体群落，但杂草对农作物危害较重。

（五）沙生植被

分布在中山坡积物下的沙丘区，主要为芦苇、沙蒿、沙棘、木贼、胡杨等植被，数量虽少，但固沙作用较好，有的已密布沙丘周围，使沙丘成为固定和半固定状态。

七、野生动物

农场境内野生动物中，哺乳纲有7目，18科，3亚科，66种；鸟纲有19目，42科，4个科，约200种。随着人口增加，大面积垦荒造田，栖息地减少，野生动物有逐渐减少的趋势。

兽类主要有鹅喉羚（黄羊）、赤狐、草兔、塔里木兔、蝙蝠、香鼬、草原斑猫、大耳鼠兔、帕氏鼠兔、拉达克鼠兔、黄鼠、沙黄鼠、旱獭、跳鼠、象鼠、仓鼠。禽类主要有黄毛喜鹊、柳莺、鹌鹑、鹰、环颈雉（野鸡）。保护鸟类有大天鹅、小天鹅、赤麻鸭、绿头鸭、潜鸭、黄鸭、角百灵。其他禽类有猫头鹰、啄木鸟、金黄鹂、山斑鸠、鹭鸶、小海鸥、斑头雁、鸥、秧鸡、野鸽、家燕、黑雨燕、沙百灵、云雀、掠鸟、乌鸦、地鸦、稻田苇莺、树麻雀、象麻雀、沙雀、荒漠麻雀。鱼类主要有塔里木裂腹鱼（夹嘴）、扁吻鱼（大头鱼）2种，小杂鱼有条鳅1种。引进鱼类有青、草、鲢、鳙（四大家鱼）和鲤、鲫、鳊、鲂等养殖鱼类。由外地自然流入的小型杂鱼有麦穗鱼、棒花等鱼。两栖与爬行主要类有蟾蜍、牛蛙、蜥蜴、林蛙、沙蜥。虫类主要有蜜蜂、蚂蚱、马蜂、蝼蛄、蜘蛛、水蛭、螳螂、潮虫、蚂蚁、蝴蝶、蜻蜓、蝎、虻、蠓。

第二节　自然资源

一、土地资源

1964年6月，自治区农垦厅提出《阿克苏郊区农场建场设计任务书》，红旗坡农场南北长 20 千米，东西宽 7～15 千米，全场土地总面积 1.67 万公顷，勘测规划设计面积 7173 公顷。

1965 年，自治区农垦厅勘测设计四队勘测面积 7193 公顷，规划农田用地 3055.13 公顷，占 42.5%，果林用地 1492.67 公顷，占 20.8%，其他用地 534.2 公顷，占 7.4%，不能利用地 2111 公顷，占 29.3%。

1979 年 9 月，阿克苏地区农垦局勘测设计队对红旗坡农场进行改建规划，据《改建规划说明书》，规划土地面积 9867 公顷。至 2001 年，农场规划区域面积 1.45 万公顷，可垦土地面积 8000 公顷。

2005 年，农场土地总面积 1.44 万公顷。

2007 年，经地、市 GPS 准确测定，农场实有土地总面积为 2.08 万公顷。

2020 年，全场共有土地面积 21701.85 公顷，其中种植用地面积 16869.93 公顷、滩涂冲击面积 2067.75 公顷、内部道路用地 1106.54 公顷、居民点用地 692.43 公顷、高速道路用地 66.55 公顷、机场快速道路用地 11.56 公顷、北外环用地 13.83 公顷、温宿迎宾路用地 14.43 公顷、收费站用地 8.08 公顷、老 314 国道用地 12.49 公顷、南外环用地 26.96 公顷、沉砂池用地 34.15 公顷、革命大渠用地 40.1 公顷、机关团体用地 50.21 公顷、仓储用地 23.42 公顷、林带用地 593.03 公顷、其他用地 70.38 公顷。

二、矿产资源

红旗坡农场境内已发现的矿种有砖瓦黏土、砂石料，已经开发利用的有砖瓦黏土、砂石料等。优势矿产资源为河道、平原、戈壁砂石料，阿温公路沿线主要为砖瓦黏土。

第三节　自然灾害

农场自然条件恶劣，自然灾害频繁，灾种多，灾情重，损失大。尤属风灾、旱灾、雹灾对农场的危害最大。

一、风灾

农场除隆冬的月份无大风外，其他各月均有大风出现，而以夏季最多，占 55%～60%；春季次之，占 30%～35%；冬季很少，占 7%～10%；冬初末罕见。大风一般从 3

月开始，9月基本结束，年平均大风日数 20～21 天。

1961 年 5 月 7 日，农场出现 8 级大风，持续 6 小时。各种农作物受灾面积 456.2 公顷，其中严重受灾面积 100.73 公顷，死亡面积 54.87 公顷。

1971 年 4 月 5 日大风后，5 月连续 3 次出现 7 级以上大风，各种农作物受灾面积 467 公顷，其中严重受灾的农作物有小麦 70.8 公顷麦秆齐腰刮断，玉米 53.33 公顷被沙掩埋或连根刮起，棉花 26.67 公顷被毁，油料、瓜菜大部分被风刮死。

1995 年 5 月以来，大风不断。5 月 13 日 9 级以上大风持续 10 余小时，致使棉苗、甜菜、玉米等作物遭大风袭击，土地干燥，叶卷焦枯，难以正常生长发育，导致甜菜减播 100 公顷，棉花翻播 46 公顷，各种农作物因灾减产，估算经济损失 180 多万元。

1996 年 8 月 28—29 日，7～8 级大风持续 20 个小时，罕见的暴风雨导致农场 330 余公顷果园遭受洗劫性灾难，成熟待摘的香梨、酥梨及苹果全部刮落地，估算经济损失 175 万元。

2001 年 4 月 7—8 日，农场遭受大风，风力 8 级以上，持续时间 20 多小时，致使已播种的 906.67 公顷棉花、67 公顷瓜菜和 1 公顷蔬菜大棚全部被掀，全场高压及照明线路刮断，引起火灾 1 起，4 户职工的部分住房、库房、羊圈被烧，农场总干渠 10 余千米被沙土掩埋，春灌被迫中断，全场经济损失 824 万元。

2003 年 4 月，风灾低温肆虐，造成 500 余公顷作物重播，其他作物亦因灾受损，直接经济损失 100 多万元。

2006 年 6 月，连续大风不断袭击，农场一队、六队、七队、十队、十一队等单位 466 公顷棉花受到损失，其中 30 余公顷棉花连苗带膜被风刮净。灾害造成损失 500 余万元，直接经济损失 40 余万元。

2007 年 5 月 20 日 15 时，农场遭受大风袭击，最高风力 8 级。大风天气造成果树、小麦和牲畜不同程度受灾。

2009 年 4 月 16 日，农场受大风袭击，果树和农作物等遭受严重损失，其中 3253 公顷苹果和 81 公顷香梨坐果率受到严重影响，114 公顷棉花需要重播，30 余公顷其他农作物不同程度受损，2 座温室被刮翻，为农场造成直接经济损失 500 万元以上；9 月 16 日，农场受到严重大风灾害，温宿迎宾路以北已经挂果的 200 余公顷果树在持续大风情况下严重受损，给农场造成损失 200 万元，直接损失 100 余万元。

2010 年 5 月 14—31 日，农场出现两次 5～7 级西北风。

2011 年 3 月 11 日、6 月 5 日、7 月 19 日、7 月 26 日、8 月 8 日、10 月 9 日，农场相继出现 6 次大风天气，极大风速 19.6 米/秒，并伴有扬沙。

2012 年 4 月 22 日 16 时至 23 日 20 时，农场出现 5 级西北或偏北风，极大风速 13.1 米/秒。大风天气致使全场林果受灾。

2014 年 7 月 2 日夜间至次日白天，农场出现大风，极大风速 19.9 米/秒。大风持续 3 个小时，造成农场林果和农作物受灾。

2015 年 5 月 17 日、6 月 9—12 日和 8 月 26 日，农场出现 3 次大风天气，极大风速达 26.5 米/秒。

2016 年 7 月 29 日和 10 月 2 日，农场先后出现两次大风天气，极大风速为 22.5 米/秒。

2017 年 4 月 30 日至 5 月 1 日，农场出现 4～6 级西北风。

2018 年 5 月 7 日，农场先后出现 6～8 级大风沙尘天气。5 月 28 日午后至 29 日白天，农场出现 5 级以上大风天气。

2019 年 5 月底，农场出现大风，辖区的十一队、十二队、十三队遭受大风灾害，树上的一半果品吹掉，造成果品被大面积减产。

二、洪水

科克亚河洪水主要是由中低山地带的冰川消融、季节性积雪消融和低山带的暴雨及两者的混合型洪水组成，按季节又可分为春汛洪水和夏季洪水两种。其中由于中低山的冰川积雪受气温上升的影响，使冰川和积雪融化，发生洪水，这类洪水涨、落缓慢，夹带泥沙较暴雨型洪水少，洪峰持续时间相对较长，洪量较大，洪水过程有明显的日变化；而暴雨洪水常集中在 7 月和 8 月，这类洪水起涨迅速、峰高量小，洪峰持续时间较短，洪水常挟带大量泥沙，对渠道及灌区危害较大。农场每年为防洪抗洪耗费大量人力、物力，损失和负担沉重。阿克苏市东城区每隔 10 年左右发生一次洪水，造成很大损失。

1958—1964 年，农场每年 6 月、7 月、8 月为洪水期，洪水期较大洪水年均 6.5 次，历次洪水量为 88～458 立方米/秒。

1965 年 5 月 29 日，北起亨地、南至兰干，横贯农场北部的 5 千米宽的地区遭暴风雨袭击，暴风过后，暴雨持续 2.5 小时，形成大水洪流，渠系被淹或冲毁，淹没农作物 52.33 公顷、林带 300 米。

1971 年 7 月 5—7 日，连续降雨，降水量为农场建场以来罕见。此后，因暴雨使盐碱上升，形成碱害。同时，因暴雨形成洪峰，科克亚总干渠龙口进水量达 300 多立方米/秒，洪水直冲农场等地出现洪灾。冲毁农作物 21.33 公顷、林带 2 公顷，冲走部分小麦、苜蓿和水泥、化肥、百货商品等物，淹死牲畜 200 头、家禽 388 只，倒塌房屋 29 间，严重损坏房屋 81 间。

1988 年 6—8 月，农场发生洪水，最大洪水日 8 月 25 日，洪水流量 350 立方米/秒，持续 45 分钟。洪水期间，防洪坝多次被冲垮，科克亚总干渠 5 千米被冲决口，淹没农田 18 公顷，冲塌房屋 2 间，直接经济损失 8 万多元。

1989 年 7—9 月洪水期，洪水侵入农场，最大来洪日为 8 月 7 日，洪水流量 350 立方米/秒，持续 2.5 小时；其次为 7 月 31 日，洪水流量 300 立方米/秒，持续 2 小时；再次为 9 月 1 日，洪水流量 180 立方米/秒，持续 4 小时。

1998 年 8 月 12 日，科克亚河以东至台兰河以西的山前地带大暴雨，最大降水 42.6 毫米，持续时间 2 小时 55 分，为 50 年一遇，形成特大洪峰，洪水流量为 404 立方米/秒，殃及阿克苏市东城区，损失惨重。

2003 年，科克亚河最大洪峰为 400 立方米/秒，洪水危害农场，也危及农场周边地区。

2017 年 8 月 20 日，科克亚管理区北部山区及温宿县北部山区出现强降雨天气，造成不同程度的洪水灾害（图 1-2-1）。全年，卡尔斯亚洪沟连续发生 3 次暴雨洪水，造成 3 处公路交通中断、水利（防洪）、公路设施损毁，12.07 公顷农田、30 栋大棚、7 户共 880 平方米房屋受淹，直接经济损失约 1465 万元。

图 1-2-1　2017 年 8 月 2 日，阿克苏分公司五分场部分区域突遭洪水侵袭，道路被冲断，车辆受困（照片提供：杨聪靓）

三、旱灾

春旱是农场重要灾害之一。由于本地自然降水对农业生产作用很小，河水年径流量季节分配不平衡，夏季径流量占全年的 59.8%，春季仅占 9.9%，而春季又正值春播，需水量大，河流满足不了春耕生产的需要，从而造成春旱。春旱年年都有发生，只是轻重程度不同。

1975 年，农场区域春季严重干旱，灾情比较严重地区为农场东部和北部，一队、二队、六队、七队、九队、十队、十一队灾情为最。农作物受灾面积 473.87 公顷，多数被沙掩埋或刮掉，其中冬小麦旱死 60 余公顷。

1979 年春季，农场经历特大风灾、干旱缺水、低温灾情，3—5 月水量比往年减少 60％，造成大面积农作物受旱死亡，损失折合现金 9.6 万元。

四、冻害

农场霜冻灾害年年都有发生。春秋季节，冷空气活动频繁，气温下降，容易发生霜冻，致使农作物受害。轻霜冻一般在 10 月中旬出现，最早出现在 10 月上旬。重初霜冻一般在 10 月下旬出现。轻霜冻一般在 4 月上旬终止，平均在 4 月下旬结束。重霜冻一般在 3 月下旬结束。全年无重霜冻期（指日最低气温＞0℃日期）约 210 天。

1994 年，农场遭遇大雪，农场持续长时间低温，最低气温－29℃，致使新老果园遭遇建场以来极为罕见的冻害。老果树冻死 1621 株，产量损失 648.4 吨，经济损失 129.86 万元。由于上年冬季气温低，果树绝大部分花芽受冻。开春以来，天气变化异常，3—4 月中旬，发生倒春寒和春旱，坐果率比正常减少 84％左右，红富士、红元帅、青香蕉、香梨几乎绝收，估算苹果、梨减产 4894 吨，经济损失 1124.8 万元。冻害导致果园腐烂病蔓延，发病率占 30％以上，病树死亡 4 万多株。由于倒春寒和严重干旱，春播作物不能及时播种。

1998 年开春至 8 月中旬，农场遭受低温天气影响。4 月 23—24 日罕见的暴风、暴风雪，气温急剧下降，致使幼苗刚萌动或刚出土的甜菜、棉花、玉米和正在开花授粉的苹果受到冻害，仅果品损失约 2000 吨。

1999 年 4 月 23—24 日，农场受暴风雪侵袭，气温急剧下降。各种作物受到冻害，经济损失达 1294 万元。

2006 年 4 月 11 日，因春雪气温剧降，刚刚坐果的香梨、红富士苹果及其他果品被严重冻伤，农场北部近山区单位 600 余公顷果园的部分幼小果实畸形或萎缩，甚至脱落。

2007 年 12 月 25 日至 2008 年 1 月 15 日，农场连续 17 天遭受－15℃低温天气，导致农场大面积果树冻害严重，树体遭受冻害至腐烂病，花芽遭受冻害不能坐果，致使果树大面积冻死，果品产量大幅降低，果品产量大幅降低。

2008 年 1 月 11 日至 2 月 20 日，农场气温大幅下降，果树受到大面积冻害，造成经济损失 253 万元。

2008 年 12 月 25 日至 2009 年 1 月 15 日，农场连续 20 天遭受－15℃低温天气，导致果树大面积冻害严重。

2011年1月，农场出现异常低温天气。1月上中旬气温较历年低4～6℃，比2010年同期低近10℃。低温造成农场红枣、核桃、香梨、苹果等果树受冻。经济损失194万元。

2015年4月27—29日，受冷空气东移影响，农场出现5～7级偏北风，局部地区伴有扬沙或沙尘暴，并出现微到小雨（0.4～5.0毫米），气温下降3℃，给果树坐果造成影响。

五、雹灾

农场冰雹年平均18次，最多年43次。冰雹最早出现在3月7日，最迟11月16日。冰雹主要出现在5—9月，夏季占63%。全天24小时内都有降冰雹的可能，其中出现在15～20时的占70%～80%。1960—1987年的28年间，农场年平均冰雹日1.3～1.5次，最多年份7次，最少年份1次。另外，降雹范围多呈带状，降雹带有时宽，有时窄，一般几百米至5千米，长度10～20千米，有的地方甚至出现中断或跳跃式现象。小冰雹（直径0.5厘米）占50%左右；比较大的冰雹如核桃、鸽蛋大（直径2.0～4.0厘米），占10%左右，最大冰雹直径7.5厘米，重65克。

1989年6月18日，农场降雹，使农作物和瓜果、蔬菜受灾。

1990年5月26日，农场降雹，直径1～2厘米，地面积雹5～6厘米，使农作物及果树受灾。

1998年8月13日，暴雨加冰雹同时袭击园林二队、农田一队、六队、十队、十一队，冰雹直径1厘米左右，约有600余吨一级果品变成废品。

1999年6月24日，农场遭受暴雨和冰雹袭击，降雨量18.4毫米，使农作物受到不同程度灾害。

1999年8月13日下午7时30分，农场受到冰雹侵袭，冰雹直径达1厘米左右，使即将成熟的香梨等产品严重受灾，直接经济损失达1800余万元。

2000年8月4日，农场部分地区发生严重冰雹袭击，持续时间20分钟，致使123公顷农作物和5.87公顷果园遭受雹灾，直接经济损失94.12万元。

2001年10月11日11时28分，农场普降大雨，并伴有冰雹，降雹时间持续17分钟，冰雹直径为7毫米左右，次日中午开始降雨，到16时30分逐渐停息，降水量达27.2毫米。致使果园受灾，经济损失300万元。

2005年7月15日21时40分，农场遭受冰雹袭击，冰雹直径10～15毫米，最大直径20毫米，持续时间约15分钟。

2010年5月25日18时40至19时20分，农场出现冰雹，最大冰雹直径20毫米，造成农场 446.7 公顷香梨、苹果受灾，间作棉花受灾 33.3 公顷。

2011 年 8 月 17 日 19 时 30 分至 21 时 00 分，农场出现冰雹，并伴有 5 级阵风，造成公顷农作物受灾。

2012 年 5 月 3 日、6 月 16 日，农场先后出现冰雹天气，造成蔬菜受灾，受损程度 30%～50%。

2014 年 9 月 10 日凌晨 2 时至 3 时，农场出现局地强对流天气，并伴有冰雹，四分场辖区（十一队、十二队、十三队）下特大级冰雹，持续时间 11 分钟左右。农场等地受灾面积 1760.86 公顷，绝收面积 1483.78 公顷，经济损失达 44860.54 万元。

2015 年、2016 年两年 6—7 月，农场四分场下冰雹，冰雹时间短、个头小，对辖区的果农果品受灾不严重，受灾区域不大。

2017 年 7 月 22 日 17 时 30 分左右，农场出现强对流天气，导致部分地块遭受冰雹袭击，果农损失惨重，部分种植黑枸杞和红枣的大户颗粒无收。发生冰雹袭击后，农场和社区党员干部对受灾区域进行实地勘察并安抚群众。全场受灾面积 2507 公顷，涉及农户 84 户。

2017 年 7 月，农场园林十三队下冰雹，时间 20 分钟，个头大，十三队大部分区域的果品（苹果、核桃）基本砸坏，大部分果农基本绝收。

2018 年 6 月，农场（集团公司）区域发生冰雹自然灾害，12 个生产连队受灾，受灾面积达 3916.32 公顷，经济损失约 2.5 亿元。

2018 年 7 月，农场（集团公司）四分场 3 个队（十一队、十二队、十三队）下轻微的冰雹，对果品的影响不大。

2020 年 8 月，农场下冰雹，受灾面积为全场面积的 20% 左右。

六、沙尘暴

沙尘暴是农场比较常见的自然灾害，主要出现在春夏季节，同时伴有大风天气，对农作物的萌芽、生长造成极大的破坏。

2001 年 4 月 7 日 16 时至 8 日 12 时，农场遭受特大沙尘暴袭击，最大风力 11 级。

2008 年 4 月 19—23 日，农场遭受沙尘天气，因为沙尘覆盖花芽，致使开花坐果遭到严重影响，导致果品产量降低。

2008 年 5 月 1—2 日，农场遭受风沙袭击，场内 10 千米主干渠被沙土掩埋，农灌工作被迫中断近 10 天；正处坐果期的 100 余公顷果树严重受损，新定植的 10 余公顷幼树死亡，400 余公顷棉花受到不同程度损失，其中 200 余公顷需重新播种。风灾给农场带来经济损失 600 万元以上，直接损失 90 万元。

2009 年 4 月 16—17 日，农场遭遇强沙尘暴，风力达 6～8 级，最低能见度为 150 米。

2010 年 3 月 28 日，农场出现大风天气，并伴有沙尘暴，最低能见度为 60 米。

2014 年 4 月 23 日和 29 日，农场出现沙尘暴，最低能见度 600 米。

七、低温

低温灾害天气在农场发生次数不多。

2008 年 1 月 11—31 日，农场出现阴雪天气，普遍有微到小雪，气温较历年低 10℃左右，26 日以后日最低气温降至 −22℃ 以下，最低达 −22.6℃。农场果树受冻面积 173.4 公顷，红枣苗木有近 20% 表皮受冻，新植的红枣未埋土部分表皮受冻。

2011 年 4 月 4—6 日，农场出现 5 级西北或偏北风，小雨，气温下降 3～4℃，最低气温 −1.0℃。造成经济损失 16.68 万元。

2014 年 11 月 9 日，农场出现降雪降温天气，最高气温下降 5℃ 左右，造成经济损失 14.57 万元。

八、碱灾

农场位于台兰河灌区，土壤特点是含盐碱量较大，部分地区地下水位较高（50～150 厘米），一般地下有一层 30～100 厘米的红黏土，透水性很差，一旦土壤墒度不足时造成龟裂坚如石块，因而这部分地出苗困难。因地下水位高，土壤板结春季返碱严重。这些原因，造成地块容易产生盐碱害和大量跑墒，对农业生产不利。其中碱害造成的影响最为严重。

1961 年，农场由于盐碱灾害发生较为严重，冬麦出苗率仅占总播种面积的 88.11%。

1975 年，农场区域春季严重干旱，农作物受灾面积 473.87 公顷，其中冬小麦碱死 115.67 公顷。

第四节　环境状况

一、大气环境质量

红旗坡农场春季为颗粒物和降尘污染最严重的季节，较其他季节都高。1992 年，红旗坡农场沙尘暴天气、浮尘天气频繁发生。1996 年，沙尘暴出现时间提前。1999 年，红旗坡农场污染天气颗粒物超标严重。2002 年，机动车保有量的增加及冬季取暖锅炉排放，造成烟尘污染现象严重。2005 年，空气质量好转，达标率 76.6%。2008 年空气质量达标率 77%。2011 年，空气质量优良天数 253 天，达标率 68.97%。2014 年空气质量优良天数 240 天，达标率 81%。

2015 年开始，空气质量监测对空气中细颗粒物 PM2.5 开始常规监测，PM2.5 年均浓度值为 78 微克/立方米。

2016 年，空气质量以 AQI（空气质量指数）为指数评价，受沙尘天气的影响优良天数达标率 34%。

2017 年，环境空气各污染因子具有明显的季节变化特征，冬、春季节浓度明显高于夏、秋季节。主要污染物为可吸入颗粒物 PM10。颗粒物（PM2.5）年均浓度 71 微克/立方米，环境空气质量达到优良天数比例在 40%～59.7%。

2020 年，红旗坡农场二氧化硫年均浓度值为国家空气质量一级标准；二氧化氮年均值均达到国家空气质量一级标准，可吸入颗粒物年均值均超过国家空气质量二级标准，主要污染物为可吸入颗粒物。

表 1-2-15　2010 年红旗坡农场空气质量检测（验）报告表

点位	采样日期	采样时间（小时）	风向	风速（米/秒）	TSP（毫克/立方米）	二氧化硫（毫克/立方米）	一氧化氮（毫克/立方米）
红旗坡园艺二分场	2010.12.11	12	静风	<0.5	0.478	0.012	0.052
	2010.12.12	12	静风	<0.5	0.484	0.005	0.047
	2010.12.13	12	静风	<0.5	0.474	0.005	0.057
	2010.12.14	12	静风	<0.5	0.350	0.004	0.048
	2010.12.15	12	静风	<0.5	0.226	0.004	0.029
	2010.12.16	12	静风	<0.5	0.446	0.003	0.020
	2010.12.17	12	南风	0.9	0.237	0.003	0.021
红旗坡园艺三分场	2010.12.11	12	静风	<0.5	0.226	0.017	0.039
	2010.12.12	12	静风	<0.5	0.232	0.008	0.041
	2010.12.13	12	静风	<0.5	0.356	0.008	0.041
	2010.12.14	12	静风	<0.5	0.339	0.007	0.043
	2010.12.15	12	静风	<0.5	0.442	0.008	0.040
	2010.12.16	12	静风	<0.5	0.226	0.007	0.040
	2010.12.17	12	南风	0.9	0.299	0.008	0.040
红旗坡园艺四分场	2010.12.11	12	静风	<0.5	0.362	0.016	0.051
	2010.12.12	12	静风	<0.5	0.236	0.007	0.039
	2010.12.13	12	静风	<0.5	0.211	0.005	0.040
	2010.12.14	12	静风	<0.5	0.208	0.005	0.043
	2010.12.15	12	静风	<0.5	0.207	0.005	0.041
	2010.12.16	12	静风	<0.5	0.193	0.004	0.040
	2010.12.17	12	南风	0.9	0.190	0.005	0.040

二、水环境质量

1992 年，红旗坡农场饮用水质监测结果为地下水环境标准Ⅱ类。经对饮用水源地水质进行监测，饮用水源地水质稳定，虽硬度稍有偏高，但水质完全符合《地下水质量标准》（GB/T 14848—93）Ⅲ类标准。主要污染物为总硬度、硫酸盐、氟化物等。1994—2020 年，饮用水质监测结果为地下水环境标准Ⅲ类。

表 1-2-16　2010 年红旗坡农场水质检测（验）报告表

检测项目	检测结果	检测项目	检测结果	检测项目	检测结果
pH	8.13	铅（毫克/升）	0.01	δ-六六六（微克/升）	≤0.02
氟化物（毫克/升）	0.752	镉（毫克/升）	0.01	P,P'-DDE（微克/升）	0.003
六价铬（毫克/升）	0.004	α-六六六（微克/升）	0.02	O,P'-DDE（毫克/升）	0.010
砷（微克/升）	0.1	β-六六六（微克/升）	0.02	P,P'-DDD（毫克/升）	0.003
汞（毫克/升）	0.00004	γ-六六六（微克/升）	0.002	P,P'-DDT（毫克/升）	0.010

三、土壤环境质量

红旗坡农场的土壤污染源主要来源于农作物秸秆、畜禽粪便等农业废弃物和化肥、农药、农膜等农用投入品。长期以来，农业生产中的不当措施对生态环境的平衡产生一定程度的威胁，对土壤结构和土壤生态系统有着一定的破坏。2000 年后，农场大力发展有机无公害果品基地建设，加强合理用药的指导，减少农药残留；推广测土施肥配方施肥，减少化肥、农药的使用和农业废弃物的数量，既保证土壤养分，也减少氨氮磷作物剩余。

表 1-2-17　2010 年红旗坡农场土壤检测（验）报告表

检测项目	检测结果	检测项目	检测结果	检测项目	检测结果
pH	8.20	铜（毫克/千克）	21.082	δ-六六六（微克/升）	≤0.02
砷（毫克/千克）	16.08	铅（毫克/千克）	32.011	P,P'-DDE（微克/升）	0.003
汞（毫克/千克）	0.002	α-六六六（毫克/千克）	0.003	O,P'-DDE（毫克/升）	0.010
铬（毫克/千克）	38.355	β-六六六（毫克/千克）	0.002	P,P'-DDD（毫克/升）	0.003
镉（毫克/千克）	0.180	γ-六六六（毫克/千克）	≤0.02	P,P'-DDT（毫克/升）	0.010

中国农垦农场志

第二编

经济

中国农垦农场志

第一章　经济总情

红旗坡农场坚持以经济建设为中心，不断完善承包经营责任制，调整农业产业结构，以红富士苹果为主的林果业在全场经济中的引领作用明显增强，以林果业深加工为主的工业经济逐步崛起。全场经济持续快速增长，基础设施建设条件改善，农场面貌日新月异，职工群众物质文化生活显著提高。至 2020 年，全场总产值 112145.23 万元，其中林果业实现产值 109586.88 万元，占 97.72%，整体经济发展势头良好。

第一节　综合及主要指标

一、经济综合

（一）总产值

农场建场至 20 世纪 70 年代，以种植业为主要产业和主要经济收入来源。建场初期，工副业在生产和经济收入中占重要位置。1959 年，全场生产总产值 44.73 万元，其中种植业（含林果业）21.08 万元，占 47.13%；畜牧业 5.35 万元，占 11.96%；工副业 18.30 万元，占 40.91%。1969 年，全场生产总产值 73.98 万元，其中种植业（含林果业）54.51 万元，占 73.68%；畜牧业 8.2 万元，占 11.08%；工副业 11.27 万元，占 15.24%。1979 年，全场总产值 157.07 万元，其中种植业（不含林果业）85.65 万元，占 54.53%，种植业中，粮食作物占 64.61%，经济作物占 9.56%。林果业 20.74 万元，占 13.20%，林果业中，果类占 69.05%。畜牧业 34.33 万元，占 21.86%。工副业 16.35 万元，占 10.41%。

20 世纪 80—90 年代，产业结构逐步调整，种植业在总产值中的比重逐步下降（种植业中的经济作物比重逐步上升），林果业和工副业在总产值中的比重逐步上升。1989 年，全场总产值 1155.65 万元。其中，种植业 338.53 万元，占 29.29%，种植业中，粮食作物占 30.44%，经济作物占 45.03%。林果业 247.01 万元，占 21.37%，林果业中，果类占 97.55%。畜牧业 108.78 万元，占 9.41%。工副业 461.33 万元，占 39.93%，产值居各业首位。1999 年，全场总产值 3994.78 万元，其中种植业 816.48 万元，占 20.44%，种植业中,粮食作物占 38.15%,经济作物占 46.45%。林果业 1270.05 万元,占 31.79%,林果业中,果类占 96.61%,居各业第二位。畜牧业 392.24 万元,占 9.82%。工副业 1515.87 万元,占 37.95%,继续居各业第一位。

进入 21 世纪以来,产业结构进一步调整,林果业比重持续上升,工副业比重持续下降。2000 年,全场总产值 4075.74 万元。其中种植业 1285.1 万元,占 31.53%,种植业中,粮食作物占 16.5%,经济作物占 59.9%。林果业 1410.57 万元,占 34.61%,林果业中,果类占 97.45%,首次居各业首位。畜牧业 343.69 万元,占 8.43%。工副业 1063.24 万元,占 25.42%。2007 年,全场总产值 11929.2 万元。其中种植业 3864.06 万元,占 32.4%;林果业 6737.75 万元,占 56.49%;畜牧业 137.52 万元,占 1.15%;工副业(含商业、饮食服务业)1189.87 万元,占 9.96%。

2009 年,农场总产值 19219.32 万元。其中林果业产值 8545.6 万元,占总产值的 44.46%;种植业产值 4133.22 万元,占总产值的 21.51%;畜牧业实现产值 2470.68 万元,占 12.86%;工商业等第三产业实现产值 3261.75 万元,占全场总产值的 16.97%。

2010 年后,农场开辟果品网络销售的新渠道,采取线上+线下的营销方式,促进苹果的销售。当年,实现总产值 21327.48 万元,比上年增长 10.9%,其中林果业实现产值 9889 万元,占总产值的 46.3%,比上年增长 17%。特色林果业的发展优势进一步显现,人均纯收入 8618 元,增长 705 元。农场总产值比 2006 年增长 3 倍,年均增长 24.5%;人均纯收入增长 178%,年增长 22.7%;林果业总产值增长 3.4 倍,年增长 27.6%。

2012 年,农场实现总产值 23993.88 万元,其中林果业实现产值 13552.02 万元,占总产值的 57%,林果业在总产值中的比重逐步提升。

2015 年,农场实现总产值 36491.7 万元,其中林果业实现产值 20610.93 万元,种植业实现产值 11820.25 万元,畜牧业实现产值 420.68 万元,工商业等第三产业实现产值 3639.84 万元。

2020 年,农场(集团公司)以红富士苹果为主体的整体经济发展势头良好。全场总产值 112145.23 万元,其中林果业实现产值 109586.88 万元,占 97.72%,占农场经济的绝对地位;畜牧业实现产值 2558.35 万元,占总产值的 2.28%。

表 2-1-1 1959—2020 年部分年份红旗坡农场总产值及其构成表

单位:万元

年份	总产值	种植业产值			林果业产值		牧业产值	工副业产值	其他产值
		合计	其中粮食作物	其中经济作物	合计	其中果类			
1959	44.73	21.08	—	—	—	—	5.35	18.30	—
1960	59.75	25.63	—	—	—	—	6.10	28.02	—

（续）

| 年份 | 总产值 | 种植业产值 | | | 林果业产值 | | 牧业产值 | 工副业产值 | 其他产值 |
		合计	其中粮食作物	其中经济作物	合计	其中果类			
1961	49.83	27.63	—	—	—	—	4.21	17.99	—
1963	56.83	39.58	—	—	3.05	—	5.70	8.50	—
1964	64.98	46.05	—	—	5.85	—	6.14	6.54	—
1965	78.79	52.08	—	—	8.05	—	8.16	10.50	—
1966	93.27	61.47	—	—	7.80	—	10.00	14.00	—
1967	81.50	52.54	—	—	—	—	12.46	16.50	—
1968	79.06	55.78	—	—	—	—	11.57	11.71	—
1969	73.98	54.51	—	—	—	—	8.20	11.27	—
1970	99.12	68.11	—	—	—	—	19.84	11.17	—
1971	100.94	72.27	—	—	—	—	16.36	12.31	—
1972	93.24	62.65	—	—	—	—	19.41	11.18	—
1973	77.28	48.55	—	—	—	—	19.39	9.34	—
1974	82.66	57.69	—	—	—	—	17.86	7.11	—
1975	78.38	56.61	—	—	—	—	15.75	6.02	—
1976	98.38	71.35	—	—	—	—	18.86	8.17	—
1977	168.40	69.47	—	—	18.31	—	67.81	12.81	—
1978	190.62	80.72	57.53	7.03	22.91	15.12	74.87	12.12	—
1979	157.07	85.65	55.34	8.19	20.74	14.32	34.33	16.35	—
1980	196.16	101.36	68.73	10.16	24.26	19.10	34.50	36.04	—
1981	237.69	116.63	80.75	15.19	41.14	33.67	38.33	41.59	—
1982	225.66	99.51	66.99	24.85	43.80	34.95	38.61	43.74	—
1983	283.83	141.58	72.34	32.65	56.55	40.55	37.01	48.59	—
1984	339.37	147.32	78.08	43.80	70.79	42.21	35.93	85.33	—
1985	403.79	173.83	76.21	48.36	77.14	60.21	67.07	85.26	0.49
1986	603.07	294.07	76.63	77.68	128.60	105.48	76.08	103.69	0.63
1987	667.10	214.12	80.76	80.56	180.05	164.44	99.61	173.00	0.32
1988	1012.81	308.26	92.03	150.13	208.50	195.21	104.52	391.33	0.20
1989	1155.65	338.53	103.04	152.43	247.01	240.97	108.78	461.33	—
1990	1240.01	431.86	141.41	195.52	263.41	253.01	111.41	433.28	0.05
1991	1449.92	502.70	150.03	246.80	296.58	281.34	156.96	493.63	0.05
1992	1824.81	583.91	196.34	282.46	482.50	465.72	180.67	577.64	0.08
1993	2193.00	675.20	189.17	375.18	544.80	520.80	195.00	778.00	—

（续）

年份	总产值	种植业产值			林果业产值		牧业产值	工副业产值	其他产值
		合计	其中粮食作物	其中经济作物	合计	其中果类			
1994	3044.12	1082.36	416.85	490.85	653.08	618.56	198.89	1109.79	—
1995	3330.20	1344.99	577.38	618.20	784.93	769.36	303.48	896.60	0.20
1996	3795.29	1406.93	539.53	674.85	985.23	969.50	364.36	1038.77	—
1997	4887.84	1631.62	537.46	770.92	1593.36	1570.85	369.50	1293024	0.12
1998	4917.14	1382.74	475.70	745.02	1777.93	1754.06	482.13	1273.47	0.87
1999	3994.78	816.48	311.45	379.29	1270.05	1227.01	392.24	1515.87	0.14
2000	4075.74	1285.10	212.19	770.95	1410.57	1374.64	343.69	10.24	0.14
2001	4621.77	818.02	76.00	626.08	2360.81	2213.05	339.72	1103.22	—
2002	5688.32	1668.77	53.67	1069.25	2707.17	2329.90	288.84	1025.64	—
2003	5025.13	1356.24	63.25	1228.82	2367.98	2119.47	326.55	974.36	—
2004	5738.38	2504.15	209.67	2176.16	2752.56	2301.57	329.67	152.00	—
2005	6970.15	2916.96	91.49	2765.47	3368.72	3190.90	150.60	482.78	51.09
2006	7831.81	3403.59	—	—	3694.78	3592.78	160.16	573.28	
2007	11929.20	3864.06	—	—	6737.75	6737.75	137.52	1189.87	—
2008	13718.58	4443.67	—	—	7748.41	7748.41	158.15	1368.35	
2009	19219.32	4133.22	—	—	8910.67	8545.6	2470.68	3261.75	—
2010	21327.48	5876.75	—	—	10247.28	9889	209.15	1809.64	
2011	20864.25	6758.27	—	—	11784.37	11784.37	240.52	2081.09	
2012	23993.88	7772.00	—	—	13552.02	13552.02	276.60	2393.25	
2013	27592.96	8937.81	—	—	15584.83	15584.83	318.09	2752.24	
2014	31731.91	10278.48	—	—	17922.55	17922.55	365.81	3165.08	
2015	36491.70	11820.25	—	—	20610.93	20610.93	420.68	3639.84	
2016	41965.45	13593.29	—	—	23702.57	23702.57	483.78	4185.82	
2017	48260.27	15632.28	—	—	27257.96	27257.96	556.35	4813.69	
2018	83660.62	—	—	—	80689.42	80689.42	236.00	—	—
2019	108530.12	—	—	—	105950.18	105950.18	2579.82	—	—
2020	112145.23	—	—	—	109586.88	109586.88	2558.35	—	—

（二）经济效益

自建场至1984年，农场每年财务支出大于收入，长期亏损。

1958—1959年，农场财务总收入48.06万元，总支出（含生产经营成本、税金、营业外支出）64.75万元，净亏损17.69万元。至1963年，农场累计净亏损93.71万元，其中农业亏损87.82万元，占93.71%。亏损成因，内因为生产经营管理不完善，造成损失浪费，外因主要是农业生产条件极差，荒地播种多，收获少，投入多，产出少，单产低，成本高。严重自然灾害为亏损重要外因，自然灾害最严重的 1961 年和 1962 年共亏损 53.32 万元，占 1958—1963 年累计亏损的 56.9%。

1964—1966 年，由于生产条件和经营管理逐步改善，成本下降，收入增加，亏损减少。1965 年，生产经营首次盈利 0.27 万元，其中农业生产盈利 1.56 万元，净亏损减为 2.57 万元。

1967 年起，亏损逐年增加。1969 年，全场生产经营收入（不含其他经营利润、营业外收入）73.98 万元，生产经营支出（含税金、不含营业外支出）115.35 万元，生产经营亏损 41.37 万元（农业生产亏损 38.63 万元），净亏损 46.52 万元，为 20 世纪 60 年代之最。

20 世纪 70 年代，亏损持续上升。1978 年，全场亏损 54.89 万元，比上年减亏 26.87 万元。1979 年，全场生产经营收入 122.94 万元，生产经营支出 214.37 万元，生产经营亏损 91.43 万元（种植业生产亏损 98.63 万元），净亏损 103.31 万元。

1984 年，全场净亏损减为 39.98 万元。全场 17 个生产单位中，有 10 个单位盈利，共上缴利润 61.7 万元（比上年增加 18.7 万元）；有 7 个单位亏损，经营性亏损共计 21.95 万元。1958—1984 年，全场累计亏损 1332.25 万元。

20 世纪 80 年代中期开始，农场全面推行各种形式的承包责任制和财务包干制，极大地调动生产经营者的积极性，生产经营逐步快速发展，成本逐步下降，经济效益逐步提高，生产经营和经济效益出现重大转折。1985 年，农场转亏为盈，改变了连续 27 年亏损的历史。当年，全场生产经营收入 419.23 万元，支出（含税金）393.02 万元，生产经营盈利 26.21 万元（种植业亏损 6.64 万元，林果业盈利 21.81 万元，工副业盈利 11.04 万元，畜牧业收支持平），净盈利 0.08 万元。1986 年，全场生产经营盈利增为 31.72 万元，各业生产经营实现盈利或收支持平，其中种植业首次盈利 0.79 万元，林果业盈利 29.74 万元，工副业盈利 1.19 万元，畜牧业收支持平，全场净盈利增为 5.54 万元。

进入 20 世纪 90 年代，农场下属亏损单位逐步减少，亏损单位逐步减亏，盈利单位盈利、上交逐步增多，除 1999 年外，农场年年盈利。1991 年，全场盈利 66.8 万元，各单位上缴管理费 159.74 万元，比上年增加 20%。全场 22 个生产经营单位中，除园林二队为场投资补贴单位外，副业队收支持平，砂砖厂亏损 3.46 万元（累计亏损挂账 9.82 万元），其余 19 个单位盈利。1997 年，全场主营业务收入 5224.15 万元，比上年增加 30.42%，营业成本（不含营业费用、税金及附加）4280.76 万元，主营业务（农林牧业）盈利 798.31 万元，其中种植业盈利 520.15 万元，林果业盈利 251.06 万元，畜牧业盈利 27.1 万元，另有其他业务盈利 43.73 万元，全场净盈利 289.33 万元。全场 21 个生产经营单位中，18个单位盈利，3个单位亏损，亏损单位亏损总额为8万元。1999年，农场主营业务收入4677万元，比上年减少623万元，营业成本（不含营业费用、税金及附加）4341.25万元，比上年减少214.15万元，主营业务盈利191.71万元，比上年减少608.58万元，农场转亏为盈后首次净亏损401.13万元。其中种植业亏损严重，有7个种植业单位共亏损470万元。巨额亏损外因：一为罕见的雪灾和严重的雹灾以及严重的干旱缺水，造成农林业严重减产，农作物直接损失148.27万元，果类直接损失260万元；二为农林牧产品价格全面大幅度下降，其中小麦均价降低28%，棉花均价降低20.2%，甜菜均价降低10.6%，苹果均价降低35.2%，梨均价降低28.6%，其他果品均价降低30%，收入大量减少。

2000年，农场转亏为盈。全场主营业务收入5106.05万元，主营业务成本（不含税金及附加）4112.63万元，主营业务盈利936.89万元，其中种植业由亏转为盈利273.72万元（棉花盈利213.22万元），林果业盈利616.79万元，畜牧业盈利46.38万元，全场净盈利110.46万元。

2001—2003年，农场连续3年亏损，累计亏损783万元。至2003年末，弥补亏损后，亏损挂账409.44万元。2004年转亏为盈，至2007年连续4年盈利。2007年，主营业务收入11921.16万元，主营业务成本10311.34万元，营业外收入153.81万元，营业外支出69.08万元，全场净盈利318.43万元。

2007年起，农场的发展进入新阶段。随着新植果园基本进入盛果期，农场成为2008年奥运指定果品生产基地，农场生产的苹果等果品成为奥运指定果品，农场生产的果品得到消费者的认可，市场供不应求，价格也随之上涨，为农场创造出极佳的经济效益，农场的发展进入快车道。

2008—2015年，全场净利润分别为到3168.01万元、3364.44万元、4177.78万元、4221.36万元、2713.49万元、5419.32万元、6589.26万元、5469.47万元。

2016年2月2日，由红旗坡农场改制后成立的新疆红旗坡农业发展集团有限公司着手对农场进行多元化经济改革，采取以林果业生产为核心、延伸产业链和资源整合，成立林果销售、振泰房地产、源动力水务、雪峰生态旅游畜牧、鲜果园服务管理、明隆满疆食用菌、汇宗农副产品电子交易平台（汇宗电子平台）7大专业农业产业公司，进行产业化布局，投入大量资金建设红旗坡冷链物流及果品深加工项目、推进新疆汇宗农产品电子交易市场有限责任公司交易市场上线、完善自治区及其他省市两大市场销售网络等，由于处于市场布局阶段，受其影响，集团公司利润波动明显。2018年，盈利额达4065.88万元。2020年，农场（集团公司）亏损974万元。

表 2-1-2　1959—1992 年红旗坡农场财务收支、盈亏表

单位：万元

年份	生产（经营）收入	生产（经营）成本	税金	生产（经营）盈亏	其他经营利润	营业外收入	营业外支出	盈亏净额
1959	48.06	63.94	1.64	−17.67	—	—	0.17	−17.69
1960	56.61	60.05	2.11	−5.50	—	3.98	—	−1.57
1961	49.82	64.45	3.84	−18.47	—	—	9.02	−27.49
1962	43.48	65.08	3.61	−25.21	1.61	6.71	8.90	−25.73
1963	48.25	62.46	0.91	−15.21	—	0.75	0.41	−21.23
1964	63.70	65.84	1.14	−3.28	3.06	3.06	11.20	−9.72
1965	77.46	76.77	0.42	0.27	2.73	1.36	3.23	−2.57
1966	94.76	98.65	2.99	−6.85	2.94	0.64	6.23	−10.75
1967	81.50	97.19	3.17	−18.86	1.05	0.51	8.62	−27.13
1968	79.06	113.98	2.53	−37.45	1.52	0.46	3.46	−39.78
1969	73.98	112.47	2.88	−41.37	—	—	5.29	−46.52
1970	99.11	130.64	2.45	−33.98	0.49	—	0.74	−34.23
1971	100.95	125.83	4.51	−29.39	3.96	0.53	0.38	−24.10
1972	93.24	129.36	4.22	−40.34	—	0.92	0.19	−41.38
1973	77.28	144.29	4.35	−71.36	—	0.69	0.04	−71.80
1974	75.33	160.26	3.50	−88.42	—	1.14	0.18	−84.75
1975	78.39	162.04	3.03	−86.68	1.01	2.39	0.43	−73.83
1976	98.43	179.30	3.70	−84.57	—	2.78	1.35	−83.14
1977	118.38	197.12	3.69	−82.43	1.00	1.94	2.28	−81.76
1978	140.61	190.88	3.92	−54.19	—	—	0.69	−54.89
1979	122.94	210.02	4.35	−91.43	0.80	1.45	14.13	−103.31
1980	206.61	307.44	4.12	−104.95	1.01	0.59	24.60	−127.96
1981	219.25	281.98	3.82	−66.55	5.38	—	27.40	−108.57
1982	240.71	307.93	4.16	−71.38	7.78	—	33.51	−97.12
1983	267.23	295.29	4.33	−32.39	—	—	35.19	−65.35
1984	309.95	309.92	4.10	−4.07	—	—	35.73	−39.98
1985	419.23	387.01	6.01	26.21	—	—	26.32	0.08
1986	504.44	469.45	3.27	31.72	—	—	26.18	5.54
1987	649.70	595.80	10.15	43.75	—	0.06	33.65	10.16
1988	1000.91	932.31	25.81	42.79	—	—	28.78	14.01
1989	1205.40	1059.80	39.43	106.17	—	4.10	40.92	80.40
1990	1351.40	1217.32	41.38	92.70	—	—	45.34	53.09
1991	1511.95	1375.79	31.71	104.45	—	—	60.92	66.80
1992	1984.60	1825.99	32.68	125.83	—	—	62.59	66.86

表 2-1-3　1993—2020 年红旗坡农场（集团公司）财务收支、盈亏表

单位：万元

年份	主营业务收入	营业成本	税金及附加	主营业务盈亏	其他业务盈亏	管理费用	财务费用	营业盈亏	营业外收入	营业外支出	盈亏总额
1993	2067.75	1797.35	36.64	231.76	6.96	110.4	1.04	127.28	0.93	36.08	92.14
1994	2883.17	2571.48	89.75	218.46	69.68	164.01	−2.26	126.40	0.14	37.86	88.69
1995	3195.56	2653.22	95.03	443.12	−0.15	370.78	−19.53	92.13	0.12	74.95	17.30
1996	4005.40	3326.74	116.09	561.07	30.25	437.69	−28.70	182.34	0.26	86.44	96.16
1997	5224.15	4280.76	143.08	798.31	43.73	507.81	−61.81	396.04	0.11	106.82	289.33
1998	5500.00	4555.40	142.31	800.29	−0.28	606.63	−34.18	262.51	—	112.14	115.42
1999	4677.00	4341.25	141.54	191.71	10.16	523.75	−40.79	−281.09	3.30	123.39	−401.13
2000	5106.05	4112.63	56.54	936.89	14.59	725.71	−4.21	229.89	0.20	119.63	110.46
2001	5011.47	4873.11	137.52	0.84	78.50	266.58	20.62	−207.85	58.16	129.16	−278.86
2002	5359.24	5192.79	143.60	22.79	33.92	239.17	−22.70	−159.76	0.06	97.15	−243.48
2003	5051.30	5063.23	65.60	−77.48	31.45	481.86	−1.66	−243.16	4.78	26.94	−260.66
2004	5636.42	5163.10	68.02	405.29	52.56	306.51	0.24	151.10	21.43	76.97	101.02
2005	6372.18	5611.20	—	760.97	73.52	720.22	−4.10	118.37	1.11	44.30	75.18
2006	7831.81	7169.18	52.18	610.44	45.30	45.30	−3.52	−152.13	165.23	7.65	16.37
2007	11921.16	10311.34	—	—	—	—	−5.32	233.61	153.81	69.08	318.34
2008	2745.77	410.19	—	2335.58	—	1265.0	32.67	2335.58	960.97	128.54	3168.01
2009	5187.49	1846.29	36.78	3304.42	—	1515.26	130.06	3341.20	145.69	122.45	3364.44
2010	4349.23	554.56	10.65	3784.02	—	2143.48	81.36	3794.67	384.21	1.10	4177.78
2011	4261.07	438.31	1.27	3821.49	—	2373.26	100.09	3822.76	680.83	282.23	4221.36
2012	4217.65	2614.34	0.01	1603.30	—	3040.38	182.05	1603.31	1448.69	338.51	2713.49
2013	4320.00	220.12	—	4099.88	—	1895.20	231.74	4099.88	3085.80	1766.36	5419.32
2014	7288.54	213.60	0.63	7074.31	—	2826.89	261.69	7074.94	1256.82	1742.50	6589.26
2015	5492.61	278.09	—	5214.52	—	2532.51	340.22	5214.52	2472.46	2217.51	5469.47
2016	11877.79	11278.01	0.39	599.39	—	5566.7	1020.8	599.4	2257.72	1279.68	1577.44
2017	19250.47	9655.73	19.45	9575.29	7.86	3972.07	2145.26	2561.17	4074.82	3471.9	3156.39
2018	25222.95	20688.61	24.05	4510.29	—	5243.38	4236.53	4534.34	1253.72	1722.17	4065.88
2019	37995.01	30845.43	335.5	6814.08	−31.03	5780.89	898.67	−1560.54	3504.38	805.98	1123.37
2020	17073.03	18819.98	138.52	−1885.47	—	2887.07	1737.64	−2195.34	2106.34	884.96	−974.00

表 2-1-4　1986 年红旗坡农场各单位财务收支及包干兑现情况表

单位：元

单位	总收入	总支出	上交农场	单位留成	备注
农田一队	101648	85135	9903	6610	合同履约率 100%
农田二队	90943	67418	10406	13119	合同履约率 100%
农田三队	120370	93943	15233	11194	合同履约率 100%
农田四队	101982	70095	16714	15173	合同履约率 100%

（续）

单位	总收入	总支出	上交农场	单位留成	备注
农田六队	47367	49922	4837		亏损挂账 7392 元
农田七队	79584	70434	7296	1854	合同履约率 100％
农田八队	291529	203699	11610	76226	合同履约率 100％
农田九队	272675	215044	10948	46682	合同履约率 100％
农田十队	86774	73489	9656	3629	合同履约率 100％
农田十一队	162881	145032	5176	12675	合同履约率 100％
园林队	993049	614728	235847	142474	合同履约率 100％
园林二队	27814	27814			新建基地，历年亏损 44708 元，由农场核销
工程队	480421	380265	100000	155	总收入中含外欠 228000 元
机修队	102635	95982	3994	1659	合同履约率 100％
砂砖厂	178390	191834			亏损 13144 元挂账
综合服务站	301705	301705			新建
榨油厂	42890	42890			新建
副业队	213051	165460	47000		上交指标 5 万元，农场减交 0.3 万元
仓库	45380	40651	1904	2825	合同履约率 100％
饲料厂	67679	93848	24700		欠交 0.03 万元，总亏损挂账 56840 元
水管站	49898	56299			亏 6401 元，由农场核销
资管所	33998	15446	18552		欠交 21448 元

说明：1. 上交农场不含折旧费、农业税、退休金；2. 综合服务部含汽水厂；3. 水管站总收入为收回水费补贴。

表 2-1-5　2005 年红旗坡农场基层单位上交各费汇总表

单位：万元

单位	合计	管理费	福利费	清欠费	折旧费	养老统筹款
农田一队	34.33	21.94	2.72	1.80	2.70	5.17
农田二队	33.63	20.20	3.33	2.00	3.00	5.10
农田三队	49.40	34.68	3.65	1.80	3.00	6.27
农田四队	34.94	20.90	4.01	1.00	2.80	6.23
农田六队	20.68	13.35	3.01	0.50	0.70	3.12
农田七队	50.74	39.47	3.00	2.00	3.20	3.07
农田十队	44.84	31.11	3.86	1.80	3.00	5.07
农田十一队	47.41	33.40	3.37	3.00	2.80	4.84
园艺一分场	108.16	69.18	13.22	5.00	3.10	17.66
园艺二分场	86.36	54.41	10.97	4.00	3.00	13.98
园艺三分场	71.45	44.71	9.84	2.00	3.40	11.50
园艺四分场	76.58	50.75	8.69	5.00	3.30	8.84
园艺五分场	37.19	17.22	6.95	1.50	2.75	8.77
实验站	7.76	3.98	1.86	—	3.40	1.58

(续)

单位	合计	管理费	福利费	清欠费	折旧费	养老统筹款
工程队	9.55	5.70	2.47	—	—	1.38
农贸市场	30.27	28.00	1.00	—	—	1.27
丰茂建材厂	4.99	4.00	0.36	—	—	0.63
轧花厂	8.93	8.50	0.43	—	—	—
水管站	7.97	3.25	1.64	—	0.08	3.00
合计	765.17	504.74	84.40	31.40	37.17	107.46

说明：农田三队上交含林管站上交。

二、固定资产投资

（一）范围

20 世纪 60 年代，农场规定各种生产设施（农机具、生产设备）、各类房屋建筑物和水工建筑物及其设施，使用年限在 1 年以上，同时单位价值在 200 元及以上的为固定资产；役畜、产畜和经济林、果林、防护林、用材林，不论其单位价值大小，均为固定资产。此后至 2000 年，将固定资产的单位价值标准先提高为 500 元以上（含 500 元），后又对房屋、建筑物、机械设备、运输工具、使用的土地、道路、桥梁、堤坝、干支渠、机井、水泥晒场、经济林、防护林以及与生产经营有关的设备、器具、工具等的单位价值标准提高为 1000 元及以上；不属于生产经营的设备、设施的单位价值标准提高为 2000 元及以上，其使用年限修改为超过两年。2007 年，根据地区财政局国有资产管理规定，农场确定资产清查范围，清查方法和程序，根据清查范围分组进行，各负其责，保证资产清查的顺利进行。清查摸清家底，完善制度提出改进措施。每年根据地区财政局要求上报资产的占用、使用、报废情况。2010 年起，实行资产的网上统计申报。

固定资产来源为购入、拨入和自建（自制）。固定资产综合分类为经营性固定资产、非经营性固定资产、未使用固定资产、不需用固定资产、租出固定资产、融资租入固定资产、土地。

（二）价值

1959 年，农场固定资产年末原值 29.4 万元，年末净值 27.31 万元。

20 世纪 60 年代，农场固定资产年末原值年均 82.15 万元，年末净值年均 68.04 万元。1969 年，农场固定资产年末原值 144.86 万元，年末净值 93.68 万元，分别比 1959 年增加了 3.93 倍和 2.43 倍。

20 世纪 70 年代，农场固定资产年末原值年均 220.34 万元，年末净值年均 103.95 万元。1979 年，农场固定资产年末原值 335.17 万元，年末净值 159.22 万元，分别比 1969 年增加了 1.31 倍和 70%。

20 世纪 80 年代，农场固定资产年末原值年均 446.91 万元，年末净值年均 194.92 万元，分别比 70 年代年均增加了 1.03 倍和 87.5%。1989 年，农场固定资产年末原值 581.18 万元，年末净值 256.05 万元，分别比 1979 年增加了 73.4% 和 60.8%。

20 世纪 90 年代，农场固定资产年末原值年均 1461.31 万元，年末净值年均 880.17 万元，分别比 80 年代年均增加了 2.27 倍和 3.52 倍。1999 年，农场固定资产年末原值 2395.55 万元，年末净值 1400.59 万元，分别比 1989 年增加了 3.12 倍和 4.47 倍。

2000—2007 年，农场固定资产年末原值年均 3940.11 万元，年末净值年均 2787.7 万元，分别比 20 世纪 90 年代年均增加了 1.7 倍和 2.16 倍。2007 年，农场固定资产年末原值 4638.81 万元，年末净值 3034.38 万元，分别比 1999 增加了 93.6% 和 1.17 倍。固定资产原值中，土地资产原值 617.78 万元，占 13.32%，房屋、建筑物原值 3251.37 万元，占 70.09%，机器设备原值 536.84 万元，占 11.57%，运输工具原值 232.53 万元，占 5.02%。

2010 年，农场固定资产原值 6874.6 万元。

2011 年，农场固定资产总额 8306.19 万元，较上一年增长了 20.82%；由于农场种植大面积的防护林，生物资产 2010 年为 370.49 万元，本年为 779.59 万元，增长了 110.42%。

2012—2020 年，农场（集团公司）固定资产原值年均 16858.34 万元，年末净值年均 13431.52 万元，分别比 2000—2007 年年均增加了 3.82 倍和 4.82 倍。2020 年，固定资产年末原值 25956.84 万元，年末净值 20111.70 万元，分别比 2007 增加了 4.60% 和 5.63 倍。土地资产原值 8547017.3 万元，固定资产原值中房屋、建筑物原值 18831.56 万元，占 73%，机器设备原值 4531.18 万元，运输工具原值 1765.67 万元。

第二节　经济开发与合作

一、经济协作

2000 年以前，农场开展的经济协作主要与地区内企业合作。2000 年后，农场通过政府扶持和企业运作，把阿克苏地区农产品的规模优势和品质优势转化为市场优势和经济优势。尤其是在浙江对口援阿克苏地区期间，发挥浙江和阿克苏地区农产品流通产业优势，谋划和推进产业援疆、市场援疆等，构建"疆果东送、浙产西进"的双向流通体系。

2000年5月，农场与深圳源兴公司合资700余万元建起1500吨的气调保鲜库，于年内竣工投入使用。当年，联合地区实验林场、阿瓦提县广大农场、塔里木农业大学、地区林科所、库车龟兹食品工业总公司等8家单位筹备建立新疆绿洲果业股份有限公司。农场共投入苹果园156.27公顷、香梨86公顷，林带、路、渠等土地60公顷，折合为入股资金3000余万元。

2010年9月16日，农场与香港华润万家有限公司农超对接基地挂牌。农场生产的苹果、香梨、核桃、红枣、葡萄等果品可以通过华润万家有限公司的营销网络进入全国25个省（市、自治区）的3000多家果品销售网点。

2016年，红旗坡集团公司成立后，加大经济协作工作力度（图2-1-1）。2017年集团与北京石恒金投资管理有限公司达成合作协议，建设农副产品、鲜食果品、水产品、干果类、肉类等为一体的专业农产品市场，红旗坡集团公司以土地出资，占51%，北京石恒金出资建设，占49%，项目投资额度预估为7亿~10亿元。

图2-1-1　2016年8月7日，红旗坡农业发展集团有限公司与新光控股集团在阿克苏市签订合作协议，双方在产业互联网以及供应链建设与运营项目的合作达成战略合作（照片提供：综合部）

2018年，由红旗坡农业发展集团公司主导、地区联合运营的公司——红旗坡好果源公司联合阿克苏苹果协会，针对红旗坡集团公司苹果种植基地、苹果协会会员单位按照《阿克苏地区优质特色农产品"百十一"基地建设管理办法》和《地理标志产品·阿克苏苹果》的生产标准进行认证、审核和登记，对于符合要求的"阿克苏苹果"基地进行公示、立牌、建档、录入后台信息并录入阿克苏农产品质量溯源平台。联合运营公司有"阿克苏苹果"供应基地5333公顷、香梨基地667公顷、红枣基地3333公顷、核桃2000公顷。包括红旗坡、依干其、温宿、柯柯牙、库车、沙雅、阿瓦提县等区域。好果源公司在国标和地理标志产品标准的基础上，协调股东单位和行业协会开展阿克苏苹果、红枣、核桃和香梨的市场准入质量的制定，建立质量品控体系，完善品控制度，实行质量责任倒查制度。全年送检各种产品 300 余批次。完成阿克苏农产品溯源系统平台建设，全面推广使用"阿克苏好果源"农产品溯源二维码，承担"好果源"二维码使用的审核、批准、印刷、发放和管理工作。将农产品种植信息、生态环境信息、产品交易信息、产品溯源信息、市场信息和基础地理信息数据集中聚合，通过信息化平台建设，建立完善的数据采集、数据分析和数据服务机制，增强生产经营的科学决策能力，促进市场信息透明化、优化企业以及政府管理能力，塑造阿克苏地区特色农产品品牌效应。同时，针对各县（市）运营公司和企业，开展业务培训。80％以上的阿克苏苹果实行一箱一码制度，使得"阿克苏好果源"在全国市场和销售渠道快速推广，形成初步区域品牌认知。

2020 年，红旗坡集团公司加强与阿克苏太百、友好等大型超市销售合作，建立红旗坡公司旗舰店，通过抖音、拼多多、京东等多个平台开设红旗坡产品直播、销售专场，畅通线上线下两个市场之间的互联共享，完善自治区内外两大市场销售网络，提升和强化项目效益转换。

二、开发区建设

2018 年 7 月，由新疆云农股份公司总投资 5 亿元的新疆红旗坡农贸物流园项目开始动工兴建。项目位于阿克苏市东北郊 X305 县道北侧，距 G314 国道约 1 千米，总规划用地 39.57 公顷，其中一期规划用地 10.93 公顷、二期规划用地 28.64 公顷。主要经营范围为物流产业园开发、市场管理等。2019 年 10 月 13 日试营业，投入使用的为东区 1 号、2 号、3 号楼的 129 间商铺。至 2020 年底，完成投资 2.7 亿元。园区已入驻商户 115 户，其中水果经营户 35 户、干果经营户 40 户。

新疆红旗坡农贸物流园营业后，由新疆云农股份公司进行管理。配备 20 余名管理人员，对园区进行物业管理、安全保卫、保洁等。开展安全宣传，加强入驻商户的安全生产意识。建立园区卫生巡查记录簿，对园区的日常清扫、保洁及每日消毒情况进行登记。设置消防安全人员，就园区内的消防设备、器材等进行日常维护，定期进行检查并做相应记录。对园区进行日常巡查，及时解决消费者投诉问题。不定期地对园区的督促检查，发现问题后及时整改。

第二章 基础设施

第一节 建设规划

一、农场所在地的城乡规划

1990年后，农场所在地阿克苏市开始集中技术力量开展村镇规划工作。根据规划，红旗坡农场定位为城乡瓜果、蔬菜基地。

2001年，阿克苏市加强城镇规划，确定城市定位、功能、布局。此次城市发展战略为"东优、北联、西进、南扩"的"一中三星"格局。此时的阿克苏市东城片区红旗坡区域属于阿克苏市规划的优先考虑部分。阿克苏市总体规划上报自治区审批，温宿县完成总体规划设计，并经建设厅组织专家评审。2002年，阿克苏市、温宿县城镇总体规划修编经地区、县、市及自治区专家评审通过，报自治区人民政府审批。2003年，阿克苏市、温宿县总体规划经自治区人民政府审批实施。2004年，阿克苏市完成建成区面积的84.3%，温宿县完成建成区面积的40%。2005年，阿克苏市对《阿克苏市城市总体规划（1997—2015）》进行调整，委托上海同济城市规划设计研究院承担城市总体规划修编工作，制订《阿克苏市城市总体规划（2005—2015）》。红旗坡片区被重新规划为阿克苏市的主要工业用地，布置一、二类工业。2006年，阿克苏市城市总体规划和28平方千米的城市详细规划编制通过审批。2007年1月24日，《阿克苏市城市总体规划（2005—2015）》获自治区批准实施。2012年，阿克苏市完成城乡规划体系建设。

表 2-2-1 2014年阿克苏市规划中红旗坡农场土地用途区面积表

单位：公顷

土地总面积	基本农田保护区	一般农地区	城镇（村）建设用地区	独立工矿用地区	生态环境安全控制区	林业用地区	其他用地
11239.96	1426.07	6214.22	2188.03	40.87	8.1	271.1	1091.57

2007年，阿克苏地区"阿温联盟"区域发展战略规划编制工作有序开展，根据地区

提出"阿温联盟、合作发展"的战略，加大阿克苏、温宿的城市总规衔接工作力度，由阿克苏市政府委托上海同济城市规划设计研究院进行编制的《阿克苏市—温宿县联盟区域发展战略规划》完成初稿编制。2008年，阿克苏市、温宿县城镇体系规划、总体规划、专项规划、近期建设规划编制完成；城市控制性详细规划全面展开，覆盖率达到65%；"阿温联盟"发展战略规划已经定稿，县域村镇体系规划、乡镇总体规划、行政村建设规划全面完成。2013年，地区启动《阿克苏市—温宿县同城规划（2013—2030）》阿温同城规划编制。在该规划中，将红旗坡农场园艺一分场园林一队路口飞机场路到园林五队东园立交作为农场小城镇建设。将农场公共基础设施建设相关规划与阿克苏市和温宿县公共基础设施纳入统一规划，将农场现状村庄布局结合阿克苏市和温宿县同城统一进行规划，将农场路网在综合交通规划中统一考虑。2015年11月，《阿克苏市—温宿县同城规划（2013—2030）》编制完成并正式生效。考虑到同城化非法定规划的特点，结合《阿克苏市城市总体规划（2011—2030年）》《温宿县县城总体规划（2013—2030年）》的共同期限，确定规划期限至2030年，不区分近、远期。该规划致力于形成以阿克苏市和温宿县城为极核，两大产业区为副中心，市、县全域乡镇为紧密或联动层，全面提升区域整体实力，建成南疆"一体化和特色化并重"的和谐发展示范区。2017年，地区在加快阿克苏市—温宿县同城建设步伐，实现交通互联、公共服务共享、产业和基础设施协同发展。2018年11月，地区修编完成《阿克苏市—温宿县同城规划（2018—2035）》，通过地区人大审议，经地区行署批准实施。同城规划范围为737.6平方千米，包括阿克苏市区、温宿县城、阿克苏纺织工业城、阿克苏经济技术开发区、温宿国家农业科技园、红旗坡农业发展集团、实验林场等，通过区域对接、优势互补、资源共享、错位发展等路径，全面构建阿克苏市和温宿县城乡规划统筹协调、基础设施共建共享、产业发展合作共赢、公共事务协作管理的同城化发展新格局，推动阿温城市高质量发展。

二、农场规划

（一）农场建设规划

1. 总体规划 1958年至1964年，农场先后经过3次规划。

1964年，自治区农垦厅下发《自治区直属地方国营阿克苏郊区农场建场设计任务书》。农场经营方针：以供应城市农、牧各业产品为主，多种经营，通过生产起示范推广良种作用。生产任务：粮食550万千克、油料20万千克、肉13.4万千克、牛奶96

万千克、瓜蔬 200 万千克、果子 1650 万千克、蚕茧 45 万千克。建场时间：1958 年建场，预计 1970 年建成。建场投资：建场所需全部基本建设投资约 1179.8 万元，每公顷投资为 98.5 万元，除 1963 年以前已投资 157.9 万元外，今后尚需 1021.9 万元。建成后的经济效益：年创造值为 1146.6 万元，利润 280.6 万元，需 6~7 年可全部收回国家投资。农场规划单位：新疆维吾尔自治区农垦厅（以下简称农垦厅）勘测设计三队。

1977 年，农场完成大地控制测量和以渠首引水防沙工程为中心的水利勘测工作。1978 年，完成地形测量、土壤和水文地质等补测工作。1979 年 4 月，进行改建规划技术设计。此次规划至 1985 年，农场场界范围基本上依据 1964 年的场界规划，部分地区做适当的调整。每个改建规划都布置农渠，支渠以下增设斗渠，以改善灌溉配水状况，保证每个单位引水、输水的独立性。条田规划仍保留原有干支渠系，条田方向仍大部分平行支渠，即采用平行或斜交等高级横向布置，使条田内部高差变小，避免土地平整时挖填悬殊。根据条田平整设计计算，改变条田方向土方量减少 32%，方条田变窄（由 300 米改为 150 米），改变方向土方量减少 27.6%。条田的规格一般设置为 500 米×200 米或 600 米×200 米。

2. 土地规划 1958 年，农垦厅对农场进行规划设计：总面积 7620.6 公顷，含可耕地面积 4547.73 公顷，农业用地 2300.8 公顷，其中 2 个轮作区、11 块条田，果园 990 公顷、28 块条田，全场共 133 块条田。

1960 年，鉴于在规划实施中与原规划资料形成 10~200 米的偏差，从而给农场在兴修水利、引水灌溉和平田整地等方面造成一定的不利因素，由农垦厅勘测设计四队工作组对土地规划进行修改。

1962 年，再次由农垦厅勘测设计四队工作组对土地规划进行深入修改。修改除一、二生产队重新规划外，其余部分均在原来基础上做适当的调整规划，从而使其与规划资料接近并符合实际状况。

1964 年，根据农垦厅《自治区直属地方国营阿克苏郊区农场建场设计任务书》，对 1964—1970 年全场土地、水利工程、交通等基本建设做出具体规划。全场规划设计面积为 7193 公顷，其中规划耕地面积为 3019.8 公顷。

2007 年，由阿克苏地区土地勘测设计院设计制作《红旗坡农场土地利用总体规划调整、基本农田保护、变更登记报告》。依据红旗坡农场实际发展趋势，至 2010 年，农场在规划期间保持耕地动态平衡，耕地保有量为 1625.53 公顷。

表 2-2-2　2010 年红旗坡农场主要规划用地指标

单位：公顷

项　目		2010 年	相对 1996 年	人均占
耕地		1625.53	保持平衡	0.05
中低产田改造		1200.00	—	0.06
园地		6512.43	+791.99	0.18
林地		3237.30	+967.98	0.10
城镇村及独立工矿		1496.73	—	—
交通用地		261.65	+55.95	0.04
未利用地		6775.20	+38.11	0.01
其中	水利开发占用	25.00	−2000.16	0.06
	城乡居民点占用	7.44	—	—
	林地占用	967.98	—	—
	园地	791.99	—	—
	其他农用地	207.75	—	—

（二）五年规划

2007 年 8 月，农场出台《红旗坡农场今后五年总体目标发展规划》。根据规划，一方面争取国家财政的支持，另一方面加强农场内部积累和受益者共同出资，第 1、2、3 年每年投资 300 万元，第 4、5 年分别投资 200 万元，总投入 1300 万元，分 5 年时间把场部区域建设成为集办公、职工住宅、医疗卫生、学生教育、幼儿寄托、商业经营、饮食服务、文化娱乐、园林花圃等为一体的中心小城镇。

2010 年，农场制订《红旗坡农场"十二五"发展规划》。根据规划，至 2015 年，农场重点产业主要集中在果品气调、冷藏保鲜库、农产品深加工、销售网点、农家乐等项目上，争取在红旗坡农场内发展果品保鲜冷库 12 万吨、气调保鲜库 8 万吨、加工生产线 8 条、销售网点 20 个、农家乐 5 个。气调、冷藏保鲜库及农产品深加工生产线等主要建设在离果品比较集中的区域，农家乐主要建在环境相对较好、交通方便的区域，销售网点主要建设在各个主要城市。

2020 年，根据红旗坡集团公司"十四五"规划，至 2025 年，企业优质林果面积稳定在 1.8 万公顷，果品产量达到 30 万吨，果品贮藏保鲜率达到 90％以上，加工率达到 35％以上。林果品种布局科学合理，经营水平显著提升，市场占有率明显提高，初步建成比较完善的特色林果业产业体系和林果业灾害综合防控体系，确立企业绿色、有机林果领先地位。生产总值年均增长 7％以上，企业一二三产发展结构更加优化，初步建立实体经济、科技创新、人力资源协同发展的现代林果产业发展新体系，打造新疆林果产业发展先进生产力示范区。

第二节 农场建设

一、房屋建筑

（一）生产性建筑

1959年，农场建成水磨房。1969—1970年，农场投资2.28万元，新建厂房675平方米，增购磨粉机等设备，于1971年改建为面粉厂。1977年，新建厂房620平方米。

1964年8月，动工兴建阿克苏门市部，同年10月底竣工。建筑面积996平方米，其中销售门市部243平方米、餐厅225平方米、厨房132平方米，其他配套建筑396平方米，总投资6.4万元。

1981年，农场新建阿克苏市三角地综合服务部，建筑面积335平方米，投资2.35万元。1986年扩建，建筑面积1041平方米，投资14.15万元。

1984—1985年，农场累计投资数万元，先后建成榨油厂、饲料厂、饮料厂、果品厂厂房及围墙等附属建筑。

1986年，始建东大街综合服务楼（兴盛楼），当年投资26.3万元。1987年工程竣工，投资30.1万元，建筑面积1754平方米。

1992年，农场投资10余万元，新建肉食品厂、花炮厂、玻璃纤维车间。其中肉食品厂土建工程（厂房、烘房、库房）407平方米，投资5.12万元；花炮厂完成土建工程（厂房、库房）726平方米；玻璃纤维车间完成土建工程（厂房、配套建筑）470平方米。

1994年，新建库房180平方米，投资2.5万元。当年，农场在原有轧花设备和个人投资的基础上改扩建轧花厂，其中原有固定资产投入60万元。2000年以股份形式更新改造，扩大规模，其中农场占有50万元股份，其他由个人股份融资。

1996年，新建阿克苏市三角地农贸市场，占地面积6500平方米，房屋建筑面积1314平方米，营业用房60间，投资59.98万元。1997年续建，建成地坪3659平方米，钢管棚架石棉瓦顶营业棚859平方米，投资31.71万元。至2006年，剔除每年收回成本，累计投入98.2万元。2003年承包形式改变，以场内企业和个人股份进行融资和分配。

2001年10月，阿克苏市建步行街拆除兴盛楼，置换土地849.1平方米。2004年新建商住综合楼竣工，建筑面积3839平方米，总投资593.91万元。

2004年，农田五队新建农贸市场，占地面积11936平方米，房屋建筑面积4932平方米，营业棚面积1334平方米，投资209.4余万元。

2007年7月至2008年6月，农场为提升自产的"红旗坡"红富士苹果质量和档次，提高果品附加值，延长果品供应期，投资2420万元建设1座1万吨气调保鲜库及配套果品清洗、打蜡、分级生产线2条。项目建成后，可为农场年储存果品3万吨，新增利润额达800余万元。

2008—2016年，农场未投资大型生产性建设项目。

2017年6月，红旗坡集团公司下属子公司阿克苏金物联电子商务有限公司新建红旗坡冷链物流及果品深加工基地一期建设项目，建设地点位于温宿县国家科技园区。项目占地面积10万平方米，规划总建筑面积62931.71平方米。建设项目包括苹果加工车间、苹果分选车间、1号职工住宅楼、2号职工住宅楼、办公楼、成品库房、原材料库、值班室及公共厕所、附属用房和食堂、道路及场地硬化、绿化工程、给排水工程、电力、供热、燃气等。工程总投资25952.5万元，其中红旗坡集团公司投资2.5亿元，政府补贴952.5万元。2018年10月，项目建成并投入使用。

2018年8月起，新疆红旗坡云农物流产业园股份有限公司在阿克苏市东工业园区新建阿克苏市绿色农业交易中心暨新疆云农贸中心建设项目。项目占地面积39.57公顷，其中一期用地10.93公顷，二期、三期用地28.64公顷。一期建成七个单体，其中东区三栋3.23万平方米和零批中心2.26万平方米，西区三个单体主体3.23万平方米，室外附属工程10.6万平方米及消防工程7.3万平方米，完成地面硬化、环境绿化及停车场建设；二期建设完成交易大棚12个；三期建设完成1万吨冷藏保鲜库。计划总投资5亿元。至2020年底，完成投资2.7亿元。

2019年9月，阿克苏优能农业科技股份有限公司新建红旗坡冷链物流及果品深加工二期建设项目，建设地点位于温宿县国家科技园区。项目占地面积20.43公顷，规划总建筑面积7.62万平方米。建设完成3万吨相温气调库（3.08万平方米）、配套保鲜冷库选果车间1.59万平方米、包装车间9425平方米、果品包装车间7503平方米、包材仓库1.39万平方米及消防水池及水泵房331平方米、科技研发中心9199.07平方米和锅炉房、地磅房等配套基础设施。购置安装果品生产线2条；购置仓储果筐、制冷系统及10辆新型智能气调冷藏运输车等配套设施设备。该项目由红旗坡集团公司投资7.9亿元，政府补贴4331.78万元。2020年11月，该项目完工。

（二）非生产性建筑

1. **办公室** 自建场至1964年，农场累计新建土木结构办公室891平方米。

1970年，农场新建土木结构办公室852平方米，投资2.23万元。1977年，新建土木结构办公室300平方米，投资1.5万元。

20 世纪 80 年代，累计新建办公室 2804 平方米。其中 1981 年新建 1063 平方米，投资 5.85 万元。

1990 年，园林队新建办公楼 750 平方米，投资 20 万元；园林二队新建办公室 250 平方米，投资 1.25 万元。1991 年，园艺分场新建果树研究培训中心 680 平方米，投资 15.8 万元。1995 年，新建砖混结构农场场部办公楼 1840 平方米，主体投资 116.47 万元，取暖锅炉配套投资 32.94 万元（锅炉房 201.7 平方米，投资 12.44 万元，锅炉购置安装 20.5 万元），供暖、供水管道 151 米，投资 4.53 万元；水泥地坪 1135 平方米，投资 4.72 万元；围墙 186 米，投资 2.43 万元，总投资 161.05 万元。2002 年，农田十一队（园艺十一分场）新建办公室，投资 35 万元。2003 年，农田十队（园艺十分场）新建办公室，投资 31.87 万元。2004 年，园艺二分场新建办公室，投资 53.14 万元。2005—2007 年，农场场部维修翻新办公室共投资 68.35 万元。

2009 年，由河南援建场部 3 号办公楼 1 栋，共 4 层，砖混结构，建筑面积 3217.79 平方米，总投资 479.93 万元。

2011 年，在园艺二分场园林四队新建办公楼 1 栋，共 3 层，砖混结构，建筑面积 1468.89 平方米，总投资 467.68 万元。当年，一分场大门、值班室、电动伸缩门投资 98.44 万元。

2012 年起，农场加强基层阵地建设。至 2015 年，完成 5 个基层阵地建设任务。投资 360 余万元新建 1400 平方米新园艺二分场办公、党员活动场所，2012 年 9 月投入使用；2012 年 8 月，投资 391 万元，建筑面积 3100 平方米的园艺八分场阵地建设开始施工，2013 年 7 月投入使用。筹集资金 30 万元，对基层 13 个党支部的办公和活动场所进行修缮，配备桌椅板凳 300 余套，13 个基层党支部都建立电教室，配备电教设备，为丰富学习形式，加强党员干部和职工的宣传学习和教育，全面提高素质打下基础。投资 50 余万元在场部建立广播站、各分场建立广播室，通过广播喇叭，宣传党的政策和国家法律法规，讲解林果业管理措施，引导职工群众遵纪守法，推广应用林果业技术。

2013 年，新建园艺三分场办公楼 1 栋，办公楼位于三分场园林八队解放碑社区，建筑面积 3056 平方米，总投资 779.76 万元。新建园艺四分场办公楼 1 栋，坐落于四分场园林十二队萨合其社区，建筑面积 1491.4 平方米，总投资 494.17 万元。一分场办公楼改造项目投入资金 117.31 万元，一分场办公楼装饰装修投资 86.29 万元。

2014 年，完成五分场办公楼土建、水、暖、电及附属工程地坪、绿化、管网、食堂等项目，建筑面积 2214.3 平方米，总投资 619.15 万元；新建值班卡点、民兵休息室地面硬化、葡萄架、公共厕所、砂石路，投资 269.21 万元。修建场部围墙投资 22.94 万元。

2016 年，农场（集团公司）新建水管站办公室 14 间，建筑面积 810 平方米，总投资 80 万元。雪峰农庄装修，坐落于园林五队红旗坡机场导航灯光道以北，总投资 348.68 万元。园林三队新建办公室 1 处，建筑面积 412.62 平方米（办公室 364.32 平方米，值班室 48.3 平方米），总投资 142.74 万元。完成阿克苏地区红旗坡农场 1 号楼附属工程，总投资 155.81 万元；2 号楼附属工程，总投资 167 万元。

2017 年，在 3 万亩现代示范园新建办公楼 1 栋，建筑面积 300 平方米，总投资 596.7 万元。

2019 年，新建黑孜基地职工住宅及办公室，砖混结构，总建筑面积 556.81 平方米，总投资 302.5 万元。

2020 年，农场（集团公司）共有办公场所 18 处，分别为机关，一、二、三、四、五分场，每个分场 3 个园林队办公场所及水管站办公室、水厂办公室、源生态基地办公室。

2. 住宅建设 农场建场初期，重点投资新建住房。1960 年开始，农场统一规划、设计居民点建设，统一安排、组织住房施工，主要为土木结构单面和双面营房式建筑。1958—1964 年，累计新建住房 17179 平方米（临时住房 7973 平方米，地窝子 600 平方米），累计投资 44.01 万元。至 1964 年底，实有住房 8606 平方米，分布于 12 个居民点，职工搬出临时房和地窝子，全部住进正式住房。1965 年，新建居民点 3 个（其中支边青年新建队居民点 2 个），新建住房 5095 平方米，投资 14.27 万元。

20 世纪 70 年代开始，采取农场公建、自建公助、职工自建等多种形式，扩大住房建设，改善居住条件。20 世纪 70 年代，各种形式累计新建住房 2.04 万平方米，其中农场投资 57.59 万元。20 世纪 80 年代以来，住房建设逐步以自建为主。1980—1987 年，累计新建住房 2.65 万平方米，其中农场公建投资 9.33 万元。1987 年底，农场实有住房 6.58 万平方米，其中职工自建住房 3.8 万平方米。20 世纪 90 年代至 2003 年，累计新建住房 5050 平方米，其中农场公建 1138 平方米，投资 17.52 万元。2003 年底，全场实有住房 6.74 万平方米。

2007 年，农场按照"生产发展、生活宽裕、乡风文明、村容整洁、管理民主"的建设社会主义新农村的要求，园艺三分场投资 50 万元新建民居 1400 平方米，20 户职工乔迁新居；园艺四分场新建抗震安居房 23 套 1500 平方米；场部示范点总规划建设别墅式二楼 1.1 万平方米，总投资 1000 万元，社会主义新农村建设示范点初具规范。为改善人居环境和生态环境，农场实施拆墙透绿，全场累计拆除沙枣以及木枝围栏 88.7 千米，投入人力、物力折合 152.31 万元（含各分场投资）。当年起，根据农场职工所处地理位置和经济承受能力，实行统一设计、统一规划、统一布局，采取自筹自建的办法，每个分场每年建成 2～3 栋职工住宅，暂不实行集中供暖，设计上达到供电、供暖、供排水样样通的要求，至 2012 年，农场 50％的职工住上新房，职工住宅、生活环境明显改善。

2009 年 10 月 25 日，农场制定下发《红旗坡农场住房建设管理办法》。

2010 年 4 月至 2017 年 12 月，全场共建设 3206 套危房改造、保障性住房（职工互助自建平房 2753 套，统建房 453 套）。其中 2013—2015 年项目包括园艺一分场园林一队 4 栋楼，坐落于园艺一分场园林一队（红旗坡机场对面）；宏盛小区 2 栋楼，坐落于园艺一分场园林五队（红旗坡派出所对面）；红旗坡场部办公室东侧住宅楼 1 栋 49 套、西侧 1 栋 40 套。新建别墅 68 座，占地面积 4.87 公顷，建筑面积 2.11 万平方米。

2013—2015 年，农场在园艺四分场新建危房改造及保障性住房（红苹果小区）项目，占地面积 2.5 万平方米，建筑面积 3.81 万平方米，其中住宅 310 套，门面房 31 套，总投资 6100 万元，政府补贴 4809 万元。农场面向农场干部职工以成本价进行销售，至 2020 年，红苹果小区累计销售 165 套，入住率达到 48％。

2016 年，农场（集团公司）新建职工住宅及保障性住房建设，总建筑面积 5106.98 平方米，总投资 634.06 万元，住宅装修总投资 322.23 万元。实施危房改造富民安居工程项目位于园艺一分场老居民点，规划用地总面积 4.47 万平方米；红旗坡农贸市场富民安居工程项目，规划用地总面积 3.43 万平方米；园艺一分场园林五队（市红旗坡派出所对面）危房改造项目，规划用地总面积 8.95 万平方米；红旗坡农场场部居民点新农村建设及危房改造安居富民项目，规划用地总面积 26.67 万平方米。至 2016 年底，园艺一分场老居民点项目主体完工 166 套；红旗坡园林五队原农贸市场拆迁工作完成；园艺一分场园林五队（市红旗坡派出所对面）1 栋楼基础完工；红旗坡农场（集团公司）场部居民点危房改造及保障性住房建设项目完成 138 套，新农村职工住宅小二楼建设完成 98 套。公共廉租房及职工住宅周转房完成主体施工 80 套。

至 2020 年，经过连续多年的建设，农场的住房条件及人居条件得到改善。

二、生活设施

（一）供水工程设施

2004 年，农场在园艺十三队队部西侧 250 米处新建阔滚奇水厂。根据农场北高南低坡降地势，采用重力自由输水方式，设计日供水量 800 立方米。水厂凿井工程于当年 5 月动工，设计井深 130 米，实深 125 米。土建工程于当年 6 月动工，10 月竣工，单项土建工程有管理房 120 平方米，泵房 42 平方米，200 立方米清水池 1 座，100 立方米减压池 1

座，检查井 33 个，地坪 500 平方米，围墙 220 米。管网工程于 4 月动工，当年铺设 74.21 千米。10 月，水厂试通水运行。至 2005 年 8 月，继续铺设管网 63.89 千米，完成工程收尾，全工程总投资 291.75 万元。2005 年，该工程新入户 1200 户，新旧管道对接入户 500 户，共 1700 户。2006 年，新增用户近 300 户。

2007 年，农场扩建自来水厂，投资 70 万元，增加用户 600 户。

2015 年 1 月 29 日，农场惠民生工程——红旗坡农场饮水安全改扩建工程初步设计方案经地区发改委批复，5 月 6 日开工建设。项目占地面积 1.24 公顷，蓄水能力 1000 立方米，日供水能力 1350 立方米，对林海社区、红旗坡一分场一队、五队、六队，

图 2-2-1　2017 年 10 月，农场（集团公司）进行自来水管网改造，全长 12 千米（照片提供：杨聪靓）

二分场二队、三队、四队、四分场十一队、十二队的 4340 户自来水用户进行供水；独立蓄水池占地面积 9.51 公顷。新水厂管网和红旗坡阔滚奇厂管网相连，共计自来水管网约 629.2 千米。同时，新凿深度 230 米深水井 1 眼；新建 228.65 平方米的管理站房 1 座，24.91 平方米的泵房 1 座，25.65 平方米的值班室 1 座，闸阀井 176 座，矩形井 13 座；安装变频设备 1 套，200 千伏安变压器 1 台，潜水泵 1 台，自动化测控设备 1 套，消毒设备 1 套，厕所 1 座；铺设管道 65.91 千米，交叉建筑物设计 18 处，输电线路 2 千米。至此，农场全部自来水供水到户。

2017 年，农场（集团公司）开展自来水管网改造，工程全长 12 千米（图 2-2-1）。

（二）供气

2000 年前，由于农场职工居住较为松散，做饭取暖等主要以烧柴和煤为主。2000 年后，更清洁高效的液化石油气开始进入农场家庭，至 2020 年，除较为集中的居民点天然气入户外，农场大部分家庭仍使用液化石油气。

2008 年，应阿克苏市天然气门户站建站需要，在农场位于地区中心粮食储备库以南征用农场土地 4.47 公顷，建浩源天然气门站，从沙雅通管道气，外围建加气站，用作商用气。

2012 年，温宿县曦隆公司在园艺三分场园林十队修建天然气调压站，在靠近 G314 国道修建 1 座天然气加气站 1 座，同时铺设天然气中压管网，经红旗坡向温宿县提供民用天然气。同时，在途经的农场红苹果小区预留接口。2017 年，开始向红苹果小区供天然气。

2015 年，农场投资 171.02 万元，安装天然气管网 5 千米，使农场自建 4 栋安置楼小区及别墅区 150 余户居民使用上天然气。

至 2020 年，全场有 200 余户家庭开通天然气。

（三）供热工程设施

2009 年，农场与阿克苏恒丰热力签订供热协议，并投资 50 余万元建设集中供热转换站，使红旗坡农场办公区域及周边自建楼房、别墅供热得到保障。

（四）电力设施

1985 年，农场实行大包干生产责任制后，农场为解决六队、七队、十队、十一队等偏远连队的生活和动力用电，投入自有资金 17 万余元，架设高压线路 10 余千米。

1988 年，农场架设高压线 3.2 千米。至此，全场全部通电。

至 1994 年末，全场架设高压线 12 千米，实现全场电网化。

2001 年，农场进行农网改造，其中温宿迎宾路以南的农网改造由地区电力公司负责，以北部分由温宿电力公司负责。

2013 年，农场在 1060 千伏 43 分支处架设 10 千伏高压线路 500 米，架设 250 千伏变压器 1 台及 200 千伏变压器 1 台。当年，筹措资金 340 万元，其中供电企业承担 50%，农场和单位职工各承担 25%，在农场区域实施无电地区配网工程建设，在农场园林四队、园林九队、园林十队、园林十一队、园林十二队、园林十三队新建 10 千伏线路 7.32 千米，0.4 千伏线路 18.76 千米，增换变压器 20 台，安装智能电表 520 块，解决 520 户 2080 人的用电问题。

2014—2020 年，农场（集团公司）职工承包地区域全部通电。

（五）照明设施

2016 年，农场实施居民区亮化工程，在二分场园林四队安装 3.5 米庭院灯 30 盏，6 米场馆灯 4 盏，廊灯 6 盏，120 瓦太阳能电池组件，40 瓦二极管路灯（LED）光源，80 安时免维护蓄电池，10 安控制器，6 米路灯灯杆，总投资 48.85 万元。

2017 年，在园林三队、六队、十一队、十二队、十三队新安装路灯 28 盏。

（六）防病改水工程建设

自农场建场至 20 世纪 70 年代，饮用水长期为渠水、涝坝水、浅井水，冬季为化冰水，人畜共饮，疾病互相传染，水质差，含氟高，地方病发病多。

20 世纪 80 年代开始，农场场部及部分队和单位利用机井自建水塔或水池，铺设管道，饮用自来水。至 1987 年，尚有 3 个队和其他队部分家庭饮用水状况依旧未变。

2000 年，农场场部和个别连队先后通过打机井，并建水塔，使其近处职工（约 4000

人）用上自来水，人、畜饮水及改水防病工作取得一定成效。但由于自然地理、水源水质及财力状况等原因，仍有大部分农牧民没有解决饮水困难问题，影响农场经济发展和社会稳定。但其余大部分人居住比较分散，或居住在果园，或居住在偏远田间地头，管线长、投资大，农场尚无力解决。人、畜饮水主要靠自打小水井、吃涝坝水或水渠水。这些水含氟量高，不卫生，达不到国家饮用水标准，饮用这种水的约有1.1万人。为解决饮水问题，农场拟新建水厂。

2003年，农场投入资金165万元，其中国家投资99万元、农场自筹66万元，开展人畜饮水工程第一期工程。项目根据红旗坡农场北高南低的地势和节省资金、节约运行成本的原则，决策采用重力输水方式，将原两个水厂的设计合并为1座水厂。一期工程共解决6000余人和8000余头（只）牲畜的饮水问题。

2004年5月，农场开展人畜饮水工程二期工程。至2005年8月，完成管网铺设约130千米，入户约1800户。完成投资额291.75万元，其中国家出资99万元。解决了3700人和6500头（只）牲畜的饮水问题。

2007年，农场扩建自来水厂，投资70万元，增加用户600户，完成防病改水第二期工程。

2009年，农场铺设自来水管网30多千米，解决农场3500余人的饮水问题。至此，全场饮水问题基本得到解决。

2015年，农场饮水安全改扩建工程开工建设。新厂区占地面积1.24公顷，蓄水能力1000立方米，日供水能力1350立方米。通过改扩建，新增自来水用户4340户，全场自来水管网共计629.2千米。新老水厂供水均由水厂用深水泵抽出后地下水送入自来水管网，对辖区居民进行供水。

（七）排水设施

2012年，农场自筹资金200余万元，改造红旗坡场部周边排水管网共计10余千米，正式并入阿克苏市政排水管网，彻底改变红旗坡农场使用旱厕和化粪池的历史。

三、园林绿化设施

2003年起，农场开始进行园林绿化工作。农场的园林绿化工作由行政办公室负责。范围包括场区的公共绿地、风景林地、防护林地、人行道及主干道绿化带的管理维护及场区绿化景观的设计施工。农场按"因地制宜、适地适树"的原则谋划设计方案。每年主要在春季开展绿化工作，提前制订绿化方案，把各项准备工作做好，及时进行场地平整、清废回填、土壤改良、挖坑施肥等工作，有效提升绿化建设质量。同时，做好绿化后的养护、管理、维护工作。

2007年，为改善人居环境和生态环境，农场实施拆墙透绿，全场累计拆除沙枣以及木枝围栏88.7千米，投入人力、物力折合152.31万元（含各分场投资）。至2010年，全场拆墙透绿总长度达20.25千米。

2011年，在场部区域种植树木1000余株，种植草坪5000余平方米，种植花卉6000余株，完成场部区域净化、美化、亮化工作。全年对所有花草树木喷杀虫剂5遍，追肥2次，除草8次，每周浇水1次。

2016年，开展村容美化，在一分场园林一队、二分场园林二队平整土地，栽种7058株营养钵苗、喷灌配套设施，投资165.28万元。在七分场修建职工活动广场、篮排球场地坪2456平方米，绿化带902.7平方米，

至2020年，农场（集团公司）共有环境绿化面积约2万平方米，为农场群众营造优美的生态环境。

四、环境卫生设施

2013年，农场聘请5名保洁人员，对场部区域进行保洁。居民点及道路均由职工自发打扫清理。

2016年，农场投资34.23万元，在七分场修建厕所1个；投资44.48万元，新建四分场园林十三队环卫体系建设，集装简易厕所2个（长7米，宽2米），旱厕3个（长7.2米，宽3.2米），垃圾池6个（长6米，宽5米）。当年起，各基层单位均配备有保洁人员，对各居民点进行清扫。

2020年，农场（集团公司）共配有保洁人员15名，有垃圾箱7个，设公共厕所8个，均并入市政排水管网系统。

第三节 公共建设

一、道路

农场建场至20世纪70年代，道路全部为土路。

20世纪80年代起，农场主要道路铺设为砂石路面。园林队为方便职工生活及出行，自筹资金在居民点铺设1千米左右的柏油路面。

20世纪90年代，农场发展经济的同时，大力开展道路建设。至1994年，全场铺设沥青路总长10千米。

2000年，地区实施飞机场公路改建工程，红旗坡机场路由地区和自治区交通厅共同投资，将原四级路改建成标准二级路，工程于9月5日开工，10月1日竣工。按照"谁受益、谁管理"的原则，地区将机场路的路产、路权移交农场管理，由农场负责路面及附属设施的养护、管理和绿化工作，地区交通局行使检查监督的职能。

2007年，农场投入60万元，新修柏油路2.3千米；投入资金74.9万元，新修一般道路并以连砂石铺面共计15.3千米；各分场投入资金10.75万元，自己垫路6.4千米。当年，全场共整修道路24千米，总投资145.65万元。

2008年，农场通过国家拨款、农场自筹、职工集资三方共建的方式建设"村村通"道路项目。至2010年，农场新铺沥青路30.9千米，修补沥青路4000平方米，投资329.4万元；铺设砂石路73千米，投资182.37万元。

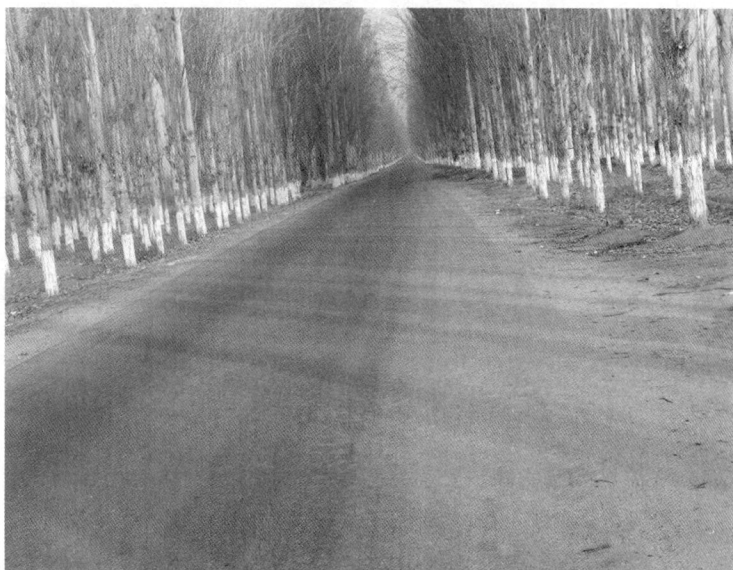

图2-2-2　2011年，农场利用"一事一议"财政奖补资金开展道路建设（照片提供：杨聪靓）

2012年，投资585.7万元，新建红旗坡大道。

2012—2014年，农场共投入资金116.33万元，在偏远路段修建便民砂石道路。其中园林六队农田修建便民砂石道路铺筑项目投资69.65万元，园林七队、十一队农田便民砂石道路铺筑建设项目投资10.29万元，其他基层队农田便民砂石道路铺筑建设项目投资36.39万元。

2012—2015年，修建柏油路3.08千米，投资179.71万元；铺设沙石路60.61千米，投资386.83万元。

2015年后，农场把农村道路建设作为改善民生的重要工作。

2016年，铺设场部砂石路、路缘石，投资21.11万元。工贸中心、四分场园林十二队、一分场园林六队铺设砂石路8.63千米，投资143.52万元。

2017年，新建危房改造道路纵十路，5米宽、5.4千米长，总投资1121.93万元；在园林三队、六队、十一队、十二队、十三队新建5米宽、5.4千米长的乡村沥青路，共完成投资307万元。当年，阿克苏市交通运输局在农场区域内完成农村公路建设项目，修建公路12.26千米，投资45万元。

2020年，阿克苏市交通运输局在农场区域内完成"十三五"规划农村公路建设项目，修建公路43千米，投资1800万元。

至2020年，农场（集团公司）先后铺设沥青路面146千米，基本实现村村通沥青路。公路的修建不仅使职工群众的生产生活条件得到改善，同时促进和带动全场特色林果业和相关经济的发展。

二、桥梁

1963年，由公路段指导，农场派工用时20余天在沿乌喀公路的跨干渠上修建1座桥梁。

1964年，修建桥梁5座，其中场部到园林队支渠桥3座，三队公路桥2座，均为木质桥梁。

2015年，农场投资104.66万元，修建蓄水池闸口、桥、渠道。

至2020年，辖区共有大小桥梁328座，其中较大型桥梁33座、中桥35座、小桥53座，涵洞总长度588米。

三、公共交通设施

2000年，阿克苏市开通9路公交车，发车站点为阿克苏市三角地，行驶线路为三角地至飞机场，主要在红旗坡农场域内通行。每天发车10余班次。

2018年，为方便沿线群众，9路公交车改由阿克苏市区电影小镇发车，途经阿克苏市水韵路、南大街、迎宾路进入红旗坡农场内，全程36个站点。每天发车60余班次。

2020年，由阿克苏市柯柯牙至红旗坡农场内的海元物流园的103路公交车开通，共途经11个站点，每天发车20余班次。

四、水利设施

（一）农田水利设施

1. **干渠** 1958年，农场筹建期间，专区抽调机关干部600余人，阿克苏县和温宿县抽调民工（民工最多时阿克苏县828人，温宿县426人），还有阿克苏军分区和驻地部队部分指战员支援，挖筑台兰河引水总干渠。1958年1月上旬各段先后开工，至3月上旬，全长9千米的总干渠通水，投资13.5万元。1960年，科克亚河引水总干渠第一期工程建成通水后，台兰河引水总干渠废弃。

1960年2月21日，科克亚河引水总干渠第一期工程开工建设，5月10日完工并试放水，来水量0.4～0.5立方米/秒。完成挖基砌石21.2千米，其中12千米砌石高度30厘米左右，6千米砌石高度50厘米左右，3.2千米砌石高度1米左右，共用卵石1.3万立方米、戈壁砂石2800立方米，完成工程设计总工作量的40％。投资8.06万元。工程施工由地委、专署统一领导。参加施工人员有专区机关干部、军分区和驻地部队指战员以及农场职工，共3000余人。其中专区机关干部系统组成8个施工队，军分区、驻地部队各为1个队，农场由3名场领导带队，出动劳力723人。当年，农场场内总干渠建成通水。干渠沿乌喀公路（距路面10米），接科克亚干砌卵石总干渠，为土渠，全长6.35千米，全线18座跌水，有12座系木料做成，各支渠引水口尚无正式建筑物。

1961年，开展科克亚河总干渠二期工程建设。采取边放水边加高的办法，组成50多人的专业队常年施工。完成12千米加高至50厘米，6千米加高至80～90厘米，用卵石1420立方米、戈壁砂石300立方米，投资6.17万元。引水量上段增至1.8～2.0立方米/秒，下段增至1.0～1.2立方米/秒。

1962年12月，科克亚河总干渠第三期工程动工，1963年5月完工。干渠全面加高，其中15.2千米再加高50厘米，6千米再加高30厘米；干渠延长3.3千米；新建、改建总干渠引水廊道、溢洪坝、冲沙闸、排沙渠、陡坡等设施，总投资10.15万元。至此，科克亚河总干渠按设计建成。此后，农场又多次不断加固、翻修总干渠。

1965年，投资12万元，对农场场内总干渠进行改建。新渠位于旧干渠西侧，全长仍为6.35千米，为干砌卵石，自上而下由5个流量到2个流量的多类断面，共18个过水闸。

1967年2—5月，对科克亚河总干渠翻修改造加固8.5千米，项目为砌砼板、干砌护坡、灌缝等，投资9.58万元。

1992—1997 年，农场大规模翻修加固总干渠，累计翻修加固总干渠 13.5 千米，累计投资 48.17 万元。

2006 年 10 月 8 日，农场与实验林场干渠节水改造工程开工，对科克亚河总干渠进行全面改造。按照设计，总干渠全长 24.7 千米，部分段改走新线，其余均沿老线布置。改建后的总干渠断面形式为梯形，渠底宽度 1.4～1.6 米，渠深 1.3～1.6 米，渠道边坡系数为 1.5，渠道衬砌为干砌卵石灌浆（现浇砼）＋塑膜，设计流量为 5.9～7.4 立方米/秒，加大流量为 9.2（7.4）立方米/秒，渠系配套建筑按设计完善配置。改建后的总干渠，设计渠道水利用系数为 0.983～0.986，设计节水量为 663.88 万立方米（P＝75）和 682.6 万立方米（P＝50）。设计改造渠道 55 千米，至 2007 年完成 44 千米。

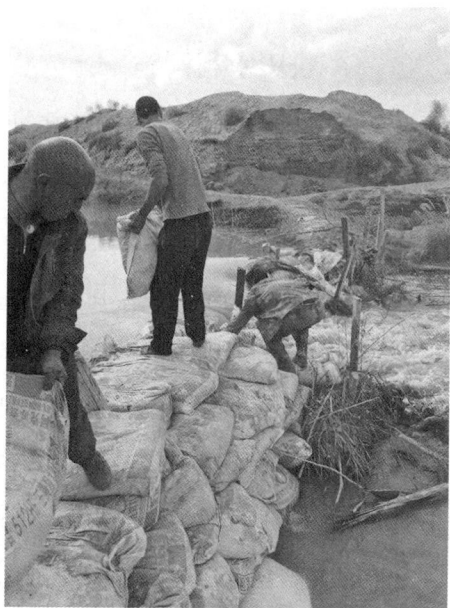

图 2-2-3　2018 年 4 月 19 日，农场（集团公司）组织干部职工加固革命大渠大坝（摄影：晁璐）

2007 年初，科克亚总干渠交由阿克苏河管处管理。科克亚总干渠是红旗坡农场与实验林场灌区的引水主渠，干渠主要从科克亚河引水，在 6—9 月丰水期，大部分水被输向泄洪道。年初，阿克苏河管处从利用水资源的思路出发，由红旗坡农场组织施工，在干渠与革命大渠交叉处渡槽前开口，向革命大渠引水。

2010 年 6—7 月，为满足农场灌溉需求，经红旗坡水管站与塔河管理处协商，相继在十一队东一支干渡槽处及向东约 300 米处在革命大渠上开口引水。

2011—2020 年，为保障灌溉用水及防洪的需要，农场（集团公司）每年抽出专项资金，对干渠进行维护及防渗作业。

2. **支渠、斗渠**　1958 年，农场建成支渠 6.5 千米、斗渠 7 条、排水渠 5 千米。至 1959 年，建成的场内灌渠有支渠 7 条，长度 23.92 千米，分支渠 23 条，长度 49.15 千米，斗渠 101 条。灌渠中，干渠东有东一支、东二支、东三支及东一分支、东二分支等，干渠西有西一支、西二支、西三支、西四支及西一分支至西九分支。建成的排水渠有泄洪渠 2.3 千米，一支排 2.15 千米，二支排 2.85 千米，斗排 50 条。至此，基本建成场内灌、排渠系。经多年渠系布局规划调整，至 1979 年，全场实有场内灌渠 505.19 千米，其中干支渠 63.72 千米、斗农渠 441.47 千米；排水渠 165.32 千米，其中干支排 30.66 千米、斗农排 134.66 千米。1999 年，全面改建东一支渠 10.5 千米，投资 209 万元。

1970年，农场进行场内干支渠防渗改造。首次渠道防渗改造4千米。20世纪70年代后期开始，渠道防渗改造列为水利工程建设重点。1978年渠道防渗改造4.39千米，投资5.27万元。1980—1981年和1985—1988年6年中，干支渠防渗改造累计18.25千米，累计投资39.55万元。20世纪90年代中的7年支渠防渗改造累计27.62千米，累计投资86.49万元。2001年，东一支渠进行大规模改造，投资343.16万元。2007年，第二期改造低产田配套修渠10千米。当年，新修防渗渠13.4千米，投资139.2万元。2006—2007年对干支渠节水改造工程，对东一支渠4.5千米、西支干渠4.78千米进行全新改造。全新改造后的渠段，渠道衬砌形式为砼＋塑膜，完善配置渠系配套建筑。

2002年，农场与实验林场干支渠节水改造工程立项，可研于2003年12月完成黄河水利委员会的审查，初步设计于2005年4月自治区发改委批复通过，2006年8月下达项目投资计划，2006年9月完成招标，2006年10月开始施工建设。2008年8月底全部完工。

2008—2010年，全场共修建防渗渠16.52千米，排碱渠8.3千米，沉砂池2个。2010年，修建防渗渠5370千米，投资79.77万元。挖排碱渠8000米，投资16.77万元。沉砂池1.4万立方米，投资15.58万元。

2011年，新修防渗渠20千米。

2012年，农场修建示范基地滴灌、现浇渠38.22千米、U型渠8.88千米，投资1265.07万元；园艺一分场园林六队新建U型渠5.09千米，现浇渠5395.2米，投资216.88万元。2012—2015年，修建防渗渠46.64千米，投资1134.16万元。试验站防渗渠加固，维修2959米，新修160米，投资43.17万元。低压线路架设10.96千米，投资144万元。

2013年，园艺一分场园林六队现浇渠上口1.6米宽2030米，现浇渠上口宽2.2米长1700米，60U型渠630米，投资128.3307万元。七队防渗渠现浇上口1.6米宽1167米，投资23.3881万元。十一队现浇渠3323米，U型渠1426米，投资88.6418万元。

2014年，园林八、九、十、十一、十二队现浇渠6415米、U型渠6682米，投资345.75米。十二队防渗渠投资61.1万元。五分场示范基地防渗渠投资21.69万元。

2016年，红旗坡集团公司修建防渗渠中，园艺二分场园林三队80U型渠3062米，边坡0.9米现浇渠430米；园艺三分场园林九队80U型渠493米，60U型渠184米，40U型渠186米，现浇渠981米（边坡1.2米）；园艺三分场园林十队80U型渠618米，80U型渠（993米）；园艺四分场园林十一队现浇渠2811米（边坡0.7米），现浇渠212米（边坡0.8米），现浇渠377米（边坡0.8米），80U型渠（1438米）；园艺五分场实验站现浇渠

3398米、五分场示范基地现浇渠3572米上口2.1米，边坡0.8米，地面0.8米，投资358.94万元。

2020年，全场（集团公司）支渠总长71.9千米、斗渠总长102.05千米，其中支渠防渗69.4千米、未防渗2.5千米，斗渠防渗70.55千米、未防渗31.5千米；园艺一分场支渠总长13.5千米、斗渠13.6千米，园艺二分场支渠总长37.8千米、斗渠总长33.75千米，园艺三分场支渠总长7.8千米、斗渠总长7.2千米，园艺四分场支渠总长9千米、斗渠总长28千米，园艺五分场实验站支渠总长3.8千米、斗渠总长19.5千米。

3. 水库

（1）沙合提水库。1970年冬动工，至1973年，累计投资16.82万元。主坝长970米，副坝长2400米，坝高13.5米，库容10万立方米。泻水闸中布置于主坝段右岸，泻水流量正常为3立方米/秒，加大为5立方米/秒。20世纪80年代中期，因泥沙淤积致库底抬高，工程隐患复杂，加固处理难度大。随着干渠防渗技术的应用，导致水库原有功能转化、替代，水库被废弃后开垦为果园。

（2）亨地水库。位于农场六队办公室以西300米处，占地6.6公顷。设计库容10万立方米。1985年10月动工，当年完成土方工作量9000立方米，投资3.59万元。1986年续建，7月竣工，当年完成清废、清基、垒坝碾压等土方工作量1.98万立方米，建成引水渠1721米，放水渠425米，放水闸、节制闸、分水闸各1座，职工宿舍228平方米，围墙60米。建成水库实际库容11.5万立方米，死库容（垫底库容）15万立方米，可放出水量10万立方米，24小时增加灌溉面积55.53公顷。工程总投资25万元，其中单项工程投资土坝10万元、引水渠7.06万元、放水渠2.66万元、土建房屋及配套水工建筑5.28万元。20世纪80年代末期，水库的功能和作用减小，遂被废弃。

4. 打井

1964年，农场打出第1眼深井，投资3万元。20世纪70年代，打井23眼，投资49.99万元（含配套投资）。20世纪80年代，打井15眼，投资42.89万元（含配套投资）。20世纪90年代，打井25眼，投资207.9万元（含配套投资）。同时，承包户自筹资金打井43眼。

2000—2006年，连续7年共打机井25眼。其中2006年打井投资101.75万元。

2007年，打井6眼，投资78.85万元。

2010年，农场投资47.94万元，新凿机井10眼，配套机井2眼，合计12眼；新建井泵房10座；架设10千伏输变电线路3.09千米，0.4千伏输变电线路0.38千米；采购安装变压器12台，水泵及配套电机12套，启动设备12台。

2014年，园艺五分场农灌机井投资32.4万元，检查井工程投资19.45万元。

2020 年，农场（集团公司）有机井 414 眼，其中集团公司机井 101 眼、私人机井 301 眼、私企机井 12 眼。

5. 滴灌工程 1977 年，农场为保障农业生产，科学种田，在进行规划时，将喷灌滴灌技术作为试点项目开始引进，但该项目未得到大面积应用。

2000 年 9 月，农场争取到国家支持的"节水灌溉滴灌"项目，推动农场灌溉制度的变革。当年，农场高效节水灌溉示范项目立项。2001 年 5 月，委托新疆水利学会完成项目可研报告编写，并通过自治区水利厅专家组评审，被列为国债资金支持项目。2002 年 12 月，自治区水利厅下发《关于〈阿克苏地区红旗坡农场节水灌溉项目实施方案〉的批复》。该项目建设地点位于农场实验站，滴灌面积 24.13 公顷，属于小（2）型工程，2003 年 7 月 30 日，工程建成完工。

2008 年底，农场开始实施高效节水示范工程——园艺十二分场 133.33 公顷果树节水灌溉工程。项目水源为抽取地下水。项目总投资 200 万元，其中滴灌工程投资 197.76 万元，水土保持投资 2 万元。资金筹措计划滴灌工程投资由农场综合治理专项资金解决。建设期为 3 个月，于 2009 年初完成。项目实施后，每年增加开采地下水 137.22 万立方米，减少从科克亚河引用地表水 274.33 万立方米，比项目建设前节约水资源 137.11 万立方米/年，将置换出的地表水输送到塔里木河下游，从而改善塔里木河下游的生态环境。另一方面，通过节水灌溉的示范和推动，将缓解农场的春旱问题，促进农场特色经济的发展，使农民的收入增加。

2011 年 12 月 2 日，农场实施塔里木河综合治理项目单项工程——200 公顷滴灌工程，项目区位于红旗坡农场的园艺十分场和园艺十三分场，其中十三分场布置 3 个滴灌系统、十分场布置 2 个滴灌系统，灌溉总面积为 199.07 公顷。

2012 年，农场申报并实施红旗坡农场 2012 年度 667 公顷林果业高效节水项目。项目区建设地点位于十三分场，共 6 个节水系统，系统全部采用地表水和地下水作为水源，项目总投资 611.95 万元，其中申请中央财政资金 300 万元，农场自筹资金 311 万元。根据相关验收标准和要求，农场对工程总体布局、首站土建工程、首部加压过滤系统、输电线路、运行管理等方面自查，对发现的问题进行整改，完善档案，于 2014 年通过验收并投入使用。

至 2020 年底，农场（集团公司）滴灌面积共计 3333 公顷。由于农场地处科克亚河冲积平原上部，水质含沙量较大，促使各滴灌项目首部设备（离心泵、滤网、石英砂）及尾部的阀门井严重损坏，高效节水项目维修成本较高，此项目未得到普及。为节约开支，在科克亚河上游来水充足、可满足灌溉需求时不启用滴灌设备，水量不足时滴灌设备作为备用水源应急使用。

（二）科克亚河防洪工程

1958 年农场成立后，科克亚防洪坝由农场负责管理。

1961 年春，由于科克亚防洪坝大部分被洪水冲毁，水位距坝顶只有 30～40 厘米，农场用工 400 余个，对大坝进行抢修加固。至 7 月 9 日，原防洪坝基本修复，并新建丁坝 13 个，总长 355.5 米。修复后，可抵抗 60 立方米/秒的洪水。其后，农场对防洪堤逐年加固，共修建 10 余个挑水坝，并于洪水期派人值守，建立防洪警报机制。

1965 年，防洪工程移交水利局负责管理，农场每年根据水利局工作分工，配合水利局完成防洪工程的修建工作。

1998 年 7 月，由于科克亚河源头山区山体滑坡，致使大量流石涌入科克亚龙口，淤填河床及排沙地，砸坏闸门，农场动员 3500 余人次进行搬石、清淤、抢修，龙口排沙坝暂时保住。

1999 年 7 月中旬，科克亚河经常有 200～300 立方米/秒的洪水，淹没农田。特别是 7 月 19 日，约 460 立方米/秒的洪水暴发，农场前后参与科克亚河防洪 6 次，投入劳力 8100 余人次，清理淤沙用工 5000 余人次。当年，对科克亚防洪工程进行扩建，修筑防洪坝 8 千米，增加排沙池容量，在龙口上游进行扩源截流，增加总干渠的流量。

2010 年，修建防洪坝 11 段（1100 米），投资 10 万元。

2013 年 8 月，农场区域防洪地段受损严重，洪水频发。农场多方筹措资金，及时对防洪地段进行补修，投入义务工人数约 3288 人次，人工费 49 万元；投入车辆 296 辆约 23 万元，铲车机械费约 96 万元，铁丝网 3500 张约 16 万元，木头 1850 立方米约 157 万元，石头 2000 立方米约 20 万元，铁丝 3 吨约 2.5 万元，编织袋 2 万条约 2.5 万元，共计 366 万元。

2014 年，修建防洪坝 3 段，长 189 米，投资 8.18 万元。

2020 年，全场有防洪坝 13 段，总长 25 千米。

五、通信设施

1958 年，农场投入 3249.18 元，用于农场通信建设。至 1960 年，共完成投资 5387.94 元，建成 12 千米的通信线路，安装电话 4 部。

1969 年，农场投资 2.7 万元，铺设通信线路 30 千米。

1976 年，农场两次投入资金 10 万元，共铺设通信线路 50 千米。

2000 年后，农场家庭基本普及程控电话。

2008—2020年，场内通信建设飞速发展，架设线路150千米，电缆、光缆相继接入，各队均光纤入户，移动网络在农场实现全覆盖。

六、仓储设施

（一）粮库

1960年，农场始建粮食仓库1000平方米。

1973年9月，农场新建容量500吨的粮食仓库1间，建筑面积为276平方米，工程于1974年5月完工。

20世纪80年代，新建仓库4097平方米，投资36.94万元。90年代，新建仓库3302平方米，投资40.91万元。此后，农场粮食作物种植面积逐年下降，未再新建粮库。

（二）果品库

1983年、1984年和1994年，农场共建果窖2712平方米，投资23.61万元。

图2-2-4　建成于2008年的红旗坡果业冷库（照片提供：档案室）

2000年，农场与深圳市源兴果品股份有限公司新建果品气调保鲜库1500吨，投资705万元。2002年4月，园艺一分场职工合资新建保鲜库3000吨，投资720万元。2003年5月，园艺三分场职工合资新建果品保鲜库3200吨，投资950万元，2005年4月由农场投资200万元及职工合资增建保鲜库2000吨，投资600万元。

2007年9月，农场承担实施国家农业综合开发产业化经营项目——红旗坡农场重点产业化经营项目5000吨果品保鲜库项目开工建设。项目投资2000万元，建设地点位于红旗坡农场园艺三分场，主要建设内容为新建5000吨保鲜库1座及配套的果品包装、分选生产线。

2010年后，随着农场果品经济的快速崛起，果品保鲜成为不可或缺的一环，每年都有大量的果品保鲜库建成投产。

2019年9月，集团公司旗下子公司阿克苏优能农业科技股份有限公司新建3万吨相温气调库，2020年11月完成建成，为农场果业发展提供保障，更好地满足市场需求。

至2020年，全场共有1000吨以上的冷库15座、500～1000吨的冷库6座、500吨以下的冷库9座。

第三章　第一产业

第一节　农业综合

一、第一产业综合情况

（一）耕地情况

1958 年，农场建场时，区域内有位于毛拉阔滚其自然村 3 个小队农民耕种横贯农场中部的一小条带状土地，还有一些弃耕地，其余全为荒漠地。

建场初期，主要是开荒造田，年年不断，规模不等。1958 年，开荒造田 1625.33 公顷（含原耕地改造）。当年，全场有耕地 1630.67 公顷，人均耕地 0.58 公顷。1958—1964 年，累计开荒造田 3747.6 公顷，连同农田其他建设工程，共投资 110.48 万元，其中 1958—1959 年开荒造田 2585.3 公顷，占 69%；投资 57.24 万元，占 51.8%。此后至 20 世纪 70 年代，主要是条田改造，规范条田建设，年年不断。其中规模较大的为 1965 年改造条田 22 公顷，投资 3.89 万元；1978 年改造条田 167.27 公顷，投资 5.33 万元。

1966 年，全场耕地总面积 2533.33 公顷，人均 0.67 公顷。

1979 年，阿克苏地区农垦局勘测设计队勘测，全场有可垦土地 6757.87 公顷，耕地面积 2973.07 公顷，占 44%。人均耕地 0.49 公顷。

1989 年，改造低产田及开荒 172.6 公顷，投资 9.2 万元。全场耕地 2995.53 公顷，与 1979 年基本持平。

1990—1999 年，农场耕地面积增加 381.47 公顷，其中开荒 233.67 公顷，占新增耕地面积的 61.3%。

至 2004 年底，开荒近 1333 公顷。

2006 年，农场土地总面积 20838.47 公顷，其中农用地面积 10364.02 公顷，占红旗坡农场土地总面积的 49.74%。

2007 年，开荒平地 16 公顷，投入 28.8 万元。

2011 年，农场下发通知，严禁任何单位和个人以任何形式在农场内进行土地开荒，在开或准备开荒的土地，一律停止。

2020年，农场（集团公司）耕地总面积16869.93公顷（表2-3-1）。

表2-3-1 1958—2020年红旗坡农场（集团公司）耕地情况表

单位：公顷

年份	耕地总面积	其中		年份	耕地总面积	其中	
		林果业	种植业			林果业	种植业
1958	1630.67	—	1001.27	1990	2990.40	745.27	1726.00
1959	1972.67	7.33	1896.13	1991	2983.60	763.93	1735.60
1960	1983.93	47.73	1983.60	1992	3031.13	710.00	1784.13
1961	2113.53	80.40	1484.53	1993	3090.00	802.00	1730.00
1962	2082.87	80.47	1218.80	1994	3130.87	871.20	1713.53
1963	2138.00	90.33	1296.80	1995	3135.00	875.87	1858.40
1964	2300.00	112.20	1413.40	1996	3203.00	802.00	1805.00
1965	2533.33	180.33	1793.07	1997	3278.00	808.00	1793.00
1966	2533.33	254.73	2142.20	1998	3326.00	815.00	1728.00
1967	2533.33	0.00	1642.40	1999	3377.00	920.00	1830.00
1968	2533.33	0.00	1514.87	2000	3370.00	1095.00	1530.00
1969	2533.33	0.00	1506.67	2001	3192.00	976.20	1256.00
1970	2546.67	0.00	1634.00	2002	2925.00	1150.00	1259.00
1971	2800.00	273.27	2023.20	2003	3325.00	1431.00	1278.00
1972	2973.07	272.27	1979.33	2004	3831.00	1709.00	2082.67
1973	2973.07	287.80	2042.40	2005	4304.27	1687.60	1613.73
1974	2973.07	286.67	2181.47	2006	4964.33	1976.87	2442.13
1976	2973.07	242.87	2339.93	2007	6400.87	3910.47	2490.40
1977	2973.07	198.00	2555.40	2008	5334.53	4771.96	562.57
1978	2973.07	208.00	2443.93	2009	6565.86	4117.7	448.16
1979	2973.07	211.13	2058.40	2010	8535.62	7597.6	238.02
1980	2996.67	215.13	2406.87	2011	10242.74	9806.7	136.04
1981	3114.00	207.00	2329.27	2012	11267.01	11048.3	109.98
1982	3290.73	208.87	2446.00	2013	14906.26	14112.0	98.50
1983	3352.87	225.93	2426.20	2014	15204.38	13894.4	95.57
1984	3456.13	248.00	2275.47	2015	15508.47	14862.93	68.32
1985	3342.40	301.33	2175.53	2016	17059.32	15159.7	65.54
1986	3064.87	428.73	1881.47	2017	17029.52	15030.7	58.82
1987	3024.13	498.40	1592.67	2018	17009.73	14682.3	27.43
1988	2967.53	654.40	1701.20	2019	16959.50	14488.2	21.31
1989	2995.53	713.80	1595.60	2020	16869.93	14252.6	17.33

（二）肥料

1. **农家肥**　农家肥有人粪尿、畜禽类、堆沤肥、土杂肥（老房土、坑土等）、淤泥土。一般农家肥做基肥，优质农家肥做追肥。

建场初期，多为荒地，土地贫瘠，肥源奇缺。农场以广积肥、多施肥作为农业生产的一项主要措施，大力开辟肥源，每年冬季集中30％以上的人力大规模积肥造肥。1958年，全场积肥3262吨，其中人尿30吨、厩肥2732吨、沤制堆肥500吨。1959年，农场要求人有厕所，畜有圈棚，人人有积肥任务，队队有积肥措施，同时派人到场外寻找肥源，组织人力、车辆拉粪便、挖淤泥。当年，全场积肥7752吨，施基肥、追肥面积453公顷，每公顷平均17.1吨。1964年，各队组建8～15人的专业积肥小组，长年固定找肥、积肥、沤肥。当年，全场积肥9010吨，其中优质5350吨，施肥面积646.67公顷，每公顷平均13.95吨。1968年，农场号召个人献肥和出车运肥，农田四队个人献肥141吨，个人出车14架。

1976年，全场积肥2.2万吨，其中优质肥7870吨，当年施基肥415公顷，每公顷平均施肥37.5吨，施混合带种肥672.67公顷，每公顷平均施肥261千克，施追肥891.33公顷，每公顷平均6.75吨。

1982年，全场积肥2.16万吨，施基肥2459公顷，每公顷平均5.7吨，施追肥2459公顷，每公顷平均2.85吨，施混合带种肥833.33公顷，施厩肥每公顷平均1.35吨。

20世纪80年代后期开始，大量使用化肥，农家肥逐年减少。1990年，全场施用有机肥料面积291.87公顷，占农作物面积的19％。

2010年，农场鼓励和引导多元化投入，通过小额贷款，发展种养结合90余户，为生产优质有机果品开辟肥源。

2014—2020年，农场（集团公司）为加强果树的抗病能力，提高果品品质，增加果农收益，按照有机果品生产规程制定果树春节施肥的施用标准（每公顷地施用羊粪45～75立方米或油渣22.5吨）。

2. **绿肥**　绿化作物主要为苜蓿，部分年份种植草木樨和田菁。此外，还有玉米套种黄豆。

建场至20世纪60年代，苜蓿种植面积较少，年均59.6公顷。20世纪70年代，苜蓿种植面积逐年增加，年均达278公顷，比1958—1969年年均增加3.7倍。

20世纪80年代，种植绿肥成为增加有机肥料、提高土壤肥力的重要措施，继续扩大苜蓿面积，年均352.2公顷，最多的为1985年的571公顷。20世纪80年代后期，采取草木樨与小麦、油料混播的方式，推行草木樨种植。1989年，冬麦套种草木樨82公顷。20世纪90年代开始，苜蓿种植面积呈逐年下降趋势。2000年后，仅有少量苜蓿种植（表2-3-2）。

表 2-3-2　1958—2012 年红旗坡农场种植苜蓿面积表

单位：公顷

年份	苜蓿种植面积	年份	苜蓿种植面积	年份	苜蓿种植面积
1958	3.87	1976	399.33	1995	144.00
1959	132.80	1977	466.67	1996	53.00
1960	73.33	1978	333.33	1997	53.60
1961	69.67	1979	406.67	1998	93.00
1962	43.33	1980	363.47	1999	57.00
1963	52.00	1981	310.67	2000	46.00
1964	70.00	1982	333.93	2001	39.00
1965	50.80	1983	523.87	2002	11.00
1966	87.33	1984	569.20	2003	14.00
1967	66.67	1985	571.13	2004	0.00
1968	34.67	1986	301.13	2005	30.33
1969	32.67	1987	219.93	2006	3.53
1970	25.33	1988	177.47	2007	10.00
1971	14.00	1989	150.87	2008	46.67
1972	195.33	1990	132.93	2009	16.67
1973	219.33	1991	161.07	2010	2.67
1974	219.60	1992	122.87	2011	1.33
1975	287.93	1993	130.27	2012	0.67

3. **化肥**　农场建场至20世纪70年代初期，施用化肥很少，最多的年份全场不足10吨，只用于部分作物与优质农家肥混合拌种和小面积追肥。1959年，化肥追肥面积26公顷，施化肥1.05吨，每公顷平均40.5千克。

1959年至20世纪60年代中期，农场兴办土化肥厂，生产土氮肥、细菌肥。

20世纪70年代中期开始，逐年扩大化肥施用面积（表2-3-3）。1976年，施用化肥67.54吨，全部用于追肥，面积891.33公顷，平均每公顷76.5千克。1982年，全场施用化肥248.15吨，其中用于农作物1812吨，追肥面积2459公顷，每公顷平均45千克，拌种化肥50吨，基肥化肥21吨。

20世纪90年代开始，化肥施用逐步加大，施肥以化肥为主。粮油作物一般投入化肥375～525千克/公顷，最高675千克/公顷，甜菜、棉花一般450～750千克/公顷，最高可达900千克/公顷以上。化肥品种和施用项目增加，部分作物使用叶面肥，不同作物拌种分别使用细胞分裂素，根际联合固氮菌和硫酸锌等。

表 2-3-3 1976—2020 年部分年份红旗坡农场（集团公司）施用化肥表

单位：吨

年份	施用总量	年份	施用总量	年份	施用总量
1976	67.54	1993	1335.00	2007	3990.00
1977	170.00	1994	1116.55	2008	4335.9
1978	185.00	1995	1724.71	2009	4587.3
1979	153.00	1996	1400.82	2010	5350.28
1980	184.20	1997	1706.00	2011	7225.32
1981	204.30	1998	1563.00	2012	7871.52
1982	249.15	1999	2278.00	2013	8099.72
1983	220.30	2000	1676.00	2014	8405.77
1984	278.22	2001	1965.00	2015	9207.72
1985	264.37	2002	3027.58	2016	9774.72
1986	302.84	2003	4697.12	2017	11494.32
1987	410.51	2004	3362.47	2018	12359.72
1988	590.87	2005	2740.00	2019	12993.72
1989	782.67	2006	3724.00	2020	13788.72

二、农业产业化

农场建场初期，根据满足供应阿克苏城区 10 余万人的生活需要的定位，先后建立副食品加工、果品加工等各种加工业，并由农场统一安排产、供、销事宜。

1977 年，农场根据国务院转发的《尽快把国营农场办成农工商联合企业》文件精神的要求，在农场内部各单位之间进行联合，并根据任务对生产布局进行调整。根据生产任务和各单位的具体情况，规划为：至 1985 年，四队、五队距城区较近，以生产蔬菜为主；三队、十二队靠近糖厂，以种植甜菜为主；园林队、八队、九队土壤质地轻，地下水位低，适于各类果树的种植，以园林为主；奶牛队、十三队以养殖奶牛为主，二队以养猪为主，养羊为分散饲养；一队、十队、十一队以瓜类生产为主；六队、七队为木本油料生产基地。

1978 年后，农场建立合理的产业结构，走农、林、牧、副、渔全面发展，农工商综合经营的新路子。特别是以联产承包制为核心的新体制的建立，粮棉油产量的不断增产和以城市为重点的经济体制改革的全面开展，为农场产业结构的改革提供物质基础和有利条件。农场在市郊，地理位置优越，交通便利，资源比较丰富。因此，从 1983 年以来，农场先后在城区边沿投建红砖厂、榨油厂、饲料加工厂、汽水厂和综合商业服务部，改变农场产业结构比重,使工副业的占比增加。至1985年,工副业产值占工农业总产值的25.8%,比1984年增加4.4%,相应农业占比比1984年减少3.8%,这也是农场1985年扭亏为盈的原因之一。农场一方面增加生产能力,一方面增加产品再加工的能力,以便多次增值,提高经济效益。至1987年,农场甜菜作物增加到240公顷,总产上升到8500余吨,产值占全场工农业总产值的11%。全场新老果园达500余公顷,占全场耕地面积的1/6以上。老果园总产值达160余万元(出口50万元),占全场工农业总产值的24%。1987年,在工副业方面发展有饲料、榨油、饮料、果品等加工业以及建材业,总产值(含建筑业)占工农业生产总值的40%。鉴于第二、三产业的兴起,吸引着南来北往车辆人员,进一步扩大市场交换和商品流通,带来各种经济信息,使经济越来越活。

20世纪90年代,农场建立健全综合配套服务体系,以使上挂千家经销部门,下联万户产供厂家,以形成产供销一条龙的综合配套服务网络。1994年,农场工商运建服总产值由1985年的105.38万元增加到1273万元,增长了11倍,固定资产投资由1984年的461万元增加到1407.29万元,增长了205.3%。场内工业比例由10年前的几乎空白,发展到总产值占社会总产值的41.8%。农业内部形成较大规模的商品基地。农场由过去的生产自给型,发展成以农业为主、工商运建服初具规模、多种生产经营型农业企业。此阶段,农场处于从计划经济体制转轨到市场经济体制的过程中,市场经济服务意识尚未得到加强,市场调查和市场信息网络及销售队伍、林果储藏保鲜设施未形成规模,未跟上林果业发展的需要,为林果业的发展造成了一定的损失。

1999年,农场增设代销服务中心和畜牧、防疫、育肥中心,使农场向立体农业发展,实现产、供、销一条龙配套服务。农场从单纯的技术指导型向服务型转变,加强全方位服务,由以产促销向以销促产转变。

2000年,为解决保鲜库不足的问题,投资600余万元,与深圳源兴果品股份有限公司合作兴建1500吨果品保鲜气调库,缓解鲜销难的问题,进行反季节销售,实现二次增值,提高果品经济效益。

2003年3月,农场为开创销售新局面,发挥园艺生产规模化的优势,增强果品的市场竞争力,保护果农利益,实行订单农业,做出规定:香梨销售统一标准、统一定价,各单位不得私自开展果品销售业务;针对红富士、贡梨,各单位统一使用农场提供的纸袋,为避免擅自使用劣质套袋,由场统一收购套袋产品。农场采取产、供、销一体化运作,实施品牌战略,通过标准化生产,按照有机认证管理,提高果园商品果产出率;通过宣传品牌,提升品牌形象,采取分级分价原则,提高产品的附加值,改变以前小家小户的经营模式,通过"公司+协会+基地+农户"模式的运作,建立健全销售渠道,实现效益最大化，增加职工收入。当年，平均每公顷产商品果 37.5 吨，平均每千克 2 元，每公顷产值 7.5 万元。2007 年，平均每公顷商品果 45 吨，平均每千克 3 元，每公顷产值为 13.5 万元，农场林果业产值 6737.75 万元，比 2003 年增加 4091.15 万元；人均纯收入 7600 元，比 2003 年增加 6000 元。

2005 年，农场成立果农协会。并在此基础上，成立以多种经济成分组成的红旗坡果业有限责任公司，打好"阿克苏红富士"苹果产业品牌。红旗坡果业有限责任公司是以果品保鲜、贮存、加工、销售为主的股份制公司。公司组建完成后，通过社会募集资金，建设 3000 吨保鲜库 1 座，深耕"红旗坡"苹果品牌的打造，提出"阿克苏苹果红旗坡打造"宣传口号，同时，建设完善的供应链服务体系，带动农场的林果产业发展。当年，经地区农业产业化办公室实地审核，地区农业产业化领导小组审定，农场被确定为地区 30 家第一批地区级农业产业化重点龙头企业之一。

2006 年冬至 2007 年，农场为适应市场经济发展，选派各分场主要经济管理人员参加由阿克苏地区组织的在上海举办的经济人培训，并前往上海、北京、深圳等各大城市水果批发市场进行调研。

2008 年，农场下辖 13 个专门从事果品生产的园艺分场、1 个工贸中心、1 个林管站、1 个水管站、1 个实验站、1 个自来水厂、3 个储存能力合计达 2 万吨的气调保鲜库。生产"红旗坡"牌红富士苹果及香梨、葡萄、核桃、樱桃等十几种果品年产量达 6 万余吨，已形成果品生产、储藏、销售一体的经营体制，并在国内大城市建立销售网点。为顺应网络化发展趋势，拓展销售市场，农场投资 80 万元，成立信息中心，配置 IT 专业人员 4 人，其中网络工程师 2 人、初级工程师 2 人。

2010 年，全场初步形成产、供、销、加工、贮藏一体化的有机果品生产基地，修建了 5000 吨果品保鲜库并购置分选线设备。在北京、上海等大中城市及其他地区建立销售网点共 13 个。农场持续推进果农专业产业化经营，做大做强品牌经营主体。围绕优势主导产业，通过基地、订单、股份合作等途径，鼓励企业、合作社与农户之间建立稳定的产销合同和服务契约关系，以品牌为载体，将分散的千家万户联合成一个利益共同体，实现小生产与大市场的有效对接。鼓励和引导多元化投入，通过小额贷款，发展种养结合 90 余户，为生产优质有机果品开辟肥源，加快特色产业生态休闲园建设等，以点带面，引导和鼓励职工参与农场特色园艺及产业的开发，调动职工的发展积极性。发展非公有制经济，制定优惠政策和有效措施，为农场非公有制经济创造宽松的经济环境，仅农场从事生产资料配送的就有 10 余家，保证林果业生产的肥源供应。

2013 年 3 月，农场为紧密联系产、供、销环节，加快从农业生产要素投入农产品价值实现的过程，提高经济效益，提高农业生产的专业化和商品化程度的发展需要，成立红旗坡农工商总公司。至此，一个以农业为基础，农、工、商、建、服为一体的综合发展的国有新型农业企业基本形成。

2014年，农场为提升果品附加值，进一步推动果品增级果农增收，农场实施果品物流储藏战略，引进资金发展气调保鲜库，库存量30万吨，冷库储藏费用每千克0.8元，解决农场鲜果长期储藏的难题。为提高农场果品市场竞争力，农场在产品质量下功夫，建立农产品质量追溯体系，保障消费者安全食用红旗坡的产品。

2016—2017年，红旗坡集团公司成立后，大力实施"走出去"的战略，参加各种农产品展会，开展媒体广告宣传，扩大"红旗坡"品牌知名度，为拓宽国内香港、澳门地区和新加坡、泰国、马来西亚及中亚市场打下了基础。推进"十城百店"工程建设，依托浙江市场扩大全国市场的影响力，与浙江新光控股集团达成1万吨销售；引进线下线上骨干企业合作销售果品；在北京、上海、广州、深圳、重庆、长沙、乌鲁木齐等大中城市建立销售网点，奠定了果品销售的基础。

2018年，集团公司为推进"十城百店"工作，在阿克苏注册成立实体化运营公司阿克苏红旗坡好果源农产品有限公司，在杭州成立浙江农发浙疆农产品发展有限公司。在浙江10个地级市建设阿克苏特色农产品公共仓，实施统一平台运作、统一仓储服务、统一区域品牌、统一物流配送、统一质量追溯，辐射100家以上市场销售门店，形成"十城百店"市场网络。建立"十城百店"网点416个，其中市级旗舰店13个、直营店52个、加盟店148个、超市专柜70个、机关食堂、超市133个。与京东、阿里、中粮我买网、永辉超市、曲牌果业、兴邦果业等在全国范围内有影响力和销售实力的企业展开全方位的产品营销战略合作，建立线上线下渠道。在"百十一"基地建设上完成2000公顷苹果基地建设，完成2万吨果品公共仓建设。当年，分别建成真空低温油炸果蔬食品生产线2条、冻干果蔬食品生产线2条、果蔬膨化食品生产线2条，果品、蔬菜系列产品试生产成功，3万吨冷库已完成基础建设。在红旗坡集团公司集团总部完成新疆汇宗农产品电子交易市场有限责任公司办公场所准备。

至2020年，红旗坡集团公司拥有分（子）公司8个，形成以特色林果业生产、特色果品经营及深加工为主，涉及物流、生态旅游、水资源开发、农业科技研发、畜牧业等多方面产业为一体的综合性集团公司，核心产业已形成重点突出（红富士苹果）、品种齐全（香梨、葡萄、核桃、红枣），具有较强抵御市场风险能力的特色林果业，年产果品约30万吨。至2020年末，红旗坡集团公司总资产超100亿元，营业收入近4亿元。完成新疆汇宗农产品电子交易市场有限责任公司交易市场正式上线各项准备工作，平台初步上线，销售专区、采购专区开始挂牌，供应链金融服务具备正常开展条件。

三、结构调整

（一）农作物种类结构调整

自农场建场至 20 世纪 70 年代，坚持"以粮为纲"，农作物以粮食作物为主。1958 年，粮食作物、工业原料作物（棉花、甜菜）、其他作物（油料作物、蔬菜、瓜类、苜蓿等）农作物的比例分别为 95.9%、1.4% 和 2.7%。1959 年，三类作物的比例分别为 70.5%、8.1% 和 21.4%。20 世纪 60 年代和 70 年代，三类作物的年均比例分别为 91.3%、2.5%、6.2% 和 74.1%、2.1%、23.8%。20 世纪 80 年代，在稳定粮食播种面积的基础上，重点提高单产，保证粮食作物产量稳步增长，同时扩大工业原料作物和其他作物。在此期间，全场粮食作物播种面积每年保持 2000 余公顷，粮食作物面积占农作物面积的比例平均为 56.7%，比 20 世纪 60 年代和 70 年代分别下降 34.6% 和 17.4%。同期，工业原料作物和其他作物占农作物的年均比例分别为 8% 和 35.3%。20 世纪 90 年代，三类作物占农作物的年均比例为粮食作物 52.4%、工业原料作物 29.3%、其他作物 18.3%，其中粮食作物下降 4.3 个百分点，工业原料作物上升 21.3 个百分点，其他作物下降 17 个百分点。各种农作物中，棉花调整幅度最大，自 1991 年恢复棉花大规模种植后，棉花播种逐年快速增加，1996 年达到 455 公顷，占农作物播种面积的 25.2%。进入 21 世纪，农场调整农作物种植结构，逐年大幅度压缩粮食作物面积，大幅增加棉花面积，农作物种植结构发生巨大变化。2000 年，农场棉花种植面积达 718 公顷，占农作物总面积的 46.9%，成为第一大农作物，粮食作物面积压缩 589 公顷，占农作物总面积的 38.5%，首次出现农作物以棉花为主的格局。2004 年，农场棉花继续大幅度攀升，面积达 1676 公顷，占农作物总面积的 80.8%，粮食作物面积减为 294 公顷，占农作物总面积的 14.1%，棉花占据农作物的主导地位。2007 年，棉花面积 2392.8 公顷（含套种面积），占农作物总面积 96.1%；粮食作物面积 27.93 公顷，占农作物总面积的 1.1%；瓜菜面积 66.67 公顷，占农作物总面积的 2.7%。2010 年后，随着林果业的快速扩张，农作物种植逐渐退出。

（二）农作物品种结构调整

农场粮食作物种植以小麦、玉米为主，多数年份小麦播种面积为 50%～60%，玉米播种面积为 30%～40%。1958 年，小麦播种面积占农作物播种面积的 96%，玉米为 4%。1959 年小麦和玉米的播种面积占比分别为 69% 和 25%。1960—2000 年，小麦与玉米播种面积占农作物播种面积的比例一直保持在 2∶1 左右。2000—2007 年，小麦占粮食作物播种面积的年均比例为 57.3％，玉米为 39.9％。2010—2020 年，农作物仅有少量种植。

2000 年前，农业工业原料作物的棉花、甜菜，历年种种停停，时多时少。建场至 20 世纪 80 年代，棉花种植很少。1991 年开始大面积种植，此后快速扩大。2000—2007 年，除 2002 年、2003 年外，棉花成为唯一的工业原料作物。甜菜始种于 1958 年，种植面积很小；1983 年开始，甜菜大面积种植，面积逐年增多。1983—1991 年，甜菜成为工业原料作物的主导作物或唯一作物，9 年年均播种 213.8 公顷。1992—1999 年，甜菜持续保持较大面积种植，8 年年均播种 215 公顷，甜菜占工业原料作物的年均比例为 38.3％。2000 年后，除 2002 年种植甜菜 213 公顷（占工业原料作物面积的 23.3％）外，其他年份甜菜种植很少或停种。

建场至 1978 年，油料作物以菜籽为主，部分年份少量种植胡麻和向日葵。1979 年开始，油料作物以向日葵为主。1991 年后，向日葵成为油料作物的唯一作物。2001 年开始，向日葵面积大幅度压缩，由以往的数百公顷减至几十公顷。2005 年起，油料作物弃种。2007 年，仅有小面积套种花生。

20 世纪 80 年代初期开始，农场加速果业发展，扩大红富士苹果和香梨等优质品种生产。2003 年，农场提出"路子调准，规模调大，品种调优"的调整原则，进一步调整林果业结构，扩大优势果品红富士苹果的种植规模，果品总产首次突破 2 万吨。此后，农场在红富士苹果种植中占有绝对优势。

2005 年，红枣的市场行情见好，农场开始扩大红枣种植规模，至 2016 年，红枣种植面积达到 1869.6 公顷。此后，由于大面积的红枣进入盛产期，市场趋于饱和，红枣价格逐年下滑，一部分红枣地被改种为苹果、核桃等。

2007 年，农场进一步加大产业结构调整力度，各农田队实行生产的战略性转移，全部改为园艺分场。当年，受阿克苏地区将核桃种植作为调整林果种植结构的主栽品种的带动，农场大力推广核桃种植。至此，农场以红富士苹果为主，红枣、核桃为辅的林果业生产格局基本形成。

（三）产业结构调整

20 世纪 80 年代，农场开始着力调整产业结构，逐步压缩农作物面积，重点压缩粮食作物面积，发展林果业。1989 年，果园面积达 713.8 公顷，占当年耕地面积的 23.8％。1999 年，果园面积 920 公顷，占当年耕地面积的 27.2％。2000 年，林果业生产总值 1453.69 万元，在生产总值中首次超过种植业。2002 年，园艺专业生产单位增至 4 个，林果业生产总值达 2606 万元，比种植业多 1.1 倍。2004 年，果园面积达 1769.07 公顷，占全部耕地面积的 44.6%，比 1999 年增加 85.8%，果业与棉花同为农场的两大支柱产业。2006 年，林果业产值 3694.78 万元，占全场总产值的 47.2%，上升至各业第一位。2007 年，林果业生产值为 6737.75 万元，比上年增长 82.4%，占总产值的比例增为 56.5%，种植业产值 3864.06 万元，比上年增长 13.5%，占总产值的 32.4%。

2016 年，农场集团化和企业化改革开始实施，集团公司以果业为基础，二、三产业融合发展。继续稳定长期果树承包政策，同时加强绿色果品基地建设，林果业在全场经济中的支柱地位愈加凸显。产业结构进一步调整，林果业比重持续上升，工副业比重持续下降。

四、农业基本建设

"七五"期间，农场共开荒地 172 公顷，改造中低产田 300 余公顷，收复弃耕地 113 公顷，修建防渗支渠 19.9 千米，新修东一支干防渗渠 3.5 千米，翻修大干渠 2 千米，建 10 万立方米容量的水库 1 座，建大小闸门 20 余座，挖排碱渠 2.5 千米，打机井 19 眼。

1999 年，农场为加速国有农业企业的发展，实施开荒造田项目。项目包括改造低产田 333 公顷，其中农田一队 33.33 公顷、农田二队 46.67 公顷、农田三队 40 公顷、农田四队 40 公顷、农田六队 46.67 公顷、农田七队 40 公顷、农田九队 2 公顷、农田十队 33.33 公顷、农田十一队 33.33 公顷。开荒造田 333 公顷，其中农田六队 133 公顷、农田九队 33.33 公顷、农田十队 33.33 公顷、农田十一队 66.67 公顷、园林二队 66.67 公顷。农田水利设施配套工程，包括翻修、扩容科克亚总干渠 28 千米；龙口泄洪排沙闸及扩源截流改造工程；东一支干渠改造工程；防洪坝防洪加固工程 3 千米；开挖排碱渠 16 千米。工程总投资 1290 万元，分 3 年完成。

2000 年，农场开展的农业基本建设项目有防渗渠项目、棉花基地项目、名优特基地项目、引水渠续建项目。其中棉花基地项目总投资 159 万元，其中国家补助资金 30 万元于 2000 年 9 月拨付到位，农场自筹 129 万元。共平整土地 1000 公顷，清淤排碱渠 10 千米，新挖排碱渠 2 千米，培肥土地 667 公顷，为农场棉花种植、加工奠定基础；农场防渗渠项目总投资 150 万元，其中国家补助资金 10 万元，于 2000 年 5 月拨付到位，自筹 140 万元。项目共打 10 口深水机井，包括架设高压线路等必要配套设施，每天可抽水 3 万多立方米，可浇灌农田 17 公顷，缓解农场春旱矛盾；农场名优特基地项目建设主要是渠系建设，总投资 329 万元，新修 8.52 千米的东一支干防渗渠；投资 20 万元，修建分水闸；投资 25 万元，修建一队至十一队防渗渠 3 千米。项目完工后，从东支干渠闸口到十一队、园林二队路程由 7 个小时缩短至 1.5 个小时，提高水的利用率，节约水资源，缓解供水不足的矛盾，提高农场果品的商品率，发挥农场优势，为农场可持续发展提供保障；农场自筹资金包括通过银行贷款、自筹等方式，解决资金不能及时到位的问题。

2001 年 6 月 6 日，为确保地区农业综合开发项目在农场顺利实施，并发挥良好的效益，农场成立农业综合开发工作领导小组，办公室设在农田十一队，具体负责日常工作。

2002 年，农场先后申报国家农业综合开发项目、国债资金、塔里木河流域综合治理及防病改水 4 个项目，申请国家投资 1800 余万元。

2003 年 10 月 16 日，为确保塔里木河治理单项工程在红旗坡农场顺利实施，并产生良好效益，农场管委会议研究成立地区红旗坡农场塔里木河工作领导小组。

2005 年，塔里木河综合治理项目——红旗坡农场 200 公顷果树滴灌工程下达投资计划项目。工程于 2008 年 1 月 15 日正式开工，2008 年 6 月 15 日全部完工。工程新建泵房 5 座，面积各 38.95 平方米，安装潜水电泵 5 台，装离心过滤器 5 套、筛网过滤器 5 套；新架 10 千伏线路 2.645 千米，低压线路 250 米；安装变压器 5 台，安装主干管、干管 13.33 千米，支管 11.518 千米，滴灌管 739.4 千米；建井房 4 座，闸阀井 14 座，排水井 18 座。

2009 年，农场总投资 2300 万元的塔里木河综合治理项目——科克亚干支渠节水改造工程完工投入使用，200 公顷果树滴灌项目投入使用。

2014 年 4 月，农场为进一步推进特色林果业发展，改善区域生态环境，通过阿克苏市申报的 2015 年度生态综合治理项目通过自治区批复。项目资金总额 300 万元。

第二节　果　　业

一、品种

1964—1965 年，农场定植果园 77 公顷，其中梨园 38 公顷、苹果园 38 公顷，被称为"六四"果园、"六五"果园，标志着农场林果业开始起步。

至 20 世纪 70 年代，果类主要有苹果、梨、葡萄，次为杏、桃。苹果主要品种为青香蕉、国光、红元帅、黄元帅、金冠、红玉、卡白克；梨有鸭梨、慈梨、雪花梨、香梨；葡萄有紫园、红园、白园、马奶、无核白；杏有阿克西米西、贺米安、柯坪杏；桃有孔巴什黄肉桃、离核黄肉桃、蟠桃。此外，试种或小面积栽种的果类有红枣、核桃、酸梅、石榴、无花果、李、樱桃、柿子、板栗等。

20 世纪 80 年代初，引进红富士苹果，后引进酥梨，发展无核白葡萄。20 世纪 90 年代，农场果类逐步以苹果、梨为主。苹果品种有红富士、红元帅、黄元帅、秦冠、倭锦、胜利、青香蕉。梨品种有香梨、贡梨、慈梨。20 世纪 90 年代末期以后，按照果业"名、优、特、稀、珍、奇"的发展思路，先后引种全球红玛瑙葡萄、红提葡萄、木娜格葡萄、红香酥梨、中华寿桃、"莱山客"桃、优系新川中岛桃、油桃、蜜桃、薄皮核桃、灰枣、布朗李、澳洲 24 李、温室草莓等。

2001 年后，果类以苹果为主，主栽品种为红富士；以梨为辅，主栽品种为香梨。当年起，红枣列为农场果类生产发展新兴项目，至 2007 年，全场实有红枣面积 253.2 公顷。

2009 年，农场主导产品——苹果种植面积扩大到 5667 公顷，占林果业的 50%。扩大林果业产品种类，进一步优化产业结构，种植樱桃 55.2 公顷。

2010 年，农场开始大面积引进种植有机核桃，主栽品种新早丰、新萃丰、新温 185、扎 343 和新新 2 号等品种。这些品种的共同特点是早实、丰产、皮薄、味香、出仁率高、果仁白嫩、果形整齐美观等。

2017—2018 年，为填补早熟苹果市场空白，农场开始小部分试种王林、蜜脆、维纳斯黄金等苹果品种。

2019 年，红旗坡集团公司抓好苹果基地标准化生产，着重提高果品商品率，实施 6667 公顷苹果基地建设，完成"百十一"基地建设任务；完成 273 公顷新果园的种植任务，其中种植樱桃 73 公顷，成活率 90%，林果产业结构逐步完善。

2020 年，红旗坡集团公司果类品种主要为苹果、核桃、红枣、樱桃、葡萄、杏、香梨。苹果主栽品种为红富士，核桃品种主要为温 185、新新 2 号，红枣主要有灰枣、骏枣、圆脆等，樱桃品种有美早，梨主栽品种为香梨，葡萄有红提、新红大粒无核，杏有吊干杏、白杏。此外，试种或小面积栽种的果类有酸梅、石榴、无花果、李子等。

（一）苹果（详见第四章红旗坡苹果）

（二）核桃

红旗坡农场主要种植有机核桃有新早丰、新萃丰、新温 185、扎 343 和新新 2 号等品种。

1. **新温 185** 该品种果圆形，果顶稍尖，似桃形，平均直径 4.0 厘米，果重 15.8 克，壳面光滑，色浅，缝合线平或稍凸，结合较深，壳厚 0.8 毫米，易取整仁，果仁充实饱满，色浅、味香，仁重 10.4 克，出仁率 65.9%，含脂肪率 68.3%，早期丰产性强且稳产，适宜营建密植丰产核桃园和集约化栽培。

2. **新新 2 号** 该品种果实外观呈长圆形，果顶稍小，平均直径 3.7 厘米，果重 11.63 克，壳面光滑，浅黄褐色，缝合线窄或平，结合紧密，壳厚 1.2 毫米，易取整仁，果仁充实饱满，色浅、味香，仁重 6.2 克，出仁率 53.2％，含脂肪率 65.3％，早期丰产性强且稳产，盛果期产量上等，品质优良，适宜集约化栽培。

3. **新早丰** 该品种果实外观呈椭圆形，果顶稍凸，平均直径 3.7 厘米，果重 13.1 克，壳面光滑，色浅，壳厚 1.23 毫米，果仁充实饱满，色浅、味香，仁重 6.7 克，出仁率 51％，含脂肪率 66.6％，早期丰产性强，适宜集约化栽培。

4. **新萃丰** 该品种果实外观呈椭圆形，果顶稍尖且圆，平均直径 3.9 厘米，果重 17.4 克，壳面较光滑，浅褐色，壳厚 1.25 毫米，易取仁，果仁充实饱满，色浅、味香，仁重 8.8 克，出仁率 50.6％，含脂肪率 68.5％，长势较强，树冠大，宜林农间作栽培。

（三）葡萄

1. **红提** 2003 年前后引进。树势强壮，丰产性好，结果枝率 70％以上，第三年丰产，单粒重 10～15 克，成熟期 160～165 天，可切片。干旱、半干旱无霜期 160～165 天沙土地区栽植。

2. **美人指** 2000 年左右引进。新梢粗壮，直立性强，穗重 800～1200 克，平均单粒重 11.5 克，果肉可切片，可溶性固形物可达 21％，外观较好，三年丰产。

（四）樱桃

2015 年起大量引进。主栽品种为美早，授粉品种为俄八。

二、育种育苗

1958 年建场后，农场着手在毛拉阔滚其调查土壤状况，选定苗地，组建苗圃组（当年 10 月改为园林队），负责全场育苗、采苗、供苗。6—8 月，组织种源、种条调查组赴阿克苏、温宿、乌什、库车、库尔勒、伊犁等地调查。10 月，组织劳力赴各地采集或以变工方式和有偿购买种子、种条。当年，共采集种子 4685 千克，其中苹果籽 87 千克、桃核 690 千克、核桃 1478 千克、杏核 678 千克、酸梅 203 千克、大沙枣 1125 千克、桑籽 91 千克、紫穗槐籽 100 千克、梭叶槭 88 千克；采集马奶葡萄穗苗 6.76 万穗、红园葡萄苗 1.26 万穗、紫园葡萄苗 4700 穗、白园葡萄苗 26.35 万穗。在陕西武功订购杜梨种子 40 千克。1958 年，共育苗 7.76 公顷，其中杏 1.07 公顷、桃 0.83 公顷、核桃 0.37 公顷、酸梅 0.23 公顷、大沙枣 1.23 公顷。

1959—1960 年，农场派出人员赴和田、莎车、喀什、阿图什、阿克苏、库车、库尔勒、吐鲁番等地采种、采条，增加石榴、无花果、李子、樱桃、无核白葡萄、海棠等育苗品种。连续 3 年较大规模育苗，达到自给有余，部分对外出售。

图 2-3-1　2020 年的源生态公司苗圃种植基地（摄影：童金茹）

1966 年，根据自治区农垦厅安排，农场建立果树良种园，派人赴吐鲁番采集无核白葡萄穗，赴八一农学院和兵团农六师采集鸭梨、雪花梨、杜霞西梨原条和苹果良种原条，共 2.6 万条。

1967 年，自治区农垦厅分配引进河北唐山苹果树种条 3800 株，梨树种苗 775 株，李树种苗 150 株。由此开始，农场自行繁殖果树优良品种苗木。此后，农场原有苗圃育苗以林苗和果树砧木为主，新建果树良种园培育良种苗供作果树嫁接。

20 世纪 70 年代，农场果苗主要依赖引进。20 世纪 80 年代至 2020 年，先后引进大量优良品种果苗，有红富士苹果、贡梨、红香酥梨、木娜格葡萄、红提葡萄、全球红葡萄、中华寿桃、莱山客桃、新川中岛桃、薄皮核桃、灰枣、布朗李、澳洲 24 李、温室草莓等。优良果苗主栽品种由农场统一引进，小品种由队引进试种。2003 年，果树苗木由农场统一购买，苗木质量、纯度由场统一把关。

2001 年后，农场未建大规模的育苗基地，多为种植户自行培育出售。

2013 年，园艺三分场建成占地面积 0.2 公顷的温室大棚，开展树苗培育，年培育果苗 10 万余株，主要品种为苹果、红枣、核桃等，为农场及周边地区供应种苗。

2019 年，源生态公司建成苹果育苗基地 0.67 公顷。

三、种植

农场建场至 20 世纪 70 年代，多次制订和修订果树栽培技术措施，对土地选择、整治、定植、灌水、松土、施肥、修枝整形、病虫防治提出具体要求。按不同果树特性选择宜种土壤，盐碱地多次洗盐，先种植苜蓿改良土壤，定植地深翻平整，瘠薄地挖大坑换土和多施有机肥，以农家肥适量混合磷肥用作基肥，按不同树种、不同树龄、不同生长期、不同需肥要求及时合理施肥；定植株行距按不同树种合理布置；定植后立即灌水，当年定植果树一年灌水7次，5年以内果树一年灌水6次。幼龄树灌水次数多，水量小，成年果树灌水次数少，水量大，封冻前和收获后灌足水；修枝一般在落叶后至第二年萌芽前，幼龄树修枝按整形要求培育骨干枝，初果期修枝为继续扩大树冠，盛果期修枝为调整花芽和叶芽比例，衰老期为"吐故纳新"。修枝方法有疏枝、回缩、短截、自伤、摘心等。

1988年，农场制订《园艺生产管理制度》，实行统一翻耕，统一放水，统一修剪，统一植保，统一防寒措施。老果树修枝要求果树控制树冠高度，一般不超过5米，树冠半径不超过2.5米，果树主枝保留5～7个。果树行距保持1米间隔距离，背上直立枝、徒长枝，除更新枝外，全部剪除。修剪后伤口直径3厘米以上者涂抹保护剂。树荫下入射光相对光强度达25％～30％。采取各种手段开张角度，主枝开张角度65～70度，辅养枝开张角度75～80度。采取疏花疏果措施，大年尤为重要。每年5月上旬和8月上旬，进行两次夏剪，及时除萌、摘心、抹芽，开张角度，控制秋梢生长。大葡萄主枝留3～5个，立壁架无核白主蔓留2～3个，主蔓间距50～70厘米，枝条布局均匀。5月中旬至8月初，除萌、抹芽、冀心3～4次。葡萄园补齐缺苗，不补者每株罚款5元。

施肥以有机肥为主，以产定肥，施肥量至少为产量的二分之一。化肥以复合肥为主，每棵树施3～5千克。有机肥以秋施为主，化肥宜于6月底以前施完（特殊情况除外）。优质有机肥施肥深度不低于60厘米，复合肥30厘米。宜施在树冠外周垂直投影处，每年交换位置投施。开春土壤化冻15厘米时，全园松土或耕翻，6月底以前伏翻1次。果园水渠完整畅通，禁止重灌、串灌，放水深度20厘米，停放后，积水不超过24小时，超过者罚款处理，果树倒伏死亡追究经济责任。

每年开春花芽萌动前，喷石硫合剂1次。根据虫害密度，及时打药防治，采摘前40天禁止打药。从早从速防治腐烂病。采完果品后，树干涂白，最迟于12月10日前结束。

20世纪90年代后期以来，农场果业继续坚持栽培常规管理，逐步因地制宜因情而异推广应用新技术、新措施。以果树修剪为重点，采取请进来、走出去、办培训班的方式，不断提高操作技术水平。根据不同品种、不同树龄、不同树势采取对应的修剪方式方法，降低树型，增强树势，提高主枝内膛坐果率和果品质量。对树冠郁密、果品下降的果园，推广"小冠开心形"树形。部分单位修剪采用"疏散分层形"，冬、夏各有侧重，冬季以培养主枝侧枝为主，夏季以改善光照为主。部分单位引进周期短的果树品种，实行果树长短套种。部分单位采用铺反光膜措施。部分单位投资引蜂，采用蜜蜂传花授粉技术。实行科学施肥，按不同土壤采取测土配方施肥，增施油渣、优质农家肥，辅施叶面肥，喷施植物生长调节剂。加大病虫害防治力度，选用新型高效低毒药剂，统一实施防治。加强越冬措施，使用防冻剂、稻草、布条、薄膜包裹覆盖，确保果树安全越冬。

2006年，农场先后3次组团赴温宿县、库尔勒市学习观摩，聘请北京园艺专家到场授课、指导，举办培训班，建立示范园、示范户。部分分场（队）自办培训班，传授各种新技术，其中三分场参加培训职工1500余人次，修剪示范地3.33公顷，树1000余棵；四队培训职工350人，十一队培训职工300人。农场借鉴红枣产区的成功经验，采取高密度栽植（亩栽445株）模式，建起高标准红枣示范园33.33公顷。各分场（队）进一步强化科学修剪，推行新方法、新技术。五分场举办果树高接、改接培训班，修剪采用十字形、三挺立形等树形，高接采用舌接技术，对嫁接成活枝条进行摘心疏除竞争枝，对二次枝进行拿枝处理，果树高接技术三到位。五分场职工邓小江、魏德宏示范采用铺反光膜技术，果品着色率达95％以上，效果明显。农场与陕西省果树研究所等科研单位合作进行果树腐烂病的新药实验及生物肥料（阿姆斯）的引进推广。

2007年11月，农场先后两次发出通知，对果树越冬提出要求：凡是未进行冬灌而缺墒的果园，以全速进行冬灌，平衡地温，以利抗冻和杀灭地下害虫。3年以内栽植的果园（特别是年内定植的新果园）实行全埋土，覆土厚度一般不低于25厘米，幼树不低于30厘米。极个别不能全埋的果树，打60厘米高的防风墙。葡萄细致埋土，尽量埋干土，土层加厚。成龄果树，越冬前全部涂白。涂白液配制方法：水10份，生石灰3份，石硫合剂0.5份，食盐0.5份，动植物油少许，加入少量兔粪。其他辅助措施：喷施保护剂，石蜡保护剂10倍液，羧甲基纤维素150～200倍液；绑草，缠塑料薄膜。

2009年，农场发动群众对果树进行合理修剪，使果园通风透光，开花时节大量放蜂和采用人工授粉，果树坐果良好，并加强土肥水的管理，使果园生产大获丰收，职工收入明显提高。

2010年，农场提倡"三位一体、立体种植"。"三位一体、立体种植"就是发展新果园时，首先种植主栽树种（苹果），同年5—6月及以后短期内定植见效快的其他树种（葡萄），地面搞瓜菜、育苗等间作，利用上、中、下三部分空间在修剪果树时改变传统方式，将树干高度由0.5～0.6米提高到0.8～1米，即为下部葡萄的生长提供空间，增加透光条件，由符合农场苹果栽培的高光效树型的要求，从而达到"树上有果、架上有葡萄、地面有瓜菜"等有效的土地资源得到充分利用，职工快速增收致富。

2011年，农场加大新技术应用、培训，在生产管理技术的指导和果品销售措施上下功夫，确保职工群众减产不减收。推广生物防治为主、物理和化学防治为辅的综合病虫害防治技术，确保果品质量，为农场优质苹果产业化发展打下基础。

2012年，农场从山西引进果树辩证管理技术，通过实验，可使果树挂果期提前3～4年，大大缩短果树效益转换期。使用该技术改造果园60余公顷。按照绿色生态健康果园标准，加强灾害综合防控体系建设，强化病虫生物防治措施，推动特色林果业健康发展。

2017年，农场（集团公司）实施土地经营权回购策略，实施2000公顷现代化特色林果示范园建设，集中进行乔化密植、水肥一体化技术应用，推进果品种植模式转型升级。

2019年，农场（集团公司）学习"洛川经验"，抓好苹果基地标准化生产，着重提高果品商品率，实施6667公顷苹果基地建设，完成"百十一"基地建设任务；完成273公顷新果园的种植任务，其中种植樱桃73公顷，成活率90％，林果产业结构逐步完善。

2020年，农场（集团公司）开展多次培训，进行果树技术咨询。全年发放技术培训简报5次，把果树各阶段管理技术要点技术送到田间地头。同时，多次在各分场进行现场修剪管理技术田间培训，累计培训人数3000余人次。为防范风险，为各分场的挂果果园办理林果业政策性保险，全场参保农业保险的果园面积1.2万公顷。

（一）核桃种植

1. 嫁接　核桃以温185、新新2号为主栽品种10：1配置，接穗采集时严格按不同品种进行，随采随接。4月10日左右对1～2年生实生苗在株高30厘米处剪砧，并用油漆封住剪口。5月20日前进行第一次追肥灌水，株施尿素50克、磷酸二铵50克，并清除保护沟杂草。嫁接最佳时间为6月5—25日，嫁接部位的高度在株高30～50厘米处进行，以夏季嫩枝单芽腹接和方块芽接为主。建立嫁接档案，加强跟踪管理，确保嫁接成活率达到95％以上，品种纯度达到100％。接后10天抹芽，每枝留单芽，每株穴施磷酸二铵50克，追肥后灌水，接后10天检查，对没有成活的应及时补接。嫁接芽长至8～10厘米时，及时进行解膜松绑和固定。新梢长至距地面80厘米时摘心。对嫁接的幼树入冬前要进行包扎。

2. 肥水管理

（1）示范园。做到"五水四肥"，即追肥3次，分别在3月下旬、5月底、7月上旬进行，结合追肥进行灌水，灌水后应及时进行树盘松土；9月下旬施基肥、灌水；11月下旬前完成冬灌。

（2）生产园。做到"四水三肥"，即追肥 2 次，分别在 3 月底、6 月中旬进行，重点抓好 6 月中旬重施磷钾肥工作，接着浇灌浆水，以促进花芽分化，为翌年丰产打好基础；9 月下旬施基肥、灌水；11 月下旬前完成冬灌。

3. 整形修剪　总体要求是"因树修建、随枝造型，有形不死、无形不乱"，冬季修剪在采收完核桃或次年 3 月 25 日前（距萌芽期越近越好）进行，对超过 80 厘米长的枝条，剪去梢部的轮生芽，短截至中上部的饱满芽，疏除雄花枝、细弱枝和病虫枝。夏季修剪以抹芽、摘心、拉枝，疏枝为主，5 月下旬疏除重叠枝、轮生枝、并生枝和没有生长空间的竞争枝，6 月 15 日前完成；对开张角度小的主侧枝和光杆枝进行拉枝，角度为 40～50 度，5 月下旬完成；新生枝条长至 50 厘米时摘心，分别在 6 月上旬、8 月下旬各进行一次，确保一年内新梢摘心两次以上。

（二）红枣种植

1. 嫁接前准备　加强直播酸枣苗管理。根据苗木长势，及时定苗、补苗、除草、追肥、灌水、中耕，培育好苗、壮苗，力争 85％以上枣苗达到嫁接标准。落实红枣接穗。以骏枣为主栽品种、灰枣为授粉品种 8：2 配置，栽培模式以 4 米×0.5 米单行为主，亩（0.07 公顷）有效株数为 330 株。接穗采集数量可按实际需要的 1.2 倍准备，采集时间应在嫁接前一年入冬时进行，采集中严格控制穗条纯度和质量（严禁使用二次枝作接穗），采集后及时做好打蜡、贮藏和嫁接技术培训等工作。嫁接最佳时间为 3 月下旬至 5 月 10 日。嫁接前对准备嫁接的酸枣苗进行第一次追肥灌水，每公顷施尿素 75 千克、磷酸二铵 150 千克。嫁接前一周内进行苗木剪砧、刨土、打保护带、铺膜。苗木保护带宽度为 2 米。

2. 嫁接　嫁接时应分品种对接穗进行单独贮存、运输和保管，确保接穗品种不乱、质量合格。嫁接后 25 天内不得灌水，以免影响伤口愈合。嫁接成活率应达到 95％以上，品种纯度应达到 100％。

3. 苗木管理　及时抹除实生芽、去除杂草、中耕松土。结合棉花头水进行第二次追肥灌水，每公顷施尿素 150 千克、磷酸二铵 75 千克。新芽萌发长至 10 厘米左右，喷施叶面肥一次。6 月 10 日前后，按照"时到不等枝、枝到不等时"的要求，在株高长至 50 厘米（6～8 个二次枝）时打顶，枣头不留桩，促进二次枝生长。二次枝长至 8～10 个枣枝时进行摘心，及时疏除花果，促进枝条健壮和木质化，积累养分、增强树势。6 月下旬喷施叶面肥 1 次。7 月上旬进行第三次追肥灌水，每公顷施磷酸二铵 150 千克、硫酸钾 75 千克。7 月中下旬结合红蜘蛛防治喷施叶面肥 1 次。7～8 月解膜松绑，8 月下旬可根据墒情补灌 1 水。10 月中旬在株距 40～50 厘米处沟施基肥，株施有机肥 150 千克、过磷酸钙 3

千克、硫酸钾 750 克。10 月 20 日前完成冬灌。落叶时喷施 5～6 波美度石硫合剂一次。11 月中旬土壤封冻前进行培土越冬，可直接用干土（土壤含水量 60％）培埋，培土厚度、高度不低于 30 厘米。

4. **整形修剪** 对 2～3 年株冬季按小冠疏层形进行整形修剪，夏季在 5 月中旬至 6 月上旬进行适期打顶和摘心，做到"大枝亮堂堂、小枝闹嚷嚷，树老枝不老、枝枝都见光"，保持树势生长均衡，果品产量逐年提高。对永久株以塑造丰产树型为目标，采取疏除秋梢并剪去枣头下第一个二次枝的办法，促发枣头枝，培养主干和结果枝组；对永久株之间的临时结果株，以争取早期产量为目标，不动剪，通过拉平二次枝、夏季及时多次摘除枣头（边放边打），缓和树势，提高坐果率和产量。

5. **肥水管理** 结合追肥进行灌水，灌水后应及时进行树盘松土。追肥灌水 3 次：第一次追肥灌水在 3 月中下旬施促萌肥，株施油渣 1 千克，尿素 150 克、磷酸二铵 100 克；第二次追肥灌水在 5 月底施花前肥，株施尿素 150 克、磷酸二铵 100 克；第三次追肥灌水在七月上旬施果实膨大肥，株施磷酸二铵 100 克、硫酸钾 50 克。基肥 1 次：重点抓好 9 月下旬株施优质有机肥 10 千克、过磷酸钙 200 克、硫酸钾 50 克。6 月上旬、8 月下旬可根据墒情增加两次灌水。10 月 20 日前完成冬灌。

6. **花果管理** 6 月 5 日至 7 月 5 日喷 2～3 次 0.1％～0.3％硼钙肥和 0.2％～0.3％磷酸二氢钾混合液 3～4 次，每次间隔 10 天左右，并喷水 3～4 次，花期应放蜂。6 月初至 7 月中旬，头水灌二水跟，每次间隔 15 天，并喷水 3～4 次，保持田间湿度。灰枣在 6 月 15 日前后环割（开甲）。9 月、10 月注意田间湿度，一般不再浇水，防止采前落果。

（三）樱桃种植

1. **定植** 栽培及用土宜在疏松肥沃、通透性良好的沙质壤土中栽培。在幼树定植后的头几年内，从定植穴的边缘开始，每年或隔年向外扩展，挖一宽约 50 厘米、深 60 厘米的环状沟，填上好土和农家肥，这样逐步扩大，直到两棵之间深翻沟相接，樱桃的根系也逐年伸展。通过扩穴深翻，加深土层，改善通气状况，结合施有机肥，改良土壤结构，促进微生物的活动，利于根系的生长和提高吸收肥水的能力。

2. **中耕松土** 通常在灌水后进行。一方面可以切断土壤毛细管，保蓄水分，促进土壤通气，防止土壤板结；另一方面可以消灭杂草，减少杂草对水肥的竞争。中耕松土的深度为 5 厘米左右，以防损伤粗根。

3. **水肥管理** 大樱桃植株的含水量为 70％左右，因此对水分的需求特别敏感。在通常情况下，枝叶多、温度高时勤浇水，否则园土过干会影响其生长和开花结果。施肥掌握薄肥勤施的原则，自春至秋一般要求每隔 10～15 天浇施一次腐熟的饼肥水。秋季需用

0.5％磷酸二氢钾水溶液喷施叶面2～3次，以促进植株生长和花芽分化。

4. **修剪整形**　当幼株定植成活后，从基部向上20厘米处剪断，使主干相继萌芽，多抽生新枝多结果。对已挂果的植株，将中长枝适当短截，但短截数量不能超过总枝数一半。然后逐年交替更换，以解决结果枝大小年的问题。

5. **安全越冬**　栽植樱桃苗成活率虽高，但幼树却难以安全过严冬关。可将草木灰撒满果园并浅耕翻入地下，既疏松土壤、吸热保温、减弱冻害，又能为幼树提供钾、磷、钙、硅等多种矿物养分。一般每公顷撒草木灰4.5吨，浅耕3～5厘米。幼树落叶休眠后，将树干弯曲并用湿土埋实，以防枝条裸露失水。树干与枝条上的埋土厚度为30厘米左右。"小雪"前5～6天浇灌幼树，对抗寒防冻有一定作用。"大雪"来临时，用疏松土壤在幼树根茎周围培20～25厘米厚的土堆，有效防止根茎受冻。冬季用生石灰加水调成石灰浆，并掺入少量食盐，均匀地涂刷于树干上，可将较多的太阳光反射掉，以防止因昼夜温差大所造成的危害。幼树根系一般集中分布在距地面20～30厘米的土层中。覆盖地膜，对浅层土壤具有一定的增温效果。冬季剪去蒸腾量大的副梢，剪口涂抹凡士林（保护剂），以减少水分散失。把厚度为0.03毫米的白色农用薄膜，剪成3～5厘米宽、1～2米长的带子，然后由枝条梢部向基部、树干上部向下部的方向逐渐缠裹骨干枝及主干，包严缠实不露树皮，起保护树皮的作用。

四、病虫害防治

（一）病害防治

建场初期，调查入场农民自种果树，发现病害较多，有苹果锈病、苹果褐斑病、梨褐斑病、梨黑腥病、桃缩叶病、桃穿孔病、葡萄红腐病等，以苹果锈病为主要病害，面积较大。20世纪60年代以来，果树主要病害有腐烂病、褐斑病、流胶病等。腐烂病又名"烂皮病""臭皮病"，危害苹果、梨、桃等树种，为危害树种最多、分布较普遍、育苗期、生长期均常发生的主要病害。当病斑扩大至环绕树干一周时，引起发病部位以上枝干或整株死亡。苹果、梨、桃树腐烂病发生于春秋两季，农场苹果、梨树在3—6月发病最重，病菌在病树上或刮下的病皮上生存，借风雨、昆虫传播。病菌从枝杆冻伤、碰伤、虫伤处入侵，多发生于果树主干和分叉处。褐斑病危害苹果、梨树成树、幼树和苗木。苹果褐斑病发病于夏季、夏季雨越多，越阴湿，发病越多。流胶病主要危害沙枣、桃、杏等树种。由于干旱、风沙、盐碱、冻害、机械创伤、病虫为害引起树势衰弱，生理失调，导致流胶病。主要发生于主干、主支伤口、树皮破裂及分叉处。因树种不同流胶颜色各异，核桃树呈黑色，桃、杏、沙枣等核果类树种呈琥珀色。胶流盛期为春季和夏季。苹果、梨树锈病发生于生长期全程，危害叶片、嫩枝、果实。

防治采取人工防治与药剂防治相结合的措施实行综合防治。①清园：及时除草、修枝，保持林地、果园、苗圃通风透光良好。抹去病叶、剪除病枝，烧毁或深埋，减少发病源。②刮治：春季刮除病斑、病灶，修补各种伤口，施行涂药、敷药。③刷白：果树干下部以石灰水刷白。发病树干刷白使用石灰、硫黄、退菌粉、食盐合剂溶液，或多次刷浓碱水，或涂石硫剂液或喷施退菌特溶液。④防冻：每年上冻前采用常规防冻措施，防止林果树木冻伤。农场部分园艺分场果园秋季多次喷施磷酸二氢钾、赤霉素、硼肥、石硫合剂，上冻前涂刷石硫合剂，大部分树干以塑料布条绑扎。⑤施药：按不同树种、不同病害，及时对症下药。对腐烂病果树实施喷药防

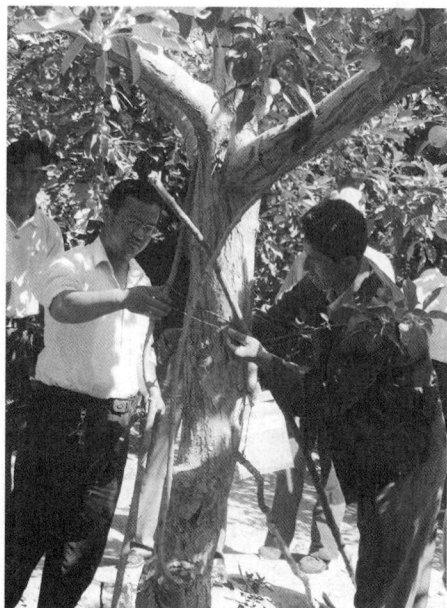

图 2-3-2 果树腐烂病病情调查
（照片提供：杨聪靓）

治，每年 4 月中旬、5 月中旬全园喷布杀菌剂，特别对主干、分枝基部等部位喷布均匀。腐烂病果树物理化学治疗采用病斑割条＋杀菌剂＋治疗剂的方法防治效果较好。常用的杀菌剂、治疗剂有百菌清、甲基托布津、菌毒清、福美胂（已禁用）、843 康复剂、腐毙康、绿风 95 等。锈病果树，发芽至幼果时期，喷 160 倍的波尔多液 1～2 次。对苹果、梨树褐斑病，落花后每隔 1 个月喷 180 倍波尔多液 1 次。农场部分园艺分场使用绿风 95，收到调节果树营养、增强树势、提高叶片光合作用、改善树体微循环和防治果树腐烂病、黑腥病的双重效果。

（二）虫害防治

建场初期，农场对入场农民自种果园虫害调查，发现有蚜虫、食心虫、吉丁虫、金龟子等害虫危害，以蚜虫危害严重，桃、杏树蚜虫为害面 100％，严重者 1 个叶片有蚜虫300 多个。地老虎对果树幼苗危害较重。20 世纪 70 年代以来，果树主要虫害有青叶蝉，主要危害红枣、桃、杏等树种，危害幼树和苗木最重。青叶蝉刺吸叶片，使幼树和苗木皮层失水干枯死亡，还在幼树和苗木茎、干、枝上产卵，形成许多伤口，影响成活率，感染腐烂病。兰叶虫甲主要危害苹果、杏等树种。幼苗及成虫危害树叶，影响树木生长，严重时吃光树叶，造成枯死。蚧虫危害沙枣及果园树。蚧虫单株或成片分布，介壳布满主干、侧枝与叶面，造成树木干梢、枯枝，果树果实脱落或果实表面形成红色斑点，严重时造成

树木整株死亡。食心虫危害苹果、梨、桃、杏等果类。先危害果树新梢，后蛀食果实，造成果实虫疤或虫洞。蚜虫主要危害苹果、桃、杏等果树。受害后茎叶变色，叶片卷曲萎缩，树势早衰。红蜘蛛主要危害苹果、桃、红枣等果树，苹果树发生较多。全年发生，夏季高温干燥时最多。老树皮下、树权处多见，危害时在叶面密集，吸食汁液，吐丝结网，严重时树叶发红，引起落叶。蠹蛾为苹果、梨主要蛀果类害虫，亦危害桃、杏。发生于5月上旬至10月中旬。幼虫蛀入果内，造成落果和虫果。螨类果树害螨较多，常混合发生。害螨造成叶片提前枯萎，树势衰弱，果实形成麻点、麻纹，质量、产量下降。20世纪90年代后期，农场果园螨害严重，农场发出通知、组织力量紧急防治，对防治不力者，追究责任，予以处罚。

人工防治：规范栽植，加强管理，秋翻冬灌，中耕除草，科学施肥，合理灌溉，增强树势，提高抗虫能力；刮虫瘿，挖虫蛹，填裂缝，补伤口，剪虫枝，烧毁残枝落叶杂草，清除虫源和害虫化蛹、越夏、越冬场所。清洁树干，刷白防虫。

化学防治：按照不同树种、不同虫害、不同时间和虫害轻重，适时对症施药。初期，主要使用石灰水和六六六（已禁用）药剂，或配液喷撒，或以适量六六六粉施入土地浅层，或以六六六液糖液混合诱杀害虫。20世纪80年代以来，使用农药种类增多，化学防治面增大。对青叶蝉，从9月上旬起，用氧化乐果（已禁用）、辛硫磷、马拉硫磷（已禁用）等药1000～1500倍液连喷3次，每次间隔10天。对兰叶虫甲，在4月中旬至6月用乐果（已禁用）或马拉硫磷1000～2000倍液连续2～3次。对食心虫，用50％的杀螟松（已禁用）油1000倍液或50％可湿性滴滴涕（已禁用）200倍液或25％滴滴涕乳剂喷施，严重时用波尔多液或锌铜石灰液中加2000倍的1605（乙基对硫磷，已禁用）喷施。对蚜虫，孵化期用50％抗蚜威可湿性粉剂2000～2500倍液喷施。对红蜘蛛，早春花芽松动时喷波美5度石硫合剂；6—7月，针对红蜘蛛多的果树喷80％乐果乳油800～1000倍液或1059（内吸磷，已禁用）2000倍液或三氯杀螨醇（已禁用）可湿性粉剂800～2000倍液。对蠹蛾，用久效磷（已禁用）、杀螟松、杀虫脒（已禁用）等药喷杀。对螨类，在3月上旬至4月上旬，用40％氧化乐果乳油1500～2000倍液或20％二氯杀螨乳油600～1000倍液或73％克螨特乳油2000倍液喷杀，在6月下旬至7月大发生期，用三氯杀螨醇、克螨特等药物集中灭螨。

2002年，自治区植物保护站、地区农业局、红旗坡农场、兵团农一师九团园林工作站联合进行果树害虫综合防治技术示范，防治对象为蠹蛾、害螨、蚧虫、蚜虫，除农业措施、人工防治外，重点进行化学防治技术示范。防治适期：蚜虫为果园有翅蚜首次高峰出现1周内首次防治，以后视蚜虫种数量和为害程度决定适期；蚧虫首次防治为现蕾期，第二次为花后幼果期，第三次在秋后，蚧虫最后一代低龄固定前；蠹蛾为一代卵高峰期和越冬代幼虫茧前期；害螨为越冬代活动高峰期和第一代若螨高峰期，后视发生为害程度而定。四类主要害虫化学防治农药选用，按照节本、高效、兼治、低毒和低残留的原则，兼顾防治效果，保护天敌，降低农药残留，尽量选用生物农药。施药时间和用药种类：第一次施药为现蕾期，防治蚧、螨使用902生物杀虫剂、乐斯本、速蚧克（已禁用）和速扑杀（已禁用）；第二次施药为后期，防治蠹蛾兼治蚧、螨、蚜，使用902生物杀虫剂、天王星、乐斯本等，以生物农药为主；第三次施药以对蚜、螨、蚧发生程度监测预报为依据而定；秋后防治，使用速蚧克、速扑杀、902生物杀虫剂和乐斯本等。示范面积苹果13.33公顷、香梨6.67公顷，桃、葡萄各3.33公顷。

2010年，农场园艺生产科、植保站及时以月报、简报的形式建立林果业病虫害预警、预报措施，制定病虫害及自然灾害的应急措施，及时将各项信息反馈到职工中去，设置病虫害监测预报信息平台，以市场为导向，引导病虫害防治朝着有机化方面发展，以优产、高效环保为目标，结合有效的物理防治、生物防治为手段，打造绿色、环保、无污染的产品。在生产过程中，要求各生产单位严格按照农场下发的林果业管理细则不折不扣地执行，从春季开始清园、修剪、涂白、喷石硫合剂、疏花、放蜂、人工授粉、疏果、套袋、绑杀虫带、挂杀虫灯、放捕食螨、投性诱剂、建鸟巢、养麻雀、适时施药追肥、夏剪、铺反光膜、解袋、补钙、摘叶转果、统一采摘期等具体措施都实行定点、定区、定人的专人负责管理。加强对病虫害的预测预报工作，通过气象站的气象信息、植保站的病虫害发生规律预测，及时掌握病虫害发生种类、发生量、发生区域和发育进度及所采取的措施，抓住病虫害发生进程的薄弱环节进行除治，从而达到以最小投入获得最佳效果的目的，做到用药准确，联防统防，用药量小，降低下一代虫源基数和病源繁殖能力，减轻危害，避免污染。以生物防治为重点要保护好自然天敌，各单位严格按照园艺生产简报减少广谱杀虫杀菌剂的用量，或在不影响天敌活动的情况下用药。通过加强栽培管理措施，增强树势提高树体抵抗力，进行耕翻树盘，消灭土壤中越冬害虫，降低虫口密度，还可利用某些害虫的群集性、假死性、趋光性、趋化性等行为，进行人工捕杀并使用黑光灯、糖醋液、性诱剂、黄板诱杀害虫。在园艺生产过程中，限量使用高效低毒农药，在必要情况下，可使用高效、低毒、低残留农药，绝对禁止使用高毒高残留农药。

2020年，为保证特色林果业的健康发展，农场（集团公司）系统性开展4次苹果枝枯病疫情普查，累计普查面积1.81万公顷，并对苹果枝枯病疫情开展动态监测，确保对疫情发生情况心中有数。结合调查情况，从地区林检局争取免费药剂中生菌素、阿维菌素、噻霉酮等药物共计1.5吨，及时发放至分场及各生产队。

五、面积产量

建场时，农场区域内仅有农业社转入的小果园 16 个，共有各种果树 300 余株。建场初期，农场以园林队为基地，专业从事果业生产。1959 年，新植各种果树 7.33 公顷、葡萄 43.2 公顷。1963 年，葡萄开始结果，首次收果 2.1 吨。

1964 年，全场共有果园 112.2 公顷，以葡萄为主，占 43%，其次为杏、桃，分别占 18.6% 和 18.2%。当年，新定植果树成活率苹果为 94.3%，梨为 88.8%，杏为 86%，核桃为 79.1%；补植果树成活率葡萄为 73.8%，桃为 46.8%。1961 年定植杏成活率为 59.4%。1963 年定植杏成活率为 29.3%。

1964 年，农场桃、杏首次结果，产量分别为 8.3 吨和 5 吨。

1965 年开始，重点发展苹果、梨生产，除园林队外，各队开始建立果园，扩大栽植面积。1965 年和 1966 年，新植苹果、梨树面积共 174 公顷，其中各队定植小果园共 9 公顷。

1971 年，全场果园面积 273.27 公顷，比 1964 年增加 1.4 倍，其中苹果 82.6 公顷，占 30.2%，次为葡萄和梨，分别占 23.6% 和 17.9%。当年，各种果树首次全面挂果，全场果类产量首次超过 100 吨。

从 20 世纪 80 年代初期开始，农场加速果业发展，扩大红富士苹果和香梨等优质品种生产。1981 年，农场果类产量首次突破 1000 吨。1985 年，组建园林二队。20 世纪 80 年代中期，农场果类生产进入第一个发展高峰期。1986 年，农场获自治区苹果丰收二等奖。1989 年，全场果园面积比 1979 年增加 2.4 倍，其中苹果 389.07 公顷，占 54.5%；梨 233.27 公顷，占 32.7%。各类果品总产量 2643 吨，比 1979 年增加 4.3 倍，其中苹果产量 1090.9 吨，占 41.3%；梨产量 1006.9 吨，占 38.1%；两大果品共占果品总产的 79.4%。1990 年，农场被评为自治区"开拓奋进科技兴农"园艺生产先进单位。

20 世纪 90 年代，生产条件、栽培技术、果类品种全面改良，果类单产较大幅度提高，10 年面积年均递增率为 2.3%，产量年均递增率达到 20.5%。1999 年以来，农场果业生产进入第二个发展高峰期。2000 年，农场果类总产首次超过 1 万吨，比 1990 年增加 2.8 倍，其中苹果总产 6220 吨，占总产的 58.3%，比 1990 年增加 4.8 倍；梨产量 3700 吨，占总产的 34.7%，比 1990 年增加 2.1 倍。

2001 年，农场组建园艺三分场、四分场，两个分场大部分农田改种为果园。2002 年，农场退耕还林栽植果园 189.2 公顷。当年，农场苹果中红富士面积占苹果面积的 59.5%，产量占苹果产量的 38.7%；梨类中的香梨面积占梨类面积的 82.2%，产量占梨类产量的 67.1%，贡梨面积占梨类面积的 15.2%，产量占梨类产量的 29.8%。2002 年起，红枣列为农场果类生产发展新兴项目，至 2007 年，全场实有红枣面积 253.2 公顷，当年产量 166.9 吨，面积和产量分别比起步发展的 2001 年增加 7.7 倍和 13.2 倍。

2003 年，农场提出"路子调准，规模调大，品种调优"的调整原则，进一步调整林果业结构。2004 年，果园面积达 1709 公顷，果品总产首次突破 2 万吨，达 2.13 万吨，其中苹果产量 1.4 万吨，占果品总产量的 65.8%；梨 6715 吨，占果品总产量的 31.5%。

2006 年，全场果园面积 1976.87 公顷，果类总产 1.99 万吨，其中苹果面积 1060.07 公顷，占 53.6%，产量 1.36 万吨，占 68.1%；梨面积 520.4 公顷，占 26.3%，产量 4727 吨，占 23.7%，葡萄面积 187.27 公顷，占 9.5%，产量 1471 吨，占 7.4%。苹果产量中，红富士苹果 1.29 万吨，占 80.9%。

2007 年，农场进一步加大产业结构调整力度，各农田队实行生产的战略性转移，全部改为园艺分场。当年，农场果类面积新增 1933.6 公顷，年末实有面积 3910.47 公顷，总产 2.34 万吨。其中苹果新增 1563.07 公顷，年末实有面积 2623.13 公顷，占果类面积的 67.1%，产量 1.64 万吨，占果类产量的 69.8%。苹果中，红富士苹果面积新增 666.67 公顷，年末实有面积 1604.07 公顷，占苹果面积的 61.2%，产量 8536 吨，占苹果产量的 52.1%。经过多年发展，农场成为阿克苏地区的苹果主要生产基地和最大的红富士苹果生产基地。

2009 年，全场果品总产量 5.3 万吨，实现产值 8545.6 万元。

2011 年，全场果品总产量达 9.95 万吨，实现产值 1.6 亿元以上。

2013 年，农场全面落实"农业提质增效增收工程"措施，林果业面积达 1.08 万公顷，其中苹果种植面积扩大到 6984.2 公顷。

2016 年，农场（集团公司）林果业果品总产量超过 10 万吨，达 12.36 万吨。

2017 年，农场（集团公司）按照地区开展"优果行动"的安排，继续发展特色林果业，以苹果、香梨、核桃、红枣、葡萄等品种为主要发展品种，在种植方式上继续推广"种养结合""三位一体"、果园种油菜、果园养鸡、养鹅等手段模式，发展农副产品降低果农的投入成本，同时运用辩证管理技术，加强使用生物农药、农家肥等的指导、管控，推动特色林果健康发展。全年，果品总产量达 13.75 万吨。

2018 年，为适应市场需求，红旗坡集团公司林果基地从其他省市引进一批美早大樱桃，试种 10.67 公顷，当年成活率达 90% 以上。由于其优越的适应能力，2019 年，新定植樱桃 73.33 公顷。

2020 年，全场（集团公司）果品种植面积 20118.23 公顷，其中苹果种植面积 13133.33 公顷、核桃 3232.5 公顷、红枣 578 公顷、樱桃 290 公顷、葡萄 162.63 公顷、杏 10.13 公顷、其他果品 14794.97 公顷。果品总产量达 14.85 万吨。

表 2-3-4　1958—2020 年红旗坡农场（集团公司）果品面积、产量表

年份	项目	合计	苹果	梨	核桃	葡萄	桃	杏	红枣	其他
1959	面积（公顷）	7.33	1.73	0.93	—	2.80	0.87	1.00	—	—
1960	面积（公顷）	47.73	1.73	0.93	—	43.20	0.87	1.00	—	—
1961	面积（公顷）	80.40	0.00	0.00	—	48.13	20.40	11.87	—	—
1962	面积（公顷）	80.47	0.00	0.00	—	48.20	20.40	11.87	—	—
1963	面积（公顷）	90.34	0.00	0.87	—	48.20	20.40	20.87	—	—
1963	产量（吨）	2.1	—	—	—	2.1	—	—	—	—
1964	面积（公顷）	112.20	6.53	11.80	—	48.20	20.40	20.87	—	4.40
1964	产量（吨）	28.3	—	—	—	15.0	8.3	5.0	—	—
1965	面积（公顷）	180.33	39.87	19.93	—	48.20	40.40	27.53	—	4.40
1965	产量（吨）	63.0	—	—	—	43.0	15.0	5.0	—	—
1966	面积（公顷）	247.67	81.00	51.53	—	61.20	18.80	28.67	—	6.47
1966	产量（吨）	96.9	—	—	—	70.4	15.0	11.5	—	—
1971	面积（公顷）	273.27	82.60	48.93	—	64.47	20.67	27.13	—	29.47
1971	产量（吨）	102.4	0.2	0.4	—	100	1.3	0.5	—	—
1972	面积（公顷）	272.27	82.60	48.93	—	64.47	20.67	27.13	—	28.47
1972	产量（吨）	154.4	0.5	0.3	—	130.0	6.8	16.8	—	—
1973	面积（公顷）	287.80	82.60	48.93	—	64.47	20.67	27.13	—	44.00
1973	产量（吨）	105.8	1.6	0.2	—	94.7	1.6	7.7	—	—
1974	面积（公顷）	286.67	80.00	50.80	—	61.67	20.00	30.00	—	44.20
1974	产量（吨）	241.3	1.2	6.4	—	230.0	2.0	1.7	—	—
1976	面积（公顷）	243.08	52.27	50.00	—	57.27	8.00	30.67	—	44.87
1976	产量（吨）	385.0	70.5	6.0	—	285.0	7.5	15.0	—	1.0
1977	面积（公顷）	204.68	46.67	46.67	—	56.67	8.00	30.00	—	16.67
1977	产量（吨）	275.8	32.5	0.5	—	215.0	5.0	22.5	—	0.3
1978	面积（公顷）	208.00	66.67	44.33	—	50.00	6.00	30.00	—	11.00
1978	产量（吨）	612.3	240.0	20.0	—	325.0	1.5	25.0	—	0.8
1979	面积（公顷）	211.13	72.07	44.33	—	50.00	6.00	30.00	8.73	—
1979	产量（吨）	499.6	190.0	31.0	—	235.0	20.0	23.6	—	—
1980	面积（公顷）	223.86	73.27	44.20	—	53.53	11.27	29.53	8.73	3.33
1980	产量（吨）	547.9	262.2	70.1	—	174.2	14.7	26.7	—	—
1981	面积（公顷）	215.73	63.27	44.47	—	54.07	11.53	30.33	8.73	3.33
1981	产量（吨）	1047.9	361.1	275.5	—	358.5	20.8	32.0	—	—

（续）

年份	项目	合计	苹果	梨	核桃	葡萄	桃	杏	红枣	其他
1982	面积（公顷）	217.60	68.13	47.33	—	47.47	16.87	27.67	8.73	1.40
	产量（吨）	1044.6	324.7	272.3	—	216.3	21.4	207.9	—	2.0
1983	面积（公顷）	234.67	78.40	49.87	—	48.20	18.13	27.27	8.73	4.07
	产量（吨）	1238.1	460.5	373.1	—	331.2	30.0	43.3	—	—
1984	面积（公顷）	256.72	74.93	59.60	—	52.67	27.13	31.93	8.73	1.73
	产量（吨）	1124.7	210.7	451.4	—	403.6	25.7	32.5	—	0.8
1985	面积（公顷）	305.40	72.27	104.67	—	62.53	27.00	28.93	8.73	1.27
	产量（吨）	1112.1	499.6	182.6	—	385.7	33.8	10.0	—	0.4
1986	面积（公顷）	428.74	182.33	111.73	—	71.47	27.00	30.27	4.67	1.27
	产量（吨）	1579.0	679.5	569.6	—	290.7	28.7	10.4	0.1	—
1987	面积（公顷）	498.40	266.67	106.13	—	74.33	14.40	30.93	4.67	1.27
	产量（吨）	2129.10	760.6	778.8	—	447.3	32.6	109.2	0.3	0.3
1988	面积（公顷）	654.39	377.53	156.00	—	74.53	16.53	24.80	4.67	0.33
	产量（吨）	2166.9	902.9	815.7	—	344.1	75.4	78.3	0.5	—
1989	面积（公顷）	713.87	389.07	205.73	—	78.73	11.80	23.67	4.67	0.20
	产量（吨）	2643.0	1090.9	1006.9	—	428.4	4.5	111.9	0.4	—
1990	面积（公顷）	745.28	394.80	233.27	—	78.80	7.87	24.80	4.67	1.07
	产量（吨）	2780.2	1080.0	1200.0	—	450.0	4.5	44.6	1.0	0.1
1991	面积（公顷）	763.94	397.47	249.80	—	78.80	7.93	24.80	4.67	0.47
	产量（吨）	2627.1	969.0	787.2	—	592.8	2.7	267.9	6.5	1.0
1992	面积（公顷）	709.99	342.73	261.80	—	65.73	9.73	25.20	4.80	—
	产量（吨）	3370.0	1413.0	1233.0	—	602.0	3.0	105.0	14.0	—
1993	面积（公顷）	802.00	354.00	359.00	—	49.00	9.00	26.00	5.00	—
	产量（吨）	4340.0	2519.0	1009.0	—	572.0	6.0	220.0	14.0	—
1994	面积（公顷）	871.20	400.60	370.73	—	55.73	8.47	30.80	4.87	—
	产量（吨）	4920.5	1674.0	2551.0	—	589.0	3.4	90.1	13.0	—
1995	面积（公顷）	875.86	411.60	392.93	—	42.93	1.27	22.40	4.73	—
	产量（吨）	4231.0	1786.4	1726.3	—	585.5	0.3	119.2	13.3	—
1996	面积（公顷）	802.00	377.00	350.00	—	45.00	1.00	24.00	5.00	—
	产量（吨）	5838.9	2539.1	2530.2	—	606.4	0.7	150.2	12.3	—
1997	面积（公顷）	808.00	379.00	355.00	—	45.00	1.00	23.00	5.00	—
	产量（吨）	9029.0	4187.4	4347.0	—	272.4	0.7	196.5	25.0	—
1998	面积（公顷）	815.00	382.00	355.00	—	45.00	3.00	25.00	5.00	—
	产量（吨）	7423.1	2940.7	3871.0	—	397.8	2.5	190.0	21.1	—
1999	面积（公顷）	920.00	366.00	476.00	—	48.00	5.00	20.00	5.00	—
	产量（吨）	8500.2	5052.7	2751.6	—	484.3	2.8	184.2	24.6	—

（续）

年份	项目	合计	苹果	梨	核桃	葡萄	桃	杏	红枣	其他
2000	面积（公顷）	1124.00	377.00	665.00	—	50.00	8.00	20.00	4.00	—
	产量（吨）	10669.0	6220.0	3700.0	—	480.0	21.0	224.0	24.0	—
2001	面积（公顷）	976.20	433.00	468.00	—	21.00	6.80	15.40	32.00	—
	产量（吨）	19991.0	9800	9200.0	—	233.0		117.0	21.0	620
2002	面积（公顷）	1150.00	452.00	487.00	—	40.00	6.80	15.40	77.00	71.80
	产量（吨）	19893.0	10036.0	9674.0	—	58.0	80.0	15.0	30.0	—
2003	面积（公顷）	1431.00	608.00	571.00	—	57.00	6.80	15.40	77.00	95.80
	产量（吨）	18467.0	10106.0	7978.0	—	158.0	35.0	162.0	28.0	—
2004	面积（公顷）	1709.00	743.00	647.00	—	136.00	6.80	15.40	89.00	71.80
	产量（吨）	21341.0	14043.0	6715.0	—	306.0	85.0	12.0	180.0	—
2005	面积（公顷）	1687.59	759.73	568.00	—	200.73	3.20	6.13	49.73	100.07
	产量（吨）	18616.9	14160.0	3818.0	—	593.0	—	19.4	20.0	6.5
2006	面积（公顷）	1976.87	1060.07	520.40	—	187.27	0.33	3.20	115.00	90.60
	产量（吨）	19915.0	13565.0	4727.0	—	1471.0	26.0	33.6	52.4	40.0
2007	面积（公顷）	3907.13	2623.13	468.5	—	275.00	4.0	5.3	253.2	278.0
	产量（吨）	23882.6	16369.8	4935.0	—	1841.9	218.0	52.0	166.9	299.0
2008	面积（公顷）	4771.96	2823.23	263.6	1043.7	16.3	—	—	327.13	298.0
	产量（吨）	26098.9	22998.8	2630.0	130.8	24.0	—	—	15.25	300.0
2009	面积（公顷）	4117.70	2247.3	219.6	1085.4	330.6	—	1.1	112.6	121.1
	产量（吨）	52951.8	38000.0	6587.0	100.0	7439.3	—	25.5	800.0	—
2010	面积（公顷）	7597.60	3194.7	74.9	3255.6	233.3	—	—	327.1	512.0
	产量（吨）	26208.3	23469.5	876.3	137.5	1330.0	—	—	250.0	145.0
2011	面积（公顷）	9206.70	3683.4	259.0	3891.4	246.9	—	5.7	586.0	534.3
	产量（吨）	91693.0	65751.0	11654.0	1757.0	9256.0	—	255.0	2820.0	200.0
2012	面积（公顷）	11048.30	4278.0	32.6	3988.1	1230.0	—	—	985.3	534.3
	产量（吨）	53712.5	50533.1	770.0	313.8	1200.0	—	—	695.6	200.0
2013	面积（公顷）	14112.00	6984.2	65.2	4256.3	1159.0	—	—	1106.3	541.0
	产量（吨）	105187.7	98426.8	1677.4	2132.2	1274.9	—	—	1376.4	300.0
2014	面积（公顷）	13894.40	6957.5	65.2	4221.5	927.2	—	—	1173.0	550.0
	产量（吨）	74079.6	66460.1	1632.0	2826.8	1019.9	—	—	1640.8	500.0
2015	面积（公顷）	14862.93	6904.2	333	5036.1	666.7	—	3.33	1339.6	580.0
	产量（吨）	80625.9	52164.3	6000	4550.6	15000	—	50.0	2361.0	500.0
2016	面积（公顷）	15159.70	6824.2	65.2	5197.4	600.0	—	3.3	1869.6	600.0
	产量（吨）	123554.0	92140.0	1500.0	6954.6	19200.0	—	50.0	2709.2	1000.0
2017	面积（公顷）	15030.70	6947.9	38.5	5004.1	480.1	—	3.33	1706.8	850.0
	产量（吨）	137461.4	112921.6	1164.0	4906.2	15363.2	—	50.0	2056.4	1000.0
2018	面积（公顷）	14682.30	6874.5	32.0	5002.1	220.0	—	3.3	1685.4	865.0
	产量（吨）	123335.5	109320.6	612.0	5543.8	4136.0	—	50.0	2673.1	1000.0

（续）

年份	项目	合计	苹果	梨	核桃	葡萄	桃	杏	红枣	其他
2019	面积（公顷）	14488.80	6609.6	26.6	5002.1	176.0	—	3.3	1715.7	955.5
	产量（吨）	139307.9	125913.7	424.0	5933.0	3308.0	—	50.0	2679.2	1000.0
2020	面积（公顷）	14252.60	6376.2	26.7	5002.1	162.6	—	33.3	1715.7	936.0
	产量（吨）	148513.3	133265.1	400.0	6612.8	3500.0	—	52.0	3683.4	1000.0

六、果品基地建设

1962—1966年，农场定植苹果、梨、葡萄、桃、杏等面积200公顷左右，为便于管理，规划集中连片，林网、道路桥涵、渠系等较为完善配套。

1978年，农场集中果园面积为138公顷，其中苹果25.8公顷、梨25.2公顷、葡萄47公顷、杏30余公顷、桃6公顷。至1980年，总产在374～558吨，1981—1984年，总产在1100～1150吨。

1987年，农业部、自治区农业厅、地区农业处决定把农场定为园艺商品基地。由于农场新果园的不断增加，为加速实现商品基地建设速度，强化技术管理，农场制定新老果园技术管理制度，实行统一施肥、统一翻耕、统一放水、统一修剪、统一植保、统一防寒措施、统一采摘、包装、储运销售、统一检查评比交流经验办培训班，严格科学管理，树立科学、严谨、系统的管理工程，达到定植一块、成活一块，按时定期投产一块。至1989年，新定植果园566.8公顷。在此基础上，苹果栽培352.8公顷，占新植果园面积的62.2%，其中优质品种红富士、金矮生、金冠等所占比例达70%左右；香梨和砀山酥梨155公顷，占新植果园的27.3%；葡萄28公顷（无核白占20公顷），占新植面积的4.9%；杏、桃、红枣共计30.8公顷，占5.6%。新老果园总面积超过667公顷，水果总产突破2600吨，其中苹果、梨分别突破1000吨，商品率由1984年的60%增加到90%以上。

1990年，农场为集中新老果园建立档案资料。万亩果园基地基本定型。

2009年，柯柯牙四期绿化工程十万亩荒漠治理项目在红旗坡辖区实施。当年，为方便属地管理，农场成立特色林果业示范基地，成立之初有员工3人。

2010年12月21日，红旗坡农场农产品加工示范基地被农业部评为第四批全国农产品加工业示范基地。

2015年，农场进行管理体制改革，将实验站、特色林果业示范基地合并成立园艺五分场，有员工9人。因土地面积过大，为方便管理分成实验站、基地一队、基地二队三个

图 2-3-3 2013 年定植的红旗坡农场（集团公司）特色林果业示范基地（摄影：童金茹）

片区。当年，根据《国家农业综合开发办公室下达的 2015 年第二批中央财政农业综合开发名优经济林等示范项目的通知》、自治区林业厅《关于阿克苏地区 2015 年（第二批）农业综合开发林业名优经济林等示范项目实施方案的批复》文件精神，农场依托地缘优势，实施核桃示范基地建设项目。项目区位于农场园艺五分场，建设面积为 100 公顷，主要建设内容为核桃种植 75.8 公顷、防护林种植 16.13 公顷，土地平整 91.93 公顷、土壤改良 91.93 公顷，新修防渗渠 7583 米，占地 1.53 公顷；新修作业道路 8154 米，占地 6.5 公顷；在项目区显著位置安装宣传牌 1 块；组织人员培训 100 次。项目总投资 420 万元，其中自治区财政及地方财政配套资金 60 万元；占总投资的 14.29%；企业自筹资金 210 万元，占总投资的 50%；申请中央补助资金 150 万元，占总投资的 35.71%。2018 年，项目全部完工完成自验。

图 2-3-4 2019 年定植的红旗坡农场（集团公司）333 公顷樱桃示范基地（摄影：童金茹）

2018年，农场（集团公司）通过经营权回购土地，建立666.67公顷苹果密植标准化示范基地，完成乔化密植高纺锤形种植技术的应用和水肥一体化、质量追溯体系建设及机械化等管理模式的运用，为实现林果业管理提质增效打下基础。完善林果产业结构，建立180公顷大粒无核葡萄生产基地，为林果产业的发展提供产品结构支撑。

2020年，农场（集团公司）推进新种植模式基地建设，按照"统一规划、合理布局、相对集中、连片栽植"的原则，发展集中连片、透光透气、机械化操作、水肥一体化的乔化密植的现代化果园1300余公顷。优化林果产业结构，完成333公顷樱桃种植、333公顷大粒无核葡萄种植，林果产业结构由单一型向多元化发展。

七、品质控制

20世纪80年代初期开始，农场调整果类品种结构，实行择优定植，科学布局，引进优良品种，扩大优质品种栽植，不断加强果园生产技术管理，推广果业生产新技术、新措施，逐步提高果品内在品质和外观品质，增强果品质量优势。至80年代中期，新技术措施明显见效，开始呈现果品品质优势。1985年，农场果品质量获部级金杯奖。1986年，农场果品质量获自治区厅级奖。80年代后期，果品采收管理提到重要议事日程，农场制定技术操作制度，实行分工负责验收和奖罚制度，分级、分环节严格把关控制，确保果品品质提高。

1988年，农场制定《园艺生产管理制度》，对果品采收和果品质量验收标准作出具体规定。制度规定：果品采收时间由队统一安排，按技术要求操作，分管干部监督。采收果品按国家标准分类分级堆放，优质优价。果品等级、品质要求：苹果一等大型果横径达到7厘米以上，中型果横径达到6厘米以上，一等带色果达到三分之二以上，二等带色果达到三分之一以上，果柄完整，果实无丝毫碰伤；香梨一等单果重90克以上，二等70克以上，含糖量13%以上；酥梨及其他梨品种单果重150克以上，果品无碰伤、无虫眼，果柄完整；葡萄横径不少于1厘米，大葡萄糖度不低于16%，无核白糖度不低于20%，果穗完整；杏成熟度按客户要求采摘。以上产品按质量要求采摘，不合格者降价或拒收。

20世纪90年代以来，优质红富士苹果、香梨、贡梨逐步成为农场果品的支柱和拳头产品，品质进一步提高。1991年，全地区果品评选的六个第一名中，农场果品获得三个第一名。1992年4月，农场参加亚太经济合作会议第48届中国中小企业成果博览会，获荣誉证书，果品质量受到好评。1993年2月，农业部颁发证书，认定农场生产的红富士苹果和香梨符合"绿色食品"标准。1995年10月，农场参加第二届中国农业博览会，农场酥梨获银奖，红富士苹果获铜奖，博览会颁发证书和奖匾。1996 年 8 月，农场批转园艺分场《果品处理、合同兑现管理制度》，要求各单位根据各自情况参照执行。制度规定：适时采摘，采摘期由分场安排，未接到分场通知私自采摘者，按偷卖查处（少量早熟果及不耐储存果另行对待）。采摘人员操作时，剪指甲，戴手套，轻摘轻放，先采树冠下部和外围，再摘内膛和上部。做到先剪先摘，成熟一批，采摘一批。采摘时，分场工作人员有权在承包果园和承包户宅院检查、监督和量方登记。采摘后的果品，分品种按果形、颜色、新鲜度严格挑选，按级摆放，严禁一级果掺入二、三级果。未完成合同任务前，一级果不准放入承包户家中。发现上述行为，分场工作人员有权责令重新挑选摆放。承包户提前搭好果品摆放、打包棚架，不准果品日晒雨淋，遭雨淋泡水损伤果品，损坏包装，由承包户承担损失。果品质量要求：苹果类的红富士、红元帅、黄元帅、青香蕉、秦冠等大型果按单果横径面规定数摆放。分为一级、二级果，具体标准：一级果横径 7 厘米以上，带色果三分之二红色，二级果横径 6 厘米以上，带色果三分之一红色。中型国光苹果一级横径 6 厘米以上，颜色三分之二红色；梨类的香梨单果重 100 克以上（含 100 克），颜色绿色或淡绿色。砀山梨一级单果重 200 克以上（含 200 克），颜色淡黄色。其他果标准，按客户要求商定。所有果品保证无烂果、无碰伤、无病虫害、无锈斑，果型端正，果柄完整。

2000 年，农场开展"园艺科技质量效益年"活动，加大科技投入，提高科技含量，修订完善果品质量标准，建立以户为单位的果树管理档案，强化质量意识，扩大质量优势，加速果业由数量经济型向质量效益型的转变进程。根据市场需求和消费者对果品质量、档次的进升认可，农场再度加大对果农的培训和对果树的物化投入，产品规格再次提高，苹果横径 8 厘米以上（含 8 厘米），香梨 120 克以上（含 120 克）为一级果。此后，果品质量被摆上更加突出的位置，成为果园生产的重中之重。继 1999 年 9 月农场贡梨被新疆农业名牌产品认定委员会认定为首批"新疆农业名牌产品"之后，2001 年 8 月，农场红富士苹果、香梨再次被新疆农业名牌产品认定委员会认定为"新疆农业名牌产品"。当年，农场"红旗坡"牌商标正式启用。年内，自治区农业厅颁发资格证书，认定农场为"无公害农产品生产基地"，分别认定农场新疆香梨、红富士苹果为"无公害产品"。2002 年，农场"红洁蜜牌"鲜水果正式在国家商标局注册。2002 年 10 月，自治区工商行政管理局颁发证书及匾牌，授予农场"红洁蜜"牌鲜水果为"新疆名牌商标"。2003 年 10 月，自治区消费者协会颁发证书，授予农场"红洁蜜"牌鲜水果为向消费者推荐商品。2005 年 11 月，农场注册的"红旗坡"牌系列水果被自治区工商行政管理局评为著名商标，"红洁蜜"商标同时终止使用。2006 年 1 月，阿克苏地区农业产业委员会颁发证书，确定农场为地区农业产业化重点龙头企业。当年，地区举办首届果品状元评比，二分场的段凤

斌、一分场的何忠昌分别获得"苹果状元"和
"香梨状元"称号，三分场获葡萄生产第三名。

2007年3月，农场被批准为北京市果树产业协会外埠会员单位。2007年，农场通过有机产品认证。2008年8月，农场参加北京奥运推荐果品评选委员会的综合评比精选，农场的苹果凭借优良的口感、漂亮的外观以及各项优异的养分指标，夺得苹果类唯一的一等奖，葡萄获二等奖，香梨、核桃、红枣获推荐果品奖；农场被列为奥运会指定果品生产基地，农场生产的苹果、葡萄被正式指定为北京奥运会指定果品。8月17日，在红旗坡农场举行授牌仪式，北京市园林绿化局、北京市果树产业协会、北京市百果神农果品有限公司专程来阿克苏为农场正式授牌，并与农场签订奥运果品购销合作协议。2008年8月，红旗坡农场入选江

图 2-3-5　2014 年，农场有机种植基地的核桃和红枣产品获得有机转换产品认证（照片提供：档案室）

苏省食品创强势品牌单位。12月，农场苹果获中国果品流通协会授予"中华名果"称号和中国国际林果业博览会颁发金奖、银奖。

2009—2010年，农场全面深化"林果业管理增效年"活动。全面落实绿色、无公害农产品、有机食品各项技术规程；引进 ISO 9000 质量管理体系标准和 ISO 14000 环境管理体系标准及 QS 食品质量安全标准，开展全程质量控制。把创建高效生态示范区、建设科技示范场和优势农产品基地等与推进品牌农业有机地结合起来，进一步提高产品质量和效益，提升产业化发展水平。

2011年，农场为促进农场苹果标准化生产，提高农产品质量安全水平，提高农产品质量竞争力，通过农产品质量追溯体系认证。当年，荣获中国果品行业领先十大品牌、中国果品行业（苹果类）最具影响力品牌。

2012年，进一步完善质量追溯体系项目建设，进一步规范果树标准化生产技术操作步骤，开始实施"健康果园项目"，强化关键环节的指导和督察，严格产量效益标准，全面提升果品品质；加强生产环节质量监控，开展有机认证复查工作。

2016—2020年，农场（集团公司）在精细化管理上强化措施，广泛使用"辩证法"种植模式，在利用单位有效资源的基础上，进一步完善质量追溯体系措施，进一步规范果

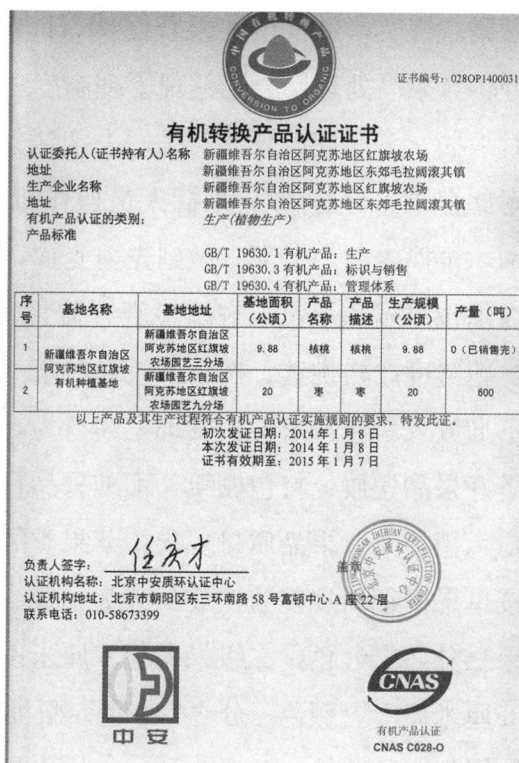

树标准化生产技术操作步骤，优化生产管理方式；继续加强灾害综合防控体系建设，特别是在病虫害防治上，严防高毒农药使用，推广生物防治技术。

八、营销

建场至 20 世纪 80 年代前期，农场果品由农场统一管理、分配、销售，除供应农场内部需求外，部分外销，数量不多，商品率低。20 世纪 80 年代中期开始，果品产量逐年增多，商品率提高，对外营销逐步成为果业的重要环节。实行果园家庭承包责任制后，果品销售由农场宏观控制，分场（队）具体管理。未兑现承包合同上交管理费产品之前，承包户无权对外自销产品。合同内上交产品，按规定等级，由承包户负责无偿包装（不含包装物）、过秤、打包、装车，由分场（队）统一销售，标准以需方验收合格为准。合同外产品由承包户自行销售，或委托各场（队）代理销售。合同外产品，分场（队）如需要，承包户优先有偿交于分场（队），签订合同，价格由双方协商。农场果品大部分内销，少部分外销。1986 年，农场香梨首次外销东南亚和香港；1987 年，外销苹果首次达 110 吨；1991 年，外销香梨 2150 吨。

20 世纪 90 年代，农场继续坚持"一场两制"营销方式，"多条腿走路"，多渠道销售。农场根据果品供求、市场行情和营销状况，按照"抓大放小、有管有放"的原则，适时灵活调整营销策略和管放尺度，实行总体适度控制，建立总体统一营销体系，统一价格，统一营销方式，避免内耗。果品营销管理视市场供求和行情变化，或严或宽，或紧或松，各年度、各品种因情而异。营销中，坚持以质取胜，以质促销，严格把关。1996 年，农场批转园艺分场《果品处理、合同兑现管理制度》，规定承包户自己销售果品实行报场备案制；果品质量验收实行责任制，果品装箱加承包户（装箱户主）标记，若发现质量问题，追查责任，由承包户负担损失。分场工作人员有责任的，负连带责任，赔偿部分损失，并扣岗位津贴或工资，严重者给予政纪处分。1999 年，农场决定，全场香梨销售实行统一决策、统一安排、统一标准、统一价格。一级香梨由农场统一调配销售，一级以下香梨由分场（队）和承包户自行销售。香梨价格每 10 天由农场统一调整一次，作为统一执行价格，任何单位和果农个人不得擅自降价或提价，违者予以处罚。为扩大营销，农场、分队采取"请进来、走出去"的方法，推动单位找客户，鼓励个人闯市场，实行优质服务，固定老客户，吸引新客户，营建和扩大客户网络。

2000 年后，农场不断推出果品营销新策略、新举措，果品营销策略不断进行调整，逐步由行政管理型向综合服务型转变，由单一生产型向生产销售型转变。

2007 年，农场进一步加强经营方式的突破，提出以优势果品区域化科学布局为基础，以加快推进优质苹果产业化经营为主线，以优质苹果标准化生产为途径，以红旗坡品牌为突破口，扩大"红旗坡"品牌红富士苹果的知名度，推行产品走出去战略，培育阿克苏苹果红旗坡名牌的品牌战略。

2009 年，农场组织开展和参加各类有利于宣传展示"红旗坡"品牌农业的展销会、博览会、洽谈会等经贸活动。与相关部门进行沟通和协调，共同推进品牌农业建设。当年，农场在乌鲁木齐、上海、北京、嘉兴、深圳等地均设有销售网点，产品远销全国 26 个省市及新加坡、马来西亚、泰国、越南、哈萨克斯坦、巴基斯坦、俄罗斯等地。

2011 年，农场的上海销售体系得到巩固；利用浙江援阿优势，杭州销售平台初步建立；开辟哈萨克斯坦等中亚市场，进一步推进外销平台的建设，拓展新的外销营销市场；加大果品质量控制，进一步推动品牌效应。

2016 年，红旗坡农场（集团公司）为进一步推进果品销售，成立林果开发股份有限公司，将其打造为专业化的销售平台，全力引进互联网＋理念，开启品牌农业发展新时代。当年，林果开发公司共签订 6100 吨果品的销售合同。为进一步提高市场知名度，参加各类农产品展示、展销评比活动，邀请中央电视台《相约》栏目等多家媒体在农场拍摄专题节目《果园里的阿克苏》；与湖南卫视合作开展走进原产地快乐购大直播活动，"红旗坡"品牌知名度得到显著提升。

2017—2018 年，红旗坡农场（集团公司）在林果品牌宣传、品牌视觉设计、品牌文化提炼、品牌战略理念的传播等各个方面开展大量的工作，通过媒体及全国各地果品展销会、产品展示等，将果品品牌效应最大化。同时，在已有销售平台的基础上，全力引进互联网＋理念，与京东签署年度销售额超过 1 亿元的目标规划；与刀郎优品达成以"红旗坡苹果"为代表涵盖其他新疆特色农产品的大型团购渠道销售意向。在北京、上海、广州、深圳、重庆、长沙、乌鲁木齐等大中城市建立销售网点，通过大中城市辐射区域性市场。与工商银行合作，在"融易购"开展线上交易业务；与芒果生活频道（湖南卫视电视购物频道）合作，开展电视购物推广销售。依托战略合作和区域代理，浙江农发集团浙江新农都实业有限公司、新疆红旗坡农业发展集团有限公司等浙阿两地龙头企业牵头，在浙江市级销售渠道铺设到位，建立"十城百店"网点 416 个，其中市级旗舰店 13 个、直营店 52 个、加盟店 148 个、超市专柜 70 个、机关食堂及超市 133 个。与京东、阿里、中粮我买网、永辉超市、曲牌果业、兴邦果业等在全国范围内有影响力和销售实力的企业展开全方位的产品营销战略合作，建立线上线下渠道。

2019 年 4 月 2 日，阿克苏优能农业科技股份有限公司注册成立。当年，收购果品

图 2-3-6　2018 年 10 月 30 日，农场（集团公司）在浙江绍兴举办阿克苏农产品"十城百店"推介会暨"阿克苏好果源"品牌发布会（照片提供：综合部）

1.48 万吨，其中苹果 1.46 万吨、核桃 12.75 吨、红枣 165.08 吨、其他 4.5 吨。当年，阿克苏地区财政拨付资金支持农产品区域大品牌打造、质量追溯体系建设和农产品质量检测，整合苹果、香梨、核桃、红枣等品牌，统一使用"阿克苏好果源"区域大品牌，并制作防伪标识，为外销阿克苏农产品统一贴标。阿克苏红旗坡"好果源"溯源系统体系建设向各县（市）加盟企业发放好果源标识二维码共计 1300 余万枚，累计激活数量 900 万枚、企业数据录入 130 家、产品信息录入 275 种。

2020 年，红旗坡农场（集团公司）以品牌建设为抓手，推进农产品经营销售。实施"走出去引进来"经营策略，不断完善生产基地、品牌建设、营销体系、物流体系为一体的综合产业化经营销售体系。不断推进"红旗坡"品牌建设。在原"红旗坡"品牌的基础上，结合优能公司发展经营，进一步完善品牌商标，完善产品包装体系，为进一步提升品牌形象和市场影响力打下基础。持续加强与京东、中粮我买网、盒马鲜生、本来生活网、每日优鲜等企业的产品营销战略合作，巩固线上线下结合的销售网络。与浙江省援疆指挥部、浙江省林业局、共青团浙江省委、浙江广播电视集团、浙江金融企业合作，推进"我有一棵树，长在阿克苏"活动，结合生态发展、产业发展，探索新型农产品营销模式。至 2020 年底，已有 2000 多棵被认种，产生效益 200 余万元。

第三节　农　　业

一、谷物种植

（一）品种

农场谷物种植以小麦、玉米为主，次为豆类，其他品种有水稻、高粱、黑糜子、大麦、荞麦，其中高粱种植时间最长，种植面积最大的为 1994 年的 67.93 公顷，占当年粮食作物面积的 7%，其余均为部分年份和断续小面积种植。小麦以冬小麦为主，部分年份小面积种植春小麦，春小麦种植面积最大的为 1962 年和 1963 年，分别为 87.6 公顷和 83.93 公顷，分别占当年小麦面积的 19.9% 和 16%。玉米以早玉米为主，晚玉米种植面积小。豆类以大豆（黄豆）为主，大豆正播和间作混播兼有，其他品种有豌豆、绿豆、蚕豆等，其中豌豆种植时间较长，面积较大。

小麦、玉米两大谷物种植的面积，在绝大多数年份以小麦面积居多。

表 2-3-5　1958—1999 年部分年份红旗坡农场小麦、玉米面积占粮食作物面积比例表

年份	小麦面积（%）	玉米面积（%）
1959	69.6	21.7
1969	64.3	35.7
1979	64.3	29.4
1989	52.9	40.4
1999	68.7	31.3

1. 冬小麦良种　1958 年建场起，冬小麦以从苏联引进的抗寒性能强的乌克兰 0246 为主，并小面积试种乌克兰 83 和敖德萨 16。1959 年，乌克兰 0246 等引进良种种植面积占 81.3%，本地黑冬麦种植面积占 18.7%。1961 年，引进良种种植面积占 90%。当年，试种杂交 86。至 1963 年，乌克兰 0246 出现混杂和退化。1964 年，农场成立种子站，专门负责引进和推广良种，至 1965 年引进冬麦新品种 9 个，试种 7.67 公顷。农田四队改为种子队，与农场试验站共同负责种子提纯和杂交制种，全场实行冬麦种片选和乌克兰 0246 等良种穗选，种子单收、单打、单藏。1965 年，冬麦良种品种较多，有乌克兰 0246、乌克兰 83、乌克兰 84、奥德萨 16、奥德萨 3、杂交 186、农大 183、甘肃 407、华北 187 等，主栽品种乌克兰 0246 占 54.7%，奥德萨 16 占 38.2%。

20 世纪 70 年代，引进新冬 2 号、新冬 5 号等晚熟良种，逐步减少和替代乌克兰 0246、奥德萨 16 等品种，新冬 2 号成为主栽品种。20 世纪 80 年代，逐步推行"两早配套"耕作制，早熟小麦面积逐步扩大。20 世纪 80 年代前期，引进唐山 6898 和红选 501，逐步与新冬 2 号同为主栽品种。1990 年，唐山 6898 小麦平均每公顷产量 4.98 吨。1991 年，由兵团农一师十五团引进 7616 冬麦。1992 年，引进奎屯 1 号冬麦二代，种植 80 公顷。

2. 玉米良种　自农场建场起，便推广金皇后和白马牙，减少本地黄白玉米。1959 年，除金皇后、白马牙外，还试种大金顶。1961 年，玉米播种面积 464.4 公顷，其中金皇后占 52.1%，白马牙占 34%，两个主栽品种共占 86.1%。本地品种以其力克为主。1964—1965 年，

农场试验站配制双交、单交前进、单交胜利、自交系玉米,试种表现不佳。1965年引进维尔156玉米,种植66.67公顷,占当年玉米面积的11.4%。20世纪70年代后期至80年代中期,引进金单403、金大单交、中南1号等品种。20世纪80年代后期,早玉米主栽早交SC-704和伊大。1989年,早交SC-704小面积每公顷产量超过6吨,大面积单产3.75~4.5吨。当年,农田八队试种阿克苏培育的雄性不孕单交玉米,每公顷产量为7.5吨。

(二)栽培技术

1. **小麦** 播种前整地要求精细,按照不同地形进行大平或小平,条田高低差不超过7厘米。选用指定良种和土种,经过晒种。播期为9月5—20日,最迟不超过9月25日。每公顷下种量225~247.5千克(后修订为187.55~195千克)。全部采用机械条播,机播特别困难时,允许部分品种少量开沟撒播。播种深度为5厘米(沙壤土为7厘米)。一般每公顷施基肥45吨以上,有条件的加施土化肥,尽力逐步加大绿肥。在土壤刚开冻时春耙,深5~8厘米。拖拉机用对角耙,畜力用横耙。返青后与孕穗前拔草1~2次。冬麦追肥两次,第一次结合春耙,每公顷施沤熟厩肥或老墙土15~17.5吨,第二次结合拔节水施腐熟羊粪和土化肥混合肥。生长期灌三次水,分别于返青前或返青时、拔节后孕穗抽穗前、开花后至熟乳期间。灌水采用小畦灌,禁用串灌漫灌。生长期灌水量定额每次每公顷750~900立方米。从6月上旬开始,机械收割在完熟初期进行,人力收割在蜡熟中后面展开,集中人力、机具突击收割,做到历时短、麦茬低、丢穗少、脱粒净。

2. **玉米** 玉米适宜于壤土及沙壤土地种植。种子选用指定良种和土种。本地玉米种子采用田选、穗选,人工脱穗。种子经过净选机、风车、园筛清选,进行药剂拌种,并经过晒种。早玉米播期为4月15—30日,晚玉米在夏作物收后立即播种。玉米金皇后每公顷下种量75千克,白马牙每公顷下种量60~67.5千克,晚玉米每公顷下种量45千克。采用机械条播,机播特别困难时,允许部分品种少量开沟撒播。为60厘米单行。播深一般地为6~8厘米,过干地为10厘米。每公顷施基肥52.5~60吨。出苗95%时开始补苗。补苗种子经浸泡处理。分两次疏苗定苗,第一次在出苗后疏苗,第二次在三叶时定苗。株距金皇后为27~28厘米,白马牙与晚玉米为22~24厘米。早玉米中耕分3次,先后在定苗前、四片真叶期、拔节初进行,最后一次结合培土。晚玉米中耕1~2次,锄草2~3次。在锄草同时进行去蘖。授粉期若无风,采用拉绳法人工授粉。种子田采取去雄选种。结合灌水追肥1~3次,一般田在定苗后追肥1次,基本田在拔节前第二次以播种机追肥颗粒肥,开雄花前第3次追施羊粪化肥混合肥。追肥在距株4~5厘米处条播或穴施。玉米用水宽裕时,生长期小水勤灌6次,每次每公顷600立方米左右,用水困难时,灌水

3～4次，分别于三叶期、拔节期、扬花期、熟乳期。出苗后采用香饵诱杀地老虎。其他病虫害及时调查、报告、防治。

在蜡熟末期，即苞叶变黄、籽粒变硬时进行，先收穗后收秆。在蜡熟初期，亦可去掉上半截作青贮原料。

（三）产量

农场土地贫瘠，自然条件恶劣，严重缺水，相当长的时间粮食生产水平很低，广种薄收，以面积保产量。1959年，粮食总产756.86吨，人均产粮269.4千克（表2-3-6）。其中小麦总产545.46吨，每公顷产量762.96千克，玉米总产129.22吨，每公顷产量579.98千克。

1960—1966年，农场改善生产条件，改进耕作技术措施，相继开展"万斤和百万斤生产运动"、样板田、丰产田、"条田丰产竞赛""粮食作物单产过黄河"等活动，生产水平逐步提高，单产逐年上升，总产逐年增加。1962年开始开展的"万斤和百万斤生产运动"提出"人年产万斤粮，奖吃光荣粮，队产百万斤，争做先进队"，个人利益与集体生产挂钩。具体规定：每个农工年产万斤粮，奖吃光荣粮3个月，年产0.75万千克粮，奖吃光荣粮6个月，年产1万千克粮，奖吃光荣粮12个月。达到年产粮标准的，农场发给光荣证，按三个等级（0.5万千克、0.75万千克、1万千克）场都无偿供应定量口粮或在食堂定量吃，不交伙食费。1966年，粮食总产1688.87吨，比1959年增加1.2倍，人均产粮446.8千克，比1959年增加65.9%。其中小麦总产885.81吨，每公顷产量1.08吨，分别比1959年增加62.4%和42%；玉米总产754.8吨，每公顷产量1.78吨，分别比1959年增加4.8倍和1.3倍。

1967—1969年，粮食生产连续下滑。

1970年后，粮食生产逐年缓慢增长。至1978年，粮食总产达1981.20吨，比1966年增加17.7%，小麦、玉米单产恢复至1966年水平，略有提高。

20世纪80年代，随着生产条件、耕作技术措施改进和完善，各种生产责任制的逐步推行，粮食生产进入高产增产新阶段，年均粮食总产2524吨，比20世纪70年代年均粮食总产1612.87吨增加56.5%。其中1980年粮食总产首次突破2000吨后，1988年粮食总产再次突破3000吨。1989年，粮食总产3572.85吨，人均产粮529.2千克。20世纪80年代，小麦平均每公顷产量2.02吨，玉米为3.12吨，比20世纪70年代均增加约1倍。

20世纪90年代，粮食生产再上新台阶，年均粮食总产4190吨，比20世纪80年代年均增加66%。其中1996年突破5000吨，达到5008吨，人均产粮579千克，小麦、玉米年单产分别比20世纪80年代增加86.2%和95.5%。

2000年后，农场调整农作物结构和产业结构，逐步压缩粮食面积，粮食总产呈逐年下降趋势，粮食单产继续保持较高水平。小麦单产最高的 2004 年每公顷为 5361.11 千克，玉米单产最高的 2006 年为每公顷 7476.64 千克。

2010 年后，农场未再大面积种植玉米。

表 2-3-6 1958—2007 年红旗坡农场粮食作物情况表

| 年份 | 总面积（公顷） | 总产量（吨） | 其中 | | | | | |
| | | | 小麦 | | | 玉米 | | |
			面积（公顷）	总产（吨）	每公顷产量（千克）	面积（公顷）	总产（吨）	每公顷产量（千克）
1958	36.53	26.88	—	—	—	23.20	15.24	656.90
1959	1293.87	756.86	714.93	545.46	762.96	222.80	129.22	579.98
1960	934.93	486.73	523.53	258.68	494.11	333.67	222.52	666.89
1961	1025.47	697.08	637.27	328.28	515.13	369.60	368.43	996.83
1962	807.33	740.26	440.47	385.81	875.91	352.20	350.80	996.02
1963	945.33	1262.21	524.07	567.58	1083.02	387.20	647.62	1672.57
1964	1050.40	1517.26	516.67	731.94	1416.65	507.73	760.11	1497.08
1965	1249.73	1678.52	650.13	761.53	1171.35	535.20	877.05	1638.73
1966	1370.47	1688.87	817.33	885.81	1083.79	423.87	754.80	1780.73
1967	—	1345.93	—	803.90	—	—	542.03	—
1968	—	1153.26	—	685.47	—	—	467.79	—
1969	—	1370.25	—	827.51	—	—	542.74	—
1970	—	1799.25	—	980.38	—	—	818.87	—
1971	1564.07	1904.03	894.67	800.00	894.18	609.73	1068.50	1752.42
1972	1453.40	1582.82	915.40	800.00	873.93	463.53	745.00	1607.23
1973	1295.33	1318.61	872.93	751.23	860.58	374.33	549.75	1468.62
1974	1447.80	1360.00	891.60	650.00	729.03	510.80	700.00	1370.40
1975	1356.40	1389.24	861.67	776.74	901.44	418.93	604.73	1443.51
1976	1329.40	1704.28	851.87	1010.11	1185.76	415.20	656.00	1579.96
1977	1392.00	1768.00	800.00	875.00	1093.75	533.33	850.00	1593.76
1978	1404.00	1981.20	733.33	890.00	1213.64	578.00	1048.20	1813.49
1979	1156.67	1321.30	743.33	820.00	1103.14	340.00	475.00	1397.06
1980	1553.13	2099.37	836.53	883.78	1056.48	617.73	1171.63	1896.67
1981	1491.27	2240.19	874.07	1062.70	1215.81	566.27	1153.10	2036.31
1982	1484.33	2189.43	918.20	1062.88	1157.57	539.00	1102.81	2046.03
1983	1328.53	2477.02	816.27	1325.02	1623.26	450.47	1131.71	2512.29

（续）

年份	总面积（公顷）	总产量（吨）	其中					
			小麦			玉米		
			面积（公顷）	总产（吨）	每公顷产量（千克）	面积（公顷）	总产（吨）	每公顷产量（千克）
1984	1080.00	2278.45	734.13	1332.35	1814.87	315.87	926.30	2932.54
1985	1002.40	2597.96	661.00	1433.51	2168.70	332.40	1156.50	3479.24
1986	994.07	2241.74	618.93	1098.86	1775.42	357.40	1126.54	3152.04
1987	816.67	2460.43	532.93	1415.34	2655.77	265.07	1036.21	3909.19
1988	852.40	3082.66	527.13	1744.41	3309.26	292.87	1319.49	4505.38
1989	960.87	3572.85	505.27	1710.11	3384.55	387.87	1837.87	4738.37
1990	996.00	3948.45	600.60	2035.45	3389.03	329.93	1860.90	5640.29
1991	864.60	3965.77	564.33	2200.00	3898.43	293.07	1737.86	5929.85
1992	905.53	4218.24	592.60	2324.44	3922.44	288.27	1770.80	6142.85
1993	1030.00	4424.00	590.00	2056.00	3484.75	336.67	2107.00	6258.35
1994	966.27	4117.65	552.87	1976.16	3574.37	295.40	1838.95	6225.29
1995	923.40	4468.00	558.00	2142.00	3838.71	351.00	2293.00	6532.76
1996	928.00	5008.00	552.00	2105.00	3813.41	376.00	2903.00	7720.74
1997	903.27	4413.52	591.67	2267.19	3831.85	296.60	2136.33	7202.73
1998	875.00	3659.00	600.00	2196.00	3660.00	275.00	1463.00	5320.00
1999	952.00	3678.00	654.00	2397.00	3665.14	298.00	1281.00	4298.66
2000	589.00	23987.00	399.00	1600.00	4010.03	190.00	798.00	4200.00
2001	200.00	785.00	166.60	660.00	3961.58	33.40	125.00	3742.51
2002	175.00	769.00	43.00	156.00	3627.91	132.00	613.00	4643.94
2003	141.00	677.00	47.00	196.00	4170.21	91.00	475.00	5219.78
2004	294.00	1735.00	180.00	965.00	5361.11	114.00	770.00	6754.39
2005	129.73	764.20	44.00	182.20	4140.91	79.73	569.20	7139.09
2006	34.00	141.00	32.93	133.00	4038.87	1.07	8.00	7476.64
2007	27.93	122.80	6.93	20.28	2926.41	14.67	101.42	6913.43

二、棉花种植

（一）品种

农场所种植的棉花以陆地棉为主，部分年份种植少量长绒棉。

建场初期，主栽由苏联引进的 C3173 棉种。C3173 为早熟品种，耐瘠薄，栽培管理要求不高，出苗好，蕾铃不易脱落，霜前花多，缺点是铃小纤维短。1961 年起，引进 108F 棉种，逐年增加面积。108F 为中熟品种，对栽培条件要求高。农场早春气温较低，出苗迟，不易保证全苗，在水肥不当、管理粗放的情况下，产量不高。1966 年，引进新海棉（5230B）和陆地棉 4744。20 世纪 70 年代，引进苏联 C1470 棉种。C1470 为早熟品种，成熟期比 108F 早。优点是衣分高，纤维品质好。开花期前保蕾容易，铃大，霜前花较多，产量稳定。缺点是出苗晚，播种过早或遇低温不易全苗。植株易倒伏，易早衰。

20 世纪 90 年代初期起，农场扩大棉花种植，主栽品种为新陆早 1 号，部分种植军棉 1 号，逐年增加种植面积。新陆早 1 号株高 60～70 厘米，株形稍松呈塔形。茎秆前期稍红，叶片肥厚，色深绿，有茸毛。铃呈椭圆形，铃重 4～5 克。全生育期 116～125 天，生长势旺，幼苗生长健壮整齐，结铃性强，抗旱力强，适应性好，衣分较高，纤维品质较好。军棉 1 号为中熟大铃丰产型品种。出苗到吐絮生育期约 130 天。丰产田霜前花铃重 7～8 克，一般田铃重 5～6 克。棉株长势强，较耐瘠、耐旱、耐盐，绒色纯白，品质比较好。

2001 年，主栽中棉系列的中棉 35、中棉 19、中棉 24 等中早熟品种。中棉 35（原名中 9409）抗逆性强，耐旱性好，耐水肥性强，出苗较快，抗倒伏，结铃性强，成铃率高，纤维色泽洁白，有丝光，品种综合指标较好，具有多抗、早熟、丰产、优质的特点。

2006 年，部分单位引进花棉一号试种，每公顷产量（籽棉）在 4.5 吨以上。

（二）栽培技术

棉花适宜于壤土及黏壤土，不适宜沙土及重盐土，新垦荒地一般不宜种棉花，宜于熟地，最宜于苜蓿前茬地，要求因作物、因地性而异。新垦荒地要彻底洗盐。棉田全部秋翻，深度 30 厘米左右。播前深耕，耕后耙地，前茬地清除作物残体和野生植物。整地要求精细，按照不同地形进行大平或小平，条田高低差不超过 7 厘米。

棉花种子要经过堆湿处理。播期陆地棉为 4 月 8—20 日，长绒棉为 3 月 27 日—4 月 10 日。一般田每公顷下种量 120 千克，基本田每公顷下种量 135～150 千克，卫星田每公顷下种量 187.5～195 千克。采用机械条播，行距为 20 厘米×60 厘米宽窄行或 60 厘米单行，株距一般为 5～6 厘米，沙壤土播种稍深，黏壤土与墒度好的地块播种稍浅。每公顷施基肥 75～90 吨。

棉花分两次定苗，第一次为 95％出苗并展开子叶第一片真叶时，第二次为二至三片真叶时。宽窄行株距 22～24 厘米，单行株距 16～17 厘米。松土、培土及开沟结合进行，5～7 次，分别为定苗前、三叶期、现蕾前、初花期、初蕾期、盛花期。锄草视杂草情况进行 3～4 次。棉花在第一个果枝出现时开始整枝，第一个果枝以下各枝叶全部打掉（脱裤腿）。开花到吐絮前进行一至两次打顶，摘顶尖，生长茂盛则摘群尖。追肥一般田为 2 次，基本田为 3 次，卫星田为 5 次，分别为定苗后、现蕾前、初花期、初铃期、盛花期。前期需求氮肥较大，后期以磷肥为主。棉花需水较多，宜浅灌多灌。全年灌水 5 次，分别于 3 片真叶期、始蕾期、始花期、盛花期、始铃期、盛铃期进行，每次每公顷不超过 750 立方米。出苗后，采用香饵诱杀地老虎。对其他病虫害及时调查、报告、防治。

20 世纪 90 年代初期，棉花栽培以密、矮、早为主，合理密植，控制植株高度，促进早熟优质。农场根据陆地棉所用品种和机务水平，确定合理密植的配置公式为（60＋30）× 15，即（60＋30）厘米的宽窄行、15 厘米的株距。整地要求达到齐、平、松、碎、净、墒六字标准，整地时使用灭草灵。播前犁地要求以有机肥料做底肥。选用适合农场条件的良种，于 4 月 15 日至月底适时播种。及时定苗，三片叶时定苗。及时中耕松土，进行 2～3 次。科学追肥，前期追肥 2 次。合理灌水，早灌第一水，全生长期灌水 3 次，沙壤水灌水 4 次。适时打顶，时间为早霜来临前 80～90 天（7 月 15—25 日）。实行化控矮化栽培，使用缩节胺喷撒，第一次为第一水前 3～5 天，第二次为打顶后。重视病虫害防治，提前准备，及时调查、报告，严格防治措施。21 世纪初期起，农场对主栽的中棉 35 等品种提出施叶面肥的要求，前期施用激素类叶面肥，中期施用营养类叶面肥，后期营养类叶面肥用量和次数适当增加。2006 年，引进花棉一号，采取中密度播种模式，由 1.4 米播 4 行改为 1.8 米播 6 行。

霜前花进行 3～4 次采摘，未开棉铃禁止采摘。霜后花在田间摘回棉桃。

（三）面积、产量

农场棉花种植主要为正播，部分年份在果园套种间作棉花。

建场至 20 世纪 80 年代，棉花种植面积小，总产少，单产低。1958—1989 年，棉花种植面积年均 15.73 公顷，最多的 1972 年为 36.73 公顷；年均总产（皮棉）4.7 吨，最高的 1968 年为 19.02 吨；年均每公顷产量（皮棉）189 千克，最高的 1986 年为 484.5 千克。

20 世纪 90 年代以来，随着产业结构的逐步调整，生产条件的不断完善，耕作技术的不断改进，特别是地膜棉、化控矮化栽培、科学施肥等新技术的推行，棉花种植面积逐步扩大，单产量（皮棉）不断提高，总产迅速增加，棉花生产步入大发展的新阶段。20 世纪 90 年代，年均棉花种植面积为 281.13 公顷，年均总产 221.88 吨，同建场至 1989 年的 32 年年均数据比较，面积增加了 17 倍，总产增加了 83.5 倍，单产（皮棉）提高了 4.3 倍。

2000 年后，棉花在农作物中占据主导地位。当年，棉花面积首次突破 666.67 万公

顷，总产首次突破 500 吨。2006 年，面积突破 2000 公顷，达到 2328.4 公顷，总产 2695
吨，平均每公顷产量 1158 千克。2000—2007 年，棉花年均面积 1382 公顷，年均总产
1422.9 吨，年均每公顷产量 964.5 千克，比 20 世纪 90 年代年均面积、总产、单产分别增
加 3.88 倍、5.41 倍和 36.8%。

2007 年，为棉花生产的转折点。农场大面积改种经济效益更高的果树，棉花多为果
园套种。随着果树逐渐成园，郁闭度增加，棉花种植面积逐年下降。

表 2-3-7　1958—2010 年红旗坡农场棉花种植情况表

年份	面积（公顷）	总产皮棉（吨）	平均每公顷皮棉产量（千克）	年份	面积（公顷）	总产皮棉（吨）	平均每公顷皮棉产量（千克）
1958	0.47	0.06	127.7	1984	25.47	6.46	253.6
1959	14.00	2.18	155.7	1985	11.00	2.09	190.0
1960	5.33	0.72	135.1	1986	0.87	0.42	482.8
1961	4.67	0.31	66.4	1988	0.93	0.24	258.1
1962	2.27	0.26	114.5	1990	2.73	0.92	337.0
1963	5.00	0.86	172.0	1991	97.13	47.16	485.5
1964	14.20	2.93	206.3	1992	247.40	173.60	701.7
1965	23.47	2.50	106.5	1993	190.00	96.00	505.3
1966	38.00	6.94	182.6	1994	205.93	185.10	898.8
1967	—	15.21	—	1995	435.00	378.00	869.0
1968	—	19.02	—	1996	455.00	317.00	696.7
1969	—	14.53	—	1997	390.00	333.00	853.8
1970	—	14.91	—	1998	396.00	397.00	1002.5
1971	24.67	3.00	121.6	1999	412.00	291.00	706.3
1972	36.73	5.00	136.1	2000	718.00	538.00	749.3
1973	34.67	4.50	129.8	2001	1000.00	833.00	833.0
1974	35.80	6.00	167.6	2002	700.00	588.00	840.0
1975	23.53	2.55	108.4	2003	1000.00	799.00	799.0
1976	23.53	2.90	123.2	2004	1694.00	2033.00	1200.1
1977	6.67	0.50	75.0	2005	1222.93	1402.57	1146.9
1978	19.67	3.00	152.5	2006	2328.40	2695.00	1157.4
1979	3.00	0.70	233.3	2007	2392.80	2494.47	1042.5
1980	20.27	4.45	219.5	2008	722.67	999.6	1383.2
1981	10.47	1.92	183.4	2009	171.73	359.6	2094.0
1982	13.80	3.00	217.4	2010	84.0	77.7	925.0
1983	10.60	2.84	267.9				

三、油料种植

（一）品种

农场主要油料作物为油菜、胡麻、向日葵，多为本地品种。油菜以本地黄油菜为主，部分年份曾种植本地黑油菜和拜城黄油菜。胡麻为本地红胡麻、白胡麻，1964年，引进维尔1650双季胡麻，该品种生长期90天左右，一年两收，6月底收后再播，9月再收。特点是分枝性强，粒大（千粒重7克），早熟，出油率高。向日葵主要为本地向日葵品种，20世纪90年代先后引种沈杂2号单交种油葵和美国原种101油葵。沈杂2号单交种油葵生长整齐，每公顷产量1.5吨以上。大面积种植美国原种101油葵，每公顷单产超过3吨。

（二）栽培技术

油葵每行行距50厘米，株距30厘米，每公顷下种30千克，每公顷保苗6万～6.75万棵，中耕1～2次，灌水3次。

（三）面积、产量

1. **种植面积**　1958年至20世纪60年代，年均种植104.47公顷。20世纪70年代，年均种植141.93公顷，种植最多的为1977年的211.33公顷。20世纪80年代，年均种植294公顷，比70年代年均种植面积增加1.1倍，最多的为1982年的389.47公顷。20世纪90年代，开始压缩油料种植面积，年均种植191.2公顷，比20世纪80年代减少35%。2000年起，继续压缩油料面积，2005年起弃种。

至2020年，只有小面积套种油料作物。

2. **产量**　1958年至20世纪60年代，年均产量为37.65吨。20世纪70年代，年均产量为44吨。20世纪80年代，年均产量为240.71吨，按各品种不同出油率计算，折合油品57.37吨（不含当年棉籽折油），农场人均油品9.3千克。20世纪90年代，年均产量为208.76吨，最多的为1999年的403吨，折油48.36吨，农场人均油品5.4千克（不含当年棉籽折油）。2000—2004年，年均产量为65.8吨，最多的为2000年的180吨，折油21.6吨，农场人均油料油品2.1千克（不含棉籽油）。

1958年至20世纪80年代，油菜为农场油料作物的第一大品种及食用油的主要来源。在相当长的时间里，油菜生产水平很低。20世纪60年代平均每公顷产量285千克，70年代平均为261千克，80年代平均为708千克，最高的为1989年的每公顷1.25吨。20世纪90年代初期起，油菜弃种，向日葵取代油菜成为油料的第一大品种，多数年份为油料的唯一品种。1979 年以前，葵花籽年均每公顷产量 567 千克，20 世纪 80 年代达到每公顷 835.5 千克，20 世纪 90 年代，年均产量 1.39 吨，最高的为 1998 年的 2.11 吨；2000— 2020 年，随着产业结构的调整，农场不再种植油料作物。

表 2-3-8　1958—2004 年部分年份红旗坡农场油料作物情况表

年份	合计		菜籽			胡麻籽			葵花籽		
	面积（公顷）	总产（吨）	面积（公顷）	总产（吨）	单产（千克/公顷）	面积（公顷）	总产（吨）	单产（千克/公顷）	面积（公顷）	总产（吨）	单产（千克/公顷）
1958	0.33	0.05	—	—	—	—	—	—	0.33	0.05	151.52
1959	62.33	12.71	37.40	7.87	210.43				19.47	4.84	248.59
1960	67.20	12.35	36.27	7.90	217.81	8.07	3.06	379.18	4.33	1.39	321.02
1961	49.60	5.22	49.60	3.30	66.53	—	—	—	—	1.58	—
1962	95.47	22.88	36.67	9.15	249.52	56.47	12.71	225.08	2.33	1.02	437.77
1963	102.87	32.75	26.80	10.48	391.04	75.40	22.21	294.56	—	—	—
1964	119.73	53.91	48.53	19.89	409.85				21.53	16.15	750.12
1965	196.07	56.18	54.53	20.54	376.67	100.93	35.64	353.12			
1966	246.60	112.59	20.33	5.78	284.31	161.07	38.67	240.08	64.00	66.94	1045.94
1967	—	55.97	—	—	—	—	—	—	—	—	—
1968	—	29.93	—	—	—	—	—	—	—	—	—
1969	—	57.21	—	—	—	—	—	—	—	—	—
1970	—	51.87									
1971	94.47	21.54	40.67	10.75	264.32	28.47	10.54	370.21	—	—	—
1972	81.53	20.87	59.33	15.05	253.67	22.20	5.82	262.16	—	—	—
1973	125.13	34.77	51.20	15.73	307.23	48.27	9.00	186.45	—	—	—
1974	158.40	24.00	56.60	12.50	220.85	101.80	11.97	112.97	—	—	—
1975	130.07	33.92	71.60	10.65	148.74	46.67	12.00	257.12	11.80	11.12	942.37
1976	175.67	52.94	91.20	17.26	189.25	69.47	25.24	363.32	17.00	10.44	614.12
1977	211.33	75.00	106.67	30.00	281.24	51.60	10.00	193.80	53.33	35.00	656.29
1978	192.67	75.00	42.00	8.00	190.48	28.00	6.00	214.29	122.00	60.98	499.84
1979	108.40	50.04	7.33	3.63	495.23	12.00	2.36	196.67	89.07	44.05	494.55

（续）

年份	合计		菜籽			胡麻籽			葵花籽		
	面积（公顷）	总产（吨）	面积（公顷）	总产（吨）	单产（千克/公顷）	面积（公顷）	总产（吨）	单产（千克/公顷）	面积（公顷）	总产（吨）	单产（千克/公顷）
1980	239.27	122.35	7.67	3.54	461.54	22.07	2.34	106.03	207.53	116.47	561.22
1981	274.00	152.70	8.27	2.87	347.04	7.67	1.13	147.33	258.07	148.70	576.20
1982	389.47	274.57	0.87	0.53	609.20	—	—	—	388.60	274.04	705.20
1983	361.00	307.09	0.47	0.48	1021.28	—	—	—	360.53	306.61	850.44
1984	363.20	298.95	0.33	0.07	212.12	2.33	1.71	733.91	360.53	297.17	824.26
1985	294.93	287.00	2.20	1.32	600.00	4.27	2.24	524.59	288.47	283.44	982.56
1986	309.40	289.22	5.93	6.5	1096.12	31.00	21.14	681.94	272.47	261.58	960.03
1987	222.13	175.15	4.00	1.66	415.00	33.87	23.76	701.51	184.27	146.13	793.02
1988	259.67	253.54	0.40	0.42	1050.00	20.73	14.56	702.36	234.53	236.56	1008.66
1989	227.00	246.79	4.33	5.43	1254.04	6.53	5.04	771.82	216.13	235.52	1089.71
1990	200.53	230.11	—	—	—	4.70	35.7	551.78	200.07	229.86	1148.90
1991	201.53	260.90	—	—	—	—	—	—	201.53	260.90	1294.60
1992	177.00	227.52	—	—	—	—	—	—	177.00	227.52	1285.42
1993	180.00	216.00	—	—	—	—	—	—	180.00	216.00	1200.00
1994	180.27	227.02	—	—	—	53.00	77.5	1462.26	179.73	226.40	1259.67
1995	172.87	238.00	—	—	—	—	—	—	172.87	238.00	1376.76
1998	135.00	285.00	—	—	—	—	—	—	135.00	285.00	2111.11
1999	282.27	403.00	—	—	—	—	—	—	282.27	403.00	1427.71
2000	120.00	180.00	—	—	—	—	—	—	120.00	180.00	1500.00
2001	6.60	6.00	—	—	—	—	—	—	6.60	6.00	909.09
2002	46.00	69.00	—	—	—	—	—	—	46.00	69.00	1500.00
2003	33.00	34.00	—	—	—	—	—	—	33.00	34.00	1030.30
2004	26.67	40.00	—	—	—	—	—	—	26.67	40.00	1499.81

四、甜菜种植

（一）品种

因甜菜是耐碱作物，自农场成立伊始就开始种植甜菜。前期种植的甜菜为饲用甜菜，后期为制糖甜菜。制糖甜菜栽培品种为新疆农科院经济作物研究所培育的新甜1号、新甜2号、新甜3号，以新甜2号为主。1998年，农场引进试种德国甜菜种，该品种具有耐干旱、抗病能力强等特点，平均每公顷产量超过45吨，其中农田十队大面积种植的每公顷产量52.5吨，小面积种植的每公顷产量82.5吨。

（二）栽培技术

甜菜对于农场各种土质适应性较强。甜菜播种前对种子进行发芽试验，播期为4月5—20日，播种地表温度要求10～12℃。每公顷下种量15千克。采用机械条播，机播特别困难时，允许部分品种少量开沟撒播。行距为3～4厘米。每公顷施基肥45吨。在播后14～16天匀苗，4～6片真叶时定苗，株距20厘米。中耕一般3～4次，分别为出苗后、定苗期、封垄前，最后一次结合培土。在播后60天左右，子叶8～9片时追肥，为氮磷钾配合颗粒肥料。生长期灌水5～6次，采用沟灌，试行浸润灌。

甜菜在叶变黄、心叶倒伏时，先用卸去犁壁的犁串犁，再用砍土镘挖出，采取平削及园切相结合的办法削去叶子，除去伤痕处。暂不能送加工厂的，设窖贮藏。

（三）面积、产量

建场至1963年，甜菜出苗、生长差，单产低，产量少。1958—1963年，甜菜播种面积年均29.07公顷，收获面积年均9公顷，收获率为31%，年均总产26.92吨。

1973—1983年，小面积种植甜菜，年均面积21.8公顷，面积最多的为1976年的99.8公顷，面积最少的为1973年的2.13公顷；多数年份生产处于低水平，后期有所提高，年均每公顷单产10.41吨，年均总产258.6吨。同甜菜种植第一个年份段比较，面积增加1.4倍，单产提高80.1%，总产增加8.6倍。

1984年，红旗坡糖厂建成后，农场开始扩大甜菜种植，至1999年步入甜菜大发展阶段，多数年份成为经济作物的主导品种。在此期间，甜菜年均种植面积为214.67公顷，其中面积最多的为1997年的374.33公顷，甜菜占当年经济作物总面积比例最高的为1990年的54.8%；年均每公顷产量37.89吨，年均总产8404吨。同甜菜种植第二个年份段年均比较，面积增加8.8倍，单产提高1.6倍，总产增加31.5倍。

2000—2007年，农场压缩或弃种甜菜，棉花取代经济作物的主导地位。2003年，甜菜种植 33 公顷，总产 1250 吨，平均每公顷产量 37.88 吨。此后，甜菜弃种。

表 2-3-9　1958—2003 年红旗坡农场甜菜种植情况表

年份	收获面积（公顷）	总产（吨）	平均每公顷产量（吨）	年份	收获面积（公顷）	总产（吨）	平均每公顷产量（吨）
1958	3.60	35.40	9.83	1985	75.93	2330.00	30.69
1959	36.47	51.12	1.40	1986	142.00	4965.00	34.96
1960	6.20	7.50	1.21	1988	228.40	9094.59	39.82
1961	3.33	27.50	8.26	1990	281.33	11351.82	40.35
1962	3.67	37.50	10.22	1991	245.00	9890.21	40.37
1963	0.67	2.50	3.73	1992	314.87	13111.21	41.64
1973	2.13	3.30	1.55	1993	292.13	13736.34	47.02
1974	2.67	15.00	5.62	1994	281.53	12483.00	44.34
1975	3.80	15.54	4.09	1995	190.00	8205.00	43.18
1976	99.80	350.00	3.51	1996	203.80	8307.55	40.76
1977	10.00	50.00	5.00	1997	117.00	3687.00	31.51
1978	9.33	55.00	5.89	1998	286.00	10509.00	36.74
1979	8.80	50.00	5.68	1999	374.33	12095.20	32.31
1980	9.80	204.27	20.84	2000	188.00	9096.68	48.39
1981	16.00	215.25	13.45	2001	73.00	2909.00	39.85
1982	22.13	543.46	24.56	2002	213.00	8000.00	37.56
1983	55.60	1351.78	24.31	2003	33.00	1250.00	37.88
1984	135.53	2694.00	19.88				

五、蔬菜种植

（一）蔬菜

1. **品种**　农场以大白菜、萝卜为大宗蔬菜。大白菜以本地大白菜为主，后期引进山东大狮头白菜。萝卜有白萝卜、水萝卜、黄萝卜、恰玛古。其他主要品种有辣椒、茄子（长茄、圆茄等）、豆角（长豇豆、四季豆等）、莲花白、绿叶菜（芹菜、菠菜、莴笋、香菜、韭菜等）、瓜（南瓜、黄瓜、葫芦瓜、冬瓜等）、葱蒜（大蒜、葱、洋葱等）。后期，农场引进新品种进行大棚种植，蔬菜品种增多。

2. **面积**　建场初期，农场有蔬菜队，专业种植蔬菜。建场至 20 世纪 70 年代，蔬菜以集中种植为主，统一供应，作为安排职工生活的一项重要措施。1979 年开始温室种菜，当年农场在 3 个队建温室 3600 平方米。20 世纪 80 年代开始，逐步增加职工自营种植面积。蔬菜种植多的年份，除职工自食外，还对外出售。

1958—1966 年，年均种植面积为 22.6 公顷；20 世纪 70 年代，年均种植面积为 42 公顷；20 世纪 80 年代，年均种植面积为 34.8 公顷；20 世纪 90 年代，年均种植面积为 9.8

公顷；2000—2007年，年均种植面积为29.2公顷。2011年后，未再大面积种植蔬菜，只有种植户果园中的零星套种，多为自食。

3. **产量**　1958—1966年，农场蔬菜产量年均311.97吨。20世纪70年代，蔬菜产量年均为769.12吨，比前一年份段年均增加32.1％。20世纪80年代，蔬菜产量年均654.4吨，比70年代年均减少14.9％。20世纪90年代，蔬菜产量年均1089.37吨。2000—2010年，蔬菜产量年均775.76吨。

表 2-3-10　1958—2012 年部分年份红旗坡农场蔬菜种植情况表

年份	面积（公顷）	总产（吨）	年份	面积（公顷）	总产（吨）
1958	20.67	152.57	1988	33.67	708.79
1959	23.93	151.82	1989	36.33	1200.30
1960	22.40	173.72	1990	36.33	718.27
1961	49.00	184.30	1991	26.87	865.43
1962	15.67	425.00	1992	30.13	875.00
1963	16.67	380.00	1993	30.53	1007.00
1964	14.13	207.05	1994	40.00	785.93
1965	21.87	465.89	1995	29.53	1881.00
1966	45.60	667.40	1996	39.00	2554.00
1971	49.00	770.00	1997	34.00	1159.63
1972	37.53	600.00	1998	27.00	536.34
1973	43.00	682.85	1999	28.00	512.00
1974	46.67	1000.00	2000	13.00	520.00
1975	38.73	840.50	2001	14.00	910.00
1976	27.67	805.25	2002	23.00	1200.00
1977	50.00	1250.00	2003	32.00	571.00
1978	31.33	278.5	2004	30.40	455.00
1979	53.80	695.00	2005	27.00	1413.60
1980	36.07	854.70	2006	56.40	865.00
1981	29.33	446.70	2007	33.60	890.00
1982	37.80	517.63	2008	76.67	575.00
1983	23.40	529.78	2009	43.33	351.00
1984	21.67	291.65	2010	60.67	527.00
1985	43.87	780.00	2011	31.00	375.60
1986	42.73	704.95	2012	17.13	158.80
1987	43.07	509.79			

（二）　西瓜、甜瓜

1. **品种**　瓜类有甜瓜、西瓜。甜瓜分夏瓜和冬瓜两种。甜瓜品种有红心脆（塔郎可口奇）、巴克扎提、卡拉可口奇、铁皮瓜、库吐可口奇、青皮红肉冬瓜（奎孜可口奇）等。西瓜品种有其力盖塔吾孜、克孜外依塔吾孜、喀拉塔吾孜等，后期引进薄皮西瓜。

2. **面积** 1958—1966 年，农场年均种植 62.87 公顷，其中最多的为 1959 年的 121.4 公顷。20 世纪 70 年代，年均种植 51.6 公顷，比前一个年份段减少 17.9%。20 世纪 80 年代，年均种植 40.4 公顷，比 70 年代年均减少 11.7%。20 世纪 90 年代，年均种植 39.07 公顷，比 20 世纪 80 年代年均减少 3.3%。2000—2010 年，年均种植 34.93 公顷，比 20 世纪 90 年代年均减少 10.6%。2011—2020 年，农场未再大面积种植西瓜、甜瓜。

3. **产量** 1958—1966 年，年均产量 473.48 吨。20 世纪 70 年代，年均产量 269.81 吨，比前一年份段年均减少 43%。20 世纪 80 年代，年均产量 537.61 吨，比 70 年代年均增加 99.3%，最多的为 1986 年的 933.55 吨。20 世纪 90 年代，年均产量 1052.15 吨，比 80 年代年均增加 95.7%。2000—2010 年，年均产量 897 吨，比 20 世纪 90 年代减少 14.8%，最多的为 2000 年的 1440 吨，最少的为 2007 年的 300 吨。2011—2020 年，西瓜、甜瓜产量逐年下降，一般为职工为满足自家食用需求少量种植，很少流向市场。

表 2-3-11 1958—2010 年红旗坡农场西瓜、甜瓜种植情况表

年份	面积（公顷）	总产（吨）	年份	面积（公顷）	总产（吨）
1958	1.67	3.00	1987	37.67	723.65
1959	121.40	850.00	1988	36.67	778.60
1960	89.53	407.17	1989	21.60	513.60
1961	61.47	586.44	1990	29.27	1015.43
1962	82.53	310.78	1991	44.00	1208.04
1963	50.87	250.00	1992	37.60	1123.49
1964	57.07	774.23	1993	40.00	677.00
1965	55.13	568.53	1994	36.67	1189.20
1966	46.40	511.25	1995	27.00	707.00
1971	34.33	335.00	1996	49.00	1250.00
1972	47.73	360.50	1997	44.80	1059.61
1973	46.00	223.05	1998	41.00	881.29
1974	50.00	175.00	1999	41.00	1411.00
1975	41.87	138.00	2000	43.00	1440.00
1976	22.40	106.75	2001	33.00	1230.00
1977	90.00	500.00	2002	82.00	1438.00
1978	65.67	250.00	2003	29.00	390.00
1979	66.67	340.00	2004	41.00	1152.00
1980	56.73	354.65	2005	19.20	509.00
1981	34.87	138.00	2006	21.93	717.00
1982	36.80	213.62	2007	10.00	300.00
1983	44.87	468.74	2008	2.00	60.00
1984	27.20	321.73	2009	1.00	45.00
1985	57.47	930.00	2010	0.67	30.00
1986	50.07	933.55			

第四节 林 业

一、育种育苗

（一）苗源

1958年，农场采集种子大沙枣1125千克、桑籽91千克、紫穗槐籽100千克、梭叶槭88千克、白蜡籽45千克；采集银白杨种条7.5万根、钻天杨条2.61万根。当年，育银白杨苗11.1公顷、钻天杨0.42公顷。

1959—1960年，农场连续3年进行较大规模育苗，达到自给有余，部分树苗对外出售。

1964年，农场育钻天杨苗0.63公顷、银白杨0.5公顷、桑树0.93公顷、沙枣2.2公顷、绿化树0.07公顷。当年，农场支援阿克苏城区单位和街道树苗1.23万株。

1965年开始，除园林队外，各队小片育苗1.07公顷，全场育苗5.33公顷。

1966年，各队分散小片育苗5.88公顷，全场育苗10.07公顷。当年，农田三队建立1.3公顷正规种条园，各队新疆杨、银白杨老树修枝改成采苗母树。

1967年后，农场原有苗圃育苗多为新疆杨。

1970—2020年，农场为满足防护林建设需要，每年均育有一定数量的新疆杨、银白杨、钻天杨等防护林苗木及少量绿化苗木。

表 2-3-12　1958—2002 年部分年份红旗坡农场林业育苗面积表

年份	年末苗圃面积（公顷）	当年育苗面积（公顷）	年份	年末苗圃面积（公顷）	当年育苗面积（公顷）
1958	7.73	7.73	1973	3.20	0.60
1959	25.40	11.13	1974	4.07	1.33
1960	19.67	3.33	1975	5.27	2.67
1961	10.93	1.40	1976	4.60	4.00
1962	7.53	0.87	1977	4.27	3.40
1963	7.60	1.13	1978	4.07	2.80
1964	7.93	5.27	1979	4.27	2.53
1965	12.27	5.33	1980	4.20	3.80
1966	13.33	10.07	1981	6.27	4.93
1967	10.33	5.80	1982	6.13	2.93
1968	11.07	2.73	1983	9.87	5.87
1972	2.60	1.67	1984	13.13	6.47

(续)

年份	年末苗圃面积（公顷）	当年育苗面积（公顷）	年份	年末苗圃面积（公顷）	当年育苗面积（公顷）
1985	7.27	5.67	1991	1.13	0.73
1986	4.33	3.60	1992	1.47	0.80
1987	3.67	2.80	1997	0.33	0.33
1988	0.80	0.60	1998	1.74	1.40
1989	0.87	0.40	1999	2.20	2.20
1990	0.80	0.07	2002	2.34	2.34

（二）培育

1. **苗圃地选择**　建场初，按照育苗土地要求，农场组织人员调查分析，决定选择库木塔木和毛拉阔滚其之间约 26 公顷的土地为苗圃基地。基地土地较为平坦，灌溉较为方便，多为沙壤土，少数为轻黏土，为弱碱性土壤。

2. **整地与改良**　苗圃基地原为耕作区，但肥力较差。固定苗圃（长年圃）采用苗木、绿肥轮作，临时圃套种豆科植物。当年育苗地先深耕 2 次（深耕深度 30 厘米，浅耕深度 20 厘米），耕地时每公顷施基肥（农家优质肥）30～45 吨，耕后耙磨 2～3 次，整平土地，土粒细碎。苗床设置为 1～1.2 米宽高床和平床两种，床内开垄。苗圃水渠按小畦灌溉要求布局，并设排碱退水渠。

3. **种子、种条处理**　实生苗种子采用水选、粒选、风选等方法选种，所选种子饱满，胚芽完整，形状、色泽正常。种子精选洗净后，置于干燥通风赴铺薄层阴干。经过处理后，上铺一层薄草、压土掩存。白蜡、沙枣、槭树、紫穗槐种子，播前在室外挖坑，种子与沙子层积摧芽处理。插条穗采集条穗时间为秋末、春初，选择 1～2 年生、无病虫害、生长健壮的枝条。"三杨"（银白杨、新疆杨、钻天杨）、柳树、榆树及无花果、石榴种条插前采用清水或三分之二清水和三分之一厩肥水混合浸泡 24 小时。秋采冬储树木种条，挖深沟底部铺干燥沙土，种条分层铺沙，沟口铺土厚 30 厘米，洒水封冻。

4. **播种、插条**　实生苗种子多采用春播，播于高床；条穗苗插播，"三杨"及其他树种多采用秋插，一般插于平床。种条插前，修剪条穗，银白杨、新疆杨插穗长 22～25 厘米，钻天杨插穗长 20～22 厘米，至少有芽 3～4 个。种穗下端削成马耳形。播、插前苗床先灌水，后浅翻，再耙平。原生苗种子播种，一般采用单行条播，培垄采用复行条播。播后覆土填压，以草覆盖苗床。"三杨"插条穗为 30 厘米×12.5 厘米至 30 厘米×15.5 厘米，后改密植，为 30 厘米×8 厘米至 30 厘米×10 厘米。插穗深度为 15～18 厘米，地上留 5 厘米左右。插播后即灌水。

5. **苗期管理**　及时灌水，小畦灌水，细流勤灌，全年约灌水 20 次，始终保持土地湿润。田圃设沉淀池，沉淀后灌水，减少灌水泥沙。一般每年9月底停水。实生苗出土10日及插扦苗稳苗后，每次灌水后及时松土、除草、培土。实生苗适时分次定苗，先适当密定，后按要求定形。适当清除副枝，选培主枝。插扦苗，按定形要求疏苗、补苗。树苗长至15～30厘米时，适当修剪侧枝芽。幼苗长至20～30厘米高，根长至2～3厘米时，开始单株追肥。每年施优质厩肥和化肥1～2次。

二、造林

1958年，农场种植防护林1.53公顷。

至1964年，累计造林91.87公顷。

1965—1966年，全场造林56.33公顷。

1979—1981年，全场累计造林113.73公顷，零星植树4.69万株。

至1989年末，全场实有林地面积464.6公顷。

2007年，全场实有林带面积207.73公顷。

2020年，全场林带面积453.14公顷。

三、病虫害防治

（一）病害防治

林业主要病害有腐烂病、褐斑病、流胶病等。腐烂病危害"三杨"、柳树等树种，杨、柳树腐烂病发病盛期为5—6月，7月底变缓，9月基本停止。病斑常发生于节疤、皮孔、虫伤、冻伤及创伤处。初发时树皮呈暗色水渍状，稍肿胀，继而皮层组织腐烂变软，后期病斑失水下陷，由皮下生出许多黑色疹状物，突出处渗出红色胶质和生成卷须状角。当病斑扩大至环绕树干一周时，引起发病部位以上枝干或整株死亡。褐斑病危害新疆杨、钻天杨，对新疆杨危害最大，又以苗木发病最重。杨树7月初发病，8月下旬最盛，潮湿荫密是促成盛发的原因之一。症状为病叶正面生0.5毫米左右的圆形褐色斑点。新疆杨病斑较大，有隆起边缘，中夹呈灰褐色。发病致使苗木、幼树叶片早落，新梢枯萎，幼苗枯死。流胶病主要危害杨、柳、榆、沙枣等树种。由于干旱、风沙、盐碱、冻害、机械创伤、病虫为害引起树势衰弱，生理失调，导致流胶病，主要发生于主干、主支伤口、树皮破裂及分叉处。因树种不同流胶颜色各异，柳树、榆树呈白色泡沫状，杨树呈酱色。胶流盛期为春季和夏季。新疆杨破肚病常发生于4年生以上的新疆杨。一般发生在树干基部1～2米处，严重时达数米，导致腐烂病、立木腐朽病及蛀干害虫为害加剧。锈病主要危害银白杨、新疆杨。杨树锈病症状：春天展叶的病芽畸形，组织肥厚，皱缩翻卷，整个叶簇被黄粉状夏孢子覆盖。5—6月为发病高峰期。锈病导致苗木和幼树顶芽干瘪，叶片脱落，枯顶枯梢，影响生长发育，严重时整株死亡。此外，病害有柳树丛枝病、柳树叶瘿病、沙枣毛毡病等。

林业病害防治采取人工防治与药剂防治相结合的措施实行综合防治。及时除草、修枝，保持林地、苗圃通风透光良好。抹去病叶、剪除病枝，烧毁或深埋，减少发病源。春季刮除病斑、病灶，修补各种伤口，施行涂药、敷药。树干下部以石灰水刷白。发病树干刷白使用石灰、硫黄、退菌粉、食盐合剂溶液，或多次刷浓碱水，或涂石硫合剂液或喷施退菌特溶液。上冻前涂刷石硫合剂，大部分树干以塑料布条绑扎。对锈病杨树，在展叶15天后，用粉锈宁1000倍或福美肿（已禁用）500～1000液（药液加入0.1％洗衣粉），或用0.5波美度石硫合剂，连喷2～3次，每次间隔10天左右。对杨树褐斑病，7月初用代森锌300～500倍液或福美肿（已禁用）500～1000倍液，连喷3次，每次间隔15天。

（二）虫害防治

农场林业主要虫害有青叶蝉，主要危害"三杨"、柳、榆、桑、沙枣等树种，危害幼树和苗木最重。兰叶虫甲主要危害杨、榆等树种。蚧虫危害杨、柳、沙枣。人工防治采取规范栽植，加强管理，秋翻冬灌，中耕除草，科学施肥，合理灌溉，增强树势，提高抗虫能力；刮虫瘿，挖虫蛹，填裂缝，补伤口，剪虫枝，烧毁残枝落叶杂草，清除虫源和害虫化蛹、越夏、越冬场所。清洁树干，刷白防虫。化学防治按照不同树种、不同虫害、不同时间和虫害轻重，适时对症施药。对青叶蝉，9月上旬起，用氧化乐果或辛硫磷，马拉硫磷等药1000～1500倍液连喷3次，每次间隔10天。对兰叶虫甲，4月中旬至6月间，用乐果或马拉硫磷1000～2000倍液连续2～3次。对食心虫，用50％的杀螟松油1000倍液或50％可湿性滴滴涕（已禁用）200倍液或25％滴滴涕乳剂喷施，严重时用波尔多液或锌铜石灰液中加2000倍的1605（已禁用）喷施。

四、木材采运

1958—1980年，农场根据需要采伐树木，各队范围内林木由各队负责管理使用。

1984年，农场为鼓励植树造林，对开发性"家庭林场"和个人植树管理和收益分配作出明确规定。"家庭林场"分为三类，实行不同的投入、产出收益分配办法。公私联营"家庭林场"：农场按公顷投资育林费2250元，5年按5、4、3、2、1的比例分期投放给承包者，其他一切费用由承包者自理。承包者按年交纳管理费、有关劳保福利费及间接费，承包者享受农场职工福利待遇。产出收益按 6：4 比例分成，承包者 60％，农场40％。采伐林木原则上由农场控制销售，承包者有 10％ 的采伐林木处理权。集体经营（联产承包）"家庭林场"：生产全部费用由承包者自理，资金由承包者自筹，资金不足者，农场协助联系贷款，利息由承包者自负。产出收益按 7：3 比例分配，承包者 70％，农场30％。是否交纳管理费、有关劳保福利费及间接费，由承包者自行决定，交纳者享受农场职工待遇，不交纳者，不享受农场职工待遇。个体经营"家庭林场"：农场征收国土资源费每年每公顷 375 元及应缴税金。生产资金自筹，生产费用自理。林木自管，产权归己，允许继承，产出林木（按规定办理林木采伐审批手续）和其他林产品可以自用和出售。承包者不享受农场职工待遇。"家庭林场"土地使用承包期一般为 15 年。

1986 年起，用材林、防护林采伐经场长批准，并办理采伐证，随意砍伐者，扣发单位超产奖，取消单位主管领导评先进资格。经批准并办理采伐证采伐，收益的 50％ 留队，50％ 交场作更新改造基金。

2002 年，农场制定《林木管理、收益分配暂行规定》，农场林木实施规范化、制度化管理。规定：公私林木采伐严格执行审批制度，采伐林木由单位或个人书面报告农场分管领导签署意见报场长审批，自行到政府主管部门办理林木采伐证。采伐前，由农场分管领导、财务科人员核实，价格随行就市，实行先交款（交农场财务科），后采伐，并在农场派出人员监督下采伐。国道、省道旁栽植的林带由各分场（队）管理，收益归农场。个人房前屋后栽植的树木，采伐收益 30％ 归属农场，70％ 归属个人。每年 4 月 1 日至 9 月 30日为林木禁伐期，防洪抗灾等紧急情况除外。各单位、个人林木管理接受干部、群众及农场监察科监督。未经审批擅自采伐者，处采伐林木价值 10 倍罚款并作出相应行政处分，情节严重的，报请公安、司法机关处理，追究刑事责任。

2008 年 2 月 3 日，红旗坡农场第四届职工代表大会通过《红旗坡农场企业综合管理办法》，林木管理按场发〔2002〕32 号《关于〈红旗坡农场林木管理、收益分配暂行规定〉的通知》精神执行。其第六十八条对林木采伐再次作出具体规定：凡是从保护果园、耕地及生态环境为目的而规划、定植的防护林，无论是公有或私人定植，在没有经职工代表会议审议通过的情况下，任何单位、个人不得砍伐，都必须保持原定植时的形态。以保障其抵御和减轻自然灾害造成损失的能力。

至 2020 年，农场经常性开展宣传教育活动，提高职工群众爱林护林意识，加强林地保护，正确处理发展经济、保护资源、建设生态三者之间的关系。有计划地对过熟林进行采伐更新，采伐问题严格控制在限额内。

表 2-3-13　1973—2020 年部分年份红旗坡农场（集团公司）林木采伐情况表

年份	采伐林木（立方米）	年份	采伐林木（立方米）	年份	采伐林木（立方米）	年份	采伐林木（立方米）
1973	15	1988	272	1999	210	2010	981
1976	5	1989	84	2000	80	2011	1079
1978	150	1990	160	2001	350	2012	1071
1979	180	1991	43	2002	197	2013	2500
1980	151	1992	80	2003	113	2014	989
1981	331	1993	355	2004	171	2015	2093
1982	616	1994	60	2005	1075	2016	1422
1983	312	1995	87	2006	1721	2017	1161
1984	772	1996	79	2007	2471	2018	3680
1985	172	1997	106	2008	958	2019	2185
1987	272	1998	45	2009	1314	2020	1728

第五节　畜　牧　业

一、牲畜饲养

（一）饲养规模

1958 年 3 月农场建场时，农业社入场转入羊 2364 只以及牛、马等牲畜。当年，农场购入牛 658 头、马 207 匹、驴 1 头、猪 77 头、绵羊 1883 只、山羊 928 只。由于购入牲畜多数瘦弱，饲养条件很差，冬季少圈缺料，没有兽医人员等，成畜幼畜死亡较多，至年末存栏牛 658 头、马 207 匹、驴 1 头、猪 119 头、绵羊 1951 只、山羊 986 只，大小牲畜共计 3922 头（匹、只）。

20 世纪 60 年代，农场畜牧业逐步发展。1967 年，牲畜总头数首次突破 1 万头。同时，私养牲畜逐年增多。1962 年，农场贯彻农场工作条例，价拨 400 多只羊作个人自留畜，当年全场私养大小牲畜 896 头（只），占牲畜总数的 14.2%，其中牛私养率为 1.2%，驴私养率为 93.1%，猪私养率为 38.5%，绵羊私养率为 15.2%，山羊私养率为 6.3%。1967 年，全场私养大小牲畜增为 1802 头（只），占牲畜总数的 16.6%，其中牛私养率为 18.7%，马私养率为 0.4%，驴私养率为 89.3%，猪私养率为 13%，绵羊私养率为 18%，山羊私养率为 2.8%。

20 世纪 70 年代，农场重点发展养猪、养羊，进入畜牧业快速发展期。1970 年开始，农场贯彻落实毛泽东主席关于"养猪业必须有一个大发展""以养猪为中心，全面发展畜牧业"的指示，成立养猪领导小组，提出养猪具体安排，职工家属按政策界限允许个人养猪。1971年，全场18个单位，养猪单位由4个增为11个。当年，全场基本母猪增至148头，繁殖成活仔猪866头，出售和自宰自食326头，年末存栏1009头。1979年，全场猪出栏1624头，年末猪存栏1813头。20世纪70年代，绵羊、山羊年末存栏年均1.01万只。1979年，养猪上"纲要"（每户养猪2.5头）有3个队：副业队128户，年饲养2179头，户均饲养17头，年末存栏962头，户均存栏7.5头；九队58户，年饲养327头，户均饲养5.6头，年末存栏227头，户均存栏3.9头；十一队63户，年饲养333头，户均饲养5.3头，年末存栏177头，户均存栏2.8头。

20世纪80年代，农场畜牧业进入发展高峰期。年末大小牲畜存栏年均1.71万头（匹、只）。比20世纪70年代年均增加23.6%。私养牲畜逐年增多，部分公有牲畜折价转让个人，私有牲畜数量大幅度增加。1989年，全场牲畜年末存栏为1.71万头（匹、只），其中私养9596头（匹、只），占56.1%；牛1246头，其中私养1170头，占93.9%；马289匹，其中私养285头，占93.9%；驴485头，其中私养484头，占99.8%；骡2头，全部为私有；猪1695头，其中私养769头，占45.4%；绵羊1.27万只，其中私养6478只，占50.9%；山羊641只，其中私养408只，占63.7%。至此，农场大畜多为私有，小畜一半左右或一半以上为私有。

1989年，农场决定牲畜全部实行圈养。为解决饲料缺乏、草源少的问题，农场每年在农闲季节抽调劳力专业割草，收集农作物秆、叶用作饲草。同时发动职工打草，"下工每人一捆草"。随着林果业面积的不断增加，为解决牧畜的饲料问题，部分人在果园里进行放养。通过几年的实践，发现放养模式很适合农场的发展，于是便在全场范围内开展"种养结合"新模式的推广，解决牧畜的饲料问题，同时也解决农家肥的来源问题，增加果农经济收入，减少果园的投入成本。

20世纪90年代以后，由于产业结构调整，农场重点发展林果业，公有牲畜优惠折价出售给职工。农场牲畜存栏逐步呈下降趋势，牲畜私有制成分持续上升。1997年，全场牲畜存栏1.4万头（匹、只），其中牛961头、马158匹、驴479头、骡2头、猪611头、绵羊611只、山羊567只，私有比例：牛、马、驴、骡为100%，猪为66%，绵羊为65%，山羊为65.3%。

2006年，全场牲畜年末存栏1.49万头（匹、只），其中牛948头、马49匹、驴292头、猪933头、绵羊1.05万只、山羊2148只。2007年，全场牲畜年末存栏减为1.34万头（匹、只），其中牛868头（内有良种及改良种乳牛510头）、马38匹、驴225头、猪2246头、绵羊8623只、山羊1425只。

2008 年，农场有牲畜 6673 头（只），其中牛 338 头、马 40 匹、驴 185 头、绵羊 4642 只、山羊 428 只、猪 1040 头。

2009 年初，农场辖区奶牛存栏 476 头，山羊、绵羊存栏 1.06 万只，生猪存栏 1050 头，野猪存栏 198 头，鹿存栏 105 只，马存栏 17 匹，驴存栏 38 头，犬 3842 条，为市场提供鲜奶 1260 吨，鲜肉 2380 吨，鹿茸 260 千克。农场域内有奶牛养殖户 68 家，其中 10 头以上 15 家、5～10 头 42 家、1～5 头 11 家；生猪养殖户 121 家，其中 1000 头以上 3 家、500～1000 头 8 家、200～500 头 19 家、100～200 头 34 家、50～100 头 57 家；羊养殖户 223 只，其中 200 只以上 11 家、50～200 只 132 家、20～50 只 80 家；家禽养殖户 259 家，其中 5000 只以上 13 家、3000～5000 只 28 家、1000～3000 只 56 家、500～1000 只 103 家、200～500 只 59 家。农场积极发展养殖户，由农户自己投资，重点推广多种发展模式，实施联户饲养，按照"统一规划，分户饲养，自主经营，自负盈亏"的原则，依托阿克苏市、温宿县两大畜禽交易网点，建好民间中介组织，发展经济人队伍，把职工、承包户的经营自主权和市场主体地位凸显出来。发展种草养畜，优化畜牧业内部结构，降低饲养成本，提高畜禽产品品质。提高畜禽生产户的养殖技术，通过兴办短训班来培训农户的饲养管理水平和畜禽疾病的初步诊断能力。普及推广先进的实用技术，如生猪、牛、羊的育肥技术，免疫程序技术，畜禽疫病诊断等多种实用技术，通过科技推广，从而达到以防代治，减少养殖风险，降低饲养成本，提高农户抵御风险的能力。

2010—2015 年，由于林果业面积的逐年扩大及收益的提高，果农把更多的精力集中到林果业的发展上。农场少数民族职工较多，具有养羊的传统优势，羊的养殖数量始终保持稳定状态，其他牲畜养殖数量均有下降。

2016 年，阿克苏分公司的二分场由私人投资建起 1 座专业养猪场，年养殖规模在 3000 头左右。

2018 年，部分农户开始从事猪、羊的专业育肥，规模较小，每户养猪、羊约 200～300 头（只）。

2020 年，全场有较大规模的私有养猪场 5 家，牲畜存栏 1.73 万头（只），其中猪 1.1 万只、羊 6127 只。

表 2-3-14　1958—2020 年红旗坡农场牲畜养殖情况表

单位：头、匹、只

年份	合计	牛	马	驴	骡	猪	绵羊	山羊
1958	3922	658	207	1	—	119	1951	986
1959	4194	537	174	12	—	189	2293	989

（续）

年份		合计	牛	马	驴	骡	猪	绵羊	山羊
	1960	4424	401	157	40	—	294	2484	1048
	1961	4585	522	154	144	—	112	2562	1091
1962	总数	6101	607	160	—	—	130	3613	1591
	其中：私养	4318	7	—	—	—	50	4160	101
1963	总数	6909	669	175	—	—	220	4160	1685
	其中：私养	869	29	—	—	—	120	560	160
1964	总数	8501	770	197	—	—	304	5032	2198
	其中：私养	943	40	3	—	—	94	631	175
1965	总数	9028	780	218	—	—	400	5126	2504
	其中：私养	1253	73	3	—	—	107	868	202
	1966	9325	749	245	301	1	751	5221	2057
1967	总数	10850	835	264	319	5	821	6664	1942
	其中：私养	1802	156	1	285	—	107	1198	55
	1969	8734	1063	314	296	6	436	6284	335
	1970	10041	1394	331	289	9	677	6970	371
1971	总数	12473	1657	363	140	11	1009	8884	409
	其中：私养	1069	29	—	108	—	20	875	37
1972	总数	14625	1663	401	335	16	1626	10133	451
	其中：私养	1978	32	1	294	—	195	1359	97
1973	总数	16230	1601	462	480	17	2071	11000	599
	其中：私养	2771	34	2	442	—	371	1723	199
	1974	12600	1420	504	385	15	1737	8131	408
	1976	14157	1118	562	377	11	1535	9958	596
	1977	15340	965	580	378	10	2177	10578	652
	1978	15451	1007	580	374	10	1800	11080	600
1979	总数	13728	881	506	287	11	1813	9654	576
	其中：私养	921	21	—	260	—	10	600	30
1980	总数	15257	1126	445	478	11	1932	10677	588
	其中：私养	2626	175	41	461	—	29	1881	39
1981	总数	16738	1253	486	402	10	1203	12819	565
	其中：私养	4542	288	113	387	—	70	3028	656
1982	总数	16598	1380	464	484	10	949	12439	872
	其中：私养	4239	417	129	470	—	99	2824	300
1983	总数	16529	1285	442	369	7	1237	12447	742
	其中：私养	4743	521	164	358	—	101	3333	266
1984	总数	16846	1349	467	298	8	1453	12456	815
	其中：私养	6031	778	318	289	—	120	4235	291
1985	总数	17360	1332	416	399	7	1306	13311	589
	其中：私养	8508	1082	382	391	6	286	5987	374

（续）

年份		合计	牛	马	驴	骡	猪	绵羊	山羊
1986	总数	18012	1332	396	577	12	1236	14074	385
	其中：私养	10868	1221	383	577	12	416	8065	194
1987	总数	18752	1205	362	487	4	1431	14801	462
	其中：私养	11474	1095	356	487	4	486	8764	282
1988	总数	17916	1214	283	484	2	1860	13375	698
	其中：私养	10973	1115	278	481	2	952	7662	483
1989	总数	17093	1246	289	485	2	1695	12735	641
	其中：私养	9596	1170	285	484	2	769	6478	408
1990	总数	14546	1121	241	475	4	991	11216	498
	其中：私养	7521	1045	239	474	4	574	4935	250
1991	总数	14309	1172	245	632	2	655	11155	448
	其中：私养	7468	1172	244	631	2	346	4878	195
1992	总数	14847	1401	212	607	1	898	11310	418
	其中：私养	7881	1401	211	607	1	546	4910	205
1993		16000	1500	200	700	—	800	12100	700
1994	总数	15343	1271	221	—		833	12460	558
	其中：私养	9329	1271	220	—		598	6913	327
1995	总数	17213	1224	180	567	2	580	14034	626
	其中：私养	11410	1224	179	567	2	409	8618	411
1996	总数	15632	1098	190	516	1	590	12593	644
	其中：私养	10863	1098	179	516	1	447	8198	424
1997	总数	13979	961	158	479	2	611	11201	567
	其中：私养	9651	961	158	479	2	403	7278	370
1998		13069	867	142	410	—	521	10345	784
1999		11109	770	109	348	—	729	8410	743
2000		9327	626	78	290	—	784	6885	664
2001		9683	681	79	261	—	1278	6666	718
2002		6292	655	74	205	—	1040	3672	646
2003		5745	655	81	122	—	1721	2977	189
2004		6814	454	50	201	—	1206	4701	202
2005		6575	610	25	120	—	1670	3950	200
2006		14873	948	49	292	—	933	10503	2148
2007		13425	868	38	225	—	2246	8623	1425
2008		6673	338	40	185	—	1040	4642	428
2009		12371	476	17	38	—	1240	9345	1255
2010		11073	251	15	35	—	939	8742	1091
2011		10475	226	6	21	—	1296	7894	1032

（续）

年份	合计	牛	马	驴	骡	猪	绵羊	山羊
2012	10209	214	4	10	—	1399	7670	912
2013	9915	215	2	8	—	1642	7129	919
2014	9638	179	2	7	—	1622	6975	853
2015	9503	167	1	6	—	1769	6706	854
2016	9326	216	1	6	—	1757	6549	797
2017	10014	208		5	—	2668	6370	763
2018	16441	185	—	4	—	9868	5722	662
2019	17118	181	—	4	—	10600	5674	659
2020	17339	252	—	3	—	10957	5458	669

（二）畜种改良

农场畜种改良的重点为牛、绵羊、猪种改良。

1. 牛改良　1958年，农场有奶牛51头，全为土种奶牛。1959年，引进北京黑白花种公牛1头，开始良种乳牛配种。当年，购入改良牛14头。由于采用自交方法配种，效果不佳。

1963年，购进荷兰种公牛2头，购进良种母黄牛16头。改进良种牛配种方式，选择体型好、体质壮、产奶多的母牛作为改良群，实行定向配种；成立人工授精组，开始进行人工授精。当年，杂交改良牛10头。

1965年，经自治区农垦厅分配引进北京黑白花奶牛4头，其中种公牛1头、种母牛3头，扩大改良牛配种。年内繁育纯种牛和杂交牛5头，改良后的纯种和杂交一代牛，体质、产肉、产奶和经济效益都有提高。

1971年，地区奶牛场划归农场，成立奶牛队。1972年，繁殖成活荷兰、北京黑白花纯种和杂交奶牛20头，杂交黄牛19头。1972年底，全场存栏荷兰、北京黑白花奶牛91头（母奶牛50头），占牛总头数的5.6%，其中良种公牛18头；良种杂交黄牛61头（母牛25头），占牛总头数的3.7%，其中良种杂交公牛18头。此后，良种奶牛不断繁育，达到全部良种的要求。黄牛通过内部和送外部配种改良，良种比例逐步提高。

2. 绵羊改良　1959—1960年，农场引进新疆细毛种公羊11只，开始杂交配种改良。至1966年，全场有纯种和杂交改良羊405只（公羊150只），占绵羊总数的7.8%。此前，绵羊多为自然交配，仅1965年人工授精配种250只。

1972年开始，绵羊大规模进行人工授精，当年全场抽调配种人员10名，历时34天，人工授精3447只，占适龄母羊总数的95.8%。1973年底，有纯种和改良绵羊3660只，占绵羊总数的 33.3%。年内引进新疆细毛种公羊 12 只。此后，加速绵羊改良。至 1983 年，全场 1.24 万只绵羊全部改良为细毛羊或半细毛羊，其中细毛羊占 60%，半细毛羊占 40%。

3. 猪改良 1958 年，引进苏联大白猪（又名乌克兰猪）种公猪 1 头，开始猪种杂交改良。1963 年，引进苏联大白猪公猪、种母猪各 1 头。至 20 世纪 60 年代末，先后引进约克夏、印安等优良猪种。1971 年，引进宁乡猪 16 头（公 4 头、母 12 头），上海约克夏猪 8 头（公 3 头、母 5 头），长白猪 4 头（公 2 头、母 2 头）。至 20 世纪 70 年代中期，猪种全部改良。农场拥有的纯种猪和良种杂交猪除满足本场猪种改良需要外，还支援外单位。仅 1971 年，支援外单位纯种苏联大白猪、印安猪 28 头，苏联大白猪、约克夏、印安等杂交猪 40 头。

（三）繁殖

建场初期，牲畜繁殖率、繁殖成活率均低。1959 年，全场适龄母牛 317 头，产犊 73 头，其中成活 36 头，死亡 37 头，繁殖率为 23%，成活率为 49.3%；适龄母马 22 匹，产驹 2 匹，其中成活 1 匹，死亡 1 匹，繁殖率为 9.1%，成活率为 50%；适龄母绵羊 1647 只，产羔 426 只，其中成活 189 只，死亡 237 只，繁殖率为 25.9%，成活率为 44.4%；适龄母山羊 731 只，产羔 529 只，其中成活 198 只，死亡 331 只，繁殖率为 72.4%，成活率为 37.4%。

1963 年起，农场逐步加强种畜饲养、配种和接羔育幼措施，母畜繁殖率、仔畜成活率大幅度提高。1965 年和 1966 年，适龄母牛繁殖率均为 100%，产犊成活率分别为 69.2% 和 86.1%；适龄母马繁殖率均为 100%，产驹成活率分别为 81.8% 和 100%；适龄母绵羊繁殖率 94.9% 和 88.6%，产羔成活率分别为 70.3% 和 64.9%；适龄母山羊繁殖率分别为 90% 和 100%，产羔成活率分别为 82.8% 和 87.4%；猪仔成活率分别为 39.8% 和 91.9%。1969 年，全场繁殖大小仔畜 1469 头（只），因管理和气候多方面原因，冻死、饿死、病死、压死、偷走、偷宰共计 1262 头（只），占繁殖仔畜总数的 85.9%。

1970 年后，绵羊逐步改变以秋（9—10 月）配春（2—3 月）产为主的传统方式，推行夏（7—8 月）配冬（11—12 月）产方式。由于冬产期气候变化较小，饲草充足，母羊膘情较好，冬羔成活率提高。1970 年，实行夏配冬产的 7 群绵羊，有 4 群羊产羔成活率超过 90%。1973 年，全面推行夏配冬产，绵羊适龄母羊繁殖率为 100%，冬羔成活率为 99.5%，山羊适龄母羊繁殖率为 99%，冬羔成活率为 91.4%。当年，适龄大畜母畜及母猪繁殖率、仔畜成活率均达到历史最好水平，其中适龄母牛繁殖率为 91.5%，产犊成活率为100%；适龄母马繁殖率为83.3%，产驹成活率为100%；基本母猪每头平均产仔8.3头，产仔成活率为98.4%。

1980年后，农场逐步强化私养牲畜和公畜承包户母畜饲养管理和配种、接羔育幼措施：实行全场统一配种，推行良种配种和人工授精，对自然配种者予以没收牲畜或罚款处理；母畜分别放牧圈养，统一母畜、幼畜饲养要求；场、队（分场）建立母畜鉴定和母畜选优制度，适时淘汰不适宜繁殖的母畜，提高配种母畜质量，全场适龄母畜繁殖率、仔畜成活率除少数年份外均保持较好水平。1989年，适龄母牛繁殖率为58.5%，产犊成活率为97.4%；适龄母马繁殖率为54.7%，产驹成活率为100%；适龄母绵羊繁殖率为51.2%，产羔成活率为99.4%；基本母猪每头平均产仔9头，产仔成活率为96.2%。1989年内，农场集中放牧管理的种公羊分散到各队。部分队没有单独饲养，种公羊混在羊群中，无节制配种，造成公羊体弱，配种质量下降，有些种公羊因饲养不良和过度交配而死亡。1999年，适龄母牛繁殖率为76.5%，产犊成活率为100%；适龄母马繁殖率为73.4%，产驹成活率为100%；适龄母绵羊繁殖率为85.4%，产羔成活率为97.2%；适龄母山羊繁殖率为90.5%，产羔成活率为95.9%；基本母猪每头平均产仔8.6头，产仔成活率为99.2%。

2000年后，农场制定优惠政策，鼓励职工、承包户多养良种畜禽种类，使用人工授精技术，加速优良品种的推广，在已有畜禽场的基础上，筛选确定养殖技术好、饲养管理到位、养殖条件好的个体养殖户，重点培养重点扶持，为全场提供优良畜禽种苗，解决全场养殖品种少、饲料回报率低、产值少的饲养畜禽产品结构。这一时期，农场开始引进推广肉牛品种西门塔尔牛。

2007年，全场适龄母牛繁殖率为67.5%，产犊成活率为97.9%；适龄母马繁殖率为47.6%，产驹成活率为80%；适龄绵羊繁殖率为81.4%，产羔成活率为96.3%；适龄母山羊繁殖率为88.4%，产羔成活率为93.8%；按全部基本母猪计，每头母猪平均产仔5.9头，产仔成活率为93.9%。

2009年后，农场贯彻实行"良种先行"。提高畜禽生产户的养殖技术，通过兴办短训班来培训农户的饲养管理水平和畜禽疾病的初步诊断能力。普及推广先进的实用技术，如生猪、牛、羊的育肥技术，免疫程序技术，畜禽疫病诊断等多种实用技术，通过科技推广，实现以防代治，减少养殖风险，降低饲养成本，提高农户抵御风险的能力。

2020年，全场两大牲畜品种分别为猪和羊，有私人投资建设经营的专业养猪场5家，年繁殖仔猪1万余头，绵羊、山羊基本为职工家庭在果园分散饲养，年繁殖量在4000只左右。

表 2-3-15　1961—2020 年部分年份红旗坡农场主要牲畜繁殖情况表

年份	牛（头）		马（匹）		猪（头）		绵羊（只）		山羊（只）	
	繁殖母畜	成活仔畜	繁殖母畜	成活仔畜	繁殖母畜	成活仔畜	繁殖母畜	成活仔畜	繁殖母畜	成活仔畜
1961	183	99	40	10	10	78	1500	545	680	502
1962	150	110	40	18	12	70	1500	850	650	550
1963	226	105	40	25	10	73	1802	1100	775	709
1964	226	138	42	33	10	185	1800	1400	777	767
1965	146	101	33	27	70	245	1950	1300	970	723
1966	108	93	34	34	68	829	2314	1200	800	717
1967	108	55	34	16	65	781	2153	1661	624	434
1971	336	254	110	58	148	866	4384	2338	261	53
1972	354	267	70	37	224	658	3600	1124	200	79
1973	400	366	90	75	199	1619	4200	4183	200	181
1974	443	243	142	65	121	449	4900	2781	215	94
1976	305	160	157	71	140	1332	5000	2637	250	214
1977	305	119	157	51	140	2119	5500	2600	250	191
1978	234	140	112	63	170	1806	5800	4302	340	236
1979	234	144	112	50	170	1637	5800	3440	340	220
1980	294	216	87	36	151	1531	5079	3476	326	300
1981	450	257	93	60	95	799	7860	5442	376	232
1982	396	283	94	37	81	593	6243	3748	384	350
1983	314	86	81	11	94	895	6113	1779	400	232
1984	555	308	76	20	122	912	6634	2148	475	176
1985	803	384	137	22	105	985	7301	3712	312	141
1986	786	507	183	40	164	1128	8481	4647	320	159
1987	830	97	165	30	187	1290	9065	4380	316	182
1988	662	439	106	60	186	1651	8650	4822	437	334
1989	662	377	106	58	186	1618	8650	4274	437	321
1990	496	332	136	47	186	862	7797	3680	409	164
1991	656	436	85	52	284	734	6965	3659	408	238
1992	641	616	94	78	120	939	6891	4485	300	244
1994	883	597	153	107	148	1218	9047	7080	425	336
1995	940	637	153	67	148	644	9047	7268	425	315
1996	787	509	114	89	108	574	10431	8326	471	384
1997	703	497	129	64	83	802	10420	7624	488	511
1999	549	420	64	47	136	1158	6924	5744	507	440
2003	270	190	40	40	184	832	2387	2360	170	116
2005	150	70	15	5	160	760	2100	1989	150	138
2006	539	288	20	6	499	1657	6334	5739	1482	1000

（续）

年份	牛（头）		马（匹）		猪（头）		绵羊（只）		山羊（只）	
	繁殖母畜	成活仔畜	繁殖母畜	成活仔畜	繁殖母畜	成活仔畜	繁殖母畜	成活仔畜	繁殖母畜	成活仔畜
2007	496	328	21	8	509	2800	4970	3896	991	760
2008	239	121	6	2	295	770	7630	6745	1110	1178
2009	242	124	3	1	284	759	8903	7015	1020	1090
2010	230	102	2	—	303	1313	7595	5370	910	890
2011	220	99	—	—	367	1562	7040	5155	848	818
2012	228	96	—	—	396	1548	6530	4435	780	703
2013	163	73	—	—	347	1530	6727	4820	743	730
2014	139	69	—	—	301	1342	5535	4090	690	694
2015	144	70	—	—	366	1605	5830	3990	663	618
2016	145	71	—	—	330	1684	4860	3463	633	605
2017	155	65	—	—	335	2838	5048	3277	650	668
2018	144	55	—	—	1229	9058	5170	3605	560	540
2019	144	54	—	—	1301	9612	4840	3410	550	528
2020	146	32	—	—	1311	10072	3641	3245	535	531

（四）放牧

农场牲畜采取夏秋山区草场放牧，冬春场内牧养方式。

1. 草场放牧　农场没有山区固定草场。3个农业社入场前，牲畜在温宿县塔格拉克山区草场长年或季节性放牧。1959年，农场牲畜上山放牧时，被当地牧场阻挠，经政府主管部门与当地牧场协商，划给农场一段山沟放牧。至1962年，每年山区草场放牧，一般于5—6月上山，10—11月下山回场。1963年，当地牧场不准农场牲畜上山放牧，草场纠纷再起，连续几年不断，农场牲畜上山放牧陷于困境。几经政府主管部门与当地牧场调解协商，或临时划分，或议而不决，或决而不行，至1965年，农场草场问题始终未能妥善解决。临时划定的草场草质差、石头多、兽害多，畜容量远不及放牧需要，严重影响放牧质量和牲畜体质，致使牲畜死亡。1963年8月25日，放牧的一羊群遭狼群袭击，400多只羊或被咬死或下落不明。临时划定的草场多变而不固定，有时被分散多处，距离数十千米乃至上百千米，放牧畜群频繁转场，放牧亦受到种种限制（每天放牧晚放早归，畜群迟上山早下山，转移不准通过其他草场等），造成严重后果。1963年，畜群推迟至7月中旬上山，上山后无定点，频繁迁移，损失很大。提前下山的畜群，归场后因不适应山下炎热干燥气温、场内无放牧条件，大量牲畜发病、导致死亡。1965年，畜群提前于8月初下山，各羊群发生肺炎，发病率为25%～30%，不到1个月死亡300多只，其中发病最严重的一群羊死亡率达20%。

1966年2月，由专区领导召集温宿县人民政府、红旗坡农场、塔克拉克牧场负责干部协商决定，将塔拉克库塔、库台克力克草场划给农场。当年，农场在草场投入财力，进行草场基本建设，种植部分作物。至1967年，牧场要求收回原划草场，另换草场。当年5月，阿克苏军分区生产办公室主持召集各方协商决定：拉衣木拉克、库孜塔西比力、也西力克力、小库力瓦、大库力瓦的一半草场长期划给农场，农场在草场有基本建设和使用、改良、保护草场等权责，原划草场中农场修建的设施无偿归牧场所有。新划农场草场北部拉衣不拉克相接雪山和小苏汗力克上面的平台与兵团农一师九场草场艾衣力克相连，延长至东边的大库力巴克与小库力巴克两沟合并的山角；西部以拉衣拉克的埂子（与划给卡衣部的草场）为界，延长至阿其力克高粱，与小苏汗力克为界；南部从库其上面的高粱、阿拉其上面的高粱、衣西克力克上面有标杆的高粱、古力克台克上面的高粱转过来至独棵松树山头为界；东部从独棵松树山头过去至对面小库力巴克的水沟里独棵松树相连，向东延长至大库力巴克与小库力巴克两水合拼的山角（大库力巴克沟内留归牧场）。至此，农场夏秋上山放牧草场固定。1967年，在山区草场开始试行适龄母羊夏配，回场冬产。此后，农场公养畜群每年夏秋在山区草场放牧。1985年，草场再次发生纠纷。1987年，塔克拉克牧场草场分片包给牧工，草场纠纷加剧，连续不断，农场牲畜山区草场放牧再度出现困难。

1989年，由于农场牲畜山区草场放牧长期纠纷不断，悬而难决，严重制约畜牧业发展，农场决定牲畜全部实行圈养。

2008年9月，温宿县塔合拉克牧场与红旗坡农场达成草场确界协议书，草场界限划分为：北部拉衣不拉克相接雪山和小苏汗力克上面的平台与农一师九场草场艾衣力克相连，延长到东部的大库力巴克与小库力克两沟水合并的山角。西部拉衣布拉克的埂子（与划给卡衣郭的草场）为界，延长到阿其力克的高粱与小苏汗力克的水为界。南部从库其上面的高粱、阿拉其上面的高粱、衣西力克力上面有标杆的高粱、顾力克合克上面的高粱转过来到有独棵松树山头为界。东部从有独棵松树的山头过去到对面的小库力巴克的水沟里的独棵松树相连，向东延伸到大库力巴克与小库力巴克两水合并的山角。至2020年，草场一直没有进行相应的永久界桩埋设工作，草场证仍在办理中。

2. 场内牧养 场内牧养采取集中与分散相结合，春季放牧、冬季圈养为主的方式。初期，畜群放牧于场内外沼泽地、戈壁滩和作物茬地。畜群昼放夜归，而圈少简陋，饲养条件很差，部分牲畜宿于露天，过冬困难。1958年冬季，由于各种原因，死亡羊815只，牛21头，其中大部分为冻饿发病死亡。至1961年，牲畜体质膘情普遍较差，大羊毛重40千克已属罕见。

1963年开始，农场逐步加强领导和饲养措施。当年，建立饲养管理制度，实行饲养定额管理，实行分群、分槽饲养，实行牲畜死亡责任与奖罚制。决定在六队、七队划出地块，种植苜蓿及其他牧草，逐步建成场内固定轮牧区。投入财力，加快各队棚圈建设，做到畜有圈，补饲料。1964年，畜牧队牲畜场内放养期间，大部分畜群分散各队放养，棚圈由所在队建，肥料归所在队用。至1965年，建成棚圈42个。1966年，农场拨款各队新建棚圈12个。当年，农场调整羊群放养布局，畜牧队调出牛204头分配各队，调出山羊1788只分配四队、六队、七队，六队、七队原属羊群全部调给三队。副业队猪场实行以工定产、责任到人和清洁（饲料清洁、猪槽清洁、猪圈清洁、猪体清洁）、两落实（饲料落实、定额落实）的饲养管理制度，明确饲养员职责、任务和饲喂要求。当年底，农场在三队召开牲畜管理现场会议，对三队、园林队、六分队等单位和牧工进行表扬奖励。

1970年12月，撤销畜牧队，畜群全部分散至各队牧养。至1972年，全场有固定棚圈313个，做到牲畜每群有棚圈，有些队有火墙产房，有的队有宽敞保温的地窖。同时，农场猪场猪群除肥猪外，开始推行放牧饲养。

图2-3-7 2008年，农场园艺七分场的黑白花奶牛饲养（照片提供：杨聪靓）

20世纪80年代，农场牲畜增多，私养牲畜发展迅速，1985年公私牲畜比重达到各占50%，草场与场内放牧压力加大。1989年，农场决定私养牲畜全部实行圈养，不准随意放牧，对不听劝阻者，第一、二次罚款处理，第三次没收牲畜归公；公有牲畜按农场指定草场和地点放牧。1995年，农场制定公有牲畜饲养、育肥、剪毛、打草、配料等各项作业定额和质量要求，实行定额管理和责任制。

2009年后，农场发展种草养畜，优化畜牧业内部结构，降低饲养成本，提高畜禽产品品质。因地制宜坚持养畜与种草相结合，利用林间空地种草来解决牲畜的饲草问题。

（五）饲料、饲草

1. **饲料** 建场初期，牲畜饲料由国家全数或补差供应。每年由农场列明供料牲畜分类头数、饲料标准申报计划，经国家粮食部门审查，报专员公署批准，指定粮点供应。在此期间，除养猪供料稍多外，犬畜饲料标准较低，小畜一般不供料，只在部分年份对瘦弱和越冬困难小畜供应少量抗灾保畜补助饲料，牲畜缺料严重。

1963年，农场粮食自给自足后，牲畜饲料参照农村饲料标准自留。当年，农场牲畜每头年留料标准为耕马200千克、耕牛150千克、役马50千克、奶牛125千克、猪180千克；羊按总只数的10％，每只补助饲料3千克，共留饲料156.4吨。此后，随着粮食生产逐步发展，饲料供应标准逐步提高，饲料留量随供应标准提高和牲畜发展而增多。精料供应状况逐步改善。1964年，全场饲料留量273.56吨，比上年增加79.4％，公有牲畜每头平均留料36.1千克，比上年增加9.8千克。1965年，农场调高猪饲料供应标准，每头年精饲料标准为种公猪375千克、生产母猪270千克、育肥猪160千克、架子猪90千克、仔猪（3月龄内）22.5千克；粗饲料（粮食副产品）为种公猪275千克、生产母猪180千克、育肥猪40千克、架子猪90千克。1966年，农场调高猪场饲料供应标准，不分大小每头猪每月供应饲料57.5千克，由猪场掌握安排使用。1971年，农场首次购进饲料粉碎机6台，分散于各队粉碎原粮精料，与粮食副产品配制混合饲料，提高饲料利用率。1972年，农场调整良种牛饲料供应标准，北京黑白花成年种公牛每头每月精料120千克、成年母牛90千克，荷兰成年公牛150千克、后备公牛120千克三代以下杂交成年母牛、纯种后备牛及牛犊按原标准每头每天2千克，三代以下杂交公牛按耕牛标准供应；产奶母牛适当供应油渣、麸皮、黄豆，比例各为10％～15％；种牛配种期间，适当补喂鸡蛋和胡萝卜。1978年，农场上交肥猪，每头饲料150千克，由农场统一供应。

20世纪80年代后，农场公有牲畜由场统一留料，统一供应，私养牲畜自留自筹。1980年，全场饲料粉碎机增至17台。1985年，全场12台饲料粉碎机，其中10台分散各队用于粉碎饲料。当年，全场役畜头均消耗精饲料126.82千克、副产品（油渣、麸皮）饲料61.23千克，其中大小非役畜头均消耗精饲料43.69千克、副产品饲料16.45千克，大小猪头均消耗精饲料55千克、副产品饲料56千克，羊只均消耗精饲料2.5千克。年内，除各队自行加工饲料外，农场饲料厂生产混合饲料供应牲畜50.3吨。

1985年，农场实行承包责任制后，牲畜养殖所需饲料均由养殖户自行解决。

2. **饲草**　饲草种类有干草、青贮饲草；品种有苜蓿、芦苇、麦草及其他农作物秸秆、叶、荚等。建场初期，饲料缺乏，草源亦少，农场每年在农闲季节抽调劳力专业割草，收集农作物秆、叶用作饲草。1963年开始，农场每年对各队下达打草贮草任务和种植苜蓿任务，规定贮草定额：大畜按半年、小畜按3个月计算，马每日7.5千克、牛每日9千克、羊每日2.5千克；饲草品种比例为苜蓿50％、湖草30％、麦草及其他草20％；割草时间湖草为始花期，在芦苇长至100～150厘米高时和甜甘草荚果始熟期。当年，苜蓿收割、销售由农场统一管理安排，各队不能自行处理。当年，全场用于饲草的苜蓿144吨。1966年，农场确定年贮草定额大畜1～1.5吨，小畜300～400千克；饲草标准非放青期，役马、牛每日饲草不低于2千克；全场各队调给畜牧队80公顷地的玉米秆、苜蓿5吨、麦草100吨。当年，农场牲畜饲养管理现场会议推广饲草合理搭配、苜蓿铡碎拌麦草、麦草温水或1%石灰水浸泡等方法。

1972年开始，奶牛队作为全场统一调度饲草的重点保证单位之一，至1973年，共调给奶牛队苜蓿161.5吨、湖草154吨、麦草40吨、玉米秆22吨。1979年开始，农场首次购进牧草收割机，打草效率提高。1980年，农场制定贮草定额：越冬度春期按100天计算，每日每头大畜15千克、羊3千克贮草，干草粉每日每头猪3千克。收割野草采取专业与业余相结合的方法，业余打草，农场按每千克干草0.03元收购。农场要求各单位在夏收后增种晚玉米3.33～10公顷用作青贮或收草。到1982年，年贮草超过1000吨，1985年增为3994吨，头均饲草役畜为1.2吨、非役大畜1.85吨。至1997年，贮草4785吨。

2000年后，农场仅有少量苜蓿种植，多利用自家林地种植饲草饲料。

2009年，农场提倡种养结合，在各自承包的田边地头开展养殖活动，在林地果园中养猪、养牛、养羊，农户把小型规模化养殖活动安排在田间林地里。这样饲草饲料可以就近饲喂，牲畜粪便也就近施入农田，节约运输人工等资源，降低养殖业成本。

表2-3-16　1958—2000年部分年份红旗坡农场牧业贮草及牧业机械表

年份	贮冬草（吨）	饲料粉碎机（台）	牧草收割机（台）	年份	贮冬草（吨）	饲料粉碎机（台）	牧草收割机（台）
1958	100	—	—	1985	3994	12	4
1965	166	—	—	1986	4304	8	2
1971	247	6	—	1987	3288	8	2
1972	400	6	—	1988	2848	11	1
1973	—	6	—	1989	3257	10	2
1974	—	6	—	1990	3465	8	2
1975	—	6	—	1991	3504	7	2
1976	—	6	—	1992	3481	7	2
1977	—	9	—	1993	—	7	1
1978	—	9	—	1994	—	7	1
1979	697	10	1	1995	4526	4	1
1980	501	17	2	1996	4884	3	—
1981	580	12	2	1997	4785	5	—
1982	1301	11	2	1998	—	5	—
1983	1248	11	2	1999	—	5	—
1984	—	7	4	2000	—	5	—

（六）疫病防治

1. 疫病

（1）外寄生虫病。有羊疥癣、牛羊猪虱、羊鼻蝇等，以癣病、羊虱多见。1961年调查，70%～80%的羊有羊虱寄生，严重者腋窝有羊虱数十只。1963年，治疗疥癣病羊2510只，死亡20只。

（2）内寄生虫病。有羊肺丝虫、肝片形吸虫、枝状腹腔吸虫、棘球幼虫、牛太氏焦虫、猪蛔虫、猪鞭虫等。1961年，发生大小型肺丝虫病。1963年，治疗肺丝虫病羊3562只，死亡80只。1966年，北京黑白花种公牛全部发生牛太氏焦虫病，死亡2头。同年，绵羊80%感染棘球幼虫病，大量病羊死亡，个别羊群死亡率超过90%。1992年，发现并治疗肝色虫病羊5084只。

（3）传染病。有马鼻疽、牛猪肺疫、牛结核、马腺疫，绵羊双球菌病、气肿疽、羊痘、流感、破伤风、羊布氏杆菌病、猪李氏杆菌病、猪羊巴氏杆菌病、仔猪白痢、炭疽、口蹄疫等。1960年，牛肺疫发病39头，全部死亡；绵羊双球菌病发病300只，死亡204只；猪炭疽发病2只，全部死亡。1960年，马鼻疽发病4匹；1962年发病7匹，发病率6%。1963年马鼻疽病发病8匹，至1964年高发，当年7—8月两次检疫，受检马142匹（占应检马的83.5%），发现阳性29匹（其中开放性病马4匹），占受检马的20.4%，其中农田一队受检马20匹，阳性病马10匹，占受检马的50%。至1965年3月，马鼻疽病死亡7匹。1963年，猪肺疫发病3头，死亡1头；1头牛犊因气肿疽死亡；羊痘发病50只，死亡4只。1965年，首次发生马腺疫病，农田三队有马30匹，发病11匹，发病率36.7%。当年，副业队猪场发生仔猪白痢病，短期连续死亡仔猪304头，仔猪死亡率86.4%。副业队猪场发生李氏杆菌病，迅速传染。1966年11月，个别队和私人养猪传染，副业队猪场突发急性流感，3天内发病34头，迅速继发为胸膜肺炎，至发病第7天，死亡12头，急宰29头，全为肥猪，占肥猪头数的31.1%。1971年，奶牛场发生牛结核病，发病10头，占牛群头数的14.3%。1990年发生严重猪瘟，猪死亡491头。2005年，农场境内发生亚-1型口蹄疫1例。

（4）普通病。常见有肺炎、急慢性支气管炎、肠胃炎、过劳性胸膜炎、蜂窝质炎、感冒、维生素缺乏症、各科产科病和各种外伤等。1963年，农场兽医室治疗牲畜各种普通病409例，其中外伤病265例，肠胃病60例，呼吸道病50例，产科病8例，其他病26例。

2. 防治

1959年，农场设兽医室（后改称兽医站），部分队设非专职兽医卫生员，承担全场畜禽疫病防治。后经多次培训和调配充实，各队均设兽医卫生员。1962年，阿克苏专区科学技术委员会拨款，专区农牧科学研究所与农场共同进行治疗开放性马鼻疽病试验。此后，农场多次自行组织或邀请地区、县兽医部门开展高发传染病检疫调查。1963年，农场发文要求及时报告疫情，及时医治畜禽。1979年，农场制定《兽医卫生员职责》，明确连队兽医卫生员实行双重领导，行政由连队管理，业务由兽医站统一领导。1999年，农场成立畜牧中心，其职责之一是统一协调畜牧防疫工作。2016年，社会化职能改革后，根据属地管理原则，农场配合阿克苏市红旗坡片区防疫部门做好防疫工作。

农场牲畜疫病防治贯彻"预防为主，治疗为辅"的方针，除常规治疗和发生重大疫病时组织场内外力量重点对症治疗外，重点进行大量的预防工作。主要采取隔离封锁、注射疫苗、药物驱虫等措施进行防治。

（1）隔离封锁。对患传染病畜实行单圈或全场集中隔离。发生严重传染疫病时，划定封锁区，设立明显标志，固定专人管理传染病畜，禁止疫区与非疫区来往。在疫区，进行彻底消毒，病畜和疑似病畜皮肉及其污染物焚烧或深埋。1960年，农场发生马鼻疽病后，全场病马集中于农田六队隔离。1965年，农场发文向全场通报马鼻疽疫情蔓延，再次提出病马隔离、疫区消毒、死马处理的具体要求，对"少数病马不送隔离，私自分食病马肉"等问题提出严格批评。当年，副业队猪发生李氏杆菌病后，农场发出紧急通知，猪场实行消毒、隔离；至副业队道路封锁止畜力车辆和牲畜通行；病猪死猪严禁宰食，病猪肉煮熟连猪毛污水就地深埋。1971年，奶牛队发生结核病和布氏杆菌后，农场紧急安排，病牛和疑似病牛分舍隔离，全部牛舍彻底消毒；假定健康牛群每月进行1次检查，连续4次；病牛严禁宰食，牛奶禁止出售。1979年，农场周边单位发生猪传染性水泡病，农场发出紧急通知，要求各单位密切注意、及时检查，发现可疑病猪立即隔离，并向场兽医站报告；猪场及各单位猪圈出入口挖消毒槽，进出人员、牲畜、车辆实施消毒，谢绝外来人员、车辆进入。

（2）注射疫苗。农场预防牲畜疫病注射的各种疫苗有A型、O型、亚-1型口蹄疫苗，猪痘、羊痘疫苗，猪瘟、羊瘟疫苗，猪疽疫苗，猪仔副伤寒疫苗，肺结核疫苗，防流胎疫苗等。1965年，全场注射各种疫苗2.38万头（次），平均每头牲畜注射2.64次。1966年，全场对1.66万头牲畜注射各种疫苗2.1万头（次），其中A、O型口蹄疫苗1.34万头（次），马、绵羊肺结核疫苗2465头（次），猪瘟疫苗1600头次，仔猪副伤寒疫苗60头（次），羊痘疫苗3500只（次）。1992年，全场公有绵羊、山羊6613只，每3个月注射1次羊瘟疫苗，全年注射4次，其中5593只注射2次炭疽疫苗，3149只怀孕母羊注射5号防流胎疫苗。2004年10月，全场公私牲畜全部注射A、O型口蹄疫苗。2005年，公私牲畜注射亚-1型口蹄预防针。2006年7月在农场与阿克苏城区交界处发生禽流感，农场花大量人力、物力、财力进行设卡、抽查、扑杀等防疫工作，累计投入人力6065人次，投入人力折价和购置物品、运转费用支出合计30.85万元。由于严防死守，控制疫情措施得力，有效防止了疫情扩散。2007年10月，农场发出《关于抓好落实传染性口蹄疫预防工作的通知》，要求各单位建立预防领导小组，指定领导具体负责注射疫苗预防工作。所有养殖户按畜分类建立档案，分由所有单位和场畜牧办公室保存。按有关规定，对所有注射疫苗的家畜打耳环、作标志，没有标志的家畜不得擅自屠宰或销售。疫苗实行强制注射，注射疫苗率达到100％，并跟踪检查，如养殖户拒绝注射疫苗，将追究其责任。负责领导和技术人员如不重视疫苗注射工作，出现严重后果的，将追究其责任。

（3）药物驱虫。方法为药浴、注射和涂抹药剂。1962年开始，羊群全部药浴，起初为一年一次，以后增为春秋各一次。药浴安排为无病先浴，次为轻症，再为重症。1965年，羊群普遍每年进行1～2次药浴。1992年，羊群药浴2次，共1.21万只。癣病牛或药浴患处，或以六六六（已禁用）粉剂、乳剂或克辽林乳剂涂抹患处。内寄生虫病驱虫，根据不同虫类、不同药剂，分别采取气管注射、皮下注射、肌肉注射和口服。

（七）产品

建场初期，农场肉类产品很少，1958—1960年，农场肉类人均产量分别为0.3千克、5.4千克、2.5千克。20世纪60年代中期开始，肉类产量逐步上升，最多的1967年为70.35吨，其中牛羊肉22.45吨，占31.9％；猪肉47.9吨，占68.1％，全场人均16.75千克。1962年以前，农场所产肉类全部自食。1963年开始，少部分肉类产品对外出售或交售国家。当年，全场肉类产量13.59吨，出售2.09吨，占15.4％。其中牛羊肉10.21吨，出售1.21吨，占11.9％；猪肉3.38吨，出售（交售国家）0.88吨，占26％。牛奶产量14吨，出售10吨，自食4吨。交售绵山羊毛绒3.6吨，牛羊皮831张。

20世纪70年代，农场肉类年均产量84.46吨，牛奶年均产量27.96吨，绵山羊毛绒年均产量12.61吨，牛羊皮年均产量1970张。1979年，肉类产量131.84吨，出售（含上交国家肥猪440头）46.35吨，商品率35.2％，自食肉年人均14千克；牛奶产量22.83吨，绵山羊毛绒产量11.29吨，牛羊皮产量3893张。

20世纪80—90年代，随着畜牧业发展，畜产品产量、商品率和自食量同步上升。20世纪80年代，肉类年均产量129吨，牛奶年均产量76.94吨，绵山羊毛绒年均产量19.71吨，牛羊皮年均产量2064张。20世纪90年代，肉类年均产量211.22吨，牛奶年均产量238.34吨，绵山羊毛绒年均产量25.82吨，牛羊皮年均产量1745张。比20世纪80年代肉类年均产量增加63.7％，牛奶增加2.1倍，绵山羊毛绒增加31％，牛羊皮减少15.5％。

2000 年以来，随着养殖数量的减少，畜产品产量逐年下降。2000—2010 年，肉类年均产量 143.7 吨，牛奶 157.4 吨，绵山羊毛绒 19.5 吨，牛羊皮 1741 张。比 20 世纪 90 年代肉类减少 32%、牛奶减少 34%、绵山羊毛绒减少 24.5%、牛羊皮减少 0.2%。

2020 年，全场肉类产量 316.99 吨，5 个大型养猪场的猪肉产品占全场肉类产品的绝大多数，其次为羊肉 36.76 吨。产牛奶 351 吨。

表 2-3-17　1958—2020 年红旗坡农场畜产品产量表

年份	肉类产品				牛奶（吨）	绵羊毛（吨）	山羊毛绒（吨）	牛皮（张）	羊皮（张）
	合计（吨）	牛肉（吨）	羊肉（吨）	猪肉（吨）					
1958	0.80	0.40	0.07	0.33	0.76	0.03	0.24	4	70
1959	15.22	3.18	8.99	3.05	2.14	2.42	1.42	37	614
1960	7.77	1.95	4.87	0.95	5.32	2.58	0.51	23	334
1963	13.59	2.15	8.06	3.38	14.00	3.30	0.30	40	791
1964	15.50	3.50	8.00	4.00	13.00	3.90	0.09	22	1146
1965	18.15	3.10	8.05	7.00	16.09	5.12	0.15	16	677
1966	33.70	2.27	11.69	19.74	4.76	4.83	1.00	53	1174
1967	70.35	4.12	18.33	47.90	5.86	6.42	1.43	74	1323
1972	51.06	6.87	15.26	28.93	16.45	12.93	3.52	38	1268
1973	48.47	8.00	23.19	17.28	34.20	7.63	1.97	115	1549
1976	118.20	17.90	59.30	41.00	50.00	13.50	4.73	149	1729
1977	86.93	13.90	14.73	58.30	28.30	7.13	2.38	132	713
1978	70.24	1.40	32.04	36.80	16.00	9.88	0.35	18	2217
1979	131.84	11.40	39.24	81.20	22.83	11.15	0.14	90	3803
1980	93.20	10.05	38.65	44.50	43.90	15.85	0.23	84	3599
1981	112.38	11.40	29.48	71.50	16.25	13.31	0.80	108	3169
1982	79.62	16.63	32.47	30.52	60.56	11.28	0.06	150	3723
1983	75.00	12.55	20.05	42.40	40.25	24.93	0.85	157	1816
1984	119.60	30.00	45.10	44.50	58.00	14.94	0.43	94	1671
1985	173.50	57.50	46.00	70.00	100.00	23.36	2.16	70	709
1986	169.32	45.63	45.79	77.90	105.00	24.50	0.08	65	736
1987	139.93	20.88	41.36	77.69	131.39	24.28	0.11	55	614
1988	149.52	43.50	51.34	54.68	117.56	23.08	0.07	110	1724
1989	177.91	31.50	49.88	96.53	132.39	22.66	0.16	46	1943
1990	150.93	43.70	49.11	58.12	127.02	19.38	0.09	59	1848
1991	145.43	40.10	45.43	59.90	171.40	19.37	0.08	75	1558
1992	149.34	43.00	65.70	40.64	233.39	20.24	0.08	68	1077
1993	201.00	68.00	76.00	57.00	337.00	23.00	0.12	94	1364
1994	250.81	78.50	100.84	71.47	386.20	26.49	0.10	120	1085
1995	217.94	71.70	84.56	61.68	376.11	31.94	0.10	125	1887

（续）

年份	肉类产品				牛奶（吨）	绵羊毛（吨）	山羊毛绒（吨）	牛皮（张）	羊皮（张）
	合计（吨）	牛肉（吨）	羊肉（吨）	猪肉（吨）					
1996	239.12	64.10	138.91	36.11	335.97	32.53	0.12	167	2231
1997	247.69	62.80	133.28	51.61	213.17	29.04	0.18	69	2033
1998	227.68	59.00	110.40	58.28	203.17	29.28	0.15	94	1741
1999	292.21	51.70	176.52	63.99	109.71	25.66	0.26	116	1643
2000	236.78	63.10	80.963	92.72	113.21	21.22	0.21	158	1315
2001	79.08	13.50	49.92	15.66	20.88	20.00	0.12	90	1500
2002	147.89	12.75	81.86	53.28	10.80	14.00	0.49	10	2116
2003	153.70	27.00	86.70	40.00	9.60	15.00	0.26	143	3050
2004	158.62	10.40	82.06	66.16	70.28	17.00	1.00	45	1459
2005	97.80	22.77	43.53	31.50	190.00	18.50	0.50	58	1848
2006	152.30	18.80	55.00	78.50	384.00	25.80	1.33	112	2619
2007	123.10	21.60	49.70	51.80	460.40	19.30	0.90	100	1430
2008	64.87	8.45	30.42	26.00	276.00	11.77	1.75	86	1256
2009	98.73	4.13	63.60	31.00	272.00	13.18	2.02	70	1324
2010	88.76	6.28	59.00	23.48	263.00	9.88	2.17	82	1298
2011	91.61	5.65	53.56	32.40	260.10	9.09	1.35	44	1240
2012	91.82	5.35	51.49	34.98	260.00	7.99	0.91	50	1247
2013	94.72	5.38	48.29	41.05	261.00	6.79	1.19	52	1259
2014	92.00	4.48	46.97	40.55	255.00	7.13	1.70	56	1092
2015	93.77	4.18	45.36	44.23	261.00	6.48	2.38	59	1148
2016	93.92	5.91	44.08	43.93	265.00	5.68	1.45	72	1209
2017	114.70	5.20	42.80	66.70	259.00	6.94	1.21	56	1096
2018	289.64	4.64	38.30	246.7	256.00	6.44	1.29	112	1272
2019	307.53	4.53	38.00	265.00	250.00	5.94	1.76	20	1343
2020	316.99	6.30	36.76	273.93	351.00	5.49	2.27	49	1283

（八）畜牧管理

1959 年，农场组建畜牧队，专业从事畜牧生产管理。当年，畜牧队制订放牧饲养管理、牧工轮休、屠宰审批、竞赛评比奖罚等制度。农场牲畜以专业集中管理为主，其中大畜以各队分散管理为主，小畜以畜牧队集中管理为主。1961 年，全场牲畜 4473 头（只）（不含猪），畜牧队集中管理 3698 头（只），占 82.7%，各队分散管理 775 头（只），占 17.3%。其中大畜 820 头，畜牧队集中管理 213 头，占 26%，各队分散管理 607 头，占 74%；小畜 3653 只，畜牧队集中管理 3485 只，占 95.4%，各队分散管理 168 只，占 4.6%。全场猪 112 头，猪场管理 102 头，占 91.1%。全场牲畜实行统一管理调配、统一屠宰管理、统一产品分配的管理体制。初期，由于耕畜管理不善，使役不当，频繁发生耕畜死亡、被偷事故，仅在 1959 年 12 月至 1960 年 5 月的半年内，有 5 个队共计死亡耕马 5

匹、耕牛 12 头，被偷耕牛 4 头。农场发出通报，并对从主管领导予以行政处分和事故责任人予以罚款处理。1961 年，农场修订完善役畜管理制度，实行役畜"四固定"（固定饲养员、固定使役员、固定套具、固定饲料饲槽）、使役交接班、档案管理和奖罚等制度，加重事故责任人罚款、队与主管领导的追究处理，事故责任人罚款不足弥补事故损失的部分由队承担。1962 年，畜牧队实行"三包（包成活率、包产量、包财务）一奖（超额奖励）"制度。当年，畜牧队盈利指标 2.76 万元。实现超额，超额部分 30％交场，20％留队，50％奖给个人。1963 年，农场建立牲畜淘汰和死亡报告、处理制度，各种牲畜因病、因伤、因其他事故死亡或淘汰，填写牲畜死亡（淘汰）申报表，经场兽医站检验和场主管部门审查，报场领导审批。属人为责任事故死亡牲畜，严格按有关规定追究责任和予以处罚；属非人为责任事故死亡或正常淘汰牲畜，经场批准并办理正式书面手续后方予核销。当年，农场规定：自留羊每户限养 3 只，自留猪每户限养 1 头，自养驴每户 1～2 头，超过部分交售农场或转卖给没有自留畜的职工。1965 年，农场决定全场种畜（猪除外）全部集中管理，交畜牧队组建种畜专业组，单独核算。1966 年，猪场实行包工、包产管理办法，分别制定仔猪、架子猪、育肥猪、种猪饲养头数定额、肉猪增重和母猪产仔成活以及每头工资标准，饲养员先扣发 20％工资，仔猪、架子猪、育肥猪出猪时结算，母猪半年结算 1 次，完成定额及要求者发全工资，超过者奖励，未达到定额及要求者按比例扣发工资。畜牧生产修订"三定一奖"（定繁殖成活率、定畜产品产量、定产值，超产奖励）办法。1966 年起，畜牧队牲畜逐步分散各队，至 1970 年 12 月，撤销畜牧队，全部牲畜（不含猪）分散各队管理。1966 年起，公畜私养采取两种办法，小畜（仔猪、小羊）过秤计价（不付款）发给承养户，场队发给一定数量饲料，小畜长大后，由农场按牌价收购，场队扣回小畜和饲料费用；小畜作价售给承养户，并价售部分饲料，小畜长大后，由农场按牌价收购。职工私养牲畜，必须卖给农场，不准进入自由市场。

20 世纪 70 年代，农场牲畜及产品继续实行统一管理。1970 年，农场规定公养牲畜及其产品由农场统一安排处理；私养牲畜由农场指定单位收购，不准私自对外出售。皮张羊毛向温宿或阿克苏有关部门交售，不准私自上市。1973 年规定：职工家属养猪，一般一户 1～2 头，最多不超过 3 头，自食有余的活猪交售农场或食品公司，不准私有上市出售活猪或猪肉。年内，农场统一制定畜牧劳动定额 17 项。1976 年规定：职工家属（未参加集体生产劳动的成人）可养 1～2 头（只）猪（羊）。育肥后交本单位屠宰、肉的 15％和头蹄杂碎归饲养者，其余由农场按国家牌价收购，不准私自宰杀处理；干部、职工不允许饲养自留畜，允许每户养驴 1 头，超过部分折价交公。1978 年规定：养猪单位在完成上交肥猪任务的前提下，由场供销部门统一安排屠宰分配供应肉食；超额完成上交肥猪任务的单位，奖售超额部分肉食的 40％；完不成上交肥猪任务的单位，减少肉供应定量，保证完成上交任务。"三定一奖"管理制度规定：牧业完成产量计划、实现利润超收，超收部分 50％交场，20％留队，30％奖给职工。

1980 年，农场实行牲畜财务包干到群，落实到个人，执行基本工资加奖励工资和超产奖励，对没有完成任务者实行经济惩罚。各类牲畜繁殖率、死亡率指标和奖罚办法如下。羊繁殖率 85％，成羊死亡率 5％，少死 1 只成羊奖 2 元，多交 1 只羊羔奖 1 元，少交 1 只羊羔罚 0.5 元，多死 1 只成羊罚 1 元。奖励比例牧工占 70％，领导和兽医卫生员各占 15％；惩罚比例牧工占 70％，领导占 20％，兽医卫生员占 10％。丢失羊只，经证明确实丢失的，牧工按规定价格赔偿，无证明者，牧工加倍赔偿；土种牛繁殖率 70％，成年牛死亡率 2％，多交 1 头小牛奖 5 元，少死 1 头成年牛奖 20 元，少交 1 头小牛罚 2.5 元，多死 1 头成年牛罚 5 元。奖罚比例同羊群；基本母猪繁殖率 1300％，断奶期 60 天，每窝重 65 千克，每超 1 千克奖 1 元，少交 1 千克罚 0.5 元。猪出栏率 70％，每头肥猪净肉 50 千克，每超产 1 千克奖 1 元，少交 1 千克罚 0.5 元。同时，农场改变全场肉食统一供应办法，实行自养自吃。从当年 5 月起，少数民族人口每 2 人价拨 1 只羊，由各单位集体饲养繁殖，收支由各单位自理。每只羊划给 1 分饲料地，收获饲料用作育肥。肉食由各单位供应，养好多吃，养差少吃，不养不吃。全场用作繁殖的公有良种牲畜由农场统一管理。1982 年，农场修订规定：牧业产量利润双超，超过部分 40％交场，20％留队，40％奖给职工，只超产量不超利润者不得奖，只超利润不超产者，按产量每差计划 1％扣奖 1％。

1984 年开始，农场公有牲畜实行承包责任制，当年有畜牧承包户 61 户。承包牲畜实行折价保本保值，每年终盘点，未保持合同数量和本值者，由承包户补足。承包办法和上交：养大牛，所产牛犊 40％归公，60％归私，养小牛，每 10 头小牛给牧工 1 头；养马，所产马驹 25％归公，75％归私。以上承包户每个劳力划给口粮地 0.27～0.33 公顷，每饲养 20～25 头（匹）划给饲料地 1.67 公顷，饲养 30 头（匹）以上，划给饲料地 2 公顷，按标准交纳水费，土地占用费免交。由农场提供良种奶牛给奶牛承包户，奶牛折价入账仅作发展资本，承包户无权处理，一切费用自理。根据不同育龄订出产犊计划，牛犊公私各半分配，承包户饲养 6 个月后交公。农场按每头奶牛 0.67 公顷划给饲料地，承包户每公顷每年交土地占用费 300 元。承包养羊，一切费用自理，杂色羊每只每年上交管理费 8 元，细毛羊每只每年上交管理费 10～12 元，也可按育成羊或肥羊市价的 90％折价抵交管理费。承包养猪，除每人每年上交管理费 436 元外，并平价供应职工猪肉。饲料地每户最多不超过 1.67 公顷，一等地和二等地每年每公顷分别上交 180 元和 150 元，水费自负。

1986 年，农场《生产经济责任制管理细则》规定：养猪专业户承包养猪，经盘点作价保本保值，一切费用自理。每年年终经队盘点，保持合同数量和本值，不足部分由承包户赔补。上交指标：每人每年交管理费 438 元，并按农场规定定量供应职工猪肉。饲料地：一等地每年交 180 元/公顷，二等地每年交 150 元/公顷。养羊专业户承包养羊，经队盘点作价保本保值，费用自理。每只每年上交管理费：杂色羊 8 元，细毛羊 10～12 元，也可以成羊或肥羊市价的 90％折交管理费。养牛养马承包户保本保值。养小牛者每养小牛 10 头给承包户 1 头，养大牛者，生产的牛犊 40％归公，60％归私。养马者，生产的马驹 25％归公，75％归私。牛马专业承包户划给粮地 0.27～0.33 公顷，每饲养 20～25 头（匹），划给承包户饲料地 1.67 公顷，饲养 30 头（匹）以上，划给承包户饲料地 2 公顷，土地占有费免交。

1988 年，农场修订承包办法，承包每只每年上交管理费：土种羊和山羊 8 元，细毛羊 15 元。承包户每年按合同母羊数量所产羊羔，向生产队有偿交母羔数量的 20％，公羔数量的 10％，各生产队按承包户交队数量的 20％有偿交予农场；承包养猪每人每年交管理费 650 元；各种承包畜，占用场队棚圈每头（匹、只）每年上交占用费：马、牛 2 元，羊 1 元，猪 3 元。当年，针对私有牲畜发展迅速、超过农场草原承载能力的状况，对私养牲畜采取限制措施，规定夫妻都是干部的家属、子女未分居者，每户只准养羊 10 只，牛、马、骡、驴各养 1 头；放牧公畜的牧工和其他承包户以及夫妻中有 1 个是干部者，每户只能养羊 20 只，大牲畜不能超过 3 头。以上两类私养牲畜，每超养 1 只羊，每月交草费 1 元，大牲畜每超养 1 头，每月交草费 5 元。农场实行牲畜承包责任制以来，每年年终组织力量进行保本保值核查，发现牲畜短缺，查明原因，酌情由承包户全额或部分赔偿。1985 年，副业队养猪承包，主要因发生传染病造成猪死亡而减产，总损失 4.7 万元，农场决定承担 50％，生产队承担 10％，承包户赔偿 40％。1986—1988 年，19 户承包户羊群发生短缺，查明原因后，分别作出适当处理。

1990 年，全场有家庭牧业承包户 41 户。1993 年，针对牲畜管理和承包存在的问题，农场发出通知规定：严禁私有牲畜混入公有牲畜群放牧，严禁以公换母、以小换大、以弱换强，违者没收归公；各队每年处理羊权限由 10 只增为 15 只，超权处理者，超过的每只按市价的 2 倍罚款交场，并罚主管领导 100 元；承包羊每只上交管理费：公羊调减为 4 元，山羊调减为 3 元，细毛羊 13 元。

2000 年起，农场公有牲畜实行大包干责任制（"铁畜制"）。公有每只生产母牛成本 250 元、山羊 180 元，承包给牧工。每群羊定为 250 只，缺口补齐。为确保国有资产保值、增值，农场每年进行一次羊群年检，对品种、体质、年龄和数量年检提出统一标准，统一要求，生病死亡、自然灾害、丢失等原因缺数由牧工承担赔偿。羊羔成活率标准为80％，即每群羊年底产羔200只，其中45％作为管理费交由队收集，每只收交羊的体重在25千克以上。农场从各队收集的管理费中，每年按每只生产母羊提成管理费20元，并按生产母羊的5％比例收取生产羊羔，由农场统一调动成群。实行"铁畜制"的羊群，一切费用（含福利费、退休金）和牧业税由牧工承担，羊毛处理权归牧工。每群羊划给1.67公顷饲料地，专种苜蓿及玉米，不许种其他作物，饲料地除收水费外，不收其他费用。各队无权处理公有生产母羊，确应处理的报场分管领导批准。羊羔处理权下放各连队。2002年，农场部分公有羊群作价卖给个人。2003年，农场《综合管理办法》补充规定：场与队财务指标每只羊每年交场20元。队与牧工上交指标：生产母羊的小羊成活率定为80％，按小羊成活率的50％由牧工交队作管理费。牲畜承包户和各户自养牲畜原则上圈养，有条件的连队在放养，禁止进入林带、果园、农田放牧，经发现当场抓获者，不论是否造成损失，每只（头）羊、牛、猪罚款50～100元，若造成损失再按损失的3～5倍赔偿。

2010—2020年，农场（集团公司）支持、鼓励、引导职工发展私有牲畜、禽类，促进和发展规模养殖专业、特种养殖专业户。果农在搞好果园管理的基础上，适度发展家庭养殖，但不得占用承包面积以外的土地建设棚、圈等，如占用必须缴纳占地费用。影响统一规划和他人生产、生活的必须无条件拆除，不得因饲养牲畜和禽类造成环境污染。各基层单位的承包户、果农，各家各户养羊、牛必须圈养，因农场确立林果业为主导产业，全场养殖家畜的果农和居民，一律不得放养牛、羊、马、驴等牲畜。凡因放牧损害农场公有或果农、居民个人的树木、果园和其他任何财产的，一律全额赔偿。因放牧造成人员纠纷和引发民事案件，应追究其法律责任。农场（集团公司）职工、承包户、居民，需要从事专业或特种养殖的，应首先考虑是否会给环境带来不利影响，再报农场（集团公司）土地管理部门同意后，经分管领导批准统一规划，指定区域或范围。

二、家禽饲养

农场家禽种类有鸡、鸭、鹅，以鸡为主。

1958年，农场社员私下饲养土种鸡157只。

1960年，农场畜牧队引进来航鸡123只（母鸡114只、公鸡9只），设鸡场繁殖良种小鸡。1961年，全场养鸡年末存量888只，其中私养760只，占85.6％。20世纪60年代至70年代，养鸡规模很小，60年代养鸡年末存量最多的为1969年979只，70年代养鸡年末存量最多的为 1979 年 2966 只。禽产品也多为自食。

20 世纪 80 年代至 90 年代，养鸡迅速发展，商品量大幅度增多，商品率提高，逐步成为庭院经济的主要生产项目和经济收入之一。1981 年，养鸡年末存量 6925 只（公养 2476 只，占 35.8%；私养 4449 只，占 64.2%），当年禽肉产量 1.5 吨，出售 0.5 吨，商品率 33.3%；禽蛋产量 8.95 吨，出售 5.6 吨，商品率为 62.6%。80 年代养鸡最多的为 1987 年，全场养鸡年末存量 20577 只，当年出鸡 8765 只，肉产量 13.15 吨，禽蛋产量 71.54 吨，肉、蛋出售商品率分别为 42.6% 和 61.8%。1988 年，私养鸡占全场养鸡总数的 87.2%。1989 年开始，家禽全为私养。

至 1999 年，全场养鸡年末存量 1.94 万只，当年鸡肉产量 28.18 吨，鸡蛋产量 85.63 吨，肉、蛋出售商品率分别为 39.9% 和 79.1%。

2001 年后，随着林果业的兴起，果园饲养家禽具有独特的优势，家禽养殖进入高峰期。家禽品种增多，养鸭、养鹅逐步发展。2002 年，全场家禽存量 3.5 万只，其中鸡 34650 只、鸭 350 只，禽肉产量 58 吨，禽蛋产量 98 吨。当年，庭院经济出售禽肉 55.44 吨，占禽肉总产量的 95.6%，出售禽蛋 87.8 吨，占禽蛋总产量的 89.6%。2004 年，全场家禽年末存量 7.7 万只，其中鸡 5 万只、鸭 1.7 万只、鹅 1 万只，当年禽肉产量 102 吨（鸡肉 75 吨、鸭肉 17 吨、鹅肉 10 吨），禽蛋产量 130 吨（鸡蛋 70 吨、鸭蛋 60 吨）。

2006 年，全场有养鸡场 100 余家，其中蛋鸡养殖场 2 家。肉鸡 3～4 个月即可出栏，成本低，见效快。年末，家禽存量 13.24 万只，禽肉产量 54.8 吨，禽蛋产量 61 吨。

2008 年，农场家禽共 11.57 万只（羽），其中鸡 1.81 万只。有养殖户 30 家，养鸡 10.06 万只、鸭 2063 只、鹅 1939 只、兔子 99 只、鸽子 3038 羽。年内，所有家禽完成疫苗注射。

2012 年，农场响应地区林业局发展林下经济的号召，以林地资源为依托，发展林下养殖业。

2016 年，由于东工业园区继续往农场区域东扩，根据城市规划建设和环保等要求，不得随意乱搭乱建，全场养殖数量有所下降。

2017 年，农场（集团公司）继续推广"种养结合""三位一体"（在苹果园穿插种植红提葡萄，葡萄幼苗期种植蔬菜、育苗）、果园种油菜、果园养鸡、养鹅等模式，发展农副产品降低果农的投入成本。

2020 年，全场（集团公司）共有 5 家家禽养殖场，其中蛋鸡养殖场 1 家、肉鸡养殖场 4 家，年末家禽存栏 5 万余只。

表 2-3-18　1958—2020 年部分年份红旗坡农场家禽及其产品产量表

年份	家禽年末数（只）	产量（吨）		年份	家禽年末数（只）	产量（吨）	
		禽肉	禽蛋			禽肉	禽蛋
1958	157	—	—	1990	7803	4.21	23.87
1959	337	—	—	1991	11578	17.37	46.26
1960	228	—	—	1992	12744	44.92	79.24
1961	888	—	—	1993	17700	40.00	102.00
1963	230	—	—	1994	14867	45.02	118.26
1964	237	—	—	1995	11627	20.62	83.66
1965	245	—	—	1996	16593	38.23	94.14
1966	250	—	—	1997	17947	37.01	102.99
1967	855	—	—	1998	15890	34.07	120.11
1969	979	—	—	1999	19438	28.18	85.63
1970	904	—	—	2000	19075	26.60	75.38
1971	1079	—	—	2001	23416	40.72	93.30
1972	1334	—	—	2002	35000	58.00	98.00
1973	1018	—	—	2004	77000	102.00	130.00
1974	717	—	—	2005	131700	40.00	40.00
1975	627	—	—	2006	132400	54.80	61.00
1976	869	0.05	0.68	2007	76496	34.50	42.68
1977	1166	0.05	0.75	2008	115707	52.07	35.20
1978	2570	0.25	1.75	2009	29400	23.23	45.04
1979	2966	0.62	4.55	2010	34300	44.73	38.20
1980	8325	0.73	17.50	2011	32400	40.37	39.64
1981	6925	1.50	8.95	2012	39400	53.47	44.62
1982	6667	1.83	10.74	2013	36500	33.35	37.90
1983	8946	1.78	10.00	2014	37100	47.71	45.50
1984	12881	1.90	8.60	2015	33500	28.23	64.30
1985	13200	7.50	75.00	2016	42000	52.83	43.40
1986	15250	8.76	68.00	2017	39600	45.82	42.10
1987	20557	13.15	71.54	2018	50300	52.25	30.40
1988	16813	10.86	57.76	2019	119800	80.71	63.00
1989	8904	7.79	29.31	2020	155600	145.1	392.00

三、特色畜牧业

（一）养兔

农场建场初期，仅为少数私人养兔，规模很小。

20 世纪 80 年代初开始，私人养兔增多，作为家庭副业，年年不断，规模不大。1980 年年末全场养兔存量 525 只，至 1984 年年末存量增为 827 只。20 世纪 90 年代养兔年末存量最多的为1993年900只，出兔产肉最多的为1996年1.72吨。私人养兔多为自食，部分出售。

2001—2007年，农场年均年末兔存量586只，年均兔肉产量1.54吨。其中2007年年末兔存量1907只，兔肉产量3吨。

2008年后，农场家庭养兔数量明显减少，基本上为家庭自养自食。当年统计仅有99只兔。此后，因数量极少，再未统计。

表2-3-19 1958—2008年部分年份红旗坡农场养兔情况表

年份	年末数（只）	肉产量（吨）	年份	年末数（只）	肉产量（吨）
1958	20	—	1992	825	1.24
1959	32	—	1993	900	1.00
1960	10	—	1994	753	0.94
1961	18	—	1995	535	0.92
1980	525	—	1996	686	1.72
1981	604	—	1997	570	1.61
1982	714	—	1998	569	1.16
1983	786	—	1999	635	1.34
1984	827	0.04	2000	570	1.40
1985	570	0.25	2001	500	1.21
1986	650	0.62	2002	350	0.90
1987	564	0.97	2004	273	0.84
1988	322	0.20	2005	270	0.80
1989	106	0.14	2006	421	2.80
1990	89	0.13	2007	1907	3.00
1991	283	0.60	2008	99	0.30

（二）养蜂

养蜂始于1964年，当年养蜂50箱，全为公养。

20世纪70年代，私人开始养蜂。

20世纪80年代，养蜂增多。1985年开始，全为私人养蜂。

2000年后，随着林果业的发展，果树授粉需求增长，养蜂户相应增加，路边随处可见蜂箱，蜂蜜产量逐年递增。同时，根据季节不同，产出苹果

图2-3-8 农场田边的蜂箱（照片提供：阿克苏分公司）

花蜜、枣花蜂蜜、沙枣花蜜等众多蜂蜜品种，颇受市场欢迎。

2005 年，全场养蜂 246 箱，产蜜 7 吨。

2020 年，全场有养蜂户 40 余户，户均 200 余箱，总产蜂蜜 40 余吨。

表 2-3-20   1964—2020 年部分年份红旗坡农场养蜂及蜂蜜产量表

年份	养蜂（箱）	产蜜（千克）	年份	养蜂（箱）	产蜜（千克）	年份	养蜂（箱）	产蜜（千克）
1964	50	—	1980	58	671	2006	320	1100
1965	50	—	1981	85	322	2007	480	1440
1966	50	—	1982	108	373	2008	720	2800
1967	40	—	1983	150	585	2009	1440	4600
1969	40	—	1984	143	440	2010	1656	8280
1970	40	—	1985	127	360	2011	2153	10765
1971	25	85	1986	105	265	2012	3230	14500
1972	25	100	1987	40	158	2013	3876	23560
1973	20	29	1988	27	265	2014	4650	25570
1974	19	50	1989	21	800	2015	5580	33480
1975	16	45	1990	15	360	2016	6600	33000
1976	12	50	1991	19	345	2017	7300	32850
1977	18	78	1992	9	89	2018	7500	37500
1978	24	217	1993	12	100	2019	7600	34200
1979	31	559	2005	246	700	2020	8400	42000

（三）养鹿

1993 年，农场有私人饲养鹿 15 头。进入 21 世纪，鹿的饲养量增多，养鹿最多的年份为 2006 年，饲养量为 221 头，鹿茸产量 741 千克。

2008 年后，逐渐弃养。

表 2-3-21   1993—2007 年红旗坡农场养鹿及鹿茸产量表

年份	养鹿（头）	鹿茸产量（千克）	年份	养鹿（头）	鹿茸产量（千克）
1993	15	—	2001	100	300
1994	18	13	2002	81	80
1995	24	19	2003	76	10
1996	21	14	2004	119	120
1997	29	15	2005	94	30
1998	29	32	2006	221	741
1999	19	12	2007	130	250
2000	12	20			

（四）野猪养殖

2000 年，农场二分场职工陈代清开始养殖野猪。至 2009 年，已初具规模，存栏数达 187 头，年销售收在 10.5 万元。在其带动下，二分场庭院搞养殖的承包户达 30 户，整个分场庭院养殖收入 137.8 万元，同时为园艺生产长足发展提供大量优质的有机肥，形成以养殖促园艺生产发展的良性循环之路。借助立体种植模式知名度的不断提升，全年接待多种参观、调研观摩组多次。

2010 年后，职工将精力更多地投到发展林果业上，仅个别农户仍在进行少量养殖，未再形成规模。

第六节　农林服务业

一、农业机械化

农场建场时，定位于以供应城市农牧产品为主，通过生产起示范作用，因此，尽快实现农业机械化成为农场建设和发展的基本目标之一。

（一）配置

1. **机种机型配置**　1958 年建场时，阿克苏地区拨给拖拉机 4 台，农场购置 1 台，共拥有拖拉机 5 台，折合标准台 9.7 台，其中 DT-413 链式拖拉机 3 台、东方红 T-54 链式拖拉机 1 台、东方红 T-28 轮式拖拉机 1 台。配置耕作机引农具 10 台（架），其中苏式五铧犁 3 架、三铧犁 1 架、3.6 圆盘耙 2 架、CY-48 型窄行播种机 3 台、滚筒镇压器 1 架。收获机械有机动玉米脱粒机 1 台。运输机械有农用解放牌载重汽车 1 辆。

1959 年，耕作机引农具增配中耕机，收获机械增配 K3 联合收割机。1960 年，耕作机引农具中的耙增配重型耙、钉齿耙，收获机械增配机动脱谷机。1961 年，开始配置种子精选机。1964 年，收获机械增配机动割晒机。1965 年，配置农田建设工程机械推土机。

20 世纪 70 年代初，开始配置小型拖拉机。1972 年，全场拥有大中型拖拉机 14 台，机型为铁牛 55、东方红 T-54、东方红 T-28、红十月 28；小型拖拉机 4 台，机型为工农 7、工农 11 型手扶拖拉机。当年，耕作机械始配开沟机，农田建设工程机械始配平地机，场院机械始配扬场机。机引耕作机械中的中耕机增配较多。1979 年，全场拥有拖拉机 27 台，其中大中型拖拉机 17 台，小型拖拉机 10 台，总动力 678.2 千瓦；机引耕作农具 42 台（架）（含开沟机 3 台），收割机 2 台，机动脱粒机 6 台，农田建设工程机械推土机 2 台，平地机 1 台，农用载重汽车 4 辆。

20世纪80年代，进入农业机械配置快速增加时期，农业机械全面配套。1988—1989年，小型拖拉机增加45台。1989年，全场拥有拖拉机116台，比1979年增加3.3倍，其中大中型拖拉机36台，比1979年增加1.1倍，小型拖拉机80台，比1979年增加7倍，总动力2163千瓦，比1979年增加2.2倍。载重汽车14辆，比1979年增加2.5倍。

20世纪90年代，农业机械配置持续快速增加。1991年，棉花种植始用地膜铺膜机。1999年，全场拥有拖拉机197台，比1989年增加69.8%，其中大中型拖拉机60台，比1989年增加66.7%，小型拖拉机137台，比1989年增加71.3%，总动力4269.2千瓦，比1989年增加97.4%；机引耕作农具88台（架），比1989年增加72.5%；机动脱粒机15台，比1989年增加4倍；载重汽车21辆，比1989年增加50%。大中型拖拉机机型主要为东方红75、东方红70、东方红60、铁牛55，小型拖拉机以小四轮拖拉机为主。

表2-3-22　1990—1997年部分年份红旗坡农场拖拉机机型及数量统计表

| 年份 | 大型拖拉机（台） | | | | | | | | | | | 小型拖拉机（台） | | |
	合计	东方红75	东方红70	东方红60	铁牛55	东方红28	红旗100	上海50	贵州45	丰收35	神牛25	合计	小四轮拖拉机	手扶拖拉机
1990	47	9	4	8	11	15	—	—	—	—	—	94	91	3
1991	58	11	5	12	21	8	—	—	—	1	—	98	93	5
1994	52	8	7	11	18	5	1	1	1	—	—	86	86	—
1995	58	9	8	14	17	4	—	1	1	—	4	102	102	—
1997	61	11	18	10	18	2	—	—	—	—	2	119	119	—

2000年后，农场农业机械配置飞速增加，机种更加全面。2005年，全场拥有拖拉机359台，比1999年增加82.2%；其中大中型拖拉机54台，比1999年减少10%；小型拖拉机305台，比1999年增加1.23倍，总动力5513.1千瓦，比1999年增加29.1%；耕作机引农具227台（架），比1999年增加1.58倍。2007年，全场拥有拖拉机356台，其中大中型拖拉机30台，小型拖拉机326台，机引农具230台（架），载重汽车30辆。拖拉机和汽车除农用外，成为主要的运输工具。

2010年后，随着林果业的发展及林果业机械在农场的推广应用，林果业机械日益成为果树种植不可或缺的重要组成部分，果园挖坑机、开沟机、微耕机、旋耕机、割草机、修枝机等大量进入职工家庭。

2015年起，由于国家对环境保护的重视，修剪后的果枝处理成为职工面临的难题。粉枝机对树枝进行粉碎后埋入地表，可以提高土壤有机质，粉枝机开始进入农场。

至2020年，农场有大中型拖拉机19台，小型拖拉机151台。主要林果业机械以挖坑机、开沟机、微耕机、喷雾器、果园割草机等为主。

2. 场队配置　建场至 20 世纪 70 年代中期，农业机械统一由农场集中配置。20 世纪 70 年代后期，各队开始自配农业机械，农业机械开始出现农场集中配置与各队分散配置共存的格局。1980 年，全场 29 台大中型拖拉机中，场部配置 10 台、各队配置 19 台，9 台小型拖拉机中，场部配置 1 台、各队配置 8 台。1988 年，在全场拥有的主要农业机械中，农场场部只有 1 台中型拖拉机、1 台收割机、4 辆汽车，其余均为各队配置，其他各种农业机械多为各队配置。1997 年，除场部和农机站共有 3 台小型拖拉机和少量农机具外，皆为各队配置。20 世纪 90 年代末期起，农业机械逐步全部为各队配置。

3. 公私配置　建场至 20 世纪 70 年代，农业机械全部为农场国有配置。自 80 年代初期开始，推行国有农业机械折价转让，个人购置农业机械亦逐步增多，出现农业机械国有配置与私有配置共存的格局。20 世纪 90 年代初期，农场推行农业机械经营和管理体制改革，先在农田六队试点，逐步在全场铺开，逐步出现农业机械以私有配置为主导的格局。至 2002 年，全场 54 台大中型拖拉机与 35 辆农用汽车全部为私有；234 台小型拖拉机中国有 2 台，占 0.9%，私有 232 台，占 99.1%；耕作机引农具中的犁、耙、中耕机、播种机共 183 台（架），国有 8 台（架），占 4.4%，私有 175 台（架），占 95.6%。此后，农业机械全部变为私有配置。

表 2-3-23　1958—2020 年部分年份红旗坡农场（集团公司）农业机械拥有量统计表

年份	耕作机械										收获机械				运输机械	
	动力合计（千瓦）	大中型拖拉机（台）	小型拖拉机（台）	机引农具（架）	犁（架）	耙（架）	播种机（台）	中耕机（台）	镇压器（架）	铺膜机（台）	收割机（台）	动力（千瓦）	机动脱粒机（台）	种子精选机（台）	载重汽车（辆）	汽车挂车（辆）
1958	11.2	5	—	10	4	2	3		1	—			1		1	
1959	14.8	6	—	16	5	5	4	1	1	—	1	58.4	2		1	
1960	14.8	6	—	17	7	2	5	2	1		1	58.4	2		1	
1961	14.8	6	—	27	9	8	7	2	1		1	58.4	4	1	1	1
1962	14.8	6	—	22	9	4	7	2	1		1	58.4	2		1	2
1963	17.2	7	—	21	8	3	7	2	1		1	58.4	3		1	2
1964	—	10		29	11	3	9	3	3		1	58.4	3		2	2
1965	—	11	—	35	13	5	12	2	3		1	58.4	4	1	2	2
1966	—	13		26	7	5	9	2	3		1	58.4	4		2	2
1971	498.3	14	4	35	7	7	10	8	3	—	1	58.4	7		2	6
1972	498.3	14	4	36	7	7	10	8	4	—	1	58.4	7		2	6
1973	498.3	14	4	32	7	6	7	8	4	—	1	58.4	6		2	5
1974	498.3	14	4	31	6	7	6	8	4	—	1	58.4	6		2	5
1976	678.2	17	10	41	11	10	10		5		2	80.3	5	1	2	5

（续）

年份	耕作机械										收获机械				运输机械	
	动力合计（千瓦）	大中型拖拉机（台）	小型拖拉机（台）	机引农具（架）	犁（架）	耙（架）	播种机（台）	中耕机（台）	镇压器（架）	铺膜机（台）	收割机（台）	动力（千瓦）	机动脱粒机（台）	种子精选机（台）	载重汽车（辆）	汽车挂车（辆）
1977	678.2	17	10	39	10	8	10	6	5	—	2	80.3	6	1	2	6
1978	678.2	17	10	39	10	8	11	6	4	—	2	80.3	6	1	4	6
1979	678.2	17	10	39	10	10	9	5	5	—	3	80.3	6	1	4	11
1980	813.2	29	9	47	11	12	12	7	5	—	3	80.3	3	1	5	12
1981	990.6	24	9	44	12	9	9	5	9	—	3	156.2	3	1	5	13
1982	938.8	23	7	46	11	11	11	4	9	—	3	156.2	3	1	5	13
1983	1015.4	24	13	47	11	11	9	5	11	—	2	102.2	3	1	5	23
1984	1550.0	36	16	66	14	12	12	12	16	—	2	102.2	3	1	8	18
1985	1344.7	31	15	46	9	8	10	7	16	—	2	102.2	2	1	13	19
1986	1352.0	28	25	40	11	9	10	10	10	—	1	76.7	2	1	14	24
1987	1672.4	33	35	56	12	10	9	11	13	—	1	76.7	2	1	15	20
1988	1714.0	33	46	42	11	10	12	3	3	—	1	76.7	2	1	14	25
1989	2163.0	36	80	51	12	11	14	9	5	—	1	76.7	3	1	14	30
1990	2815.0	47	94	60	16	12	17	9	6	—	1	76.7	6	2	12	37
1991	3494.0	58	98	66	18	13	15	12	6	2	1	76.7	5	1	21	45
1992	3019.0	48	90	76	18	15	18	10	11	4	—	—	6	1	32	53
1993	3136.0	52	81	82	19	16	19	11	12	5	—	—	6	1	31	48
1994	3191.8	52	86	85	19	16	20	11	14	6	—	—	6	1	18	43
1995	3678.5	58	102	85	18	18	18	12	12	7	—	—	8	1	21	22
1996	3051.8	42	105	81	17	15	18	10	15	6	—	—	11	—	16	27
1997	4128.5	61	119	85	18	17	17	12	15	6	—	—	13	—	15	30
1998	4269.2	60	137	88	20	18	17	12	15	6	—	—	15	—	21	27
1999	4269.2	60	137	88	20	18	17	12	15	6	—	—	15	—	21	—
2000	4319.9	60	141	71	24	18	14	17		8	—	—	15	—	21	—
2001	4519.9	60	161	94	31	18	13	21		11	—	—	13	—	16	—
2002	5333.2	54	232	192	43	28	48	64		9	—	—	13	—	35	—
2003	4860.0	46	213	198	43	28	48	71		8	—	—	13	—	49	—
2004	5659.0	62	288	205	43	28	51	76		7	—	—	13	—	—	—
2005	5513.1	54	305	227	44	31	64	81		7	—	—	13	—	36	—
2006	4410.4	30	300	195	—	—	—	—		—	—	—	13	—	—	—
2007	4851.4	30	326	230	33	20	88	89		—	—	—	13	—	30	—
2008	4608.5	10	78	23	11	3	2	22	11	43	—	—	—	—	1	1
2009	4147.6	10	76	28	24	8	11	34	12	46	—	—	—	—	—	—
2010	4562.36	12	78	11	17	5	8	33	10	61	—	—	—	—	—	—
2011	4653.9	16	67	30	9	7	34	6	9	20	—	—	—	—	—	—
2012	4560.8	19	85	30	9	5	7	36	6	7	—	—	—	—	1	—

（续）

年份	耕作机械										收获机械				运输机械	
	动力合计（千瓦）	大中型拖拉机（台）	小型拖拉机（台）	机引农具（架）	犁（架）	耙（架）	播种机（台）	中耕机（台）	镇压器（架）	铺膜机（台）	收割机（台）	动力（千瓦）	机动脱粒机（台）	种子精选机（台）	载重汽车（辆）	汽车挂车（辆）
2013	4788.8	22	92	33	13	5	7	10	6	8	—	—	—	—	1	—
2014	4693.0	19	93	39	12	5	7	10	6	8	—	—	—	—	1	—
2015	4833.9	20	96	42	12	5	6	10	6	7	—	—	—	—	3	—
2016	4930.6	19	122	44	12	5	7	10	6	8	—	—	—	—	7	—
2017	5423.6	18	116	46	5	7	34	6	7	3	—	—	—	—	9	1
2018	5532.1	22	133	49	13	5	7	10	6	8	—	—	—	—	13	1
2019	5698.1	19	138	57	12	5	7	10	6	8	—	—	—	—	18	2
2020	5982.9	19	151	71	12	5	7	10	6	8	—	—	—	—	18	2

说明：拖拉机为混合台。

表 2-3-24　2008—2020 年红旗坡农场（集团公司）林果业机械拥有量统计表

年份	挖坑机（台）	开沟机（台）	微耕机（台）	旋耕机（台）	自走履带式喷雾器（台）	手牵式喷雾器（台）	果园割草机（台）	粉枝机（台）
2008	2	21	51	439	—	211	356	1
2009	3	31	74	459	—	809	473	1
2010	4	47	85	597	—	986	638	2
2011	2	55	105	697	—	1115	960	3
2012	4	88	131	783	15	1173	986	2
2013	4	115	230	802	35	1151	1038	1
2014	5	126	286	826	36	1206	1861	2
2015	12	221	476	751	40	1547	2159	4
2016	17	225	606	774	45	1623	2002	2
2017	16	223	769	724	50	1637	2241	4
2018	18	245	940	792	56	1702	2300	2
2019	22	249	948	810	58	1693	2381	7
2020	24	251	1012	895	69	1087	2692	23

（二）农机作业

农场建场第一年，农业机械主要作业项目为开荒、机耕，次为机播。1958 年，机械开荒 667 公顷、机耕 1247 公顷（含帮助附近公社机耕 133 公顷）、机播 467 公顷。机耕作业主要项目为小麦机播 424.25 公顷，占小麦播种面积的 48%。此后，逐年增加农业机械作业项目。1961 年，主要农作物大部分面积做到耕、耙、播机械作业，部分作物采取收割、脱粒、种子精选机械作业。1964 年，农业机械作业项目为犁、耙、中耕、脱粒、植保、种子精选，其中犁地机械化程度为 78.5%，粮食作物机播面积占 76.6%。1965 年，冬麦全部实现机耕、机播。当年，制定农机田间作业制度，执行验收制度，不定期进行质量评比，质量不符要求的由机组返工。机车完好率为 80.5％，工时利用率为 80％。

表 2-3-25　1959—1965 年红旗坡农场农业机械出勤及作业量

年份	出动机车 （标准台）	出勤 （班次）	纯作业 （小时）	机械作业量 （标准亩）	每标准台平均作业量 （标准亩）
1959	12.2	—	—	71220	5839
1960	—	633.0	6582	45285	—
1961	9.8	827.5	5237	48963	4996
1963	12.2	917.5	7340	41423	3395
1964	11.4	—	—	41847	3670
1965	27.6	—	—	97829	3545

说明：①机械作业量按各项作业的折合率计算。折合率：耕熟地 1 自然亩（0.07 公顷）折合 0.9 标准亩，耕荒地 1 自然亩（0.07 公顷）折合标准亩 1.4 亩，耙地、播种 1 自然亩（0.07 公顷）折合标准亩 0.3 亩，脱粒 439 千克折合 1 标准亩，每精选种子 167 千克折合标准亩 1 亩。

②1965 年机械工作量含推土机工作量 22024 标准亩。

1966 年，犁、耙、播三项作业机械化程度达 90％以上，但作业水平尚有差距，机耕质量不高，犁地深度不够，不带付犁，未规划作业区，任意开线，渠道地面有空白；耙地未进行复式作业；播种未带划行器，行距不一，中耕作物播行不直，行距宽窄不一，机械中耕困难；联合收割机收割工效低，损失大。当年，自治区农垦厅工作组帮助农场整顿机务，开办培训班讲授大田作业方法，深入田间，现场示范。工作组在农田八队进行试耕，打破原有带五体犁耕深 12～18 厘米的限制，将五体犁改成三、四体犁，采用消灭开闭垄的深耕法，平均耕深 25 厘米，犁得深、耙得平。农场召开现场会，全面推广。同时，农场提出田间作业标准化的要求，制定《关于机农配合的几项规定》《关于田间作业的技术规定》《机耕作业定额草案》等制度，明确规定各队与机耕队的责任与要求，明确规定犁地作业、平地作业、播种作业标准以及相关的工序（打埂开沟、开毛渠、耙地下种等）和耙的联结、划行器、打埂器、镇压器、平板磨、播种机等相关技术要求、质量要求。当

图 2-3-9　2020 年，源生态公司的无人驾驶农机作业（照片提供：综合部）

年，犁地作业全部配置复式农具，作业质量普遍提高。冬播期间，较大的地块实行对角耕作业法，机播冬麦 800 公顷，其中有 353 公顷采用耙地播种法。田间筑埂，开沟、开毛渠等开始以机械代替人力，机械作业项目比往年增加 4 项。

1974 年，拖拉机完好率为 90%，出勤率为 70%。当年，机耕面积 2000 公顷，占农作物播种面积的 91.7%，机播面积 1667 公顷，占农作物播种面积的 70.3%。

1980 年，农业机械作业项目有犁地、耙地、平地、打埂、破埂、开毛渠、播种镇压、中耕开沟、追肥、喷药、收割、脱粒、打场、扬场、运肥、运农药、运产品与秸秆、农田基本建设推土平地等。此外，还承担非农业机械作业项目。当年，农机主要作业项目有机耕 2400 公顷，占农作物播种面积的 99.7%；机播 2167 公顷，占农作物播种面积的 90%；机收 227 公顷，占小麦收获面积的 27.1%。当年，按照农场的规定，机农双方实行合同制。机农双方签订合同，明确约定双方责任和要求。1981 年，农场制定机务工作措施，要求拖拉机首先满足农田作业需要，不误农时，作业质量达到农业技术要求，进行机具改革，采用复式作业，扩大作业项目。要求链式拖拉机农田作业量达 80% 以上，轮式铁牛 55 等型拖拉机农田作业量达 50% 以上，东方红 T-28 型拖拉机农田作业量达 20% 以上。20 世纪 80 年代后期，拖拉机配置完全满足作业需要，各种作物的犁、耙、平地、开沟、小麦追肥等作业接近或完全达到机械化，中耕作物的中耕、开沟、追肥等作业的机械化程度为 70% 以上。1989 年，全场机耕面积 1519.27 公顷，占农作物播种面积的 95.2%；机播面积 1329.73 公顷，占农作物播种面积的 83.3%；机收面积 493.4 公顷，占小麦收获面积的 97.7%。

20 世纪 90 年代至 2010 年，农场推广使用农机化新技术。1991 年起，每年棉花播种全部采用地膜机播。1992 年，试行化肥机械深施面积 326.67 公顷。当年，机械中耕面积为 1048.73 公顷，1997 年为 1667.93 公顷，机械中耕率为 95.9%。1999 年，农场实行农机作业质量验收单制度。各单位按作物生长和季节要求，制订农机作业计划，作业前填写验收单备验。从事作业的公私属机械，按验收单所列作业时间、地点、面积、进度、机械配套形式和作业质量要求进行作业操作，接受技术人员调度指挥和检查，不符要求的停车整改。作业结束后，双方验收签字。无签字的验收单不结算工作量和支付作业服务费。双方发生争执纠纷，由农场农机管理服务中心调查处理。全年全场机耕面积 3377 公顷（含林果地），农作物机耕率为 100%，机播面积 1776 公顷，农作物机播率为 97%，机收面积 936 公顷，机收率为 98.2%。

2011 年后，随着种植业退出农场的历史舞台，农业播种、收割类机械也被林果业机械取代。

表 2-3-26 1991—2007 年红旗坡农场机播地膜棉情况表

年份	地膜棉面积 （公顷）	地膜使用量 （吨）	年份	地膜棉面积 （公顷）	地膜使用量 （吨）
1991	93.33	6.02	2000	740.00	39.00
1992	263.60	16.15	2001	1000.00	105.00
1994	205.93	15.25	2002	743.00	61.00
1995	435.33	46.67	2003	1133.00	102.00
1996	538.00	33.58	2004	1660.00	205.00
1997	435.00	28.60	2005	1356.60	87.20
1998	436.67	29.00	2006	2385.40	148.40
1999	522.00	26.00	2007	3000.00	220.00

说明：①地膜棉面积与地膜使用量含果园套种棉花。
②1993 年数据未统计。

表 2-3-27 1958—2004 年部分年份红旗坡农场农业机械主要作业面积统计表

年份	机耕面积 （公顷）	机播面积 （公顷）	机割面积 （公顷）
1958	1246.67	466.67	0.00
1959	1666.67	800.00	0.00
1960	1666.67	800.00	0.00
1961	733.33	600.00	53.33
1962	800.00	700.00	73.33
1963	1054.67	571.27	33.33
1964	1419.67	907.80	17.33
1965	1466.67	1466.67	66.67
1966	1666.67	1533.33	133.33
1971	1533.33	1533.33	136.67
1973	1800.00	1733.33	53.33
1974	2000.00	1666.67	13.33
1976	1733.33	1400.00	66.67
1977	1733.33	1466.67	66.67
1978	1866.67	1666.67	100.00
1979	1644.67	1644.67	200.00
1980	2400.00	2166.67	226.67
1981	2400.00	2066.67	466.67
1982	2600.00	2266.67	540.00
1983	1906.67	1826.67	853.33
1984	1846.67	1713.33	741.80
1985	1663.33	1467.13	686.53
1986	1463.80	1391.93	616.67
1987	1381.40	1178.27	519.47
1988	1502.67	1340.07	523.47
1989	1519.27	1329.87	493.40

（续）

年份	机耕面积（公顷）	机播面积（公顷）	机割面积（公顷）
1990	1504.07	1398.00	597.93
1991	1513.33	1513.33	566.67
1992	1641.33	1641.33	711.13
1993	1340.00	1320.00	770.00
1994	1556.27	1715.27	653.07
1995	1742.47	1651.67	656.47
1996	1722.00	1722.00	688.00
1997	1703.00	1721.00	665.00
1998	1756.00	1687.00	755.00
1999	3377.00	1776.00	936.00
2000	3390.00	1426.00	708.00
2001	3192.00	1200.00	166.00
2002	1260.00	1260.00	43.00
2003	1267.00	1267.00	47.00
2004	1988.00	1988.00	180.00

说明：1999—2001年机耕面积含林果地机耕面积。

（三）农机管理

1. **机构** 1958年建场时，农场设机耕组，11月改为机耕队，集中管理机务，负责管理机车农具，统一调度，检查监督使用、作业，核算，机车农具维修等事务。机耕队内按机车为单位分设机车组，分别承担作业。

1974年，农场成立机修队，专门负责农业机械维修。1981年，机耕队职工77人，机修队职工112人。

1988年，农场成立农机站，有职工33人，负责农业机械管理、协调、技术指导等工作。

1996年，农场设机务科。

1999年，农场成立农机管理服务中心。

2000年，农场对机械进行精简，农机管理由生产科（农牧生产科）负责。

2. **培训** 建场初期，在上级拨给拖拉机的同时，商请兵团农一师派来2名老驾驶员担任教员，采取理论联系实际、师傅带徒弟的方法，先后在1958年和1959年开办2期培训班（1959年的培训班为时半年，除本场外，还有农场外的学员）进行集中培训。同时，派员到兵团农一师和乌鲁木齐参加培训。至1959年，机耕队实有职工30名，其中机车驾驶员10名、农具手16名。此后，每年进行岗位练兵和冬闲培训，专业技术素质逐步提高。

1962年3月，农场30名拖拉机驾驶员和农具手参加专区统一考评，评出三级正驾驶员4名、二级实习驾驶员7名、一级农具手9名，10名暂时未予评级。随着机械作业增多，培训项目相应增多。

1965年，农场专门开办中耕技术培训班，组织学员按技术要求实地操作。1965年12月至1966年3月举办冬季拖拉机训练班，农场场长担任班长，抽调各队新学员30名参加，农场和机耕队部分领导参加培训。训练班结束后，部分学员派往外地继续培训。此后，多数年份坚持每年进行时间长短不一、内容各异的冬闲多项或专项培训。

2001—2020年，农场（集团公司）引进新型农机具和农机新技术的速度非常快。为使农机驾驶人员熟练掌握新技术和农机安全操作水平，农场将农机培训列入年度工作计划，尤其是每年冬季的农闲时节，制订专门的培训计划，开展多层次、多渠道的全面培训，培训内容涵盖农机新技术推广应用、农机安全知识、基本操作技能等各个方面，全场农机人员的培训面达到90%以上，使农机队伍的综合素质和操作技能整体得到提高。

3. 核算、奖惩 建场初期，机耕队为非独立核算单位，盈亏由农场财务室设专账核算。机耕队以机车组实行简易的单车考核，主要指标为工作量、油耗、成本。1961年，机耕队实行领发配件以旧领新、油料凭证定量制度。1963年，农场试行机耕票。机耕票由场部统一印制，每标准亩收费1.5元。

1964年，农场开始下达机械作业工作量和耗油计划，机耕队修订油材料领发保管制度，实行油票制和定额工作制，根据每台机车的技术状况，定出全年的生产任务和成本、油耗定额，年终结算，超出者按一定比例赔偿，超额完成任务按一定比例给予奖励。当年，对机车组拖拉机技术完好率、工时利用率、机械作业原始凭证提出具体要求。年内，10台机车标准亩平均耗油0.88千克，标准亩成本1.36元，成本最低机车为1.04元，成本最高的机车为2.66元，单车核算，其中3台盈利，7台亏损。

20世纪70年代末期开始，农业机械由农场机耕队、机修队和各队分别管理。1980年，农场对机耕队、机修队、农田八队、十一队、园林队管理的机车按队、分机车下达技术经济指标，全面实行单车核算和"五定"（定人员、定机具、定任务、定耗油、定维修），要求机耕费比上年降低20%～25%。根据按劳分配、多劳多得的原则，实行农机工作单项提成和综合奖罚制度。

1982年，全场农机作业标准亩耗油为1.16千克，标准亩成本为1.6元。

20世纪80年代中期开始，农场及各队公属机车实行单车承包。承包机车一切费用自理，按机车类别、等级上交管理费。每车每年上交管理费标准：轮式拖拉机一类车2000

图 2-3-10 2019 年 7 月 3 日，无人机在农场（集团公司）林果基地作业
（照片提供：水务公司）

元、二类车 1500 元、三类车 1000 元、四类车 800 元；链轨拖拉机，从事推土工作，每耗油 1 吨，上交 300 元，以事农田作业，按农场标准收费，免交利润，管理费一类车 600 元、二类车 420 元、三类车 300 元、四类车免交。实行机车单车承包后，经济效益逐步显著提高，大多数机车盈利，少数机车亏损，亏损机车多为没有实行承包的机车。

20 世纪 90 年代后，公属车继续实行单车承包，私有车自负盈亏。1995 年，农场制定农业机械各种机型犁地、耙地、播种、镇压、中耕、追肥、植保、收获、脱粒、扬场、运输、选种等各项作业定额及农机修理工时定额，实行宏观指导和管理。

2010 年后，农场林果业面积大增，种植业逐渐退出农场历史舞台，公属农机车报废，农机多由职工家庭根据生产需要自行购置作业。

4. **农机购置补贴** 2006 年起，地区开始将农场列入农机购置补贴发放范畴。农场开展补贴政策宣传，提高广大职工群众对政策的知晓率，增强政策的透明度，扩大政策的影响力。

2008 年，在农场与地区农机局的协作下，地区农机局下拨 25 万元专款资金对农场职工购置农业机械进行补贴。

2011 年，农机购置补贴覆盖全场 14 个园艺分场及场部。年内，农场制订农机补贴实施方案，补贴重点向重点产业关键环节机械倾斜，其中动力机械（拖拉机）补贴数量不超过机具总数的 30%；使用补贴资金不超过资金总额的 60%，重点对林果、设施、畜牧、机采棉以及农业急需的新机具给予政策倾斜，使用补贴资金总额不得少于总补贴资金的 30%。至 2011 年，全场共 200 余名农户受益于农机补贴，为农场的林果业机械自动化作业打下了坚实的基础。

2012年，农场印发《红旗坡农场2012年农机购置补贴实施方案》，引导农民购置先进适用、安全可靠、节能环保型农业机械，鼓励农民购置配套机具，进一步改善和优化了农机装备结构，提高了机具配套比例。

2014年，农场严格按照阿克苏市农机局、财政局批复下达的资金分配方案，按照当地农业结构调整方向、农机化发展重点和农机作业市场需求，结合农机装备结构优化目标，分列资金使用计划，制定具体的农机购置补贴实施方案，明确农场补贴资金分配额度、工作措施和实施进度。补贴资金向林果业、畜牧养殖、林果初加工、饲草料加工投喂等关键环节和先进、安全、适用机械倾斜。年内，第一批农机补贴办理56户89台（套）农机，补贴资金共计29.7万元；第二批农机补贴90余台（套），补贴金额80万元。

2020年，农场（集团公司）为108户办理农机补贴96台（套），补贴额203万余元。

至2020年，农机购置补贴政策实施以来，农场的农机补贴范围由微耕机到大中型拖拉机再至修枝的电动剪刀等，补贴范围越来越广泛，推动全场农机总动力快速增长，农业综合机械化水平持续提高，为保障全场林果业生产和职工增收发挥了重要作用。

二、灌溉服务

由于农场水源河流径流量偏小，来水时空分布不均，沙壤土地较多，气候干燥，渠系不完善，水利用率较低等原因，长期以来，水土失衡，供需矛盾突出，严重制约农林生产和发展。农场以水务为要务，着力开源节流，国家和农场投入大量人力、物力、财力开发水源，拓宽水源途径，不断探索，实践科学灌溉，计划用水，节约用水，灌溉状况逐步改善。

（一）引水配水

1. 河流引水　自建场至1961年4月，农场区域属台兰河水系灌区，从唯一水源台兰河引水，常水流量0.5立方米/秒，枯水流量0.2～0.3立方米/秒，丰水流量增为1立方米/秒。1959年，农场先后两次在科克亚河上游整修河床，拦洪引水，耗工1800多个。当时，引水沿途损失大。1959年4月25日至6月30日，从台兰河引水472.55万立方米，龙口至田间渠道损失75.86万立方米，水损率为16.1%，净水量为396.64万立方米。1960年，引水毛水量为1874.8万立方米，净水量为1312.36万立方米。全场耕地近2000公顷，全年净水量只能维持600余公顷耕地用水。由于来水量匮乏，用水极度紧张，有些作物不能及时播种，有些作物因干旱而缺苗、死亡、绝收，有些作物浇水少，因水不到位而减产，造成巨大浪费和损失。1959年，主要农作物冬麦大部分只浇一水，少部分浇二水，其他作物一般浇一、二水，少部分浇三水，以致产量极低。1960年，冬麦迟于5月才开始春灌，春播作物延迟至5月下旬播种结束。

1960年5月，完成科克亚河干渠第一期工程后，开始从科克亚河引水，当年常水流量0.5立方米/秒。之后，继续维持台兰河引水，加上科克亚干渠引水与科克亚河旧河系拦洪引水，共为3个引水来源，引水总量有所增加，毛水量为2924.69万立方米，净水量为2249.76万立方米，用水困难状况稍有缓和，灌溉状况稍有改善。用水紧张时，农场采取保耕地、弃白地的做法。

1963年3月，科克亚河干渠加高整修工程完成后，科克亚河来水流量增加，常水引水流量1.5立方米/秒，枯水流量1立方米/秒，丰水引水流量2～3立方米/秒。此时，停止台兰河引水，科克亚河成为农场唯一地表水源。当年，引水毛水量为4874.48万立方米，净水量为3749.6万立方米。1965年5月测水，干渠流量1.3立方米/秒。至20世纪70年代，科克亚河上游农牧生产截流水源逐年增加，分水不断扩大。1977年5月，上游引水流量为0.25立方米/秒，相当于科克亚干渠引水流量的25%，以致农场从科克亚河干渠引水常水藏量一直为1.5立方米/秒左右，干旱缺水状况依然突出。1979年5月，冬麦灌一水面积占49.7%，其余滴水未灌；早春作物无水可灌，大面积旱死；200余公顷果园灌一水面积只占三分之一，其余都未灌水；新植林带、苗圈12公顷无水灌溉，成活寥寥无几。1979年2月下旬至6月中旬，缺水1315万立方米，冬播冬灌缺水285万立方米，共计1600万立方米。20世纪80年代和90年代，引水量稍有增加，春旱依然严重。1999年，2—4月引水量为300立方米，春水缺口50%。

2000年，农场实际引水量为6514万立方米，各业毛用水量为5824万立方米，其中种植业用水2317万立方米，占39.8%；林果业用水3316万立方米，占56.9%；其他生产（含畜牧、工业）用水109万立方米，占1.9%；生活用水82万立方米，占1.4%。2005年，科克亚河龙口引水量为7800万立方米，渗漏和蒸发量占28%，为2124万立方米，实际引水量为5616万立方米。

2006年10月开工建设的红旗坡农场与实验林场节水改造工程，设计建筑防渗渠道为55千米。至2007年，完成44千米。按设计要求，科克亚河干渠从科克亚河龙口的引水量为6861.43万立方米（P=75%）和6575.26万立方米（P=50%），其中红旗坡农场引水量为3941.34万立方米（P=75%）和3872.28万立方米（P=50%）。通过水资源内部挖潜和干支渠节水改造，提高了水资源利用率，干支渠水利用率由1998年的0.88提高到0.92，年节水量为999.7万立方米（P=75%），从而提高了灌溉面积的灌溉保证率，进一步改善了灌溉状况，进一步促进了农场持续发展。

2009 年，根据地区关于柯柯牙四期工程和温宿县 10 万亩生态林建设规划的要求，农场在分析科克亚灌区水情，结合缺水矛盾日趋突出的实际，在实地踏勘的基础上，提出在台兰河开口引水解决生态造林用水。农场生态造林项目区距台兰河 17 千米，区域可垦荒地有 5333 公顷，通过修 1 条流量 3 立方米/秒的防渗渠引水，建 1 座 200 立方米的蓄水池，存蓄洪水加上原来滴灌等节水措施，分年度实施，将戈壁滩变成绿树成荫的生态园。

2012 年，农场革命大渠引水量为 4843.22 万立方米，科克亚河引水量 6703.29 万立方米。当年，农场在革命大渠以北进行生态造林工程建设面积达 1.13 万公顷。由于土地面积不断扩大，用水矛盾日益突出，用水指标远远满足不了农场灌溉需求，每年需在原来的基础上增加 2000 万立方米的用水指标。

2015 年，农场革命大渠引水量为 3594.03 万立方米，科克亚河引水量 4365.32 万立方米。水管站引水配水工作先由水管站和塔里木河管理局先行调水，开具调水令后交由闸口管理人员开水，水管站根据红旗坡集团公司各基层单位总体情况安排联系用水单位，各生产队配水人员在各队闸口处等待来水灌溉，再由各队配水人员将灌溉水分配给各队具体的承包户。

2016—2020 年，农场（集团公司）从革命大渠引水量分别为 3395.25 万立方米、3241.23 万立方米、2843.03 万立方米、3081.7 万立方米、3455.56 万立方米。从科克亚河引水量分别为 4377.34 万立方米、6036.3 万立方米、6914.8 万立方米、6124.47 万立方米、6689.41 万立方米。

2. 地下抽水　农场为地下丰水区。20 世纪 60 年代中期，开始地下水开发利用。至 1978 年，累计打机井 17 眼。1981—1990 年，累计打机井 15 眼。1989 年，配套使用的机井 30 眼。1999—2005 年，农场集体打机井 18 眼，开春和 7 月用水紧张时开井，年抽水量为 486 万立方米，满足 500 公顷耕地的灌溉需要；私人在买断或承包地内打机井 43 眼，用于 717 公顷土地的灌溉。1998 年，农场有完好运行的农业灌溉机井 10 眼，单井出水量平均为 160 立方米/小时，日开机时间为 20 小时，年开采天数为 90 天，年开采地下水量为 195 万立方米。2000 年，农场共有机井（含灌溉、生活、工业生产用井）45 眼，年抽取地下水 594 万立方米，其中灌溉机井 12 眼，年抽取地下水 390 万立方米。

2007 年，全场有机井 120 眼。农场灌溉机井抽取的地下水注入干支渠，河水与地下水混灌，承包果园、林地有自备机井抽水灌溉，没有单独的井灌区。

2010 年，农场新凿机井 10 眼、配套机井 2 眼，合计 12 眼，并完成井泵房、架设输变电线路等配套设施的建设。

2011 年，农场下发通知，任何单位和个人在农场域内打井开发地下水（含已审批、在建或准备建）的应立即停止，一律由地区水行政主管部门审查、审批后进行。

2020 年，农场地下水补给总量为 56.93 万立方米/年，可采资源量为 1550 万立方米/年。全场有机井 426 眼。当年起，农场根据中共中央、国务院关于全面推进河（湖）长制工作的决策部署，加快推进自治区"关于开展为期三年的河（湖）整治行动决定"的落实，对所有机井安装机井双控，并对河道红线内的 41 眼机井进行为期 3 年的整治，将机电井用水跟地表水进行水量置换。

3. 场外分水 1962 年，农场总场决定，科克亚河干渠水给实验林场分水，在干渠引水。1963 年，阿克苏专员公署决定，按科克亚干渠引水量给实验林场配水比例为 25%，红旗坡农场配水比例为 75%。当年，实验林场配水年流量为 0.34 立方米/秒，占引水总量的 26%，超过规定配水量。红旗坡农场来水量基本保持 1962 年水平，少有增加，枯水期减少，洪水期增加较多。红旗坡农场与实验林场分水后，专区水利局设水管站，负责科克亚河管水、调水、配水。

1981 年 3 月，针对引水、配水纠纷不断的状况，地区行署确定科克亚河枯水期引水按面积分配，红旗坡农场面积 3333 公顷，配水比例 71.16%，实验林场面积 1333 公顷，配水比例为 28.46%，温宿县塔克拉克牧场面积 17 公顷，配水比例为 0.38%。

1984 年 10 月，阿克苏地区行署确认 1981 年确定的配水原则和方案。1999 年 1 月，阿克苏河流域管理处会同地区水利局有关部门、温宿县水电局、红旗坡农场召开现场会议，再次确认地区确定的原则和配水比例；决定由阿克苏河流域管理处作为科克亚河解决水事纠纷的召集人，全权负责协调在具体操作过程中出现的问题，并对实施过程进行全面监督；要求温宿县塔合拉克牧场在科克亚河扩建引水工程，在保证本身配水比例的基础上，照顾到下游红旗坡农场的配水比例不变，并由阿克苏河流域管理处负责科克亚河全流域分水方案的实施。至 1999 年，红旗坡农场与实验林场两场配水比例未变，红旗坡农场配水比例为 76.6%，实验林场配水比例为 23.4%，实际配水比例不同年间有高低差异。

2000 年，科克亚河引配水量为 7604 万立方米，其中红旗坡农场为 5825 万立方米，占 76.6%，实验林场为 1779 万立方米，占 23.4%。2020 年，配水比例红旗坡农场为 76.5%，实验林场为 23.5%，至场可供灌溉水量红旗坡农场 4296 万立方米，实验林场 1320 万立方米。

（二）用水

建场起，干渠、各支渠输水，由农场直接掌握，统一分配。1958 年 10 月，农场制定用水暂定制度，规定由各队根据种植作物、面积及土壤状况提前申报用水总量及分期用水量计划，经农场审定后，通知水管站配水。1960 年制定的水管制度补充规定：用水计划确定后，用水时由农场生产室签发配水三联单。当年，实行定额配水，按不同作物和需水量给水定额供水。

表 2-3-28　1960 年红旗坡农场各种农作物供水定额表

品种	播前水（立方米）	生长期给水次数及定额（立方米）						每公顷用水定额（立方米）
		1	2	3	4	5	6	
冬麦	1800	1200	1500	900	750	—	—	6150
春麦、油菜	1800	900	1200	750	0	—	—	4650
玉米、向日葵	1800	600	750	900	750	—	—	4800
棉花	1800	600	600	750	750	750	600	5850
甜菜	1800	600	600	750	900	900	600	6150
豆类、马铃薯	1800	600	600	750	600	—	—	4350

1961 年开始，农场按照配水计划，实行轮灌和用水三固定（渠系固定、水量固定、时间固定）制度。当年 4 月 1 日起，科克亚河干渠水分为三个轮灌组，每 10 天一轮；科克亚河旧河系引水分为三个轮灌组，每 3 天一轮；台兰河来水由一、三队分水。同时，确定各水源配水比例。科克亚干渠来水：四队为 43.4％、二队为 20.8％、园林队为 14.5％、一队为 6.5％、三队为 4.9％、蔬菜队为 3.9％、基建队为 1.8％、农场、水管站、林带各为 1.4％；科克亚河旧河系来水：六队为 33.4％、七队为 32.1％、一队为 23.8％、砖厂为 10.7％；台兰河来水：三队为 88％、一队为 12％。此后，持续实行计划分水，轮灌配水，轮期长短年间、季间有所调整。

20 世纪 70—80 年代，农场坚持计划配水。1973 年开始，实行 10 天用水计划制，提前 10 天按旬申报、审定用水计划，根据计划办理用水手续，签发用水单，管水用水双方到所在配水口共同开闸放水。1989 年，实行"四定"（定作物、定面积、定水量、定时间）合理配水，管理、用水双方签订合同，明确责任、要求。在此期间，继续实行枯水轮灌，丰水连续用水。逐步强化管水、配水措施，实行科学测水，逐步完善渠系设施，水流速度不断加快，水利用率逐步提高。以农田九队为例：20 世纪 60 年代和 70 年代，科克亚干渠水流到农作物地内，最多费时 9 个小时，水路弯曲，水域很宽，流速缓慢，一路蒸发、渗漏、流失，水损率最高达 60％，至 1989 年调查测试，水从干渠流到地里缩短为 1 小时，水损率降为 10％；16.67 公顷条田灌水，由以前至少 4 天缩短为 2 天，节约用水和人力，提高劳动生产率。

1991—2000 年，农场继续强化计划用水、节约用水措施，完善渠系和防渗处理发挥作用，灌溉状况有所好转，用水紧张局面有所缓和，水土失衡仍较突出。1998 年，种植业、林果业各项灌溉用水比例为：冬麦 20.99％、棉花 17.69％、玉米 7.65％、油料 6.3％、甜菜

6.15％、人工防护林 0.95％、果园 34.48％、其他 5.79％。灌溉定额：冬麦、棉花 5400 立方米/公顷，甜菜 5100 立方米/公顷，玉米 4950 立方米/公顷，油料、人工防护林 4500 立方米/公顷，果园 6000 立方米/公顷。全年需水 5820.82 万立方米，干渠配水 6326 万立方米（P＝75％）和 6583 万立方米（P＝50％），按灌量水利用系数 0.413 计算，有效灌溉水为 2612 万立方米（P＝75％）和 2718 万立方米（P＝50％）。年内月间配水与用水不相适应，供需失衡，造成缺水期灌溉不到位、不充分，丰水期过量灌溉，流失浪费。

表 2-3-29　1998 年红旗坡农场配水、毛需水量、灌溉需水量年内分配计算表

项目		1月	2月	3月	4月	5月	6月	7月	8月	9月	10月	11月	12月	全年
配水量（万立方米）	P＝75％	262	131	276	422	636	1181	963	1076	503	400	269	207	6326
	P＝50％	269	221	179	553	666	1300	963	1076	506	445	255	150	6583
毛需水量（万立方米）		—	82	692	577	443	969	894	1050	376	178	561	—	5822
灌溉需水量（万立方米）	冬麦	—	—	—	157	39	98	—	34	78	74	25	—	505
	棉花	—	—	106	—	—	83	83	118	35	—	—	—	425
	玉米	—	—	41	—	18	43	36	31	—	—	—	—	169
	油料	—	—	25	8	29	29	34	—	—	—	—	—	125
	甜菜	—	21	12	—	—	38	23	36	10	—	—	—	140
	防护林	—	13	14	—	—	21	11	31	32	—	—	—	122
	果园	—	—	88	73	96	88	184	184	—	—	207	—	920
	合计	—	34	286	238	182	400	371	434	155	74	232	—	2406

说明：①本表据《红旗坡农场与实验林场节水改造工程初步设计报告》。
②灌溉水利用系数为 0.413。

2000 年，农场各业毛用水量为 5825 万立方米，其中农作物种植用水 2317 万立方米，占 39.8％；林果业用水 3316 万立方米，占 56.9％；工业用水 105 万立方米，占 1.8％；人畜用水 86 万立方米，占 1.5％。年内各期供需失衡，持续困扰农场。

表 2-3-30　2000 年红旗坡农场各项毛用水年内分配计算表

单位：万立方米

项目		1月	2月	3月	4月	5月	6月	7月	8月	9月	10月	11月	12月	全年
农作物	合计	—	—	298	202	411	462	349	349	133	113	—	—	2317
	棉花	—	—	214		214	214	214	214					1070
	冬麦	—	—	—	113	113	113	—		113	113	—	—	565
	玉米	—	—		51		51	51	51	—	—	—	—	204
	油料	—	—	46	—	46	46	46	46	—	—	—	—	230
	苜蓿	—	—	18	18	18	18	18	18	—	—	—	—	108
	瓜菜	—	—	20	20	20	20	20	20	20	—	—	—	140
果园		—	—	—	476	476	476	476	476	—	476	—	—	2856

（续）

项目	1月	2月	3月	4月	5月	6月	7月	8月	9月	10月	11月	12月	全年
林带	—	—	—	115	—	115	115	115	—	—	—	—	460
合计	—	—	298	793	887	1053	940	940	133	589	—	—	5633

2020 年，农场各业毛用水量为 10058.96 万立方米。

表 2-3-31　2020 年红旗坡农场（集团公司）各项毛用水年内分配计算表

单位：万立方米

项目	3月	4月	5月	6月	7月	8月	9月	10月	11月	全年
果园	354.06	970.89	1090.04	1110.45	1090.54	1140.53	700.42	527.89	1036.21	8020.99
林带	93.504	245.22	275.012	279.36	274.384	287.63	186.58	134.47	261.8	2037.97
合计	447.564	1226.11	1365.052	1389.81	1364.924	1428.16	887	662.36	1298.01	10058.96

（三）灌溉方式

农场建场初期，多为大田高埂大水漫灌。垒筑高埂，费工占地，高埂平均占地5％。大水漫灌，费水多，每公顷平均灌水 7500 立方米，最多达 1.2 万立方米。条田高低不平，高处无水，低处大量积水，长期浸泡，地下水位上升，条田"碱滩"面积扩大。

1966 年春，农场开始进行沟畦灌溉试验。7 月，由自治区农垦厅工作组主持，农场抽调人员，在农田八队进行沟灌试点。试验取得成功后，农场先后召开 3 次现场会议，举办畦沟灌溉训练班。在总结八队细流沟灌工作的基础上，在场部以南盐碱地区进行畦沟灌溉试验。农场决定因地制宜，采取不同步骤推行畦沟灌溉，在场部以北大力推行畦沟灌溉，场部以南先改良土壤，再逐步推行；因作物制宜，密植作物主要采用畦灌，地面坡降大的采用浅沟灌，中耕作物采用深沟灌。之后，逐步扩大畦沟灌溉，及至全面推行小畦灌溉、细流沟灌。

2003 年 7 月，农场试验站果树滴灌工程完成后，首次采用滴灌方法，滴灌面积为24.13 公顷。

2012 年，农场建成塔河综合治理项目单项工程——红旗坡农场 200 公顷滴灌工程。项目区在红旗坡农场的园艺十分场和园艺十三分场，地块分两个片区，其中一个片区在十三分场，布置 3 个系统，另一个片区在十分场，布置 2 个系统，灌溉面积为 193.07公顷。

至 2020 年，由于农场土壤基本属于沙壤土，为保证果园得到充分的灌溉，大部分仍采用沟灌的形式，部分有条件的果园使用节能滴灌设备。

（四）灌溉管理

1. 灌溉机构

（1）农场灌溉管理委员会。自建场至 1961 年 2 月，农场水利工作由分管副场长负总责，生产股（室）承办，设专职干部。1961 年 3 月，农场成立灌溉管理委员会，成员共11 人。职责为确定分水配水比例、轮灌制度及水费征收办法，监督检查水管单位配水及渠系，养护工作；检查、监督用水单位节约用水及灌溉制度执行情况；确定工程维修、养护及用水单位工料分配；决定奖惩。管理委员会每月定期召开 1 次委员会议或委员扩大会议。1966 年，农场灌溉管理委员会更名为水利管理委员会。至 2020 年，历任灌溉管理委员会主任委员均由农场（集团公司）分管领导担任。

（2）水管站。1961 年 4 月，农场设立水管站，为灌溉管理委员会的具体执行工作单位，直接受农场领导，业务受上级水利部门指导。职责及人员分为两部分：管理渠系、配水及指导合理用水，编制干部 4 名、长期养护工人 15 名，经费由水费收入开支；负责工程备料及部分工程施工与维修，编制干部 4 名、工人 45 名，经费按完成工程量、定额在国家补助工程款内开支。当年，水管站实配干部、固定工人 60 余名。2017 年，水管站隶属水务公司管理。2020 年，有工作人员 16 人。

1963 年起，专区水利局设立科克亚河水管站（1969 年至 1972 年 3 月由专区水利局阿克苏河管理处管辖），负责红旗坡农场与实验林场配水及科克亚干渠管理，1983 年撤销水管站。

（3）基层水管组织。农场建场初期，基层各单位设管水员，负责申报领水，安排、检查、监督用水。1960 年，各单位成立灌溉小组，由 1 名领导担任组长，人员 2～6 人，全场共 62 人。1961 年，各单位设专业浇水组，实行人跟水走、水跟人走、人不离水、水不离人及昼夜灌水制度。当年，全场有浇水员 140 余名。1963 年，大田一般每 20 公顷配备浇水员 1 名，菜地、果园每 6.67 公顷配备浇水员 1 名，突击浇水季节（如洗碱、冬播等）适当增加配备浇水员。同时，各单位设专职（或不脱产）管水人员（配水员），负责本单位领水、配水、用水管理及渠系养护组织等工作。1966 年，为适应各单位分小队或作业组包工的情况，包工小队或作业组按每 20～33 公顷配 1 名浇水员，分别管理，由单位统一协调，与本单位配水员直接联系。20 世纪 80 年代开始，各单位 1 名领导负责管水，设放水班（组），放水班（组）长负责放水调配兼单位接水员（半脱产），按约定时间到闸点办理接水手续；灌水前检查班组与个人灌水前土地准备情况；放水时按约定时间到闸点会同测水，每日向水管站配水员报告灌水进度；放水中检查放水质量，发现乱灌、跑水、串灌、漏灌及时制止、治理，情况严重的协助水管站配水员填写事故报告单；协助管水干部制订用水申请计划和渠道清淤、砍草工作。

2017—2020年，水管站站长负责具体的水资源调配，配水员负责将水按量分配到各队总闸门，其后由各队配水人员负责农户的灌溉工作。辖区单位机井的管理、大渠水的分配、防洪坝的维修加固，买断地和实验站灌溉水费的收缴等由新疆红旗坡源动力水务有限公司负责。

2. **灌溉制度** 农场制订作物栽培技术措施时，明确规定各种作物生长期各次灌水时间和水量，规范灌溉，形成制度。20世纪60年代开始，农场提出各种作物不同生长期不同的足量和适量控水的要求，执行灌溉制度。

表 2-3-32　1966 年红旗坡农场农作物灌溉制度表

作物	项目	第一次	第二次	第三次	第四次
冬麦	时间	拔节期	孕穗期	扬花期	灌浆期
	水量（立方米/公顷）	1050	1200～1350	1500	1350
玉米	时间	拔节期	孕穗期	抽雄期	灌浆期
	水量（立方米/公顷）	1050～1200	1200～1350	1500	1350
棉花	时间	始蕾期	盛花期	盛铃期	—
	水量（立方米/公顷）	750—900	1050～1200	1050～1200	—
油菜	时间	苗期（4～5叶）	抽薹期	开花期	成熟期
	水量（立方米/公顷）	750	900	1050	750
胡麻	时间	苗期（10～15厘米）	大量分枝时	开花结果期	—
	水量（立方米/公顷）	750	1050～1200	1050～1200	—
大豆	时间	苗期至开始分枝时	开花期	结荚期	—
	水量（立方米/公顷）	900～1050	1200～1350	1200	—
老苜蓿	时间	返青后	开花前	第一茬收割后	不等第三水干时
	水量（立方米/公顷）	900～1050	1200～1350	900～1050	1200

表 2-3-33　2000 年红旗坡农场灌溉制度表

作物	灌水次序与日期						灌水方法	灌水天数（天）	灌水定额（立方米/公顷）
	1	2	3	4	5	6			
棉花	3.15—3.30	5.15—5.25	6.10—6.20	7.5—7.20	8.10—8.20		沟灌	10～15	1200
冬麦	9.1—9.15	10.2—11.1	4.5—4.20	5.5—5.20	6.5—6.20		沟灌	15～20	1200
玉米	4.1—4.15	6.15—6.30	7.5—7.20	8.1—8.15			沟灌	15	1200
瓜菜	3.1—3.10	3.15—3.25	3.30—4.1	4.15—4.25	5.1—5.10	5.15—9.30	畦灌	10	1050
油料	3.1—3.10	5.1—5.10	6.1—6.1	7.1—7.10	8.1—8.10		沟灌	10	1200
苜蓿	3.1—3.10	4.1—4.10	5.1—5.1	6.1—6.10	7.1—7.10	8.1—8.10	沟灌	10	1200
林带	4.1—4.20	6.1—6.20	7.1—7.20	8.1—8.20			沟灌	20	1200
果树	4.1—4.20	5.1—5.20	6.1—6.20	7.1—7.20	8.1—8.20	10.15—11.5	畦灌	20	1500

　　说明：其他用水定额生活每人每日100升，牲畜每头每日10升，工业每万元产值700立方米。

表 2-3-34　2015 年红旗坡农场灌溉制度表

| 作物 | 灌水次序与日期 | | | | | | 灌水方法 | 灌水天数（天） | 灌水定额（立方米/公顷） |
	1	2	3	4	5	6			
林带	3.15—4.20	6.1—6.20	7.1—7.20	8.1—8.20	—	—	沟灌	20	1200
果树	3.15—4.20	5.1—5.20	6.1—6.20	7.1—7.20	8.1—8.20	10.15—11.15	漫灌	20	1500

说明：其他用水定额生活每人每日 100 升，牲畜每头每日 10 升，工业每万元产值 700 立方米。

3. **奖惩**　农场各个时期制订的水管、灌溉制度都有奖惩的具体规定。1960 年，水管制度规定：私自开口引水、偷水按破坏灌溉追究责任；按定额配水，因乱放、流失而致灌水量不足，不予增水；放水员不负责任造成跑水流费者，浪费 50 立方米以上按每立方米 0.05 元计算赔偿。当年，四队放水时跑水 1000 立方米，农场对 6 名责任人共罚款 95 元，并在全场通报。年内，农场各单位灌溉小组间开展红旗竞赛与评比，每季一评，年终总评，先进予以奖励。1961 年，灌溉管理办法规定：私自开口放水，按水费标准的 10 倍罚收水费。1966 年规定：单位集体偷水，偷一罚五，予以扣水，昼灌夜停者，暂时停水，查清责任后继续供水；发生严重跑水垮埂，查清责任，由责任人负责修复，水损失按 100 立方米罚款 0.5 元。个人自留地偷水，一般一次罚款 1～3 元。1984 年，灌溉制度规定：超计划定额用水，超过部分按水费标准加倍收费；灌溉跑水，跑水量按水费标准的 5 倍罚收水费；节约用水，按定额计算的节水比例减收标准水费。1999 年，农场规定违反轮灌计划和偷水单位，予以停水，查处后另安排轮灌计划；跑水面积超过 6.67 公顷的单位，不评先进单位，主要领导和主管领导不评先进，并各罚 1000 元和扣发全部奖金。严重浪费水的单位，主要领导通报批评，主管领导予以政纪处分。2006 年，农场规定：制定分季度引水、配水轮灌计划，水管站和各用水单位严格执行，督察组监督实施。水利设施管理实行行政一把手负责制，干渠及相关设施由水管站负责，单位支渠及相关设施由单位负责。发生责任事故损失，主要领导承担 20%，分管领导承担 50%，配水员承担 30%。轮灌单位放水时发生跑水浪费，按流失水量灌溉面积水费的 5 倍处罚。擅自调动固定流量或停水期间开卸闸门偷水者，根据放水面积，按一次水费标准，对轮灌单位处以 5 倍处罚，对私人买断荒地者或长期承包户处以 10 倍处罚。

2017 年，新疆红旗坡源动力水务有限公司成立后，对水务管理制度进一步完善：水管站员工不得在自己管辖的范围内私自开关闸门停、放水，有违者，一经发现，取消配水员资格，做停薪停职处理；定期巡查渠道闸门设施，如需维护的，必须以书面报告公司，待领导批示，方可实施；严格按照岗位职责，相互协调配合工作，加强沟通，不推卸责任；严格按照水管站调度通知，以开具票据为准，方可调配水，停放水必须有调度通知，有违者公司将严肃处理；水管站人员要按时准确记录测流表。如有偷水行为或未办理相关手续私自乱接自来水管网，对水务公司造成损失的，应补缴前期用水水费、赔偿损失，并接受处罚。

（五）水费

1. 水费标准　1961年，农场水费标准分三类：科克亚干渠用水按每百立方米计，农田作物为0.15元/百立方米，园林作物为0.18元/百立方米，洗碱压碱为0.14元/百立方米，民用涝坝为0.2元/百立方米；科克亚河旧河系引水，按耕地面积计，每公顷折收小麦，蔬菜地折为27.5千克，一般作物折为22.5千克；台兰河引水，按台兰河水管站规定水费标准。

1963年，水费按每百立方米计，粮食作物、园林、蔬菜为0.1元/百立方米，新荒地播前水、压碱水为0.05元/百立方米。凭用水通知单与农场财务室结算。

1966年，水费按每百立方米计，粮食油料作物为0.1元/百立方米，蔬菜为0.15元/百立方米，园林为0.12元/百立方米，新荒地播前水、压碱水为0.05元/百立方米。单位凭票领水，按票结费。

1978年，水费按每百立方米计，农业用水为0.15元/百立方米，非农业用水为0.2元/百立方米。

1980年，水费按每百立方米计，农业用水0.2元/百立方米，工副业、涝坝用水0.4元/百立方米；私人种地用水包干每公顷30元。

1989年，实行按年按耕地面积交纳水费办法。按公顷计，粮食油料作物45元，经济作物（含水果、瓜菜及其他类似作物）75元/公顷，老林带75元/公顷，新果园、新植林带1～6年免收水费。

1991年，粮食油料作物、苜蓿和绿肥、4年以上新果园、新老林带、片林水费每年每公顷水费75元，甜菜、棉花、蔬菜、瓜类、老果园每年每公顷水费120元，私人种植和自留地每年每公顷水费120元。凡用机井抽水种菜和种花草等，面积在33平方米以上者，每年每公顷水费120元。

1995年，粮食和油料作物、1～7年未投产果园每年每公顷水费180元，经济作物及投产果园每年每公顷水费270元，防风林带及苜蓿每年每公顷水费90元。

2004年，农场规定：私营承包开荒种地用水实行先交水费后放水的办法，放水前，种粮食作物者每公顷交水费90元，种经济作物和果园者每公顷交水费120元。

2005年，水费标准调整为：果园每公顷750元，种植业（含未投产果园）每公顷600元。

2006 年，水费标准为：以 314 国道及温宿迎宾路为界线，粮食作物、经济作物和未投产果园分为南北两大灌区。北部灌区耕地以五次为基数，每次收费 150 元/公顷；南部灌区耕地以 4 次为基数，每次收费 187.5 元/公顷。投产果园和半投产果园（有投产果树含有新补树苗的）收费标准：北部灌区以 5 次为基数，每次收费 180 元/公顷；南部灌区以 4 次为基数，每次 225 元/公顷。水资源允许时或丰水期，给超过放水基数的农田和果园供水，超过放水基数部分的水费标准为每公顷增加 45 元/次。区别最佳放水期和次佳放水期放水耕地质量、收入差异收缴水费。具体分三个时期，即 2 月 15 日至 3 月 10 日放水，每公顷 120 元/次；3 月 11 日至 4 月 10 日放水，每公顷 225 元/次；4 月 11 日至 4 月底放水，北部灌区每公顷 150 元/次，南部灌区每公顷 187.5 元/次。职工承包新定植果园，每次小苗沟灌的，不分沙土、黏壤土，每公顷 90 元/次。买断荒地或长期承包，小苗沟灌的，每公顷 150 元/次。买断荒地或长期自开荒地，每公顷 270 元/次，原则上最佳放水期不给水，特殊情况下最佳放水期给水，每次 405 元/公顷，2 月 15 日至 3 月 10 日供水，每次 210 元/公顷。

2007 年，调整部分水费标准，果园为 900 元/公顷，买断地、长期承包地为 1200 元/公顷。

2008 年 7 月，农场水费由各单位收缴，并交财务科。长期承包农场土地的职工按每年 1200 元/公顷收缴，长期承包、买断荒地的按每年 1500 元/公顷收缴。

2017 年 3 月 20 日，根据国家发展改革委、水利部《水利工程供水价格管理办法》和《自治区水利工程供水价格管理办法》及《自治区发展和改革委员会关于塔里木河流域管理局从水价有关事宜的通知》文件有关规定，并考虑农民承受能力，农场（集团公司）水利管理部门结合实际，在 3 年内逐年调整农业生产灌溉水价。

表 2-3-35　2017—2020 年红旗坡农场（集团公司）农业供水价格表

年份	原供水价格（元/公顷）	调整后价格		涨幅
		职工、承包户（元/公顷）	买断地及承包荒地（元/公顷）	
2017	1530	2601	2901	70%
2018	2601	2830.5	3130.5	85%
2019	2830.5	3060	3360	100%
2020	3060	3060	3360	—

说明：3 年递增调整农业供水价格 100%。买断地及承包荒地水费在职工承包户水费价格基础上增加 300 元/公顷。

2. 农业用水水费收缴　2016 年前，水费收缴由各队会计收缴，再统一缴纳到农场财务部。

2016 年 8 月，新疆红旗坡源动力水务有限公司（以下简称水务公司）组建成立，承

担着红旗坡集团公司"三水一电"（地表水、地下水、饮用水及电网）管理职能，红旗坡
辖区的买断地、实验站灌溉水费的收缴由其负责。当年，收缴水费 2.77 万元。

2020 年，收缴水费 1301.83 万元。

表 2-3-36　2001—2020 年红旗坡农场（集团公司）农业用水水费收缴情况表

单位：万元

年份	水费收缴	年份	水费收缴	年份	水费收缴	年份	水费收缴
2000	90.00	2006	320.00	2012	538.75	2018	981.79
2001	90.00	2007	392.25	2013	568.05	2019	1073.19
2002	120.00	2008	421.55	2014	597.35	2020	1301.83
2003	120.00	2009	450.85	2015	626.65		
2004	170.00	2010	480.15	2016	656.23		
2005	210.00	2011	509.45	2017	890.75		

第四章　红旗坡苹果

红旗坡苹果栽培历史悠久。20世纪80年代，农场在南疆首家引种红富士苹果，开始小范围试种。1990年后，通过不断改良及一代代地优选，形成具有独特品质的红旗坡"冰糖心"红富士。产于新疆南部天山南麓塔里木盆地北缘的红旗坡农场"冰糖心"苹果，果形为扁平形，单颗平均果重150克，果面光滑细腻、色泽光亮自然，皮薄肉厚、质地较密、酸甜可口、口味独特，含糖量高，先后获亚太经合会48届会议《荣誉证书》、国家颁发的《绿色食品证书》，国家第二届农业博览会铜奖，"新疆农业名牌产品""中华名果"称号及国际林业博览会金奖、银奖并成为北京奥运会指定果品；2014年9月，红旗坡苹果获得中国驰名商标，成为农场一张亮丽的名片，产品远销新加坡、泰国、马来西亚及中亚各国。

第一节　种植环境

红旗坡农场地处北半球的中纬度地带，属于暖温带大陆性气候，气候干燥、降雨稀少，但上游雪山融水多，水系密布，水流量丰富。农场地势北高南低，光热资源丰富，年平均太阳总辐射量130～141千卡/平方厘米；日照时长2855～2967小时，无霜期长达227天，昼夜温差20℃，年均气温7～8℃。红旗坡苹果产区基本都是沙地，气温上升的速度快，苹果积累热量多，同时降温也快一些，温差的变化，让糖分积累更充分，因此产出的苹果果肉密度略大，甜度更高，品相较好。红旗坡苹果采用冰川雪融河水浇灌，果品生长期病虫害发生极少。苹果采摘时间严格控制在每年的10月25日之后，使果核部分糖分凝结于心，堆积成透明状，形成独特的"冰糖心"。

第二节　主要品种

一、砧木（基砧）品种

砧木分实生基砧和矮化基砧。砧木类型直接影响到苗木的适性、栽植密度、整形修剪及品种选择。根据农场区域的立地条件，适合农场区域栽培的砧木（基砧）有八棱海棠和新疆野苹果。

（一）八棱海棠

小乔木，高 36 米，树性直立，多主干，有时呈丛状。果实近球形，呈红色，直径 11.5 厘米左右。以八棱海棠作为砧木嫁接的苹果树具有抗寒性（能耐 37℃低温），抗旱，抗涝、耐盐碱、抗黄叶病，对棉蚜、根癌肿病有相当的抵抗能力。嫁接亲和性好，树体生长旺盛，寿命长，产量高，果个匀，品质优等特点。

（二）新疆野苹果

又名塞威氏苹果，产于新疆西部的伊利和塔城地区。小乔木或乔木，高 28 米，果实形状、颜色、品质、成熟期不同类型间差异很大。在本地作苹果砧木，生长良好。

二、栽培品种

红旗坡农场的苹果品种结构调整与优化经过 3 个重要的发展阶段，每个阶段苹果品种的结构布局都会发生一些新变化，尤其是 2000—2012 年苹果大发展时期的品种结构变化，奠定红旗坡苹果主栽培品种的基本格局。

自建场至 20 世纪 70 年代，苹果为农场主要果类之一。主要品种为青香蕉、国光、红元帅、黄元帅、金冠、红玉、卡白克。

20 世纪 80 年代初，农场引进红富士苹果。

20 世纪 90 年代，农场果类逐步以苹果为主。主要品种有红富士、红元帅、黄元帅、秦冠、嘎啦、胜利、青香蕉。

2000 年，农场开始引进红富士优系（烟富 3 号、烟富 6 号等）、蜜脆、粉红女士等。由园艺科牵头，对着色好的"条红""片红"进行选优，至 2007 年，红旗坡农场成功选育"新红一号"苹果新品种，并推广种植。

2001 年后，苹果成为农场的主栽品种，尤其是红富士苹果成为农场苹果的发展主力。

至 2020 年，农场富士系苹果栽培面积之和占苹果栽培总面积的 90％以上，其余品种有嘎啦、乔纳金、金冠、秦冠等，占总面积的 10％。苹果品种完成优化调整，主产区良种化程度普遍提高，品种结构多元化发展。

（一）富士

20 世纪 80 年代初开始引入富士。至 2020 年，富士是农场苹果栽培面积最大的品种。果形呈扁圆形或短圆形，顶端微显果棱。果个中、大型，单果重 170～220 克，许多果实大于 250 克。成熟时底色近淡黄色，片状或条纹状着鲜红色。果肉淡黄色，细脆汁多，风味浓甜，或略带酸味，具有芳香，品质极上。苹果在 10 月下旬至 11 月初成熟，极耐贮运。树势中等，结果较早、丰产。农场栽培的富士主要有芽变品种长富 2 号、长富 6 号、秋富、烟富 3 号、烟富 6 号、寒富等，以烟富 3 号、长富 2 号为主栽品种，外形美观、色泽自然、肉质细嫩、香气浓郁、汁多味甜、酸甜适口，尤其是冰糖心的独特风味而享誉海内外。

1. **长富 2 号** 农场于 1985 年左右引进长富 2 号。晚熟品种，味道好，贮藏性强，树势强健，成枝力较强，萌芽率中等，开花期在 4 月末至 5 月初，收获期在 10 月下旬至 11 月上旬，平均单果重 300 克，最大果重 500 克以上，果实圆或长圆形、整齐，成熟后着红或鲜红色霞和条霞。果肉质密，较细脆，果汁较多，酸甜适度，芳香味浓，品质极佳，耐贮运。在幼树期，枝条直立生长，随着树龄的增长，逐渐开张，易形成短果枝，结果较早，具有丰产性强的特点。

2. **烟富 3 号** 烟富 3 号系 2003 年由山东选出，系长富 2 号的浓红型芽变。大果型，单果重 245～314 克，果实圆形或长圆形，易着色，浓红艳丽，果肉淡黄色，肉质致密甜脆，风味佳。果实成熟期为 10 月中下旬。

3. **烟富 6 号** 烟富 6 号为 1995 年从惠民短枝富士选出。果实大，单果重 253～314 克。果实长圆形、端正，色泽浓红，果面光洁，果点大。果肉淡黄色，致密脆甜，固形物含量 15.2%。果实在 10 月下旬成熟。树势健壮，树姿较直立，树冠紧凑矮小，适于密植。枝条粗壮，节间短，萌芽率高，成枝力稍低，短枝量多。结果早，丰产性好。

4. **寒富** 1995 年以东光为母本、富士为父本育成寒富，为抗寒品种。寒富苹果果实短圆锥形，果形端正，全面着鲜红色，特别是摘掉果袋经摘叶转果后，果色更美观。单果均重 250 克以上，最大单果重达 515 克，是苹果当中单果重最大品种之一。果肉淡黄色，肉质酥脆，汁多味浓，有香气，品质耐贮性强。该品种树冠紧凑，枝条节间短，短枝性状明显，再生能力强，以短果枝结果为主，有腋花芽结果习性。早果性强，定植后第二年见花，第三年即有产量，第四年株产即可达 20 千克，适于密植栽培。抗逆性强，尤其抗寒性明显超过国光等大型果，抗蚜虫和早期落叶病，较抗粗皮病。果实成熟比国光和富士早。

5. **秋富** 秋富于 1995 年引进，该品种树势强健，一般定植后 5～6 年开始结果，有隔年结果现象。果实近圆形，平均单果重 200 克，最大果重 360 克，大小整齐。果实底色黄绿色，全面着浓红，鲜艳。果肉淡黄色，肉脆致密，风味甜，有元帅品种的香气。果汁多。含可溶性固形物 13.5%～14%。极耐贮存，在冷藏条件下可贮存至翌年 5 月。果实在 10 月中旬成熟，果实发育期 160 天。

6. 宫崎富士 宫崎富士于 1995 年引进，该品种性状主干树皮浅灰褐色，皮面粗糙。多年生枝条浅褐色，皮孔稠密，椭圆形，凸出明显。1 年生枝浅灰褐色，较粗壮，节间长约 1.82 厘米。叶片多为椭圆形，少数卵圆形，先端渐尖，基部圆形，叶片稍有光泽，叶背茸毛多，叶缘平展，呈锯齿状，多单式锐齿。叶柄平均长 2.77 厘米，基部稍带紫红色。叶芽大，长卵圆形，鳞片紧，茸毛较多。该品种萌芽率高，为 68.4%。短枝性状明显，短枝系数为 0.6。果实近圆形，平均单果重 180 克。果面较平滑，果实底色黄绿色，阳面披淡红霞，着色面积为 2/3。果点圆形，不明显。梗洼周围有不明显的棱起，萼片直立，闭合，果皮较厚而韧，果实去皮硬度 8.70 千克/厘米。果汁多，味甜，酸味少，含可溶性固形物 13.7%、酸 0.537%、维生素 C 75 毫克/千克果肉，食之爽口，微有芳香，品质上等。耐贮性与普通富士相似，一般可贮存 5～6 个月，贮后肉质不变，风味尤佳。该品种适性强、耐盐碱，丰产性强。

7. 蜜脆 农场于 2016 年引进蜜脆，该品种树势中庸、强健、树姿较开张。萌芽率高，成枝力中等。果实圆锥形，果形指数 0.88，单果重 310～330 克，最大果重 500 克。果实底色黄色，果面着鲜红色，条纹红，色泽艳丽。果点密，果皮薄，光滑，有光泽，有蜡质，果肉乳白色，微酸，甜酸可口，有蜂蜜味，质地极脆但不硬，汁液多，香气浓郁，口感好。果实采收时果实去皮硬度为 9.2 千克/厘米，可溶性固形物 15.03%。果实成熟期为 9 月上中旬成熟。蜜脆苹果有采前落果现象，主要原因是中心果柄较短和树势不强。

（二）元帅

1975 年引进元帅，又名红香蕉。元帅系苹果果实圆锥形，顶部有明显的五棱，果个大，一般单果重达 250 克，大者可达 450 克。成熟时底色黄绿色，多有鲜红色霞和浓红色条纹，着色系芽变为紫红色。果肉淡黄白色，肉质松脆，汁中多，味浓甜，或略带酸味，具有浓烈芳香。成熟期为 9 月中旬，栽种品种主要以红元帅、红星、新红星、超红等为主。

（三）金冠

1975 年引进金冠，又名金帅、黄香蕉、黄元帅。果个较大，单果重达 200 克。成熟时底色绿黄色，稍贮后，全面金黄色，阳面偶有淡红晕；果皮薄，较光滑，梗洼处有辐射状锈。果肉黄白色，肉质甚细，刚采收时食之脆而多汁，贮藏后稍变软；味浓甜，稍有酸味，芳香气味浓。成熟期在 9 月中下旬，耐贮运。金冠植株生长中庸，枝条密挤，开张，丰产性佳。

（四）国光

1975 年引进国光，该品种果实扁圆形或扁圆锥形，果个较小，单果重为 140～150 克。成熟时底色黄绿色，有暗红色彩霞和粗细不匀的断续条纹。果肉黄白色，肉质鲜脆，汁多，味酸甜可口。成熟期为 10 月中下旬，极耐贮运。植株生长健壮，枝条较多，结果较晚，丰产、抗寒。

（五）秦冠

1988 年引进秦冠，该品种果实短圆锥形，大小整齐。果个中大，单果重 200 克。成熟时底色黄绿，阳面红晕，光滑无锈。果肉乳白，松脆汁多，味酸甜，稍有香气。9 月中下旬成熟，耐贮性强。树姿开张，幼树腋花芽结果较多，早果、丰产、稳产。

（六）嘎拉

2003 年引进嘎拉，该品种果实近圆形或圆锥形，大小较整齐。果个中大，平均单果重 180 克。成熟时，果皮底色黄，果皮红色，有深红色条纹；果皮薄，有光泽，洁净美观。果肉乳黄色，肉质松脆，汁中多，酸甜味淡，有香气，可存放 25～30 天。树势中等，幼树腋花芽结果较多，盛果期以短枝结果为主。嘎拉很容易发生芽变，农场栽培的嘎拉是芽变品种皇家嘎拉，主要用作授粉品种。

（七）乔纳金

1995 年引进乔纳金，该品种果实圆形至圆锥形。果个大，单果重 300 克。成熟时底色绿黄至淡黄色，有橘黄色或红紫色短条纹；果皮较厚，蜡质较多。果肉乳黄色，肉质稍粗，较松软，汁中多，味甜酸。成熟期为 9 月上中旬，果实成熟期不一致，需分期采收。耐贮性一般，不耐贮运，易碰伤。植株生长旺盛。结果早、丰产，但苦痘病较重，生长季节宜补钙。在农场无大面积栽培，主要用作授粉品种。

（八）新红星

1986 年引进新红星，该品种树体矮小，树冠紧凑并多呈圆锥形，树姿直立，为短枝型品种。萌芽力很强，发枝力较弱。结果早，生理落果和采前落果较元帅轻，丰产，稳产。果实圆锥形，常有不明显的纵棱起，平均纵径 7.1 厘米、横径 7.6 厘米，平均单果重 180 克，最大果重 270～300 克。果实底色黄绿色，全面浓红。果面光滑，富有光泽，果梗平均长 2.4 厘米，果皮厚韧。初采时果肉呈绿白色，稍贮后为黄白色，肉质较细，松脆，汁液较多。味淡甜或酸甜，有香气，初采时品质中上等，稍贮藏后香气浓，肉质松脆，品质上等。含可溶性固形物占 13.5％。9 月下旬果实成熟。

第三节　栽培技术和管理

1985—2020 年，农场苹果栽培制度在不断发生变化，苹果栽培方式以乔化中密或密植为主，即 3 米×6 米或 4 米×5 米，矮化密植栽培还处在起步发展阶段。乔化果园占全场苹果园的 95% 以上，且以乔化密植为主，矮化密植的苹果园不足 5%。

一、乔化密植栽培

建场至 2020 年，农场苹果栽培制度在不断探索、创新，苹果乔化密植是红旗坡苹果栽培的主要模式。1999—2003 年，栽植密度一般为 330～495 株/公顷。2004 年，栽植密度逐渐加大到 840～1650 株/公顷。栽植密度的增大使果枝量迅速增加，有利于提高前期产量水平。但随着树龄增大、树冠扩张，行间交接、果园郁闭问题变得十分突出。随着栽植密度增加，选用小冠型的垂直立体结果树形，如小冠疏层形、"3＋1"（3 个主枝＋1 个主干）、自由纺锤形、改良纺锤形等树形。330～495 株/公顷的模式主要采用的是小冠疏层形；840～1650 株/公顷的模式主要采用自由纺锤形、改良纺锤形等树形。在修剪技术上强调冬剪与生长修剪相结合，尤其重视生长季修剪；在"轻剪、长放"的基础上，重视拉枝、开角、刻芽、抹芽、摘心、扭梢等综合技术措施的运用。在幼树期，拉枝是乔化密植果园生长季常用不可或缺的技术措施。修剪采用多种措施控制树冠，促进花芽形成。人工措施以环割、环剥、拉枝、回缩修剪等手法为主，化学控制主要采用生长调节剂。进入结果期树冠，增加留果量，以负载控制树冠扩张。乔化密植园通风透光条件较差，采用果实套袋技术。结合摘叶、铺反光膜等配套措施，促进果实着色，提高商品质量。

（一）园地选择

选择在无污染和土壤 pH 小于 7.5，有机质含量 1% 以上，土层厚度 1 米以上，地下水位 1.5 米以下，生态条件良好的地区。园地土质较差时，加强土壤深翻施肥和其他肥水管理措施。园地选好后，根据建园的规模和苹果生长发育的特点，对园地进行整体规划与设计。

（二）定植技术

选择品种纯正的苗木，苗高为 100 厘米以上，距地面以上 10 厘米处的粗度大于 0.8 厘米，主根长度＞25 厘米，侧根数目 8～10 根，根系完整；无病虫害；地上部整形带处的芽饱满，枝干充实且无机械损伤；嫁接口愈合良好的一级苗。栽植时期分为春栽和秋栽。一般常在春季果树萌芽前，在 3 月 25 日进行，选园后开定植沟打点、挖定植穴，栽植后及时浇定根水，定干。一般常规栽培以 5 米×6 米密度定植；密植栽培按照 3 米×5 米，后期间伐为 6 米×5 米；高密度栽培 1.5～2 米×4 米。主栽品种与授粉树实行行间配置，其配置比例主要根据主、授品种经济价值而定。以红富士为主栽品种，以嘎拉、新红星等为授粉品种。授粉比例按照 5∶1～6∶1 进行配比。按深 60 厘米、宽 60 厘米挖好定植穴后，将挖出的表土和腐熟的农家肥、过磷酸钙或三料磷等充分混合后施入坑底，上面再填上 10～15 厘米的土，然后放入处理好的苗木，使苗木根系伸展，然后埋土，分层踩实，并轻提苗木，使根与土密接。栽植深度以覆土略高于根茎部 3～5 厘米为宜，栽植当天及时浇头水。水渗下去后，及时扶苗培土，保证根颈部位与地面相平。7 天后再浇第二水。灌完水后全沟铺膜，保墒增温，提高苗木成活率。栽后在 80 厘米处及时定干。

（三）整形修剪

苹果修剪主要以夏季修剪为主，冬季修剪为辅助。树形主要以小冠疏层形为主。

1～5 年树龄修剪主要培养树形、开张角度，轻短剪，少疏剪，尽早培养各级骨干枝，扩大树冠，为丰产打下基础。定植第一年，选上部中央直立枝作为中心主干，在中心主干 80 厘米处进行短剪，疏除竞争枝。定植第二年，疏除中干上的竞争枝，在中心干延长枝饱满芽处短剪中心干。对上年中心干刻芽后发出的枝条，选出 3 个开张角度在 60 度、方位角约 120 度的枝条作为第一层主枝。对选留的三大主枝在饱满芽（外芽）进行短剪。剪口下第三个芽留在第一侧枝的位置上，且三个主枝的第一侧枝均在同一方向上。在 5 月底，对主枝进行拉枝，拉枝角度在 60 度；对辅养枝拉平，对直立的旺枝，在其长到 20～25 厘米时扭梢，摘心控制生长，促进成花。疏除过密枝、背上枝和徒长枝。

6～10 年树龄的苹果树虽形成部分花芽，但产量不高，冬季修剪的主要任务是继续选留和培养各级骨干枝，形成坚固的骨架，迅速扩大树冠，完成整形任务。冬剪时，根据树势的强弱和树体结构，调节骨干枝的延长头。根据树形，对二层主枝进行选择，继续培养各级主枝。同时掌握好辅养枝的去与留，做到去强留弱、去直留斜。5 月底，对开张角度不好的枝进行拉枝；5—8 月进行抹芽，及时疏除背上枝、徒长枝、过密枝等；8 月及时打

图 2-4-1　苹果树修剪后的树型（照片提供：杨聪靓）

顶，控制秋梢生长。对不结果且营养过旺的树，可在层间较强的大型辅养枝基部和上强下弱的二层主枝之间的主干上用环割专用刀进行双道环割，促进早结果、早丰产。

11年以上树龄的苹果树，冬季修剪处理好主枝、侧枝、辅养枝的关系。对行间、株间郁闭的园子，进行及时回缩。疏除层间大枝、部分无花营养枝、病虫枝、徒长枝、过密枝、背上直立枝、轮生枝、重叠枝，短截下垂枝；中干达到3.5米时换至弱枝带头，或甩放不剪。将树高控制在4.5米以内。5月底，对开张角度不好的枝进行拉枝；5—8月进行抹芽、疏除并生的果台副梢、疏除影响光照的过密枝和背上直立枝，保持树体通风透光，增强树势，积累养分。8月及时控制秋梢生长。

（四）土肥水管理

果园保持土松、草净、肥足。生长季灌水后，及时中耕松土、除草，保持土壤疏松无杂草。中耕深度10～15厘米，以利调温保墒。每年进行2～3次。秋季结合施肥可进行深翻。基肥重施、早施，最好在果实采收后尽快施入。时间一般在9月中旬至10月中旬。成龄树以环状沟施，即沿树冠边沿向里开挖深、宽各50厘米的环状沟施入腐熟的农家肥，并混合施入磷、钾肥以及微量元素，如硫酸锌、硫酸亚铁、硼酸等。幼树以条沟施入。秋季没有施基肥的果园，必须在春季土壤解冻后补施。幼龄树一年追肥2次以上，结果树追肥3次以上。

1～5年树龄的果树施基肥（9月中旬至10月中旬），每株施腐熟有机肥10～30千克＋磷酸二铵0.05～0.1千克＋硫酸钾（含量50％）0.1千克。施肥后及时冬灌。第一次在3月底萌芽前，追尿素0.15～0.25千克/株、磷酸二铵0.10～0.15千克/株。追肥后及时灌水；第二次速生期5月中下旬，施尿素0.15～0.25千克/株、磷酸二铵0.2～0.25千克/株、硫酸钾（含量50％）0.15～0.25千克/株。追肥后及时灌水；8月中旬以后控制灌水。

6～10年树龄的果树施基肥（9月中旬至10月中旬），每株施腐熟有机肥60～90千克（缺乏农家肥的果农可选用高活性有机肥5～8千克/株）＋磷酸二铵0.2～0.25千克＋硫酸钾（含量50％）0.1～0.15千克，施肥后及时冬灌。3月底第一次萌芽前，追尿素0.25～0.4千克/株、磷酸二铵0.5～1.0千克/株，追肥后及时灌水；5月中下旬施第二次助果肥，施尿素0.2～0.25千克/株、磷酸二铵0.5～1.0千克/株、硫酸钾（含量50％）0.3～0.5千克/株。追肥后及时灌水、中耕、除草；7月中旬施第三次膨果肥，追磷酸二铵0.4～0.8千克/株、硫酸钾（含量50％）0.3～0.5千克/株，追肥后及时灌水。

11年以上树龄的果树施基肥（9月中旬至10月中旬），每株施腐熟有机肥80～120千克（缺乏农家肥的果农可选用高活性有机肥5～8千克/株）＋磷酸二铵0.2～0.25千克＋

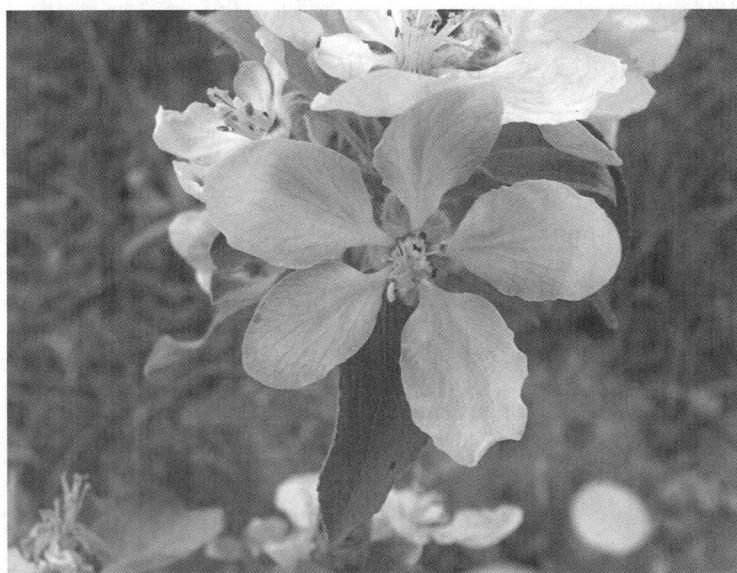

图 2-4-2 苹果花期（照片提供：杨聪靓）

硫酸钾（含量 50％）0.1～0.15 千克。施肥后及时冬灌。在 3 月底萌芽前，追尿素 0.3～0.6 千克/株、磷酸二铵 0.6～1.0 千克/株。追肥后及时灌水；5 月中下旬施尿素 0.2～0.25 千克/株、磷酸二铵 0.8～1.5 千克/株、硫酸钾（含量 50％）0.4～0.6 千克/株。追肥后及时灌水；7 月中旬膨果肥，追磷酸二铵 0.8～1.5 千克/株、硫酸钾（含量 50％）0.4～0.6 千克/株。追肥后及时灌水。

果树缺锌（小叶病）时用硫酸锌 20～40 克/株与基肥混合秋施，也可在生长季节喷施硫酸锌（浓度 0.1％～0.2％）2～3 次；如不再出现小叶症状时，仍须每年施硫酸锌 150 克/公顷。缺铁时施硫酸亚铁 25～30 克/株（与有机肥混合施入）；也可在生长季节喷施 2～3 次；如不再出现缺铁症状时，仍须每年施硫酸亚铁 300 克/公顷。果树缺硼时施硼砂 15 克/株，与基肥混合秋施。

（五）花果管理

果树花前复剪是在冬季修剪的基础上在果树开花前进行的以弥补冬剪不足的一种修剪方法。复剪在开花以前完成。主要对大年树，重点调整花量，提高坐果率，剪除瘦弱和叶片较少的花枝，对果台枝，没有结果能力的回缩到叶芽处，串花枝留 2～3 个花芽短截，以花换花。

在花开放 25％时进行授粉。采用"小粉包"授粉法、专用授粉器或人工点授等。授粉的最佳时间一般在上午无露水后进行，避开中午高温时间，下午继续授粉到太阳落山前 2 小时止。授粉最佳气温为 15～25℃。人工授粉一般进行两次。

花期喷施 1～2 次 0.3％尿素＋0.3％硼砂，提高坐果率。果实套袋前喷钙肥，防苦痘病；果实着色期（9月底）0.2％～0.3％磷酸二氢钾，促进着色。

根据坐果情况，5月下旬结合套袋进行，主要疏除花序上的多果和密集果，疏果时保留自然下垂、果个较大的中心果，疏除较小的边果。

针对进入结果期、营养生长过旺、不结果或产量低的苹果树的主干、生长过旺的主枝或大型辅养枝进行双道环割，促进花芽分化。环割时期一般在5月下旬。环割深达木质部，而不伤及木质部。环割前，用75％的酒精消毒刀子，避免传染病菌；环割后，用杀虫、杀菌农药涂抹环割口，防止感染虫害和病菌。

套袋一般在花后35～55天完成（6月上中旬最佳）。套袋时避开高温天气和时段（上午、下午进行，中午不套袋）。套袋后，果实在袋内生长发育100天摘袋，一般在采果前10天摘袋。

红富士的果实着色比国光开始得早，而且速度缓慢。一般从8月中下旬开始着色，到9月上中旬以后结束。9月上中旬开始控氮、摘叶，在树冠上喷

图 2-4-3　苹果人工授粉（照片提供：杨聪靓）

施500ppm的稀土，旺树喷5000ppm的磷酸二氢钾都有明显的增色效果。

图 2-4-4　通过对果枝支撑，防止果枝下垂（照片提供：杨聪靓）

8月中下旬，在树冠下铺设银色或者银灰色反光膜，制造反射光，改善树冠内部、树冠下部光照条件，使不容易见到阳光的苹果果实下部、侧面接受部分反射光，着色良好，

可使得全树果实着色均匀，提高全红果率在 20％以上。果园铺反光膜是苹果套袋的配套技术，既可以调节果园的小气候，又可促进果实着色增糖。铺反光膜后，从地面向上反光，使下垂果实的顶部和背阴面都能受光，提高树冠中下层和内膛的光照强度，从而促进果实全面着色。铺膜树的全株平均着色指数在 50％～70％，未铺膜树则只达到 26％～40％，平均着色指数提高 25％～30％。树冠内膛和下层果实着色指数提高到 43.8％～54.3％，全红果和着色面积达 3/4 以上的苹果占全株果数的 35％～69％。

（六）乔化密植园改造技术

随着树龄增长、树冠不断扩大，乔化密植苹果园普遍开始出现郁闭，不仅影响果品产量和品质的提升，同时也给果园管理造成一定困难。

2004 年，农场在苹果高光效树形改造技术上探索"上落头，下提干"高光效树形小面积试验，但推广力度不大。随着树龄的增长，郁闭矛盾更加突出。

2013 年，加大密植园改造力度。1.5 米×6 米以上密植园落头控高，按照行距的 80％确定树冠高度，落头至中干分叉处，中心干高度控制在 4 米以下；分年疏除层间扰乱树形、影响光照的大型辅养枝、交叉枝、重叠枝；对冗长的细弱枝、下垂枝、衰老的结果枝组，及时进行回缩，抬高枝条角度，增强长势，更新、复壮结果枝组。对 8 年以上，株间相互交接郁闭的园子，确定永久株和临时株。按照 5 米×6 米隔株确定临时株，并用油漆标记。永久株修剪仍按照上述 5 米×6 米的方法进行。临时株进行控冠修剪，疏除或回缩影响永久株生长的枝条，小枝疏除、大枝回缩，按照向行间伸展的"扇形"或不断缩小的"塔形"修剪。通过 2～3 年过渡期，临时株无保留价值时，待果实采收后，可将临时株整株挖除或移栽。对永久株和临时株施肥量区别对待。通过减少施肥量来控制临时株树冠的生长，控制氮肥施入量。

二、矮化密植技术

2006 年，农场在十二队等处试用苹果矮砧密植栽培技术。2007 年，园艺十二分场栽植苹果矮化密植 36.02 公顷。

苹果矮砧密植栽培技术引进的苹果矮化中间砧米 26 系、SH 系、自根砧米 9T337、主干纺锤形、高密栽培此项综合配套技术彻底解决苹果常规管理公顷株数少、结果晚的问题，矮砧、密植、主干形、早果、高产、省工、省水、省肥、机械化耕作是其最主要的特点。其栽培主要特点有以下 6 点。

（一）砧穗组合

砧穗组合采用新疆野苹果或八棱海棠为基砧，米 26 系、SH 系为中间砧，品种为烟富 6 号、宫崎短富，可达到矮化目的。

（二）宽行窄株定植

栽植模式采取宽行距（解决果园通风透光、机械化作业）、窄株距（集约密植，提高产量）。行距采用 4 米以上行距，1.5 米的株距，顺行每 10 米栽 1 个 3.5 米高的水泥支架，顺行拉三道铁丝，支撑树体。

（三）树形培养、栽培管理与定植模式相配套

果树中干在铁丝上直立固定，第二年开始选留 20 厘米的小主枝或结果枝组，拉枝开角角度为 110 度，第三年、第四年角度拉至 130 度，其余长枝、粗枝全部疏除，采用刻芽技术一次性培养 30~40 个结果小枝，呈螺旋状排列，小枝与中干角度为 110~130 度枝，同侧小枝距离为 40 厘米，树高不超过行距的 80％。

（四）覆盖

黑膜或地布覆盖、秸秆覆盖、果园生草（低秆油菜、白三叶、紫三叶）等措施，可以提温、压草、保墒、改良土壤，有效解决干旱缺水、土壤肥力不足等问题。

（五）肥水一体技术

采用水肥一体化解决果树各个时期对肥水需求。一种采用自压式滴灌系统，另一种是加压式追肥枪施肥系统，肥料选用水溶性有机肥和水溶性好的化肥，一般全年施 3~5 次，每次施入优质有机液体肥和中微量元素，春季追肥以氮、磷为主，夏季以磷、钾为主，每次灌水量为 10 立方米，追肥枪亩施肥水总量在 1500 千克，全年 56 次。

（六）早果丰产

双矮红富士栽植第 5 年逐步进入结果盛期。每公顷产量控制在 4.5 万千克，单株留果 100 个，第 7 年以后每公顷产量控制在 6 万千克，单株留果量在 120~150 个。

第四节　果树灾害防治

一、低温冻害和抽干

苹果栽培中，选育栽培抗旱、抗寒能力强的果树品种。建园时，果园四周营造防风林；增施有机肥和全面推广科学施肥技术；提早冬灌，10 月下旬至 11 月上旬，结合秋施基肥灌一次透水，以促进基肥分解，增加入冬前树体内营养储备，提高幼树的越冬能力；1~3 年生苹果用干土全埋，埋土厚度 30 厘米以上，4 年生以上无法埋土的幼树，对其主干培土，保护根茎；主干涂白或包扎，用涂白剂将果树树干和主枝进行涂白；11 月初对

树干枝杈处覆盖稻草或落叶，起到防寒、抗冻、防积雪的作用，2月底前集中烧毁。冬季强降雪后，及时震落树枝上的积雪，清扫根茎周围30～50厘米积雪，特别是及早清除南面的积雪，避免反射光造成树干反复解冻复冻，过早出现抽干；2月底提早春灌，防止早春幼树抽条；冬春，对未能埋土越冬的果树喷洒防冻剂，并配有机硅，间隔7天。为防止抽条，可以在上冻前和春节后各喷一次1%～2%聚乙烯醇。

对已经冻裂的树干立即进行树干刷白或涂抹果树愈合剂等进行树干保护，防止腐烂病的发生。对造成冻害的果树，延迟到春季萌芽展叶，分清枝条冻害部位，进行适时适度修剪。受冻树解冻后，尽早对树盘进行一次中耕松土，并保证施足有机肥和一定比例的化肥。加强腐烂病巡回检查和防治工作。合理负载，避免受冻果树结果过多，树势衰弱，引发腐烂病。

二、倒春寒（霜冻）

倒春寒多发生在3月和4月，此时正是苹果的开花期或幼果期，会造成果树花芽冻害、授粉不良或嫩叶幼果受冻。密切关注天气变化情况，详细观察和记录果树物候变化，花前灌水，降低地温延迟发芽，推迟花期2～3天。在果园上风头，挖深50厘米的坑，将易燃的干草、刨花、秸秆等，与潮湿的落叶、草根等分层放入、交互堆起，烟堆不高于地面1米，每亩（0.07公顷）34堆，花期若逢预告气温低于1℃时，在天亮前2个小时点燃熏烟防寒。在果树萌动后至开花前，喷保利丰、保得、植病灵83增抗剂、PBO等，预防霜冻。

如发生霜冻灾害，应及时进行人工辅助授粉或补授，霜冻后及时喷施1～2次0.3%硼砂或硼酸或0.3%的尿素和蔗糖，提高坐果率和抗病性。

三、大风

为降低大风对农场造成的损失，加强农田防护林林网化建设；尽可能采取低干矮冠树形，加强牢固紧凑型树形培养，提高抗风性；选择优良砧木并注重良种良砧组合，避免发生"小脚"和浅根及嫁接部位愈合不良的现象；对嫁接苗木和改接树及时捆绑立柱和支架。对坐果量过大的树枝可用立柱撑顶等。

检查防风桩、拉枝支撑棍棒和板条，及时扶正和加固被大风吹歪的绑缚支架。对刚灌过水的幼龄果园或新植果园及时培土扶正苗木；及时剪除或锯除被大风吹断的枝干或枝条。对伤口大的创面，及时涂抹油漆或愈合剂；及时清理被大风吹落的果实、树叶，深埋或清出果园。避免诱发病害；处于花期的果树，及时喷施尿素或磷酸二氢钾和保花肥，并加入适量的杀菌剂，洗淋叶片、柱头上的浮土，补充营养，增强树势，提高坐果率，防止病菌感染伤口。

四、冰雹

雹灾具有偶发性，因而进行预防有一定的难度。果实越大，冰雹对果实的危害越重。应加强降雹预报，以便及时采取有效的防雹减灾措施。采取果实套袋，使用防雹网，阻挡冰雹冲击，从而起到保护果树、果实的作用。对冰雹砸过的果园及时淋喷杀菌剂，防止病菌感染伤口。及时中耕，疏松土壤、清除杂草、保墒保肥。及时追施磷钾肥，增加树体营养，恢复树势。清理果园中的残枝、落叶和落果，人工摘除树上受伤严重的果实，避免诱发病害。对改接树或落头等伤口较大的树，涂愈合剂，防止树体伤口流出液体，以利伤口愈合。

五、强降雨

对雨水积涝严重的黏重土果园，及时做好排水工作，以免由于长期积水影响果树正常生长。水后及时中耕、松土、除草，保证土壤疏松透气。降雨会造成果园湿度增加，引发黑斑病。雨后及时喷施10％多抗霉素1000倍液、43％戊唑醇5000倍液等，预防黑斑病及下雨造成的裂果发生霉变。

六、高温干旱

在果树花期遇到异常高温干旱天气，柱头会很快干枯，缩短花期，影响花粉发芽，影响果树授粉受精，降低坐果率。幼果生长期遇到干旱高温，会造成落果和发育受阻。因此，需及时做好预防和补救措施。为果园安装节水滴管和喷灌设施；根据果树对水分的需求，及时灌水或喷水增加湿度；实行果园生草制，或果园覆草，行间覆地布（膜）等措施。高温干旱期果园连续喷施清水、磷酸二氢钾叶面肥或氨基酸复合微肥，有利降温、补充水分和养分。

第五节　采收　包装　贮藏

一、采收

嘎拉等早熟品种采收期为8月中下旬，元帅系（新红星、金矮生等）采收期为9月上中旬，红富士苹果于 10 月 25 日至 11 月 10 日进行分批采摘。套袋苹果在 10 月中旬采收。

采果筐需带有筐系和挂钩，内壁用麻袋片和柔软物铺衬，每筐容量不得超过 15 千克。采果梯要求坚固而轻便。采果人员必须戴线织手套，用手采果。轻摘轻放，尽量减少倒筐次数。严禁摇落或击落。采摘顺序应先外后内，先下后上，避免拽掉果柄以防碰伤。苹果分级标准严格执行《地理标志产品 阿克苏苹果》（DB65/T 3503—2013）自治区地方标准。

二、包装

包装材料必须符合食品卫生要求，不得使用有毒、有害、对食品有污染的包装材质。包装容器上系挂或粘贴标有品名、品种、等级、产地、执行标准编号、毛重（千克）、净含量（千克）、包装日期、封装人员或代号的标签以及符合 GB/T 191 规定的防雨、防压等相关储运图示的标记，标志字迹清晰无误。

三、冷库储藏

用专用红富士苹果发泡网装红富士苹果后装入冷库专用纸箱中，果箱堆码采用直立式、梅花式或井式等，库温保持在 0～1℃，空气相对湿度在 90％以上。

第六节 面积 产量

建场时，农场区域内仅零星种植一些苹果树。

1965 年，开始重点发展苹果生产，除园林队外，各队开始建立果园，扩大种植面积。

1971 年，全场果园面积 273.27 公顷，其中苹果 82.6 公顷，占 30.2％。

20 世纪 80 年代初期开始，果业加速发展，农场扩大红富士苹果等优质品种生产。1989 年，全场苹果种植面积 389.07 公顷，占果园总面积的 54.5％，苹果产量首次突破 1000 吨，达 1090.9 吨，占全部果品产量的 41.3％。

2000 年，农场苹果总产 6220 吨，占果品总产量的 58.3％，比 1990 年增加 4.8 倍。

2002 年，农场苹果中红富士面积占苹果面积的 59.5％，产量占苹果产量的 38.7％。

2004 年，全场苹果产量 1.4 万吨，占果品总产量的 65.8％。

2006 年，全场苹果面积 1060.07 公顷，占果园总面积的 53.6％，产量 1.36 万吨，占果品总产量的 68.1％，其中红富士苹果 1.29 万吨，占苹果产量的 80.9％。

2007 年，农场进一步加大产业结构调整力度，各农田队实行生产的战略性转移，全部改为园艺分场。当年，苹果面积新增 1563.07 公顷，年末实有面积 2623.13 公顷，占果类面积的 67.1％，产量 1.64 万吨，占果类产量的 69.8％。苹果中，红富士苹果面积新增 666.67 公顷，年末实有面积 1604.07 公顷，占苹果面积的 61.2％，产量 8536 吨，占苹果产量的 52.1％。

2020 年，农场（集团公司）苹果种植面积达 6376.2 公顷，产量达 13.33 万吨。经过多年发展，红旗坡农场成为阿克苏地区的苹果主要生产基地和最大的红富士苹果生产基地。

表 2-4-1　1958—2020 年部分年份红旗坡农场（集团公司）苹果种植情况表

年份	面积（公顷）	产量（吨）
1959	1.73	—
1960	1.73	—
1964	6.53	—
1965	39.87	—
1966	81.00	—
1971	82.60	0.2
1972	82.60	0.5
1973	82.60	1.6
1974	80.00	1.2
1976	52.27	70.5
1977	46.67	32.5
1978	66.67	240.0
1979	72.07	190.0
1980	73.27	262.2
1981	63.27	361.1
1982	68.13	324.7
1983	78.40	460.5
1984	74.93	210.7
1985	72.27	499.6
1986	182.33	679.5
1987	266.67	760.6
1988	377.53	902.9
1989	389.07	1090.9
1990	394.80	1080.0
1991	397.47	969.0
1992	342.73	1413.0

（续）

年份	面积（公顷）	产量（吨）
1993	354.00	2519.0
1994	400.60	1674.0
1995	411.60	1786.4
1996	377.00	2539.1
1997	379.00	4187.4
1998	382.00	2940.7
1999	366.00	5052.7
2000	377.00	6220.0
2001	433.00	9800.0
2002	452.00	10036.0
2003	608.00	10106.0
2004	743.00	14043.0
2005	759.73	14160.0
2006	1060.07	13565.0
2007	2623.13	16369.8
2008	2823.20	22998.8
2009	2247.30	38000.0
2010	3194.70	23469.5
2011	3683.40	65751.0
2012	4278.00	50533.1
2013	6984.20	98426.8
2014	6957.50	66460.1
2015	6904.20	52164.3
2016	6824.20	92140.2
2017	6947.90	112921.6
2018	6874.50	109320.6
2019	6609.60	125913.7
2020	6376.20	133265.1

第七节 品质控制

20世纪80年代初期开始，农场调整果类品种结构，实行择优定植，科学布局，引进优良品种，扩大优质品种栽植，不断加强果园生产技术管理，推广果业生产新技术、新措施，逐步提高果品内在品质和外观品质，增强果品质量优势。至20世纪80年代中期，明显见效，开始呈现果品品质优势。

1988年，农场制定了《园艺生产管理制度》，对苹果采收和果品质量验收标准作出具体规定。制度规定：果品采收时间由队统一安排，按技术要求操作，分管干部监督。采收果品按国家标准分类分级堆放，优质优价。苹果一等大型果横径达到 7 厘米以上，中型果横径达到 6 厘米以上，一等带色果红色面积达到三分之二以上，二等带色果红色面积达到三分之一以上，果柄完整，果实无丝毫碰伤。产品按质量要求采摘，对不合格者降价或拒收。

20 世纪 90 年代，优质红富士苹果逐步成为农场果品的支柱和拳头产品，品质进一步提高。1993 年 2 月，农业部颁发证书，认定农场生产的红富士苹果符合"绿色食品"标准。1995 年 10 月，农场参加第二届中国农业博览会，农场红富士苹果获铜奖。

1996 年 8 月，农场批转园艺分场《果品处理、合同兑现管理制度》，要求各单位根据各自情况参照执行。制度规定：适时采摘，采摘期由分场安排，未接到分场通知私自采摘者，按偷卖查处（少量早熟果及不耐储存果另行对待）。采摘人员操作时，剪指甲、戴手套，轻摘轻放，先采树冠下部和外围，再摘内膛和上部。做到先剪先摘，成熟一批，采摘一批。采摘时，分场工作人员有权在承包果园和承包户宅院检查、监督和量方登记。采摘后的果品，分品种按果形、颜色、新鲜度严格挑选，按级摆放，严禁在一级果中掺入二、三级果。未完成合同任务前，一级果不准放入承包户家中。若发现上述行为，分场工作人员有权责令重新挑选摆放。承包户提前搭好果品摆放、打包棚架，不准果品日晒雨淋，遭雨淋跑水损伤果品，损坏包装，由承包户承担损失。红富士、红元帅、黄元帅、青香蕉、秦冠、倭锦、胜利等大型果按单果横径面规定数摆放。分为一级、二级果，具体标准：一级果横径 7 厘米以上，带色果有三分之二面积为红色；二级果横径 6 厘米以上，带色果有三分之一面积为红色；中型国光苹果一级横径 6 厘米以上，三分之二面积为红色。所有果品保证无烂果、无碰伤、无病虫害、无锈斑，果型端正，果柄完整。

2000 年，农场为顺应市场对高端果品的需求，把 2000 年定为"园艺科技质量效益年"，旨在增加科技投入，强化质量意识，实施名牌战略。把根据市场需求和消费者对果品质量、档次的进升认可，农场再度加大对果农的培训和对果树的物化投入，产品规格再次提高，苹果横径 8 厘米以上（含 8 厘米）为一级果。

2001 年 8 月，农场红富士苹果再次被新疆农业名牌产品认定委员会认定为新疆农业名牌产品。当年，农场"红旗坡"牌商标正式启用。年内，自治区农业厅颁发资格证书，认定农场为"无公害农产品生产基地"，认定农场红富士苹果为"无公害产品"。

2007 年 8 月，农场的苹果凭借优良的口感、漂亮的外观以及各项优异的养分指标，被北京奥运推荐果品评选委员会授予苹果类唯一的一等奖，被正式指定为"北京奥运会指定果品"。12 月，农场苹果获中国果品流通协会授予的"中华名果"称号和中国国际林果业博览会颁发的金奖、银奖。

2008—2010年，农场为全面促进和提升"红旗坡"系列果品的生产、销售等各环节的水平，建立从消费者到生产者的全过程产品质量跟踪，实现从果品生产到食用的全过程质量追溯，投入资金380万元，其中农场自筹资金120万元，财政配套资金260万元，建成红旗坡果品产品质量追溯系统建设项目。

2010年，农场响应自治区"林果业提质增效"及地区林业局"建立生态健康果园"的号召，解决林果产业常规生产中的严重威胁和农药、化肥残留导致的环境破坏问题，发挥资源环境优势，打造"红旗坡"苹果优势品牌，在园艺十分场设立"生态健康果园"示范园86.67公顷。为达到"无公害"果品标准，加大有机肥的施肥力度，农场提前动员果农提前沤制绿肥和购买羊粪，有机肥施入量较往年增加1/3左右，并按照技术要求，施入充分腐熟的有机肥。在苹果生长追肥期，示范园按照化肥减半追肥，配合施入一定量的生物有机肥。对核心试验区不施化肥，仅施生物有机肥。每13公顷设定1个监测员，定期进行虫情监测，根据监测情况，及时向中国农业科学院植物保护研究所提供测报信息，制订防治方案。在苹果萌芽期开展喷洒石硫合剂统防工作，开展1年2次悬挂迷向丝生物防治梨小食心虫、苹果蠹蛾工作；悬挂糖醋液诱杀香梨优斑螟、梨小食心虫和苹果蠹蛾成虫。为有效提高苹果坐果率，开展果园放蜂、人工授粉工作，现场培训人员116人次。联系其他省市厂商购买花粉20千克。为促进苹果提早结果，采取拉枝、扭枝、拿枝、刻芽、摘心打顶等措施；对生长过旺，不结果或结果少的树，采取环割措施促进花芽分化；为有效提高果实品质，及时采取疏果、套袋、摘叶转果等技术，确保果品产量和质量提高。至2012年，通过2年生态健康果园的建设，水、肥、有害病虫生物防治等关键技术及修剪、花果管理等系列配套技术初步得到实施，很大程度上改善了果品质量，初步达到"提质增效"的目的。

表2-4-2　2010年红旗坡苹果接受农业部食品质量监督检验测试中心检验报告表（一）

产品名称	苹果	商标	红旗坡
受检单位	新疆红旗坡农产品开发有限公司	检验类别	监督检验
生产单位	新疆红旗坡农产品开发有限公司	样品等级、状态	新鲜苹果
抽样地点	乌市经一路红旗坡苹果经销店	抽样日期	2010年5月7日
样品数量	5千克	抽样者	罗瑞峰　刘海霞
抽样基数	—	原编号或生产日期	2009年11月
检验依据	NY/T 844—2004〔2009〕农垦（科贸）字第50号	检验项目	砷等三十一项
项目主要仪器	气相色谱仪等	实验环境条件	符合实验条件
检验结论	该批产品砷、铅等前二十五项经检验，符合NY/T 844—2004《绿色仪器　温带水果》标准的要求：甲胺磷、甲基对硫磷等后六项经检验，符合《〔2009〕农垦（科贸）字第50号》文件的规定		

表 2-4-3 2010 年红旗坡苹果接受农业部食品质量监督检验测试中心检验报告表（二）

项目名称	计量单位	检测依据	标准要求	检测结果	单项判定
砷（以 As 计）	毫克/千克	GB/T 5009.11—2003	≤0.2	0.012	合格
铅（以 Pb 计）	毫克/千克	GB/T 5009.12—2003	≤0.2	0.0070	合格
镉（以 Cd 计）	毫克/千克	GB/T 5009.15—2003	≤0.01	0.0046	合格
汞（以 Hg 计）	毫克/千克	GB/T 5009.17—2003	≤0.01	0.0012	合格
氟（以 F 计）	毫克/千克	GB/T 5009.18—2003	≤0.5	0.37	合格
铜（以 Cu 计）	毫克/千克	GB/T 5009.13—2003	≤10	1.57	合格
锌（以 Zn 计）	毫克/千克	GB/T 5009.14—2003	≤5	0.70	合格
铬（以 Cr 计）	毫克/千克	GB/T 5009.123—2003	≤0.5	0.081	合格
六六六	毫克/千克	GB/T 5009.19—2008	≤0.05	未检出	合格
滴滴涕	毫克/千克	GB/T 5009.19—2008	≤0.05	未检出	合格
乐果	毫克/千克	NY/T 761—2008	≤0.5	未检出	合格
敌敌畏	毫克/千克	NY/T 761—2008	≤0.2	未检出	合格
对硫磷	毫克/千克	NY/T 761—2008	不得检出	未检出	合格
马拉硫磷	毫克/千克	NY/T 761—2008	不得检出	未检出	合格
甲拌磷	毫克/千克	NY/T 761—2008	不得检出	未检出	合格
杀螟硫磷	毫克/千克	NY/T 761—2008	≤0.2	未检出	合格
倍硫磷	毫克/千克	NY/T 761—2008	≤0.02	未检出	合格
溴氰菊酯	毫克/千克	NY/T 761—2008	≤0.1	0.058	合格
氰戊菊酯	毫克/千克	NY/T 761—2008	≤0.2	0.14	合格
敌百虫	毫克/千克	NY/T 761—2008	≤0.1	未检出	合格
百菌清	毫克/千克	NY/T 761—2008	≤1	未检出	合格
多菌灵	毫克/千克	GB/T 5009.188—2003	≤0.5	未检出	合格
粉锈宁	毫克/千克	NY/T 761—2008	≤0.2	未检出	合格
亚硝酸盐（以 $NaNO_2$ 计）	毫克/千克	GB/T 5009.33—2008	≤4	未检出	合格
二氧化硫	毫克/千克	GB/T 5009.34—2003	≤50	未检出	合格
甲胺磷	毫克/千克	NY/T 761—2008	不得检出	未检出	合格
甲基对硫磷	毫克/千克	NY/T 761—2008	不得检出	未检出	合格
久效磷	毫克/千克	NY/T 761—2008	不得检出	未检出	合格
氧乐果	毫克/千克	NY/T 761—2008	不得检出	未检出	合格
甲基硫环磷	毫克/千克	NY/T 761—2008	不得检出	未检出	合格
特丁硫磷	毫克/千克	NY/T 761—2008	不得检出	未检出	合格

2013—2020 年，农场（集团公司）通过水、肥、有害病虫生物防治等技术及修剪、花果管理等系列配套技术实施，全面改善果品质量。

第八节 苹果品牌

一、品牌创建

20世纪90年代后期开始，农场逐步推广套袋、贴字新技术，改进包装设计，改善美化果品内外包装。1999年，农场注册"红洁蜜"商标。2001年，农场苹果生产基地被自治区认定为"无公害农产品生产基地"，同时为基地生产的苹果颁发"无公害农产品资格证书"。红富士苹果被评为"新疆农业名牌产品"。

2002年后，农场通过营销、传媒、博览会、展示会、推介会、交易会等多种方式和场合扬名牌，创名牌，树名牌，红旗坡"红洁蜜"牌鲜水果知名度、信誉度逐步提高。

2003年，"红旗坡"牌系列水果被自治区消费者协会评为"推荐商品"。

图2-4-5 2007年8月13日，在北京举办的"2008奥运推荐果品评选"中，农场生产的红富士苹果获苹果类唯一的一等奖，葡萄获二等奖，香梨、核桃、红枣获推荐果品奖；农场为奥运指定果品生产基地，农场生产的苹果、葡萄为奥运指定果品（照片提供：综合部）

2005年11月，"红旗坡"牌被自治区工商局评为著名商标。"红洁蜜"牌商标同时不再使用。

2005—2006年，农场先后参加上海迎新春农副产品大展销和新疆特色优质苹果交易会，销售果品2500吨，并获新疆特色农产品（上海）交易会颁发的"最佳畅销产品奖"；参加乌鲁木齐市新疆特色林果业博览会，销售果品3000吨。2006年，农场多次进行果品公开竞价拍卖，其中8月22日拍卖会苹果成交500吨，9月6日拍卖会苹果成交2500吨。

2007 年，在"北京奥运会推荐商品评选"活动中，"红旗坡"牌红富士苹果获得一等奖。红旗坡农场被列为北京奥运会指定果品生产基地。获第二届新疆特色农产品（上海）交易会颁发的最佳产品畅销奖、最佳企业参与奖、最佳层位设计奖。

2008 年，"红旗坡"牌红富士苹果获得"中国知名品牌"，2008 年北京奥运会指定果品。

2009 年，农场推进"红旗坡"品牌战略，稳定市场果品价格。组织果品参加北京国际农博会、上海绿博会、上海特色农产品推荐会、自治区农交会、林博会等全国性、地方性交易会、展销会，接待 60 多批其他省、自治区的观摩团，通过参加果品展销会、接待社会各种团体到农场观摩，提升农场的形象，扩大"红旗坡"品牌的知名度。扩大销售渠道，在稳定乌鲁木齐、北京、上海市场的同时，开拓嘉兴、杭州、金华、宁波、温州、杭州、绍兴、苏州、无锡、常州、南京、郑州、哈尔滨、沈阳、深圳、广州、东莞等地市场，并建立销售网点。

2010 年，"红旗坡苹果"获第六届新疆著名商标。

2012 年，农场果品获第十届中国国际农产品交易会金奖，"红旗坡"品牌获"新疆名牌"称号。"红旗坡"牌红富士苹果获得中国国家林业博览会金奖。

2013 年 11 月，红旗坡农场"红旗坡"牌苹果获第十一届中国国际农产品交易会参展产品金奖。

2015—2020 年，农场（集团公司）探索新的营销方式和途径，继续坚定不移地实施特色林果业发展战略、"红旗坡"品牌战略，进一步推动品牌效应。其中 2015 年 10 月，在新疆第二届特色林果产品（阿克苏）交易会中，红旗坡农场红富士（光果）获得一等奖、红富士（套袋）获得二等奖。11 月，红旗坡苹果被第十三届中国国际农产品交易会组委会评为参展产品名优果品金奖。2016 年 3 月 11 日，"红旗坡苹果"入选《2015 年度全国名特优新农产品名录》。2017 年 9 月 20 日，新疆红旗坡农业发展集团申报的"阿克苏苹果"被评为"2017 年中国百强农产品区域公用品牌"。2018 年 1 月，在由中国果品流通协会、国家"十三五"苹果产业药肥"双减"项目组联合主办的中国好苹果大赛上，"阿克苏红旗坡冰糖心苹果"获得"金苹果奖"。

二、品牌保护

2008 年，经农业部实地调研后，红旗坡农场成为新疆首个实施农产品质量追溯的农业企业。

2011 年 2 月，在农业部的支持协助下农场通过质量追溯项目验收和农产品质量追溯体系认证。当年 5 月，在阿克苏地区质量技术监督局的协助下，农场正式使用中国国家地理标志保护产品标志。统一规范苹果品牌的包装、标识和二维码，利用二维码的不可仿制性和极高的保密性让"红旗坡苹果"有自己合法的"身份证"。

2013—2020 年，农场（集团公司）加快特色红富士苹果产业化进程，提高市场竞争力，以实施红富士苹果农业标准化示范区建设项目为突破口，推进红富士苹果无公害产品质量认证和产地认证，推广苹果无公害栽培技术、幼龄苹果园优质高效早产早丰综合配套栽培技术、疏花疏果和苹果套袋栽培技术等，并发布实施红富士苹果地方标准。

第九节　营　　销

自建场至 20 世纪 80 年代前期，农场的苹果由农场统一管理、分配、销售。

20 世纪 80 年代中期，实行果园家庭承包责任制后，果品销售由农场宏观控制，由分场（队）具体管理。合同内上交产品，按规定等级，由承包户负责无偿包装（不含包装物）、过秤、打包、装车，由分场（队）统一销售，标准按需方验收合格为准。合同外产品，由承包户自行销售，或委托各场（队）代理销售。合同外产品，分场（队）如需要，承包户优先有偿交于分场（队），签订合同，价格双方协商。农场果品大部分内销，少部分销往国外。1987 年，首次外销苹果 110 吨。

2000 年后，农场不断推出果品营销新策略、新举措，果品营销策略不断进行调整，逐步由行政管理型向综合服务型转变，由单一生产型向生产销售型转变。2007 年，进一步加强经营方式的突破工作，提出以优势果品区域化科学布局为基础，以加快推进优质苹果产业化经营为主线，以优质苹果标准化生产为途径，以"红旗坡"品牌为突破口，扩大"红旗坡"品牌红富士苹果的知名度，推行产品走出去战略，培育阿克苏苹果"红旗坡"名牌的品牌战略。

一、验收体系

2000 年，农场决定建立质量验收体系，实行三级检验：分片负责人检验→农场指定人检验→客户和负责调运责任人检验，层层把关，责任到人。各关口质量按照"谁把关、谁检验、谁签字、谁负责"的原则，奖罚分明：一般性质量问题，责令承包户返工，按照返工的箱数每箱处以 10 元罚款；果品调运、销售中发现的掺杂作假、以次充好的，除没收其产品外，按所交产品 2～5 倍对承包户处以罚款。验收人员因把关不严造成质量问题，追究其经济责任；对检验把关严格、保证质量、完成任务好的，给予适当奖励。2004 年 9 月，农场参加上海绿色农产品博览会和上海特色农产品推介会，签订红富士苹果购销合同。会后，农场成立果品质量验收领导小组，农场与各分场（队）长签订责任书，各单位将质量验收分解到每个分片干部和承包户。果品等级标准、质量要求及价格由农场统一制定。各单位、承包户包装纸箱，全场统一编码、编号，层层把关，责任到人，发生问题，追查责任，对责任干部和承包户给予经济处罚或政纪处分。

2007 年 10 月，农场发出关于《"2008 年奥运会"果品采收质量标准的通知》，提出红富士苹果的采收质量标准和质量跟踪、责任追究要求。根据奥运会果品的质量要求和市场情况，农场决定采收储藏红富士苹果 500 吨，其中 Φ75（果横径 75 毫米）起步的套袋果 300 吨，光果 200 吨。为体现优质优价，Φ80～Φ90、Φ90 以上的实行分级分价。套袋果的着色面达 100%，光果着色面达 90% 以上，除常规的无机械伤、无日灼、无裂果、无虫伤、无药害和果型正等质量要求外，另外要求一律剪果柄，防止出入库时造成二次伤害。要求各分场作为政治任务，统一思想，制定措施，领导干部责任到人，严格责任包干。农场生产科制定各分场和质量检验人的详细编号，各分场根据承包户果园分布位置编制顺序号，长期作为农场果园管理的统一编号使用。质量跟踪和责任追究贯穿于整个采收、检验、储藏、出库，直至"2008 北京奥运会"市场销售全过程。哪个环节出问题，追究查处哪个环节的责任，采取组织措施严肃处理。

表 2-4-4　红旗坡农场苹果验收标准表

项目		指标		
		特等	一等	二等
基本要求		充分发育，成熟，果实完整，新鲜洁净，无异味、不正常外来水分、刺伤、虫果和病害，果梗完整		
色泽	特有色泽	果皮底色发亮，淡黄	片红/条红	片红/条红
	最低着色%	95（片红）/85（条红）	85/75	70/60
风味		具有本品种的特有脆甜，清香，酸甜适口		
成熟度		充分发育，10 月 25 日以后采收		
单果重		≥250g	230～250g	150～230g
果实横径		90 毫米	85 毫米	80 毫米
果形		端正	比较端正	可有缺陷，但不得有畸形果
果梗		完整	允许轻微损伤	允许损伤，但仍有过跟果梗

（续）

项目		指标		
		特等	一等	二等
果锈	褐色片锈	不得超出梗洼和萼洼，不粗糙	可轻微超出梗洼和萼洼，表面不精造	不得超出果肩，表面轻微粗糙
	网状薄层	不得超过果面的 2%	不得超过果面的 5%	不得超过果面的 10%
	刺伤	无	无	允许干枯刺伤，面积不超过 0.03 平方厘米
	碰压伤	无	无	允许干轻微碰压伤，面积不超过 2.0 平方厘米
	磨伤	允许轻微磨伤，面积不超过 0.5 平方厘米	允许不变黑磨伤，面积不超过 1.0 平方厘米	允许不影响外观的磨伤，面积不超过 2.0 平方厘米
	水锈	允许轻微薄层，面积不超过 0.5 平方厘米	允许轻微薄层，面积不超过 1.0 平方厘米	允许轻微薄层，面积不超过 2.0 平方厘米
	日灼	无	无	允许轻微日灼，面积不超过 1.0 平方厘米
	药害	无		
	雹伤	无	无	允许轻微雹伤，面积不超过 1.0 平方厘米
	裂果	无	无	可有 1 处短于 0.5 厘米的风干裂口
	痂	无	面积不得超过 0.3 平方厘米	面积不得超过 0.6 平方厘米
	疵点	无	不得超过 5 个	不得超过 10 个

2018 年 5 月，地区财政拨专款 200 余万元，由好果源公司打造农产品质量追溯平台，为"红旗坡苹果"证明身份。通过对果品进行物理检测和化学检测，验明果品大小、色泽、瑕疵、农药残留等参数都符合参数的果品，领取专属二维码"身份证"。年内，贴二维码的果品多数送往浙江 10 个地市开设的 400 余家旗舰店、加盟店。消费者只需要扫描包装箱上的二维码，就能看到产地和生产企业的相关信息，辨别真伪。

二、外销

2000 年 11 月，自治区对外贸易经济合作厅颁发资格证书，批准农场为中华人民共和国进出口企业。经营范围涵盖企业自产的干鲜瓜果、红枣、打瓜籽及相关的农副产品。2001 年 2 月，中华人民共和国海关颁发自理报关企业注册登记证书，批准农场按海关批准范围开展自理报关业务。

2010 年，农场推进"红旗坡"品牌战略，保障特色林果业增效。提升全国性交易会、展销会的参与度，进一步提高"红旗坡"品牌的市场知名度；引进现代销售模式，拓宽销售渠道，引进大型超市，与华润万家建立农超对接销售关系；加大销售网点的建设力度，巩固华北、华东市场。通过努力，"红旗坡"品牌知名度进一步提高，农场果品成为 2010 年全国"两会"会议中心专供果品，获中国著名品牌。

2011—2020 年，农场（集团公司）实施走出去的战略，参加各种农产品展会，开展媒体广告宣传，不断提高"红旗坡"品牌知名度，为拓宽新加坡、泰国、马来西亚及中亚市场打下坚定的基础。

三、储藏设施

2000 年，农场与深圳源兴公司合资建成 1500 吨的气调保鲜库（后转让给绿洲果业公司），当年储藏果品 1880 吨，盈利 40 多万元，填补农场鲜果气调冷储的空白。2002—2007 年，园艺一分场、三分场和农场先后以股份合作和引进外地投资新建果品保鲜库 1.32 万吨。保鲜库的建成，缓解了果品仓储的矛盾，降低了市场风险，为果品营销提供了有利条件。至 2020 年，全场果品保鲜库库容量达 10.5 万吨。

四、集约经营

2000 年，根据地委指示，经自治区体制改革委员会批准，农场为主发起人，联合 8 个单位成立塔里木林果产业有限公司（后改名为绿洲果业公司，2003 年被屯河集团整合）。2003 年 4 月，农场成立果品营销服务中心。2005 年 10 月，地区召开会议研究决定，对原组建的各果品协会进行整合，由红旗坡农场牵头成立阿克苏苹果协会，要求重点抓好品牌整合，建立"六统一"（统一生产标准、统一产品质量、统一品牌包装、统一价格数量、统一采收调运、统一组织销售）的一条线管理运作机制，提高市场竞争力，做优、做强果品名牌产品。2006 年 4 月，农场与高坤、董恃华为主要股东发起成立红旗坡果业有限责任公司，向农场职工和社会公开招股，首开公私合作股份体制的先河。2007 年，农场成立果品协会，各分场成立分会，果农直接参与，建立果品价格拍卖机制，让经销商与果农共赢，促进果品销售良性发展。

2007 年底，红旗坡农民果品专业合作社开始策划试运行，2009 年底成立。合作社按照"民办、民管、民受益"的原则，以服务社员、谋求全体成员的共同利益为宗旨，实行自主经营，民主管理盈余返还，成员地位平等，加入自愿，退出自由，利益共享，风险共担。农民果品专业合作社以本社社员为服务对象，为社员提供果品的产前、产中、产后的技术、信息、生产资料购买和产品的销售、运输、储藏等服务，是保护农民果品专业合作社成员的合法权益、促进农业和农村经济发展、自愿联合、民主管理的互助性经济组织。至 2010 年，通过近两年的试运营，自愿加入合作社的有 568 户，果树种植面积 467 公顷，注册资金 8619 万元，发展迅猛。随着合作社的不断壮大，成员不仅涵盖红旗坡本场果农，周边温宿、柯柯牙、实验林场等地的果农也纷纷加入合作社。通过合作社，带动了周边果农的发展，激发了果农的生产积极性，提高了果品质量，拓宽了销售渠道。

2013 年 9 月，由农场牵头成立的阿克苏地区苹果协会换届改选，并成立了阿克苏地区苹果协会办公室，进一步完善协会、果农、经销商的利益分配机制；建立机制，规范运作，扩大经营规模，业务覆盖阿克苏地区红旗坡农场、地区实验林场、柯柯牙林管站、阿克苏市、阿拉尔市、库车县、沙雅县、新和县、温宿县等。

2018 年，林果公司作为阿克苏苹果的龙头企业，在集团公司整体战略布局下，牵头于 3 月 28 日完成阿克苏地区苹果协会的重组工作，并当选为阿克苏地区苹果协会理事长单位。年内，召开了 2 次会员大会和 3 次理事会，组建和完成协会的运营组织架构。当年，为保护"阿克苏苹果"地理标识产品和"阿克苏苹果"区域大品牌知识产权的合法权益，对浙江省杭州市、上海市、江苏省南京市等全国 11 省 15 市 1 县的 26 个农副产品批发市场和冷鲜库的 2300 余户出售阿克苏苹果的商户档口进行为期 30 天的摸排及打假工作。先后对 9 个涉嫌假冒"阿克苏苹果"果品的农副产品批发市场和 4 个冷鲜库房的 60 余户的侵权档口和商户进行突击检查，查获假冒侵权阿克苏苹果 4.46 万箱，折合 304.16 吨，案值达 360 余万元。

2019—2020 年，阿克苏地区苹果协会整合梳理苹果行业相关企业，开展宣传阿克苏苹果产地宣讲，重新制定内部管理文件，聘请第三方法务机构协助开展"阿克苏苹果"维权打假工作，制订《阿克苏苹果品牌示范区方案》，在品牌示范区内推行。阿克苏地区苹果协会建立了 3 个品牌示范区，分别是青海省西宁市青藏高原农产品集散中心、河南万邦国际农产品物流城、浙江省湖州长兴新农都农产品批发市场。在苹果销售旺季，协会派专人在市场开展维权打假工作，在全国阿克苏苹果线下销售实体市场针对假冒、仿冒现象进行摸排和取证，进行司法维权。

五、营销网络建设

2010 年后，网络营销成为市场推广的重要营销工具。部分果农开始采取"线上＋线下"的方式营销，使红旗坡苹果得到更多展示的机会，拓宽果品销售渠道，提升产品竞争力。

2013 年 11 月，浙江省启动"十城百店"工程，整合多种销售渠道与平台，发挥浙江大市场优势，开辟出一条"疆果东送"绿色通道。

图 2-4-6　2008 年 8 月 2 日，农场参加在阿克苏市举行的新疆林果业现场会（照片提供：杨聪靓）

2014 年，阿克苏开始举办"阿克苏的苹果红了"大型网络活动。当年，农场的 2 万个"冰糖心"苹果按两个一盒包装，送给援疆干部家属、在外工作的新疆人以及媒体人。随后连续举办类似的活动，提高了阿克苏林果美誉度，引导农户借助互联网提高了销售量。"冰糖心"苹果的关注度、品牌认可度逐年提升。农场承包户纷纷开起"微店"，做起"网红"，通过注册自己的商标等形式，靠"红旗坡"品牌的强大影响力，打开了新的销路。

2017 年，农场改制为红旗坡农业发展集团公司后，成立红旗坡林果股份公司，是红旗坡集团公司计划上市的主体经营公司，实施"走出去引进来"经营策略，扩大红旗坡林果股份公司的经营总量，果品营销取得了重大突破。当年，着力推进"十城百店"工程建设，依托浙江市场扩大全国市场的影响力，与浙江新光集团达成 1 万吨销售、"十城百店"实现 3000 吨销售；引进线下线上骨干企业合作达成 6000 吨销售；在北京、上海、广州、深圳、重庆、长沙、乌鲁木齐等大中城市建立销售网点，奠定完成果品销售任务的基础，完成了 2 万余吨的果品销售任务，营业收入约 1.37 亿元，实现利润 2800 万元以上。

2018 年，农场进一步提高果品营销水平，依托浙江市场提升品牌影响力，推进农产品市场网络建设。按照"政府推动、企业主体、资源整合、市场运作"的原则，整合各方资源，通过多种合作模式，在浙江 10 个地级市有序建设阿克苏特色农产品公共仓，实施统一平台运作、统一仓储服务、统一区域品牌、统一物流配送、统一质量追溯，辐射 100 家以上市场销售门店。依托战略合作和区域代理，浙江农发集团浙江新农都公司、新疆红旗坡农业发展集团有限公司等浙阿两地龙头企业牵头，在浙江市级销售渠道铺设到位，建立"十城百店"网点 416 个，其中市级旗舰店 13 个、直营店 52 个、加盟店 148 个、超市

图 2-4-7　农场（集团公司）的“我有一棵树　长在阿克苏”大型公益活动果树基地（摄影：童金茹）

图 2-4-8　2019 年 10 月 18 日，京东采购商前往农场（集团公司）果品基地参观（照片提供：杨聪靓）

专柜 70 个、机关食堂及超市 133 个。与京东、阿里、中粮我买网、永辉超市、曲牌果业、兴邦果业等在全国范围内有影响力和销售实力的企业展开全方位的产品营销战略合作，建立线上线下渠道。6 月，红旗坡集团公司与浙江时间林科技有限责任公司、阿克苏乐满林水果种植农民专业合作社签订战略合作协议，开展阿克苏苹果树 App 线上预售活动开始。活动的主题是“我有一棵树　长在阿克苏”，由浙江时间林科技有限责任公司在阿克苏市红旗坡片区优选 20 万棵 9 年树龄的阿克苏冰糖心苹果树，通过该公司 App 在线上预售。

2019 年，新疆汇宗农副产品电子交易市场有限责任公司正式上线各项准备工作，新疆汇宗农副产品电子交易市场平台初步上线，销售专区、采购专区开始挂牌，供应链金融服务具备正常开展条件。承办"第六届新疆特色果品（阿克苏）交易会暨 2019 年全国农产品产销对接扶贫行活动"，组织企业、合作社 573 家参加，邀请自治区外省（市）领导、客商 500 余人，参会媒体 38 家；交易会达成 148 项购销协议，交易各类农产品近 63 万吨，活动总成交额达到 71.07 亿元，在很大程度上提升了农场特色农产品知名度，实现了"阿克苏好果源"区域大品牌的全面推介和产销对接签约扶贫的总体目标。携手本来生活网战略合作暨"100 冰糖心"上线发布会在北京新疆大厦举行，通过有品质生鲜电商的加持，带动红旗坡苹果的营销网络建设和品牌宣传力度。

图 2-4-9　2020 年 4 月 28 日，由新疆红旗坡农业发展集团有限公司发起成立的新疆汇宗农副产品电子交易市场试运行（照片提供：综合部）

2020 年，红旗坡农场（集团公司）创新经营模式，拓宽销售渠道，加强与阿克苏太百、友好等大型超市销售合作，建立红旗坡公司旗舰店，通过抖音、拼多多、京东等多个平台开设红旗坡产品直播、销售专场，畅通线上线下两个市场之间的互联共享，完善自治区内外两大市场销售网络，提升和强化项目效益转换率。

第五章 第二产业

第一节 综 合

红旗坡农场的工副业在农场生产和经济发展中占据重要的地位,起到增加收入、以工补农、以盈补亏的作用。自建场至 2005 年,经历了由小到大、再由兴到衰的过程。2010年后,随着农场林果业的崛起,农场的工业发展进入到新阶段,特别是 2016 年集团公司成立后,农场工业基本服务于完善果品产业链,推进向优势产业集中布局,发展优势农产品深加工,提高产品附加值。

一、发展历程

(一)手工生产阶段

农场工副业生产产品主要为农场生产和生活服务,达到"粮油加工不求人,小型生产农具不求人,职工劳保用品不求人,一般副食品不求人"。建场初期,农场工业全部为手工和原始工具生产。1958 年冬季,工副业项目 5 项。1959 年,项目增至 25 项,从业人员390 人,占职工总数的 20.3%,工副业总产值 81.3 万元,占全场总产值的 40.9%。1960年,工副业产值占全场总产值的比例增至 64.1%。在工副业众多项目中,收入最多的为制砖业,产品品种最多的为食品、副食品和铁木加工业。

20 世纪 60 年代中期至 70 年代初期,工副业部分项目使用改良工具和单机机械生产。至 80 年代初,工副业项目变化不大,生产徘徊停滞不前。随着农牧业生产的发展,工副业产值在全场总产值中的比例下降,1970 年为 11.3%,1980 年为 18.4%。

(二)机械化生产阶段

农场工副业生产除维持为农场生产、生活服务的传统项目外,主要是发展为全社会提供产品的新项目,20 世纪 80 年代前期至 20 世纪 90 年代前期为其发展顶峰期。新发展的项目多为机械设备配套、生产工艺比较先进、具有一定规模的机械化生产。工副业全面发展,地位提升。

1983—1987 年，农场先后新建砖厂、榨油厂、饮料厂、果品厂、饲料厂、砂砖厂，并改建面粉厂，建成集商业、饮食服务于一身的综合商业服务部。1987 年，全场有工业企业 7 个，从业人员 213 人，建筑企业 1 个，运输单位 1 个，商业、饮食服务单位 4 个，工副业产值占全场总产值的 40%。1992—1994 年，新建肉食品厂、鞭炮厂、轧花厂。1996 年，建成农贸市场。当年，全场有工业企业 9 个，从业人员 389 人（不含停产的饲料厂）；工副业产值 1038.77 万元，占全场总产值的 27.4%。1999 年，有工业企业 9 个，从业人员 276 人（不含停产的饲料厂），建筑企业 1 个，从业人员 92 人；运输单位 1 个，从业人员 47 人；商业饮食服务单位 3 个，从业人员 37 人，营业用房面积 3756 平方米；全场工副业产值 1515.87 万元，占全场总产值的 37.9%。

2000 年后，市场需求急剧变化，市场竞争异常激烈，农场对工副业进行战略性调整，实行关停并转和改制。2001—2004 年，先后撤销关闭鞭炮厂、饲料厂、建材厂、面粉厂、榨油厂、工程队和运输公司、砖厂、轧花厂改制。2004 年年末，保留国有或国有股份的工业企业 2 个（果品厂、砖厂），从业人员中有固定身份职工 14 人；商业、饮食服务单位 3 个，各类从业人员 329 人，营业用房面积 2990 平方米；全场工副业产值 328.3 万元（含商业、饮食服务业销售及营业收入 176.3 万元），占全场总产值的 5.7%。2006 年，国有工副业单位仅有工贸中心（项目为农贸市场和混凝土预制厂），改制企业有轧花厂、砖厂。

2001 年后，农场在壮大公有经济的同时，对私营经济给予大力支持，出台优惠政策，在争取项目、资金方面给予帮助，创造良好的发展环境，按照"国退民进"的投资多元化思路，采取租赁、买断、股份合作等多种有效形式吸收民间资本注入，使私营经济参与到农场的经济发展之中。至 2004 年底，农场共创立民营经济实体 30 余个，其中保鲜库 2 座，大小养殖场 20 余个，私营园艺场 9 个，吸收民间资本 1000 余万元，开荒 1300 余公顷。2002—2004 年的 3 年间，民间投资相当于农场 5 年基本建设的总和，为农场经济效益、生态效益和社会效益的整体发展起到了积极的促进作用。

（三）产业融合发展阶段

2016—2020 年，农场（集团公司）在鼓励发展私营经济的同时，聚焦现代农业、食品生产加工业、仓储物流及贸易服务业、房地产开发业四大产业，推进产业融合发展。成立阿克苏红旗坡林果开发股份有限公司，发展以果品深加工为重点的食品生产加工业，加快科技创新、商业模式创新，不断完善林果业发展产业链；发展以现代物流仓储、网络销售、大宗贸易、果品收储等为重点的仓储物流及贸易服务业，有效缓解了果品的储存与销售难题，与集团公司的主业林果业协同发展、相互促进，对推进农场的林果业生产起到了更好的促进作用。同时，立足于阿克苏市近郊的地缘优势，成立新疆阿克苏振泰房地产开发有限公司、阿克苏红旗坡雪峰生态旅游牧业有限公司，进行房地产、生态旅游等多元化发展。

二、管理及效益

建场初期，农场工副业采取农场集中管理和各队分散管理相结合、常年性生产与季节性生产相结合的方式。农场设1～2名副场长专管工副业，农场设工副业室，统一管理全场工副业，直接管理场属工副业单位。各队的常年性零星项目和季节性副业项目由各队管理。1959年，场工副业室直接管理的单位有砖厂、基建队、土糖厂、土化肥厂、酱醋房、豆腐房、粉房、酒房、水磨组、食品加工组、皮毛加工组、缝纫组、莫合烟组、编席组、煤窑、场内门市部、场外营业食堂。场工副业室统一管理人员和物料调配、生产和财务，统一管理收支和核算，分账各计盈亏，各单位为记账、报账单位，收入上交，支出凭据核销。当年，开始实行"三定"（定人员、定生产任务、定利润指标）制度和工种作业定额管理和计件工资制。农场采取"走出去学、请进来教、以师带徒"等方式，培训工副业各种技术工人302人。通过加强管理和技术培训，工效、质量、效益明显提高。当年，全场工副业盈利16.14万元，为全场各业盈亏相抵后的净亏损总额的91.3%。1960年1月15日，自治区农垦厅在农场召开南疆片农场工副业生产现场会议，红旗坡农场受到表彰，并介绍、交流工副业生产和管理经验。1960年，全场工副业盈利9.65万元，为全场各业盈亏相抵后的净亏损总额的1.7倍。

1961年4月，基建队、水磨组、皮毛加工组、缝纫组、莫合烟组、编席组整合为工副业综合加工厂，实行独立核算。当年，全场工副业盈利34.11万元，上缴利润13.91万元弥补农场亏损，为全场各业盈亏相抵后的净亏损额的75.3%。1962年，加工厂管理的生产有水磨面粉加工、铁木制品、皮毡加工及制品、缝纫等。农场对加工厂实行"三包（包产品种类规模、包产量产值、包费用盈利）一奖（超额奖励）"制度，规定超额部分30%交场，20%留队，50%奖给个人。当年，加工厂利润指标1.6万元。1963年，砖厂、酱醋房、豆腐房、粉房、酒房划归农场副业队管理。农场每年下达生产计划时分列工副业生产计划，部分年份单独下达季节性（或冬闲）副业收入指标或要求。1963年，除场属工副业单位计划外，下达各队分散管理的常年性和冬闲副业收入指标共2.1万元，各队收入指标分别为500～2500元，要求每个职工上交10～15元副业实物或货币收入。1966年，农场直接管理粮油加工、阿克苏门市部，基建队单独设立，工副业多数由副业队经营管理。各队分散管理的工副业项目，有基建队的小砖厂，部分队的铁木加工、套具制作、编织等。当年，农场下达各队季节性副业收入指标要求，每个劳力上交30元。

20世纪60年代，工副业生产徘徊起伏，效益下降。

1972 年，红旗坡农场糖厂立项，农场组建糖厂筹建处，派遣人员赴外地培训。到 1975 年 4 月糖厂接近竣工时，地区决定糖厂移交地区直属管理，定名为阿克苏地区红旗坡糖厂。20 世纪 70 年代，农场集中管理的工副业生产单位有副业队、基建队（工程队）、仓库（机磨面粉）和商业门点。1974 年开始，农场各队分散管理的工副业项目逐步增多，新开制砖、调味品、豆制生产，扩大铁木制品生产，其中制砖业于 1977 年分散在 8 个队生产。1979 年，农场制定《"三定一奖"惩若干问题实施细则》规定：工副业连队完成产量指标，实现超收，超收部分的 40％交场，30％留队，30％奖给个人，没有完成的，按比例扣发工资；商业、运输单位利润超收的，超收部分的 10％奖给个人，没有完成利润计划的，承赔欠付部分的 10％。20 世纪 70 年代期间，工副业效益下滑，盈利最多的为 1970 年的 3.13 万元，部分年份发生亏损。

20 世纪 80 年代前期起，农场除保留部分为生产、生活服务的项目外，着力对工副业全新建设，逐步新建、改建一批机械化生产的工业企业，成为农场工副业的主力和骨干，全部独立核算。工副业新企业，实行现代化企业管理。1982 年的《农场经济责任制实施细则》规定，工副业、商业单位实行包定奖经济责任制，超收利润部分的 60％交场，20％留单位，20％奖给个人；实行部分工资浮动制，未完成指标按比例扣发浮动工资。连队独立的工副业项目，实行财务包干责任制，上交指标包干，超收归己，短收自赔。自 20 世纪 80 年代中期开始，实行承包责任制。1986 年，农场《生产经济责任制实施细则》规定：工副业单位与农场签订经济合同，按合同向场交纳管理费，生产费用和税自理。上交管理费后的利润，25％作为发展生产基金，15％作为福利费，60％作为职工奖金，其中车间或工段负责人拿职工平均奖金的 120％，单位干部奖金不超过平均奖的 70％。完不成上交指标的单位，当年欠交部分转下年交清，交不够的，扣发干部 30％的工资。生产单位与车间、工段、个人层层签订经济合同，单位内部实行计件工资制。农场职工自愿停薪留职从事工副商业，按月交纳管理费（包括退休基金、粮食倒挂补贴、场队管理费等）30 元，一切费用自理。部分项目除按月上交管理费，按月另交利润，其中修鞋、缝纫 5 元；修理自行车 10 元；铁、木、钳加工及修理、洗涤、副业加工 15 元；照相、饮食业 20 元；小商小贩 25 元；建筑业直接生产工人，小工 30 元，大工 50 元，包工头交 12％的管理费；短途运输（新疆自治区内）50 元，长途运输 70 元，自购拖拉机运输 70 元，自购汽车运输 120 元。不按规定交纳管理费和利润者，停止一切福利待遇。

1987 年，农场成立企业管理委员会，以改革为主攻方向和主要工作内容，进一步深化管理体制改革。工副业企业分别推行集体、个人承包和租赁等多种形式的承包责任制，给承包者放权，给予充分的人权、财权和产品处理权。承包企业内部，实行车间、班组、个人分层承包和责任制。1989年,农场由1名分管副场长负责,组织力量调查研究,对工副业企业进行治理整顿。同年,场办工业企业实行承包厂长责任制,厂长包产品产量,包成本费用(含税金),包上交经济指标,税后盈利定额上交,交完国家和农场的留利,50%作发展基金,20%作奖励基金,20%作福利基金,10%作风险基金。企业内部,干部、工人收入与产品产量、质量和销售额挂钩,按月考核,奖优罚劣,年终总算。通过不断探索、整顿、修订,"包保核"明确、"责权利"分明的承包责任制进一步完善。与此同时,工副业企业实行"四抓"(抓产品质量、抓产品销售、抓资金管理、抓物料消耗),不断改善经济管理,企业良性发展,效益逐步提高。1989年,工副业企业盈利突破20万元,达到25.99万元,占全场总盈利额的32.3%。1992年开始,工副业企业实行风险抵押。当年,工副业盈利25.05万元,占全场总盈利额的37.5%。1993年,工副业单位上交三项费用48.35万元,占全场各单位上交三项费用总额的23.5%。

1994年开始,由于市场需求变化和市场激烈竞争,工副业陷入困境,逐步下滑,或开工不足,或产品滞销,或停产停业,部分年份发生亏损,多数企业难以为继。1998年,8个工业企业(单位)中,5个亏损,1个持平,2个盈利,净亏损13.5万元。

2000年,农场全面对工副业单位进行"四清"(清房产设备、清土地面积、清单位职工及流向、清发展思路),谋求应变,终因回天无力,至2001年,采取关停并转和改制,除商业、饮食服务业外,农场传统的工副业基本解体。

2005年后,农场发挥资源及地缘优势,发展私营经济,与投资人只以土地承包的方式进行管理,根据合同,每年向投资人收取一定的管理费用。

第二节 开采业

2008年,红旗坡农场域内首家砂石料开采企业——丰盛砂石料厂成立,厂区位于红旗坡片区林海社区,占地面积3公顷,年生产砂石料3万立方米。2020年1月,按照河道管理办法(谁管理谁负责的原则)与源动力水务公司重新签订承包合同,承包期限20年。

2012年7月,阿克苏市晟铭砂石料厂成立,厂区位于柯柯牙河红旗坡五分场过水路面上游7.2千米河道内,占地面积82.08公顷,年生产砂石料3万立方米。

2019年2月,众杰砂石料厂与农场签订50年的承包协议。厂区位于园艺五分场,厂区占地面积10公顷,年生产砂石料3.5万立方米。众杰砂石料厂取沙点位于园艺四分场园林十二队科克亚河龙口一道闸处沉砂池,使沉砂池淤沙问题得到解决。

至2020年底,全场共有砂石料生产企业7家。

图 2-5-1　位于农场（集团公司）六队的强圣河砂石料厂（照片提供：水务公司）

表 2-5-1　2008—2020 年红旗坡农场域内砂石料企业情况表

企业名称	厂址	成立时间
丰盛砂石料厂	红旗坡片区林海社区北科克亚尔防洪坝	2008
强圣河砂石料厂	红旗坡农场六队	2011.4
阿克苏市晟铭砂石料厂	农场十三分场以北科克亚尔防洪坝	2012.7
新疆恒瑞达建设工程有限公司	红旗坡农场北实验站旁	2017.7
众杰砂石料厂	五分场试验站	2019.2
杰丰建材有限公司	园艺五分场	2019.2
安盾砂石料有限责任公司	红旗坡农场林海社区	2020.4

第三节　制　造　业

一、农副产品加工业

（一）粮食加工

1959 年，农场投资 2366 元安装改良水磨 1 盘，以石磨磨粉，承担场内自食粮食加工。改良水磨在民间水磨基础上改进工艺，磨粉筛面联动，工效提高，昼夜日产面粉 2 吨。当年，有生产工人 9 人，每千克加工费 0.04 元，全年加工小麦粉 36.26 吨。1960 年，加工小麦粉 177.86 吨，盈利 5043 元。1962 年，改良水磨增加至 5 盘，全年加工小麦粉 504 吨，每千克加工费提为 0.06 元，盈利 2.6 万元。

1963年，农场购置对辊磨粉机（俗称钢磨）1台，1964年1月投产，单机生产，以50千瓦柴油发电机带动，每班加工小麦1吨，从此开始小麦粉机械生产。副业队水磨继续生产，主要承担玉米粉加工。1964年，全场各种面粉产量384吨，其中小麦粉265.8吨，占面粉总产量的69.2%；机粉平均出粉率85.9%，每千克加工费0.088元。当年，农场自食细粗粮粉的40%在场内加工。

20世纪70年代，机械磨粉生产能力逐步增大，1971年磨粉机增加至3台，改建为场属仓库面粉厂。1977年，磨粉机增加至5台。1978—1979年，面粉厂扩建和设备配套（1979年面粉厂划归副业队为面粉车间），3台主机，增配精选机、去石机，组合生产，年生产能力1000吨，自配拉丝机磨辊拉丝，配粉碎机加工玉米粉。1978年，职工33人，面粉产量998.35吨（小麦粉528.15吨、玉米粉470.2吨）。1979年，面粉产量增为1245.16吨（小麦粉846.78吨、玉米粉398.38吨）。

1980—1985年，逐步进行粮食加工设备配套。至1985年，面餐车间完成面粉加工生产设备标准定型和设备基本配套，主机为5台150型磨粉机，配套设备有精选机、去石机、振动筛、除尘器、输送机以及检化验仪器，动力机械功率150千瓦，实现组合和风运生产，年设计生产能力，小麦粉为1500吨，玉米粉为1400吨。当年，面粉车间职工29人，生产小麦粉733吨、玉米粉769吨，产值（现价）206万元。小麦出粉率为86%，玉米出粉率为97%。1987年，增配洗麦机。至1989年，通过挖潜改造，小麦粉年生产能力提高为1750吨。当年，生产小麦粉1026吨、玉米粉396吨。20世纪90年代，面粉产量增加，1997年面粉产量为2100吨，其中小麦粉1700吨、玉米粉400吨。此后，面粉产量逐年减少。2003年，面粉车间停产。

表2-5-2　1959—2002年部分年份红旗坡农场小麦、玉米粉加工产量情况表

年份	产量（吨）	年份	产量（吨）	年份	产量（吨）
1959	36.26	1981	877.88	1992	1550.90
1960	177.86	1982	1140.00	1993	1700.00
1961	221.99	1983	1389.20	1994	2000.00
1963	175.00	1984	1400.00	1995	2000.00
1964	384.00	1985	1501.50	1996	2000.00
1967	304.58	1986	1421.97	1997	2100.00
1968	412.32	1987	1303.80	1998	1500.00
1971	675.00	1988	1361.30	1999	902.00
1978	1010.29	1989	1421.95	2000	809.00
1979	1245.16	1990	1421.00	2001	582.00
1980	1137.80	1991	1450.00	2002	200.00

（二）榨油

20世纪60年代初期，农场购置人力螺旋式榨油机1台，日产油120千克，加工油料供场内食油，生产不正常，产量亦低。1960年和1961年，加工油品产量分别为6.27吨和6.44吨。20世纪70年代初期，小型榨油机增至2台。1973年和1974年，加工油品产量分别为16.42吨和32.97吨。

1984年，农场开始建榨油厂，厂房及配套建筑共903平方米。1985年2月投产，有职工16人，当年油品产量72吨（表2-5-3）。1986年，完成改扩建和设备配套，配置200型榨油机1台（日处理原料20吨）、95型榨油机1台（日处理原料8吨）以及炒锅、轧胚机、滤油机等设备。当年，油品产量250吨。1988年，油品产量300吨（棉籽油250吨、葵花籽油50吨），当年盈利6.52万元。1992年，油品产量360吨，当年销售利润12.3万元，占工业销售利润总额的49.1%，为工业销售利润第一大户。此后，生产逐步下滑，产量下降，部分年份发生亏损。2000年，油品产量降为10吨，当年销售亏损5万元。2004年，榨油厂停产。

表 2-5-3　1985—2002 年红旗坡农场油料加工产量情况表

年份	产量（吨）	年份	产量（吨）	年份	产量（吨）
1985	72	1991	283	1997	57
1986	250	1992	360	1998	60
1987	90	1993	156	1999	110
1988	300	1994	70	2000	10
1989	250	1995	82	2001	60
1990	130	1996	40	2002	40

（三）饲料加工

1971年开始，农场及部分队先后购置粉碎机，分散单机粉碎加工原粮饲料。

1985年，农场新建饲料厂，配置日产16吨饲料粉碎机1台及配套设备，年生产能力1000吨，加工生产"三合一"（玉米粉、麸皮、油渣）混合饲料。当年，职工4人，生产混合饲料100吨（表2-5-4）。1987年，饲料产量700吨，盈利0.7万元。此后，市场大量配合饲料涌现竞争，初级混合饲料销路不好，饲料产量下降，发生亏损，难以为继。1996年，饲料厂停产。

表 2-5-4　1985—1995 年红旗坡农场加工混合饲料产量情况表

年份	产量（吨）	年份	产量（吨）	年份	产量（吨）
1985	100	1989	550	1993	120
1986	550	1990	85	1994	210
1987	700	1991	80	1995	150
1988	440	1992	301		

（四）轧花

1971 年，农场购置锯片轧花机 2 台，加工自产棉花。至 20 世纪 80 年代，均系单机轧花，时断时续，轧花不正常，轧花量亦少。1978 年，农场加工皮棉 3.5 吨。

20 世纪 90 年代开始，农场大面积种植棉花。1994 年，农场新建轧花厂，配置新型轧花机及配套设备。当年，加工皮棉 185 吨。初期仅加工皮棉，至 1999 年取得棉花加工、销售经营权。当年，加工皮棉 1070 吨。2000 年，轧花厂改制，职工集资入股，实行股份制，更新设备，扩大规模。2002 年，加工皮棉 1203 吨。2004—2006 年，加工皮棉分别为 2000 吨、3700 吨、4100 吨。

2008 年 3 月 25 日，轧花厂注销。

（五）主要企业

1. **面粉厂**　面粉厂前身为 1959 年建成的水磨房。1969—1970 年投资 2.28 万元，新建厂房 675 平方米，增购磨粉机等设备，至 1971 年改建为面粉厂。1977 年，投资 5.76 万元，其中新建厂房 620 平方米，投资 4.34 万元，购置磨粉机、粉碎机、去石机、电动机等设备投资 1.42 万元。1987 年，投资 3 万元，购置安装洗麦机和新建水塔。1991—1994 年，累计投资 23.06 万元，其中新建厂房、库房 370 平方米，投资 5.76 万元，设备购置安装和输电线架设投资 17.3 万元。累计总投资 34.1 万元（不含 1958—1968 年建水磨及小钢磨投资）。2004 年，面粉厂关停。

2. **榨油厂**　1984 年始建，当年投资 19.41 万元，其中土建 903 平方米，投资 10 万元，设备购置投资 9.41 万元。1985 年续建投产，投资 9.64 万元。1987 年，购置安装油罐及配套建筑 284 平方米，投资 2.52 万元。1991—1992 年，累计投资 5.77 万元，其中炼油设备配套购置安装投资 5.16 万元。1997 年，榨油厂与果品厂锅炉改造，投资 7 万元。累计总投资 44.39 万元。2004 年，榨油厂关停后，土地被政府征收后建为阿克苏地区职业技术学院。

3. **饲料厂**　1985 年，农场新建饲料厂投产，土建及设备购置安装投资 7.03 万元。1986 年，新建原料及产品库房 200 平方米，投资 1.28 万元。累计总投资 8.31 万元。1996 年，饲料厂停产。

4. 轧花厂 1993 年，由农场职工在园艺二分场区域出资筹建红旗坡农场轧花厂，每年向红旗坡农场上交 8.5 万元。

图 2-5-2 2000 年，农场轧花厂生产的成品棉包（照片提供：档案室）

1994 年，以农场原有轧花设备和个人投资改扩建，其中原有固定资产投入 60 万元。

1994—1998 年，轧花厂经营效益颇佳。

2000 年，以股份形式更新改造，扩大规模，其中农场占有 50 万元股份，其他由个人股份融资。

2000 年后，由于设备陈旧，影响生产，生产经营收益不断下滑。至 2007 年，轧花厂基本处于停产状态。

二、食品制造业

（一）副食品

自建场至 1962 年，农场有土糖厂甜菜制糖，土化肥厂生产精盐，豆腐房加工豆腐，食品加工组加工麻花、饼干，酒房生产白酒、包子酒，莫合烟组加工莫合烟。1960 年，生产糕点食品 2.91 吨、豆腐 2.26 吨、糖 1.47 吨、白酒 0.08 吨。1963 和 1964 年，先后新增酱醋房和粉房。此后，开始生产酱油和醋等调料品和豆制粉面，再后又增加酱菜和豆皮、豆芽、粉条、粉皮等豆制品，生产豆制品的单位除副业队外，还有部分队分散生产。1971 年，生产酱油 60 吨、醋 60 吨、酱菜 5 吨、豆腐 2 吨、豆芽 3 吨、粉面 15 吨、粉条 2 吨、白酒 6 吨；其他副食品先后停产。1979 年，生产酱油 70 吨、醋 100 吨、酱菜 4 吨、白酒 2 吨。

至 20 世纪 80 年代中期，副食品产品有酱油、醋、粉面（淀粉）、白酒、加碘盐。1985 年，生产酱油 24 吨、醋 96 吨、粉面 2 吨、白酒 5 吨、加碘盐 176 吨。1988 年，副食品全部停产。

1992 年，农场建肉食品厂，职工 39 人，产品为牛肉干，年生产能力 60 吨。当年，加工牛肉干 14 吨（麻辣牛肉干 4 吨，西式牛肉干 10 吨）。1994 年，肉食品厂停产。

（二）果品

1985 年，农场在综合加工厂新建果品厂（全名地区农工商果品加工厂），1986 年 6 月投产，配置年生产果品罐头 500 吨的设备 1 套，生产项目有各种果品罐头、果脯、干果等。投产当年，有职工 25 人，生产葡萄罐头 78.7 吨、杏罐头 1.03 吨、杏脯 0.21 吨，产值（现价）17.69 万元，占全场工业总产值的 10.2%，亏损 3.15 万元。1988 年和 1989 年，生产项目增加脱水蔬菜，共生产洋葱片 30 吨、干辣椒 3 吨。1990 年，首次生产果丹皮 1.5 吨。1987—1990 年果品生产效益，除 1988 年盈亏持平外，其他 3 年亏损，其中 1987 年亏损 3.15 万元，1989 年亏损 1.3 万元，1990 年亏损 1.55 万元。1991 年和 1992 年，果品总产量增加，品种增多，转亏为盈。1992 年生产果品罐头 46.27 吨，其中葡萄罐头 26 吨、梨罐头 6.6 吨、鲜杏罐头 5 吨、杏酱 6 吨、红枣罐头 0.72 吨、番茄罐头 1.95 吨；生产果脯 33.44 吨，其中杏脯 18.7 吨、果丹皮 8.3 吨、话梅 6.44 吨；干果 24.69 吨，其中葡萄干 21.5 吨、杏干 3.19 吨，当年销售利润 3.3 万元。1994—1995 年，生产品种增加酒枣和五香瓜子。1997 年，果品罐头停产，生产杏脯 16.7 吨、杏干 5 吨，当年亏损 4.7 万元. 此后至 2004 年，除个别年份生产葡萄干外，只有单一的杏脯生产，产量亦少，少数年份亏损，遂停止生产。

2016 年 3 月，阿克苏金物联电子商务有限公司成立。同时，年处理果品能力 2000 吨的金物联农产品深加工车间建入建设。

2019 年，金物联公司的果品分选线分选鲜果 1 万吨，冻干、低温油炸、膨化食品生产线全部调试完成并投入生产。年内，生产苹果白兰地原浆酒 304.86 吨、苹果冰酒 4.78 吨、苹果醋 7 吨。投入苹果、洋葱、西瓜、甜瓜、杏等 6 种品类 6 个产品进行销售。金物联农产品深加工基地二期项目顺利开工建设，3 万吨保鲜库采用国内先进的储藏方式——相温气调保鲜，联合天津科技大学，共同建设全新工艺智能化的果品分选线一条，初级鲜食果品自动化分选能力得到提升，日处理能力提高到 500 吨。强化特色农产品深加工产品的研发，开发果品深加工产品 34 种。

2020 年，金物联电子商务有限公司农产品深加工车间日处理能力达 6 吨，产品有成果蔬脆片、果汁、果酒、果脯等。

表 2-5-5　1987—2004 年红旗坡农场加工果品产量表

年份	果品罐头（吨）	果脯、干果（吨）	年份	果品罐头（吨）	果脯、干果（吨）	年份	果品罐头（吨）	果脯、干果（吨）
1987	79.73	0.21	1993	26.00	25.00	1999	—	3.07
1988	35.40	7.50	1994	16.20	31.12	2000	—	6.69
1989	77.69	2.40	1995	23.87	23.88	2001	—	5.00
1990	68.50	6.80	1996	3.40	30.00	2002	—	2.39
1991	41.00	65.60	1997	—	21.70	2003	—	2.40
1992	46.27	58.13	1998	—	1.62	2004	—	2.00

（三）主要企业

1. 肉食品厂　1992 年新建肉食品厂，当年投资 9.29 万元，其中土建工程（厂房、烘房、库房）407 平方米，投资 5.12 万元，设备购置安装投资 2.23 万元，附属建筑（围墙、地坪、路面）投资 1.94 万元。1992 年停产。

2. 果品厂　1985 年始建果品厂，当年土建及购置设备投资 10 万元。1986 年续建投产，投资 20 万元。1987 年完成扫尾工程，投资 15.2 万元，其中配套建筑 436 平方米，投资 3.46 万元，地坪 1861 平方米及道路、围墙、大门等附属建筑共投资 4.74 万元，支付欠设备款 4 万元，购汽车 1 辆 3 万元。1989 年，烘道改造及打井投资 4.2 万元。1991 年，建产品库房 400 平方米，投资 5 万元。累计总投资 54.4 万元。1993 年续建，投资 3.95 万元。累计总投资 13.24 万元。1999 年停产，人员合并到工贸中心。2018 年，果品厂注销。

3. 阿克苏红旗坡林果开发股份有限公司　2015 年 6 月 30 日，阿克苏红旗坡林果开发股份有限公司（以下简称林果公司）成立，为红旗坡农业发展集团有限公司二级全资子公司。林果公司位于温宿国家农业科技园区，注册资金 1.03 亿元，有员工 62 人，组成部门有行政部、财务部、采购部、生产部、销售部、电商部、运营维护部等，是集采购、保鲜、加工、包装、物流、销售为一体的综合性运营的大企业。

2017 年，公司收购套袋苹果总计 758 吨，收购光果约 15166 吨；收购香梨约 9727 吨，其中特级 4596 吨、一级 3670 吨、二级 1461 吨；收购核桃 133.8 吨。为保证红旗坡品牌不外流，与纸箱厂家合作，引进纸箱生产设备，根据需要生产纸箱。为使原料果及产成品的品质得到最佳保证以及各种包装辅材的堆放问题，降低冷库租赁费用，选择几处配套设施完善、价格合理且交通位置优越的冷库合作，作为原料果、包装辅材的储存以及产成品加工的场所。几大库房布局分别为喜盛祥冷库、果业冷库、丰源冷库、农源冷库、盛田源冷库、帝弘冷库、惠民冷库、馨宜源冷库。交通便利，有利于果品及时收购入库及产成品及时的到达物流集散中心（火车站、物流园、飞机场等），节省物流集散的时间周期，提高入库和出库的效率。在原料果储存方面，干果集中在喜胜祥和果业冷库，其他冷库皆以鲜果储存为主。为破解阿克苏农产品流通领域存在的成本高、周期长、效率低、损耗大等问题，加快阿克苏特色农产品现代流通水平，在阿克苏地委行署和浙江援疆指挥部的统一指导和部署下，按照《关于推进农业产业化"十城百店"工程建设的意见》的总体要求，整合各方资源，在浙江 10 个地市有序建设阿克苏特色农产品公共仓，实施同一平台运作、同一仓储服务、统一区域品牌、统一物流配送、统一质量追溯，辐射 100 家以上市场销售门店，形成"十城百店"市场流通销售网络。红旗坡作为"十城百店""十仓百企"的重要组成部分，肩负着产成品生产和物流配送的重要责任。同时，在西安、嘉兴建立大的公共仓，金物联园区以及各冷库生产的苹果成品根据销售订单源源不断地用 16 米长气调冷链车向两大公共分仓供货。保证货品供应的质量和数量，为市场提供充足高品质的果品。并通过公共仓向各大主要城市分流供应，压缩配货周期和物流成本。经红旗坡集团公司授权，红旗坡林果开发股份有限公司全权开展果品销售等相关工作，负责公司的客户开发、渠道销售、产品研发、品牌形象打造以及品牌保护等一系列的工作。实施"走出去，引进来"一系列战略方针。立足新疆本土的产地优势和产品优势，在北京、上海、深圳、杭州、西安等地成立分公司。2017年，在延续和京东生鲜、天猫商城等电商平台巨头的初步合作后，承办阿克苏的苹果红了暨"十城百店"集体发车仪式，通过多方媒体的传播形式获得话题互动与关注度和社会轰动引发品牌影响力，销售订单和销售额获得爆炸性的增长；同时参加自治区和国内其他省市举办的多项大型展销活动，扩大红旗坡品牌在果品行业中的品牌影响力。落实核心产地有机认证工作，苹果、香梨、核桃、红枣等开展大面积的有机认证，从源头上确保"红旗坡"产品的绿色有机属性。

2018 年，林果公司大量收购西瓜，解决农民西瓜销售难的问题，开发出受市场欢迎的西瓜冻干产品。截至年底，生产苹果冰酒 2 万瓶，收购各项果品 3.15 万吨，其中苹果 2.73 万吨、香梨 4141 吨、红枣 150 吨，8 个冷库基本完成收购任务。开拓新的营销渠道和模式，与京东、盒马鲜生、中粮我买网、每日优鲜、本来果坊、天天果园等在中国生鲜平台开展合作。先后与京东开展阿克苏苹果质量标准联盟、本来果坊阿克苏农产品 100%原产地、盒马鲜生阿克苏农产品全面合作战略活动。完成初级的鲜食果品自动化分选、中级的特色农产品精深加工产品的相关工程项目的建设，并陆续投入生产运营。在 3 月、5月和 7 月，先后组织多次建设工期倒计时，确保在 2018 年 9 月如期试机生产。从 6 月底开始，涵盖苹果、红枣、核桃、甜瓜、杏、草莓、各种蔬菜、豆类及杂粮等产品陆续试生产出。

2020年，林果公司销售果品618吨，销售金额542万元。组织公司全体人员包装果品并发往湖北、浙江等省份。为加强深加工产品的生产，特招聘1名专业技术人员作为深加工车间产品的生产、销售负责人并研发出油炸红枣、烘干苹果片、冻干红枣脆等市场认可度较高的新产品。

4. 阿克苏金物联电子商务有限公司 2016年3月20日，阿克苏金物联电子商务有限公司（以下简称金物联公司）成立，是林果公司旗下子公司，位于温宿国家农业科技园区。

金物联果品冷链深加工项目是由阿克苏金物联电子商务有限公司筹建，项目占地总面积33.33公顷，建设内容包括办公楼、住宿餐饮、物流、农产品冷链及加工、电商交易中心等以及配套基础设施工程，建设项目划分为6个片区：果品加工区、恒温库区、纸箱加工区、综合服务区、物流配送区、电子商务区。2016年10月，完成第一期投资8200万元，主要建设有办公楼、职工宿舍楼、果品保鲜库及冷链配套设施、高温油炸车间、真空膨化果蔬脆片生产线、速溶固体果蔬生产线和真空冷冻干燥食品生产线。金物联采用全国拔尖的分选包装设备，有集下料、清洗、烘干、分选、打包一条龙的生产线，提高生产效率，保证产品质量。农产品深加工车间年处理果品能力2000吨，主要生产成果蔬脆片、果汁、果酒、果脯等产品，通过对果蔬高温膨化、低温脱水、冻干、酿造等农产品深加工技术运用及仓储方式的优化，提高上市果品质量，带动提升果品价格，进一步延伸和拉长产业链、提高产品附加值，提高产品收益，带动农民增收。

三、酒、饮料制造业

（一）饮料生产

1979年，农场购置BS-08型冰棍机1台，当年生产冰棍28万支。1981年，生产冰棍45万支。1986年，生产冰棍4.7万支。1988年，冰棍停产。

1985年，农场始建饮料厂（初名汽水厂），1986年5月投产，有流水生产线2条，配置汽水混合机、制冷机、糖浆机、洗瓶机、灌水机、封口机及蒸气式高压消毒器、紫外线消毒器等设备，日生产能力达12万瓶，职工33人。当年，生产饮料56.23吨，其中汽水24.12吨、香槟（俗名小香槟）32.11吨。

1988—1992年，饮料生产进入高峰期，每年产量超过1000吨，其中1990年有职工70人，生产饮料1650吨，销售收入224.73万元，占全场工业企业（单位）销售总收入的 55.4％，实现利税 37.34 万元，其中利润 16.53 万元，占全场工业企业（单位）利税总额的 91.9％，成为农场工业企业（单位）中的第一收入和利税大户。1992 年，饮料厂与果品厂合并，当年新增高级礼品饮料，产量 19.8 吨。1994 年，新增易拉罐饮料、高橙、橙宝、橘子香槟等产品，新产品产量 1.97 万瓶，共 9.38 吨。1993 年开始，饮料市场变化，农场饮料生产及效益起伏下滑，部分年份亏损。1994—2002 年，饮料产量最多的为 1997 年的 577.5 吨（香槟 555 吨，汽水 27.5 吨），产值 107.22 万元，占全场工业总产值的 8.3％，当年利税 8.5 万元，其中利润 6.5 万元，为次于砖厂的利税户；2000 年饮料产量最少，仅为 98 吨，当年发生亏损。

2019—2020 年，阿克苏优能农业科技股份有限公司，将收购的 4478.67 吨苹果运至新疆木塞米斯酒业有限公司、新疆裕润酒业有限公司进行委托加工（酿酒）。

表 2-5-6　1986—2002 年红旗坡农场饮料产量表

年份	产量（吨）	年份	产量（吨）	年份	产量（吨）
1986	56.23	1992	1132.80	1998	320.00
1987	252.28	1993	732.00	1999	399.00
1988	1125.00	1994	347.59	2000	98.00
1989	1586.46	1995	150.00	2001	250.00
1990	1650.00	1996	247.15	2002	400.00
1991	1599.00	1997	577.50		

（二）饮料厂

1985 年始建饮料厂，当年土建及设备购置安装共投资 35.3 万元。1986 年续建投产，投资 6.9 万元。1987 年扫尾，完成配套建筑 213 平方米和地坪 1076 平方米，投资 3 万元。1989 年，300 平方米土建工程及其他项目共投资 2.08 万元。以上累计总投资 47.28 万元。2003 年，饮料厂停产。

四、水的生产和供应业

农场建场至 20 世纪 70 年代，饮用水长期为渠水、涝坝水、浅井水，冬季为化冰水，人畜共饮，疾病互相传染，水质差，含氟高，地方病发病多。

20 世纪 80 年代开始，农场及部分队和单位利用机井自建水塔或水池，铺设管道，饮用自来水。

2004 年 2 月 9 日，农场设立水厂。水厂位于农场园艺十三队队部西侧 250 米。根据农场北高南低坡降地势，采用重力自由输水方式，设计日供水量 800 立方米。10 月，水厂试通水运行。至 2005 年 8 月，续铺设管网 63.89 千米，完成全部工程。工程总投资 291.75 万元。2005 年，新入户 1200 户，新旧管道对接入户 500 户，共 1700 户。2006 年，新增用户近 300 户。

2007 年，农场水厂扩建，完成防病改水第二期工程，投资 70 万元，其中国家拨款 50 万元，农场自筹 20 万元，增加用户 600 户。

2013 年 3 月 25 日，撤销水厂，成立水电管理所，负责农场供水、供电方面的工作。

2015 年，农场饮水安全改扩建工程开工建设，新凿深度 230 米深水井 1 眼，新建 228.65 平方米管理站房 1 座、24.91 平方米泵房 1 座、25.65 平方米值班室 1 座、闸阀井 176 座、矩形井 13 座，配备变频设备 1 套、变压器 1 台、潜水泵 1 台、自动化测控设备 1 套、消毒设备 1 套、厕所 1 座，铺设管道 65.91 千米、交叉建筑物设计 18 处，输电线路 2 千米。新厂区占地面积 1.24 公顷，蓄水能力为 1000 立方米，日供水能力 1350 立方米，独立的蓄水池占地面积 9.51 公顷。通过改扩建，新增自来水用户 4340 户，全场自来水管网共计 629.2 千米。新老水厂供水均用深水泵抽出地下水后送入自来水管网，对辖区居民进行供水。

2017 年 1 月，新疆红旗坡源动力水务有限公司成立，将水电管理所更名为自来水厂，划入新疆红旗坡源动力水务有限公司管理，自来水厂为水务公司下属一个部门。自来水厂负责管网的维修、排查等工作，收费人员负责自来水费的收缴及账目整理、上报工作，看护人员负责两个厂区 24 小时的看护值班工作，维修人员负责红旗坡集团公司辖区内所有自来水用户的排查、管网维修、维护工作。当年，共计抢修 1400 余处、改造管网 30 余千米，保障职工、用水户正常的日常生产、生活用水。为规范服务供水要求，改造安装智能插卡式水表，年内登记更换改造用水户 5000 余户。设立服务厅 2 处（水务公司和场部小区门面房内的服务大厅），采取先购水后用水原则。当年，根据国家发展改革委、住房和城乡建设部《关于做好城市供水价格管理工作有关问题的通知》《城市供水价格管理办法》《关于加快建立完善城镇居民用水阶梯价格制度的指导意见》和《关于推进自治区水价综合改革实施意见的通知》《关于合理调整我区污水处理收费标准的指导意见》及自治区发改委、财政厅、水利厅《关于调整我区水资源费征收标准有关问题的通知》等文件精神，结合实际，红旗坡集团公司调整区域内居民自来水供水价格。

2020 年底，自来水厂有工作人员 15 人，其中管理人员 3 人、收费人员 4 人、看护人员 4 人、维修人员 4 人。

表 2-5-7　2017 年红旗坡农场（集团公司）各行业水价分类表

分类	项目	现行价格（元/立方米）	终端水价（元/立方米）
居民用水	生活用水	1.67	2.58
非居民用水	经营用水	2.7	3.9
	工业用水	1.81	3.05
	单位用水	1.83	3.03
	基建用水	2.36	3.6
特种用水	洗浴游泳池、洗车业、纯净水制造	12.11	13.6

说明：自来水水价以终端水价为准。

五、其他

1992 年，农场新建花炮厂，土建工程（厂房、库房）726 平方米及设备购置投资 13.12 万元。1994 年，新建装药房、库房 180 平方米，投资 2.5 万元。累计总投资 15.62 万元。

2000 年 7 月 24 日，经阿克苏地区安全生产委员会等有关部门检查，花炮厂因存在重大安全隐患，被吊销烟花爆竹生产许可证和烟花爆竹销售许可证，对库存超期积压的 790 余件烟花爆竹予以销毁，并由地区工商局收缴营业执照。

第四节　建　筑　业

一、建材

（一）红砖

1958 年 7 月，农场基建队建成窑产 1 万块砖的小型马蹄窑，开始红砖生产，到当年年底，生产红砖 25 万块。1959 年初增建砖窑，至当年 4 月建成窑产 7.5 万块中型马蹄窑 6 座，职工 114 人，当年烧砖 378 万块，获利 6.03 万元，占当年全场工副业利润总额的 37%。1960 年，砖窑增至 8 座。1961 年，烧砖 576 万，除满足农场基建需要外，大量外售，当年获利 16.09 万元，占全场工副业利润总额的 47.2%。此后至 20 世纪 80 年代初期，除基建队（工程队）、副业队外，其他部分队新开烧砖生产项目，全场呈小规模生产、产量下滑状态。在此期间，烧砖生产单位最多的 1977 年有 8 个队，产量最多的为 1971 年的 100 万块。

1983 年 10 月，农场改建砖厂，配置 280 型制砖机 1 台，产能为 6 万块/日，压砖机 1 台，产能 5 万块/日，开始机制砖生产，当年产量 35 万块。1986 年，砖厂改扩建，建成制砖作业线 2 条（制砖机 2 台），产能 12 万块/日，压砖作业线 2 条（压砖机 2 台），产能 10 万块/日，隧道窑 2 座，共长 180 米，总生产能力为年产砖 2500 万块，当年生产红砖 1350 万块。1988 年，砖厂职工 113 人，生产红砖 1624 万块，砖厂产值（含红砖和其他建材）70.99 万元，占全场工业总产值的 18.2%；销售收入 52.47 万元，占全场工业销售总收入的 18.5%；利润 13.09 万元，占全场工业利润总额的 44.7%；税金 5.08 万元，占全场工业税金总额的 29.4%。1989 年 6 月，砖厂改名丰茂建材厂。1994 年 5 月，工程队砖厂成立，农场红砖生产单位增为 2 个。此后，红砖生产持续扩大，进入高峰期。1997—1998 年，年生产红砖 3700 万块。1997 年利润 7.85 万元（全场工业亏损 8 万元），税金 44 万元，占全场工业税金总额的 79.6%；1998 年利润 6.5 万元（全场工业亏损 13.5 万元），税金 6.12 万元，占全场工业税金总额的 38.9%，为农场工业企业（单位）中的骨干和利税大户。

2001 年，丰茂建材厂停产，土地改由个人承包复垦开发。

至 2003 年，红砖生产大幅度下滑，红砖产量最少的 2002 年仅 120 万块。此后，农场红砖生产单位均为私营，个人租赁农场土地，自主经营，自负盈亏，每年向农场上交管理费、养老统筹费和福利费等三项费用。

2005 年，生产红砖 5000 万块，上交场三项费用共 9.55 万元。

2012 年，受市场因素影响及国家环保政策的实施，砖厂全部停产。

（二）砂砖

1984 年 8 月，农场新建砂砖厂，当年土建工程 780 平方米及购置设备共投资 82.4 万元。1985 年续建，投资 16.49 万元。累计总投资 98.89 万元。年生产砂砖能力 550 万块，配置砖机 2 台、球磨机 1 台、搅拌机 2 台、蒸釜 2 台、水处理设备 1 套、平床 70 台及蒸汽锅炉 1 台，土建 449.7 平方米，总投资 82.4 万元。1985 年，生产砂砖 101.68 万块，砂砖销路不畅，当年仅销售 8 万块。1986 年起，农场与和田地区墨玉县联营砂砖厂，后因诸多原因未正常开工生产而停办。

（三）其他建材

1988 年，砖厂新开黏土平瓦生产，产量 2.6 万块。

1992 年，建成玻璃纤维车间，生产玻璃纤维 30 吨。1993—2001 年，生产预制空心板和水泥涵管等预制件。其中以预制空心板为主，生产最多的为 1994 年的 8148 立方米。

2006年，农场投入20万元联营新建预制件厂，生产混凝土涵管和水泥板，当年生产各种预制件6.46万块。

2012年，预制件厂停产。

二、建筑

1958年5月，农场成立基建队，内设基建组、木工组、土块组、砖坯组、砖窑及运输组，年末职工110人（基建组39人），主要承担场内房屋建筑施工和修缮。当年，完成场内房屋建筑86间。1959年，对外承建工程，完成专区农科所房建工程1000平方米，盈利3900元。1964年，完成房建工程4256平方米。

1972年，基建队改为工程队，职工72人，除承担场内建筑工程外，从事对外建筑工程承包。20世纪70年代，承建施工工程不多，多年发生亏损。1979年，亏损2.36万元。

1982年，工程队开始配备建筑工程机械，当年承建房屋竣工面积2609平方米，晒场3000平方米，桥涵3座。20世纪80年代开始，随着施工技术力量和机械作业能力逐步增强，农场大规模建设，工程队出现转机，承包工程增多，经济效益提高，转亏为盈。1987年，工程队有职工97人，承包工程6个，竣工面积5257平方米，创利税10.5万元，其中利润7万元。20世纪90年代，工程队进一步加强管理，提高技术素质，以质量保信誉，以信誉求发展，"找米下锅"，争夺市场，保持持续发展势头。1999年，工程队有职工92人，承包工程竣工面积7000平方米，产值455.5万元，创利税31.98万元，其中利润16.18万元。

2000年后，因市场竞争激烈，工程队资质等级（四级土木工程建筑施工）低，竞争力差，业绩出现下滑和亏损，工程队建筑业务于2003年终止。

2013年，农场为发展多元化经营，成立新疆阿克苏振泰房地产开发有限公司，经营范围包括房地产开发、建筑工程承包等。成立后因资质未达标等未参与房产、建筑等市场经营活动。

表 2-5-8　1982—2002 年红旗坡农场建筑业基本情况表

年份	年末职工人数（人）	工程机械						承包工程（个）	施工面积（平方米）	竣工面积（平方米）	总产值（万元）	纳税额（万元）	利润额（万元）
		总台数（台）	搅拌机（台）	推土机（台）	起重机（台）	挖掘机（台）	汽车（辆）						
1982	119	2	1	—	—	—	1	2	2609	2609	—	—	—
1987	97	6	3	—	—	—	3	6	5257	5257	130	3.5	7
1988	75	6	3	—	—	—	3	2	2505	2505	67	0.25	0.42

（续）

年份	年末职工人数（人）	工程机械						承包工程（个）	施工面积（平方米）	竣工面积（平方米）	总产值（万元）	纳税额（万元）	利润额（万元）
		总台数（台）	搅拌机（台）	推土机（台）	起重机（台）	挖掘机（台）	汽车（辆）						
1989	81	12	3	2	—	—	7	6	1842	1842	42.96	1.3	平
1990	95	12	3	2	—	—	7	4	3200	3200	65	2.57	1.58
1991	77	12	3	2	—	—	7	5	10694	3224	42	2.86	1.74
1992	161	12	3	2	—	—	7	5	11784	11784	294.6	13.5	21.85
1993	97	29	8	4	7	1	9	8	7400	7400	197.2	5	8
1995	81	29	8	4	7	1	9	5	7117	7117	160	6.4	4.7
1996	84	29	8	4	7	1	9	4	5863	5863	235	21.27	6.45
1997	101	29	8	4	7	1	9	4	5000	5000	200	18.1	7.88
1998	94	27	8	4	7	1	7	2	3161	3161	186.5	6.16	6.81
1999	92	27	8	4	7	1	7	1	7000	7000	455.5	15.8	16.18
2000	88	27	8	4	7	1	7	1	12830	7330	312	1.16	—21.2
2001	96	26	8	3	7	1	7	2	5260	5260	208	8.29	0.64
2002	81	15	8	—	—	—	7	1	—	—	70	6.5	—18

第六章　第三产业

第一节　交通运输和邮政业

一、交通运输业

1959年6月，农场成立运输组，有货车1辆，轮式拖拉机（含拖车）1台，从事专业运输，归属场供销室管理，账目分设，单独核算。当年，运输组收入17.1万元。

1979年，运输组改为运输班，有货车5辆（解放车2辆、东风车1辆、跃进车2辆），吨位共18吨，职工8人，当年货运量1500吨，货运周转量15.3万吨千米，亏损4.16万元。1980年，运输业转亏为盈，当年盈利0.31万元。

20世纪80年代，车辆逐步增多，运量逐步增加，每年盈利。1989年，有货车14辆，吨位共49吨，当年货运量4860吨，货运周转93.5万吨千米，运输总收入18万元，实现利税1.71万元，其中利润1.17万元。

1990年，除农场汽车班外，另有个体运输户10户。1993年，汽车班改为运输公司，实行独立核算，职工36人，有货车31辆，总吨位279吨（含挂车吨位），货运量1.2万吨，货运周转量286万吨千米，运输收入30万元，利润4万元，上交农场三项费用2万元。

2000年，一切私购机动车不去污属于何种营运性质，均不得挂靠农场或农场各基层单位，凡原挂靠农场的私属机动车辆，将车辆过户到市联运公司、出租客运公司或办理私营（个体）手续。此后，农场只办理往外过户的签章手续，其他一切车辆手续不予办理。

2001年，运输汽车30辆，总吨位210吨，职工40人，货运量8.2万吨，货运周转量345万吨千米，运输收入94万元，利税26.2万元，其中利润14万元。

2002年，运输车辆全部分散营运。

表 2-6-1　1979—2001 年部分年份红旗坡农场运输业基本情况表

年份	职工人数（人）	运输车辆（辆/吨）	货运量（吨）	货运周转量（万吨千米）	运输收入（万元）	税金（万元）	利润（万元）
1979	8	5/18	1500	15.30	—	—	−4.16
1980	11	5/18	2640	23.80	—	—	0.31
1981	10	5/18	4000	20.58	—	—	—
1982	10	5/18	2000	22.80	5.94	—	—
1984	7	7/23	—	32.21	—	—	—
1985	13	13/44	—	83.50	—	—	—
1986	14	14/49	4500	90.00	18.00	0.90	1.28
1987	14	14/49	4500	91.00	18.20	0.55	1.27
1988	14	14/49	4730	95.00	17.10	0.50	1.20
1989	14	14/49	4860	93.50	18.00	0.54	1.17
1990	16	13/44	5849	111.13	20.00	0.13	1.30
1991	25	21/83	8960	170.24	23.00	0.85	1.74
1992	36	31/279	—	210.85	25.00	4.87	2.45
1993	36	31/279	12000	286.00	30.00	7.00	4.00
1995	26	21/177	6500	152.00	22.60	4.80	3.50
1996	20	16/144	7100	166.00	23.38	5.42	4.29
1997	18	15/139	6800	162.00	25.00	4.96	3.87
1998	26	21/189	7200	247.03	76.58	13.68	4.82
1999	27	21/189	6800	231.00	72.37	11.86	5.32
2000	33	26/229	8000	240.00	75.00	8.00	15.00
2001	40	30/271	8200	345.00	94.00	12.20	14.00

二、邮政业

（一）国家邮政

1977 年，地区邮电局在乌喀路地区糖厂处设立红旗坡邮电所，经办业务有挂号、特快、快件、包件、保价、普汇、电汇、邮政储蓄、报刊业务。

1998 年，红旗坡邮电所分设为邮政支局和电信所。

2020 年，红旗坡邮政支局有工作人员 3 人。

（二）其他寄递服务

2017 年后，随着网络经济的发展，受益于果业销售的巨大市场需求，电商如雨后春笋般出现，产业链中的寄递服务行业进入快速发展阶段。当年，全场有 10 个快递网点。

2020 年，农场区域内共有快递网点 18 个。

图 2-6-1 红旗坡邮政支局外景

第二节 零 售 业

一、门市部

1959 年，农场在场内设供销门市部 3 个（内含食堂和理发店），供应粮油和其他生活必需品。当年，营业收入 3.1 万元，盈利 0.31 万元。

1963 年 10 月，农场在阿克苏和温宿县城镇开设门市部。

1964 年 8 月，动工新建阿克苏门市部，同年 10 月底竣工。建筑面积 996 平方米，其中销售门市部 243 平方米，餐厅 225 平方米，厨房 132 平方米，其他配套建筑 396 平方米，总投资 6.4 万元。设农副产品门市部、瓜果蔬菜门市部。1965 年，阿克苏门市部盈利 3.41 万元，其中销售门市部盈利 4419 元。

至 1966 年，副业队、园林队开设门市部。

至 20 世纪 80 年代后期，随着经营承包责任制的实行，农场的门市部由私人经营的商店所取代。

至 2020 年，农场沿路、沿街自发民营商业点发展迅速，全场职工经商氛围基本形成。

二、综合服务市场

（一）三角地综合服务部

1981 年，农场新建三角地综合服务部，建筑面积 287 平方米。年内，全场有商业零售店 1 个，饮食店 2 个，服务业单位（旅店、理发店）2 个，从业人员 24 人，营业用房 1197 平方米；另有代销店 4 个，从业人员 8 人。1986 年扩建，建筑面积 1041 平方米，投资 14.15 万元。1996 年，新建阿克苏市三角地农贸市场，占地面积 6500 平方米，房屋建筑面积 1314 平方米，营业房 60 间，投资 59.98 万元。1997 年续建，建成地坪 3659 平方米，钢管棚架石棉瓦顶营业棚 859 平方米，投资 31.71 万元。2003 年，承包形式改变，以场内企业和个人股份进行融资和分配。至 2006 年，剔除每年收回成本，累计投入 98.2 万元。

2008 年，由于原红旗坡农贸市场面积小、摊位拥挤、部分农副产品不能及时进入，不能满足城市发展的需要，为适应城市发展长远规划的要求，在红旗坡农贸市场对面新建综合市场。

2011 年，该农贸市场因城市建设的需要被拆除。

（二）东大街综合服务楼

1986 年，始建阿克苏市东大街综合服务楼（兴盛楼），当年投资 26.3 万元。1987 年竣工，当年投资 30.1 万元，建筑面积 1754 平方米。2001 年 10 月，阿克苏市因建步行街拆除兴盛楼，置换土地 849.1 平方米。2004 年新建商住综合楼竣工，建筑面积 3839 平方米，总投资 593.91 万元。此后，底层门面出租，年收租金 10 万元。

（三）农贸市场

1996 年 10 月，农场新建农贸市场开业，经营范围为房屋租赁、农副产品购销、餐饮、信息服务等。1999 年，农场有商业饮食服务单位 3 个，从业人员 37 人，营业用房 3956 平方米，销售营业收入 110 万元，利税 16.96 万元，其中利润 3.96 万元。

2001 年，五队新建农贸市场，占地面积 1.19 万平方米，房屋建筑面积 4932 平方米，营业棚面积 1334 平方米，投资 209.4 万元。此后，农贸市场日趋活跃，经营范围、品种不断增多，效益逐年增加。

2007 年，场属农贸市场利润 41.31 万元，上交农场各项费用 28.3 万元，其中管理费 25 万元。

2012 年，农场进行园艺五分场原农贸市场改扩建项目，项目位于五分场原农贸市场及市场后果园，总投资 3.4 亿元，由阿克苏市华能安居房地产开发有限责任公司全额自筹。项目总占地面积约 16.67 公顷，其中市场占地约 4.67 公顷，职工住宅及配套设施占地约 12 公顷。临 314 国道门面房（欧式建筑）二层约 4 万平方米，占地约 2 公顷；农产品交易区 2600 平方米，占地约 0.33 公顷；小百货交易区 2600 平方米，占地约 0.33 公顷；优质干鲜果品交易区 3600 平方米，占地约 0.4 公顷；优质果品及农产品仓储区 3000

平方米，占地约 0.33 公顷；绿化及停车场面积 1.5 万平方米，占地约 1.33 公顷。建设分两期进行，3 年完成。

至 2020 年，全场有综合市场 3 个，分别为五队农贸市场、十队路口市场、新疆红旗坡农贸物流园，为周围群众生产、生活、消费提供便利。

（四）云农物流产业园

2018 年 7 月，由新疆云农股份公司计划总投资 5 亿元的新疆红旗坡农贸物流园项目开始动工兴建。项目位于阿克苏市东北郊 X305 县道北侧，距 G314 国道约 1 千米，总规划用地 39.57 公顷，其中一期规划用地 10.93 公顷，二期规划用地 28.64 公顷。主要经营范围为物流产业园开发、市场管理等。2019 年 10 月 13 日试营业，投入使用的为东区 1 号、2 号、3 号楼的 129 间商铺。至 2020 年底，完成投资 2.7 亿元。园区已入驻商户 115 户，其中水果经营户 35 户、干果经营户 40 户。

新疆红旗坡农贸物流园营业后，由新疆云农股份公司进行管理。配备 20 余名管理人员，对园区进行物业管理、安全保卫、保洁等。开展安全宣传，增强入驻商户的安全生产意识。建立园区卫生巡查记录簿，对园区的日常清扫、保洁及每日消毒情况进行登记。设置消防安全人员，就园区内的消防设备、器材等进行日常维护，定期进行检查并做相应记录。

（五）红旗坡优购园

2020 年，红旗坡优购园建成，由红旗坡农业发展集团公司旗下子公司阿克苏优购市场运营有限公司运营管理。红旗坡优购园位于阿克苏市红旗坡农贸物流园交易服务大厅一楼，面积 3000 平方米，主营阿克苏地区优质特色产品，集合地区七县两市及地区国有企业、合作社、义乌好货等 140 余家供应商，产品 1 万余种，是集批发、零售为一体的仓储式超市，主要经营农副产品、服装、纺织品、小家电、小食品、日化、饰品、办公用品、文具、玩具、生活用品、厨房用品等。2020 年 7 月 4 日，红旗坡优购园正式营业。公司商品采取线上、线下联合销售的方式，阿克苏市阿依库勒镇、巴音郭楞州若羌县、柯坪县、克孜勒苏州乌恰县等商户开始对接批发选品工作。向周边居民免费发放优购园会员卡，吸引顾客进店消费，为稳定客源渠道，会员卡实行消费累计积分升级打折活动。红旗坡优购园作为"义乌小商品，阿克苏地产品"集散中心，不断加大招商力度，拓展销售渠道，为本地群众和外地游客打造一个生活购物服务场所，不断深化"浙产西进，十城百店"工程，为企业发展做出贡献。至年底，阿克苏优购园日人均客流量在 1000 人以上，营业收入达 1200 万元。此外，在农场场部后面和飞机场大门口设立 2 个营业网点。

三、加油站

1999 年 6 月，农场在农田一队 G314 国道旁、温宿公路口以东约 500 米处修建加油站 1 座，占地面积 0.56 公顷，加油站由个人投资修建并承包经营管理，前 10 年每年向农场缴纳土地使用费 2 万元，此后根据情况双方协商金额指标。

2013 年 2 月，农场经与中国石化阿克苏分公司协商拟定，在农场园艺五分场 G314 国道边（图 2-6-2）修建 1 所加油站，由农场出资，中石化提供油料，用地面积约 0.47 公顷。

图 2-6-2　位于农场域内 G314 国道北侧的中石化加油站

2014 年，农场为方便职工群众生活用油问题，农场在二分场区域内温宿迎宾大道与红旗坡大道交叉口处拟建 1 座加油站。

2020 年，农场域内有加油站 3 座。

四、加气站

2014 年 5 月，农场为方便职工群众生活用气及解决部分拆迁户的就业问题，农场分三期完成天然气建设项目。第一步：在二分场区域内温宿迎宾大道与红旗坡大道交叉口处拟建 1 座加气站（曦隆），设为 1 号站，1 号站为母站，日办理气量在 10 万立方米左右；在 G314 国道与机场路交叉处将拟建 2 号加气站，2 号站为标准站，日输气量在 5 万标准立方米左右。1 号站到 2 号站采用管道输送。2020 年，农场区域内共有加气站 2 座。

表 2-6-2 2009—2020 年红旗坡农场商业情况表

单位：家

年份	农贸市场（比较集中的商业区）	超市	商店	农资经销点	餐馆	美容美发店	快递收发点	汽车（农机）修理部	电商	药店	五金店	休闲园（农家乐）	其他
2009	1	1	19	5	8	3	3	2	1	3	5	3	—
2010	1	1	12	11	8	3	3	2	1	3	5	3	—
2011	1	1	20	11	9	3	3	2	1	3	5	3	—
2012	1	1	26	12	11	4	3	2	1	3	5	3	—
2013	1	1	31	13	13	4	5	2	1	3	6	4	—
2014	1	1	33	13	14	4	5	3	1	7	6	4	—
2015	1	1	48	14	19	5	5	3	2	4	6	4	—
2016	2	2	50	16	22	5	7	3	2	5	7	5	—
2017	3	2	51	24	30	5	10	3	7	5	12	5	—
2018	3	2	57	39	31	7	10	4	7	6	12	6	1
2019	3	2	59	44	33	9	8	4	4	7	13	7	1
2020	3	2	65	44	39	11	18	5	7	7	16	7	1

第三节 餐 饮 业

1959 年，农场在场内设供销门市部 3 个，门市部内设食堂，当年食堂营业收入 3 万元，盈利 0.3 万元。

1964 年 11 月，阿克苏门市部新建竣工后，内设民族、汉族餐厅。1965 年，门市部民族餐厅盈利 2.77 万元、汉族餐厅盈利 1911 元。

1981 年，全场有饮食店 2 个。

1988 年，农场新建阿克苏市东大街服务大楼开业后，成立场属兴盛供销服务公司，主营餐饮业务。当年餐饮收入 0.75 万元。

1999 年，全场有饮食服务单位 3 个，从业人员 37 人，营业用房 3956 平方米，营业收入 110 万元，利税 16.96 万元，其中利润 3.96 万元。

2018 年，全场有餐饮服务场所 28 个，从业人员 112 人，营业用房 1680 平方米，营业收入 1321 万元。

2020 年，全场有餐饮服务场所 39 家，从业人员 150 余人。

第四节　旅游服务业

一、景区景点

柯柯牙生态旅游景区位于阿克苏市东郊与温宿县接壤的荒原上，距阿克苏市区约 10 千米，柏油路贯通全景区，交通便利。景区以 25 千米长、300 米宽的人工防护林为主体，绿树成荫，鸟语花香，蓝天之下象征柯柯牙精神的拓荒牛雕塑屹立其间，错落有致的居民点、硕果累累的葡萄架，以及苗圃、果园，承载着深刻的自然与人文内涵，与景区外茫茫荒原形成鲜明的对比，使中外观光来访者流连忘返，赞叹不已。

二、旅游服务

2011 年，地区三干会提出通过大力发展"农业生态游""农家休闲游"业务，来实现加快新型城镇化步伐，提升旅游商贸现代服务业水平。生态观光农业是一种以农业和农村为载体的新型生态旅游业。随着农业产业化的发展，现代农业在具有生产性功能的基础上，增加改善生态环境质量，为人们提供观光、休闲、度假的功能，农业与旅游业边缘交叉的新型产业——观光农业的产生，拓展了农业发展的新空间，开辟了旅游业发展的新领域，满足了人们渴望多样化旅游的需要，尤其是满足希望在典型的农村环境中放松自己的要求。农场位于阿克苏市东郊，交通便利，农场拥有 6000 万公顷苹果生态园，农业资源丰富，具有发展旅游业的得天独厚的资源优势和区位优势。2017 年，农场成立雪峰生态旅游牧业有限公司（以下简称雪峰公司），以旅游开发带动产业升级和结构调整，促进生态系统的保护，实现可持续发展。2020 年，农场共有休闲园 5 家。

（一）雪峰生态农庄

2017 年 7 月，雪峰公司总投资 348.68 万元，建成雪峰生态农庄并完成装修工作。雪峰农庄坐落于园林五队阿克苏机场导航灯光道以北，主要经营餐饮服务项目，内设前台、厨房操作间、食材库、冷冻室等，有管理人员 8 人、服务人员 7 人，聘用食堂大厨 1 人，设蒙古包包厢 4 个，每个可容纳 18 人；大厅 2 个，每个容纳 30 人；7 个小包间，每个容纳 8 人。当年，营业额 20 万元。

2019 年，因公司业务调整，农庄暂停经营。

图 2-6-3　2017 年，雪峰生态农庄完成装修并开始营业（摄影：童金茹）

（二）阿克苏市西部农庄农家乐

2017 年，阿克苏市西部农庄农家乐被评定为四星级农家乐，位于园艺五分场，园区面积 1.33 公顷，2005 年建成并对外营业，园区内果树成荫，品种众多，环境优雅，卫生整洁。

第五节　金 融 业

农场成立以来，产品销售和经济活动主要通过现金收付、转账结算及存款贷款来实现。尤其是 20 世纪 90 年代以来，农场通过银行贷款的助力，各项事业得以快速发展。因此，各银行在农场的经济发展和职工生产生活中发挥出重要的作用。

图 2-6-4　位于农场场部的中国农业银行温宿县红旗坡支行外景（摄影：童金茹）

一、中国农业银行股份有限公司温宿县红旗坡支行

1958 年，农业银行温宿县支行在农场场部设中国农业银行温宿县红旗坡营业所。1989 年 5 月 22 日，更名为中国农业银行股份有限公司温宿红旗坡支行。为红旗坡农场广大职工提供工资发放、存款、贷款、服务。

图 2-6-5　温宿县农村商业银行红旗坡支行外景（摄影：童金茹）

二、温宿县农村商业银行股份有限公司红旗坡支行

2012 年 4 月 12 日，经阿克苏银监分局批准，温宿县农村信用联社在红旗坡农场设立红旗坡支行，位于红旗坡农场场部。房屋面积 500 平方米，共有 5 名职工开展业务。2018 年 11 月，温宿县农村信用合作社改制为温宿县农村商业银行股份有限公司（简称温宿县农村商业银行）后，更名为温宿县农村商业银行红旗坡支行。

第三编

管理体制

中国农垦农场志丛

第一章　机构设置

1958年3月，红旗坡农场建场初期，组成农场管理委员会。按分散管理、统一领导的原则，组成12个生产队、7个独立生产组。此后，根据生产发展的需要，对机构逐年进行调整。

2004年起，农场开始进行场办社会职能改革，实现政企分离，剥离国有农场办社会职能，基本解决长期存在的企业办社会、企业养社会的问题，每年减少大量的政府性、事业性和福利性支出的同时，专职于管理，集中精力抓企业的发展和改革。

2016年，农场完成公司制改造，组建成立新疆红旗坡农业发展集团有限公司，并组建专业化公司，重构企业组织架构，为建立现代企业制度奠定基础。

至2020年底，红旗坡集团公司共内设10个部（室），分别为行政办公室、党委办公室、财务核算部、人力资源部、生产经营部、投资发展部、纪检监察审计部、法律事务部、群众工作部、市场营销部；拥有主要服务于生产管理的子公司新疆红旗坡农业发展集团有限公司阿克苏分公司及阿克苏红旗坡林果开发有限公司、新疆红旗坡源动力水务有限公司、阿克苏优能农业科技股份有限公司、阿克苏云农物流股份有限公司、阿克苏振泰房地产开发有限公司、阿克苏红旗坡源生态农业发展有限公司、阿克苏红旗坡雪峰生态旅游牧业有限公司、阿克苏优购市场运营有限公司8家全资或控股子公司。

第一节　机构沿革

一、场部（集团公司）机构

（一）地方国营阿克苏专区第一农场

1958年1月，地方国营阿克苏专区第一农场开始筹建，3月14日，地方国营阿克苏专区第一农场成立，隶属阿克苏专员公署。场机关由计划财务室、生产基建室、供销室、秘书室组成农场管理委员会。

1959年2月，农场下达各室人员编制，设置生产基建室（核定编制6人，其中主任1

人）、财务室（核定编制 6 人，其中主任 1 人）、供销室（核定编制 4 人，其中主任 1 人）、
工副业室（核定编制 3 人，其中主任 1 人）、秘书室（核定编制 9 人）5 个职能科室。

当年 10 月，根据自治区农垦会议精神，农场内设部门和人员配备作适当变动，农场
设秘书室、生产基建室、工副业室（管理房屋基建队、砖厂、化肥厂、加工厂、门市部及
食堂）、财务室、供销社，总编制 33 名。当年，成立农场场务管理委员会，由 15 人组成，
农场内设职能部门同为场务管理委员会下设办事机构。

表 3-1-1　1958—1960 年阿克苏专区第一农场领导名表

职务	姓名	民族	性别	籍贯	任职时间
场长	蔡金钊	汉	男	河南舞阳	1958.3—1959.11
	柴有德	汉	男	四川蓬安	1959.11—1960.9
副场长	周传家	汉	男	湖北钟祥	1958.3—1960.9
	司马益·热西甫	维吾尔	男	新疆吐鲁番	1958.3—1960.9
	吐尔逊·司拉依力	维吾尔	男	新疆伊犁	1958.12—1960.5
	居维香	汉	男	天津	1959.11—1960.9

（二）阿克苏地区红旗坡农场

1960 年 10 月 20 日，阿克苏专区第一农场更名为阿克苏地区红旗坡农场，归成立的
专区地方国营阿克苏农场总场领导。场机关设秘书室、生产基建室、工副业室（管理房屋
基建队、砖厂、化肥厂、加工厂、门市部及食堂）、财务室、供销社。

1962 年 2 月，农场召开首届职工代表大会，选举产生新一届农场场务管理委员会。9
月，增设治安保卫股。10 月，专区地方国营阿克苏农场总场撤销，农场隶属阿克苏地委、
专署领导。

1964 年 7 月，经自治区党委批准，从 1965 年 1 月 1 日起，阿克苏专区红旗坡农场转
为自治区直属地方国营农场。

1966 年 1 月 1 日，建立红旗坡农场政治处，撤销秘书室。

1969 年 4 月，成立红旗坡农场革命委员会，下设行政办公室、政工组、生产组、财
务组、人保组 5 个办事部门。

1975 年 4 月，新疆生产建设兵团撤销，地区成立农垦局，红旗坡农场归地区农垦局
管辖。12 月，农场革命委员会内设行政办公室（核定编制 8 人，其中领导职数 2 人）、生
产科（核定编制 10 人，其中领导职数 2 人）、机务科（核定编制 4 人，其中领导职数 1
人）、计财科（核定编制 7 人，其中领导职数 2 人）、供销科（核定编制 8 人，其中领导职
数 2 人）、基建灌溉科（核定编制 6 人，其中领导职数 2 人），总编制 43 人。

1976 年 10 月，场机关科室为组织科、宣传科、保卫科、人武部、法庭、生产机务

科、基建科、计财科、劳资科、供销科、行政办公室8科1室1部1庭。

1979年，场机关科室为组织科、宣传科、保卫科、生产科、基建灌溉科、计划财务科、劳动工资科、供销科、行政办公室、人民武装部。

1982年，恢复兵团农一师建制，红旗坡农场归属农一师，更名为农一师红旗坡农场。

1983年9月1日，红旗坡农场脱离农一师，归阿克苏地区农业处管理。

1985年，组织科、宣传科、保卫科三科室合并为政工科。成立农场供销服务中心（区级），归属供销科，一套班子，两块牌子。

1999年3月，增设审计科。12月，按照"科室合并、精干高效、一人多用、超负荷工作"原则，对场机关设置进行调整，政工科、行政办公室、宗教管理办公室合并，成立党委办公室；纪检监察室、审计科合并，成立纪检监审办公室；武装部、保卫科合并，成立武装政法部；撤销供销科，成立多种经营科；成立财务经营管理科；成立农牧生产科，土地管理科并入农牧生产科；成立园艺特产科；成立劳资社保科；成立公益事业科。

2000年5月，场机关由15个科室精减至10个，即党委办公室、武装政法部、纪检监审办公室、财务经营管理科、农牧生产科、园艺特产科、多种经营科、劳资社保科、工会办公室、公益副业科。

2001年3月，增设政策研究办公室。

2003年4月，成立果品营销服务中心（正区机构）。行政办公室、宗教工作办公室、计划生育办公室从原部门分设为独立科室（正区机构）。

2004年2月，纪检监审办公室改为纪检监察办公室，设立审计、统计科。

2005年1月，撤销多种经营科、公益事业科、宗教办、政策研究办公室；生产科、园艺科与多种经营科合并；公益事业科、宗教办合并到工会；政策研究办公室合并到党委办公室；土地管理职能归口到行政办公室。调整后共设立党委办公室、行政办公室、财务科、生产销售科、劳资社保科、纪检监察办公室、武装（保卫）科、审计统计科、计生办公室9个科室。

2006年，成立农场项目办公室。

2007年9月，农场成立市场营销部、普法办公室、政策研究室、信访办公室、牧业办公室。当年，农场机关职能部门有办公室、财务科、审计统计科、园艺生产科、市场营销部、畜牧办公室、土地管理科、劳动社保科、武装保卫科、纪检监察室、政策研究室、项目办公室、计划生育办公室、信访办公室、普法办公室、宗教管理办公室。此外，有果业协会、中心社区。

2008年8月19日，农场成立特色林果业示范基地、果业销售总公司。

2010年2月11日，成立红旗坡农场驻乌鲁木齐办事处（副科级），隶属党委办公室、行政办公室。5月14日，农场基建科成立。

2013年3月25日，成立拆迁办、综合执法大队、农村工作办公室、社会职能管理办公室、基本建设管理办公室、财经工作办公室、党群工作办公室、绩效考核督察办公室。

2015年3月16日，农场成立社会治安综合治理办公室。3月17日，农场为推进上市工作进行，成立红旗坡农场推进改制上市工作领导小组，设办公室，办公室下设财务组、信息调研组、文秘组、人才资源组、后勤保障组、外勤联络组。

表3-1-2　1960年10月—2020年红旗坡农场领导名表

职务	姓名	民族	性别	籍贯	任职时间
场长	柴有德	汉	男	四川蓬安	1960.10—1962.10
	周传家	汉	男	湖北钟祥	1962.10—1963.7
	吐尼牙孜·买买提	维吾尔	男	新疆阿克苏	1963.7—1967.1
革命委员会主任	王广才（军代表）	汉	男	陕西富平	1969.4—1971.1
	刿镜（军代表）	汉	男	—	1971.8—1971.10
	文武志（军代表）	汉	男	甘肃平凉	1971.10—1973.2
	黄荣	汉	男	四川绵阳	1973.4—1975.9
	吴树枫	汉	男	河北石家庄	1975.9—1983.5
场长	王福堂	汉	男	山东文登	1984.7—1998.8
	郝广雄	汉	男	北京平谷	1999.1—2005.11
	高焰	汉	男	安徽凤阳	2005.11—2006.7
	范江明	汉	男	河南虞城	2006.10—2020.6
	李波涛	汉	男	河南新蔡	2020.6—
副场长	周传家	汉	男	湖北钟祥	1960.10—1962.10
	司马益·热西甫	维吾尔	男	新疆吐鲁番	1960.10—1962.10
	居维香	汉	男	天津	1960.10—1961.1
	李作祯	汉	男	山西翼城	1962.4—1963.3
	刘海森	汉	男	河北景县	1962.4—1967.1
	黄荣	汉	男	四川绵阳	1965.4—1967.1
革命委员会副主任	阿不都热衣木·尼牙孜	维吾尔	男	新疆哈密	1969.4—1976.10
	姜春生	汉	男	河南镇平	1969.4—1971.3
	童保仁（群众代表）	汉	男	江苏镇江	1969.4—1974.10
	吴玉春（群众代表）	汉	男	江苏镇江	1969.4—1974.10
	周传家	汉	男	湖北钟祥	1970.1—1973.3
	黄荣	汉	男	四川绵阳	1970.8—1973.4
	刘海森	汉	男	河北景县	1972.5—1975.9
	吐尼牙孜·买买提	维吾尔	男	新疆阿克苏	1972.1—1975.9
	张伯英	汉	男	陕西蒲城	1973.1—1975.9
	杨青山	汉	男	河南许昌	1973.4—1975.2

（续）

职务	姓名	民族	性别	籍贯	任职时间
革命委员会 副主任	王福堂	汉	男	山东文登	1975.2—1984.7
	郭文斌	汉	男	陕西米脂	1975.9—1984.10
	曹书荣	汉	男	山东宁津	1975.9—1984.10
	吾守·买苏木	维吾尔	男	新疆温宿	1976.11—1981.5
	陈恩恒	汉	男	河北静海	1979.4—1983.10
副场长	外司丁·牙生	维吾尔	男	新疆喀什	1983.10—1987.9
	史国基	汉	男	甘肃临洮	1983.10—1984.10
	阿不都力米提·苏来曼	维吾尔	男	新疆喀什	1984.8—1998.4
	姜春生	汉	男	河南镇平	1984.7—1997.12
	马文宗	汉	男	河北定州	1984.7—1997
	张卫真	汉	男	河南伊川	1992.5—1995.4
	郝广雄	汉	男	北京平谷	1995.5—1999.1
	唐长青	汉	男	四川大竹	1999.1—2015.8
	居来提·喀斯木	维吾尔	男	新疆喀什	2001.5—2007.8
	张经民	汉	男	江苏徐州	2001.5—2006.12
	郭正红	汉	男	陕西米脂	2001.5—2014.6
	李更生	汉	男	山东招远	2008.1—2016.7
	宋连启	汉	男	河南	2008.7—2010.11
	苏建华	汉	男	河南新郑	2009.4—2013.12
	帕尔哈提·那曼	维吾尔	男	新疆	2013.12—2016.7

（三）新疆红旗坡农业发展集团有限公司

2016 年 2 月 2 日，阿克苏地区红旗坡农场企业化改制，成立新疆红旗坡农业发展集团有限公司，公司管理机构设董事会、监事会。董事会是集团公司股东大会的执行机构和红旗坡农场的经营决策机构，承担阿克苏地区红旗坡农场的经营和管理的最终责任。新疆红旗坡农业发展集团有限公司监事会作为公司的监察机关，代表全体股东监督和检查董事会的工作。由集团公司董事会聘任总经理、副总经理组成经营班子，在理事会的领导下、监事会监督下，负责集团公司的经营管理。形成管理、经营、监督三分离的工作机制。

2016 年 11 月 22 日，红旗坡集团公司内设行政办公室、党办室、财务室、人力资源部、法律事务部、纪检审计监察部、投资发展规划部、生产基地管理部、群众工作部 9 个部。

2017 年 1 月 24 日，党办室下设党务科、党建科、组织科。办公室下设后勤科、安保科、车队。财务部下设资金管控科、财务核算科、基层核算科、项目基建办、统计科、信息管理中心。人力资源部下设社保科、绩效考核办、招聘培训办、人事科。法律事务部下设合同管理科、法律事务（诉讼）科、执法大队、固定资产管理科、土管科、林管站。纪检审计监察部下设纪检监察室、审计科。群众工作部下设信访办、计生办、妇联、共青团委。生产基地管理部下设生产科、基地办。撤销基本建设办、项目办、基建科，相关业务归项目基建办。撤销农办，相关业务工作归生产科。

2018年10月22日，成立督察办公室，归属纪检监察审计部。成立网络和信息安全办公室，归属党办室。

2020年3月27日，红旗坡集团公司调整相关内设机构，乌鲁木齐办事处归投资规划部管理；成立内部审计科，归属纪检监察审计部。

2020年4月15日，红旗坡集团公司对内设机构名称统一进行规范，生产科规范名称为生产经营部；投资规划部规范名称为投资发展部；财务部规范名称为财务核算部；纪检审计监察部规范名称为纪检监察审计部；党务科、党建科合并为组织人事科，归属党委办公室；成立市场营销部。

至2020年底，红旗坡集团公司共内设10个部（室），分别为办公室、党委办公室、财务核算部、人力资源部、生产经营部、投资发展部、纪检监察审计部、法律事务部、群众工作部、市场营销部。

表3-1-3 2016—2020年新疆红旗坡农业发展集团有限公司负责人名表

	职务	姓名	族别	性别	籍贯	任职时间
董事会	董事长	范江明	汉	男	河南虞城	2016.1—2020.6
		李波涛	汉	男	河南新蔡	2020.6—
	副董事长	杨博	汉	男	甘肃临洮	2018.3—2020.3
		韩双胜	汉	男	甘肃永昌	2020.3—
监事会	主席	帕尔哈提·那曼	维吾尔	男	新疆阿克苏	2016.1—2016.7
		李更生	汉	男	山东招远	2016.7—2018.6
经营班子	总经理	范江明	汉	男	河南虞城	2016.1—2018.3
		杨博	汉	男	甘肃临洮	2018.3—2020.3
		韩双胜	汉	男	甘肃永昌	2020.3—
	副总经理	常国宏	汉	男	河南鄢陵	2016.2—2016.6
		李更生	汉	男	山东招远	2016.2—2016.7
		许新萍	汉	女	山东	2016.7—2017.2
		麦麦江·托乎提	维吾尔	男	新疆阿克苏	2016.7—2018.6
		粟杨	汉	女	湖南	2016.10—2018.6
		赵红军	汉	男	江苏灌云	2018.6—
		贺章平	汉	男	重庆	2018.6—
		穆合塔尔·达吾提	维吾尔	男	新疆阿克苏	2018.6—

二、基层单位

1958年3月，农场成立时，按分散管理、统一领导的原则，组成12个生产队，7个独立生产组，其中一队为农业生产队，由下放干部组成，二队为渠道基建队，三、四、五、六、七、八、九队为开荒造田队，十队为房屋基建队，十一队为畜禽队，十二队为蔬菜队。7个独立生产组分别为灌水组、平地施工组、运输组、园林苗圃组、铁工组、机耕组、供销组。

1958年10月13日，阿克苏专员公署批准地方高级社加入农场。

1958年10月26日，园林苗圃组更名为园林队。

1958年11月12日，机耕组更名为机耕队。

1958年12月，根据劳力、工作性质和居住地区的集中与分散情况，基层单位调整组编成生产队6个（农业生产队3个，园林队、畜禽、蔬菜队各1个）、开荒造田队5个、水利队1个、房屋基建队1个、机耕队1个、供销社1个，共15个队（单位）。

1959年1月，新组建成立砖窑厂、榨油房、化肥厂、被服厂、铁器加工组、煤矿、鸡兔坊、豆腐房、石灰厂、轧花组、缝纫组、草席组、水磨等单位（有些单位组织当年撤销、停办或合并到其他单位）。

1959年10月，农场重新确定编制机构时，各基层单位编为农业生产队一至八队，另有蔬菜队、畜牧队、水利基建队、开荒造田队、园林队、机耕队，还有场机关工副业室管理下的房屋基建队、砖厂、化肥厂、加工厂、门市部及食堂。11月，温宿九区兰杆农业社、库木他木农业社先后划归农场。

1960年7月12日，重新安排生产队秩序为沙合地为一队，亨地为二队，原九队为三队，原兰杆三队为四队，原四、五队合并为五队，原八队为六队，原六、七队合并为七队。12月28日，农场时下属单位重新调整，新编七个农田队，农田一队（原兰杆三队）、农田二队（原四队）、农田三队（原五队）、农田四队（原七队）、农田五队（原水利队）、农田六队（原二队）、农田七队（原一队）。撤销原六队，并入工副业室，撤销原开荒队，并入园林队，撤销原水利队。调整后，农田一至七队、菜队共八个队为农业生产队，另有畜牧队、园林队、基建队、工副业队（砖厂及其他单位），共12个队。当年，农场建起职工子弟学校。

1961年，农场再次重编为农田一队、二队、三队、开荒队及蔬菜队、园林队、水利队、畜牧队、机耕队。其中农田一队、农田二队分别在原基础上组成，农田三队在原农田五队、农田六队的基础上组成，开荒队由原农田七队、农田八队组成，其余队组织机构不变。4月21日，农场工副业单位整合为工副业综合加工厂（包括基建队、莫合烟小组、皮毛加工小组、缝纫组、草席组、水磨6个单位）。

4月，成立水管站。11月4日，由乌鲁木齐下放职工组建成农田八队，由阿克苏专区各单位下放职工组建成农田九队。当年，基建队因无工程，改为副业生产队（1965年重建基建队）。

1962年7月12日，砖厂撤销，合并入农一师。10月4日，撤销八队建制，合并至园林队；10月10日，撤销九队建制，并入五队。当年，撤销加工厂，改为副业队。

1963年1月23日，总场将红旗坡试验繁育站（试验站）交红旗坡农场。

1965年5月23日，菜队合并到园林队，为园林队的第六分队。当年，成立阿克苏门市部。

1966年4月16日，成立红旗坡农场林管组。4月19日，为有利于对支边青年的领导，决定从当年5月起，五队、八队两个支边青年队设为连队建制，生产队改为连，分队改为排，小组改为班。8月，第五生产队划归专区农科所。

1966年，农场基层单位为农田一至八队、畜牧队、园林队、副业队、基建队、机耕队、水管站、试验站、阿克苏门市部。

1967年4月3日，试验站与八连合并，合并后作为八连一个排。

1968年2月19日，将原四队一个排组建为十队。当年，农场小学附设初中班。

1970年，园林队和该队的六分队分为2个生产队，分出的六分队重新组建为菜队（即1965年5月合并为园林队六分队的菜队）。当年，农场组建成立水工队。

1971年3月9日，地区奶牛配种站合并到农场，改称奶牛队，经济独立核算。

1972年6月，成立农田十一队。

1976年10月，农场下属11个农田队，另有园林队、菜队、副业队、畜牧队、奶牛队、工程基建队、机耕队、水管站、学校、医务所等21个单位。11月3日，成立农场职工医院。

1978年4月20日，成立钻井队。

1981年7月23日，仓库从副业队划出单独成立为一个单位。

1982年3月20日，机耕队、八队机务排建制取消，并为机修队建制。5月10日，重新成立畜牧队。

1983年12月12日，原工程队的农、牧业单独成立1个队，编为六队，与畜牧队合并统称畜牧队，原工程队的工程建筑一班与砖窑队合并，编进工程队。

1984年2月14日，子弟中学分为一中、二中。

1985年，成立园林二队。

1986年1月28日，撤销农田五队建制，并入工程队。

1987年2月13日，成立汽水厂（饮料厂）。

1990年5月29日，汽水厂、果品厂合并为果品厂。

1991年，农场园林队更名为园艺分场。

1999年2月11日，副业队及医院、学校、场机关的果园部分合并，组建成立五队。面粉加工厂与供销科脱钩，实行自主经营、自负盈亏。12月11日，撤销机修队、园林二队，成立园艺二分场。当年，成立园艺试验站。

2000年3月4日，成立干部（知青）队。

2001年3月2日，撤销农田八队，改为园艺三分场；撤销农田九队，改为园艺四分场；撤销花炮厂（转产，租赁承包）。

2003年1月28日，撤销面粉厂。4月13日，成立果品营销服务中心。7月17日，撤销护林组，成立林管站。9月25日，第二小学更名为第三中学。

2004年2月9日，设立红旗坡农场水厂。12月29日，撤销五队建制，成立园艺五分场；撤销果品厂，与农贸市场合并为红旗坡农场物流中心。

2006年2月22日，工程队并入物流中心，更名为工贸中心。

2007年1月9日，为加快林果业发展，强化园艺主导产业优势，将农田单位撤队更名建分场，农田四队更名为园艺六分场，农田三队更名为园艺七分场，农田二队更名为园艺八分场，农田一队更名为园艺九分场，农田十队更名为园艺十分场，农田十一队更名为园艺十一分场，农田七队更名为园艺十二分场，农田六队更名为园艺十三分场。

2008年3月25日，轧花厂注销。

2008年5月30日，撤销林管站，成立林路管护站；成立植保站；园艺实验站并入园艺八分场。

2010年，柯柯牙四期绿化工程十万亩荒漠治理项目在红旗坡辖区实施。为方便属地管理，5月17日，红旗坡农场成立特色林果业生产基地。

2011年，农场下设18个基层单位，其中园艺场13个，实验站1个，工副业单位1个，林管站1个，水管站1个，水厂1个。

2012年9月26日，撤销原园艺二分场、园艺三分场、园艺四分场行政建制，合并重组成立园艺二分场，为正科级单位；原园艺二分场、园艺三分场、园艺四分场更名为园林二队、园林三队、园林四队，为副科级单位，隶属园艺二分场管理。

2013 年 1 月 29 日，农场撤销园艺一分场、园艺五分场、园艺六分场行政建制，合并重组成立园艺一分场，为正科级单位；原园艺一分场、园艺五分场、园艺六分场分别更名为园林一队、园林五队、园林六队，为副科级单位，隶属园艺一分场管理。2 月 27 日，农场决定撤销原园艺八分场、园艺九分场、园艺十分场、园艺十一分场、园艺十二分场、园艺十三分场行政建制，合并重组成立园艺三分场、园艺四分场，为正科级单位；原园艺八分场、园艺九分场、园艺十分场分别更名为园林八队、园林九队、园林十队，为副科级单位，隶属园艺三分场管理；原园艺十一分场、园艺十二分场、园艺十三分场分别更名为园林十一队、园林十二队、园林十三队，为副科级单位，隶属园艺四分场管理。4 月 2 日，成立红旗坡农工商总公司，园艺七分场、果品销售总公司、工贸中心归属管理；成立园艺五分场，管辖特色林果业基地、实验站；撤销水厂，成立水电管理所；撤销林路管护站，成立林管站。

2014 年 7 月 17 日，经地区行署办公室同意，农场 5 个园艺分场各增设 2 个园艺队，共增加 10 个园艺队（村级）。

2015 年 6 月 30 日，红旗坡农场将实验站、特色林果业示范基地合并成立园艺五分场。因土地面积过大，为方便管理，分成实验站、基地一队、基地二队三个片区。当日，成立阿克苏红旗坡林果开发股份有限公司。

2016 年 3 月 20 日，红旗坡集团公司出资设立阿克苏金物联电子商务有限公司，为阿克苏红旗坡林果开发股份有限公司的全资子公司。

2017 年 1 月 24 日，成立新疆红旗坡源动力水务有限公司、阿克苏红旗坡雪峰生态旅游牧业有限公司。农工商总公司、工贸中心机构撤销后，园艺七分场由阿克苏分公司直接管理。4 月 11 日，成立阿克苏红旗坡好果源林果生产管理服务公司，为集团公司下设子公司。园艺一分场、园艺二分场、园艺三分场、园艺四分场归属阿克苏红旗坡好果源林果生产管理服务公司管理。原红旗坡农场土地执法、林管站归属阿克苏红旗坡好果源林果生产管理服务公司管理。10 月 9 日，阿克苏红旗坡好果源林果生产管理服务公司更名为阿克苏红旗坡鲜果源林果生产管理服务公司；成立新疆明隆满疆生物科技有限公司，为集团公司下设子公司。

2018 年 1 月 5 日，阿克苏红旗坡鲜果源生产管理服务公司更名为新疆红旗坡农业发展集团有限公司阿克苏分公司。2 月 26 日，园艺七分场并入新疆明隆满疆生物科技有限公司。10 月 22 日，将园艺五分场与新疆红旗坡源动力水务有限公司合并，保留园艺五分场机构设置。源动力水务公司下设水管站、自来水厂、综合部、实验站、基地一队、基地二队 6 个部门。

2019 年 3 月 25 日，成立新疆红旗坡农业发展集团有限公司阿克苏分公司生产经营部；撤销红旗坡农场园艺五分场设置，成立新疆红旗坡农业发展集团有限公司阿克苏分公司园艺五分场，实验站、基地一队、基地二队仍由新疆红旗坡源动力水务有限公司管理；撤销新疆红旗坡农业发展集团有限公司阿克苏分公司园艺生产部，相关业务分归园艺五分场和生产经营部；园艺七分场划归新疆阿克苏振泰房地产开发有限公司管理。

2020 年 4 月 15 日，新疆红旗坡农业发展集团有限公司下属分（子）公司办公室规范名称为综合部（党建办公室）。

至 2020 年底，集团公司拥有主要服务于生产管理的子公司新疆红旗坡农业发展集团有限公司阿克苏分公司及全资或控股子公司 8 家，分别是阿克苏红旗坡林果开发有限公司、新疆红旗坡源动力水务有限公司、阿克苏优能农业科技股份有限公司、阿克苏云农物流股份有限公司、阿克苏振泰房地产开发有限公司、阿克苏红旗坡源生态农业发展有限公司、阿克苏红旗坡雪峰生态旅游牧业有限公司、阿克苏优购市场运营有限公司。新疆红旗坡农业发展集团有限公司阿克苏分公司管理有园艺一分场（下设园林一队、园林五队、园林六队）、园艺二分场（下设园林二队、园林三队、园林四队）、园艺三分场（下设园林八队、园林九队、园林十队）、园艺四分场（下设园林十一队、园林十二队、园林十三队）；水务公司管理有水管站、自来水厂、实验站、基地一队、基地二队；阿克苏红旗坡林果开发有限公司下辖阿克苏金物联电子商务有限公司；振态公司管理有园艺七分场。

三、红旗坡集团公司分（子）公司

（一）新疆红旗坡农业发展集团有限公司阿克苏分公司

2017 年 4 月 11 日，成立阿克苏红旗坡好果源林果生产管理服务公司，为集团公司下设子公司。内设财务部、办公室、综合部。园艺一分场、园艺二分场、园艺三分场、园艺四分场归属阿克苏红旗坡好果源林果生产管理服务公司管理。原红旗坡农场土地执法、林管站归属阿克苏红旗坡好果源林果生产管理服务公司管理。10 月 9 日，阿克苏红旗坡好果源林果生产管理服务公司更名为阿克苏红旗坡鲜果源林果生产管理服务公司。

2018 年 1 月 5 日，阿克苏红旗坡鲜果源生产管理服务公司更名为新疆红旗坡农业发展集团有限公司阿克苏分公司。

2019 年 3 月 25 日，成立新疆红旗坡农业发展集团有限公司阿克苏分公司生产经营部；撤销红旗坡农场园艺五分场设置，成立新疆红旗坡农业发展集团有限公司阿克苏分公司园艺五分场；撤销新疆红旗坡农业发展集团有限公司阿克苏分公司园艺生产部，相关业务分归园艺五分场和生产经营部。

至 2020 年底，新疆红旗坡农业发展集团有限公司阿克苏分公司管理有园艺一分场（下设园林一队、园林五队、园林六队）、园艺二分场（下设园林二队、园林三队、园林四队）、园艺三分场（下设园林八队、园林九队、园林十队）、园艺四分场（下设园林十一队、园林十二队、园林十三队）、园艺五分场。

（二）新疆红旗坡源动力水务有限公司

2017 年 1 月 24 日，新疆红旗坡源动力水务有限公司成立，下设水管站、自来水厂，承担着集团公司"三水一电"（地表水、地下水、饮用水及电网）管理职能。当年，有员工 32 人。2018 年，园艺五分场划归水务公司管理后，全公司有员工 58 人，临时聘用人员 14 人，下设水管站、自来水厂、综合部、实验站、基地一队、基地二队 6 个部门。

2018 年 10 月 22 日，园艺五分场与新疆红旗坡源动力水务有限公司合并，保留园艺五分场机构设置。

2019 年 3 月 25 日，撤销红旗坡农场园艺五分场机构，成立新疆红旗坡农业发展集团有限公司阿克苏分公司园艺五分场，实验站、基地一队、基地二队仍由新疆红旗坡源动力水务有限公司管理。

2020 年，公司有员工 38 人，其中临时聘用人员 3 人。内设综合部，下设水管站、自来水厂、实验站、基地一队、基地二队。

（三）阿克苏地区红旗坡源生态农业发展有限公司

2017 年 12 月 22 日，阿克苏地区红旗坡源生态农业发展有限公司成立，注册资本 5000 万元，注册地位于红旗坡片区管委会林海社区居民点。主要开展果园种植管理（具体品种）及果园苗木培育工作。

2019 年，公司正式运营。当年，采取自管结合代管加承包形式进行管理，管理土地总面积 1642 公顷，其中其他公司代管 1075 公顷、向外承包 334 公顷、源生态公司自管 233 公顷；种植苹果 797 公顷（幼树期 759 公顷）、樱桃 290 公顷（幼树期）、葡萄 160 公顷（幼树期）、核桃 396 公顷（幼树期 334 公顷）。果品总收入 213 万元。

2020 年，公司有职工 8 人，其中班子成员 4 人，普通员工 4 人，党员 5 人。公司土地总面积 1755 公顷。年内，对集团公司收回的 200 公顷果园及林带进行补种树苗并确保成活率在 80% 以上，共补栽果树 4.5 万棵、桑树 3.5 万棵，果树成活率 90%，桑树成活率 85%。当年，公司管理土地总面积 1755 公顷，其中种植苹果 843 公顷（759 公顷幼树期无产量，剩余 84 公顷产量 109 吨）、樱桃 290 公顷（幼树期，无产量）、葡萄 160 公顷（幼树期，无产量）、核桃 62 公顷（产量 222 吨）、杏树 11 公顷（产量 8 吨）、核桃幼树

334 公顷（无产量）、育苗地 1 公顷、空地 25 公顷、其他用地 29 公顷；交由其他公司代管 1075 公顷，承包 334 公顷，公司自管 346 公顷。公司在对土地进行管理的同时，对果园修剪 1 次，林带修剪 2 次，施肥 4 次，灌溉 13 次。利用 4 公顷果园进行果园套种西瓜尝试，为节水滴灌、果园套种积累经验。

（四）阿克苏红旗坡雪峰生态旅游牧业有限公司

2017 年 2 月 13 日，阿克苏红旗坡雪峰生态旅游牧业有限公司成立，注册资金 1 亿元。为新疆红旗坡集团有限公司全资下属子公司。公司主要从事旅游开发项目。当年，主要开发项目为雪峰农庄。

2019 年，雪峰农庄在集团公司安排下，负责开发阿拉尔空台里克项目，土地该项目面积为 15 万公顷，主要对土地进行开荒、农作物种植、农林灌溉等。当年，对土地开荒，同时打井 300 眼、架线路 100 米、修线路 80 米等。种植的农作物品种有甜瓜、西瓜、油菜籽、棉花、水稻等。至 2020 年末，总投资额达 4.54 亿元。

（五）阿克苏红旗坡林果开发股份有限公司

2015 年 6 月 30 日，阿克苏红旗坡林果开发股份有限公司（以下简称林果公司）成立，为新疆红旗坡农业发展集团有限公司二级全资子公司。林果公司位于温宿国家农业科技园区，注册资金 1.03 亿元，有员工 62 人，内设行政部、财务部、采购部、生产部、销售部、电商部、运营维护部等，是集采购、保鲜、加工、物流、销售为一体的综合性运营的大企业。下辖全资子公司阿克苏金物联电子商务有限公司。

2017—2018 年，林果公司依托分选线创新行业标准，经济总收入达 7.5 亿元，制定的标准已被全国电商采用，使阿克苏苹果的美誉度和品牌影响力进一步提高。

2020 年，阿克苏红旗坡林果开发股份有限公司有工作人员 18 人，其中班子成员 5 人、财务人员 5 人、综合部 5 人、销售部 2 人、库管 1 人。

（六）阿克苏优能农业科技股份有限公司

2019 年 4 月 2 日，阿克苏优能农业科技股份有限公司注册成立，为红旗坡集团公司下属子公司，注册资金 1 亿元。内设生产部、销售部、财务部、综合部 4 个业务部门，有职工 17 人。公司主要经营果品收购、贮藏、销售、委托加工及运输服务。

至 2020 年底，公司内设生产部、市场营销部、财务部，综合部、采购部、仓储部，有职工 25 人。公司实现营业收入 8919.78 万元，其中果品销售收入 8558.05 万元、运输服务收入 352.73 万元。

（七）新疆红旗坡云农物流产业园股份有限公司

2018 年 1 月 9 日，新疆红旗坡云农物流产业园股份有限公司成立，属商务服务业。

至 2020 年，内设综合办公室、财务部、市场管理部、保安部，有工作人员 30 人。

（八）阿克苏优购市场运营有限公司

2020 年 7 月，红旗坡集团公司成立阿克苏优购市场运营有限公司，是新疆红旗坡农业发展集团公司的下属子公司。至年底，公司有职工 14 人，其中管理人员 2 人，内设市场营销策划部、采销部、库房管理部、综合办。公司主要运营红旗坡优购园。

（九）新疆阿克苏振泰房地产开发有限公司

2013 年，新疆阿克苏振泰房地产开发有限公司（简称振泰公司）成立，办公地址位于红旗坡农场场部院内，内设综合办公室、项目办公室、拆迁办公室，有职工 9 人。

2018 年，振泰公司入股新疆红旗坡云农物流产业园股份有限公司，占比 21％的股份。当年，云农公司启动阿克苏市绿色农业交易中心暨新疆云农贸中心建设项目后，振泰公司全程参与并推动项目的征迁、建设工作。

2019 年 3 月，红旗坡园艺七分场划归振泰公司管理，七分场原办公室人员划入振泰公司管理。振泰公司组织专人协助配合阿克苏市政府、阿克苏商贸物流产业园完成规划范围内的征迁任务 200 余公顷。当年，振泰公司全权接管新疆红旗坡云农物流产业园股份有限公司相关业务，对投资建设的物流园进行全面招商，有针对性地开展各项宣传活动，吸纳商户入驻，使物流园进入试运营状态。11 月，协助阿克苏地委、行署在物流园成功举办新疆第六届新疆特色果品（阿克苏）交易会。5 月，根据农场"场社合一"管理办法相关规定，原借调到社区的 5 人被安排在振泰公司。

2020 年，振泰公司有职工 20 人。振泰公司对新疆天山龙门生态农业有限公司、阿克苏市中企业投资发展基金（有限合伙）进行股权收购，收购后股份占比新疆红旗坡云农物流产业园股份有限公司 61％。10 月，协助阿克苏地委、行署举办新疆第七届新疆特色果品（阿克苏）交易会，协助配合阿克苏市政府、阿克苏商贸物流园管委会扩大市政和园区规划建设，协助园区管委会完成征迁任务 130 余公顷。至 2020 年底，七分场除部分居民点及各买断承包土地以外，仅剩余 35 名职工，全年收取土地承包管理费用 20.34 万元，管理费用涉及土地 49.66 公顷。疫情防控期间，振泰公司管理的物流园为地区蔬菜、粮油等日用物资提供有力保障和供应。

第二节　机构调整与改革

1958 年 3 月，红旗坡农场建场初期，场部为全场的核心，在场党委的领导下，实行分工负责的责任制度。由计划财务室、生产基建室、供销室、秘书室组成场管理委员会。

农场贯彻执行"边生产、边建设"的办场方针，按分散管理、统一领导的原则，组成 12 个生产队，7 个独立生产组。

20 世纪 90 年代后期，由于农场长期受计划经济体制的影响，管理层次多，管理链条长，基层单位经济缺乏活力。机构设置与人员配备不够合理，机构庞大、臃肿，跟不上现代企业的管理需求，农场开始谋划改制工作。

2000—2003 年，农场机构改革按照"科室合并，精干高效，一人多用，满负荷工作"的原则，场机关由原来的 15 个科室精减到 10 个科室。撤并、合并部分基层单位，减少管理人员数量。

2008 年，农场下设 18 个基层单位，职工总人数 5480 人，总人口 12473 人。财务实行一级管理，二级核算。一级管理即农场设财务管理中心 8 人，下设的基层单位财务室 18 个，每个财务室 2 人，计 36 人。

2013 年，农场再次探索管理体制机制改革，首先从内部管理体制进行改革，将基层 13 个分场、20 个科室、单位改为机关 5 大科室和基层 5 个分场及农工商公司等共计 11 个管理部门（单位），实行党委领导下的场长负责制，分总场、分场、队三级管理，家庭土地承包经营管理模式，以林果业为支柱产业。机构的改革，增强人、财、物的管理力度，提高办事效率。

2017 年，农场按照改制进程，着手各项集团化改制工作，建立健全现代企业制度，完善监事会及 9 大职能部门，配备相应管理干部，实现企业领导人员分类分层管理。以资源资产化、资产资本化、资本证券化为目标，整合资源资产，优化产业升级，加快现代农业大基地、大企业、大产业建设；采取以主业为核心、延伸产业链和资源整合，完善公司生产经营结构，形成以林果管理、林果产业化经营、房地产、水资源经营、生态畜牧旅游、电子交易等业务为主的 7 家全资及控股公司。

至 2020 年，围绕加快建立和完善现代企业制度，使企业具有较强影响力和核心竞争力的现代农业。

第三节　场办社会职能改革

红旗坡农场作为国营农业企业，在发展经济的同时，更多的承担着繁重的社会义务，如社会治安、计划生育、拥军优属、社会救助、防病改水、养老退休、医疗卫生、子女就学等全，长期以来使企业不堪重负，发展步履维艰。

2001 年 12 月起，农场在地区对国有农牧企业改制工作暂未启动的情况下，决定对场办学校实施内部改革试点。成立农场医院、学校内部改革工作领导小组。将第二中学组建为中心学校，原园艺二分场小学、十一队小学为中心学校分校，纳入中心学校统一管理。第二小学正式确定为企业办学改革试点单位，农场按原发放工资数额的 70％ 拨付给第二小学，打破原有工资级别进行分配。根据第二小学教学规模和生源需要，自行确定教职工人数，医院医护人员工资拨付以 2000 年 12 月底为基数，按 70％ 计算，其余 30％ 从医疗服务收入中支付，从 2001 年第二季度开始执行。

2002 年，对医院、第二中学进行内部改革。农场通过竞争、考核确定管理责任人。对两个单位分别按 70％、50％ 核拨工资（第二中学核拨 3 年，医院核拨半年）。同年，园艺二分场学校以上述办法核拨 70％ 工资，其余经费由管理责任人在政策法律允许的范围内创收解决。仅医院和 3 所学校改革每年为农场减少支出近 80 万元。当年，根据农企改字〔2002〕01 号文件精神，地区成立红旗坡农场、实验林场、库车种羊场自办学校、医院移交工作组，农场开始启动场办社会职能改革，推进社企分离。

2003 年 5 月，地区派出工作组，对农场拟移交资产、人事进行调查。农场有学校 10 所（在校学生 3795 人），其中中学 2 所、完全小学 2 所、队办小学 6 年，在岗人员 215 人，学校土地资产 18.1 万平方米，估价 362.06 万元，流动资产 133.66 万元，固定资产原值 529.37 万元，净值 491.96 万元，共计 987.69 万元。医院在岗人员 41 人，土地资产 1.78 万平方米，估价 35.51 万元；固定资产原价 59.8 万元，净值 53.95 万元；流动资产 30.18 万元。7 月，农场派专人会同地区编办、人事局到自治区编办、人事厅协调解决移交事宜，自治区编办核定拟移交人员编制。12 月，自治区人事厅、农业厅、财政厅组成联合审核小组，对拟移交人员进行审核。

2004 年，根据社会化管理的改革要求，以推进社企分开为方向，以服务国有农牧场集团化、企业化改革为主线，以剥离国有农牧场办社会职能为重点，进一步理顺政企、事企、社企关系，消除束缚国有农牧场发展的体制机制障碍，推动国有农牧场与周边区域享受同等待遇，提升国有农牧场发展能力和水平，农场开始进行社会化职能移交。4 月，自治区人事厅下发《关于对阿克苏地区国营农林牧场、煤矿所属中小学校、医院移交问题的批复》，地区编委下发《关于下达阿克苏市、库车县、拜城县国营农林牧场煤矿中小学、医院移交地方政府管理编制的通知》，农场核定移交人员 304 人，其中学校 216 人、医院 49 人、学校（医院）退休人员 39 人。

至 2006 年，农场将普通中小学校和医疗卫生机构整体交由阿克苏市政府管理，进一步减轻企业负担。

2015 年，农场根据《阿克苏市与地区实验林场、红旗坡农场联席会议纪要》《关于理顺阿克苏市、温宿县、阿克苏纺织工业城、地区实验林场、红旗坡农场部分交叉重叠区域管理机制现场办公会议纪要》《关于理顺阿克苏市、温宿县、阿克苏纺织工业城、地区实验林场、红旗坡农场部分交叉重叠区域管理机制的实施方案》文件精神，制订《红旗坡农场场社合一办公管理办法（试行）》，建立"场社合一"运行机制。场社合一办公范围：阿克苏市柯柯牙街道东园社区、解放碑社区、红旗坡社区、库木巴扎社区与红旗坡农场园艺一分场（园林一队、园林五队、园林六队）、园艺二分场（园林二队、园林三队）、园艺三分场（园林八队、园林九队）、园艺七分场场社合一办公，管辖区域范围保持不变。场社合一办公实行同一个场所办公，便于日常管理和开展服务。实行农场党总支、柯柯牙街道党工委双重管理，完成柯柯牙街道党工委交办的社区工作。场社合一工作人员一定三年不变，确保工作人员的稳定性。运用3年逐步移交的方式，实现政企分离。在办社会职能移交工作开展前期，农场对所属的企业办市政、社区管理等职能进行全面的摸底调查，厘清类似企业办市政方面资产为监控、照明设施，涉及资产价值337.6万元（资产原值），为后续资产移交做好准备。考虑到农场辖区内的监控、照明设施均属于办公场所、生产基地内管理使用范畴，不影响社区社会化管理，因此，红旗坡集团公司党委决定，根据集团公司生产管理实际情况，原农场安装的监控、照明等设施资产不移交，由红旗坡集团公司管理使用。

2016年，农场的市政、消防、社区、供电、客运、人武民兵、计划生育、妇幼保健、动植物防疫检疫、养老院、优抚、文化体育、广播电视及宗教事务管理等工作完成移交。

2018年9月28日，按照中央关于2020年基本完成剥离国有企业办社会职能和解决历史遗留问题的工作部署，红旗坡农场（集团公司）制订《红旗坡农场办社会职能改革实施方案》，结合农场实际情况，阿克苏市红旗坡开发区管委会与农场（集团公司）就办社会职能移交工作签订协议。根据协议，双方加强资源共享，提高区域社会事业整体效益，阿克苏市红旗坡开发区管委会将农场纳入强农惠农富农和改善民生政策覆盖范围。并按照属地管理的原则，将农场职工纳入相应的社会救助等社会保障体系。农场职工、离退休职工的组织关系相应转至阿克苏市红旗坡片区管委会。由阿克苏市红旗坡片区管委会负责民兵的训练工作，农场配合安排职工参加。当年，红旗坡农场（集团公司）采取分步式逐渐将承担的社会职能移交红旗坡片区管委会，并逐渐完备各项手续。

2020年4月，为贯彻落实阿地党办发〔2019〕107号文件《阿克苏地区加快推进国有企业退休人员社会化管理工作实施方案》，红旗坡农场（集团公司）成立红旗坡农场企业退休人员社会化管理移交工作领导小组，制订《阿克苏地区红旗坡农场企业退休人员社会化管理工作实施方案》。农场退休人员管理关系移交以企业社会化保险参保地为主，各县

（市）人民政府根据辖区内国有企业退休人员户籍所在地、社会保险参保地或退休人员居住地实际情况，确定移交接收的单位、街道和社会，并负责做好无安置单位退役军人退休后的社会化管理有关工作。农场管理的退休人员档案（含党员档案）移交至接收属地党委和政府指定的部门。农场管理的退休党员，在核定党费交纳基数、交清转移前应缴党费后，将其组织关系转移到街道社区党组织进行管理。农场企业退休人员实行社会化管理后，原企业内设的退休人员管理机构承担的社区管理职能全部移交至属地人民政府指定部门。农场中从事退休人员管理工作的职工，由农场（集团公司）和地方政府协商采取灵活方式，由街道社区优先聘用，仍留在农场企业的职工，通过农场企业内部转岗、交流任职等多种途径安置。至9月，全场（集团公司）1928名退休人员全部完成移交工作，其中移交阿克苏市红旗坡片区管委会1773人、阿克苏市依干其乡社区2人、阿克苏市南城街道办事处15人、阿克苏市纺织城片区管委会2人、阿克苏市红桥街道办事处5人、阿克苏市多浪片区管委会2人、阿克苏市兰干街道办事处52人、阿克苏市新城街道办事处54人、阿克苏市英巴扎社区23人。

至2020年，农场（集团公司）在将经营管理职能和社会管理职能分立后，在集团公司党委的统一领导下，得以更好以专项职能专门管理的方式，借助产业化经营实现的利润支持，实现了社会和谐稳定、职工居民生活水平显著提高的整体目标。

第二章　经营机制改革

改革开放以来，农场建立和完善承包责任制，加快推进农场现代化进程，实现经济和社会又好又快发展。但随着社会主义市场经济建设的不断发展，在计划经济体制下建立起来的农业发展模式，市场应对能力不强，产权关系不明晰的问题逐渐显现。为进一步适应社会主义市场经济建设发展，更充分地发挥国有企业的整体优势和规模效应，积极推动垦区集团化、企业化改革，加快转变经济发展方式，调整产业结构，通过盘活土地，关闭亏损企业，整合产业，统一配置各种资源，实行现代企业制度，转换企业经营机制，分离企业办社会职能等举措，实现由行政管理型向资产、生产经营管理型集团企业的转变，从区域条块发展向综合整体发展的现代企业制度转变，着力推进一二三产业同步建设、融合发展，努力将农场打造成为一个独立的市场竞争主体。

第一节　垦区集团化、农场企业化改革

一、集团化、企业化改制

1995 年，农业部提出"逐步弱化行政职能，加快实体化进程，积极向集体化、公司化过渡"的改革思路，启动垦区管理体制改革试点工作，为农场按照市场经济要求进一步深化改革积累宝贵经验。此后，农场完善以职工家庭为基础、统分结合的双层经营机制和承包责任制，着力对土地承包制度、土地流转制度、农业税费制度和承包合同等进行规范；在工业生产方面，探索租赁经营、股份合作经营等多种经营方式。

2000 年，农场在轧花厂试行股份制，职工集资 100 余万元，更新设备，当年完成技术履行，扩大加工规模，抓住棉花市场机遇，为推行股份制进行了有益的尝试。

2003 年起，农场为进一步增强活力和市场竞争力，开始着手进行管理体制改革。此次改革以制度建设为核心。为规范企业经营行为，逐步建立现代企业制度，制订出台《红旗坡农场综合管理办法》（简称《综合管理办法》），并于 2003 年 2 月 19 日经第三届职代会审议获准，3 月 11 日农场管委会讨论通过。《综合管理办法》成为农场现场经营管理的

基本办法，标志着农场步入新的发展阶段。

2004年后，农场的基本养老社会统筹问题得到解决，学校、医院移交给政府管理，社会负担减轻，改制的条件基本成熟。

至2010年，农场加快分离企业社会职能，明确社会事务社会化管理，一些没有移交出去的职能也实行内部分开，政企、社企权责关系基本理顺。当年，农场提出改为企业化的改制申请，并结合农场实际，构建新型劳动用工制度，健全职工招录、培训和考核体系，建立以劳动合同制为核心的市场化用工制度。

2014年8月，红旗坡农场体制机制改革全面启动。改革思路：农场整体转制为企业集团公司，所辖的涉农、涉林企业转化为分公司或子公司。通过剥离社会职能，以资本为纽带，以完善法人治理结构和企业管理制度为重点，建立符合现代企业制度要求的企业集团公司。转制后的集团公司，一是物资装备统一采购、统一配送，农产品统一销售，降低成本，增加收入；二是采用统一的技术措施，统一的操作规程和标准，提高单位面积的产出量，使生产力水平明显提高；三是建立一定规模的优势农产品基地，促进以农产品加工为龙头的产业化经营格局。

改革方案：重组改制其原有企业结构，成立红旗坡农业发展集团有限公司，在更好地履行农场的社会管理职能的同时，充分发挥市场机制的效能，加快企业经营职能的转变，促进农场经济效益和职工收入水平的提高达到"农场稳步发展，职工农户得益，参与投资方盈利"多方共赢的目的；推进农场国有资产保值增值，实现富民强企繁荣区域经济的整体目标。在此基础上，对农场下属子公司进行全面梳理，根据业务性质进行拆分、合并或注销，并根据总体改制的需要新设若干主体，最终达到上述目的。重组基本方案如下。第一，保留"农场"作为社会职能的承担者，继续发挥维护稳定、促进辖区社会综合发展的职能。第二，在农场之下，设立一个综合性生产经营实体（下称平台公司或集团公司），将农场的全部生产经营职能承接下来，建立规范的现代企业制度，引进大型企业集团作为共同出资人，以多种所有制共存的产权形式，以股份公司的组织制度，以市场化的运营机制，全面承担农场所有的国有资产的经营管理职能，实现国有资产的保值增值及企业利润的最大化。在适当的时候，将该集团公司直接对接资本市场（如到上海股票交易中心挂牌），打通农场层面的融资通道，将集团公司打造成为农场的一级融资平台。第三，在平台公司下面，设立多个专业化的公司（股份公司形式或有限责任公司形式），同时引进外部的产业资本，专业化地从事不同的产业，通过产业运营，实现产业结构合理、经营效益突出、运营规范、产权明晰的"利润中心"，并鼓励有条件的专业化公司挂牌上市或直接IPO，打造农场的二级融资平台。第四，在专业公司（如房产公司）下面，成立若干项目公司，通过单一的项目合作进行对外融资，或进行股权转让，从而搞活各个单一项目，创造更大的经营利润，打造农场的三级融资平台。通过"双层组织形式"（即农场和集团公司）和"三级融资平台"的建构，全面搞活国有资产，全面引入市场化机制，从而实现农场的全面改革。

2015年，根据《中共中央　国务院关于进一步推进农垦改革发展的意见》要求，农场再次启动企业化改革。同时，建立"场社合一"的运行机制。10月29日，地委2015年第十三次地委委员（扩大）会议同意红旗坡农场进行集团化改制。11月23日，地区国资委下发《关于对地区红旗坡农场集团化改制方案的批复》，同意《红旗坡农场集团化改制方案》提及的关于组建集团公司的出资方式和公司组织架构。2016年2月23日，地委下发《关于〈新疆红旗坡农业发展集团公司组建方案〉的批复》，同意集团公司组建方案。

2016年2月2日，由红旗坡农场全面开展农林牧场体制改革后全资注册成立的综合型集团公司——新疆红旗坡农业发展集团有限公司（简称红旗坡集团公司）正式揭牌营业。同时，保留原农场身份，实行两块牌子、一套班子的组织架构，二者职能分离的同时相互依托，共同推进。集团公司成立后，严格按照相关法律法规开展国有企业改制工作，逐步实现集团公司经营职能与社会职能分离，红旗坡农业发展集团公司主要负责生产经营，实现利润最大化；另组建红旗坡管委会，行使社会职能。农场实现政企分离。地委、行署参照街道办和社区的组织结构设置红旗坡管委会架构，红旗坡农场分流120名干部充实到社区参与辖区内的社会事务管理；集团公司将承接红旗坡农场法律主体地位，接管一切与经营业务有关的资产和部门。通过对优势资源的挖掘，在集团公司下设立3个子公司（阿克苏红旗坡林果开发股份有限公司、新疆阿克苏振泰房地产开发有限公司、新疆红旗坡源动力水务有限公司），并计划成立旅游开发公司。2016年以后，集团公司采取主业为核心、延伸产业链和资源整合，先后成立6个全资子公司、2个控股子公司、1个参股子公司，涉及特色林果业生产、特色果品经营及深加工、物流、生态旅游、房地产、水资源开发、农业科技研发、畜牧业等多方面产业，红旗坡农场集团化改制结构基本形成，集团化经营全面启动，各子公司经营业务活动有序进行。

2017年，红旗坡集团公司在公司运营上建立健全现代企业制度，成立董事会、监事会及9大职能部门，配备相应管理干部，实现企业领导人员分类分层管理；同时采取主业为核心、延伸产业链和资源整合，成立的林果销售、振泰房地产、源动力水务、雪峰生态旅游畜牧、鲜果园服务管理、明隆满疆食用菌、汇宗农副产品电子交易平台（汇字电子平台）7大专业农业产业公司，各公司良好持续运营，推进农场集团化改制有序进行。集团公司结合产业化布局情况，着重抓好阿克苏红旗坡鲜果源林果生产管理服务公司、阿克苏红旗坡林果开发股份有限公司、新疆红旗坡水务有限公司"三驾马车"的生产经营和地区重点项目的建设，全面推进集团化发展。

2018 年，红旗坡集团公司根据自身的发展全面启动各项改革工作。由于"红旗坡"品牌已经在市场具备一定的知名度和美誉度，因此，通过果品的销售，巩固和进一步推广"红旗坡"品牌，为今后集团公司的组织化、规模化、集约化、机械化的现代大农业的建设的战略布局奠定一个良好的基础。

至 2020 年，农场（集团公司）办社会职能基本完成剥离，解决企业办社会的诸多问题，明确农场（集团公司）在市场中的主体地位，已实现市场条件下自主经营和公司化运作。

二、企业尝试上市改革

至 2010 年，红旗坡农场在几代人的努力下，发展成为阿克苏地区乃至新疆具有较大规模种植面积、生产经营特色果品、著名品牌享誉全国的大型国有农场。但长期以来一直受到经营分散、发展资金不足、产业化程度不高三大问题的困扰，因此，以实现规模化、产业化的现代化大农业为目标，以搭建市场化融资平台进而实现农场跨越式发展、健康持续发展为主要目的的改制势在必行。

2010 年 8 月 25 日，为推进地区林果业产业化进程，红旗坡农场经过调研和与上市专业公司交流，完成《红旗坡农场重组上市工作实施方案》的编制。根据计划，改制工作分四步进行。第一步：将红旗坡农场整体改造为国有独资公司。规范公司治理结构，界定资产边界，完善财务基础，构建产品市场营销和资本运营平台。第二步：国有独资公司发起设立股份有限公司。股份有限公司作为高度市场化的经营主体，实现企业价值最大化，融资市场化和企业发展的旗舰。第三步：国有独资公司作为优质资产培育主体，不断向股份公司注入优质资产，套现资金持续用于培育优质资产、解决存续问题。股份公司持续购买国有独资公司的优质资产，持续融资持续快速发展，企业价值不断提高。第四步：国有独资公司演变为纯粹控股公司，股份公司实现战略发展目标。

2012 年，《阿克苏地区红旗坡农场股份制改制上市总体方案（报审稿）》出台。根据方案，2012 年 9 月末前完成改制和发起设立股份有限公司的全部程序，并开始正式运营。在 2012 年剩余时间内完成股份公司体制框架和市场网络前期建设，保证实现当年销售收入和利润目标，撰写产业链建设项目，进入准备阶段。2013 年上半年全面按拟上市公司规范实现治理结构、基本规章、内控制度、运行系统的内审目标。2013 年下半年基本确定募投（私募公募）项目，开始走立项和可行性报告的相关程序。2013 年末至 2014 年初，安排 1 次非公开募资，2014 年初股份公司申请进入辅导期，年末完成首期产业链建设项目竣工验收。2015 年上半年完成辅导期验收，并办理首次公开发行股票申请工作，年末启动公募项目和定向收购兼并项目，完成中国证监会核准程序和在证券交易所公开发行股票和挂牌上市目标。股份制改制后，将按现代企业制度建立新的体制，自主发展的能力更强，经营更有活力。通过改制，引入强势的战略合作方，借助其资金实力、市场经验和广泛的市场网络资源，使产品获得更好的收益，企业资金充裕，可以开发新的项目，扩展发展领域，加大农业科技投入，改善薄弱环节并惠及民生。改制上市后，企业的整体实力和知名度将大大提高，将为实现农场更为宏伟的战略目标奠定基础，股改上市的目标是成为新疆乃至国内同行业中最具综合竞争力的一流企业。随着股份公司的上市和农场的大跨越发展，能使职工和农户收入水平倍增，居住环境改善，各项社会、文化、教育、医疗条件加速。

2013 年 1 月 15 日，农场贯彻落实阿克苏地区行署的《阿克苏地区关于进一步加快推进企业上市工作实施意见》，推进农场改制上市工作的步伐，根据行署领导指示和地区红旗坡农场股改工作领导小组专题会议的安排，取得评估机构的初步结果。同时，对原改制方案中的有关土地承包制改进创新工作进行了大量调研论证，以破解承包制带来的股改上市障碍与保护职工农户既得利益的两难问题。通过制定解决方案，对原上报的股改上市方案进行了修改。

2014 年，红旗坡农场着手重组改制原有企业结构，拟成立红旗坡农业发展集团公司。集团公司经改制后成为一家符合证券化要求的、具有现代企业治理结构的、多方参与国资控股的混合所有制的股份有限公司。红旗坡集团公司受托管理红旗坡农场的经营性资本及各投资方的现金资产，成为改制中不可缺少的资本管理平台、融资平台、企业经营的总管理机构。全面承担企业改制中经营管理、融资功能、资本运作功能等各项重要职能任务，以完成本次改制工作"富民强企"、实现企业经营性资产证券化的重要任务。

2015 年 4 月 22 日，地委召开地区红旗坡农场改制工作协调会议，听取了农场关于《阿克苏地区红旗坡农场企业改制并林果产品上市实施方案》的汇报，同意农场集团化改制的方案并要求推进农场改制及果业公司上市工作，组建红旗坡农场改制工作领导小组，由地委、行署分管领导牵头，相关部门参与，研究红旗坡农场改制相关事宜。领导小组下设农场改制办公室，办公室设在地委农办，负责红旗坡农场集团公司组建、国有资产确权和清产核资、农场管委会组建等与改制有关工作的组织协调，负责新疆阿克苏红旗坡果业股份有限公司上市前的指导、协调工作。

2016年2月2日，红旗坡集团公司正式揭牌成立。在此基础上，对下属子公司进行全面梳理，根据业务性质进行拆分、合并或注销，并根据总体改制的需要新设若干主体。集团公司为解决国有土地确权问题，与地区国资委签订所辖土地的整体经营承包租赁合同，确立农场对所辖土地的经营管理权力，并办理相关土地的权益权证。以此方法解决农场在改制过程中的实物出资问题，并为改制后续工作开展打好基础。改制中，职工身份不变，劳动关系不变，职工的土地承包关系不变，由职工承包户组织专业合作社对职工持股行使管理职能，提高劳动生产效率。职工在原有的土地承包收益的基础上增加企业经营而取得的盈利分红，切实、透明地实现收入稳步提高的改革目标。

2019年，红旗坡集团公司为推进集团公司深化改革及上市工作，再次聘请国内具有丰富经验的专业公司进行品牌的打造与营销、财务系统的建设与合规管理、系统激励与考核、上市所需资源的对接与辅导、融投资顾问（FA）五大模块的辅导，累计培训辅导40场次，初步完成战略目标规划、组织架构梳理、岗位权责梳理、目标绩效考核管理、职业生涯规划、薪酬激励设计等六大模块工作，为确保上市内控标准打下基础。

第二节 农业经营管理体制改革

一、定包奖责任制

1958年，农场实行定额管理，按完成定额情况计发工资。统一制定开荒平地和筑渠施工定额：开荒平地按土地状况分为5个等级，分别确定劳动定额和定额工资；筑渠施工区分渠道和挖填作业，分别确定日工作量和定额工资。完成定额者，按定额工资足额发给工资；超定额者，超过部分的80％奖发本人，20％留作职工福利；未完成定额者，按实际完成计发工资。

1959年，实行定额管理，评工记分。农场统一制定21类141项定额，每一项细分时间、工作量、质量和报酬，各项劳动定额按劳动强度轻重、技术复杂程度和不同季节分为6级，分别确定报酬定额，第1级定额报酬为10个工分，以下每级相差1个工分，第6级为5个工分。各队以作业组为单位，按统一规定的工作量定额和质量要求评工记分，分月总算计发。

1960年，实行作业组分段小包工办法，队与作业组签订包工合同，每段作业完成后，由队与作业组共同组成验收小组验收，填写验收单。包工作业组内，根据农工劳动成果和劳动态度评定工分，记入各人工分手册。作业组包工工资和组内农工工分工资一般一月结算一次。当年，在农田一队试行包工包产制。

1961年开始，全场实行"三包"（包工、包产、包财务）、"一奖"（超产奖励）制度，同时对队实行"四固定（固定土地、固定劳力、固定投资、固定牲畜农具）"。实行"三包"制度的队根据农场的下达计划，提出和完成本队生产、财务计划和具体措施，自行掌握开支，年终按指标上交。产量超过包产指标，超产部分扣除超额投资部分后，上交农场30％，其余70％留队，其中20％用于本队扩大再生产，70％作为本队奖励金，10％作为本队福利金。没有完成"三包"指标，视不同情况处理，因天灾造成减产，影响财务收入，实际收入不低于上交财务指标70％者，按"三包"指标执行，低于上交财务指标70％者，适当扣减上交，保证农工收入的70％；因盐碱灾害或自身耕作方面的问题，由"三包"队自行负责，如确有外部客观原因又及时报告者，经农场批准，适当减少上交或另由农场给予适当补助。农场对"三包"队的"四固定"，不能随意变动，确需变动时，给予付酬或等价变换。"三包"队内部，按照多收多分、少收少分的原则，由队制定定额包工、评工记分、分月、分季分配和年终总分。此后，每年制定和完善"三包一奖"方案及具体实施办法。当年4月，农场决定原农业社入场职工自种果园，不超过10棵的归原主所有，超过10棵的收归所在队经营管理，转为国有果园。园林队及各队分散果园、果树，按照农场统一规定，果业实行"三定一奖"责任制，按农业队的办法执行。1978年，单列规定：园林队实现利润超收部分，60％交场，20％留队，20％奖给个人。1979年，修订规定：园林队完成主要产品产量指标、实现利润超收，超收部分的50％交场，20％留队，30％奖给个人。对果园管理小组实行特殊贡献奖，成员20人以上，每人实现上缴利润1500元以上者，每人奖励50元；每人上缴利润1250元以上者，每人奖励30元；每人上缴利润1000元以上者，每人奖励15元。

1963年1月起，农场执行的"三包一奖"办法，四固定改为五固定，增加水量固定，同时实行投资包干，即农场对队的包工工资投资（现金投资）、固定资产投资、生产资料投资等三项投资包干。当年，农场统一制定"三包"手册，统一印制12种登记表，建立简易的登记簿式的记录、报送、核算办法。

1965年，在"三包一奖五固定"的基础上，实行"四包"（包总产、包产值、包工资、包上缴利润）、"一奖"（超过完成利润计划奖励）制度，即大包干制度。其中包工资、包上缴利润是硬指标。凡完成生产任务和不突破工资指标，超额完成利润计划指标100％以上者，奖给超利润计划部分的50％，超额完成利润计划51％～99％者，奖给超利润计划部分的30％，超额完成利润计划1％～50％者，奖给超利润计划部分的20％，除超利润计划奖外，对完成生产任务特别突出者另行奖励。奖金分配：20％为扩大再生产基金，

10%为福利金，70%分配给职工。惩赔办法：完成利润计划90%以上者，扣发保留工资的10%，完成利润计划80%以上者，扣发保留工资的25%，完成利润计划70%以上者，扣发保留工资的40%，完成利润计划60%以上者，扣发保留工资的60%，完成利润计划50%以上者，扣发保留工资的80%，完成利润计划50%以下者，扣发全部保留工资。

1966年6月1日至8月15日，农场配合自治区农垦厅工作组，在农田二队进行改革农场经营管理制度和"三包"（包产量、包上交利润、包工资总额）、"一奖"（超产奖励）制试点。结合农场情况，"三包"改为包产量、包费用、包上交。超额实行双重奖：超粮奖，超过包产指标（各种作物产量按折合率折合为小麦）部分的10%留队，其中部分奖售职工作补助粮，其余作队储备粮；超交奖，超过利润计划部分的40%交场，20%留队，40%按出勤奖、工分奖奖给个人。试点中，通过大量的调查研究，采取经验统计法和技术测定法，重新制定劳动定额共28大项142小项，分别明确其每日定额、工种级别、报酬工分及技术要求。

1974年开始，农场恢复实行"三定一奖"制。1978年农场规定，农业队超收节亏奖发放：完成产量计划、利润超收的，超收部分的50%交场，20%留队，30%奖给个人；完成产量计划、实现降亏的，节亏部分的60%交场，20%留队，20%奖给个人。

1979年3月，农场制定《"三定一奖"若干问题实施细则》，规定"三定"为定产量指标、定工资总额、定财务盈亏指标，超收留成奖励，短收或超亏承担经济责任。具体规定：完成产量计划、实现利润超收的连队，超收部分的30%交场，20%留队，50%奖给职工；没有完成产量计划、实现利润超收的连队，超收部分的40%交场，20%留队，40%奖给职工；完成产量计划、实现减亏的连队，减亏部分的40%交场，20%留队，40%奖给职工；没有完成产量计划，实现减亏的连队，减亏部分的50%交场，20%留队，30%奖给职工；包干指标为亏损的连队，实现转亏为盈，盈利部分全部留队，其中50%奖给职工，50%用于扩大再生产和职工福利。超额完成粮食生产任务的连队，财务有留成，超产部分的10%留队作集体储备粮；超额完成油料生产任务的连队，完成粮食生产任务的，超产油料的30%交场，70%留队掌握，没有完成粮食生产任务的，超产油料按1：2的比例顶交粮食。农场暂存10%的工资，作为产量工资，年终结算。完成产量或超额完成产量和财务指标的连队，工资年终一次发给；完成产量指标95%以上、财务指标90%以上的连队，不扣发；完成产量指标90%以上、财务指标80%以上的连队，扣发10%；完成产量指标80%以上、财务指标70%以上的连队，扣发25%；完成产量指标70%、财务指标60%以上的连队，扣发45%；完成产量指标60%以上、财务指标50%以上的连队，扣发70%；完成产量指标60%以下、财务指标50%以下的连队，扣发全部工资。农场对基层队实行"四固定"：固定土地、固定劳力、固定畜力以及按灌溉面积和总产任务固定分水比例。

1981年，农场修订《"三定一奖"若干问题实施细则》。场对队"四固定"改为"五固定"，增加固定机力服务单位。农场对连队放权，赋予连队生产自主权、产品处理权、物资采购权、劳力管理自主权、财务自主权、受灾申报权六项自主权。当年，农场下达园林队财务包干利润指标5.5万元，实现利润18.36万元（比上年9.7万元增加89.3%），超交利润12.86万元，按40%提取奖金5.15万元。园林队内奖金分配：5个超交利润生产组按超交的20%提取奖金1.8万元，其中分配各组按95%计1.71万元，分配干部5%计0.09万元；统一分配奖3.01万元，对职工分别按一等（内分三级）、二等（内分三级）评定奖励等级发奖，最高的一等一级发奖每月15.3元，最低的二等三级发奖每月4.9元。

1982年，农场制定《经济责任制实施细则》，实行定、包、奖经济责任制和浮动工资制。农场对连队下达年度生产、财务定、包计划，超者奖，欠者罚。具体规定：农业队产量、利润双超，产量超过部分，粮食80%交场，20%留队，油料60%交场，40%留队；利润超过部分，40%交场，20%留队，40%奖给职工。只超产量不超利润者不提奖，只超利润不超产量者，按产量每差计划1%扣奖1%。减亏连队按减亏额，50%归场，20%留队，30%奖给职工，减亏不超产量者，按产量每差计划1%扣奖1%。连队对班组、户、个人超收减亏提奖比例，低于场对队比例。连队未完成定包计划，班组、户、个人超额完成定包计划，按规定兑现奖金。全场平衡未完成上级下达财务指标，实现超交或节亏的连队不留成，只发职工奖金。园林队实现产量、利润双超，超收部分的50%交场，20%留队，30%奖给个人；各连队独立的果园可以实行财务大包干责任制，上交包干，超收归己，短收自赔。

1985年起，农场先后采取以工补农、以工补亏、小水资金（小型农田水利建设资金）使用合同制；改进财务包干办法；兴办家庭农场，牲畜农具作价归户等一系列措施和办法。以推行大包干为主的多种形式的生产责任制为突破口，改掉"大锅饭""铁饭碗"和分配上的平均主义，打破单打一的经营框架，发展多种经营，调整产业结构，完善承包办法，深化农业企业改革，激发干部职工积极性，收入增加。

二、承包责任制

1983年，农场贯彻执行中共中央1983年1号文件，进一步改革生产管理体制，试行大包干和承包经营责任制。农场对连队实行大包干，签订经济合同书。连队内部采取集体承包、联产承包、家庭承包、个人承包等多种形式，实行定额上交、自负盈亏承包责任制。园林队试行职工个人承包责任制，当年职工个人承包者有 32 人，占全队职工人数的 10.7%，实行大包干的有 30 人，占 10.1%。1985—1986 年，农场果园全面推行家庭承包制，全场果园全部承包到户，其中园林队果园承包户 280 户。果园承包合同由场授权各队与承包户签订，各队实施直接管理。成林果园承包，按面积计算（按实际株数折合面积，缺株限期补齐），承包期 15 年。按上交折交产品上交指标，苹果分为三等九类，每年每公顷上交：折交产品一类一等 9750 元，二等 9000 元，三等 7500 元，二类一等 6000 元，二等 4500 元，三等 3000 元，三类一等 1500 元，二等 750 元，三等 450 元，每过两年上升一个等级上交（封顶上交指标 9750 元）；梨分为三类九等，每年每公顷上交：一类一等 9000 元，二等 7500 元，三等 6000 元，二类一等 4500 元，二等 3000 元，三等 1500 元，三类一等 750 元，二等 450 元，三等 300 元，每两年上升一个等级上交（封顶上交指标 9000 元）；葡萄分为三个等级，每年每公顷上交：一等 1950 元，二等 1200 元，三等 750 元，每三年上升一个等级上交；桃、杏每公顷上交：1985—1987 年每年 450 元，1988—1990 年每年 600 元，1991—1999 年每年 750 元（后修订为 600～1350 元）；核桃每公顷每年上交 375 元。成林果园承包户以承包合同上交指标为基数，按一定比例交纳老果园更新基金，折合成产品上交，苹果按年上交指标的 20%，梨和葡萄按年上交指标的 10%（后调高为 20%），以上指标再分别按 0.4 元/千克、0.5 元/千克、0.6 元/千克折交一级产品。新植果园分为两种承包形式，即国家投资职工承包，个人投资承包。国家投资职工承包的承包期为 10 年。前 5 年场队无偿提供建场规划、苗木和部分农药、化肥，全供灌溉用水，长期给以技术指导。定植前 7 年承包者不交管理费，第 8 年开始上交，每公顷上交指标（一等果品）：第 8 年 2.25 吨、第 9 年 3.75 吨，第 10 年 6 吨，以此为基数，按土质好坏，最高上浮 450 千克，最低下浮 450 千克。从第 11 年起，由农场统一组织重新制定上交指标，由原承包者继续承包。承包新植果园，以每个劳力 0.67～0.8 公顷为限。承包合同明确规定头 3 年果树成活率、生长指标、松土除草和放水要求、施肥次数和用量，对没有达到合同规定要求和执行合同规定好的承包户和队主管领导分别实行分项奖罚。在履行合同中，承包者违反协约，农场有权解除合同，由队另行组织竞争承包。新植果园个人投资承包：承包期 10 年。承包户在场队指导下规划建园定植，否则场队有权铲除。对以前经场队划拨承包其他种植合同的土地，私自建园者，纳入果园承包范围签订合同。从定植第 1 年起，每年每公顷上交管理费 900 元，当年兑现。种植果园一切费用、税金由承包户自理。有关生产技术、管理措施按国家投资职工承包的有关规定执行。从第 11 年起，由场队统一组织修订上交指标。

1985—1986 年，农场全面推行以家庭承包为主要形式的承包责任制。农场《生产经济责任制管理细则》规定：承包户（含家庭农场和联产承包者）为定额上交、自负盈亏的经济实体，农场或农场授权连队与承包户签订合同，承包期为 15 年。农业承包户管理费按土地面积和等级计交。其中粮食生产第一年（1985 年），管理费折交小麦，一等地 600 千克/公顷、二等地 525 千克/公顷、三等地 450 千克/公顷，第 2 年至第 3 年每年递增 5％，1988—1990 年每年递增 10％，1991 年起每年递增 5％。另外，每公顷每年农场以平价收购小麦 225 千克（交玉米拆合小麦）。油料折合小麦上交；经济作物生产（瓜、菜、棉花、甜菜等）：管理费按土地面积分等上交现金，1986 年起，一等地 900 元/公顷、二等地 750 元/公顷、三等地 600 元/公顷，1987—1988 年每年递增 5％，1989—1990 年每年递增 10％，1991 年起，按 1986—1990 年全场平均增长系数递增 5％。1986 年起，粮食、油料除合同上交和平价交场部分外，农场再超收按国家规定统购价。承包户的轮歇地不超过承包地的 25％。每户宅基宅园地不超过 0.13 公顷。职工承包户交足合同规定的任务，享受农场福利待遇不变。1986 年开始，先在农田八队试行，后在全场铺开，实行粮食、油料单项作物联户或单户专业承包。承包指标分为三个层次：合同指标，即承包合同规定的指标；奋斗指标，即按土地等级的产量指标，超过产量指标部分，按场规定议价收购，其中 50％交队；最高奋斗指标，超过部分全部归个人，若超最高奋斗指标 20％，奖励化肥或免交 30％管理费。实行这种形式承包责任制的连队，实行"五统一"：统一计划播种，统一倒茬轮作，统一机械作业，统一配方施肥、中耕、放水，统一收割、分户过磅入仓交售。1988 年，农场修订《生产经济责任制管理制度》。粮油、甜菜、瓜类种植面积，全场实行指令性计划，各队大稳定，小调整。超种者，实行议价给水和加收管理费。根据农场下达的粮油、甜菜等主要作物播种面积和粮油甜菜单产总产指令性指标，超过完成总产者，优先奖售化肥。超合同上交，场按国家议购价收购，多交油料，场返还油渣。补充规定：每年共同用工，男劳动力 35 个，女劳动力 25 个，由队按农忙农闲统一调节安排使用。鼓励承包户农业投资，发展生产，凡连续三年在承包面积内高产稳产（平均每公顷产小麦 3.75 吨、玉米 5.25 吨、油料 1.95 吨、甜菜 37.5 吨），第 4 年免交当年合同上交的 30％。此后，逐步强化统分结合的双层生产管理机能和经营机制，不断完善生产专业化承包责任制。至 2017 年，农场全部取消义务工。

1991 年，农场根据自治区、地区有关规定精神，根据市场价格变化，经过充分调查研究，经上级主管部门批准，对承包果园上交指标进行局部调整和完善，修改原合同，签订新合同。具体规定两种方案：梨上交指标不变，苹果最高等级每公顷每年增加 1800 元；梨增加一类特等级，特等级每公顷每年比一类一等增加 450 元，苹果一类一等增加 2250 元。苹果、梨园补植面积，1991 年开始，每公顷多 750 元。原合同留有房基地，队有房者，房基地收回或按上交指标上交管理费；队无房者，由队划给园内房基地建房，0.03 公顷免交使用费。当年，农场决定对 1985—1987 年农场大规模发展果园时，场队统一当年定植实生苗，第 2 年进行嫁接的，延期半年交管理费，第 3 年嫁接的，延期 1 年上交管理费；园林二队 1983—1984 年定植的果园，因当时多种原因造成投产延期，从 1992 年开始上交管理费；1992 年开始定植的果园，定植年起算，第 7 年开始交管理费产品。1996 年，农场对新植果园果树死亡较多的承包户，决定适当减交管理费。

2000 年，农场改革种植业生产模式，试行种植业"三田制"，即场级计划田：按照各队种植地总面积的三分之一由农场下达种植计划；队级经营田：按照种植地的三分之一由各队安排种植，也可包给种田大户，根据市场需求种植；职工基本责任田：剩下的三分之一种植地分给职工种植，场队根据市场需求和行情变化予以指导。职工基本责任田 30 年不变，上交经济指标队与承包户协商，三年一定。2002 年，生产单位实行风险抵押承包，两费（生产费用，生活费用）完全自理。各生产单位按土地面积确定上交额。当年，各农田队承包额为一队 31.69 万元、二队 40.71 万元、三队 30.72 万元、四队 27.84 万元、五队 15.43 万元、六队 14.09 万元、七队 30.5 万元、十队 30.14 万元、十一队 24.31 万元。各队年末超承包费部分的 35% 按劳分配，10% 用于本队基本建设。农场开始实行果园第二轮家庭承包。承包者包括：农场有一定劳动生产技能和经营管理能力、身体健康的正式工、合同工，具有合法身份、有一定经济实力、经场队审核办理有关手续的外来劳务工。对第一轮承包期欠交款的承包户，欠款金额 2 万元以下（含 2 万元），先还清欠款后承包；欠款 2 万元以上，先还部分欠款，剩余欠款签订还款合同，经有一定经济实力的人员担保，参加第二轮承包。第二轮承包期为 15 年。从 2000 年起，新老果园更新基金并入上交指标，不单列计收。成林果园土地等级分为一、二、三等（按第一轮承包定级标准），级差以二等地为准，一等地每公顷上浮 900 千克，三等地下浮 1200 千克。上交产品规格均为标准一级果，前 5 年适当放宽。承包上交指标，按不同树种、不同树龄适当调整。老果园（1970 年以前定植，树龄 30 年以上）从 2000 年起上交到封顶指标每公顷 12 吨的，每年以 1.5 吨的幅度逐年递减，苹果、香梨上交指标降到每公顷 9 吨直到承包责任书规定期满保持不变。新植果园（含 1980 年以后定植的新果园，1971—1979 年定植的果园参照执行），梨第 7 年开始上交，苹果第 8 年开始上交。每年每公顷上交指标：红富士苹果第 8 年、第 9 年各 2.25 吨，第 10 年、第 11 年各 4.5 吨，第 12 年 7.5 吨，第 13 年 10.5 吨，第 14 年 11.25 吨，第 15 年 12 吨（封顶指标）；香梨第 7 年、第 8 年各 2.25 吨，第 9 年、第10年各4.5吨，第11年、第12年各7.5吨，第13年10.5吨，第14年11.25吨，第15年12吨（封顶指标）；酥梨第7年2.25吨，第8年3.75吨，第9年6吨，第10年8.25吨，第11年10.5吨，第12年、第13年各12.75吨，第14年14.25吨，第15年15吨（封顶指标）。其他果品上交指标由各单位据情酌定。第一轮承包中因死树减掉的面积，从规定补种的当年算起，按应补栽的面积收取管理费。对新果园不良品种的改造，按场下达的年计划面积实施。经场队核定应改接的实有面积，按照场统一计划及技术要求，由承包户自行改接。改接后的果园，按实际改接面积免收3年管理费，从改接的第4年起，按一等产品计收管理费。每公顷上交指标（二等地）：第4年2.25吨，第5年3.75吨，第6年6吨，第7年9吨，第8年与同龄树同等标准。承包户在第一轮承包期自行改接优良品种，经场、队核查后，按实际改接面积和年限，享受优惠：1999年改接的减免2年上交任务；1998年改接的减免1年上交任务；1997年改接的不减免。

2003年3月，农场制定《综合管理办法》，确定继续实行统分结合的双层经营机制和承包责任制，2003—2020年为第二轮承包期（部分已签订20年、30年长期合同和租赁、买断的土地除外）。对种植业具体规定：各队根据农场确定的种植面积，对职工基本责任田（口粮田）长期不变，基本责任田以外的土地放开经营，逐步引导土地向种田能手集中，实行规模化生产和集约化经营。原则上放开职工经营权，变指令性计划为指导性管理，鼓励和支持职工大面积承包或联产承包，自主经营。第二轮种植业承包的土地等级：一等地按第一轮承包不变，二、三等地调为一等地，四等地调为二等地。全部承包土地，除盐碱很重、土地含砂量大于60%、开荒后连续种植时间不足五年（含五年）的土地定为二等或三等以下外，其他均定为一等地。一、二、三等地承包费，由农场按当年市场情况制定本年度指标。承包户两费自理，从2003年起的三年过渡后，承包实行先交钱后种地，确有困难的承包户，经队同意，年度第一次交款不低于30%。林果业方面：从2003年起，由按果品上交改为按上交产品数量折算为金额。每年3月1日前，承包户按农场确定的当年各类果品价格计算的承包费（即管理费）金额交纳现金。3年过渡期内，每年承包费分两次交纳，一次性交清承包费的优惠10%。

2005年，农场适度调整果园承包指标，在收费形式上从过去单一的收产品改为收现金，果园（盛产期）承包指标由12吨/公顷降至9.75吨/公顷，减轻承包户的经济负担。

2006年，果园统一执行年初一次交纳承包费的办法。2002年12月31日前定植的果园（包括结果上交的）和新果园均按2000年农场确定的上交产品指标，按当年价格折算为人民币。凡不按规定上交承包费的，场、分场（队）有权无偿收回承包果园，解除合同。2002年以前累计欠款，承包户与分场（队）签订还款协议，不履行协议者，分场（队）有权收回果园，重新确定承包人。果苗由分场（队）提供的，每年每公顷上交增加 1500 元。2003 年起，凡在耕地（新开荒地除外）定植果园的，收取新植果园基金 4500 元/公顷，全额交场，由场返还分场（队）50%。农场对分场（队）和承包户果园实施"五统一"管理：统一总体布局，统一用水管理，统一基本建设规划和投资，统一重大技术措施和植保（以分场、队为 1 个或几个作业区），统一确定上交标准。违反"五统一"造成损失的，追究其责任。2005 年，全场承包果园上交管理费的面积 1677.27 公顷，其中 5 个园艺分场1154.4 公顷、8 个农田队 483.47 公顷、其他单位 39.4 公顷。2006 年 2 月，农场三队红枣园土地承包首次采取公开竞标，30 多户参加竞标，10 户中标，起标底价 5.1 万元/公顷，中标承包价 6.15 万元/公顷。合同承包年限 30 年，前 3 年由农场统一管理，第 4 年交承包人经营，每公顷上交产品指标：第 4 年 75 千克，第 5 年 150 千克，第 6~7 年每年 450千克，第 8~9 年每年 1.2 吨，第 10~11 年每年 1.95 吨，第 12~13 年每年 2.4 吨，第 14~15 年每年 2.7 吨，第 16~30 年每年 3 吨。2006 年，全场承包果园上交管理费的面积1832.13 公顷，其中 5 个园艺分场 1206.6 公顷、8 个农田队 570.2 公顷、其他单位 55.33公顷。2007 年，农场发出《关于禁止新植果园土地转包、转让、转卖的通知》，根据果园承包中存在的问题，特别是转包、转让、转卖的问题，针对享受优惠条件（即 2.25 万元/公顷，3 万元/公顷，3.75 万元/公顷）取得土地承包权的农场职工、职工子女，要求各单位果园承包落实给本场符合条件的职工及职工子女，面积控制在 0.33~0.4 公顷/人。未经农场许可，任何个人无权转包、转让、转卖，否则一律收回土地承包权。如承包人有特殊原因，由本人提出申请，所在单位审核，报农场园艺生产科批准，并由农场对该果园承包年限、管理情况进行评估，退还承包人承包年限内产生的费用后，农场收回土地承包权。

2008 年，农场第一批土地承包合同到期后，所有合同续签 30 年，合同期为 2008—2037 年。

2012 年 12 月 24 日，农场进一步规范土地管理，要求个人投资开垦荒地和占有耕地的必须签订红旗坡农场生产经营承包合同，承包期为自土地开发之日至 2037 年 12 月 31日。自开发土地前 10 年免上交，第 11 年每公顷每年交 3000 元，第 12 年每公顷每年交4500 元，第 13 年每公顷每年交 6000 元，第 14 年每公顷每年交 7500 元，第 15 年至合同期满每公顷每年交 9750 元。

至 2020 年，根据《综合管理办法》，承包费在执行承包合同的基础上，根据市场行情，并由职代会通过后，每 3 年进行 1 次小幅调整。

三、经营管理制度改革

1961年，根据《新疆维吾尔自治区地方国营农场工作条例》和其他有关规定以及实行"三包一奖"的实际情况，农场制定《财务管理暂行办法》。农场开始实行场、队两级管理，两级核算。

1966年，明确改革国营农场经营管理制度方法。此次改革大致涵盖六个方面：劳动管理改革、工资制度改革、劳动福利改革、休息和假日方面改革、基本建设方面改革、多种经营改革。6月1日至8月15日，农场在农田二队予以试点。当年冬季，在取得经验的基础上向全场铺开。

1979年，农场实行场、队、班组三级管理，以场为独立核算单位、生产队为基层成本核算单位、班组为单项生产成本核算单位的三级核算制。三级都计算盈亏，都负责生产任务和财务任务。场核算到连队，连队核算到班组。连队有一定的经营自主权，在保证完成计划指标的前提下，连队有因地制宜之权。把企业、生产队和职工个人三者之间的利益有机结合起来，做到多劳多得、少劳少得、不劳不得，调动全体职工的积极性，促进生产发展。

1985年春，农场举办各种形式的家庭农场，经营人数占职工总数的80%。农场在种植业、养殖业、商业、服务业、加工业等都行业实行家庭承包经营；部分牲畜、农机实行折价转让，打破国营农场一统天下的局面，由统到分，实行所有权和经营权的分离。改公费医院包干为定额包干；改公建住房为折价归户和职工自建公助，鼓励职工购置农机具开荒造林和从事家庭养殖业。

1986年，农场试行场长任期目标责任制，制订发展目标如下。至1990年，农场在已有规模和劳力、技术力量，物资生产资料及资源基础上，建立一个政治稳定、安定团结、精神文化文明、经济繁荣、农工商配套发展、企业后劲日益壮大的市郊农场经济区。粮食总产达2600～2750吨，油料总产285～300吨，经济作物6000～9000吨，水果产量1528～3000吨，畜牧业年末存栏1.8万～2万头（只），工副业产值120.4万～270万元，全社会总产值504.4万～948.4万元，利润指标5.53万～20万元。至1990年，劳均收入1000元，人均纯收入550元。至2000年，农场的发展目标是：有计划有步骤地控制粮食生产面积，提高粮食单产；油料作物基本满足榨油厂正常生产，使食油供应满足本场人民生活需要，进而面向市场，提高经济效益。林业方面，新建防护林333～400公顷，林木产值20万～30万元，新建果园667公顷，总产8000吨～10000吨，产值400万～500万元；牲畜年末存栏保持 2 万～2.5 万头（只），产值 80 万～100 万元；工副业生产方面，对已有项目保证产品质量，在巩固稳定的基础上，面向市场，生产适销对路产品，并更新设备，改造技术，增加花色品种，提高经营管理能力，争取工业总产值达到 270 万～350 万元；平整条田，整修主干支渠道，打机电井 30 眼，完善调节水库建设，以补充来水不足，保证生产用水。到 2000 年，全场总产值达到 923.4 万～1215 万元（不包括其他产值收入），利润达到 100 万～120 万元，劳均年收入超过 2000 元，人均年纯收入达到 1000 元以上。

1987 年，农场实行三级管理（农场、生产队、家庭农场和承包户）两级核算（农场、家庭农场和承包户）。农场承包户在场队领导下，按照合同规定进行经营管理。

20 世纪 90 年代末，农场做好企业的"抓大放小"和结构调整工作。在稳定家庭联产承包基础上，探索适应农业市场化、管理现代化的组织方式和运行机制，逐步试行实施股份合作制，推进农业经济持续、健康、稳定发展，实施农业产业化。通过市场牵龙头、龙头带基地、基地连农户的联结形式，克服家庭承包一小二散、一级产品难收、合同不易兑现、企业管理者被动等一系列不便管理的方面，提高和发展生产力，快速推进经济发展。

2001 年，农场只下达指导性生产计划，种什么、种多少，由基层单位和承包户说了算，农产品的销售也基本全面放开。基层单位和承包户在保证完成场下达的经济指标前提下，可自己选择市场，选择销售渠道，自主销售，把生产的经营权、管理权、收益权交给基层，交给职工。为突出园艺业的主导地位，调动基层管理者的经营积极性，年初农场党委决定将八队、九队分别改建为园艺三分场、园艺四分场，突出主业，将原来的农业种植地全部改为果园。年内，两个园艺场新定植 133 公顷果树，并打破原有园艺业常规发展模式，引进木娜格、全于红葡萄、中华寿桃、蜜桃、油桃、李子、核桃等 10 余个新品种。

2003 年后，农场在果品营销方面作出较大的战略调整，经营的主线由行政管理型向综合服务型转变，由过去的单一生产型向生产销售型转变。

2007 年，进一步加强经营方式的突破，提出以优势果品区域化科学布局为基础，以加快推进优势苹果产业化经营为主线，以优质苹果标准化生产为途径，以红旗坡品牌战略为突破口，扩大"红旗坡"品牌红富士苹果的知名度，推行产品走出去战略，培育红旗坡名牌阿克苏苹果的品牌战略。

2008 年 9 月，为加强农场内部承包经营企业的承包经营者的责任心，实现责、权、利的统一，更好地落实经营目标管理，在农场实行企业经营管理人员风险责任管理和经营目标责任管理。全员即农场机关和各分场、单位工勤人员均为集体经营管理责任承包者并交纳一定风险抵押金，全场以每个分场或单位为一个承包集体，经营管理班子全体人员签订责任书，明确岗位职责并与农场或分场、单位经济工作、党风廉政建设挂钩签订责任书，场机关全员为一个责任主体与场长签订责任书。风险金交纳后由农场分别为交款者开具收款凭据，钱款统一由财务科存入银行，在财务科单独设立科目并严格管理，每年年终根据完成经济工作指标和其他考核结果，对不存在因责任问题而抵扣风险金者应按同期银行存款利率计算利息或合并计发到效益工资中（即奖金），风险金交纳后不再扣发保留工资，使全场所有经营管理人员（从农场场长到一般工作人员）全部做到利益共享、风险共担。2015年，公司进行集团化改制后，健全现代企业制度，风险抵押金制度随之取消。

2012—2013年，为进一步推动农场体制改革，农场先后撤销十三个分场的行政建制，合并重组成立园艺二分场、园艺三分场、园艺四分场。

2013年，农场先后印发《红旗坡农场土地管理（暂行）办法》《红旗坡农场财务管理制度（暂行）》《红旗坡农场职工及承包户贷款流程（暂行）》《红旗坡农场基层单位委派会计制度（暂行）》《红旗坡农场统筹制度和缴费（暂行）办法》，进一步健全管理制度。

2018年，红旗坡集团公司健全现代企业制度，配备相应管理干部，实现企业领导人员分类分层管理。

至2020年，农场（集团公司）以推进企业集团化、农场企业化改革为主线，全面深化管理体制和经营机制改革，加快完善现代企业制度，以劳动合同制为核心的市场化用工制度逐步建立，基本建立起适应市场经济要求、充满活力、富有效率的集团化管理体制和经营机制，为持续做强做优做大国有农业经济奠定坚实基础，国有农场在现代农业建设中的示范带动作用进一步增强，农场（集团公司）对外合作的深度和广度进一步拓展，服务国家战略需要的能力和水平快速提升。

第三章　计划财务管理

1958—2020年，农场通过计（规）划的制定，明确经济、政治、文化、社会等各个领域的发展目标，制定和补充完善财务管理制度，深化农场财务管理制度，深化农场财务改革，加强内部会计监督和管理制度，严格预算控制农场公共预算支出，严格控制非生产人员，压缩非生产性开支，极大地提高资金使用效率，使国有资产管理实现制度化和规范化。

第一节　计划管理

一、计划编制

农场受计划管理的约束，不能盲目生产。根据党的政策和党与国家交付的任务，结合农场内部条件和外部条件，安排各项生产、建设的发展速度和比例；制订计划、组织实施、督促、检查计划的执行，以促进生产、建设按比例地高速发展。农场的计划体系包括长期计划、年度计划、季度计划、阶段作业计划和短期作业计划等，范围分为生产计划、劳动工资计划、物资供应计划、成本费用计划、财务计划、基本建设计划。

二、生产计划管理

20世纪60—70年代，农场生产计划内容包括农业总产值、主要产品产量、主要农作物播种面积、主要牲畜头数、土地的安排利用方式、重要农业生产工具的拥有量和利用方式、农业生产资料的需要量、机耕作业工作量等。

农场的生产基建科负责编制各项生产、建设的季度计划，并经过综合考量后总体统筹，确定并下发计划任务，对下一阶段的工作进行安排。管理、检查和指导各生产单位对任务的完成情况并及时了解和总结经验，修订各项生产工作定额，掌握各种生产、建设的进展情况。生产基建科还负责平衡各单位计划，按时综合统计各种报表，考核计划执行情况，管理劳动工资计划和劳力调拨平衡等，监督检查各项计划的执行情况。

生产计划的执行由各生产队负责。生产队在各阶段统一平衡人力、畜力、机力，合理组织劳力组织生产队有节奏地进行工作。同时，各生产队通过调查，制订《十日作业计划表》《十日作业任务单》及《十日作业计划完成情况表》，对于完成情况交代清、勤检查。

表 3-3-1　20 世纪 60—80 年代红旗坡农场农事阶段的划分

序号	阶段	起止日期	旬数	中心任务
1	备耕开荒阶段	12.1—翌年 3.1	9	机修、积肥、开荒、水利等
2	春耕春播阶段	3.2—5.10	7	春播各种作物
3	夏田管理阶段	5.11—7.5	5.5	田间管理、夏播
4	夏收阶段	7.6—8.5	3	收麦、收油菜、收苜蓿
5	秋田管理（播麦准备）	8.6—8.25	2	秋作物后期管理、洗盐等
6	三秋阶段	8.26—12.1	9.5	秋种、秋收、秋耕

20 世纪 80 年代，农场全面推行以家庭承包为主要形式的承包责任制，承包户实行定额上交、自负盈亏。农场除下达粮油、甜菜等主要作物播种面积和粮油甜菜单产总产指令性指标，各队仍实行统一播种、统一管理、分户承包、统一收割、统一入仓。

2000 年后，农场全面放开职工经营权，农业生产变指令性计划为指导性管理，由职工自主安排生产活动。

三、物资供应计划管理

物资供应计划内容包括生活物资和生产物资（含设备和原材料）的需要量、库存量分配、消耗定额等，其中最主要的是粮油供应。

（一）粮油产销

1958 年，农场初建，人均产粮仅 9.6 千克，人均产油（油料折油品）0.02 千克，农场口粮口油、饲料、籽种全由国家供应。当年，农场全民所有制部分的"三留"[①] 标准按略高于农村标准的原则，参照城镇定量人口口粮标准安排，一般职工每人每月口粮标准为 20 千克，机耕队司助人员每人每月 22.5 千克，工副业生产工人常年从事生产的每人每月 22.5 千克，季节性生产工人采取口粮补助办法。集体所有制部分（转入农场的农业社）仍维持原定标准。口粮实行分等定量，集体所有制部分口粮标准（原粮）：1～6 周岁每人每月 6 千克，7～15 周岁（包括老弱）每人每月 14.5 千克，16 岁以上全劳力每人每月 20 千克。全场口油标准为每人每月 100 克。

① "三留"即三项留粮，是我国粮食统销时期国家规定的国营农场、农业经济组织和农户留用的口粮、种子用粮和饲料用粮。

1959 年，农场实行粮油"三留"统一平衡，总产 756.86 吨，减去口粮 504.7 吨，籽种 242.5 吨、饲料 119.75 吨，缺粮 146.09 吨，由国家供应。留粮标准为人均口粮 192.5 千克，每匹马留料 350 千克，每头牛留料 150 千克，每只羊补助饲料 60 千克。1960 年和 1961 年，粮食减产，人均口粮标准分别调低为 160 千克（1960 年）和 175 千克（1961 年），饲料标准同时降低。1960 年，国家供应粮食 300 吨。1961 年后期（1962 年夏收前）为妥善安排生活，国家专项批供粮食，全劳力月口粮标准提至 18～19 千克。

1962 年，地区要求农场粮油自给。当年，农场从低安排留粮标准，实现粮食自给有余，首次上交国家粮食 31.7 吨。全场年人均口粮为 172 千克，分等定量标准：1 周岁以下每人每月 2 千克，1～6 周岁每月 6 千克，7～10 周岁每月 9 千克，11～15 周岁每月 12 千克，全劳力每月 16.5 千克，半劳、队干部每月 15 千克，场部干部每月 14.5 千克，家属每月 14 千克。

1963 年，全场粮食总产较上年增加七成，产销状况好转，留粮标准提高，粮食自给有余。当年，人均口粮标准提高为 186 千克，留料牲畜每头标准为耕马 350 千克、耕牛 150 千克、种公畜 540 千克、猪 120 千克、奶牛 125 千克、种公羊 50 千克、牧犬 120 千克。当年，粮食"三留"后余粮 511.93 吨，交售国家 410 吨。全场人均年口粮实留 196 千克，其中细粮占 70％，每人每月口油标准为 250 克。

1966 年，人均年口粮标准提为 210 千克，口粮分等定量每人每月标准：全劳力 19 千克、半劳力 17 千克、拖拉机手 22.5 千克、拖拉机修理工 20～21 千克、场部干部 16 千克、队干部 17～18 千克、家属 14 千克，儿童按年龄分别定量；支边青年细粮比例为 70％，其他为 50％。20 世纪 60 年代后期，因连年粮食减产，口粮、饲料标准降低。1967 年，人均年口粮标准降为 200 千克。

20 世纪 70 年代，随着产粮水平提高，粮食口粮、饲料标准有所提高，分等定量标准调整。部分年度油脂产消不平衡，国家补助供应食油。1973 年，粮食每人定量标准为全劳力每月 20.5 千克（机耕队、工程队劳力同）、半劳力每月 18.5 千克、干部每月 18 千克、家属每月 14 千克。1974 年开始，实行基本口粮加工分口粮的办法。农场 1978 年制订、1979 年修订的各类人员每人口粮标准：生产人员年龄 18 岁以上、60 岁以下的全劳力每月 20.5 千克，年龄 18 岁以下、完不成生产定额的每月 19 千克（能完成生产任务定额的按全劳力）；场机关干部每月 18 千克、基层干部每月 19 千克，教师、医生、护士、炊事员、保育员、营业员等服务人员每月 18 千克，各类保管员每月 19 千克；家属每月 14 千克，退休人员每月 15 千克，中学生每月 17.5 千克；儿童不满 1 周岁的每月 3 千克、1～3 周岁的每月 6 千克、4～6 周岁的每月 9 千克、7～9 周岁的每月 11.5 千克、10～12 周岁的每月 13.5 千克、13 岁以上未上中学的每月 15 千克。机务人员加班,每次补助粮食 200 克。

20 世纪 80 年代和 90 年代,农场产粮逐步达到较高水平,人均产粮:80 年代年均 383.7 千克,最高为 1988 年的 467.6 千克;90 年代年均提高为 484.8 千克,最高为 1990 年的 521.9 千克。人口留粮、牲畜留料水平同步提高,口粮逐步达到市镇人口供应水平,余粮与交售量逐步增多。油脂生产水平较大幅度提高,20 世纪 80 年代,年人均生产油脂 4.3 千克。20 世纪 90 年代,年人均生产油脂 7.8 千克,其中棉籽占 67.8%。生产的油脂足够农场职工食用,余油交售和供应市场。

2000 年后,农场调整产业结构,压缩粮食作物面积,产量锐减,产销失衡。同时,放开粮油管理,职工自主分配,自筹各项用粮,粮食大部分由市场购进。油脂产量大幅度提升。2000—2010 年,全场油脂产量年均 402.14 吨,其中棉籽油占 99%,年人均生产油脂 35.4 千克,其中最多的为 2006 年,油脂总产为 754.6 吨,人均生产油脂 65.5 千克,农场大量棉籽外销。

2011—2020 年,农场粮食作物普遍被林果业替代,少量套种的粮油也仅满足家庭需求,粮油均为市场上自行购买。

表 3-3-2　1958—2007 年部分年份红旗坡农场粮食、油脂人均产量表

年份	粮　食						油　脂		
	总产（吨）	人均产量（千克）	小麦		总折油		菜籽、胡麻籽折油（吨）	葵花籽折油（吨）	棉籽折油（吨）
			产量（吨）	人均产量（千克）	产量（吨）	人均产量（千克）			
1958	26.88	9.6	—	—	0.52	0.2	—	0.50	0.02
1959	756.86	269.4	545.46	194.2	3.45	1.2	2.36	0.48	0.61
1960	486.73	145.3	258.68	77.2	3.45	1.0	3.29	0.14	0.20
1961	697.08	210.2	328.28	115.6	1.24	0.4	0.99	0.16	0.09
1962	740.26	276.1	385.81	106.6	6.73	2.5	6.56	0.10	0.07
1963	1262.21	513.1	567.58	230.7	10.05	4.1	9.81	—	0.24
1964	1517.26	575.4	731.94	277.6	16.35	6.2	13.92	1.62	0.82
1965	1678.52	473.4	761.53	223.2	17.55	4.9	16.85	—	0.70
1966	1688.87	446.8	885.81	234.3	21.97	5.8	13.34	6.69	1.94
1971	1904.43	410.2	800.00	172.3	7.30	1.6	6.46	—	0.84
1972	1582.82	329.3	800.00	166.4	7.66	1.6	6.26	—	1.40
1973	1318.61	271.7	751.23	154.8	11.69	2.4	10.43	—	1.26
1974	1360.00	270.7	650.00	129.4	8.88	1.8	7.20	—	1.68
1975	1389.24	—	776.74	—	8.62	—	6.80	1.11	0.71
1976	1704.28	308.7	1010.11	183.0	14.60	2.6	12.75	1.04	0.81
1977	1768.00	313.6	875.00	155.2	15.64	2.8	12.00	3.50	0.14
1978	1981.20	331.2	890.00	148.8	11.14	1.9	4.20	6.10	0.84
1979	1321.30	218.3	820.00	135.8	6.41	1.1	1.80	4.41	0.20

（续）

年份	粮食						油脂		
	总产（吨）	人均产量（千克）	小麦		总折油		菜籽、胡麻籽折油（吨）	葵花籽折油（吨）	棉籽折油（吨）
			产量（吨）	人均产量（千克）	产量（吨）	人均产量（千克）			
1980	2099.37	336.5	883.78	141.7	14.66	2.3	1.76	11.65	1.25
1981	2240.10	361.8	1062.70	171.6	16.61	2.7	1.20	14.87	0.54
1982	2189.43	355.7	1062.88	172.7	28.40	46	0.16	27.40	0.84
1983	2477.02	402.8	1325.02	215.5	31.60	5.1	0.14	30.66	0.80
1984	2278.45	363.9	1332.35	228.9	32.07	5.1	0.54	29.72	1.81
1985	2597.96	420.9	1433.51	232.2	30.40	4.9	1.47	28.34	0.59
1986	2241.74	360.3	1098.86	176.6	34.57	5.6	8.29	26.16	0.12
1988	3082.66	467.6	1744.41	264.6	28.13	4.3	4.40	23.66	0.07
1990	3948.45	521.9	2035.45	269.1	23.33	3.1	0.08	22.99	0.26
1991	3965.77	487.0	2200.00	270.1	39.30	4.8	—	26.09	13.21
1992	4218.24	514.6	2324.44	283.6	71.36	8.7	—	22.75	48.61
1993	4424.00	517.5	2056.00	240.5	48.48	5.7	—	21.60	26.88
1994	4117.65	491.8	1976.16	236.0	74.63	8.9	0.19	22.64	51.80
1995	4468.00	516.1	2142.00	247.4	129.64	15.0	—	23.80	105.84
1998	3659.00	422.7	2196.00	253.7	139.66	16.1	—	28.50	111.16
1999	3678.00	407.7	2397.00	265.7	121.78	13.5	—	40.30	81.48
2000	2398.00	236.7	1600.00	187.5	168.84	16.6	—	18.00	150.64
2001	785.00	82.9	660.00	69.7	233.84	24.7	—	0.60	233.84
2002	769.00	72.5	156.00	14.7	171.54	16.2	—	6.90	164.64
2003	677.00	63.8	196.00	18.5	227.12	21.4	—	3.40	223.72
2004	1735.00	161.5	965.00	89.8	573.24	53.4	—	4.00	569.24
2005	764.20	70.4	182.20	16.8	392.72	36.2	—	—	392.72
2006	141.00	12.2	133.00	11.5	754.6	65.5	—	—	754.60
2007	122.80	8.6	20.28	1.4	695.45	48.9	—	—	695.45

说明：各种料折油率不同，菜籽、胡麻籽为30％，葵花籽为10％，棉籽为14％。

（二）粮油管理

1958年始，农场根据国家有关规定，实行农村粮食管理办法，以场为单位平衡余缺，生产的粮油，扣除按规定标准留下口粮（口油）、饲料、籽种后，余粮（余油）交售给国家，缺粮（缺油）由国家供应。阿克苏专区（地区）粮食局负责对农场调查、核实并提出方案，报专署（行署）批准，然后安排实施。农场内部实行粮油集中管理，按照上级核定的方案统一计留口粮（口油）、饲料、籽种，自行确定各类人员、各等级口粮标准和各类牲畜饲料标准。各队生产的粮食、油料全部送交农场仓库，农场统一自制粮油供应证，自设门市部或由各队领取分散供应。

1985年开始，农场适应管理体制改革和实行承包责任制的新情况，粮油实行场、队两级管理。农场集中粮油采取每亩（0.07公顷）每年按比例增交管理费（产品）和平价收购小麦15千克（油料、玉米折算为小麦）的方式，用于农场管理的用粮供应。单位交够上交农场粮油后，自行管理和安排本单位各项用粮供应。部分仍实行统一交场、统一供应的办法。实行承包的种粮专业户和家庭农场，口粮、食油自产自食，农场不再供应。1989年，农场规定：除按前规定上交管理费（产品）和收纳小麦外，每公顷小麦、玉米增加议价收购375千克，多交不限。未按农场规定交够的，不准入市交易，违者没收。因不重视粮食生产造成口粮不足的农业生产队，吃农场返销粮者，按议价供应。

1990年，实行统一入库，分别管理。农场对农田队与非农业单位区别管理，农田队实行"口粮田"办法，每户自种"口粮田"0.27公顷。除"口粮田"不上交外，家庭承包户按合同上交管理费（产品）和平价收购粮、议价收购粮。农田队交够管理费、平价收购、议价收购粮油，留足籽种，剩余粮油足够本队使用，队内少数缺粮户，采取队内余缺调剂，差价互退互补。上交和留种后不足本队供应，报告场部，按议价供应。本队离退休职工及家属以本队收购的议价粮油平价供应，经场供销科、计财科办理财务手续后，差价在本队结余留成中处理。议价粮油不足，向场部申请调拨。非农业生产单位收获的粮油全部交场入库，由场统一供应，对不交场者停供口粮、口油。

1992年，调整粮油管理办法。场部只收承包户管理费（产品），各队交完管理费（产品）后的粮油产品由生产队管理，全部送交农场仓库，统一储存，统一加工，统一按议价核算，统一按定量标准平价供应。种植其他作物及工业、副业、商业、园林、牧业等承包户和单位，交现金购买粮油。对家庭口粮不足者，农场以低于市场价供应其粮油。实行此规定后，以各队交场仓库粮油总量入库单为核算检查粮油任务的依据和评比先进连队的条件之一。生产和承包者私自转移、偷卖粮食、油料，一经发现，扣发该单位所有管理干部的岗位津贴，没收承包者的粮食和油料。

2000年1月起，农场取消粮油计划供应，职工自由购买，场内粮油管理全面放开。

四、财务计划管理

建场初期，财务计划指标为农场及各业收入和盈亏。1960年开始实行"三包一奖四固定"制度，将"三包"指标中的财务包干指标作为考核和奖罚的主要依据。1961年开始，财务计划指标增多，比较齐全，当年财务计划指标有：全场及各业（农业、牧业、工副业）产品收入、销售收入、生产成本、销售成本、税金及盈亏指标，各生产队的产值、成本投资指标，各业分项目（农业分作物品种、牧业分牲畜种类、工副业分单位、项目）收入、成本和费用（内细分项目）以及单位生产成本指标，汽车、拖拉机和畜力作业总成本及单位成本指标，流动资金定额指标，基本建设投资指标等。1962年，农场生产财务计划以"三包一奖"方案的形式下达，分单位下达的财务指标：①收入，细分为主产品、副产品；②支出（成本、费用），细分为工资、种子、水费、农药、化肥、机械作业费、畜力作业费、农具修理费、工资附加费、队级管理费、税金及分摊全场管理费；③盈亏。在支出指标中，分单位各业（农业按作物品种、牧业按牧畜种类、工副业按生产项目）再细分支出（成本、费用）各项目指标。各单位根据农场下达的计划，分解到班组。全场分级检查执行情况，按规定进行奖罚兑现。至此，农场建立比较完整的财务计划体系和管理制度。

1962—1963年，先后执行自治区农垦厅颁发的计划亏损弥补办法和《预算管理若干问题的规定》，农场编制年度亏损计划报上级主管机关审批，并按季分月编制亏损计划和详细说明报同级财政部门审核。经上级批准的计划亏损，每年于年中和年终两次弥补。

1964年，农场财务计划采取双线编制、下达形式：农场编制下达的《农牧林副生产财务计划》四项主要内容（四项计划），除生产计划外，属于或涉及财务的计划的有财务计划、成本费用计划、劳动工资计划，包括农场各业（农业、牧业、林业、机耕）农场各单位收入、成本（细分项）、费用（直接费用和间接费用细分项目）和盈亏计划指标。农场《农牧林副生产财务计划》明确规定：四项计划全面完成视为完成计划，缺一不视为完成计划；兑现奖罚除按产量计划和财务包干指标外，并按生产队直接费用节余或超支予以适当奖罚；农场编制、下达《财务收支及成本计划》，按照全场财务管理和各会计科目分别核算的要求，有农场财务收支总计划，盈亏形成项目、科目计划，农场扭亏增盈计划，销售利润、亏损明细计划，流动资金定额计划，生产费用明细计划，各业降低成本计划，各业分产品及分作业项目的单位成本计划等，作为农场生产财务综合计划的补充和农场财务综合考核的部分依据。至1967年，年年持续实行财务计划双线编制下达形式和财务计划指标体系。

1971年，农场指标简化为：全场及各单位生产费用、工资和盈亏。此后，农场逐步健全财务计划编制下达形式和财务计划指标体系。1978年，农场《"三定一奖"财务包干管理制度》规定：财务包干指标一年一定，并作为考核和奖罚的硬指标。完成财务包干指标、实现超利或减亏的单位，视产量计划的完成情况按不同比例分配和奖励，没有完成财务包干指标的单位一律视情节予以经济处罚。

20世纪80年代中期开始，为适应实行承包责任制的新形势，农场编制、下达的财务计划增加各单位上交管理费及代收固定资产折旧、摊提退休金及福利金、育林更新基金、圈棚占用费等指标，以上交管理费为财务管理和检查衡量任务完成的主要依据。1998年，为适应实行目标管理的要求，财务计划增加目标管理计划，内容包括农场总收入、总支出和各业收入、支出，经营利润、利润总额及净利润，上交各费中增加果园折旧费、资源费指标。2000年，为适应农场实行"三田"制度的变化，财务计划细分各队场级计划田、队级经营田、职工责任田各种农作物的净交定额及上交总数，各单位新老果园分别下达上交指标。2003 年，农场建立预算管理制度，成立预算委员会，以现金流量为重点对各个环节实施预算执行管理和分析、考核。预算内资金支出实行单位负责人限额审批制，限额以上资金实行集体联签制，预算外资金支出严格控制。

2013 年，农场预算委员会由 5～7 人组成，根据农场生产经营、社会建设、公益事业、文化建设等方面的发展，特别是基本建设和非生产性开支实施预算编制执行、分析、考核。严格限制无预算资金开支，预算内资金支出实行场、分场责任人，即农场场长、分场场长限额审批制。同时，各分场财务费用实行预算申报制度。

2015—2020 年，红旗坡集团公司细化预算执行责任，预算执行进度更加均衡有效。做好支出预算执行分析评价等工作。各部门严格按照批准的预算执行，不得自行调整。各项支出必须以批复的预算为依据，未列预算的不得支出，并按规定项目、科目、用途和政策、制度规定的开支范围及标准使用资金。

第二节　统计管理

20 世纪 60 年代，农场出于成本核算的需要，开始开展统计工作，统计人员基本由管理人员兼任，主要统计人口、职工、固定资产、耕地、农牧业生产情况等，为农场财务核算和领导决策提供可靠的数据。

1976 年，随着对统计信息工作的重视，农场信息及统计工作日趋规范。

1980 年，农场的统计工作是每月、每季度、半年和年终按照上级农业部门的要求，做好统计上报。

1983 年 12 月 8 日，第六届全国人民代表大会常务委员会第三次会议通过并颁发《中华人民共和国统计法》后，农场把统计工作作为重要组成部分，增强统计观念，提高做好统计工作的意识，为做好统计工作奠定了基础。并设立专职统计员，负责全场的统计工作。

20 世纪 90 年代，农场建立统计工作规范化和常态化管理，及时报送和掌握各项信息，为地区统计局提供了翔实的统计数据。统计范围包括职工人数、劳动报酬、工农业生产情况等，为农场积累原始统计数据。

1999 年 3 月，农场加强统计管理，设立审计统计科。统计调查包括全面调查、重点调查、典型调查等。统计月报、年报均采用全面调查方式，登记台账编制；而对于个体户的调查、产量调查、人均收入调查则采用抽样调查方式。

2005 年后，统计报表开始采用计算机汇总方式，使数据录用、计算、保存更方便快捷，使工作效率得到了提高。

2010年，在第六次全国人口普查工作中，农场顺利完成人口普查的日常组织和协调工作。

2013年10月8日，农场成立第三次全国经济普查领导小组和办公室，办公室设在审计统计科。各基层单位设立相应经济普查领导小组，从各基层单位选调经济普查指导员，做好第三次经济普查的组织和实施工作。

2016年，集团公司为进一步规范公统计工作流程，提高统计工作质量，把统计工作与各项日常业务工作紧密结合起来，坚持常抓不懈。当年，集团公司抽调50人，利用80天时间，完成了第三次全国农业普查。

2017—2020年，农场（集团公司）每年采取不定期以会代训的方式，对统计人员进行以统计基础知识和统计法为内容的培训，使统计人员的业务水平和法律意识不断提高；参加地区统计局组织的统计人员培训；完成了农场及上级部门要求的各项统计报表工作。

第三节　财务管理

一、财务核算管理

建场初，农场成立财务室，具体负责全场财务管理工作。农场实行场、队两级管理，农场统一财务核算，各队为财务报账单位。

1961年，根据《新疆维吾尔自治区地方国营农场工作条例》和其他有关规定以及实行"三包一奖"的实际情况，农场制定《财务管理暂行办法》。农场财务开始实行场、队两级管理、两级核算。农场场部为全场统一核算单位，统一掌握全场成本、劳动工资、生产建设资金以及物资和产品；根据计划组织分配资金、物资和生产建设资金统一核算；根据"三包一奖"方案、办法，负责核算及奖罚兑现；在全场范围计算盈亏；帮助各生产队建立基层核算制度，指导、检查基层核算工作。各生产队及其他独立核算单位为农场的基本核算单位，负责本队（单位）各项生产的物料消耗、人工消耗、畜工消耗、机械费用等直接生产费用的记录核算，负责本队（单位）财务管理及"三定一奖"的奖罚分配具体实施。1962年6月和1963年1月，农场先后制订、修订《生产队会计核算制度》，规定生产队财务管理实行"收入上交，超额奖励，费用包干，节余留用"制度，即"三包"范围内的一切收入，生产队全数上交农场，超额完成者农场奖励，包干使用的生产费用由农场如数拨给生产队，节余部分留生产队。生产队按照农场统一计划保证完成"三包"任务和服从国家市场管理的前提下，自负盈亏自行经营一些小型种植生产和经营项目，所得收入扣除费用后，提取部分公共积累和职工奖金，其余抵交收入。生产队会计核算的主要任务：全面统一核算本队一切财务收支，计算生产经营成果；根据"三包一奖"制度的原则，制定本队包工、包产、包成本费用的具体方案；办理本队收款、付款、交款、拨款和结算；具体执行财务计划，按期编制、上报财务计划和会计报表；保护与合理使用公共财产。生产队建账采用复式记账，设置总分类账及植物栽培、牲畜饲养、副业生产、机耕等成本明细账。总账会计科目：农牧生产队共14个科目，副业生产队共12个科目，机耕队及保养间、发电间、运输队共17个科目。

1963年，农场实行办公费包干到队制度，各队每个干部每月7元，其中1.25元由场部掌握，支出每月至场财务室核销。同年11月，农场发出《关于加强和健全财经制度的通知》，要求各单位健全账目，及时正确建立有关往来、费用、产品、收入、暂收款和现金等日记账，做到账实、账款一致。实行收、支两条线，各单位一切收入在两日内交农场财务室，采购小型农具、用具及其他小量费用所需用款，根据计划并经批准在场财务室领取，在五日内凭据核销结清。1964年4月，农场发出《关于进一步加强核算，健全财会制度的通知》，要求逐步实行三级（场、队、班组）经济核算。统一规定，实行凭证合格验证和签认办法。1966年，贯彻会计人员职权试行条例，农场发文要求加强会计工作的领导，保证会计人员履行职责，正确行使国家赋予的权限。明确规定：领导人违反制度规定，会计人员没有向领导反映的，由会计人员负责；会计人员及时反映，领导人没有纠正的，由领导人负责。

20世纪70年代后期开始，生产队实行经济民主，财务公开，建立由贫下中农、领导干部、业务人员参加的三结合经营管理小组，管理和监督经济活动和财务收支。生产队内部，分班组、畜群、机车分建账目和简易核算，全场全面实行三级核算，即场独立核算、队基本核算、班组单项生产成本核算。全场实行财务大包干，农场包干、核算到连队，连队包干、核算到班组，逐级分解落实。

20世纪80年代中期开始，农场实行三级（场部、分场和队、家庭农场和承包户）管理，两级（场部、分场和队）核算。分场（队）对家庭农场和承包户的核算进行指导。农场财会部门负责全场资金和各种资产的核算与管理，对分场（队）和附属的工、商、交、建单位以及家庭农场、承包户的会计核算、财务管理进行指导、监督。农场各单位实行分级管理，分业核算，适当划小核算单位。农场学校、医院实行定人员、定编制、定经费的预算包干办法。

1993年，根据财政部制定发布的《企业财务通则》《企业会计准则》及《农业企业财务会计制度》，农场举办全场会计人员参加的学习班，结合实际情况制定新的会计科目和财务核算办法，从当年7月起，全部进行账目转换（接轨），实行新的会计核算模式。

1995年，农场制定《财务管理办法》，明确规定农场财务管理的任务和要求。农场设置财务会计机构（计财科），统一领导全场财务管理和会计核算工作。农场各基层单位设专职财务人员，负责本单位财务管理、会计核算及与家庭农场（承包户）的结算工作，并定期向农场报送核算资料；根据农场下达的财务预算，制定本单位实施办法，检查分析本单位财务预算执行情况；根据农场规定，分行业确定家庭农场（承包户）上交利费标准，与家庭农场（承包户）签订承包合同；做好家庭农场（承包户）的经济核算工作，辅导家庭农场（承包户）进行财务管理和核算，履行合同，抓好家庭农场（承包户）利费上交工作。农场实行两级核算：农场为全场统一核算的生产经营实体，具有法人资格；生产队实行单独核算，自负盈亏，超收留队，亏损不补。

1998年，农场设置财务督导员，直接对场领导及财务部门负责，专职负责农场基层单位的会计监督、检查、指导工作。督导员代表场领导及财务部门开展工作，有权对农场各基层单位的会计工作进行监督、检查，并进行指导，对其违反国家财经法律、法规及农场内部管理制度的行为，有权进行制止和纠正，对制止和纠正无效且情节严重者，报场长处理；有权对基层单位的会计账簿、凭证等会计资料进行检查，有权对各单位的所有资产进行清查，年终各单位报场的存货表须经督导员签署意见；有权对各单位的债权债务进行清偿（包括利息、占用费的清算）。1999年2月，农场举办会计基础工作规范化学习班，4月发出《关于各单位财务会计基础工作规范化达标的具体要求》，要求各单位在2000年底前全部达标。同年4月起，按月实行全场会计人员集中"会办"和对账制度，对不按规范化要求报送报表、不按时对账、不参加"会办"的会计人员予以扣发部分或全部岗位津贴，对工作严重失职者调离其会计工作岗位或直接下岗。

2000年起，全场范围实行会计人员委派制度，各单位会计人员由农场委派，行政上受农场财务经营管理科及所在单位的双重领导，其工资由农场财务经营管理科代发。2001年，农场成立以场长为组长的财务、物资清理整顿工作领导小组，组织人员对全场各单位财务账目和库存物资进行自查自纠和农场全面清查。当年4—9月，共对全场25个基层单位进行了财务大检查，查出机关及基层单位"小金库"8个，违纪、违规金额40万元。

2002年，农场对委派会计制度的基本形式、委派会计人员的职责、权利、义务、工资、考勤、奖惩作出明确规定。2003年，农场成立财经管理领导小组，各分场、队成立民主理财小组，实行民主理财。理财小组由单位行政、党支部主要领导、财会人员和正式职工代表组成。同年，农场实行责任保证金制度，各单位正职（含兼职）每人3万元，副职每人 2.6 万元，业务干部每人 1 万元，单位如完不成上交经济指标，欠交部分从责任保证金中扣赔，不够扣赔时从保留工资中续扣（若遇不可抗拒的严重自然灾害酌情处理）。同年，农场制定《综合管理办法》，农场实行统一管理，两级核算，农场集中统一审核结算，为独立的企业法人。分场、队（厂）为基本核算单位，对外不具有独立法人资格。

2006 年，农场成立财务公开领导小组，进一步强化财务管理监督。2007 年，农场设财务总监职位，配专职财务总监。

2008 年，农场财务实行一级管理，二级核算。一级管理即农场设财务管理中心 8 人，下设的基层单位财务室 18 个，每个财务室 2 人，共计 36 人。

2013 年，农场财务实行三级管理、终极审核的管理模式。根据规定，各分场财务会计核算必须如实反映本单位生产、经营情况和经济运行情况，各项收入全部入账，应上交各种承包管理费用及时公开和上报财务科，不得隐瞒截留应上交的财物。各项费用的支出要定期实行公开。各分场财务费用实行预算申报制度，分场会计主办申报月、上半年、下半年、年度费用预算表，分场领导和会计签字后报财经工作办公室经审核批准后办理。

2016 年，红旗坡集团公司成立后，承接红旗坡农场的生产经营职能。集团公司为建立现代企业制度，建立健全财务管理体系，公司设立财务核算部作为财务会计机构，所有财务人员在集团公司机关集中办公。健全完善财务内控机制，妥善管理好公司银行账户，做到收、支两条线，有效防范经营风险。

二、资金管理

（一）建设资金管理

农场建设资金来源，主要分为两大类：基建拨款、企业自筹。

1. **基建拨款** 基建拨款大项有基建预算拨款，自治区农垦厅、农业厅和水利厅专项拨款，地方财政拨款等；细项有小型农田水利专项拨款，扭亏增盈措施费，精简安置拨款，支边青年宿舍建设补助拨款和文教卫生补助拨款，自治区农垦厅、农业厅、水利厅和财政厅单项工程专项拨款等。

自建场至 20 世纪 70 年代，多数年份农场的建设资金全部或大部分来自基建拨款。1958—1979 年，基本建设总投资 730.01 万元，其中拨款 545.17 万元，占 74.7%。在这 22 年中，有 8 年为全额拨款。1979 年，拨款的细目有小型农田水利专项拨款 7.58 万元，占当年拨款总额的 73.7%，部分用于基建属于事业费的政策性、社会性支出专项拨款和文教卫生补助拨款共 2.71 万元，占当年拨款总额的 26.3%。

20世纪80年代中期开始，基建投资和拨款同步大幅度增加。拨款项目，除基建预算拨款、其他专项基建拨款和小型农田水利专项拨款外，增加扭亏增盈措施费拨款，且成为主要拨款细目之一。10年内，农场基本建设总投资累计863.61万元，比20世纪70年代累计增加了2.35倍，其中累计拨款635.18万元，拨款增加了2.71倍，累计拨款占累计总投资的73.5%，增加了7.1个百分点。1984—1989年，累计扭亏增盈措施费拨款411.85万元，占同期累计总拨款的74.3%。

20世纪90年代，农场基本建设投资大幅度增加，建设规模持续扩大。同期，基建各项拨款大幅度减少。累计总投资额2036.58万元，比20世纪80年代累计增加了1.36倍，其中拨款632.58万元，减少了0.4%，累计拨款占累计总投资额的30.9%，比例下降54个百分点。

2000年，拨款为0。

2001—2010年，累计总投资3.8亿元，其中拨款3080万元，占8.1%。其中2008年，财政拨款1303.54万元。2009年，财政拨款1177.63万元。2010年，财政拨款1616.73万元。

2011年，农场的财政拨款2655.8万元。

2012年，财政拨款2353.16万元。

2017年，农场（集团公司）总投资额达2.15亿元，其中拨款800万元，占总投资额的3.7%。

2020年，农场（集团公司）总投资额3.58亿元，其中拨款3476万元，占总投资额的10%。

2. 企业自筹 基本建设自筹资金的项目：有用于基本建设的专用基金的四项费用、更新改造金、大修理基金、企业基金、生产发展基金、福利基金、育林基金等，农场盈余公积金和连队财务包干结余，列入成本的农闲基建投工，营业外支出，还有投入基本建设的多种经营、技术措施、财政支农借款和贴息、低息贷款、外部引资和内部集资、入股资金等。其中以更新改造基金、农场盈余公积金和连队财务包干结余资金为主要项目。

建场至20世纪70年代，自筹资金很少。在此期间，部分年份农闲基建投工为自筹资金的一个重要来源，其中1964年、1967年和1969年农闲建设用工共折款30.57万元。

20世纪80年代中期，农场转亏为盈和实行财务包干以后，自有财力增加，场队盈亏公积金和财务包干结余逐步成为自筹资金的重要来源，自筹资金额同步增加。与此同时，开始多渠道筹集建设资金，增加用于建设的各种借款、低息和财政贴息贷款。1984年，农场首次使用建设借款，至1985年共借款69.3万元用于工业和商业网点建设与更新改造。1986

年，首次投入个人股金 20 万元用于建设。1987 年，在农场统一安排的基建项目外，园林队投入本队财务包干留成 40 多万元，用于修建防渗渠、排碱渠、渠系配套、道路、水塔等工程。1989 年，投入连队财务包干结余资金 8.05 万元，占当年自筹资金的 36.6%。20 世纪 80 年代，累计投入自筹资金 228.43 万元，占总投资额的 26.5%。

20 世纪 90 年代，自筹资金投入大幅度增加，多数年份建设资金以自筹为主，10 年累计自筹 1404 万元，占总投资额的 68.9%，其中 1995 年自筹资金占总投资额的比例为 85.6%；累计自筹资金投入比 80 年代增加 5.15 倍，占总投资额的比例上升 42.4 个百分点。自筹资金中，1991 年连队财务包干结余资金投入 153.72 万元，占当年全部自筹资金的 83.3%；1995 年个人入股 100 万元资金投入建设，占当年全部自筹资金的 49.4%。

2000—2006 年，累计自筹资金 1384.02 万元，占总投资额的 70.38%。

2007 年后，农场加大各项基础设施建设力度，年自筹资金增长至 1000 万元以上。

2017—2020 年，集团公司共投入基本建设资金 122629 万元，其中自筹资金为 112999 万元。

表 3-3-3　1958—2020 年部分年份红旗坡农场（集团公司）基本建设资金来源表

单位：万元

年份	总投资额	拨款	自筹
1958	48.42	48.42	—
1959	65.53	65.53	—
1960	33.19	33.19	—
1961	12.70	12.70	—
1962	103.73	103.73	—
1963	11.55	9.85	1.70
1964	53.62	29.66	23.96
1965	41.01	29.94	11.07
1966	36.19	13.03	23.16
1967	26.73	7.36	19.37
1968	17.95	9.90	8.05
1969	21.89	10.81	11.08
1970	17.89	14.99	2.90
1971	26.10	19.41	6.69
1972	19.27	12.22	7.05
1973	22.90	20.15	2.75
1974	21.35	21.35	—
1975	13.19	13.19	—

(续)

年份	总投资额	拨款	自筹
1976	13.74	13.74	—
1977	45.30	16.50	28.80
1978	55.72	29.21	26.51
1979	21.35	10.29	11.06
1980	48.34	23.62	24.72
1981	48.36	24.17	24.19
1982	39.59	24.84	14.75
1983	33.22	8.53	24.69
1984	161.66	154.75	6.91
1985	137.78	89.52	48.26
1986	104.31	76.02	28.29
1987	120.38	111.04	9.34
1988	92.38	67.07	25.31
1989	77.59	55.62	21.97
1990	126.91	41.33	85.58
1991	237.64	53.03	184.61
1992	307.82	96.70	211.12
1993	108.42	54.31	54.11
1994	275.58	68.07	207.51
1995	236.21	33.93	202.28
1996	118.12	24.66	93.46
1997	174.25	49.04	125.21
1998	34.02	19.43	14.59
1999	417.61	192.08	225.53
2000	64.23	—	64.23
2012	2405	262.5	2142.5
2013	1401	426	975
2014	2932	421	2511
2015	2748	500	2248
2016	2930	650	2280
2017	21500	800	20700
2018	13847	3570	10277
2019	51470	1784	49686
2020	35812	3476	32336

3. 资金投向 自建场至20世纪70年代，基本建设资金投向重点是农业建设。农业建设中，部分年份的重中之重是水利建设。自建场至20世纪60年代，全场农业建设投资288.99万元，占总投资额的61.4%，其中水利建设投资154.26万元，占农业建设投资的

53.4%。20世纪70年代，全场累计农业建设投资120.88万元，占总投资额的47.0%，其中水利建设投资97.85万元，占农业建设投资的80.9%。有4年的农业建设投资全部为水利建设投资。基本建设投资第二大项为房屋建设，房屋建设的重点为职工宿舍建设。建场至20世纪60年代，全场累计房屋建设投资73.103万元，占累计总投资额的25.3%。20世纪70年代，全场累计房屋建设投资80.4万元，占累计总投资额的31.1%。

20世纪80年代，农场加大工业建设、林果业建设、商业建设投入，其中工业建设投资居第一位，其次为农业建设投资，第三位为林果业建设投资，第四位为商业建设投资。在此期间，累计工业建设投资261.51万元，占总投资额的30.3%。工业建设投资最多的为1984年的118.6万元，占当年总投资额的73.4%。80年代累计农业建设投资211.62万元，占总投资额的24.5%；累计林果业建设投资142.37万元，占总投资额的16.5%，林果业建设投资最多的为1987年的42.66万元，占当年总投资额的35.4%。累计商业建设投资115.39万元，占总投资额的13.4%，商业建设投资最多的为1986年的40.95万元，占当年总投资额的39.3%。

20世纪90年代，基本建设资金主要投向为：改善农业林果业生产条件，重点加大水利建设投入；改善工业生产条件，重点扩大生产能力和提高生产技术水平；改善办公和教育医疗设施条件，重点安排硬件设施建设。累计农业建设投资826.44万元，占累计总投资额的40.6%，农业建设投资额比80年代累计增加2.9倍，其中水利建设投资527.56万元，占农业建设投资的63.8%，水利建设投资额比80年代累计增加2.8倍。农业建设投资最多的为1999年的367.65万元，占当年总投资额的88%，其中水利建设投资359万元，占当年农业建设投资的97.6%；累计工业建设投资356.967万元，占累计总投资额的17.5%，工业建设投资额比80年代增加36.5%。工业建设投资最多的为1992年的161.82万元，占当年总投额的52.6%。累计房屋建设投资307.42万元，占累计总投资额的15.1%，房屋建设投资最多的1995年为163.58万元，占当总投资额的69.3%。累计教育医疗建设投资200.66万元，占累计总投资额的9.9%。

2000—2007年，基本建设投资重点是投向新项目、大项目。8年中，单项工程投资30万～50万元的工程累计7个，50万～100万元的工程累计8个，100万元以上的工程10个，其中300万元以上的工程4个。

2010年后，随着物联网、新零售、互联网＋、区块链、内容营销等新思想、新模式、新技术的不断涌现，农场面临的竞争也变得更加激烈，尤其是农场受到地域因素、产品特点、生产方式等诸多因素影响，传统的种植以及销售模式已不太适应市场的需求，农场对转型升级的需求日益迫切。

2016 年，农场（集团公司）为更好地建立起竞争优势和品牌优势，迎合消费升级的发展趋势，做出高附加值、有深度的产品，使农业产品由过去的"多、粗、浅"向"少、精、深"转变，斥资建设林果深加工项目、农贸物流园等，其中主要建设项目为金物联果品冷链深加工及红旗坡冷链物流及建设项目，投资 7.9 亿元，新疆红旗坡农贸物流园项目完成投资 2.7 亿元。

表 3-3-4　1958—2020 年部分年份红旗坡农场（集团公司）基本建设资金投向表

单位：万元

年份	总投资额	农业建设			工副业建设	商业建设	教育医疗建设	交通电力通信建设	牧业建设	房屋建设	其他建设
		总计	水利建设	林果业建设							
1958	48.42	31.32	12.00	2.50	—	—	—	—	5.30	3.60	5.70
1959	63.53	47.80	18.80	6.92	0.87	—	—	0.54	—	7.40	
1960	33.19	19.56	15.09	5.81	1.85	—	—	—	0.56	5.41	—
1961	12.70	11.30	6.46	—	—	—	—	0.13	0.18	1.09	
1962	103.73	79.79	40.30	21.57	—	—	—	—	—	2.37	
1963	11.55	5.20	—	1.10	1.10	—	—	—	0.15	4.00	
1964	53.62	29.84	10.60	7.50	2.66	6.41	1.48	0.60	0.60	4.59	
1965	41.01	19.92	16.03			—	—	—	0.66	2.043	
1966	36.19	15.11	11.22	—	—	—	—	—	—	21.08	
1967	26.73	10.19	8.46	4.95	1.41	—	—	1.95	—	8.23	
1968	17.95	9.94	9.24	—	—	—	—	0.66	0.57	6.78	
1969	21.89	9.02	6.06	5.29	1.03	—	—	0.04	—	6.51	
1970	17.89	9.89	9.89	—	1.25	—	—	—	—	6.49	
1971	26.10	17.69	12.60	—	—	0.26	—	—	5.81	2.60	
1972	19.27	11.60	6.97	0.87	—	—	—	—	0.75	6.05	
1973	22.90	17.15	17.15	0.69	—	—	—	—	—	5.06	
1974	21.35	6.70	6.70	0.09	—	—	—	—	—	14.56	
1975	13.19	3.60	—	2.00	—	—	—	—	—	7.59	
1976	13.74	8.19	6.04	0.15	—	—	—	—	1.05	4.35	
1977	45.30	9.28	7.00	3.00	16.07	—	—	—	2.50	14.45	
1978	55.72	32.78	27.50	4.09	2.94	—	2.42	—	2.24	11.25	
1979	21.35	4.00	4.00	4.60	0.85	—	1.50	—	3.00	8.00	
1980	48.34	24.83	15.37	0.45	4.24	—	2.50	—	3.30	13.02	
1981	48.36	27.05	16.34	2.20	2.90	2.35	2.61	—	—	11.25	
1982	39.59	23.75	3.73	3.29	2.51	—	0.33	—	—	9.71	
1983	33.22	2.48	—	6.96	19.30	—	2.23	—	2.25		
1984	161.66	8.22	1.31	20.24	118.60	—	14.60				
1985	137.78	15.17	14.34	12.95	69.48	25.38	14.8				
1986	104.31	44.15	39.16	3.87	7.37	40.95	4.54	3.43	—	—	
1987	120.38	12.39	10.39	42.66	24.03	30.10		3.50	—	—	7.70

（续）

| 年份 | 总投资额 | 农业建设 | | | 工副业建设 | 商业建设 | 教育医疗建设 | 交通电力通信建设 | 牧业建设 | 房屋建设 | 其他建设 |
		总计	水利建设	林果业建设							
1988	92.38	23.81	22.56	25.03	6.60	16.61	3.90	15.03	0.70	0.70	—
1989	77.59	29.77	15.47	24.72	6.48	—	2.12	—	—	10.65	3.85
1990	126.91	77.90	21.48	5.24	1.24	—	5.00	—	—	22.21	15.32
1991	237.64	96.98	14.00	59.96	22.93	—	6.28	27.10	—	24.39	—
1992	307.82	44.41	16.53	21.96	161.82	—	45.00	21.22	—	4.78	8.63
1993	108.42	21.94	11.54	15.25	24.75	—	46.48	—	—	—	—
1994	275.58	57.59	17.58	3.50	132.00	—	43.40	28.82	—	6.50	3.57
1995	236.21	59.93	37.43	3.00	—	—	4.20	5.50	—	163.58	—
1996	118.12	36.41	33.41	1.44	6.20	59.98	5.70	—	—	8.39	—
1997	174.25	54.93	15.00	—	7.00	31.71	21.51	—	—	59.10	—
1998	34.02	8.70	1.59	1.10	1.027	—	1.050	—	—	3.45	—
1999	417.61	367.65	359.00	7.90	—	5.00	22.04	—	—	15.02	—
2000	64.23	3.88	—	33.86	—	—	5.92	12.50	3.99	4.08	—
2012	2405.00	425.35	225.11	200.24	—	—	—	—	—	—	—
2013	1401.00	509.37	509.37	—	—	—	—	—	—	—	—
2014	2932.00	798.84	798.84	—	—	—	—	—	—	—	—
2015	2748.00	635.19	635.19	—	—	—	—	—	—	—	—
2016	2930.00	652.71	318.95	333.76	—	—	—	—	—	—	—
2017	21500.00	10354.50	—	10354.50	10551.80	—	—	—	—	—	—
2018	13847.00	3672.28	—	3672.28	6380.91	—	—	—	—	—	—
2019	51470.00	—	—	—	1216.00	—	—	—	—	—	—
2020	35812.00	19087.96	—	19087.96	—	—	—	—	—	—	—

说明：①其他建设投资含防病改水工程和拆墙透绿工程投资。
②本表未计入塔河节水改造工程、民间集资新建果品保鲜库投资。

（二）流动资金管理

1. 资金来源　流动资金主要来自四大项。

（1）自有流动资金。农场自有流动资金主要来自上级拨入，部分由专用基金（利润留成、生产发展基金等项目）转入。1959年，全场自有流动资金为19.54万元。随着生产经营逐步发展，自有流动资金逐步增加。1969年，全场自有流动资金为81.26万元，比1959年增加3.16倍。20世纪60年代，自有流动资金年均为62.31万元。1979年，全场自有流动资金为161.23万元，比1969年增加98.4%。20世纪70年代，自有流动资金年均为132.06万元，比60年代年均增加1.12倍。20世纪90年代以后，农场自有流动资金较大幅度增加。1993年，实行新会计制度，各项自有流动资金纳入国家资本金。当年，农场属于流动资产的国家资本金为512.32万元。1999年，全场国家资本金为1684.53万元，比1993年增加2.29倍。2010年，全场国家资本金为1684.53万元。至2020年，农场国家资本金增长至 8084.53 万元。

（2）贷款、借款。建场初期，向银行贷款较多，占全部流动资金比重较大。1959 年，向银行贷款 26.94 万元，占全部流动资金的 58％。1960 年和 1961 年，银行贷款占全部流动资金的比例分别下降为 21.2％和 14.1％。此后，至 20 世纪 80 年代中期，多数年份没有银行贷款。1985 年起，先后有多种经营周转金和财政支农周转金借款，分别为低息、贴息借款。借款最多的为 1987 年的 108.6 万元，占全部流动资金的 19.4％。2000 年以后，随着传统农业向现代农业的转变，和农业生产的社会化、专业化、市场化，利用信贷资金发展农业已成为农场职工的重要选择。同时，农场在冷库建设、道路建设、水利设施建设等基础设施建设方面都离不开信贷资金的支持。至 2020 年，全场投入信贷资金共 22.8 亿元。

（3）专用基金。专用基金来自农场提取和上级拨入，分别作为生产和建设的专项资金，其中用于生产和管理各项费用支出的专用基金为流动资金的一项来源。用于生产和管理各项费用支出的专用基金项目：20 世纪 60 年代，有四项费用（含技术组织措施费、新品种引进费、劳动保护费等）、工资附加费（含医药卫生补助金、福利补助金、劳动保险金、工会经费）、企业基金、企业奖励基金、牲畜更新基金、幼畜饲养基金、安置费基金等；70 年代后期，增加财务包干结余（含农场留成、连队留成、奖励基金），主要用于中小学经费补贴的政策性社会性支出专用拨款；自 80 年代初期起，利润包干结余基金分为生产发展基金、职工福利基金、奖励基金、储备和救灾基金，后期增加育林基金。1988—1992 年，专用拨款列入流动资金，分别为 59.65 万元、101.14 万元、112.31 万元和 91.75 万元；1993 年起，按照新会计制度及有关规定提取盈余公积及公益金替代原有大部分专用基金项目。

（4）结算资金。结算资金主要是外部和内部应付未付款。结算资金占流动资金总额的比例，20 世纪 60 年代年均为 29.3％，最低的为 1969 年的 18.9％，最高的为 1965 年的 43.5％；70 年代年均为 16.9％，最低的为 1976 年的 9.1％，最高的为 1979 年的 27.6％；80 年代年均为 40.7％，最低的为 1986 年的 23.8％，最高的为 1989 年的 53.6％。20 世纪 90 年代以后，多数年份结算资金占流动资产总额的比例超过 30％。

2. 资金运用

（1）生产占用。生产占用资金主要为各种生产材料、在产品及待摊费用、产畜及役畜、产成品。生产占用为流动资金运用的主要形式，考核流动资金合理运用的主要指标。生产占用占流动资金总额的比例，20 世纪 60 年代年均为 44.9％，70 年代年均为 36.6％。1993 年起，生产占有改为存货，细分项目主要为原材料和农用材料、产成品、在产品、库存商品。存货占流动资产总额的比例，1993—1999 年为 33.3％，2000—2010 年年均为 18.07％，2011—2020 年年均为 17.05％。

（2）货币资金。货币资金包括银行存款、库存现金和其他货币资金，其中绝大部分为银行存款。货币资金占流动资金的比例：20 世纪 60 年代年均为 31.2％，70 年代年均为 45.9％，80 年代年均为 31.7％，90 年代年均为 34.3％，2000—2010 年年均为 17.5％。2011—2020 年年均为 24.85％。

（3）结算资金。结算资金细分项目为外部和内部应收未收款，上级应拨未拨亏损补贴及其他补贴，基本建设及其他占用，待处理流动资产损失等，其中内部应收未收款为主要项目。结算资金占流动资产总额的比例：20 世纪 60 年年均为 22.3％，70 年代年均为 17.4％，80 年代年均为 25.9％，90 年代年均为 37.3％，2000—2010 年年均为 46.75％，其中其他应收款（包括备用金、周转金、外部收款等项）年均为 55.5％。2011—2020 年年均为 32.93％。

3. 资金管理

（1）来源管理。资金按来源分为定额流动资金和非定额流动资金。建场至 20 世纪 70 年代中期，农场流动资金定额，每年由上级主管机关核定下达，实有流动资金低于定额的，缺额由上级拨入补足，超定额部分上交；非定额流动资金由上级下达贷款指标。1958 和 1959 年，上级核定流动资金定额分别为 7 万元和 19.04 万元。1964 年，下达农场流动资金定额 62.7 万元。1971 年起，执行自治区统一规定，财政拨款的定额流动资金和银行贷款的非定额流动资金改由银行统一供应、管理，属于农牧企业的农场定额流动资金全部为财政资金。1974 年起，财政停止拨入流动资金，自有流动资金（国家流动资本金），由企业按规定转入积累。

（2）场内流动资金收支管理。自建场至 20 世纪 80 年代前期，农场规定：实行场部集中管理和收、支两条线管理，统一收支，统一产品销售处理，统一对外经济往来。生产队为基层核算的报账单位，只计算劳动成果和生产成本，产品及收入上交农场，原则上不掌握现金（少量备用金除外），不在银行开设账户，职工工资由场部核定后拨队，开支向场部报账核销，物料向场部申领。20 世纪 80 年代中期，实行厂长负责制以后，财务管理以"抓资金管理，促经济效益"为中心展开工作，全场所有资金实行"统一管理，分项核算，参与周转，调剂使用"，坚持农场财务部门审核、场长审批的"一支笔"审批制度。全场各项资金由场部统一调度，各项生产资料由场按计划统一分配，场内转账。基层单位开支，实行先审批后使用。专用基金实行"先提后用，计划安排，专款专用"。专用基金使用，除正常的职工医药支出、职工生活困难补助和集体福利事业支出，其他开支按计划安排、严格控制。安排建设项目由场部审批。在此期间，为便于生产和营业，场部批准少数工商单位（饮料厂、综合服务部）在银行独立开户，单独核算，因管理失控，造成随意乱支，外欠款无法收回，上当受骗，不到两年时间耗尽场拨全部流动资金，农场果断决定收回其银行独立账户。1989年9月至1991年9月，农场组织清账班子，对建场以来的应收、应付往来账进行全面彻底清理和账务、核销处理。1989年，农场开始对工商单位实行流动资金定额管理、限期使用和有偿使用。商业单位定额内流动资金月息（资金占用费）为6.6‰，超定额流动资金和计划外临时借款月息为9.5‰和12.285‰；工业单位定额内流动资金不收占用费，超定额流动资金部分按月息6.6‰收取资金占用费。1990年，全场收取资金占用费7.06万元。1992年开始，对全场生产、经营单位占用场部流动资金实行限期使用和有偿使用，场部规定各单位占用流动资金限额，确定不同的限额内和限额外流动资金占用费率，其中限额内流动资金占用费率（月息）和限额外流动资金占用费率（月息）各农业队、园艺分场（队）、副业队、机修队、仓库、饲料厂分别为2‰和5‰，综合厂（果品车间、饮料车间、玻璃纤维车间）、榨油厂、砂砖厂、工程队分别为3‰和6.6‰。对基层单位存入场部的资金，亦按当月结算存款额的利率，由场部向基层单位支付利息。由于严格管理资金，收到明显效果。农场流动资金周转逐步加快，流动资金周转天数：1979年为350天，年周转次数略多于1次，1989年减为87.6天，周转次数增为4.1次，1992年再减为65天，周转次数增为5.5次。专用基金年末余额，1985年末发生赤字100万元，至1991年末余额达320万元。1991年，全场共提留各项专用基金220.47万元，其中除按规定从工资、折旧及利润中提取更新改造基金、职工福利基金等专用基金109.56万元外，按新规定增加提留专用基金110.9万元（其中提留储备基金35.48万元，农田、草场、育林基金40.56万元）。1995年，农场制定《财务管理办法》明确规定：国家资本金实行资本保全原则，属全民所有，任何部门、个人不得随意侵占；国家资本金实行责任管理，有偿使用。实行计划控制，定时定量；实行长短结合，合理负债；筹集的主要来源为提取家庭农场（承包户）的"以丰补歉"风险基金和连队留成资金以及私人闲散资金。资本公积管理：盈余公积按可供分配利润的20％提取，其中50％用于弥补亏损，50％作为公益金，用于集体福利设施。职工福利费按工资总额的14％提取，用于职工医疗支出、医护人员工资和职工困难补助。货币资金及往来结算管理：财务部门设置专职人员负责货币资金日常管理，负责货币资金的收支核算、签批的合法凭证款项收付及清理债权债务；现金使用起点为1000元以下的零星支出和需要支付现金的其他支出。现金库存限额：农场计财科收敢的现金，当天送交银行，不留库存，距场较近的基层单位库存现金限额不超过1000元，距场较远的基层单位库存现金限额不超过1500元，作为备用金管理，超过部分当日或次日送交银行。应收账款处理：按欠款户单独设账，定期核对清理，及时派专人催收。超过 3 年的应收账款，确认不能收回的，经场长批准，采用备抵法作坏账处理，已作坏账处理的应收账款，继续加紧催收。存货管理：按农场确定的计价方法计算，存货领发采用"后进先出法"。存货出入库，凭领料单和入库验收单，并及时入账。低值易耗品管理：实行定额管理。设置登记簿，固定到人，根据不同品种，规定不同的使用年限，交旧领新，定额补充，丢失赔偿，节约奖励。低值易耗品及包装物的摊销：单位价值在 100 元以下，数量在 100 件以内（含 100 件），采用一次摊销法；单位价值在 100 元以上，或单位价值在 100 元以下，数量在 100 件以上的，采取分期摊销法。存货每季度盘点一次，或由财务部门决定随时对某些存货进行清查盘点。存货保管人员经常与财务部门对账，与存货进行核对，做到账账相符、账实相符。存货量盘盈盘亏，查明原因，报请场长核准，财务部门作调账处理。对因失职造成的存货损失，当事人负责赔债。

1996 年，农场调整资金占用费率。定额内资金占用费率（月息）：农业单位提高为 5‰，工业单位提高为 6.6‰；超定额资金占用费率（月息）：农业单位提高为 7‰，工业单位提高为 10‰。资金占用出现负数，农业单位按月息 5‰，工业单位按月息 6.6‰，由场部返还利息，冲减单位费用。资金占用费按季收取。

2003 年，农场制定《综合管理办法》，规定农场对外是独立的企业法人。各分场、队和其他基层单位是农场的下属单位，在农场党委、管理委员会领导和授权范围内从事生产经营活动，对外不具有独立法人资格。加强资金管理和监控，建立健全统一的资金管理制度。严格按照银行账户管理办法开立和使用银行账户，农场只设一个基本账户，基本账户以外最多开立 3 个临时账户。未经场管理委员会集体讨论决定，不允许各分场、队、单位在银行开设账户，取消各单位违规开立的银行账户。杜绝资金账外循环现象，即"小金库""账外账"现象，一经发现，直接责任人立即解聘转岗，并追究单位主管财务的责任。各项收入全面入账，及时公开，上报场纪委、财务科、政研室，接受各方面监督。严格控制各项支出，执行农场统一规定，任何单位和个人不得自行其是或巧立名目。生产性开支：坚持实行"两费"自理（生产费用、生活费用自理），用于生产经营的肥料、农药、地膜、苗木等，农场一般不再垫付。特殊情况下，农场 10 万元以下支出，由部门或基层单位提出，分管领导签署意见，由场长审批；10 万元以上支出，由场长办公会议决定，参会人集体联签。非生产性开支：工资由劳资科按定岗、定员及工资标准审核并签署意见，报场长或由场长委托有关部门审批。其他非生产性开支按规定或预算执行。分场、队、单位开支 200 元以下，行政领导批准，从备用金支付；

200 元以上或月累计开支 1000 元以上的，由单位民主理财小组集体同意并签署意见后支出；500 元以上或月累计 2000 元以上，由单位民主理财小组决议，书面报告场长审批，从场财务科支出，记入单位成本。各基层单位备用金限额由场财务科核定，4 个园艺分场为 5000 元，其他单位为 3000 元，任何单位不得从现金收入中坐支。因特殊情况需坐支的，事先书面请示场长批准，事后 3 日内及时办理抵交收入手续，否则视为违纪。农场内部财务往来，由过去拨付、转账改为所需资金预交和内部借贷，即各分场、队按场统一规定比例交够管理人员风险保证金和职工承包抵押费后，场垫支定员内工资及核定的办公费，其他所需开支采取先预交场，后报销。各单位之间业务往来，单位在场财务科账面没有留存和预交余额，不得办理转付手续，采取签订协议，实行内部借贷，支付利息，杜绝透支。

2005 年，农场针对存在的坐支现金和私设"小金库"现象，专门发出通知，进行清理，要求立即取消"小金库"，限期全数交场，逾期不交者，一经查出，有关人员先免职，再按违纪处理。

2013 年，农场制定《财务管理制度（暂行）办法》，农场生产性开支 5 万元，党委会议研究决定的重大开支项目，由直接管理的职能部门提出申请，分管领导签署意见后，由财经工作办公室提出审核意见报场长审批；5 万元以上支出由党委会议决定，依据农场党委议事规则进行办理。分场生产性开支。分场的资金首先要保证单位承担的统筹费用、干部工资，5000 元以下支出，由报账单位提出申请，分场主办会计提出审核意见报分场场长审批；5000～30000 元支出必须经支委会议决定。农场只允许设立 1 个基本账户，为便于开展业务，可在基本账户以外最多开立 3 个一般或临时账户。严禁各基层单位和从事财务工作等任何人设立"小金库""账外账"。各分场的委派会计由场财务部门会同干部管理部门统一管理和考核。严格现金收支管理，坚持收支"两条线"。

至 2020 年，集团公司通过规范化管理，未发生过"小金库"现象。

表 3-3-5　1959—1992 年红旗坡农场流动资金来源和运用表

单位：万元

年份	流动资金总额	来源				运用		
		自有流动资金	贷款借款	专用基金	结算资金	生产占用	货币资金	结算资金
1959	46.48	19.54	26.94	—	—	20.03	7.82	18.63
1960	62.77	27.27	13.30	4.91	17.29	31.54	15.65	15.58
1961	76.11	28.37	10.68	10.03	27.03	28.37	22.87	13.89
1962	98.37	71.37	—		27.00	31.10	42.00	25.27

（续）

年份	流动资金总额	来源				运用		
		自有流动资金	贷款借款	专用基金	结算资金	生产占用	货币资金	结算资金
1963	114.30	70.19	10.68	—	33.43	42.97	34.58	36.57
1964	107.62	62.70	—	—	44.92	56.03	30.75	20.84
1965	110.99	62.70	—	—	48.29	58.72	39.42	12.85
1966	100.65	61.96	—	10.88	27.81	55.93	34.33	10.39
1967	113.37	76.00	—	12.57	24.80	51.50	29.93	31.94
1968	116.17	81.26	—	8.79	26.12	49.61	36.78	29.78
1969	121.18	81.26	—	17.05	22.87	52.86	29.00	30.32
1970	130.98	81.26	—	24.11	25.61	64.49	32.23	34.26
1971	128.20	81.26	—	29.08	17.86	71.68	33.50	23.12
1972	138.74	81.26	—	23.64	33.84	80.09	53.03	5.52
1973	160.40	109.46	—	25.55	25.39	52.81	45.52	62.00
1974	221.56	161.23	—	27.95	32.38	46.75	149.96	24.85
1975	231.39	161.23	—	39.36	30.80	50.15	171.57	9.67
1976	217.32	161.23	—	36.37	19.72	65.07	130.85	21.40
1977	223.52	161.23	—	22.96	39.33	63.64	110.20	49.68
1978	247.61	161.23	—	47.71	38.67	100.01	134.78	12.82
1979	222.75	161.23	—	—	61.52	109.34	21.32	92.09
1980	232.28	161.23	6.00	—	65.05	132.01	46.92	53.35
1981	216.86	161.23	0.30	—	55.33	137.72	43.93	35.21
1982	237.55	161.23	—	—	76.32	149.16	18.25	70.19
1983	306.79	161.23	—	—	145.56	151.35	39.05	116.38
1984	282.97	161.23	—	—	121.74	156.72	86.87	39.38
1985	347.54	161.23	20.00	—	166.31	140.68	132.12	74.84
1986	410.35	161.23	60.22	91.17	97.73	130.13	121.44	158.78
1987	559.38	161.23	108.60	63.28	226.27	185.80	237.16	136.29
1988	712.19	162.43	87.95	155.14	306.67	230.94	354.83	180.42
1989	819.31	163.15	36.04	180.97	439.15	363.04	241.55	214.72
1990	920.51	164.28	21.00	267.07	468.16	395.87	361.50	163.14
1991	1142.51	218.67	108.00	399.92	415.92	405.30	493.24	243.89
1992	1220.14	239.94	82.50	536.82	360.88	664.23	250.08	305.33

说明：1988—1992 年来源中专用基金结余占用拨款，其中 1988 年 59.65 万元，1989 年 69.37 万元，1990 年 101.34 万元，1991 年 112.31 万元，1992 年 91.75 万元。

表 3-3-6　1993—2020 年红旗坡农场（集团公司）流动资金来源和运用表

单位：万元

年份	流动资金总额	国家资本	运　用		
			生产占用	货币资金	结算资金
1993	1296.89	512.32	538.39	328.77	429.73
1994	1669.44	1212.94	500.53	548.82	620.19
1995	1759.39	1340.66	555.18	722.91	481.30
1996	2098.95	1368.74	886.10	674.34	538.51
1997	2469.06	1480.13	914.18	840.27	714.61
1998	2733.01	1526.06	765.13	1142.29	825.59
1999	1962.09	1684.53	500.99	568.24	892.86
2000	2954.35	1684.53	661.54	393.80	1899.01
2001	2585.82	1684.53	668.79	88.82	1828.21
2002	2384.96	1684.53	333.97	372.58	1678.41
2003	3104.00	1684.53	294.06	824.04	1985.59
2004	3786.90	1684.53	294.24	559.74	2932.92
2005	4026.60	1684.53	214.26	661.79	3150.55
2006	4466.15	1684.53	235.03	1177.35	3053.77
2007	5286.03	1684.53	—	1118.77	—
2008	6558.25	1684.53	1905.96	2499.80	3234.56
2009	7699.45	1684.53	2856.60	1999.92	4420.59
2010	9616.80	1684.53	2142.14	2058.92	5198.22
2011	11801.34	1684.53	1942.25	4122.20	5006.69
2012	16048.30	1684.53	4422.41	5022.87	4123.35
2013	13123.75	1684.53	2487.70	4207.43	4557.21
2014	15814.17	1684.53	2536.37	7201.76	4658.21
2015	21667.20	1684.53	1613.13	9168.04	10241.02
2016	20731.47	1684.53	3703.15	7782.96	9992.56
2017	49405.48	1684.53	9680.31	16923.46	14724.96
2018	100678.87	8084.53	10321.62	12506.55	27249.50
2019	122666.91	8084.53	30983.66	24615.34	52709.64
2020	98479.44	8084.53	12530.51	25344.76	21627.11

（三）固定资产管理

1. **建立账卡**　农场设置固定资产明细账，每项固定资产填制固定资产登记卡，及时记录价值、折旧、变化情况。定期进行固定资产盘点，每年核对账目实物和按有关规定调整账目。

2. **专人保管使用**　固定资产使用单位和部门指定专人使用保管，建立各项固定资产维修保养制度，按时进行维修保养。

3. **增减处理**　固定资产增减变化包括新建（新制）、改建、购入增加，场外调入调出增减，报废及变卖减少等。农场投入形成的固定资产归农场所有，生产单位以留成资金投入形成的固定资产归生产单位所有。新增固定资产由下属单位使用的，办理交接手续。固定资产场外调拨，经上级主管机关和财政部门批准，按规定办理有偿调拨或无偿调拨手续。场内固定资产各单位间调动，由农场场长批准，不作农场增减变化，办理使用变动手续。固定资产报废、变卖及人力不可抗拒的意外财产损失，由有关部门鉴定、审核，经场长审批，按有关规定办理核销或向上报批手续。人为责任造成固定资产损失，追究使用单位、部门和责任使用、保管人的责任。

4. **提取折旧**　固定资产折旧包括基本折旧和大修理折旧。1962 年规定：土地、公路（包括桥梁）、农田水利建设工程（不包括水闸）、防护林和用材林、清理中固定资产、租用的固定资产、经批准列入未使用和不需用的固定资产不提基本折旧，机车、汽车按工作量提取基本折旧，其他固定资产按年限提取基本折旧。各类固定资产使用年限（工作量）和基本折旧率按农牧企业的统一规定执行，采取加权平均法。只提基本折旧、不提大修理折旧的固定资产：牧畜，各种成林，家具用品，其他不需要进行大修理的固定资产。1995 年，农场规定：固定资产计提折旧的范围：房屋建筑物，在用的机器设备、仪器、仪表、运输工具，季节性停用、大修理停用的设备，融资租入的固定资产，以经营方式租出的固定资产，1994 年以后修建的公路、桥梁、干渠、支渠等。固定资产主要分为机械动力和房屋及建筑物。机械动力的折旧年限：机械设备 10 年，动力设备 15 年，大中型拖拉机 6 年，小型拖拉机 5 年，联合收割机 10 年，农机具 5 年，粮食处理机械 10 年，金属油罐 15 年，变压器 18 年，输电线路 30 年；房屋及建筑物的折旧年限：生产用房 30 年，非生产用房 35 年，干渠支渠 15 年，机井 10 年，水泥晒场 15 年；经济林木 20 年。计提折旧方法：按平均年限法。

表 3-3-7　1959—2020 年红旗坡农场（集团公司）固定资产原值、净值、提取折旧表

单位：万元

年份	年末原值	年末净值	当年提取折旧
1959	29.40	27.04	2.36
1960	30.40	27.31	3.09
1961	30.40	26.09	4.31
1962	52.90	47.66	5.24
1963	58.21	49.87	8.34
1964	76.99	63.74	13.34
1965	68.37	63.28	5.09
1966	122.90	116.04	6.86
1967	124.60	91.80	7.60
1968	141.90	100.94	8.16

（续）

年份	年末原值	年末净值	当年提取折旧
1969	144.86	93.68	10.22
1970	156.09	92.61	12.31
1971	170.81	95.21	12.12
1972	178.61	90.42	12.59
1973	185.36	84.42	12.75
1974	193.63	87.31	5.37
1975	199.93	84.18	13.81
1976	227.21	98.18	14.76
1977	262.35	115.02	16.99
1978	294.28	132.94	14.01
1979	335.17	159.22	20.25
1980	372.29	172.32	23.99
1981	396.29	178.12	24.09
1982	419.39	189.64	25.69
1983	424.43	169.19	25.49
1984	461.09	161.80	24.05
1985	394.48	144.71	21.05
1986	353.00	192.35	9.35
1987	503.19	222.98	19.57
1988	563.72	262.00	71.51
1989	581.18	256.05	23.41
1990	611.16	262.54	24.31
1991	721.59	345.71	27.26
1992	788.28	379.08	33.32
1993	1107.30	657.55	40.55
1994	1407.29	908.00	49.54
1995	1629.07	1078.40	51.38
1996	1750.00	1190.40	81.47
1997	2064.40	1312.60	121.30
1998	2138.48	1266.82	119.86
1999	2395.55	1400.59	123.30
2000	2472.56	1338.26	139.34
2001	3819.20	3120.21	143.67
2002	3828.71	2956.79	172.83
2003	3904.28	2885.04	75.52
2004	4112.77	2961.79	150.20

（续）

年份	年末原值	年末净值	当年提取折旧
2005	4181.42	2877.78	152.65
2006	4563.14	3127.34	132.16
2007	4638.81	3034.38	168.64
2008	5145.52	3351.44	189.65
2009	5743.39	3761.24	188.06
2010	6874.60	4712.35	180.10
2011	8306.19	5896.88	247.07
2012	10256.20	7470.84	376.04
2013	11019.62	7882.44	351.83
2014	13880.80	10331.01	412.61
2015	16848.30	12758.03	540.48
2016	18834.79	14126.75	617.76
2017	29158.60	24061.87	964.74
2018	33855.43	26926.75	1831.96
2019	38075.81	29181.28	2051.38
2020	25956.85	20111.70	1473.78

第四节　审计管理

农场审计工作的主要任务是进行经济监督，保护国家资产，维护财经法纪和企业的合法经济权益，促进改善经营管理，提高经济效益。农场审计工作的范围和内容主要以财务收支审计和经济责任审计为主，先后开展财务收支审计、经济责任审计、基本建设审计、专项审计、内控制度审计等工作。

一、内部审计

自建场至 20 世纪 90 年代，农场未设专职审计部门，由财务部门负责财务检查监督。90 年代后，农场先后设总会计师和财务督导员，其职责之一为财务检查监督。

1999 年 3 月开始，农场设专职审计部门（初为审计科，后为纪检监察审计办公室，2004 年 2 月设审计统计科）。1999 年，农场制定《关于加强内部审计和效能监察的规定》，明确农场审计部门及其负责人在场长直接领导下，依照国家法律、法规和政策以及农场的规章制度，对农场及所属各单位的财务收支、经济活动及其效益进行内部审计监督，独立行使内部审计监督权，对场长负责并报告工作。审计的方式为专题审计，联合审计。审计的主要形式为季度、年终的定期审计，场内中层以上干部离任（调任、离退休、免职）审计，场长指派的专项审计。

开展审计工作初期，采取自行审计和委托外部审计的方式。2000年1月，针对1999年发生的巨额亏损，农场委托阿克苏会计师事务所对1999年资产负债表、损益表、现金流量表进行审计。审计报告结论：会计报告符合《企业会计准则》和《农业企业会计制度》的有关规定。2000年，分别对农田一队、三队、七队、十队、园林二队、机修队、水管站、医院、砂砖厂等10个单位的10名领导进行离任审计。2002年，通过审计程序，农场对4个单位违反财务制度的行为，在干部会上点名批评，并限期改正。

2004年开始，实行联合审计方式，由有关部门参加，进行财务审计及场（队）务公开工作考核。2004年7—8月，全场开展上半年财务审计、养老统筹督察及场（队）务公开考核，对违反财经纪律的单位予以全场通报批评，给予两个单位的主要领导经济处罚，对工程队的大额公款私存问题，给予工程队单位罚款1000元，主要领导罚款500元，私存公款限期交场财务科。2004年底，对园艺一分场、果品厂、农田一队进行领导干部离任审计。2005年4月，开展全场所属单位2004年度及2005年第一季度财务审计、场务公开工作考核。考核小组由党委副书记、纪检委书记黄松林为组长，成员有党委办公室、行政办公室、工会、审统科、纪检监察室、财务科负责人、基层单位领导和职工代表。审计的主要内容：财务收支情况，库存现金情况，对外往来（债权、债务）情况，非生产性开支情况，生产性开支是否两费自理情况，库存物资情况，承包户上交管理费情况，农场下达经济指标完成及奖金、加班费用发放情况等。

2006年1月，开展全场2005年财务审计、场务公开工作考核，发现3个单位发生白条"坐支报账"，对农田六队、七队发生"坐支"予以通报批评，并对农田六队"坐支"和队行政主要领导私自退还个人风险抵押金等问题处以500元罚款，交回私退风险抵押金。对查出的承包户历年欠款挂账和其他往来818.72万元、招待费超标、农贸市场违规购买笔记本电脑等问题，逐项提出处理建议和意见。2006年2月，农场制定《内部审计工作程序实施细则》，进一步明确审计工作四个阶段（审计准备、审计实施、审计报告、审计终结）的主要内容、具体要求和工作程序。

2007年后，农场按照审计要求，每3年进行一次内部审计。至2020年，主要开展财务收支审计和场、队主要管理人员离任审计。通过查错纠弊、揭露问题、分析原因、提出审计建议，增强各级领导和财会人员遵纪守法的意识，使财务管理得到进一步加强，确保农场财务核算符合国家各项制度和法规。

二、外部审计

2005 年 7 月 11 日至 8 月 30 日，地区审计局派出审计调查小组，对农场 2004 年度财务收支情况及其他有关情况进行审计调查。审计调查结束后，地区审计局发出《关于阿克苏地区红旗坡农场 2004 年财务收支情况及其他有关情况的审计报告》和《关于阿克苏地区红旗坡 2004 年度财务收支情况和其他有关情况的审计决定》。地区审计局审计查出主要问题 14 项，其中财务管理方面 6 项、财务核算方面 4 项、其他方面 4 项。

2008 年 8 月 11 日 9 月 25 日，地区审计局派出审计小组，对农场 2005—2007 年财务收支情况进行就地审计。审计结束后，地区审计局出具《阿克苏地区审计局审计报告》《阿克苏地区审计局关于阿克苏地区红旗坡农场 2005 年 1 月至 2007 年 12 月财务收支情况的审计决定》。查出主要问题 5 项。

2013 年 10 月 22 日至 11 月 30 日，地区审计局派出审计组对阿克苏地区农业局党组成员、地区红旗坡农场党委副书记、场长范江明 2010—2012 年任期履行经济责任情况进行就地审计。审计结束后，地区审计局出具审计报告，查出主要问题 7 项，其中财务管理方面 6 项、其他问题 1 项。

2016 年 10 月 20 日至 11 月 15 日，地区审计局对地区红旗坡农场党委副书记、场长范江明 2013—2015 年任期期间履行经济责任情况进行就地审计。审计结束后，地区审计局出具审计报告，查出主要问题 16 项，其中经营管理方面的问题 3 项、重大工程建设管理方面的问题 4 项、会计核算方面的问题 4 项、其他问题 5 项。

三、专项审计

专项审计主要是根据被审计单位、农场领导提请，以及正常审计项目中发现的普遍问题和群众举报的有关问题，进行专项审计与调查，澄清事实，做好反馈，解除疑问，并对存在的违纪违规问题提出处理意见。

2001—2020 年，地区审计局共派出 7 次审计组对农场（集团公司）3 个项目进行专项审计及调查，提出问题 50 项。其中 2012 年 5 月 14—22 日，对农场 2010 年度 1 万亩农业高效节水项目进行专项审计，重点审计项目资金管理、使用、效益情况及项目完成情况，涉及资金 557.88 万元，提出问题 6 项。

2012 年 11 月至 2013 年 1 月，地区审计局派出审计组对地区本级 2012 年各类城镇保障性安居工程的投资、建设、分配、运营等情况进行审计。审计结束后，出具《审计报告》，报告中涉及红旗坡农场的问题共 9 项。

2014 年 1—2 月，地区审计局派出审计组对地区本级 2013 年城镇保障性安居工程的投资、建设、分配、运营等情况进行审计。审计结束后，出具审计报告，报告中涉及红旗坡农场的问题 4 项。

2014 年 3 月 6—22 日，地区审计局对地区红旗坡农场 2013 年"一事一议"财政奖补资金管理使用情况进行审计调查，涉及资金 1083.4 万元。审计结束后，共提出 6 个问题。

2015 年 12 月至 2016 年 1 月，地区审计局派出审计组对地区本级 2015 年保障性安居工程及配套基础设施的投资、建设、分配、运营等情况进行审计。审计结束后，出具《审计报告》，报告中涉及红旗坡农场的问题共 5 项。

2016 年 12 月 12 日至 2017 年 1 月 19 日，地区审计局派出审计组对红旗坡农场（集团公司）2016 年保障性安居工程进行审计。审计结束后，出具审计报告，报告中提出问题 5 项。

第五节　国有资产监督管理

2013 年，农场推进国有企业改革，引进有资金实力、有市场、信誉高的投资者参与国企的改制重组，重点做好农场的上市服务工作。

2014 年，地区完成红旗坡农场 2013 年度业绩考核、绩效评价及薪金批复发放工作；继续推进国有企业外派监事工作的规范化、程序化、标准化，将国有资本权益和国有资产安全的重要事项作为监督重点，加强当期监督和执行"三重一大"情况的追踪检查。

2016 年，为做好国有资产监管，提升企业的影响力、控制力和市场竞争能力，逐步整合分散的国有资产，重组后的红旗坡集团公司由国资委直接监管。至年末，地区国资委与红旗坡集团公司签订 2016 年度经营业绩考核目标责任书和任期经营业绩考核目标责任书，通过经营业绩考核强化对企业领导人的监督管理，在企业选人用人、落实"三重一大"、企业负责人业绩考核、薪酬待遇、廉洁从业、监事会监督等方面做出明确规定，进一步规范企业经营行为。

2017—2018 年，红旗坡集团公司负责承担的总投资 23 亿元农产品批发物流园项目以及田园特色小镇建设项目破土动工。为进一步优化国有资本布局结构，提升企业市场竞争能力，推进农副产品精深加工，红旗坡集团公司投资的冷链物流及果品深加工项目投资1.2 亿元建成投产运营。

2020 年底，红旗坡农场国有资产总额 108.23 亿元，负债总额 28 亿元，总权益 80.28 万元。

第四章 人力资源管理

1958—2020 年，农场共历经数次大的人事制度改革，从精简机构入手，修订和完善各项劳动管理规章制度，激发广大职工的工作热情。同时，强化对劳动力的管理，吸纳各方面的人才参加到农场建设中来，为农场建设增加新鲜血液。注重专业技术人才培养。推行聘用制度和岗位管理为重点，通过按需设岗、按岗聘用、竞争上岗，不断深化制度改革。深化工资分配制度改革，建立起体现各类人员不同特点的多序列的工资体系和正常化的考核晋级增资和调整职务工资标准等增资机制。同时，大力加强各类人才队伍建设，着力调整人才结构，增强各类人才队伍的生机与活力。至 2020 年，全场职工人数 2518 人，其中管理人员 311 人（高层 6 人、中层 54 人、普通管理人员 251 人；男 214 人、女 97 人；本科以上学历 1 人、本科学历 51 人、大专学历 127 人、中专及以下学历 132 人；初级职称 32 人、中级职称 4 人、高级职称 2 人）。

第一节 职工来源

1958 年 3 月 14 日，农场成立时，共有职工 1060 人，其中专区下放干部 50 人，阿克苏县 21 人，温宿县 32 人，荒勘局 13 人，农校学生 18 人，农工 864 人，行政干部 9 人，技术员 1 人，机务工 16 人，其他服务人员 36 人。4 月，阿克苏专署批准农场招收农业工人。至 5 月底，先后从库车县招收 290 人，从沙雅县招收 99 人，从新和县招收 99 人，从乌什县招收 150 人，从阿瓦提县招收 51 人，从阿克苏、温宿、柯坪三县招收 141 人。当年年底，农场职工达到 1890 人，其中男性 1549 人，女性 341 人。这些职工来源分四个方面：自治区、专区、各县下放干部职工 178 人；农校学生 18 人；当地入场两个农业社社员 864 人；各县招收 830 人。

1959 年 8 月，农场安置安徽庐江支边青年 177 人，其中劳力 152 人，小孩 25 人。152 名劳力中，男性 98 人，女性 54 人。

1960 年 5 月，安置江苏常熟支边青年 141 人，其中劳力 121 人，小孩 20 人。121 人劳力中，男性 49 人，女性 72 人。两批支边青年来场后，按班、排、连集中作为 1 个生产单位，班、排、连的干部均由支边青年自己选举产生，场里配 1~2 名干部。1 个连队 1 个食堂，农场为支边青年修建 1200 平方米住房，基本上达 1 户 1 间。当年，农场职工达到 1700 人。

1961 年 9 月，铁路学校下放到农场 143 名学员，这些学员系湖北支边青年。

1961 年 10 月，由专区化工厂、火电厂、造纸厂 3 个单位下放农场职工 121 人，家属小孩 14 人，干部 1 人，计 136 人。至 10 月 15 日，共接收零散自流人员 111 人。

1962 年 10 月，接收乌鲁木齐铁路局下放职工 100 多人。当年，全场职工 1936 人。

1963 年，遣返各类人员 137 人，后又陆续返回 59 人。

1965 年 4 月，上级下达接收江苏支边青年 400 人的任务。到 8 月初，先后分批接收支边青年 422 人（男青年 208 人，女青年 214 人，全部为江苏省镇江市人），其中有共青团员 102 人，年龄在 16~25 岁，初中文化程度占 70%，高中文化程度占 10%，高小文化程度占 20%。这批青年除少数人是职工和在校学生，绝大部分是社会知识青年。支边青年进场后，分别分配在 2 个新建的生产队（农田五队、农田八队），农场为其新建住房 2 幢，共 120 间。

1966 年，安置部队转业复员军人 100 人。当年，全场有职工 2030 人。此后，农场职工再没有大进大出的变化。随着农场生产建设的发展，多渠道小批量进出职工，职工逐年增加。

1976 年，全场有职工 2639 人。1986 年，全场有职工 2347 人。1996 年，全场有职工 3188 人。

2007 年，全场有职工 5983 人。其中国有身份职工（在农场未改制前按现行规定于 1995 年前办理招工手续并确定工资等级建立工资档案的，视为国有身份职工）1980 人，非国有身份职工人数（1995 年以前及以后陆续吸收未办理招工手续的均视为非国有身份职工及单纯建立承包关系的承包户）3730 人。其中男职工 2016 人，女职工 1578 人。干部 273 人，其中场聘干部 236 人（男 187 人，女 49 人）、单位自聘干部 37 人（男 33 人，女 4 人）。农场招工原则主要是结合企业自身发展需求，面向社会公开招录，根据实际需要决定和选择招工对象。主要从大专以上毕业生中择优录用急需人才，且对愿意到农场工作的退伍兵实行优先录用、优先提拔的原则。

2009 年，农场在先后从各大学招聘 6 名大学生，充实干部队伍。

2017 年 10 月 10 日，红旗坡农场（集团公司）制定印发《新疆红旗坡农业发展集团有限公司招聘管理办法（试行）》，本着有德有才放心用、有德无才培养用、有才无德观察用、无才无德不能用的原则，对集团公司的招聘流程进行具体规定。

2020 年，全场（集团公司）在职职工 2518 人，其中女职工 1158 人、男职工 1360 人；承包户 1316 人；内退职工 59 人。职工基本信息全部实行微机录入并实行动态管理，准确无误地掌握全场职工人数及有关信息，为全场各项工作提供便利条件。

表 3-4-1　1958—2020 年红旗坡农场（集团公司）职工人数统计表

年份	职工			年份	职工		
	合计	女	少数民族		合计	女	少数民族
1958	1890	341	1669	1991	2806	1248	1445
1959	1880	—	—	1992	2786	1344	1452
1960	1962	608	1303	1993	3138	1354	—
1961	1700	—	—	1994	3130	—	—
1962	1936	—	—	1995	3144	1440	1288
1963	1157	442	1017	1996	3188	—	—
1964	1571	536	1238	1997	2926	1258	1197
1965	2068	822	—	1998	3018	—	—
1966	2030	—	—	1999	3128	—	—
1970	2136	—	—	2000	3298	1517	923
1971	2523	1152	1437	2001	3239	1490	907
1972	2690	1686	1690	2002	3094	1423	866
1973	2547	1197	1518	2003	4157	1912	1164
1974	2627	1122	1563	2004	4145	1907	1161
1976	2639	1673	1493	2005	4368	2009	1223
1977	2663	1675	1495	2007	4578	2106	1282
1978	2669	—	—	2008	5326	2450	1491
1979	2911	1424	1837	2009	5983	2752	1675
1980	2715	1304	1701	2010	5621	2586	1574
1981	2837	1365	1562	2011	5223	2403	1462
1982	2599	1130	1677	2012	4872	2241	1364
1983	2588	—	—	2013	4376	2013	1225
1984	2538	—	—	2014	4109	1890	1151
1985	2487	1132	1784	2015	3724	1713	1043
1986	2347	1021	1587	2016	3562	1639	997
1987	2325	1018	1457	2017	3142	1445	880
1988	2550	1101	1445	2018	2731	1256	765
1989	2534	1180	1410	2019	2674	1230	749
1990	2723	1200	1381	2020	2518	1158	705

第二节　职工分布

1964 年，农场有职工 1571 人，其中女职工 536 人；从事农牧业 1162 人、工业 8 人、建筑业 70 人、运输业 3 人、商业餐饮业 26 人、教育卫生业 15 人、服务业 19 人，其他行业 268 人；干部 107 人，技术人员 20 人，工人 1444 人。

1980 年，有职工 2715 人，其中女职工 1304 人；从事农林牧 1832 人、工业 44 人、建筑业 176 人、运输业 11 人、卫生事业 65 人、教育事业 131 人、服务业 255 人，其他行业 201 人；干部 213 人，技术人员 18 人，工人 2484 人。

1985 年，有职工 2487 人，其中女职工 1132 人；从事农林牧业 1714 人，工业 197 人，运输业 22 人，商业餐饮业 25 人，卫生事业 44 人，教育事业 102 人，服务业 45 人，其他行业 238 人；干部 196 人，技术人员 19 人，工人 2272 人。

1995 年，有职工 3144 人，其中女职工 1440 人；从事农林牧业 2371 人、工业 325 人、建筑业 81 人、运输业 24 人、商业餐饮业 13 人、卫生事业 35 人、教育事业 167 人，其他行业 128 人；干部 438 人，技术人员 135 人，工人 2581 人。

2005 年，有职工 3433 人，其中从事农林牧业 3271 人，运输业 18 人，商业饮食业 104 人，服务业 40 人。

2011 年末，全场从业人员 5223 人，其中 3200 人为参加养老及医疗统筹不发放工资的农户。

2020 年，全场（集团公司）职工 2518 人，其中基层生产人员 2207 人，集团公司及分（子）公司管理人员 311 人。

表 3-4-2　1958—2020 年红旗坡农场（集团公司）职工人数从事产业和工种统计表

| 年份 | 职工 | | | 按从事产业分 | | | | | | | | | 按工种分 | | |
	合计	女	少数民族	农林牧业	工业	建筑业	运输业	商业餐饮业	卫生事业	教育事业	服务业	其他	干部	技术人员	工人
1958	1890	341	1669	—	—	—	—	—	—	—	—	—	—	—	—
1959	1880	—	—	1227	—	634	—	—	—	—	12	2	46	—	1834
1960	1962	608	1303	—	—	—	—	—	—	—	—	—	—	—	—
1961	1700	—	—	—	—	—	—	—	—	—	—	—	—	—	—
1962	1936	—	—	1756	—	15	42	—	—	10	30	83	55	19	1862
1963	1157	442	1017	1125	—	—	2	—	—	—	10	20	107	16	1034
1964	1571	536	1238	1162	8	70	3	26	—	15	19	268	107	20	1444
1965	2068	822	—	—	—	—	—	—	—	—	—	—	—	—	—
1966	2030	—	—	—	—	—	—	—	—	—	—	—	—	—	—
1970	2136	—	—	—	—	—	—	—	—	—	—	—	—	—	—
1971	2523	1152	1437	1907	—	—	—	—	—	—	—	309	—	—	—
1972	2690	1686	1690	2203	—	—	—	—	—	—	—	272	—	—	—
1973	2547	1197	1518												
1974	2627	1122	1563	1943	—	—	3	—	—	—	23	655	106	—	2363
1976	2639	1673	1493	2026	—	—	—	—	—	—	27	586	—	14	2446

(续)

年份	职工			按从事产业分									按工种分		
	合计	女	少数民族	农林牧业	工业	建筑业	运输业	商业餐饮业	卫生事业	教育事业	服务业	其他	干部	技术人员	工人
1977	2663	1675	1495	1669	19	61	—	—	53	78	203	580	210	22	2431
1978	2669	—	—	1669	19	61	—	—	54	58	—	808	210	29	2430
1979	2911	1424	1837	2299	80	80	8	—	68	106	191	79	214	47	2650
1980	2715	1304	1701	1832	44	176	11	—	65	131	255	201	213	18	2484
1981	2837	1365	1562	2234	180	82	10	12	59	126	6	128	189	23	2625
1982	2599	1130	1677	1850	47	119	10	29	54	125	201	164	187	27	2397
1983	2588	—	—	2146	25	—	—	—	50	122	25	220	206	25	2357
1984	2538	—	—	1689	146	30	15	46	161	107	39	305	190	20	2328
1985	2487	1132	1784	1714	197	—	22	25	144	102	45	238	196	19	2272
1986	2347	1021	1587	1545	129	22	44	26	125	—	—	456	240	18	2089
1987	2325	1018	1457	1429	186	—	53	—	36	98	201	322	290	18	2017
1988	2550	1101	1445	1535	195	35	83	195	36	131	28	312	289	36	2245
1989	2534	1180	1410	1718	123	81	29	18	32	102	182	249	285	22	2227
1990	2723	1200	1381	1749	190	95	44	67	39	113	201	243	—	—	—
1991	2806	1248	1445	1863	247	77	43	23	40	112	213	188	352	90	2364
1992	2786	1344	1452	1857	286	161	40	14	45	114	237	32	—	—	—
1993	3138	1354	—	2053	220	97	31	37	54	123	243	280	—	—	—
1994	3130	—	—	2131	253	58	12	27	33	157	—	459	423	130	2694
1995	3144	1440	1288	2371	325	81	24	13	35	167	—	128	438	135	2581
1996	3188	—	—	2063	389	84	16	29	37	151	46	373	458	148	2582
1997	2926	1258	1197	2013	314	101	49	18	46	164	33	188	—	—	—
1998	3018	—	—	2051	301	94	60	22	48	155	50	237	—	—	—
1999	3128	—	—	2147	205	113	47	37	44	152	276	197	—	—	—
2000	3298	—	—	2282	106	39	21	38	32	183	206	391	—	—	—
2001	3239	—	—	2239	96	39	27	58	38	206	54	482	—	—	—
2002	3094	—	—	2239	83	81	—	318	38	246	—	89	—	—	—
2003	4157	—	—	3104	68	175	71	180	34	201	—	354	—	—	—
2004	4145	—	—	3225	14	15	140	230	38	226	—	257	—	—	—
2005	3433	—	—	3271	—	—	18	104	—	40	—	—	—	—	—
2007	5983	—	—	4882	89	—	27	—	—	—	—	985	273	—	5673
2008	5326	2450	1491	2371	325	81	24	13	35	167	—	128	438	135	2581
2009	5983	2752	1675	1714	197	—	22	25	144	102	45	238	196	19	2272
2010	5621	2586	1574	1545	129	22	44	26	125	—	—	456	240	18	2089
2011	5223	2403	1462	1429	186	—	53	—	36	98	201	322	290	18	2017
2012	4872	2241	1364	1157	97	31	37	54	123	—	—	—	—	—	2282
2013	4376	2013	1225	1065	58	12	27	33	157	—	—	—	—	—	2239
2014	4109	1890	1151	1021	81	24	13	35	167	—	—	—	—	—	2239

（续）

年份	职工			按从事产业分									按工种分		
	合计	女	少数民族	农林牧业	工业	建筑业	运输业	商业餐饮业	卫生事业	教育事业	服务业	其他	干部	技术人员	工人
2015	3724	1713	1043	897	84	16	29	37	151	—	—	—	—	—	3104
2016	3562	1639	997	804	—	—	—	—	—	—	—	—	—	—	—
2017	3142	1445	880	756	—	—	—	—	—	—	—	—	—	—	—
2018	2731	1256	765	654	—	—	—	—	—	—	—	—	—	—	—
2019	2674	1230	749	642	—	—	—	—	—	—	—	—	—	—	—
2020	2518	1158	705	662	—	—	—	—	—	—	—	—	—	—	—

第三节　职工管理

一、劳动工资管理

1958—1959年，农场以小包工的形式，将定额包给各队、组，以组为包工单位，各组再进行评分，月终按分结算工资。根据定额完成情况，平均每月一个中等农工收入35元，若超过定额，按超定额奖励制度算给超定额天部分的80%，余下的20%作为职工的福利基金；若没能完成定额，按实际完成的定额给，不再补给。根据劳动时间、数量、质量、劳动强度及遵守劳动纪律等情况每天进行评分。因劳动力组织不合理，劳动效率不高。

1960年，农场为提高劳动积极性，试行包工包产制度。当年1月起，为使全场工人参加同等劳动能得到同样报酬，全场工人除机耕队及工副业室所属单位、有特殊技术工人外，其他工人不论是新工人或公社转入工人，每月工资一律为30元，每天为1元，星期天、法定节假日工资照发。没有定额的队、组，如养猪组、牛奶场、牧工等工人，根据其个人1月工资的好坏进行评定工资，报场部批准后发放，但不能超过30元/月，有定额的队，按其工作量的多少按定额发放工资。干部中：队长、指导员为35元/月，副队长33元/月，技术员、会统员为32元/月；在场部工作的干部由场党委决定发放工资金额。

20世纪70年代，农场全民所有制的农业单位，大部分实行评工记分，控制工资总额。调出农场外的评工记分人员的工资介绍，按在场前三个月平均工资介绍。1975年，全场职工年均收入308元。

20世纪80年代中期以后，实行承包责任制，职工承包经营收入扣除费用成本，上交各种费用，其余归自己，收入逐步增加。1984年，全场职工年均收入860元。

1985年，农场全面推行联产承包责任制，职工取消等级工资，推行"家庭承包、联产计酬，自负盈亏、超产归己"的生产管理体制。全场职均收入 1285 元。

1990 年，全场职工中，职均年收入 5000 元的占 19.3％，3000～5000 元的占 23.1％，2000～3000 元的占 39.8％，2000 元以下的占 17.8％。

1991 年，实行各级干部岗位津贴费，场长 100 元，副职 80 元，正副科长、正副书记、正副队长 60 元，一般干部、医务人员、教师 40 元。1994 年，全场职均年收入 3034 元。

2000 年后，农场农业经济结构加快调整，调整以林果业为主的种植业结构，鼓励农牧民发展以林果业及畜牧养殖业，发展多种经营，多形式、多渠道增加农牧民收入。当年，全场劳均年收入达到 6000 元。

2003 年，实行农场内部工资分配，岗位（职务）工资分七等，每等分 10 级，最低 300 元，最高 1800 元，最高工资为最低工资的五倍，分高管、中管、一般管理及工作人员 4 个等级。2005 年，全场劳均年收入 11030.2 元。

2006 年，农场实行《全员劳动合同制》，基层单位中层管理人员（正职）与法人代表签订劳动合同，全体职工与基层单位（用人单位）的主管领导（委托代理人）签订劳动合同。在全场已经参加基本养老保险的固定职工与非国有身份职工（包括正式干部和聘用干部）都本着平等自愿、协商一致的原则，与农场签订劳动合同，确定双方劳动关系。不与本企业签订劳动合同的职工，限定时间办清离场手续。

2010 年，全场劳均年收入 12684.73 元。

2011 年后，全场大力发展特色林果业，打造特色电商、物流、冷链体系，并组建一批专业合作社，职工增收势头强劲。

2012 年 12 月，根据《红旗坡农场综合管理办法》的职工管理规定，对全场在职职工进行身份认证工作，并给予张贴公示。

2016 年，红旗坡集团公司工资总额 842.69 万元（含 2016 年 58 名社区人员下半年工资）。

2020 年，进一步深化国有企业改革，促进集团公司及所属各分（子）公司整体发挥效能，职工群众收入水平稳步提升。当年，劳均年收入增长到 19182 元。

二、专业技术人员管理

（一）职称

1978 年，农场有各类专业技术人员 43 人，其中专业技术人员 14 人、卫生专业技术人员 15 人、教育专业技术人员 14 人；男 31 人，女 12 人。

1980 年，农场有各类专业技术人员 98 人，其中工程技术人员（技术员）3 人，农业技术人员（技术员）15 人，医卫技术人员 20 人（医师 2 人，医护士 18 人）、教学人员 24 人，会计员 30 人，统计员 6 人。

1981 年，经农场技术职称办公室考核、评议，报请地区农垦局技术职称委员会审查批准，授予各专业技术人员职称情况如下。①工程技术序列：助理工程师 4 人，技师（相当于助理工程师）1 人，技术员 2 人，共 7 人。②农林技术序列：助理农艺师 12 人，助理园艺师 2 人，技术员 3 人，共 17 人。③畜牧兽医技术序列：助理兽医师 3 人，兽医技术员 8 人，共 11 人。④卫生技术序列：主治医师 1 人，医师 7 人，药剂师 1 人，医士 4 人，药剂士 2 人，化验士 1 人，护士 10 人，共 26 人。⑤会计序列：会计员 20 人。

1989 年，农场下达专业技术职务任命。①工程技术序列：工程师 3 人，助理工程师 2 人，技术员 4 人，共 9 人。②农林技术序列：高级农艺师 1 人（马文宗），农艺师 5 人，助理农艺师 6 人，技术员 4 人，共 16 人。③经济专业序列：经济师 1 人，助理经济师 1 人，经济员 1 人，共 3 人。④会计序列：会计师 5 人，助理会计师 13 人，会计员 33 人，共 51 人。⑤教育序列：中教一级 7 人，中教二级 13 人，中教三级 5 人，共 25 人。小教三级 52 人。⑥卫生技术序列：主治医师 1 人，主管护理师 1 人，药剂师 1 人，儿科医师 1 人，内科医师 2 人，检验师 2 人，护师 3 人，护士 2 人，药剂士 1 人，共 14 人。⑦档案、翻译序列：档案员 1 人，助理翻译师 2 人，共 3 人。

至 1996 年 11 月 30 日，农场有各类专业技术人员 458 人，其中女 186 人；大学本科 14 人，大学专科 64 人，中专 201 人，高中 113 人，初中以下 66 人。专业技术人员中，担任中层以上领导职务的 73 人，大学本科 4 人，大学专科 8 人，中专 15 人，高中 27 人，初中以下 19 人。高级职称 3 人，大学本科 1 人，大学专科 1 人，中专 1 人。中级职称 74 人，其中大学专科 23 人，中专 19 人，高中 14 人，初中 11 人。各类专业技术人员及职称聘任：①工程技术人员：工程师 3 人，助理工程师、技术员 8 人，未聘任专业技术职务的 2 人，共 13 人，其中女 1 人；大学专科 1 人，中专 7 人，高中 4 人，初中以下 1 人；党员 6 人。②农业技术人员：高级农艺师 2 人，农艺师 16 人，助理农艺师、技术员 61 人，未聘任专业技术职务 20 人，共 83 人，其中女 22 人；大学本科 3 人、大学专科 16 人，中专 14 人，高中 12 人，初中以下 8 人；党员 35 人。③卫生技术人员：主治医师 3 人，医（护）师（士）20 人，未聘任专业技术职务 9 人，共 32 人，其中女 20 人；大学专科 5 人，中专 20 人，高中 4 人，初中以下 3 人。④教学人员：中学高级教师 1 人、一级教师 20 人，二、三级教师 20 人，未聘任专业技术职务 4 人。小学高级教师 13 人，一、二、三级教师 66 人，未聘任专业技术职务 6 人。中小学合计 130 人，其中女 58 人；大学本科 10 人，大学专科 33 人，中专 55 人，高中 19 人，初中以下 12 人。⑤经济人员：经济师 2 人，助理经济师 1 人，共 3 人。其中高中 1 人，初中以下 2 人。⑥会计人员：会计师 7 人，助理会计师、会计员 66 人，未聘任专业技术职务 87 人，共 160 人，其中女 62 人；大专 5 人，中专 64 人，高中 56 人，初中以下 35 人。⑦统计人员：助理统计师、统计员 5 人，未聘任专业技术职务 7 人，共 12 人，其中女 4 人；中专 7 人，高中 5 人。⑧翻译人员：翻译 2 人；其中大专 1 人，中专 1 人。⑨档案人员：助理馆员、管理员 1 人，女 1 人，大专 1 人。⑩政工人员：政工师 8 人、助理政工师、政工员 12 人，共 22 人，其中女 1 人；大学本科 1 人，大学专科 2 人，中专 2 人，高中 12 人，初中以下 5 人。

2001 年 5 月 23 日，农场有卫生专业技术人员 34 人，其中中级 1 人，初级 22 人，未聘 11 人。中学教师 55 人，副高 1 人，中级 14 人，初级 34 人，未聘 6 人。小学教师 110 人，中级 12 人，初级 94 人，未聘 4 人。工程 12 人，中级 1 人，初级 4 人，未聘 7 人。农业 88 人，中级 6 人，初级 50 人，未聘 32 人。经济 2 人，中级 1 人，初级 1 人。会计 85 人，中级 1 人，初级 37 人，未聘 47 人。统计 8 人，初级 3 人，未聘 5 人。翻译 2 人，中级 2 人。档案 1 人，中级 1 人。全场共有 397 名技术职称人员，评聘高级职称 1 人，中级职称 39 人，初级职称 245 人。尚有 112 人未被评聘专业技术职务。农场鼓励各类专业人员晋升相应职称，为职称升级和办理上岗证而参加学习、培训的（包括继续教育），其费用由场（所在基层单位）、个人各承担 50％。在职管理人员为取得第二学历的，经场党委批准（按农场在职管理人员总数每年不突破 10％的人数）可报销 70％，个人承担 30％。当年 12 月，地区职改办批准 2 名小教二级技术职称。

2004 年，第二中学聘小教一级 6 人，二级晋升一级 1 人；三中聘小教一级 6 人，二级晋升一级 1 人，三级晋升一级 1 人；一小二级晋升一级 2 人。当年，农场完成医院、学校的社会化移交工作。此后，农场未再开展职称评聘工作。

2008 年 4 月，农场下发《关于专业技术人员继续教育培训的通知》，鼓励各单位专业技术人员报名参加培训，提高专业技术人员专业水平。

2010 年 11 月，农场制定《红旗坡农场内部管理人员工资套改实施意见》，套改后工资构成涵盖学历职称补贴。至 2010 年，农场 4 人拥有高级职称，其中王福堂为高级经济师、王欣荣为高级农艺师、马文忠为高级园艺师、吕海舟为高级会计师。

2020 年，红旗坡集团及分（子）公司正式在职员工 311 人（高层 6 人、中层 54 人、一般 251 人；男 214 人、女 97 人；本科以上学历 1 人、本科学历 51 人、大专学历 127 人、中专及以下学历 132 人；初级职称 32 人、中级职称 4 人、高级职称 2 人）。当年，为进一步深化国有企业改革，建立现代企业制度，在丰富各岗位（职位）层次设置的基础上，将个人取得专业技术职称、劳动技能等级作为工作岗位（职位）的任职条件之一，既解决员工职业生涯的发展的问题，亦利于员工将注意力转移到个人专业发展和能力的提高上来，有利于公司留住关键岗位与核心岗位员工。

（二）工资

1958—1959 年，农场执行不同的工资制度，有等级工资制、有死级活评基本工资制，有基本工资加奖励工资制，农业社转入农场的实行评工记分制等各种工资制度。农场根据定额完成情况，平均每月一个中等农工收入 35 元。

1960 年 1 月开始，全场工人除机耕队及工副业室所属单位有特殊技术工人外，不论新老工人或公社转入工人，每月工资一律平均 30 元，每天 1 元，有介绍信的按原来等级发，工人转干的，队长、指导员 35 元，副队长、副指导员 33 元，技术员 32 元。

1960 年 12 月，生产队以队为基础实行"三包一奖"，由生产队根据年度承包任务实行超产奖励。工资支付：生产队干部的工资，凡场部派下来的，每月由场财务室支付，转入各生产队费用账，本队凡有工人提干的，每月发 100 元零用钱，生产队工人根据完成任务情况进行分配。

1966 年，农场取消工人等级固定工资制度，除已实行技术工人的技术等级外，实行定额记分，按工分付酬的办法，贯彻按劳分配、同工同酬、多劳多得分配原则。对已实行等级制的技术工人仍执行计时或计件工资制度，及月薪日计的办法。但在参加农业劳动时，应同农工一样实行定额记工分，或计时折工分的办法。对于不能按定额实行评工记分的工种（如勤杂人员、保育、卫生、警卫、炊事员、饲养员、试用干部），可实行死级活评的办法，即根据本人的技术高低和完成任务的好坏，采取每季通过群众给予评定由原单位批准的办法，根据场工人工资水平，每月给予工资 18～29 元。综合副业加工和专业为生产工程服务的铁、木、泥等技术工人，因工种性质不同，既不宜实行评工记分，又不便进行死级活评，也不能实行技术等级工资，故仍实行计件工资制，每个定额工日按 1.2 元的标准给予核定作业工资，但参加农业劳动时应同农工同工同酬。对原来评为农工级或拿固定工资的试用干部和老工人、营业员、卫生员等，原则上取消等级工资或固定工资制，实行死级活评或定额记分、按分付酬的办法支付工资。但执行中一般不应低于原来的收入水平，如因收入减少而影响生活者，可通过群众评议后，给予适当的工分补助。刚安置到场的知识青年，由于年龄较小，允许暂时给予固定工资。参加农场建设的复员士兵，原则上给予固定工资，不论支边青年和复员士兵，逐步实行农场内统一的工资制度，即定额记分按工分付酬的办法。

1974年，对部分工人和工作人员工资进行适当调整。1957年底以前参加工作的三级工、1960年底以前参加工作的二级工和1966年底以前参加工作的一级工，以及与上述工人工作年限相同，工资等级相似的工作人员，在现行工资等级的基础上调高一级。

20世纪70年代，农场职工收入主要为工资和奖金，1975年，全场职工年均收入308元。

1976年8月，全民所有制的农业单位大部分实行评工记分，控制工资总额。调出农场外的评工记分人员的工资介绍，按在场前3个月平均工资介绍。

1977年，农场实行固定工资制职工1159人，总额控制评工记分职工332人，以日产定资，评工记分职工858人。为加强劳动工资管理，各单位根据各项年管理定额和单项管理定额，作出年劳力平衡计划及年度工资计划和月（季）工资计划，每月审工资表，同时将本月各项工作定额执行情况报审。各单位职工的接收，经场批准，分别到场劳资、保卫、供销、组织科办理工资、户口、粮介绍信后，到单位报到。新单位造工资表领取工资时，将场工资介绍信附上，才能领取工资。当年，农场评分职工按每人37.2元外加11%生活补贴（合计41.29元），增资幅度为每人4.2元，另加生活补贴11%（合计4.06元），全年全场职工共增加工资11万余元。法定假工资从0.7元/日调整为1元/日；病假工资从0.5元/日调整为0.7元/日。

1985年，农场全面推行联产承包责任制，实行"家庭承包、联产计酬、自负盈亏、超产归己"的生产管理体制，生产一线职工的主要收入由工资性收入转变为土地承包收入。

1991年，农场实行各级干部岗位津贴费，场长100元，副职80元，正副科长、正副书记、正副队长60元，一般干部、医务人员、教师40元。

2000年，农场在一队、四队、六队试行管理年薪制。没有实行年薪制的单位，管理干部定员定编，农业单位定编8人，2个园艺分场定编12人；工（副、牧）业单位（含经济实体），可根据自身的经济承受能力制定编制；场部、医院、学校、园艺实验站由农场党委、管委会统一制订编制。

2003年7月，农场对2003年之前入职的职工进行身份鉴定，以档案为准，有招工录用手续的为国有职工身份，无招工录用手续的为非国有职工身份。此后录用的职工一般为非国有职工身份。当年，农场为体现按劳分配、多劳多得和效率优先、兼顾公平的原则，对全场在职管理人员统一制定内部工资分配方案。确定工资标准以管理人员的工作岗位（职务）、工作态度、责任大小、工作年限、职称（学历）等为依据。工资由岗位（职务）工资、职称（学历）补贴、工龄工资、效益工资、奖励工资构成。岗位（职务）工资分七等，每等分 10 级，最低 300 元，最高 1800 元，分高层管理、中层管理、一般管理及工作人员 4 个等级。

2006 年，农场开始推行全员劳动合同制，基层单位中层管理人员（正职）与法人代表签订劳动合同，全体职工与基层单位（用人单位）的主管领导（委托代理人）签订劳动合同。全场已经参加基本养老保险的固定职工与非国有身份职工（包括正式干部和聘用干部）与农场签订劳动合同，确定双方劳动关系。不与本企业签订劳动合同的职工，限定时间办清离场手续。合同规定双方的权利、义务、工作时间、工资报酬等事项。

2007 年，实施人员身份清理整顿，签订劳动合同 2300 份，对原工副业单位及其他单位职工多年来未落实土地承包的 400 余人解决土地承包，稳定解决这些人的就业问题。

2010 年 11 月 8 日，农场为调动广大管理人员的工作积极性，解决农场管理人员工资偏低的问题，结合农场经济发展状况和承受能力，制定《红旗坡农场内部管理人员工资套改实施意见》。套改后的工资由职务工资、薪级工资、艰边津贴、工龄补贴、学历职称补贴、其他岗位补助、午餐补助、通信交通补助组成。

2017 年 10 月 10 日，红旗坡集团公司制订并试行《新疆红旗坡农业发展集团有限公司薪酬实施方案（试行）》。根据方案，集团公司薪酬由基本工资、岗位工资、绩效工资组成，实施月薪酬制度，按照公司员工的岗位等级工资标准来计发。基本工资由基础工资、工龄补贴、学历补贴、职称补贴组成。根据集团公司所设定的岗位确定基本工资标准，当月 100％发放，基本工资在集团公司分设为十一个等级。基础工资即保障员工基本生活需要的工资，员工在法定工作时间内提供正常劳动所得的报酬；工龄补贴：结合实际，工龄补贴每年 10 元标准发放；学历补贴：研究生 500 元、本科 300 元、大专 150 元、中专 100 元；职称补贴：初级员级 200 元、初级助理级 300 元、中级 500 元、副高级 700 元、正高级 1000 元。岗位工资根据岗位不同、业务要求、劳动程度、劳动条件等因素来确定的。根据集团公司所设定的岗位确定岗位工资标准，当月 100％发放，岗位工资在集团公司分设为十一个等级。绩效工资是根据企业经营效益、个人业绩来确定，根据集团公司所设定的岗位确定绩效工资标准，当月绩效工资先按照绩效工资标准的 50％执行、参加月度考核，对照相应的等级、根据考核结果当月发放。绩效工资在集团公司分设为十一个等级。50％的绩效工资作为年终奖，年度考核结束后，根据集团公司当年利润核发，发放方案另行制定。

2020 年，红旗坡集团公司继续细化薪酬等级的划分；对工作岗位的劳动强度、复杂程度、责任大小、工作经验、学识技能等方面要求大体相当的工作岗位进行薪级合并，主要是合并减少主管级以下的薪级设置，并在此基础上适当拉开关键工作岗位与一般工作岗位之间的薪级级差，更好地发挥薪酬分配的激励作用。调整各薪级岗位工资的档次数及其浮动幅度（即最高档次的岗位工资标准与最低档次的岗位工资标准之间的档次增幅）。既要按不同岗位（职位）确定不同的档次数和档次增幅，又要在同一薪级中的考虑不同的岗位（职位）作用、责任的差别分别确定不同的起薪档。允许各薪级岗位工资档次标准在一定范围内进行重叠。其主要作用是要从岗位工资上引导职工立足本职发挥特长，通过绩效考评结果逐年横向调整及提高个人收入。同时也有利于公司进行职工同级轮岗或向下一级交流，消除职工对收入、级别降低不愿接受轮岗、调岗的思想顾虑。减少薪酬固定部分的比例（主要是基础工资），加大效益浮动工资（奖金）的比例，调动职工的积极性。

（三）福利

农场成立后，每年为职工落实各种福利政策，尽可能为职工创造有利的劳动条件。

1966年，中央五条与农垦部党组十六条予以规定：取消附加工资的制度，取消按工业企业的劳保福利工资，改为用相当于工资总额的8%的资金作为福利基金统筹解决的方法，主要用于医疗费用、困难户、五保户的补助、养老丧葬、病假、工伤残废、购置劳保用品。农场的医疗按规定的劳动日全出勤全部公费医疗，部分出勤实行部分的公费医疗，还需要参考出勤工天。农场工人享受公费医疗条件的标准：全劳力、半劳力必须完成规定劳动定额工日的80%以上者（含80%）全部公费医疗，完成定额工日50%～80%享受半费医疗，达不到以上标准者（特殊情况例外）全部自费；辅助劳力每月完成20个定额工日享受全部公费医疗，完成15个定额工日者享受半公费医疗，否则一切费用自负。个别年老职工给予适当照顾。享受医疗条件标准，按病前3个平均完成定额工日作为依据。农场工人凡因病前往医务室就诊治疗时，必须要有本单位证明（证明全费、半费、自费），医务所可以采取凭证明记账的方法，办理一切手续，否则一切按自费处理，按月由原单位会统员与医务所核实结账。农场工人需要转院治疗时，要有医务部门诊断证明，可予转院。其往返车费、住院费、医疗费等均按享受医疗标准办理。农场工人（辅助劳力例外）因病、生育需要请假时，须有医务部门诊断证明和队领导批准手续。假期生活补贴6个月以内者由队工资总额内根据就医者表现，经群众评议给予工分补助解决；超过6个月者统一由福利费解决。农场工人（不包括辅助劳力）在国家规定法定假日补贴，全劳力每日补贴0.7元、半劳力每日补助0.5元。农场对年老体弱、因公残疾五保户和工伤人员安排力所能及的工作，并给予补助，做到老有所养、死有丧葬，困难户的补助应由民主评定，队领导审查，报场管委批准，给予适当补助。冬季取暖补贴按照工龄分别给予享受，每年固定发放。劳保用品按照实际定出使用期，以旧换新。

1976年后，统一执行劳动保护条例。

1991 年 2 月，根据国家、集体、个人三结合办医疗卫生副业的方针，结合农场医疗经费和职工收入的具体情况，农场加强完善医疗经费的管理，对报销标准进行调整，规定：1949 年以前参加工作的 100％报销，癌症、白血病患者 100％报销；工龄达 30 年以上者，报销 90％，自负 10％；工龄 20 年以上报销 85％，自负 15％；工龄 10 年以上报销 80％，自负 20％；工龄 10 年以下报销 70％，自负 30％。

2006 年 5 月，农场调整管理人员通信费、交通费。电话费场长、书记办公室 200 元/月，副书记、副场长、场长助理办公室 120 元/月，总师、副总师、工会副主席办公室 100 元/月，办公室 150 元/月，业务办 100 元/月，财务科 120 元/月，场机关其他办公室 60 元/月，各单位办公室 150 元/月，超支自付，节约不归己。住宅电话、移动电话根据级别补贴金额不等。交通费科员 45 元/月，根据级别增加。按月发放。

2008 年，农场冬季取暖费离休干部每人 660 元，退休人员和在岗人员按每人 330 元计发。

2010—2020 年，农场（集团公司）福利专项费用制度的基本政策是自治区人事厅、财政厅《关于改变自治区各级国家机关、事业单位工作人员福利费提取办法和标准的通知》（新劳人字〔1990〕48 号）和（新人福字〔1995〕20 号）两个文件的规定，单位每月按实有人数工资总额中的基础工资、职务工资、地区性生活补贴、奖励工资、流动固定工资五项之和的 1.8％提取。同时，职工按照规定享受探亲制度、休假制度。

三、离退休管理

20 世纪 70 年代，农场落实离退休政策，开始有离退休人员。1979 年，农场执行评工记分人员退职退休制度，并将原病休工资由 0.7 元增加到 1 元，与固定工资的职工享受同等或相似待遇。退休退职工人，其居住及行政仍由原单位管理，退休退职费用由原单位会计造册，直接到计财科审批领取。

1990 年，农场为体现对离退休老干部的关爱，对全场离退休老干部过冬准备情况进行检查，主要查看过冬用煤、冬菜、衣物等准备情况，帮助一些老干部解决困难。

1995 年，农场发放离退休人员工资 198.71 万元。

1996 年，全场有离休人员 12 人、退休干部 55 人、退休职工 579 人，有 200 余人到退休年龄尚未退休，农场为这部分人每人划 0.27 公顷地自养。当年，全场发放离退休人员工资 230 余万元。医疗费用离休干部实报实销，30 年以上工龄报销 90％，交通费按规定全部执行。农场建有老年活动室，除为离退休人员发放书报费外，每人按规定订阅书报杂志。每年不定期召开 1～2 次座谈会，通报场情，征求意见，帮助解决实际困难。离退休人员积极参加农场活动，并发挥余热，为农场建设出谋划策。

1997 年，农场做好离退休人员的教育，各党支部有 1 名支委负责老干部工作。深入开展学习、宣传、贯彻《中华人民共和国老年法》活动，在全社会形成尊老、敬老、爱老的社会风气。每季度到离退休人员家中走访 1 次，了解情况，解决实际困难。半年召开一次离退休人员座谈会，相互通报情况，征求意见。解决好老有所养、老有所为、老有所学、老有所乐，离退休人员书由所在单位订阅发放。场部建立老年活动室，配备有娱乐用品和器材。抓好关心青少年下一代的培养教育工作，在青少年中广泛深入持久地开展爱国主义、民族团结、革命传统教育。5 月，请地区关心下一代工作委员会宣讲团到场一中、二中给全体师生作一次爱国主义、革命传统的教育报告。抓好适龄儿童的入学，对已入学的儿童，大力配合学校、家长做好"普九"工作，严防学生中途退学。大力支持学校的工作和教学，营造全社会关心教育、重视教育的氛围。将两委工作列入党建目标管理考核内容之一。

1999 年，全场有离退休职工 733 人。

2000 年后，农场为离退休老干部分不同情况，分期分段增加养老金。组织离退休人员赴乌什县、天山度假村等地春游。为丰富离退休人员的精神文化生活，农场为离休干部订一报两刊、退休干部一报一刊。

2005—2010 年，农场坚持定期走访制度，共登门看望居住在本地的离退休人员 390 余人次，看望生病住院离退休人员 83 人次。组织居住在阿克苏地区的离退休人员开展健康体检。

2010 年，农场为新中国成立前参加革命工作的老红军、老八路、老战士、离休干部、退休工人及遗孀发放 1000 元慰问金，共发放慰问金 2.1 万元。落实《关于抗日战争时期的老干部 400 元/月，解放战争时期的老干部 200 元/月的标准》，农场落实 12 人、200 元/人，年发 2.88 万元/年。落实《抗日战争时期老干部遗孀 1000 元/月，解放战争时期老干部遗孀 800 元/月的标准》1 人，发放 800 元/月，年发放 9600 元；落实离休 140 元、退休 90 元报刊征订标准，农场共 13 人、按 140 元/人，7 人、按 90 元/人，每年共用资 2450 元；落实企业离休人员 675 元取暖费 13 人、按 669 元/人，每年发放 8697 元，其他人员的取暖费按 330 元/人发放；为离休老干部发放护理费 13 人，每人每月 200 元，年发 3.12 万元；落实企业离休干部及中华人民共和国成立前参加革命工作老工人待遇，全场 12 名离休人员，850 元/（人·月），1 名老工人，680 元/（人·月），合计年发 13.06 万元；为 28 名离退休老干部共发放交通费发 7560 元；为退休老干部医疗门诊补助 2600～3000

元/（年·人）。场党委坚持凡是有利于老干部工作的都优先考虑的原则，在具体的工作上，结合老干部们的实际，做到政治上关心，生活上照顾。农场领导带着价值 2.26 万元的慰问品、慰问金分别在春节、古尔邦节前到各个老干部家中走访慰问。

图 3-4-1　2019 年 8 月 14 日，农场（集团公司）前往老党员家中进行慰问（照片提供：杨聪靓）

2010 年 10 月老人节，场党委组织 3 个老年党支部的 30 多人参观、观摩农场近年来新农村建设的变化：村村通的柏油路面、渠系、职工房屋的更新、新实验站的建设、园艺分场果农的葡萄、红富士、香梨的丰收硕果，还到阿克苏多浪河、一杆旗乡参观新农村建设。党委领导与老年党支部一班人到医院探望离退休老干部 18 人次；慰问特困老党员 9 人共用资 2700 元。每月的组织生活，除学习外还举办棋类、牌类、朗诵、诗歌、绘画、观摩、唱歌等各种活动，丰富老干部的文化娱乐生活。

2012 年，为全面落实"老有所养、老有所依、老有所乐、老有所为"的工作方针，建立 3 个老年党支部，划拨活动经费，保障组织生活的开展；发放门诊补贴，开展节日慰问，组织老干部到北疆旅游参观。

2013 年，农场加强老党员、老干部、老模范、老军人（以下简称"四老"人员）的服务和管理，制订《红旗坡农场"四老"人员厚待、厚养、厚爱、厚葬管理办法》。

2015—2018 年，为加强离退休党员管理，做好思想政治工作，农场（集团公司）把离退休人员党支部建设作为搞好离退休人员工作的重要环节，纳入单位的党建规划，下大力气抓好落实。加强离退休干部思想政治工作，做好与解决离退休人员的实际问题结合。组织离退休人员开展科学、健康的文化、健身活动，组织参加地直单位和地区卫生系统的老年体育协会，促进老年体育事业的发展，提高老年人生活生命质量。

图 3-4-2　2020 年 6 月 30 日，农场（集团公司）组织召开老干部座谈会（摄影：综合部）

至 2020 年底，农场（集团公司）有在世离休人员 3 名，退休职工 1928 名。当年，离退休人员按照社会化改革，全部移交社区管理。多年来，农场（集团公司）在离（退）休人员管理工作中，贯彻执行党中央、自治区、地区的相关文件，执行国家法定的职工退休年龄的规定，男干部年满 60 周岁，女工人年满 50 周岁、女干部年满 55 周岁。农场发挥离退休老干部的政治优势，在政治上尊重、思想上关心、生活上照顾老干部，全面落实政治、生活待遇。离退休老干部纷纷发挥余热，通过行动，对农场的各项工作给予大力支持。

表 3-4-3　1958—2020 年红旗坡农场部分离休干部名表

姓名	性别	族别	籍贯	文化程度	出生时间	参加工作时间	入党时间	离休时间
陈恩恒	男	汉	山东	—	1920	1938.8	—	1982.9
曹书荣	男	汉	山东	小学	1924.3	1947.1	1959	1987.9
郭文斌	男	汉	陕西	小学	1923.4	1946.4	1948	1988.9
史国基	男	汉	甘肃	中专	1930.8	1949.7	1975	1990.5
文彬蔚	女	汉	甘肃	中专	1930.8	1949.7	1974	1989.5
赵国瑜	男	汉	甘肃	初中	1923.4	1949.7	1964	1990.5
齐金田	男	汉	河南	小学	1928.7	1949.1	1956	1987.5
陈德俭	男	汉	河南	小学	1932.8	1949.1	1956	1995.5
黄经伟	男	汉	四川	小学	1921.10	1949.1	—	1988.5
田向银	男	汉	陕西	小学	1930.9	1947.2	1965	1987.9
周炎涛	男	汉	山东	大专	1923.6	1949.8	—	1985.3
闫盛栽	男	汉	甘肃	小学	1926.12	1949.8	—	1984.5
龙守先	男	汉	河北	初中	1921.10	1948.7	—	1985.5
艾买尔江	男	维吾尔	新疆	初中	1930.10	1948.3	—	1982.5

（续）

姓名	性别	族别	籍贯	文化程度	出生时间	参加工作时间	入党时间	离休时间
桑世芳	男	汉	辽宁	大专	1932.3	1949.9	—	1994.5
沙吾提·麻木提	男	维吾尔	新疆	小学	1923.1	1949.9	—	1982.5
谢钱海	男	汉	甘肃	小学	1923.4	1949.9	—	1985.5
依明江·玉苏甫	男	维吾尔	新疆	—	—	1949.9	—	1987.9
王福堂	男	汉	山东	中专	1936	1948.7	—	1998.1

四、机构编制管理

农场根据精兵简政的精神确定编制，场、队一级干部的人数一般情况下均按编制配备。

1959年2月，农场下发各室及各队组织机构编制数及其业务范围划分：场生产基建室编制6名，其中主任1人；财务室6名，其中主任1名；供销室4名，其中主任1名；工副业室3名，其中主任1名；医务室3名；秘书室9名；供销社主任1名。各队设队长、政治指导员、技术员、会统员、管理员各1名，并吸收有关人员5~9名组成队务委员会，集体领导全队工作。

1959年10月，根据1959年1月农垦会议精神，农场编制机构及人员配备作适当的变动，农场的组织编制是执行的第一类，即在党委的统一领导下，农场设管委会及5个室。同时，生产队也发生改变。其中党委会设书记1人、人事干事1人、青年干事1人、工会干事1人；场管委会设秘书室、生产基建室、工副业室（房屋基建队、砖厂、化肥厂、加工厂、门市部及食堂）、财务室、供销室、农业生产队（1~8队）、畜牧业队、蔬菜队、水利基建队、开荒造田队、园林队、机耕队。各室人员编制为：秘书室7人，其中秘书1人、文书1人、收发1人、人事1人、医生2人、护士1人；生产室4人，其中主任1人、农技员1人、基建技术员1人、水利干部1人；财务室5人，其中负责人1人、会计1人、出纳2人、统计1人；工副业室4人，其中主任1人、会计1人、加工管理1人、粮油管理1人；供销室3人，其中主管1人、仓库员1人、供应员1人。

1961年，农场内设机构为计划财务室（编制6人，其中主任1人、会计2人、出纳1人、劳动工资1人、统计1人）、生产基建室（编制6人，其中主任1人、农业技术员2人、畜牧兽医技术员1人、开荒造田1人、水利工程1人）、供销室（编制4人，其中主任1人、供销员2人、保管员1人）、工副业室（共3人，其中主任1人、干事1人、会统员1人）。各生产队设队长、指导员、技术员、会统员、管理员各1人，共5人，并吸收有关人员（5～9 人）组成队务委员会，集体领导全队工作。每个生产队一般负责管理 2 个轮作区。

1975 年 1 月，农场的组织机构设置为九科一室，其中党委办事机构下设政治处，分组织科（编制 12 人）、宣传科（编制 5 人）、保卫科（编制 5 人），编制 22 人；场革委会办公机构为六科一室，分别为行政办公室（编制 8 人）、生产科（编制 10 人）、机运科（编制 4 人）、计财科（编制 7 人）、供销科（编制 8 人）、基灌科（编制 6 人）、劳资科（编制 3 人），编制 46 人。共计编制 68 名。

此后，农场根据机构变化情况对编制进行酌情修改。

2019 年 4 月，地区国有资产监督管理委员会下发《新疆红旗坡农业发展集团有限公司职能配置、内设机构和人员编制规定》，核定公司内设机构 5 个，分别为综合部（党群办公室）、财务核算部、生产经营部、投资发展部、市场经营部。核定机关工作人员编制 34 名。

2020 年，红旗坡集团公司内设职能内设机构定员定岗。共有内设机构 5 个、内控监督部门 1 个，定岗工作人员 40 人，其中高层领导班子岗位职数 7 名，中层管理人员岗位职数 12 名（正职 6 名，副职 6 名），一般工作岗职数 21 名。其中综合部（党群办公室）8 人，分别为经理岗、副经理岗、党建干事岗、机要员岗、综合干事岗、网络管理员岗、信访专员岗、社会事务岗；财务核算部 6 人，分别为经理岗、副经理岗、主办会计岗、成本会计岗、记账员、出纳员岗；法务和资产管理部 4 人，分别为经理岗、副经理岗、资产管理员岗、财务专员岗、资产审查监督岗；投资项目发展部 5 人，分别为经理岗、副经理岗、投资干事岗、项目干事岗、合规审查岗；人力资源部 4 人，分别为经理岗、副经理岗、人事专员岗、社保专员岗；内控监督机构：纪检监察部（监事会）5 人，分别为经理岗、副经理岗、纪检干事岗、审核监察岗、纪检监察协调岗。

五、人力资源专项制度改革

1966 年，农场取消职工和非职工、固定工和临时工的划分，规定农场的成员凡是常年参加劳动的（包括男女、正半辅助劳动力），都是国营农场的工人。为便于劳动的平衡，编制计划，实行定员享受福利，国营农场的全部工人采取自报公议由队管会批准，并报场部备案，划分为正、半、辅助劳动力，劳力等级的划分，根据劳力变化每年调整 1 次。农场工人根据划分的等级，规定正劳力忙时出勤 28 天，定额 24 个工日，农闲出勤 26 天，17 个定额工日。辅助劳力不作规定，安排力所能及的工作。

1981 年，农场首次考核、评议专业技术人员职称，聘任各系列专业技术职称人员81 人。

20 世纪 90 年代，农场破除用人制度观念，树立能人上的观念，对于四平八稳、能力平庸、毫无业绩者不能重用，对于敢于坚持原则，在改革开放中敢闯敢试善于打开局面的干部，大胆支持，大胆起用，大胆保护。农场任命具有中级职称以上的专业技术人才为农场总师。至 2000 年，先后任命王炳生为农场的总政工师、李培兴为总农艺师、梅新生为总经济师、贾正刚为总会计师、姚桂池为总园艺师，总师待遇退休时自动解除。

2000 年，农场精简机关，充实基层。选派 4 名副科长到基层担任领导职务，调整 18 个单位的领导干部，7 名基层领导退休或提前退休，提升 21 名年轻干部担任基层重要领导职务。通过调整，全场干部配置趋于年轻化（平均年龄 35 岁左右）、专业化（有技术职称的占 60% 以上）、知识化（中专以上文化程度占 65% 左右）。各基层单位的干部配备按照土地面积、职工总数定员定编；2 个园艺分场定编 12 人，其他农业队定编 8 人，工业单位根据自己的承受能力定员定编。至 2002 年，全场共转岗分流干部及后勤人员 200 余人，减轻职工负担近 100 万元，通过场机关工资内部改革试点，对基层单位实行年薪制进行初步尝试。

2006 年 4 月，农场实行全员劳动合同制管理。实行《全员劳动合同制》，基层单位中层管理人员（正职）与法人代表签订劳动合同，全体职工与基层单位（用人单位）的主管领导（委托代理人）签订劳动合同。全场已经参加基本养老保险的固定职工与非国有身份职工（包括正式干部和聘用干部）本着平等自愿、协商一致的原则，与农场签订劳动合同，确定双方劳动关系。不与本企业签订劳动合同的职工，限定时间办清离场手续。合同规定双方的权利、义务、工作时间、工资报酬等事项。

2010 年 11 月 8 日，农场为调动广大管理人员的工作积极性，解决农场管理人员工资偏低的问题，结合农场经济发展状况和承受能力，制订《红旗坡农场内部管理人员工资套改实施意见》。套改后的工资由职务工资、薪级工资、艰边津贴、工龄补贴、学历职称补贴、其他岗位补助、午餐补助、通信交通补助组成。

2013 年 1 月 4 日，农场为适应市场经济的发展，推动农场体制改革，加强人力资源配置，优化管理队伍机构，党委决定对部分领导干部岗位采取竞（招）聘上岗。成立党委竞聘上岗工作领导小组，下设办公室，召开干部职工大会，公布竞争职位和任职条件、选拔范围、竞争程序和办法等。符合竞聘上岗条件的人员报名应试，评委会根据报名情况对报名人员进行初审，确定人选。职位数与符合条件报考人数比例不达到 1∶2 的不进行竞争上岗。采取笔试、面试、自我推荐等形式，测试入围人员在一定范围内张榜公布。根据测试成绩和民主测评得分情况，党委研究确定上岗人选，并下文正式聘用，属于提拔使用的实行一年的试用期。正式聘用人员的有关材料报党委办公室审核备案。党委办公室负责试用人员的考核，考察胜任工作的，其任职时间从试用期起计算，不胜任者不保留试用期待遇，视具体情况另行安排工作。4月11日，为进一步加强农场干部管理，农场印发《红旗坡农场干部管理（暂行）办法》，进一步明确：农场管理人员分为场级领导、中层管理人员、一般管理人员。场级领导为地委任命的党委成员和行署聘任的场长、副场长；中层管理人员为副科及以上管理人员；一般管理人员为副科以下管理人员。除场级领导外的管理人员，实行聘用制，根据《中华人民共和国劳动法》和《中华人民共和国劳动合同法》实行劳动合同制。建立和完善《红旗坡农场干部聘（任）用办法》，规范和约束场、分场两级党、政组织和领导干部在选人用人上的行为，推行公开竞聘、公开招聘等方式选拔管理人员，形成富有生机和活力的用人机制。干部管理分农场、分场两级管理。中层管理人员的选拔、考核由农场组织实施。副科级以下管理人员的选拔、考核由分场或机关办公室组织实施，报农场人事部门审批审核备案。《办法》对干部选拔的条件、程序及聘（任）办法等作出具体规定。

2020年，根据《国企改革三年行动方案（2020—2022年）》，红旗坡农场（集团公司）推进新一轮的国企改革行动。推行任期制和契约化管理，组建专业化人才队伍。全面推行经理层成员任期制和契约化管理，与经理层成员签订岗位聘任协议和经营业绩责任书，从制度变革、环境营造、正向激励和市场化人才招聘等方面，进一步加快建设专业化经营的人才队伍。进一步完善薪酬分配制度。实行市场化差异化薪酬，调动广大员工的积极性和创造性，持续激发企业内生动力和发展潜力。第一阶段：集团公司各部门及各分子公司岗位职权说明书申报工作。第二阶段：岗位评估及岗位定员工作。第三阶段：集团公司在建立健全组织机构和实行三定的基础上，公司一方面不断建立和完善人力资源管理相关制度，以确保人力资源管理工作的正常运作；另一方面通过实施"构建以薪酬分配为核心的激励机制作为工作重点，积极实施人力资源管理调整与创新活动"，不断提高集团公司人力资源管理的有效性。红旗坡集团公司在落实三年企业改制中，在人事、劳动、分配三项制度改革，建立优质人才队伍的发展，加快建立现代企业制度，为集团公司经营发展创造优质的制度环境。以绩效结果作为薪酬分配的结算标准，成为薪酬"能增能减"的调节依据。同时，实现岗位考核向一线业务部门倾斜，向高绩效单位部门倾斜，着力破除平均主义，突出市场规则。通过改革，企业管理能力不断提升，自主创新能力得到提升。

六、绩效与奖惩管理

（一）绩效管理

1999 年，农场开始对干部进行绩效考核。制订《阿克苏地区红旗坡农场干部年度考核实施细则》，通过考核干部的德、能、勤、绩、廉，对干部特别是中层以上领导干部履行岗位职责和完成年度目标任务，尤其是生产、经济任务和精神文明建设的情况作出客观公正的评价，为正确实施奖惩、任用提供科学依据，从而激励广大干部恪守尽职，廉洁为民，奋发进取，开拓创新。

2000 年起，全场在职干部（医院、学校除外）实行风险金抵押，各单位行政、党务一把手交风险抵押金 8000 元；副职按照正职的 80％交纳风险抵押金；一般干部的风险抵押金由各单位自行制定。年终完成各项生产任务和经济挂钩的，退还风险抵押金，完不成生产任务和经济指标的，按比例扣除风险抵押金。

2001 年 8 月，农场为改革发展和社会稳定服务，全面开展效能监察工作。通过对各级管理人员履行职责情况和工作效率进行监察，针对经营管理中存在的效益、效率、质量、安全等方面重大问题，主动发现，堵塞管理漏洞，健全规章制度，促进企业健康发展。重点抓资金管理、质量管理、成本管理、产品销售、工程招标、物资采购、干部人事工作的交通监察。通过效能监察进一步督促建立、健全各项规章制度。当年，农场制订《干部考核办法》，按照"严格管理、严格教育、严格监督"的要求，定期做好干部考核工作，分别对中层管理人员的业务技术进行半年、年度考核。

2003 年，为加强对农场干部考核工作的领导，成立干部考核委员会。此后，每年对干部进行考核。

2020 年，根据国企改革三年行动方案，结合党委会、董事会通过的考核方案，完善公司员工绩效管理制度，加大个人效益工资（月度、季度、年度考核）与部门、公司、个人绩效挂钩的力度。适时调整公司薪酬工资发放的方式，以维持员工的收入稳定，调动员工的工作积极性。设置关联责任权重，实行分级考核，按照公司实施分级管理、分级负责的管理模式，对管理人员和一般工作人员实行分级考核。对管理人员和一般工作人员的个人绩效进行评价、考核，将生产经营管理的考核、奖惩按岗位权责说明书，落实到人，避免考核结果脱离单位的实际。对干部职工的工作实施定性和定量考核，建立政治思想、社会治安综合治理、精神文明建设、廉洁自律、职业道德等综合目标考核指标体系。按照不同工作岗位的责任大小、技术含量高低、承担的风险程度、工作量的大小等内容确定考核指标，并根据月季年度考核结果确定职工考核的发放，调动全员的工作积极性，发挥考核的激励机制作用。

（二）考勤管理

1977 年，农场对固定等级的职工，严格考核制度：病休 6 个月内者，病假工资工龄满 2 年 60％，不满 4 年 70％，不满 6 年 80％，不满 8 年 90％，满 8 年以上 100％。病休在 6 个月以上者，病假工资工龄不满 1 年为 40％，满 1 年不满 3 年为 50％，3 年以上者 60％。事假扣除工资。职工寻找场外配偶，报告单位，转场组织部门，由组织部门了解后，再考虑办理结婚审批手续，由保卫部门联系落户，劳资科考虑安排工作。支边青年按有关政策执行。是年，按国务院〔89〕号文件精神，对执行固定工资的职工按 40％调资面调资。对执行控制工资总额评工记分的职工，按每人 37.2 元外加 11％生活补贴（计 41.29 元）增资幅度每人 4.20 元，另加生活补贴 11％（计 4.66 元）给职工调资，工分值从原来 1.2 元增到 1.4 元，法定假工资从 0.7 元调整到每天 1 元，病假工资从 0.5 元调整到每天 0.7 元。

1998 年，农场制定《场机关值班考勤制度》，实行上班签到考勤、各科室领导轮流值班制度。按照值班表，当天值班科长必须提前 10 分钟到位，监督全体工作人员签到。值班科长除抓好上班考勤外，上午、下午分别在上班两小时后再进行抽查或全面检察机关工作人员的在岗情况。

2008 年 12 月，农场下发《红旗坡农场工作人员考勤管理办法》。根据办法规定，未按时间签退，为早退。每日签到 1 次、签退 1 次，少一次记录罚款 50 元。当月迟到早退累计 10 次以上（含 10 次）扣罚当月工资和扣发当月效益工资。全年累计迟到早退 30 次以上（含 30 次）扣罚全年效益工资，在全场通报批评，科室不参与年终评优。当日没有签到和签退记录，为旷工。每次旷工扣罚 200 元，当月累计旷工 3 天以上（含 3 次）扣罚当月工资和不发当月效益工资，全场通报批评。连续旷工 3 天以上（含 3 天）或当月累计旷工 5 天以上全场通报，视为自动离职，解除劳动关系，当月起停发工资，不发全年效益工资。

2017 年 10 月 10 日，红旗坡集团公司制定印发《新疆红旗坡农业发展集团有限公司考勤管理办法（试行）》，对考勤管理作出明确规定。在迟到、早退、旷工、旷会规定：未按时间签到为迟到。未按时间签退为早退。每日签到一次、签退一次，少一次记录罚 50 元；当日没有签到和签退记录为旷工。每次旷工罚 100 元；连续旷工 3 天以上（含 3 天）视为自动离职，解除劳动关系，当月起停发工资。实行会议、学习等重大集体活动签到制度、与会人员必须提前 15 分钟到会签到，会前未请假、未签到视为缺勤，缺勤者一次罚款50元。突有公事需要办理的特殊情况，必须向考勤管理部门请假。遇到恶劣天气、交通事故等特殊情况，属实的可不按迟到早退处理。请销假：所有请假以书面请假条为准，以事前请假为依据。若遇临时特殊情况，应两小时以内电话通知本部门负责人，由部门负责人向办公室报备，上班当日及时补办手续。员工请假由本公司/部门的主要负责人批准，并报办公室备案。各公司/部门的主要负责人请假由集团主要领导批准，报办公室备案。假期到期上班当日到办公室销假。

第四节　职工培训

农场建场后，根据生产和管理需要，注重职工队伍的教育管理，每年制定培训计划，开展形式多样的职工培训活动。

1980年1月27日至2月5日，农场举办兽医卫生员及养猪学习班，全场兽医卫生员及各基层单位派出1～2人参加培训。

20世纪90年代，农场加强职工政策、法规教育和培育职工的市场意识，引导、管理职工走科学发展的路子，提高职工的文化素质，从而增强农场的整体竞争力。

1999年，农场组织广大职工开展农业技术培训等活动，加强科学技术普及工作。至2002年，利用冬闲时间举办园艺技术培训班131次，参加人数10438人次，举办农业技术培训班57次，参加人数3988人次。

2000年，农场开展"园艺科技质量效益年"，各单位以不同形式、不同规模举办果树修剪、管理等培训班。其中园艺科组织举办培训班8期，加上各单位自办培训班，累计参加培训人员5000人次以上。

2001年11月，农场制订《红旗坡农场干部教育培训考核实施办法》，计划至2005年，场级领导在地委组织部门培训计划内，力争每个人进行一次短期（1～3个月）培训，班子成员中力争2～3人得到中、长期培训深造；中层管理干部，重点是近两年上岗的人员，每年应保证15天以上的集中培训和平时的"以会代训"。大力培养科技和管理人才，鼓励自学成才和岗位成才，每年有计划地投入一定资金，用于培训工作。在场内干部培训计划内的人员培训费采取场、队、个人"三个一点"（场里投一点、队上补一点、个人出一点）。

2006年，农场根据五年培训方案，对基层干部、技术员、职工进行有组织、系统化、规模化的培训，建立和完善技术员、技术能手（骨干）跟踪培训管理机制，提高农场整体管理水平。针对职工进行实用技术推广普及和新知识、新品种、新技术的培训及质量意识培训，对职工进行农业环境保护、无公害农产品生产、食品安全、标准化生产、绿色食品生产技术与标准无公害农产品等方面知识的培训，使每户有一个科技明白人。管理人员每年培训 3 期，每期 3 天，专业技术人员每年 4 期，每期 5 天；职工每年 2 期，每期培训 15 天。至 2010 年，全场共 5000 余人次接受培训。

2007 年 7 月 16—20 日，农场为加强干部教育培训，提高干部政治理论水平和生产、财务知识及管理能力，举办为期 1 周的干部综合培训班，培训对象为各分场、各单位中层以上管理干部和机关副主任科员以上干部。

2011 年，农场选派技术人员和职工代表 59 人前往陕西洛川、山西运城参观学习苹果栽培管理技术。次年，与山西纪兰节能减排技术管理有限公司全保果业分公司签订为期 3 年的技术合作协议，由该公司派人到农场对新植果园、老果园改造的种植户手把手推广苹果栽培辩证管理技术。此后，因该技术在农场的应用取得明显成效，3 年服务期满以后再次续签 3 年。

2017 年 10 月 10 日，为对员工进行有组织、有计划的知识和技能培训，达到公司与员工共同发展的目的，红旗坡集团公司制定印发《新疆红旗坡农业发展集团有限公司员工培训管理办法（试行）》，使员工具备完成本职工作必需的基本知识和迎接挑战所需的新知识，了解公司经营管理的情况，如公司的规章制度、发展战略、企业文化、基本政策等。通过实施在岗员工岗位职责、操作规程和专业技能培训，使员工并且鼓励员工根据自身的愿望和条件，利用业余时间通过自学积极提高自身素质和业务能力。

第五章　安全生产管理

农场始终坚持预防为主，群防群治，突出重点，保障安全的工作方针，强化全员防范意识和内部管理，推行目标管理责任制，在机构设置、制度建设、设施建设等方面取得了长足发展。

第一节　安全教育

建场初期，由于农机专业技术人员素质较低，规章制度执行不严，少数农机人员责任心不强等原因，先后发生机车受损和人身受伤事故。每次事故发生处理后，农场发出通报，召开会议，进行警示教育，建立和健全有关规章制度。

1978年，农场安全生产宣传教育逐步恢复，以办学习班、业务知识讲座等形式，宣传党和国家有关劳动保护、安全生产的方针政策及法规，组织安全用电、易燃易爆物品管理、安全业务知识讲座，举办安全生产图片展。1980年，农场以开展第一个全国"安全月""安全周"活动为契机，运用黑板报、图片等形式对职工宣传教育，逐步建立安全教育制度。1981年，开展"安全月"活动，重点提高干部职工对安全生产的认识。1986年，农场举办安全业务知识培训班，36人接受培训。

1991年，农场开展以"安全就是效益和提高职工安全意识"为主要内容的"安全生产周"活动。展出黑板报20余块，观看安全录像的职工有400余人次；张贴宣传标语90余条，展出图片100余幅，观展职工数千余人次。1994年，开展以"勿忘安全，珍惜生命"为主题，以控制事故为目的，开展以"不伤害自己，不伤害他人，不被他人伤害"为主要内容的"安全生产周"活动。1995年，开展以"治理隐患、保障安全"为主题的安全教育。2001年，农场开展安全生产宣传教育活动，主题是"安全第一、预防为主"，主要宣传国务院和自治区整顿和规范市场经济秩序工作会议和安全生产电视电话会议精神。2002—2005年，农场在每年5月"安全生产月"活动中，每年突出一个主题，安排一项主要活动，先后采取展出安全生产展板、发放宣传资料和宣传品、设立咨询台、举办安全生产专题文化活动等方式开展安全生产宣传。2005年，共制作展板50块，城乡发放安全生产宣传资料 2 万余份。

2006—2007 年，农场贯彻落实全国"安全生产月"活动，按照地区制订的方案，通过发放宣传单（册）、事故板报展、横幅、现场咨询等方式，宣传安全生产法律法规和安全知识。活动中，发放安全生产宣传单 600 余份，悬挂横幅 17 条，展出安全生产版面 35 块。

2008—2010 年，农场每年开展"安全生产月"宣传教育活动。下发"安全生产月"活动宣传方案，明确宣传主题，开展以安全生产警示教育为宣传主题的演讲比赛、歌唱比赛等形式进行宣传，共设咨询台 3 个，张贴安全生产挂图 100 余张，散发各类宣传资料和手册 1800 份，展出安全生产宣传板报 95 块，悬挂宣传横幅 27 条，提高各族干部职工的安全生产意识。

2011 年 9 月 6 日，农场为保障农业生产过程中的生产安全，规范安全生产，成立安全生产委员会。

2012—2016 年，农场（集团公司）连续开展以"科学发展、安全发展""强化安全基础，推动安全发展""强化红线意识，促进安全发展"为主题的安全生产宣传月活动。宣传月期间，组织开展应急演练、安全生产事故警示教育活动，完善应急预案体系，强化应急救援协调联动机制和联合处置机制。同时把创建"青年安全示范岗"活动结合起来，发挥广大职工和青年安全生产中的积极作用，不断提高职工的安全意识、素质和技能。

2017 年，红旗坡集团公司下属子公司阿克苏金物联电子商务有限公司生产项目建成投产后，制作各类安全警示和安全宣传标语，放置在各生产区及各冷库醒目位置，通过挂图、安全警示漫画、发放安全手册、黑板报等多种形式，加大安全教育宣传力度，提高员工防范意识；加强驾驶员、叉车工、上下班开车的员工及果品货运驾驶员交通安全教育，提高驾驶员交通安全法治意识和自我防护能力，预防和减少涉及驾驶员的交通事故，公司定期对驾驶员进行培训；对全体员工进行每月 1 次的安全培训。公司汇编《安全生产管理制度》发放到各生产班组，要求各班组长组织员工进行学习，通过广泛的安全知识宣传和教育，使全体员工牢牢绷紧安全生产这根弦，增强员工的安全意识，普遍掌握和提高自我保护的技能。

2020 年，红旗坡农场（集团公司）组织各分（子）公司传达、学习有关会议精神、安全政策、法规和有关文件，研究解决存在的问题，定期组织有关人员进行安全教育，做到有培训、有记录、有效果，结合"阿克苏地区 2020 年消防工作要点"和"全国安全生产月"等活动，利用横幅、标语、广播等多种形式加强宣传，在"安全生产月"活动中共制作悬挂横幅 15 条，标语 180 余条。

第二节　安全管理

一、安全生产责任体系建设

1990—1996 年，农场对安全生产管理实行分场负责、群众监督的管理机制。各分场根据实际制定安全生产制度，生产科不定期地深入检查制度落实情况，查出不安全因素，制定整改措施。农场每年均进行一、二次安全大检查，对存在安全隐患的，责令停产整顿。

1997—2000 年，农场全面推行安全生产责任制，形成场统一领导、科室监管、分场及基层全面负责的安全生产责任体系。贯彻落实全国、自治区、地区关于安全生产的一系列方针、政策及法律、法规，强化安全生产监管工作。

2001—2010 年，农场安全生产委员会（以下简称安委会）主任由农场场长担任，常务副主任由分管安全生产工作的副场长担任。安委会下设安全生产办公室（生产科）。按照"党政同责""一岗双责"的要求，农场场长、党委书记同时任安委会主任；主管安全工作的副场长任安委会常务副主任；党委副书记和其他副场长任安委会副主任，协管安全生产工作；有关职能部门主要负责人为安委会成员，人数达 16 人。

2011—2015 年，农场坚持"安全第一、预防为主、综合治理"的方针，以贯彻《安全生产法》为重点，强化隐患排查治理，加大安全宣传，层层落实安全生产责任，把安全生产目标作为考核的重要内容之一。场长与各副场长、各副场长与其分管的单位层层签订安全生产责任书，强化安全生产监管责任和企业安全生产主体责任。研究制定完善《红旗坡农场安全生产目标责任管理办法》和《红旗坡农场安全生产责任追究办法》等规范性文件，使全场安全生产自上而下形成有人抓、有人管、有人干的工作格局。

2016—2020 年，红旗坡农场（集团公司）全面推进安全生产"党政同责、一岗双责、失职追责"责任体系建设，全面落实安全生产责任制，进一步强化安全生产组织领导力度，将安全生产"一岗双责"和安全生产"三个必须"落到实处。

二、安全生产

20 世纪 50—70 年代，农场严格执行"安全为了生产，生产必须安全"的安全生产方针，每年定期不定期地对安全工作进行检查，特别是在每年的春秋季节，时常风沙四起，天气干燥，容易引起火灾，尤其注重消除安全隐患。注重劳动保护工作，每年统计上报享受劳保待遇工种人员，根据需要发放劳动保护用品。1964年，全场共为有164人发放劳保用布；1965年，发放人数增长为260人，共发放劳保用布1428米。

1987年，全场27个单位的领导与农场签订安全生产工作责任书，做到单位包职工、家长包子女、学校包学生，层层承包，层层负责。年内，对职工进行安全教育3500人次，为促进生产发展，保障经济体制深化改革起到促进作用。

2001—2005年，农场加强安全生产管理工作，牢固树立安全发展理念，落实"党政同责、一岗双责、齐抓共管、失职追责"安全生产责任制，健全和完善安全生产规章制度，加强安全生产机制建设，全面提升农场安全生产治理能力，防范遏制重特大安全生产事故发生，使全场安全管理水平得到较大提高。5年间，全场职工因工死亡事故为零，未发生重大安全事故。

2009年3月17日，农场为加强农场生产工作的劳动保护、改善劳动条件，保护劳动者在生产过程中的安全和健康，促进农场事业的发展，印发《红旗坡农场安全生产监督管理条例》。严格落实《红旗坡农场安全生产长效机制》各项安全生产制度，结合"安全生产月""消防日"等专项活动要求，确定活动重点和内容，立足于查隐患、堵漏洞、抓整改、保安全，加强对专项活动落实情况的督察。根据各阶段安全生产规律特点，有步骤、有针对性地将安全生产行动贯穿安全生产工作始终。通过层级签订安全责任书，采取单位、个人共同协商和沟通签订的方式，做到全员参与，全员监督，共同治理的目的，避免和遏制事故的发生。

2010年，结合"安全生产月""火灾隐患排查整治专项行动""消防周"等专项活动要求，确定活动重点和内容，立足于查隐患、堵漏洞、抓整改、保安全，加强对专项活动落实情况的督察。采取各种有效措施，认真落实各项活动。根据各阶段安全生产规律特点，统筹兼顾，突出重点，有计划，有步骤、有针对性地将安全生产执法行动贯穿安全生产工作始终。

2011年，农场严格落实安全生产责任制，健全安全生产组织领导机构，规范安全生产例会制度和管理机制。配备与本单位安全生产工作相适应的安全监管人员，指导协调安全生产工作，有效开展安全生产日常工作。督促指导所属单位完善和落实安全生产规章制度。建立安全生产会议制度，每季度至少组织召开一次场安委会成员单位领导参加的安全生产会议，分析安全生产形势，通报安全生产情况，布置、督促、检查安全生产工作，研究解决安全生产工作中的重大问题。主要领导每年至少2次带队深入基层进行安全检查。加强本单位交通车辆安全管理，建立健全关键岗位安全管理规章制度，加强驾驶人员安全学习教育，防范交通事故的发生。加强劳动防护用品管理，对生产经营单位开展经常性的检查工作。建立农场及所属单位安全生产应急管理机构，组建安全生产应急救援队伍，修订完善农场安全生产应急救援预案。

2012—2013年，农场安委会同科室、分场共同签订安全生产责任书，确定安全生产目标和工作步骤，定期对全场干部职工举办安全知场识培训班。制订年度安全生产工作实施方案，全面推广"一岗双责"制度。坚持"安全第一，预防为主，综合治理"的安全生产工作方针，完善安全生产监督措施，突出安全生产的宣传、教育和培训，严格检查监督，提高安全生产监督水平，确保农场持续安全。根据地区安全生产监督管理局下发《关于认真贯彻落实〈全国安全生产电视电话会议〉精神的通知》进行彻底、全面的安全生产大检查。

2014年4—12月，农场开展主题为"普及公共安全健康知识 提高职工自救互救能力"的"安康杯"竞赛活动，开展《中华人民共和国安全生产法》《中华人民共和国消防法》《中华人民共和国道路交通安全法》《中华人民共和国职业病防治法》安全生产技能知识和自救常识、基础业务工作。

2015年，农场开展以"加强安全法制，保障安全生产"为主题的安全生产月活动，安全生产工作实现"零"事故率。利用"安全生产月""三节一庆保安全"等专项活动为契机，全面开展隐患排查整改行动。共排查安全生产隐患8处，整改5处，其中消防火灾隐患2处，电路安全隐患3处。

2017年5月12日，红旗坡农场（集团公司）加大安全生产综合管理力度，成立安全生产领导小组。下设办公室，主要负责农场（集团公司）安全生产工作的统筹领导和组织实施，确保安全生产工作落到实处。

2019年，全场悬挂安全生产横幅94条，板报8期，发放安全手册100份，同时组织开展安全生产应急演练6次，参加演练活动共达580人次。开展安全监管监察工作3次，整改12处。同时加强技防监控，配备安装灭火器136个，并做好日常监管。

2020年，农场（集团公司）加强重点部位的安全防范，每逢节假日，领导带领值班，消除隐患，确保安全。有针对、有重点地开展好企业日常的安全生产检查工作。对各分（子）公司分散业务种类特点，分析摸底，有重点地搞好安全大检查，对企业安全检查5次，日常安全巡查173次。对隐患疑点多、不安全苗头较突出的问题发出《整改通知书》。对存在的安全隐患问题，加强整改，堵塞漏洞，突出做好预防为主，防患于未然。

第三节　安全监察

1978 年，农场安全生产工作恢复发展后，严格执行国家、自治区制定的安全生产的一系列政策和规定。从 1979 年起，在劳动保护工作中，逐步建立健全劳动防用品制度。1980 年，开展安全生产检查中，由场领导、机关干部、专业人员组成检查队伍，对危险性较大、危害性较严重、卫生条件较差的建筑工地等 4 个重点单位作重点检查，发现隐患10 余条，全部进行督促整改。1982 年，农场按照地区作出劳动保护工作规定，对劳动保护工作作出规定。1985 年起，在劳动保护监督检查中，对各用工单位进行安全检查，查出事故隐患 40 余条，督促整改。1989 年，督促各分场加强安全生产管理，建立劳动保护机制。1995 年，以贯彻执行《重大事故隐患管理规定》为契机，重点开展事故隐患整改和危险源监控工作，督促各基层单位做好事故隐患的整改和危险源监控，查找隐患 30 余处，并及时进行整改。2002 年，农场建立健全安全生产监督管理工作，初步形成"场统一领导，分场全面负责，群众监督参与，社会广泛支持"的安全生产工作格局。2005 年，先后组织 2 次全场的安全生产大检查，查出并整改各类问题和隐患 30 余条。

2009 年，农场监督检查劳动纪律、生产现场管理、生产劳动秩序、生产工具管理等情况，查找隐患。开展安全生产宣传教育培训工作。通过组织开展安全知识培训、竞赛、召开会议，普及安全知识，加强安全教育，不断提高干部职工的安全责任意识。对农场制订的安全生产应急救援预案进行演练。根据预案情况组织开展防汛抗洪预案演练、消防应急预案演练、应急疏散预案演练。

2011—2013 年，农场每年对全场各行业领域进行全面的安全生产检查。共排查治理安全隐患 140 余项。

2017 年 7 月 26 日，为贯彻落实《国务院安委会关于开展全国安全生产大检查的通知》精神，彻底排查整治各类事故隐患，防范和遏制重特大安全生产事故发生，制定《红旗坡集团公司安全生产大检查工作实施方案》。根据方案，成立红旗坡集团公司安全生产大检查领导小组，重点对人员密集场所及果品储备库、各类生产加工企业等关键部位消防设施是否完好有效、消防通道是否通畅、电气设备是否符合防火、安全出口是否合理，所属草原、牧场防火措施，农药管理使用、饲草料及农作物秸秆、果树枝叶等易燃物料的堆放是否符合防火安全，各类在建工程项目施工现场安全防护措施是否到位，所属车辆、生产设备、检测设备是否安全管理等方面进行检查，对发现的问题及时整改，消除隐患。

2018—2020 年，红旗坡农场（集团公司）开展对重点行业领域内违章操作、违章指

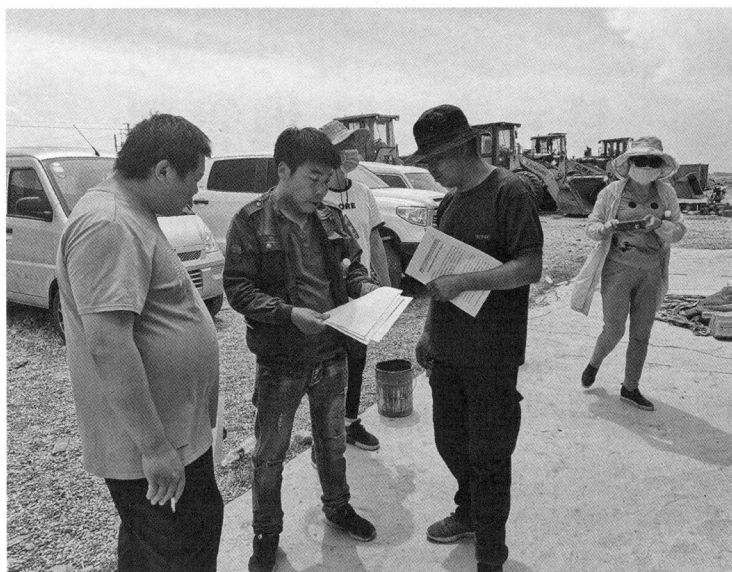

图 3-5-1　2019 年 6 月 4 日，源动力水务公司在众杰砂石料厂开展安全生产
检查（照片提供：杨聪靓）

挥和违反劳动纪律、监控设施、劳动防护用品配备不符合规定、隐患排查治理制度不健
全、责任不明确、措施不落实、整改不到位、应急装备不健全、应急预案制定修订演练不
及时，以及自救装备配备不足等情况进行全面检查，共排查治理各类安全隐患 87 项。开
展对前期大检查重排查的隐患问题督查和回头看，彻底治理安全隐患，有效防范生产安全
事故的发生。

第六章　土地管理

农场土地资源丰富，适宜多种农作物种植，尤其是经过不断的土壤改良与综合开发，极大地增强农场经济发展后劲，耕地和生产条件得到全面改善。农场在稳定土地承包关系、推动土地适度规模经营的同时，引导职工进行生态保护和农业结构调整，做好土地矛盾纠纷调处，不断推动国有土地确权、土地登记及基本农田保护工作。

第一节　土地利用与改良

一、土地利用

1958 年，农场建场时，区域内有位于毛拉阔滚其自然村 3 个小队农民耕种的横贯农场中部的一小条带状土地，还有一些弃耕地，其余全为亘古荒原，起伏不平，土壤盐渍化严重，部分地区分布无数大小沙丘。

1958—1959 年，农场按照"边开荒、边生产、边建设、边扩大"的建场方针，以开荒造田为第一要务，集中主要力量，投入大量人力、财力、物力和机械，开展大规模开荒造田。农场按照规划的农田轮作区各个部位不同地形坡度，统一确定开荒田块的三种长宽尺寸标准，制定开荒田块的土地等级、定额和技术标准，实行奖励办法，超定额者，按超定额款 80％奖给职工本人，20％留队作为职工福利。全场组建专业开荒造田队 5 个，任务逐级到队、到组、到人。1958 年，开荒造田 1625.33 公顷（含原耕地改造），其中规划设计条田 892 公顷，历时 227 天。当年，全场有耕地 1630.67 公顷，人均耕地 0.58 公顷。1959 年，重点转入地块细平和水利设施配套，5 个专业开荒造田队中 3 个队专事地块细平，2 个队专事水利设施配套。至 1959 年末，全场累计造田 1637.6 公顷。

1960—1963 年，全场共开荒 152.6 公顷。针对前两年开荒"遍地开花、造田粗糙、开荒多、质量低"的状况，重点由开荒转为造田，建设规范条田，要求造田做到条田、道路、林带、渠系"四结合"，提高造田质量。保留 1 个专业开荒造田队，主要由各队包干负责，以 40％～50％的劳力投入造田，同时实行投资包干制。1963 年，农场在农田四队进行条田化示范。当年，按照条田要求分类，全场一类地占5.2%，二类地占32.5%，三类地占46.9%，四类地占15.4%。此后，农场年年开展以条田化为中心的平土整地建设，层层分配任务，主要农作物种植于基本条田的比例要求50%~60%。

1964年，全场集中力量，历时2个月，以冬麦条田化为中心，改建条田7块，面积233.33公顷，40%的冬麦播于条田。1965年，全场条田播种冬麦643.47公顷，占小麦播种面积的84.3%。至1966年，全场有规范的基本条田68块，面积1341.67公顷，占耕地总面积的53%。每块条田面积最小6公顷，最大30公顷，一般为20公顷。当年，全场耕地总面积2533公顷，人均0.67公顷。

1979年，地区农垦局勘测设计队勘测，全场有可垦土地6757.87公顷，耕地面积2973.07公顷，占44%。人均耕地0.49公顷。当年，农场根据勘测结果，提出条田建设以土地平整、排水渠系建设、渠系建筑配套为主要内容，以平整土地为农田建设的基本要求，因地制宜，加速条田改建和配套建设。根据农场区域内的土壤条件不同情况，土地平整采取两种不同的做法：飞机场和乌喀公路以北，地面纵坡大，土壤质地轻，地下水位低，一般不进行工程性平整，不搞"大搬家"，只对条田内高低悬殊的坎沟或洼地按灌溉和机耕要求进行平整；飞机场和乌喀公路以南，地面纵坡较上部缓，土壤质地重，地下水位高，土壤次生盐渍化严重，进行工程性土地平整，并采取排水和脱盐措施。同时控制开荒，着力于旧条田改建。1989年，全场耕地2995.53公顷，与1979年基本持平；人均耕地0.45公顷。

1990年后，农场适度开荒，重点为条田改建和改造低产田。

1990—1999年，农场耕地面积增加381.47公顷，其中1991年、1992年和1994年开荒面积较大，共开荒233.67公顷，占新增耕地面积的61.3%。

2000—2005年，农场改造低产田，2001年，改造低产田117.33公顷，投入资金7.9万元。2004年，改造低产田投入资金220万元。至2004年底，吸收民间投资，开荒近1333公顷。

2005年后，民间投资开荒逐年增多，至2007年，全场私营买断荒地、承包荒地种植果园、农作物和未种植的总面积5997.92公顷。

2007年，农场土地总面积20838.47公顷，人均耕地面积1.46公顷。

2011年4月6日，由于个别地方、单位开荒现象屡禁不止，对生态环境、经济发展和社会稳定造成严重影响，为此，农场对土地使用及开荒情况进行全面调查，并自通知下发之日起，严禁任何单位和个人以任何形式在农场域内进行土地开荒，在开或准备开荒的土地，一律停止。

2012 年 12 月 24 日，农场进一步规范土地管理，要求个人投资开垦荒地和占有耕地的必须签订红旗坡农场生产经营承包合同，承包期为自土地开发之日至 2037 年 12 月 31 日。开发土地前 10 年免上交，第 11 年每公顷每年交 3000 元，第 12 年每公顷每年交 4500 元，第 13 年每公顷每年交 6000 元，第 14 年每公顷每年交 7500 元，第 15 年至合同期满每公顷每年交 9750 元。

2016 年，农场（集团公司）开展第三次全国农业普查，普查的内容包括农业从业者基本情况、农业土地利用与流转情况、农业生产与结构情况、新型农业经营主体与农业规模化、产业化发展情况，新农村建设情况，农村人居环境与农民生活方式变化情况。普查标准时点为 2016 年 12 月 31 日。农场以悬挂宣传横幅、广播宣传等方式，广泛宣传普查工作的重要意义和要求，引导广大普查对象依法配合普查，教育广大普查人员依法开展普查，为普查工作顺利实施创造条件。

2020 年，全场土地总面积 21701.85 公顷，其中耕地面积 16869.93 公顷。

表 3-6-1　2000 年红旗坡农场土地利用情况表

单位：公顷

单位	辖区内土地总面积	耕地				居民点及工矿用地	道路用地	水域	未利用土地
		合计	农业	果园	林地				
合计	10326.67	3319.33	1585.07	1332.6	401.67	572.53	94.67	126.07	6214.07
农田一队	700	255.33	185.07	46.93	23.33	20.4	7.67	10.2	406.4
农田二队	784	272.27	208.73	50.2	13.33	21.8	8.2	10.87	470.87
农田三队	623	227.6	190.53	26.4	10.67	18.2	6.8	9.13	361.27
农田四队	757	205.53	182.53	6.33	16.67	16.47	6.2	8.2	520.6
农田五队	376	88.6	51.2	29.4	8	7.07	2.67	3.53	274.13
农田六队	2039	161.13	130	22.47	8.67	12.87	4.87	6.47	1853.67
农田七队	970	246	222.33	7	16.67	19.67	7.4	9.13	687.07
农田十队	770	181.2	156.2	11.67	13.33	14.47	5.47	7.27	561.6
农田十一队	673	191.93	146.33	28.27	17.33	15.33	5.73	7.67	452.33
园艺一分场	406	354.2	—	320.87	33.33	26.67	10.6	14.2	0.33
园艺二分场	737	375.8	—	256.8	119	25.8	9.67	12.87	312.87
园艺三分场	453	377.33	76	248	53.33	25.87	8.47	11.27	33.4
园艺四分场	604	313.6	26.67	233.6	53.33	23.6	8.87	11.8	246.13
实验站	73.67	35.33	—	32	3.33	2.8	1.07	1.4	33.07
工程队	218	218	—	—	—	218	—	—	—
建材厂	94	94	—	—	—	94	—	—	—
其他	49	33.47	9.47	12.67	11.33	12.87	1	1.33	0.33

说明：本表据地区水电设计院《科克亚河流域规划报告》。耕地及分项面积与同年统计年报略有出入。

表 3-6-2　2020 年地区红旗坡农场（集团公司）土地利用现状表

项　目		面积（公顷）
	土地总面积	21701.85
其中	种植用地	16869.93
	滩涂冲击地	2067.75
	内部道路用地	1106.54
	居民点用地	692.43
	高速道路用地	66.55
	机场快速道路用地	11.56
	北外环用地	13.83
	温宿迎宾路用地	14.43
	收费站用地	8.08
	老 314 国道用地	12.49
	南外环用地	26.96
	沉砂池	34.15
	革命大渠	40.1
	机关团体用地	50.21
	仓储用地	23.42
	林带地	593.03
	其他用地	70.38

表 3-6-3　2020 年新疆红旗坡农场（集团公司）各分（子）公司土地情况表

单位：公顷

分（子）公司			面积
	土地总面积		21701.85
其中	阿克苏分公司	一分场	1302.09
		二分场	1859.43
		三分场	2035.11
		四分场	3112.89
		五分场	11068.81
	七分场		270.06
	源生态（含新五分场）		1762.12
	征收办证土地		291.34

表 3-6-4　2020 年红旗坡农场（集团公司）私营买断、承包荒地及种植情况调查表

单位：公顷

分（子）公司	耕地面积	其　中		
		职工承包地	买断及长期承包地	公司经营
耕地总面积	16869.93	2987.73	12462.20	1421

(续)

分（子）公司		耕地面积	其　中		
			职工承包地	买断及长期承包地	公司经营
其中	阿克苏分公司 一分场	717.70	604.09	113.61	—
	二分场	1146.45	928.03	218.42	—
	三分场	1363.42	713.74	649.68	—
	四分场	2556.96	514.54	2042.42	—
	五分场	9074.07	—	9074.07	—
	七分场	257.33	227.33	30.00	
	源生态（含新五分场）	1754	—	334	1421（自管346、其他公司代管1075）

二、土壤改良

盐渍化是农场土地的第一大害。历年来，农场按照"综合防治，突出重点，逐年实行"的办法，以改良盐碱土和提高土壤有机质为重点，采取综合措施，全面实施土壤改良。

（一）水利改良

建场初期，主要措施是洗盐压碱。1958年，农场制定土壤洗盐计划，按照低盐、中盐、强盐化土壤的不同状况，分别提出不同要求、方法和定额，实施灌排相结合的改良操作程序。按照水文地质状况，洗盐方法分为两种：下压洗盐法，适用于地下水位较低的地区；压排洗盐法，适用于地下水位较高的地区。按照土壤盐化程度，确定洗盐次数：沙壤土3～4次，轻壤土和中壤土6次，厚盐土8次。灌水洗盐程序：一般土地灌第一水后，待水基本渗透尚有1～3厘米表层水时放第二水，依此类推；沙性地灌第一水后，相隔1～2天灌第二水；高盐碱地灌第一水后泡1～2天，观水色发黄，尝水味带碱，将水排入退水沟后灌第二水。农场要求各队指定专门负责人，安排适当劳力，及时检查洗盐质量；合理安排各项用水，尽力倾斜腾水洗盐，扩大洗盐面积；做到土地不平不洗盐，未洗盐耕地不播种。由于农场用水极度困难，灌排设施不配套、不完善，难以按规范要求洗盐。建场头三年，多数耕地洗盐1次，少数耕地洗盐2～3次，土地盐渍化程度未能有效减轻，严重危及各种作物出苗、生长，缺苗普遍，盐害面积大，有些地块连播2次，有些地块弃种，有些地块颗粒无收，收获农作物单产低。1960—1965年，随着水利和渠系条件逐步改善，逐步推动洗盐工作，扩大洗盐面积，提高洗盐质量。1960年，全场洗盐面积266.67公顷。1966年，农场推行压草盖沙灌水洗盐的新方法，在地块盐碱斑处挖坑，坑内先铺 5 厘米厚麦草、胡麻草或田埂杂草压实，再以沙子填平，最后灌水洗盐压碱。这种方法重点在土地盐渍化严重的二、三、四、五队实施，洗盐质量逐步提高。当年，全场耕地填沙掺沙面积 479.33 公顷，占农作物面积的 22.4％。当年，农场抽调技术干部、农工在四队进行土壤改良试验试点，综合治理盐碱地。

2010 年，由于农场种植面积的不断增大，同时大量渠系因年久失修，在灌溉过程中损失大量水资源，已有土地盐碱化严重，制约农场的经济发展，因此盐碱地改良项目的建设迫在眉睫。农场委托广州中山水利设计院阿克苏分院编制完成《红旗坡农场小型农田水利建设项目可行性研究报告》，项目计划总投资 300 万元，建设地点位于红旗坡农场园艺十三分场，盐碱地改良面积为 653 公顷，主要建设内容为土地平整、渠道建设、排水渠系建设及其他设施配套建设等。

（二）耕作改良

历年实施的主要措施：细平土地，秋翻伏耕，耙地保墒，畦沟灌溉。

（三）生产改良

历年实施的主要措施：增加有机肥料，力保厩肥底肥，种植绿肥作物，沤割绿肥，间作黄豆，秸秆还田；实行轮作制，合理安排作物与作物间、作物与绿肥间倒茬；合理安排作物种植的区域配制，因地制宜选种适宜作物和品种，盐碱地选种耐盐作物；植树造林，减少土地水分蒸发。建场至 20 世纪 70 年代，生产改良的主要措施是增施有机肥料，每年大规模开展积肥、造肥、献肥的群众运动，下达积肥、造肥任务，按照不同土壤、不同作物、不同田种（一般田种、基本田、试验田）基肥的具体要求。同时，在下达农业生产计划时单列苜蓿种植计划。20 世纪 60 年代年均种植苜蓿 60.87 公顷，70 年代年均 239.93 公顷。在此期间，部分年份试种草木栖和田菁。20 世纪 80 年代，苜蓿种植面积持续扩大，年均 355.47 公顷。1963 年开始，实行轮作，合理安排作物布局和配制区域，成为生产改良的一项重要措施。各队组织技术人员和有经验的农民实地检验土质，确定配制区域。一、二队盐碱地较多，加大冬小麦、油料面积，肥地种"金皇后"玉米，瘦地种"白马牙"玉米，取得明显效果。20 世纪 80 年代中后期，部分农田队采取冬麦地作为甜菜的前茬地而后种玉米的倒茬方式，部分农田队采取苜蓿—冬麦（2～3 年）—玉米或甜菜的轮作方式。农田八队采取冬麦＋草木栖—甜菜—玉米间作大豆—冬麦＋苜蓿的轮作方式，效果最好。20 世纪 80年代大量使用化肥，农场科技人员开始探索、研究、试验化肥最佳使用方案和方法，主动与地区和阿克苏市农技部门挂钩，实施合作研究项目。1988 年，农田八队通过数年实践，对全部土地进行土壤有效养分测定，全面实施测土配方施肥和施用微量元素。

农场耕地经过综合措施改良，各种类型土壤有机含量、通透性能和灌排性能得到不同程度的提高，土壤状况明显改善。随着水利、渠系条件的改善，耕作技术的改进，生产责任制的推行，农业生产水平逐步提高，播种收获率和单产不断提高。1958 年，除冬麦外，其他农作物播种面积 78.73 公顷，收获面积 53.8 公顷，占播种面积的 68.3%，其中棉花播种 13 公顷，收获 3.6 公顷，占播种面积的 27.7%。单产按播种面积计算，玉米每公顷为 400.5 千克，棉花（皮棉）为 82.5 千克；按收获面积计算，玉米为 657 千克，棉花（皮棉）为 129 千克。1976 年和 1985 年，播种收获率分别提高为 82.3% 和 76.9%。1976 年、1985 年和 1995 年，主要农作物每公顷产量：小麦分别提高为 1.19 吨、2.17 吨和 3.39 吨，玉米分别提高为 1.58 吨、3.48 吨和 4.3 吨，棉花（皮棉）分别提高为 123 千克、571.5 千克和 868.5 千克，甜菜分别提高为 3.51 吨、30.68 吨和 31.51 吨。农田八队由于多年全面实施土壤改良，实行科学种田，1995 年小麦每公顷产量达 4.88 吨，高出全场平均水平 44%，玉米每公顷产量达 7.74 吨，高于全场单产 80%。1993 年开始，播种农作物年年全部收获。2006 年，农场小麦每公顷产量为 4.04 吨，玉米为 7.5 吨，棉花（皮棉）为 1.16 吨，分别比 1959 年提高 4.3 倍、11.9 倍和 6.4 倍。

2000 年后，农场开始大面积种植果树。由于果树生长及产量、质量对土壤的要求较高，需要土壤肥沃，排水良好，含丰富有机质。农场的土壤有机质含量较高，通过测土配方施肥，合理施肥，解决土壤肥性问题，同时深翻施有机肥。为解决土壤中盐碱含量过高问题，对果园定期进行大水灌溉，减少土壤含盐量，在生长期灌水时注意压碱，并进行中耕、覆盖、排水，防止盐碱上升。通过科学改良，果品产量逐年稳定上升。

（四）中低产田改造

20 世纪 80 年代开始，农场把改造低产田列为重点工作之一。

1981 年，改造低产田 267.33 公顷。1989 年，投资 9.2 万元，改造低产田及开荒 172.6 公顷。

1990—2000 年，共投资 169.58 万元，其中 1994 年投资 40.01 万元，1997 年投资 39.33 万元。累计改造低产田和开荒造田 1037.8 公顷。

2002 年开始，农场争取国家投资和自筹资金，有计划、按规划、大规模进行低产田改造。2002—2007 年，低产田改造（含农田建设与永利配套建设）总投资 961.09 万元，其中国家投资 741.09 万元。第一期低产田改造工程于 2004 年完成，投资 521.09 万元。第二期低产田改造工程于 2007 年开工，当年完成农田改造及修渠，投资 440 万元。

2012 年，农场申报 2012 年中央农业开发 667 公顷（1 万亩）低产田改造项目通过自治区批复，项目资金总额 990 万元，其中阿克苏市财政配套 26.4 万元。

第二节 土地管理与保护

一、土地纠纷与处理

2000年后，随着土地承包经营责任制的落实，尤其是随着经济的不断发展，用地矛盾时有发生。2001—2020年，农场共处理土地纠纷10余件，其中拆迁方面占比较大。农场土地管理部门坚持"预防为主，教育疏导，依法处理，防止激化"的原则，立足基层实际，抓好矛盾纠纷调处工作，保护土地的正确使用。

二、土地登记与地籍调查

（一）土地调查

1992年6月，根据国务院和自治区人民政府的统一部署，按照国家统一制定的《土地利用现状调查技术规程》及其补充规定，农场开展土地利用现状详查工作，到1993年完成。绘制出农场土地利用现状图、荒地调查图、求积图，编制农场土地面积统计表。

2000年，根据国土资源部和自治区、地区相关工作会议精神，按照《西部大开发土地资源调查评价技术规定》和《新疆维吾尔自治区土地资源调查评价技术补充规定》，农场对所属的耕地后备资源的数量、质量、分布、类型及权属状况进行调查。经过两个月的工作，工作组搜集调阅水利、农业、林业等部门有关数据资料，经过实地查勘，内业统计绘图、数据分析等程序，撰写《红旗坡农场土地资源调查评价技术报告》，并通过有关单位评审验收。

2007年，农场按照地区安排，启动全国第二次土地调查工作，至2008年3月，根据国家《第二次全国土地调查总体方案》《新疆维吾尔自治区第二次土地调查实施方案》和《阿克苏地区第二次土地调查实施方案》，编制《红旗坡农场第二次土地调查实施细则》，于3月12日通过阿克苏市人民政府批准。农场从2008年3月开始全面组织实施，对辖区内基本农田的质量、数量、分布和保护情况及存在问题进行认真梳理，对土地初始登记的完整性和权属界线的情况进行全面的核查。根据调查，红旗坡农场土地总面积为20838.46公顷，其中农用地面积10364.02公顷，占农场土地总面积的49.71%；建设用地面积为1703.51公顷，占农场土地总面积的8.18%；未利用地面积为8770.92公顷，占农场土地总面积的 41.11%。

2020 年 11 月 15 日至 12 月 15 日，农场（集团公司）采用全野外的调绘方式，对全场土地开展调查。调查采集信息点 5672 个，出全野外调绘 98 幅。测量总面积 217.018 平方千米，区域周长 125.6 千米。经测量勘察，农场种植用地面积 16869.93 公顷、滩涂冲击面积 2067.75 公顷、内部道路用地 1106.54 公顷。居民点用点 692.43 公顷、高速道路 66.55 公顷、机场快速道路用地 11.56 公顷、北外环 13.83 公顷、温宿迎宾路 14.43 公顷、收费站用地 8.08 公顷、老 314 国道 12.49 公顷、南外环 26.96 公顷、沉砂池 34.15 公顷、革命大渠 40.1 公顷、机关团体用地 50.21 公顷、仓储用地 23.42 公顷、林带用地 593.03 公顷、其他用地 70.38 公顷。一分场 13.02 平方千米（1302.09 公顷）、二分场 18.6 平方千米（1859.43 公顷）、三分场 20.35 平方千米（2035.11 公顷）、四分场 31.13 平方千米（3112.89 公顷）、五分场 110.69 平方千米（11068.81 公顷）、新五分场 4.02 平方千米（402.38 公顷）、七分场 2.7 平方千米（270.06 公顷）、源生态土地 13.6 平方千米（1359.74 公顷）、征收办证地面积 291.34 公顷。

（二）土地登记管理

1985—1986 年，农场全面推行以家庭承包为主要形式的承包责任制。农场或农场授权连队与承包户签订合同，承包期为 15 年。农场对土地开展细致的摸底调查和登记，妥善解决土地承包过程中的各种矛盾，完成土地承包合同的签订工作。

2003—2020 年，是农场的第二轮承包期（部分已签订 20 年、30 年长期合同和租赁、买断的土地除外），土地管理科做好土地承包管理工作，维护土地承包当事人的合法权益。

2008 年，农场第一批土地承包合同到期后，所有合同续签 30 年，合同期为 2008—2037 年。此次土地承包工作的范围更广，农场土地管理部门在规范土地承包合同的同时，制订出台《红旗坡农场土地管理办法》《红旗坡农场土地承包经营权转让管理办法》，对土地承包经营权转让作出具体规定。

2012 年 12 月 24 日，农场进一步规范土地管理，要求个人投资开垦荒地和占有耕地的必须签订红旗坡农场生产经营承包合同，承包期为自土地开发之日至 2037 年 12 月 31 日。

2018 年，红旗坡集团公司全面落实国务院深化国有农林牧场改革精神，深化体制机制改革，推进土地作价出资工作。集团公司研究政策，与地区、自治区相关部门寻求方式方法，按照中央、自治区、地区的安排，完成土地作价出资工作。年内，完成约 1.67 万公顷的土地确权，办理不动产证 1.13 万公顷。

至 2020 年底，全场共签订土地承包合同 4169 份。

三、土地保护

1995 年 3 月，根据国务院颁布的《基本农田保护条例》，阿克苏市对红旗坡农场开展永久基本农田划定工作。保护期以 1994 年为基础期（年），分为近、中、远三个时期。到2000 年为近期规划，2010 年为中期规划，到 2020 年为远期规划。规划方案以基层队为单位，以保护区、片、块为系统，并结合作物种类、土地条件的级别，把基本农田保护区的3100.31 公顷耕地分解落实到各基层生产队。

2010—2020 年，农场（集团公司）将下达的基本农田保护指标分解落实到各基层单位，确保完成地区下达的基本农田保护任务。同时，做好各类规划的衔接，以保障社会经济发展各类用地需求。

表 3-6-5　2010 年红旗坡农场基本农田保护规划面积分布表

耕地面积详查数（公顷）	基本农田面积（公顷）	保护率（%）	粮食经济作物（公顷）				菜地（公顷）	名优特稀（公顷）	保护区（个）	保护区（片）	保护块（个）
			小计	一级	二级	三级					
3100.31	2772.33	89	2757.53	1217.13	835.53	704.87	14.8	1422	17	110	119

四、拆迁管理

1960—1977 年，经阿克苏地委、专署和军分区生产办公室批准，陆续划拨国防团、飞机场、农科所、军分区、师范学校、糖厂等单位土地 1267 公顷，温宿县养畜场、镇公社、核桃林场未经批准占地 948.93 公顷，阿克苏电厂子弟学校无批准手续用地 35 公顷，合计 2250.93 公顷。

2003 年 5 月，根据阿克苏工业区设计规划，占用红旗坡农场土地 69.33 公顷。

2006 年，经批准，阿克苏市工业区和天然气供气站等单位共征用农场土地 89.73 公顷。此后，由于农场位于阿克苏市近郊，随着城市的扩建以及交通、工业建设的需要，农场土地征迁逐年增多。其中较大的项目有：2010 年的吐和高速公路征迁项目、机场扩建航站楼项目；2013 年的特色产业东园（含东城商贸物流园建设、红旗坡土地房屋征收、拆迁安置点建设、金洲汽车城项目用地等方面内容）、红旗坡安居富民工程建设、三角地棚户区改造、中小微企业孵化园等拆迁项目；2017 年，红旗坡苹果特色小镇、农副产品物流园、机场快速路延伸、过境公路建设等重点项目，拆迁土地项目；2017 年的地区农副产品物流园项目建设，机场路延伸段拆迁项目、机场改扩建项目拆迁等。

至 2020 年，农场共征迁土地面积 634.1 公顷。其中园艺一分场园林四队征迁面积

180.93 公顷，落户的大型知名企业有娃哈哈、统一等；园艺七分场拆迁 247.27 公顷，落户企业有金洲汽车城、恒鑫建材城、新疆果业、农贸物流园等较大规模企业；2018 年的园艺四分场园林十三队拆迁 34.47 公顷，建设景观河、沉砂池项目；其他征迁项目有 2010 年的吐和高速公路征迁 63.53 公顷、机场扩建航站楼占用农场土地约 20 公顷，2015 年机场快速路 11.57 公顷，2017 年的北外环及温宿县自来水管线项目 17.67 公顷，2019 年南外环建设 25.33 公顷，2020 年的海元物流城征迁 33.33 公顷。

第七章　政务管理

1958—2020 年，农场在政务管理中认真贯彻落实场党委、场管委会关于机关建设的各项指示精神，围绕农场中心工作，履行机关后勤保障、车辆管理、会议服务、对外接待和机关保卫等事务管理职能。负责农场各类上行、下发等文件、讲话的起草工作，不断精简各类文件、简报，减少数量、压缩篇幅、提高质量，为农场工作落实提供有力保障。同时，做好车辆、物资、水、电、暖、生活服务、接待服务、绿化、卫生、安全保卫等方面的服务工作，推进农场工作制度化、规范化建设和全场政治文明、物质文明、精神文明建设向纵深发展。

第一节　办公综合管理

一、文秘工作

1958 年 3 月，成立地方国营阿克苏专区第一农场时即设立秘书室，为农场及场领导提供服务。

1960—1963 年，文秘工作通过作报告、读报、召开现场会、红旗竞赛、黑板报、文艺演出、实物展览、评"五好"社员等形式，开展以宣传增产节约为中心的"五反"运动。

20 世纪 60 年代初期，文秘工作配合农场领导开展调查研究；并按照上级的要求，配合农场加强内部管理，从制度上入手，完善出勤、学习和请假等各项制度，增强干部纪律性。

1976 年 10 月，农场加强文秘工作管理，进一步完善学习、工作等各项规章制度，加强内部管理，恢复正常的工作秩序；组织全体干部职工开展学习，不断提高干部职工的思想认识和觉悟，把全体干部职工的思想统一到中共中央的路线、方针和政策上来，为维护农场的社会稳定、促进社会发展发挥积极作用。

1978 年 12 月，中共十一届三中全会召开之后，文秘工作按照农场的安排，组织全体干部职工学习十一届三中全会公报和有关文件精神，把全体干部职工的思想认识统一到十一届三中全会精神上来，为把工作重点转移到发展经济上来奠定坚实的思想基础。

1979年11月，农场根据上级关于文书档案管理的精神和农场在文书档案管理方面存在的问题，召开专门会议，下发建档通知，建立公文处理登记制度和公文审核制度。

1980年1月，农场下发《关于建立文书档案的通知》，建立会议文件登记簿、内部发文登记簿、外部来文登记簿、外文转发回收登记簿、发机要文件登记簿、销毁文件登记簿。

1988年11月，农场按照自治区人民政府办公厅发布的《新疆维吾尔自治区国家行政机关公文处理实施细则》的规定，做好公文处理工作。为增强各基层队之间的协同意识，搞好信息反馈，每月收集一次基层队的工作情况进行汇总，坚持每月出一期情况反映，以加强各队之间的信息交流，相互学习工作经验，促进全场各项工作开展。

1997年7月，农场为使公文管理工作做到标准化、制度化、规范化，并与上级机关文件管理工作接轨，制订《关于规范农场行文的通知》。

1998年1月，农场制订信息和文字工作、业务办理、档案管理、车辆管理等方面的一系列措施。同时制定各种规章制度，使各职能部门在工作中能做到密切配合与协调。

1999年12月5日，农场为使文件管理与上级机关的文书管理工作接轨，下发《关于规范农场公文的通知》，使农场的文书工作做到规范化、标准化、制度化。

2000年2月，农场制定《阿克苏地区红旗坡农场文件办理制度》。制度中规定上级来文由行政办公室文书工作人员将来文分别登记、编号，并填写《公文办理单》，由办公室先提出拟办意见，经农场领导阅批后，由文书工作人员发到承办人，并作登记说明；凡以农场名义起草上报、下发的公文统一由办公室编号、审核，由文书工作人员上报上级单位；起草部门在审核后，将底稿连同《文件签发单》一并送至主管领导处签发，办公室主任签字承印成文；起草人校对后打印成文件，连同底稿交办公室文书工作人员统一装订分发；在各部门保留存放的文件，由文书工作人员在年底收回，立卷归档。8月，国务院重新修订并颁布新的《国家行政机关公文处理办法》，办法于2001年1月1日起实施。为使农场的公文格式标准化，公文处理规范化，2001年3月1日，农场发文并要求公文格式必须按期实现转换。

2005年，农场建立健全文秘综合、督促检查、信息调研、机要保密等10余项规章制度，初步形成职责范围、工作流程、工作标准"三位一体"的工作机制。同时，进一步规范文书的工作程序，从上级来文处理的收文、分发、传阅、归档到农场行文工作程序的拟稿、卡发、核稿、编号、登记、打印、盖章、分布、归档都作详细的规定。

2007—2008 年，农场为进一步加强农场行政管理工作，强化行政成本管理，深化部门预算控制，制定并印发《红旗坡农场办公用品管理办法》《红旗坡农场复印机使用管理规定》《红旗坡农场公文处理补充规定》《红旗坡农场文书管理办法》，对办公用品的管理、复印件的使用和管理、公文处理做出具体规定。

2009 年，农场为严格落实制发公文审批程序，制作《红旗坡农场制发公文审批单》，对机要等级、拟稿部门、拟稿人以及审核签发等均作严格要求。公文签发程序是：下发公文部门领导初审、办公室审核、农场分管领导签发、最后由办公室主任制发复核。全年，接收地委文件 268 份、行署文件 50 份、农业局文件 23 份、林业局文件 18 份，经领导传阅后下发到各基层单位，截至年底共下发场发红头文件 53 个、党发红头文件 53 个。各类通知 18 个，向上级报告申请解决农场相关问题上行红头文件 14 个，解决农场自然灾害、水利、基础建设等方面资金，全年发送信息 40 余篇。起草农场各项会议讲话、总结，协助领导做好其他工作，共负责起草领导讲话、总结、汇报等工作 100 余篇。

2011 年，农场贯彻落实中央、自治区、地区八项规定，规范发文标准和办会程序，精简下发文件和召开会议数量。

2013 年 10 月，农场行政办公室汇编《阿克苏地区红旗坡农场制度汇编》，共收录农场 72 项管理制度。

2014 年 10 月 19 日，制订出台《红旗坡农场党委中心组学习制度》《红旗坡农场基层党支部"三会一课"制度》《会议管理》《基层党组织考核办法》《红旗坡农场关于进一步加强和改进离退休干部党员教育和管理工作的意见》《红旗坡农场关于加强流动党员教育管理的实施意见》《贫困户联系帮扶制度》《红旗坡农场公务接待、产品馈赠管理制度》《红旗坡农场工作人员考勤管理办法（试行）》《红旗坡农场党员干部联系群众、服务群众工作制度》《领导干部调查研究工作制度》《重要决策调研论证制度》《工作督查制度》《公文规范化管理制度》《红旗坡农场"三公"经费管理制度》《办公用品购置和管理制度》《车辆驾驶员管理制度》。

2016—2018 年，红旗坡农场（集团公司）严格执行公文处理流程和管理，采取专人管理，严格保密，对各类文件按密级、隶属关系、文件种类明确分类，做到收发文有登记、流转传阅有签字、文件归档有记录、上传有签批、下达有签字的模式进行管理。

2020 年，红旗坡农场（集团公司）综合部负责农场（集团公司）党委会、场长（集团公司）办公会议、周会和经营分析会记录整理工作，对重要会议材料和领导讲话的整理突出时效性。按照领导批阅，及时将重要文件、会议、决策部署分解立项，落实具体承办部门，明确责任和具体要求，定期或不定期进行督察。按照流程对文件进行收发转存，并对保密文件进行 6 个月 1 次检查，确保文件在流转过程中的保密性。执行各类印章使用制度，坚持领导人签批后方能用印原则，规范用印制度和使用风险。

二、接待工作

1986—1999 年，农场接待工作根据职务级别不同，由行政办公室和分管领导安排。外地、上级部门的县级以上领导，由场分管领导陪同，接待规模、接待标准、接待地点按照国家规定的级别标准确定，做到接待工作热情、细致、周到。公务接待实行集中管理、对口对等接待，按照申报审批、定点安排、控制陪同人员的原则，压缩接待经费开支。1995 年，农场作出规定，严格执行公款接待标准，禁止公款宴请。一律不许非公事吃喝和用公款私人吃喝（即私人请客公款支付）。因工作需要而就餐，不允许购买烟酒招待。严格控制用餐标准，场内机关工作人员下连队，到离场较近的单位，中午回家，连队不安排用餐，到较远的连队，中午需就餐的，连队安排工作餐，按每人 5 元标准，就餐者个人交 2 元；地区来场的按每人 10 元，自治区来场的每人 20 元标准接待；因业务洽谈，具有一定成果的按一桌不超过 300 元标准，同时严格控制陪吃人员。

2000—2010 年，场行政办公室做好农场的公务接待、场级大型活动、各类大中型会议、会务和节日庆典的接待等后勤服务保障以及外出考察、招商引资等大型活动的保障工作。制定和完成接待工作计划的拟制与落实，完成各省（市）、自治区、地区领导来访的公务活动及其他社会活动。

2014 年，制订出台《红旗坡农场公务接待、产品馈赠管理制度》。

2016—2020 年，红旗坡农场（集团公司）行政办公室按照八项规定，接待工作实行对口对等、上下内外有别的原则，文明、大方、热情、周到、节俭而不失礼接待来宾。凡来场指导、检查、视察、采访、反映、商洽、汇报工作的有关单位领导及其他人员，均实行对口接待，由对口部（室）填写接待用餐审批单，并按照费用审批权限经审批后方可办理。所有公务接待均在集团公司食堂。2020 年，共召开大小会议约 50 次，公司对内、对外的会议，从会前准备到会中服务及会后跟踪，会议接待、会场布置都能较好地完成，保证各项会议的召开。

三、督办工作

2004—2006 年，农场制定《政务督察工作办法》，成立政务督察工作领导小组，明确政务督察内容。把年初确定的各项工作任务分解成月计划，并按照计划进行督察。对承办科室和人员提出具体要求和完成时限。

2007年，扩展督察内容，将遵守会风、会纪、各科室每月完成工作计划情况纳入督察内容。年内，督办事项9项，电话催办15次。

2008年，农场改进政务督察工作，对上级党委文件，按照场领导批示，交承办科室进行办理，并做好登记、交办、催办、审核把关、归档等程序，尽量做到每项督察在各个环节都有章可循。年内，督办事项4项。

2010—2015年，对一些内容涉及多个部门的督察事项，由行政办公室牵头组织，深入现场调查，明确办理责任，促进工作顺利进行；对办理难度较大事项，直接向场领导汇报，通过领导协调，加大督办力度，加快办理进度。共督办事项12项。

2017—2020年，红旗坡农场（集团公司）行政办公室重点抓好党委（党组）的各项决策部署的落实情况，将党委（党组）会安排的各项工作全部纳入政务督察的范围，坚决确保各项政令的畅通。年均督办事项7项。

四、保密工作

1958年3月，农场成立后，按照1951年6月国家公布的《保守国家机密暂行条例》，制定严格的保密工作制度，对保密文件级别、保密范围和保密文件档案的管理作出明确规定。

1983年5月，农场成立文书档案管理保密小组，组长由党委副书记担任。11月8日，农场制定文件保密制度。

1988年9月5日，第七届全国人民代表大会常务委员会第三次会议通过《中华人民共和国保守国家秘密法》（以下简称《保密法》），自1989年5月1日起施行后，农场在及时组织全体干部进行学习的同时，安排专人专职负责保密工作，注重增强干部的保密责任意识。增强全体干部的大局意识，切实把保密工作与业务工作同部署、同检查和同总结，确保保密工作落到实处。

1991—2000年，农场党委抓好机关的保密工作，经常加强对全体干部职工的保密法制教育。安排专人专职负责保密工作，派人员参加地区举办的《保密法》培训班学习，进一步增强干部职工的法制观念、责任意识和保密意识，增强全体干部职工的政治责任感。

2002年4月29日，为确保节日期间保密工作不出问题，农场开展保密工作大检查，对 2 个大项 17 个内容的密级文件彻底清理、检查。6 月 4 日，农场开展秘密文件材料清理、检查和收集工作。

2004 年开始，农场每年在普法宣传中，把《保密法》列为宣传内容。

2006 年 1 月 11 日，农场与上网计算机的使用人员签订《计算机网络安全责任书》，确保农场涉密资料不存入个人计算机。

2007 年 3 月 20 日，农场根据《阿克苏地区"五五"普法期间保密法制宣传教育规划的通知》，制定《红旗坡农场"五五"普法期间保密法制宣传教育规划》，对"五五"普法期间保密法制宣传教育进行部署。对涉密文件资料保密管理和计算机信息系统保密工作的管理情况进行自查。

2011 年，农场根据自治区党委办公厅发文《关于进一步加强涉密文件管理工作的通知》要求，加强对农场保密工作的规范管理。根据自治区党委保密委员会《关于组织全区开展专项保密检查通知》要求，规范公文借阅、复印及阅办工作和涉密信息资料、涉密计算机网络管理，提升全体干部职工保密工作意识。

2013—2015 年，农场与各单位签订保密目标责任书，在全场范围开展保密法宣传活动，进一步加强定密审核、涉密载体管理工作，做到保密工作超前部署、全方位跟进。定期开展保密检查，分析隐患，适时进行保密宣传教育。加强网络保密管理，建立信息发布保密审查制度，无泄密事件发生。

2016—2020 年，红旗坡农场（集团公司）对保密、机密、秘密文件进行专人专夹专柜保管，遵守有关保密规定进行学习、传阅，做到不失密、不泄密，认真执行保密制度，保密工作检查中未发现问题。

五、档案工作

红旗坡农场自建场后，未配备专职档案管理人员，先后配备过几任档案工作兼职人员。由于没有专职的管理档案人员，致使档案保管不全。农场签发的各种文件均分散在各业务部门，由各业务部门自行管理。

1979 年 11 月，农场根据地区档案局关于文书档案管理的精神和农场在文书档案管理方面存在的问题，下发建档通知，建立起文书档案室，调配 1 名专职文书管理人员，对农场建场以来的各类文件、报表和外来的各类文件进行搜集、清查、整理、立卷归档。建立各类文书档案资料卷宗 47 卷。案卷内容主要为各业务部门的每年的行文和报表，未能归入档案卷宗的全场工作总结，调资、场界问题等有关应归入档案卷宗的文件与 1980 年以后的文件装订在一起而立卷归档。

1980年1月，经场党委研究决定，在行政办公室设立档案室，安排专职人员负责档案管理，做好日常档案的收集、登记、入档和整理。同时，先后多次邀请地区档案局的人员帮助和指导档案工作，建立健全档案管理制度，规范档案管理，促进档案工作走向规范化。3月，农场下发《印发文件的有关事项通知》，纠正印发文件中存在的各类问题，文书档案管理工作初步走向正规。

1983年12月，农场进一步建立健全文书档案管理制度，根据会议要求，各业务部门工作人员将业务部门逐年的发文、年报、计划总结、请示、报告、调资、自然增长、干部提拔任免等文件资料及时送档案室存档，档案室结合组织机构和档案管理立卷方法进行立卷归档。

1990年11月，农场组织学习《中华人民共和国档案法实施办法》，教育全体干部在工作中要遵守档案规章制度，并按照规定收集和整理档案管理范围内对国家和社会有保存价值的档案。年底，农场档案室保存的文书档案28盒227卷，其中永久112件、长期98件、短期17卷。

2000年5月，农场为增强档案人员的业务技能，聘请阿克苏地区档案局负责档案基础业务的人员为档案工作人员进行培训。

2003年2月，农场成立档案管理领导小组，制定《红旗坡农场档案管理办法》《红旗坡农场档案资料管理人员岗位责任制》《红旗坡农场文书档案归档制度》《红旗坡农场档案保密制度》《红旗坡农场档案管理制度》《红旗坡农场档案借阅制度》《红旗坡农场档案移交制度》《红旗坡农场档案鉴定销毁制度》等规定制度。并设专职档案管理人员1人，归办公室管理。各科室负责人负责本科室的文件管理，每年年终移交办公室档案员手中，档案员负责日常各类文件的收集、整理、立卷、档案保管工作。

2006年9月，红旗坡应地区档案馆将保存满10年的永久卷移交进馆的要求，外聘档案专业技术人员对档案进行分类整理，并购置5套新铁皮档案柜。当年，共整理1958—2001年永久卷225卷、长期卷130卷、短期卷20卷。

2007年，农场为规范档案管理工作，根据《中华人民共和国档案法》、国家档案局《机关档案工作业务建设规范》《中华人民共和国专业标准〈DA/T 22—2000归档文件整理规则〉》的规定，结合实际，制定《阿克苏地区红旗坡农场档案管理办法》。当年，聘请1名专业档案人员为农场建立并规范职工档案5983份。年内，被地区档案局评为档案工作先进单位。

2011年，农场根据国家档案馆第八号令及《机关文件材料归档范围及文书档案保管期限表》相关规定，制定《阿克苏地区红旗坡农场机关文件材料归档范围和文书档案保管期限规定》，并报送地区档案馆审查。

2012年，为确保档案资料完整，农场对场内历年行政、人事、财务档案进行整理归类，严格按照永久、长期、短期、临时等级分类，全面做好档案系统录入。当年，根据地区档案局的有关要求，农场投入5万余元经费对档案库房硬件设施进行改造，档案室配备计算机等设施设备，整理文书档案100余卷。

2013年9月2日，根据地区档案局统一安排，为将农场档案管理工作按照地区档案馆的要求达到先进化、科学化、规范化的标准，将保存10年以上的档案移交地区档案馆，共移交2002—2007年档案52盒276件，其中文书档案277件（永久111件、长期166件）、会计档案6卷。同时，对归档文件进行计算机录入，并向档案馆移交电子文件。继续完善复核规范全宗卷，编制全总指南，编制全引目录、案卷目录、归档文件目录、会计档案目录以及设备、实物、声像档案目录等检索工具，建立各类档案统计、收进、移除等台账。做好档案信息资源的开发利用，并开展计算机档案信息的存储、检索工作，初步实现利用计算机查阅和检索室藏档案目录的目标。

2016年12月，红旗坡农场（集团公司）向地区档案馆移交2008—2012年文书档案68盒362件，其中永久档案199件，30年期档案163件。移交财务报表档案5卷。

2017年7月，向地区档案馆移交2013—2016年文书档案31盒192件，其中永久档案105件，30年期档案87件。

2020年，农场（集团公司）档案室共保存文书档案300余卷，其中2017—2020年永久档案82件、长期123件、短期247件。保存照片档案20余册、声像档案5件。整理存档职工档案2582份。年内，根据《阿克苏地区加快推进国有企业退休人员社会化管理工作实施方案》，将农场管理的1928名退休人员档案（含党员档案）全部移交至接收地党委和政府指定的部门。

六、信息化建设

2006年，随着网络时代的到来，农场开始信息化建设。当年，成立信息中心，配置IT专业人员4人，其中网络工程师2人、初级工程师2人。制定《企业信息化规章制度》《信息中心管理制度》。至2008年，企业信息化建设分别投资10万元、25万元、45万元，硬件配置齐全，并建立企业内部局域网。

第二节　应急管理

2005 年前，农场无专门的应急管理机构，但对重大或者敏感事件，农场均制定应急预案予以应对。

2005 年，农场召开第一次应急管理工作会议，传达自治区应急管理工作会议精神，对全场应急体系建设和管理工作进行安排。同时，成立农场应急管理办公室，健全相关机构，定期研究应急管理工作的新情况，加强监督检查，及时反映和解决问题，掌握有效应对和妥善处置各类突发事件的第一手资料，做好应急的各项基础性工作。

2006 年，农场开展突发公共事件应急管理工作，按照自治区政府、地区行署总体要求和部署，编制应急预案，开展应急宣传和演练工作，提高应对和处置突发公共事件能力。

2008 年，农场不断完善预案体系，组织应急演练，结合全场实际，制订《红旗坡农场突发公共事件总体应急预案》，完善"一案三制"（"一案"为国家突发公共事件应急预案体系，"三制"为应急管理体制、运行体制和法制）为主体应急体系建设，成立场处置突发事件指挥部和防控甲型 H1N1 流感应急指挥部，抓好应急宣传工作，累计发放宣传资料 2000 余份，现场接受群众咨询 90 人次，举办培训班 2 期，培训人员 120 余人次。

2010 年，农场组织编制修订场域突发公共事件总体应急预案，做好各类突发事件的应急处置工作；建立健全突发公共事件信息报送和监测预警机制，统筹做好全场应急平台体系建设和应急管理宣传、教育、培训等工作。

2011 年 7 月 13 日，农场为更好地健全农场食品安全应急体制，维护品牌信誉，提升企业形象，进一步提高农场安全生产应急救援以及公共安全、处置公共事件工作的能力，制定《红旗坡农场农产品质量安全事故应急预案》《红旗坡农场安全生产应急救援预案》。

2018 年 11 月 8 日，红旗坡集团公司制订并下发《红旗坡集团公司地震灾害应急预案》。

2020 年初，新冠肺炎疫情暴发后，红旗坡农场（集团公司）成立疫情防控工作领导小组，健全完善联防联控机制，构建起党委统一领导、部门通力协作的组织体系。优化 8 项预警机制工作专班，各相关单位各负其责，确保各项防控措施落实落细。严格落实防控措施，守好第一道防线。坚决看好单位"院门"，压实机关单位主体责任，进入人员严格落实戴口罩、测体温、验双码"三件事"，提高进出人员检测效率。坚持精准防控、源头管理，建立动态跟踪台账，加强核查筛查，确保来场返场人员核查"无死角、无盲区、无空白点"。落实人员不聚集监测预警机制。同时，加大重点部位、危险源隐患点排查监测工作，提升灾害防范能力；实现应急管理预案"横向到边、纵向到底"更加完善预案管理体系。做好应急科普宣教、培训工作，累计发放宣传资料 4000 余份，举办培训班 4 期，培训人员 322 人次；组织机关单位、企业开展应急演练 2 场次。

第三节　场(企)务公开

2000 年，农场为加强基层民主政治建设，促进农场政治经济和社会全面进步，成立红旗坡农场企务公开领导小组，制订《红旗坡农场企务公开实施办法》并于 5 月 16 日经管委会全体委员会通过。由场纪检委牵头，组织党办、工会、财务等部门，在全场范围内实行场务、队务公开。年终对各单位的公开情况进行一次全面考核，使农场职工参与民主管理、民主监督工作步入正轨。

2001 年 8 月底，农场对全场所属单位场务（队务）公开工作进行一次全面检查。

2004 年，农场按照地区行署印发的《关于政务公开工作实施办法》的通知精神，成立政务公开领导小组，制订《红旗坡农场政务公开工作实施办法》，明确政务公开程序的环节，规定政务公开内容和应采取的形式，分向社会公开事项、向单位内部公开。同时，对公开时限进行要求：除特别复杂的政务活动外，一般应在政务活动结束后 10 个工作日内公开，偶然性和临时性的政务活动可视具体情况确定公开时间，但最迟不超过政务活动结束后的 15 个工作日；公开的期限一般不少于 7 天，另有规定的，从其规定。

图 3-7-1　2008 年 8 月，农场的企务公开栏（照片提供：杨聪靓）

2006年1月9日起，农场对全场各基层单位2005年场（队）务公开工作进行检查考核，以逐项量化打分的形式予以评定，其中农田十一队获得第一名，园艺五分场、农田七队获得第二名，农田一队获得第三名。

2008年5月，根据国务院《关于施行〈中华人民共和国政府信息公开条例〉若干问题的意见》及自治区《关于2008年自治区厂务公开民主管理工作指导意见》，农场场务公开全面推行，制订《红旗坡农场场务公开实施方案》，对场务公开的内容、形式、程序进行规范。重点在干部选拔、领导干部廉洁自律等方面增加透明度，做到干部职工关心什么就公开什么。

2010年，农场在场办公场所显要位置设置政务公开栏，将行政审批的办理程序、办理期限、涉及收费的收费项目、收费依据、收费标准以及监督举报电话张贴公布，方便群众办事，接受社会监督。

2012—2015年，农场根据不同政务内容，以公开栏、公示栏、会议、局域网的形式进行公开。设立意见箱，公开领导电话，接受群众的投诉和检举。每年定期公开财务收支、公务接待及其他需要公开的事项18项，保障干部职工知情权，群众反馈无异议，实现政务公开透明化。

2016—2020年，红旗坡农场（集团公司）设立党务公开、政务公开栏，对公开的事项做到按范围、内容、形式、步骤进行公开。公开内容包括财务收支、工程招投标、工程进度、竞争上岗等内容，群众反馈均无异议。

第四节　法律事务管理

一、法务管理

2016年11月，为规范农场（集团公司）法律事务工作，设立法律事务（诉讼）部，负责农场（集团公司）法律事务管理工作。包括办理诉讼及非诉讼案件，协助起草和审查合同、规章制度、开展法律知识培训，对农场的经营管理行为提供法律上的可行性、合法性、法律风险性分析。同时，聘请法律顾问3人，对农场常见的法律问题从更专业的角度进行咨询和建议；参与合同谈判，制定谈判策略和计划，起草和批准商业合同；参与起草、修订集团公司人事管理、财务管理、劳动就业、合同管理等规章制度、法规或法律文件。对职工和管理层进行法律培训，提高职工的法律意识，并提高管理人员的法律意识；起草、审查新注册公司的工商登记材料、公司章程等法律文件等工作。

2020 年，聘请有法律顾问 5 人。法律事务部提高法律服务水平，发挥法律保障的作用，通过主动服务，帮助企业防风险，降成本。

二、合同管理

2016 年，农场（集团公司）法律事务部成立后，全场的土地承包合同及其他合同归法律事务部管理。此后，农场（集团公司）所有合同在签订前，按照合同会审审核制度报法律事务部及其他相关部门审核后进行。

至 2020 年底，法律事务部管理合同 4491 份，其中土地承包合同 4169 份、工程建设合同 54 份、拆迁补偿协议 98 份、土地租赁协议 57 份、房屋租赁合同 15 份、项目建设合同 54 份、合作协议 14 份、房屋出售合同 27 份。

三、综合执法

2013 年，随着阿克苏市的经济迅速发展，城市建设也日新月异，对在阿克苏市郊区的红旗坡农场也起到带动作用。特别是城市扩建，地价提升，带动农场建房热潮，农场一些职工受利益驱使，不顾农场土地规划，擅自乱建、乱搭房屋，私自转让、转卖土地、房屋，农场土地管理部门虽然出门干涉，但是由于没有行政执法权，无法较好的行使管理。为维护农场稳定，农场成立综合执法大队，加强土地、房屋建设等方面的管理。

2017 年，因执法大队未被授予执法权，只能配合相关执法部门执行环境卫生、土地规划方面执法协调工作，无法较好的行使管理职能，遂被撤销。

第五节　信访工作

一、群众来信来访

2006 年上半年开始，农场各分场成立调解组织，民主理财小组，定期进行场务公开，做到民主管理、民主监督，实现职工上访小事不出分场、大事不出农场，把问题解决在基层、解决在萌芽状态，减少群众性集体上访、越级上访和重复上访。

2007 年，农场信访办主要负责接待、对接、调查核实，在基层单位的配合下提出处理方案，报农场主要领导审批解决。对一些突出信访问题及时报场信访工作领导小组，由场信访工作领导小组召集各责任单位召开信访联席会议进行推进解决。落实信访事项督察督办工作。定期召开信访分析研判会，为场党委处置信访问题的决策提供依据，为化解社会矛盾和维护社会稳定起到促进作用。农场集中处理突出信访问题及群体性事件联席会议为进一步畅通信访渠道，在全场建立场、分场、生产队三级信访工作机制，强化对信访工作的领导责任。党委、农场下发《红旗坡农场突出信访问题领导包案制度》，采取领导包案责任制，变领导接访为领导下访，主动解决问题、重点解决企业改制、下岗职工再就业及生活困难、农业农田用水、土地承包、土地界线、养老统筹、退役人员待遇问题等方面的信访问题。新修订的《信访条例》颁布后，农场进一步规范和完善各项信访工作机制。农场集中处理突出信访问题及群体性事件联席会议按"属地管理、分级负责，谁主管、谁负责"的原则，做到就地化解矛盾，妥善处理信访问题，化解信访群众提出的诉求。农场党委下发《红旗坡农场关于定期组织党政干部下访的安排意见》《红旗坡农场深入开展矛盾纠纷排查工作的意见》《红旗坡农场领导干部定期接待群众来访的实施意见》，在全场开展各级干部接访、下访活动。通过此项活动，将各类信访问题化解在基层、解决在萌芽状态，确保全场信访形势平稳，无因信访问题引起重大社会事件。

2008年2月，农场为把矛盾纠纷、信访突出和疑难问题解决在基层，成立开展矛盾纠纷排查化解工作领导小组，全面排查辖区内各类矛盾纠纷，着力化解容易引发非正常上访、集体上访和群体性事件的矛盾纠纷。

2015年，农场信访工作联席会议进一步健全和完善农场、分场、生产队三级信访工作，对分场信访和场直单位信访专干进行培训，提高信访业务工作能力。随着农场改制，全场信访总量连续多年呈上涨趋势，越级访、集体访、重访上升。全场的信访问题主要集中在农田水利、土地承包、劳动保障、城乡征地拆迁、企业改制、基层干部作风等方面。

2016—2020年，红旗坡农场（集团公司）各级干部深入基层、持续不断开展入户走访活动，主动到果农家中了解和化解果农在生产生活中的各类困难和矛盾。坚持做到小事不出户、中事不出连队、大事不出分场（分子公司）、疑难事项不出农场（集团公司）的工作要求。建立信访工作领导小组，落实领导包案，强化矛盾化解措施。通过"民声大走访、矛盾大调处、隐患大整治"活动，将各类矛盾纠纷化解在基层、化解在萌芽状态。农场（集团公司）信访工作联席会议结合地区信访化解攻坚年活动、开展重访治理活动，化解群众反映的各类问题、缓和各类矛盾。共接待信访群众75批次200余人次，其中网上信访占信访总量的60％，群众的满意度达96％。

表 3-7-1　2007—2020 年红旗坡农场（集团公司）接待群众来信来访统计表

年份	来信（件次）	办结率（%）	来访						办结率
			总量		个人访		集体访		
			批次	人次	批次	人次	批次	人次	
2007	—	—	19	23	19	23	—	—	100%
2008	—	—	23	23	23	23	—	—	100%
2009	—	—	9	261	7	25	2	236	70%
2010	4	75%	4	19	2	10	2	9	60%
2011	—	—	5	12	4	10	1	2	100%
2012	—	—	4	16	3	12	1	4	100%
2013	—	—	7	26	5	18	2	8	100%
2014	—	—	8	18	7	14	1	4	100%
2015	—	—	6	17	4	10	2	7	100%
2016	—	—	12	16	12	16	—	—	100%
2017	—	—	16	56	10	13	6	43	68%
2018	—	—	8	46	6	10	2	36	85%
2019	—	—	12	60	9	22	3	51	83%
2020	—	—	27	118	24	38	3	80	80%

二、领导接待日

2005 年 3 月，农场党委统一安排信访接待日，定于每周四下午为农场的信访接待日，场 4 名党政主要领导转流接待来信来访，各单位党政主要领导作为本单位的信访责任人。全面贯彻信访工作条例和有关规定，了解职工意愿，及时解决职工反映的热点、难点问题，稳妥解决遗留问题，做到事事有问题，件件有着落。

2005—2009 年，场领导班子成员接待上访群众 50 件 200 人次，接待率 100%，办结率 95%。

2010 年，农场坚持关口前移、重心下移，开展党委书记大接访活动，场领导共接待来访群众 10 批次 10 人次，当场予以答复 6 批次 6 人次，对剩余 4 批 4 人次的案件当场落实责任单位、限定办结时限，由责任单位按期予以核实答复。

2012 年，全场班子领导先后共接待来访群众 11 批次 11 人次，解决信访问题 11 批次 11 人次，办结率为 100%。

2016 年，健全完善《红旗坡农场党政领导干部公开接访制度》《关于场领导在信访工作中应注意的事项》，信访秩序日趋规范，农场（集团公司）领导班子接待来访群众 3 批次 3 人次，办结批次 3 人次，办结率达 100%。

2017—2020 年，红旗坡农场（集团公司）在重大节点、重要政治活动期间安排场领导坐班接访，共接待 8 批次 65 人次，群众来访受理率 100%，办结率 75%。重大活动期间，每天安排场（集团公司）领导和职能部门协助人员各 1 名进行坐班接访，接访领导及协助接访人员严格执行《信访条例》和《红旗坡农场领导信访接待日制度》，及时妥善处理信访人提出的合理诉求和建议。

第六节　后勤管理

一、物业管理

2010 年，农场正式组建相应的物业管理部门，对农场水、电、暖、环境卫生等物业进行统一管理。当年，有 17 名工作人员，其中管理人员 3 人，配备保安、保洁 14 名。

至 2020 年，农场（集团公司）有保安 20 名，保洁 15 名。

二、食堂管理

1998 年，农场本着方便职工的原则，投资 20 万元，购置厨房用品，开办职工食堂。食堂位于场部办公楼一楼，面积约 160 平方米，可满足 200 人就餐。在工作日为职工提供免费午餐。农场为规范食堂服务工作，保障食堂餐饮安全，根据《中华人民共和国食品安全法》《食品安全法实施条例》和《餐饮服务食品安全监督管理办法》等法律、法规及规章、制度，制定《红旗坡农场食堂管理制度》。

2016 年起，食堂移交给行政办公室负责。行政办公室抽调专人对食堂进行管理，为加大职工对食堂工作的满意度，对饭菜品种，色、香、味，食堂卫生、服务等方面进行调查，为食堂工作人员普及食品安全相关知识。为改善就餐环境，农场投资约 15 万元，为职工餐厅配备热水器、消毒柜、冰柜、天然气灶等设施，全面丰富膳食品种，定期更新菜色品种，基本满足全场职工就餐需求。

至 2020 年，农场（集团公司）每年为职工食堂投入资金约 25 万元。为办好员工食堂，对食堂严格管理，厨师带健康证上岗，蔬菜和肉类产品实行专人检查质量、数量及单价，办公室人员定期抽查，确保公司全体人员的饮食健康。

中国农垦农场志丛

第四编

基层党政群团组织与国防教育

中国农垦农场志丛

第一章　农场基层党组织

1958年，红旗坡农场党委（简称农场党委）成立后，认真贯彻落实中央、自治区党委、阿克苏地委一系列重大决策、部署，扎实推进和扩大改革开放，大力推进以市场为导向的各项改革，坚持优势资源转换和可持续发展战略，加快发展特色产业和开放型经济，坚持生态建设和经济建设相结合、物质文明和精神文明建设相结合，实现国民经济较快发展和社会全面进步的总体要求。在推动经济建设和社会各项事业快速发展的同时加强党的建设。各级党的基层组织的战斗力不断提升，堡垒作用明显强化，党员队伍整体素质明显提高；加速推进农牧业现代化、新型工业化和新型城镇化，推进经济建设、政治建设、文化建设、社会建设以及生态文明建设和党的建设的发展思路，使全场的政治、经济、社会面貌和人们的思想观念都发生了深刻的变化，全场呈现出经济发展、政治稳定、民族团结、社会进步的可喜局面。面对经济繁荣、社会稳定、民族团结、人民生活蒸蒸日上的良好局面，全场各族人民群众对党的感情与日俱增。

第一节　党　　员

1958年组建农场时，全场有党员35人，其中场部支部党员7人，其余党员大部分在下放干部队，部分党员分布在各连队，4个基层单位没有党员。至1961年，党员人数时增时减，保持在30~38人。在此期间，农场做过发展党员计划，要求各单位发展新党员，但全场没发展新党员。1962年后，陆续发展一批新党员。至1965年，全场有党员53人，其中正式党员40人，预备党员13人。

1970年，农场建立党的核心小组，对各党支部进行整顿。整党建党中，吸收新党员24人。至此，农场有党员89人。

1978年，全场有党员总数156人，其中正式党员142人，预备党员14人；男130人，女26人；25岁以下7人，26至35岁46人，36岁至55岁97人，56岁以上6人。文化程度，高中38人，初中31人，小学60人，文盲27人。党员总数中，男

49 人，女 6 人；26 岁至 35 岁 22 人，36 岁至 55 岁 30 人，56 步以上 3 人；高中 5 人，初中 4 人，小学 24 人，文盲 22 人。全部党员中，工人 97 人（农业工人），工程、农、林、牧技术工作者 3 人，教育工作者 10 人，医务工作者 5 人，干部 93 人，其他 3 人。

1986 年，按照《中共中央关于整党的决定》，农场对党员进行评议、登记，党员留党察看处分 1 人，严重警告处分 1 人，新发展党员 24 人。经过整顿，党员政治思想素质有进一步的提高。1990 年，根据中共中央〔1988〕13 号文件和自治区党委新党组字〔1989〕018 号文件及中共阿克苏地委阿地党发〔1989〕65 号文件精神，农场对全场党员开展民主评议，开展党员自评（每个党员认真总结个人思想、工作学习、团结、组织纪律等方面的情况）、党员互评（在自评的基础上，党员进行面对面的逐个评议，开展批评与自我批评）、群众评议（召开党外群众座谈会，听取群众对党员的意见）、组织鉴定（支部根据党内外群众评议的意见，写出评议意见）。

1991 年，全场有党员 244 人，其中正式党员 232 人，预备党员 12 人（当年新发展 8 人）；男性党员 205 人，女性党员 39 人；在职干部党员 98 人（含各类专业技术人员党员 70 人），在职工人党员 112 人，离退休干部工人党员 34 人；农林牧单位党员 204 人，工业单位党员 17 人，学校党员 15 人，医院党员 8 人。

2002 年 12 月，全场有党员 342 人，中层以上管理人员党员 82 人，一般管理人员党员 50 人，职工党员 118 人。

2007 年，全场有党员 318 人，其中男性党员 268 人，女性党员 50 人；在职干部工人党员 224 人，离退休干部工人党员 94 人。

2009 年，农场有 21 个党支部，351 名党员，其中男性党员 298 名，女性党员 53 名。

2020 年，全场有党员 153 人，其中男性党员 112 人、女性党员 41 人；预备党员 6 人；研究生学历 1 人、大专以上学历 110 人；在职 134 人，离退休 19 人。

表 4-1-1　2020 年红旗坡农场（集团公司）党员分布情况表

单　位	党员数（人）	单　位	党员数（人）
机关党支部	46	源生态党支部	10
阿克苏分公司党支部	45	振泰公司党支部	14
林果公司党支部	12	雪峰生态旅游公司党支部	4
水务公司党支部	22		

第二节 农场党组织机构

一、领导机构

（一）农场党委

1958年10月19日，地委批准成立农场党委会，由3人组成党委，周传家任党委副书记，蔡金钊、罗合俊任党委委员。

1960年10月，地方国营阿克苏专区第一农场更名为阿克苏专区红旗坡农场，党委设办公室，有人事、青年、工会干事各1人。

1966年1月1日，建立红旗坡农场政治处，撤销党委办公室。

1967年1月17日，农场成立临时接管委员会，农场党委停止组织活动。

1970年1月21日，农场成立整党建党核心领导小组，由15人组成。9月17日，经专区革命委员会核心领导小组批准，恢复红旗坡农场党委，由9人组成。

1973年5月，农场党委由7人组成党委常委。

1975年9月，农场党委下设组织科、宣传科、保卫科。

1979年，农场重新设置机构，机关部门设组织科、宣传科、政工科，3个科同时为农场管委会和农场党委会双重职能部门。

1984年8月，农场进行整顿，重新组建党委，党委会由7人组成。

1999年1月，农场建立中共红旗坡农场委员会党校。

2016年7月，农场党委由5人组成，党委书记帕尔哈提·那曼，党委副书记范江明、常国宏，党委委员李更生、唐长青、宋连启。

表4-1-2 1958—2016年红旗坡农场党委书记、副书记名表

职务	姓名	族别	性别	籍贯	任职时间
	张先贵	汉	男	陕西石泉	1960.10—1964.10
	王广才	汉	男	陕西富平	1970.9—1971.7
	文武志	汉	男	甘肃平凉	1971.10—1973.2
	黄荣	汉	男	四川绵阳	1973.4—1975.11
党委书记	阿不都热衣木·尼牙孜	维吾尔	男	新疆哈密	1975.12—1986.7
	王福堂	汉	男	山东文登	1987.11—1998.7
	郝广雄	汉	男	北京平谷	1999.1—2005.11
	居来提·喀斯木	维吾尔	男	新疆喀什	2005.11—2007.7
	苏建华	汉	男	河南新郑	2009.4—2013.12
	帕尔哈提·那曼	维吾尔	男	新疆阿克苏	2013.12—2016.7

（续）

职务	姓名	族别	性别	籍贯	任职时间
党委副书记	周传家	汉	男	湖北钟祥	1958.3—1967.1
	依米提·阿西木	维吾尔	男	新疆阿克苏	1966.6—1967.1
	周传家	汉	男	湖北钟祥	1970.9—1973.3
	阿不都热衣木·尼牙孜	维吾尔	男	新疆哈密	1970.9—1975.11
	黄荣	汉	男	四川绵阳	1971.10—1973.3
	吴树枫	汉	男	河北石家庄	1975.9—1983.5
	王福堂	汉	男	山东文登	1984.8—1986.9
	王巧云	汉	女	江苏镇江	1990.2—1999.1
	张卫真	汉	男	河南洛阳	1992.5—1995.4
	热合曼·依米尔	维吾尔	男	新疆温宿	1999.1—2014.6
	黄松林	汉	男	湖南长沙	2001.5—2008.12
	高焰	汉	男	安徽凤阳	2005.11—2006.7
	范江明	汉	男	河南虞城	2006.10—2016.7
	常国宏	汉	男	河南鄢陵	2014.8—2016.6

（二）新疆红旗坡农业发展集团有限公司党委（党组）

2016年2月2日，阿克苏地区红旗坡农场成立新疆红旗坡农业发展集团有限公司。7月11日，地委任命范江明任新疆红旗坡农业发展集团有限公司党组书记，李更生、许新萍、麦麦提·托乎提任新疆红旗坡农业发展集团有限公司党组成员；免去帕尔哈提·那曼红旗坡农场党委书记职务。

2016年10月28日，根据《中共阿克苏地委关于成立中共新疆红旗坡农业发展集团有限公司党组的通知》和地委办公室《关于阿克苏市红旗坡片区管委会、多浪片区管委会有关事宜协调会议纪要》文件中："撤销中共阿克苏地区红旗坡农场委员会，成立中共新疆红旗坡农业发展集团有限公司党组""红旗坡农业发展集团公司原有的连队党组织并入片区管委会管辖的社区党组织。红旗坡农业发展集团公司留用的机关工作人员、分场管理人员（公司在职在册职工）由公司管理，是党员的由公司党委管理，并作为企业在职党员到社区报到开展服务活动；分流到社区的职工、离退休职工、承包农场土地的非农场人员、转包农场职工承包土地的人员等均由社区管理，是党员的党组织关系统一由社区党组织接收、管理。"的精神，将原红旗坡农场有关党组织及所属269名党员组织关系转至阿克苏市红旗坡片区管委会。

2018年12月15日，新疆红旗坡农业发展集团有限公司党组撤销，设立新疆红旗坡农业发展集团有限公司党委，同步设立纪委检查委员会。

2020年3月2日，地委免去杨博新疆红旗坡农业发展集团有限公司党委副书记、委员职务，任命韩双胜为新疆红旗坡农业发展集团有限公司党委委员、副书记。2020 年 6 月 16 日，地委任命李波涛为新疆红旗坡农业发展集团有限公司党委委员、书记。年末，中共新疆红旗坡农业发展集团有限公司党委班子成员由 7 人组成。

表 4-1-3　2016—2020 年红旗坡农业发展集团有限公司党委（党组）领导名录

职务	姓名	族别	性别	籍贯	任职时间
党组书记	范江明	汉	男	河南虞城	2016.7—2018.12
党委书记	范江明	汉	男	河南虞城	2018.12—2020.6
	李波涛	汉	男	河南新蔡	2020.6—
党组副书记	杨博	汉	男	甘肃临洮	2018.2—2018.12
党委副书记	杨博	汉	男	甘肃临洮	2018.12—2020.3
	韩双胜	汉	男	甘肃永昌	2020.3—
党组成员	李勇（浙江援疆）	汉	男	浙江	2016.12—2018.9
	李更生	汉	男	山东招远	2016.7—2018.6
	许新萍	汉	女	山东	2016.7—2017.2
	麦麦江·托乎提	维吾尔	男	新疆阿克苏	2016.7—2018.6
	粟杨	汉	男	湖南	2016.10—2018.6
	赵红军	汉	男	江苏灌云	2018.6—2018.12
	贺章平	汉	男	重庆	2018.6—2018.12
	穆合塔尔·达吾提	维吾尔	男	新疆阿克苏	2018.6—2018.12
	冯波（浙江援疆）	汉	男	浙江	2018.9—2018.12
党委委员	赵红军	汉	男	江苏灌云	2018.12—
	贺章平	汉	男	重庆	2018.12—
	穆合塔尔·达吾提	维吾尔	男	新疆阿克苏	2018.12—
	冯波（浙江援疆）	汉	男	浙江	2018.12—

二、基层党组织

1958 年 3 月 14 日，农场成立场部党支部和下放干部党支部。

1961 年 3 月 15 日，场党委决定，撤销原有的两个党支部，全场划分为 6 个党支部，即场部、四队、五队联合党支部；机耕队党支部；砖窑队、基建队、水磨联合党支部；菜队、一队、二队、三队联合党支部；园林队党支部；畜牧队、六队、七队联合党支部。

1962 年 3 月 24 日，全场调整成立 7 个党支部，即七队、畜牧队、砖窑队联合党支部；一队、二队联合党支部；菜队、水管站、三队联合党支部；五队、九队联合党支部；园林队党支部；机耕队、四队联合党支部；场部、八队联合党支部。

1962 年 10 月，农场党委决定将全场各单位党支部重新调整划分，第一支部由场部、养猪场、六队、七队4个单位组建（六队、七队分别为1个党小组）；第二支部由机耕队、副业队、四队、五队等单位组建；第三支部由三队、菜队、水管站、试验站、畜牧队5个单位组建；第四支部为园林队支部。

1970年7月，经农场整党建党领导小组批准，各基层单位改选成立10个党支部，即场部机关党支部；基建队党支部；八队、九队联合党支部；五队党支部；副业队党支部；园林队党支部；四队党支部；机耕队党支部；一队、十队联合党支部；三队、畜牧队、水管站联合党支部。

1971年3月，农田三队建立党支部；菜队、水管站建立联合党支部。

1971年8月，基建队、水管站、农田六队、农田七队组建联合支部。

1974年2月，新组建农田十一队党支部、菜队党支部2个党支部。

1974年3月，水管站成立党支部。

1975年6月，八队、九队联合党支部撤销，分别建立新的党支部。

1977年5月23日，二队、打井队、水管站成立联合党支部。

1977年7月25日，六队单独成立党支部，七队仍同一队为1个党支部。当年，全场共有19个党支部，其中农、林生产单位支部18个、机关支部1个。

1978年8月23日，十队组建党支部。

1991年1月16日，机修队成立党支部，与园林二队支部分开。当年，全场共有基层党支部24个，其中农林牧单位支部19个、工业单位支部2个、医院支部1个、学校支部2个。

1999年12月11日，农贸市场、果品厂、饮料厂、钰积公司成立联合党支部。

2000年3月4日，成立两个老年支部：场机关周围（按居住区）以场部、医院、学校等单位为主，成立第一老年支部；三角地周围（包括居住阿克苏市区的），以工程队、榨油厂、沙砖厂等单位力主，成立第二老年支部。

2001年3月2日，撤销花炮厂党支部。农田八队党支部、农田九队党支部更名为园艺三分场党支部、园艺四分场党支部。

2003年1月16日，撤销水管站党支部，其所属党员，在职党员到场机关党支部参加组织生活，退休党员到老年第一支部参加组织活动。因撤销面粉厂建制，面粉厂党支部同时撤销，其所属的汉族党员到五队参加组织生活、少数民族党员到四队参加组织生活。

2004年12月29日，农田五队党支部更名为园艺五分场党支部。

2005年7月6日，撤销老年第一、第二党支部，所属党员回原离退休前所在单位党支部参加组织活动。居住在城区的老党员，有条件的转社区党组织。

2005年2月28日，撤销轧花厂党支部，其党员组织关系转园艺二分场党支部。

2006年3月7日，成立老年支部，原第一、第二老年党支部及场机关退休的党员合并到老年党支部参加组织生活。

2007年1月9日，农田四队党支部更名为园艺六分场党支部，农田三队党支部更名为园艺七分场党支部，农田二队党支部更名为园艺八分场党支部，农田一队党支部更名为园艺九分场党支部，农田十队党支部更名为园艺十分场党支部，农田十一队党支部更名为园艺十一分场党支部，农田七队党支部更名为园艺十二分场党支部，农田六队党支部更名为园艺十三分场党支部。当年12月，成立3个老年党支部，即场部及周围较近的离退休党员组成第一老年党支部，住阿克苏市城区的分别编为2个党支部。

2008年8月19日，成立果业销售总公司党支部。9月11日，农场中心社区归属联合党支部管理。联合党支部负责中心社区、林路管护站、水管站、实验站、水厂工作人员的各项管理工作。

2012年9月26日，成立中共红旗坡农场园艺二分场总支委员会（正科级）。原园艺二分场、园艺三分场、园艺四分场党支部更名为园林二队、园林三队、园林四队党支部（副科级），隶属园艺二分场总支委员会管理。

2013年1月29日，农场成立中共红旗坡园艺一分场党总支委员会（正科级）。原园艺一分场、园艺五分场、园艺六分场党支部更名为园林一队、园林五队、园林六队党支部（副科级），隶属园艺一分场总支委员会管理。2月27日，成立中共红旗坡农场园艺三分场、园艺四分场总支委员会（正科级）。原园艺八分场、园艺九分场、园艺十分场党支部更名为园林八队、园林九队、园林十队党支部（副科级），隶属园艺三分场党总支委员会管理。原园艺十一分场、园艺十二分场、园艺十三分场党支部更名为园林十一队、园林十二队、园林十三队党支部（副科级），隶属园艺四分场总支委员会管理。3月25日，成立红旗坡农工商党总支，园艺七分场党支部、工贸中心党支部归属管理。成立园艺五分场党总支，实验站党支部归属管理。撤销果品销售总公司党支部。4月2日，农场成立红旗坡农工商总公司党总支，工贸中心党支部、园艺七分场党支部归属其管理。6月28日，农场党委决定联合党支部、销售总公司党支部并入机关党支部，水管站党员归属园艺五分场党总支管理；实验站党支部并入园艺五分场党总支。

2016年9月，红旗坡集团公司成立后，农场机关党支部更名为集团公司机关党支部。

2017年1月24日，成立中共阿克苏红旗坡林果开发有限公司党总支委员会、中共新疆红旗坡源动力水务有限公司党总支委员会（下设水管站党支部）、新疆阿克苏振泰房地产开发有限公司党总支委员会、中共阿克苏红旗坡雪峰生态旅游牧业有限公司党总支委员会。成立林果基地一队党支部、林果基地二队党支部，归属园艺五分场党总支。

2017年4月11日，成立中共阿克苏红旗坡好果源林果生产管理服务公司党总支委员会。撤销园艺一分场、园艺二分场党总支、园艺三分场党总支、园艺四分场党总支。成立园艺一分场党支部、园艺二分场党支部、园艺三分场党支部、园艺四分场党支部，归属中共阿克苏红旗坡好果源林果生产管理服务公司党总支委员会管理。撤销园林一队党支部、园林二队党支部、园林三队党支部、园林四队党支部、园林五队党支部、园林六队党支部、园林八队党支部、园林九队党支部、园林十队党支部、园林十一队党支部、园林十二队党支部、园林十三队党支部。

2017年6月30日，红旗坡集团公司党组研究决定，撤销实验站党支部、林果基地一队党支部、林果基地二队党支部。

2017年10月9日，中共阿克苏红旗坡林果开发股份有限公司党总支委员会改设为中共阿克苏红旗坡林果开发股份有限公司支部委员会；中共新疆阿克苏振泰房地产开发有限公司党总支委员会改设为中共新疆阿克苏振泰房地产开发有限公司支部委员会；中共阿克苏红旗坡雪峰生态旅游牧业有限公司党总支委员会改设为中共阿克苏红旗坡雪峰生态旅游牧业有限公司支部委员会；中共新疆红旗坡源动力水务有限公司党总支委员会下设新疆中共新疆红旗坡源动力水务有限公司机关支部、自来水厂党支部；中共阿克苏红旗坡好果源林果生产管理服务公司总支委员会更名为阿克苏红旗坡鲜果源林果生产管理服务公司总支委员会；中共阿克苏红旗坡鲜果源林果生产管理服务公司党总支委员会下设中共阿克苏红旗坡鲜果源林果生产管理服务公司机关党支部；成立中共新疆明隆满疆生物科技有限公司支部委员会。

2018年1月5日，阿克苏红旗坡鲜果源生产管理服务公司党总支更名为中共新疆红旗坡农业发展集团有限公司阿克苏分公司总支委员会。

2018年2月26日，园艺七分场并入新疆明隆满疆生物科技有限公司，园艺七分场党支部撤销。

2018年10月22日，中共新疆红旗坡农业发展集团有限公司阿克苏分公司党总支委员会改设为中共新疆红旗坡农业发展集团有限公司阿克苏分公司党支部委员会；原园艺一分场党支部、园艺二分场党支部、园艺三分场党支部、园艺四分场党支部及分公司机关党支部合并，归属中共新疆红旗坡农业发展集团有限公司阿克苏分公司党支部委员会管理。撤销阿克苏分公司机关党支部、园艺一分场党支部、园艺二分场党支部、园艺三分场党支部、园艺四分场党支部。中共新疆红旗坡源动力水务有限公司党总支委员会改设为中共新疆红旗坡源动力水务公司党支部委员会；园艺五分场党支部、水管站党支部、水厂党支部及源动力水务公司机关党支部合并，归属中共新疆红旗坡源动力水务有限公司党支部委员会管理。撤销红旗坡源动力水务公司机关党支部、园艺五分场党支部、水管站党支部、水厂党支部。成立中共阿克苏地区红旗坡源生态农业发展有限公司党支部委员会。撤销中共阿克苏红旗坡鲜果源林果生产管理服务公司机关党支部。

2019 年 5 月 30 日，撤销新疆明隆满疆生物科技有限公司党支部。

至 2020 年底，红旗坡集团公司党委下辖 6 个党支部，分别为新疆红旗坡农业发展集团有限公司机关党支部、新疆红旗坡农业发展集团有限公司阿克苏分公司党支部会、阿克苏红旗坡林果开发股份有限公司党支部、新疆红旗坡源动力水务公司党支部、新疆阿克苏振泰房地产开发有限公司党支部、阿克苏地区红旗坡源生态农业发展有限公司党支部。

第三节　农场党务工作

一、组织工作

（一）党员教育

1958—1966 年，农场党委把提高党员思想觉悟和业务素质作为教育重点，组织党员学雷锋，办好事，比吃苦精神，比工作成绩。

1963 年，农场组织党员开展"学习雷锋好榜样"的活动。学习雷锋事迹，大做好人好事，做好本职工作，并把学习雷锋活动和创"四好单位""五好个人"活动结合起来。

1964 年后，农场组织党员开展学习毛主席著作的群众运动，场机关和各队组织毛主席著作学习小组，坚持自学和集体学习相结合；在规定的学习时间里，学习毛主席著作，谈学习体会，写书面学习心得。

1965 年，组织党员背诵毛主席语录和毛主席著作的竞赛活动，举办毛泽东思想、读书班和演讲会。

1970 年后，农场逐渐恢复党员学习制度。中共十一届三中全会后，农场党组织在围绕改革发展中新情况、新问题，在党员干部中开展"解放思想"大讨论活动，促使领导干部和党员清除各种"左"和"右"错误倾向的干扰，冲破各种思想束缚。

1980 年，农场党委加强党员思想政治工作，突出抓党员教育，建立健全组织生活制度，组织党员学习《准则》和新党章修改草案，联系思想实际进行检查对照，开展批评和自我批评，使党员在思想上都有一定的提高。

1981 年，以学习中共十一届六中全会精神和《关于建国以来党的若干历史问题的决议》为中心，对各党支部书记以上党员骨干普遍进行 3～5 天的轮训。

1985 年 6 月至 12 月进行整党，对党员普遍地进行一次政治思想和端正作风的教育。

1987 年，坚持"三会一课"制度，实现组织生活制度化、正常化。1988—1989 年，抓好中共十三大精神学习贯彻落实，加深对党在社会主义初级阶段理论的认识。

1990 年，农场党委建立健全规章制度，进行行政法纪教育，加强坚持四项基本原则，党的优良传统、艰苦奋斗，党的方针、政策和规章制度的教育。

1990 年，农场党委组织党员学习党中央的指示精神，开展"三优一学"活动。场党委把端正党风，加强党的建设放在各项工作的首位，为不断提高全体党员的政治和业务素质，使各党支部成为带领全体干部职工不断进取的战斗堡垒。加强领导班子自身建设，当好公仆、不搞特殊化、凡要求党员做到的，领导成员自身首先做到；坚持党的组织生活制度。

1992 年，场党委重点抓党的基层组织建设和党员政治思想教育，党规党法教育，坚持"三会一课"制度，发挥共产党员的先锋模范作用和党组织在改革开放和经济建设中的核心领导作用。

1995 年，农场各党支部开展学习张家港精神，树立奉献敬业思想和良好的职业道德观念，以政治学习促工作。

1997 年，中共十五大召开后，场党委动员党员干部掀起学习邓小平理论高潮，并开展社会主义思想教育、市场经济和农村奔小康大讨论。

1999 年，农场各党支部紧紧围绕党委对党建工作的要求，加强党的思想建设、作风建设、组织建设，发挥党组织战斗堡垒作用和党员先锋模范带头作用，确保全场各项工作任务顺利完成。6 月 27 日，为庆祝中国共产党诞生 78 周年，加强党组织建设和加强党员教育，提高党员队伍素质，坚定共产主义理想和信念，农场结合"三讲"学习，在"七一"期间开展党员重温一遍党章、以支部为单位出"七一"专刊一期等纪念活动。

2000 年，农场领导班子和领导干部普遍开展以"讲学习、讲政治、讲正气"为主要内容的党性党风教育。

2001 年，农场在全场党员和干部中开展"三个代表"重要思想学习教育，下发《"三个代表"重要思想学习教育读本》361 册。

2005 年，农场党委在全场开展保持共产党员先进性学习教育，引导广大党员学习贯彻《中国共产党章程》，坚定理性观念，坚持党的宗旨，增强党的观念，发扬优良传统，解决涉及群众切身利益的实际问题，不断增强党组织的创造力、凝聚力，为实现农场经济社会发展提供政治保证和组织保证。

2006 年，农场党委加强党员队伍的政治理论学习。每月组织党员活动 1 次，保证集中学习时间不少于 3 个小时，学习《中国共产党章程》《六条禁令》《社会主义荣辱观》《江泽民文选》《党的十六届六中全会公告》。

2007 年，农场党委组织贯彻落实《建立健全教育、制度、监督、并重的惩治和预防腐败体系实施纲要》。农场各单位每周进行 1 次党风廉政教育学习，每次学习不少于 1 小时，全年学习达 40 小时以上。各党支部每月组织干部职工进行党风廉政教育学习 1 次，警示教育学习 2 次，党性教育 2 次。

2010 年，农场党委着重围绕党的性质、任务、组织建设、思想作风、反腐倡廉、党组织的组织原则、入党程序、党员权利、义务等开展各方面的活动，主要是学习和上党课。七一前夕，组织全体党员进行"七一"入党宣誓活动。根据农场党员培养和发展入党积极分子的要求，各党支部制订培养入党积极分子的计划。

2011 年，农场各党支部组织党员学习党的十七大文件、十七届四中全会文件、《胡锦涛总书记在全党深入学习实践科学发展观活动总结大会上的讲话》、中央新疆工作座谈会和自治区党委七届九次全委（扩大）会议、《李源潮同志在县（市、区）创先争优活动座谈会上的讲话》。7 月 1 日，农场党委组织新党员宣誓，老党员重温入党誓词活动。

2012 年，农场党委组织党员学习党的十八大精神、中纪委十八届二次会议精神；学习习近平总书记在中纪委十八届二次全会上的重要讲话、中国共产党党员第十八届中央纪律检查委员会工作报告；党风廉政建设相关文件等内容。开展党史教育和警示教育活动。

2016 年，红旗坡集团公司党组严格按照地区"三严三实"专题教育"回头看"专项行动、"两学一做"活动的安排部署，领导班子带头先行开展讲党课、查找问题、开展批评和自我批评，深入联系点单位进行调研，深入基层了解职工群众生产生活，及时解决职工群众关心的热点、难点的问题，组织全体党员干部开展集中学习、讲党课、个人分析检查、重温入党誓词等活动。全年发放学习书籍 2700 册；开展集中学习 41 次，参加党员干部约 4300 人次；领导干部带头"讲党课"活动开展 3 轮；对 2 名党员开除党籍。此外结合"两学一做"专题教育工作，深入学习宣传党的民族宗教政策、《自治区民族团结进步工作条例》等内容，教育引导各族干部职工从我做起、从点滴做起、从身边的事做起，形成强大的民族团结"正能量"。全年开展学习宣讲 33 场，加深干部职工对民族团结的重要性的认识。

2017 年，红旗坡集团公司建立"双向进入、交叉任职"领导机制，成立党建工作领导小组，形成以党组书记为主、班子成员分工协作的工作格局，加强党建领导核心作用。

同时建立党建工作联系点制度、中心组集中学习、个人自学制度、双重组织生活制度等，提升党组班子成员整体功能和驾驭能力。全年开展中心组学习23次，深入联系点督查指导工作12场，召开民主生活会2轮，班子整体水平有效提高。全年，红旗坡集团公司以"两学一做"、学转促等政治活动为抓手，组织全体党员干部开展集中学习、讲党课、个人对照检查、重温入党誓词、党员先锋日等活动。共开展集中学习34次，发放学习书籍6800册，撰写心得体会360余篇；领导干部带头"讲党课"活动开展3轮、专题讨论活动开展3轮，开展"党员先锋日"活动32场次，参与人次1800人次。

图 4-1-1　2018 年 6 月 29 日，源生态水务公司入党宣誓（照片提供：水务公司）

2018年，按照地委统一安排，红旗坡集团公司党组坚持落实"两学一做"长效机制，开展"学转促""聚焦总目标、作风再整顿"专项活动，领导班子带头先行开展学习、讲党课、查找问题、开展批评和自我批评，深入联系点单位进行调研，深入基层了解职工群众生产生活，及时解决职工群众关心的热点、难点的问题，组织全体党员干部开展集中学习、讲党课、个人分析检查、重温入党誓词等活动，解决党员干部"四风""四气"等作风方面的问题。深入学习宣传党的民族宗教政策、新修订《自治区民族团结进步工作条例》等内容，教育引导党员干部从我做起、从点滴做起、从身边的事做起，形成强大的民族团结"正能量"。全年发放学习书籍近1000册；开展各类集中学习21次，参加党员干部约1500人次；开展"党员先锋日"活动32场次，参与人次1800人次。

2020年，红旗坡集团公司党委班子召开巡察整改民主生活会、国有企业专题民主生活会，同时集团公司党委班子进行调整，配备年轻领导班子，增强党委的凝聚力和战斗力。严格落实红旗坡集团公司党委理论学习中心组学习制度，制定《红旗坡集团公司

2020年党委中心组学习计划》，开展中心组学习15次，参与学习375人次。

（二）干部任免工作

建场后，农场重视培养新生力量，解决部分领导干部不足的困难，对工作起到积极作用。至1966年，农场共有生产队以上领导干部31名，其中场级领导干部5名、科（室）领导干部4名、队级领导干部22名。22名队级干部平均年龄37.9岁。为稳定、巩固、提高干部，适当工作需要，农场制订3年干部培养计划，培养新生力量，并做好挑选培养对象的工作。至1969年，队级以上干部逐步实现一正多副的领导班子。

1978年中共十一届三中全会后，农场干部政策逐步恢复，干部队伍逐步充实。除恢复接收大中专院校毕业生、安置军队转业干部外，还先后面向社会招收大批优秀青年充实干部队伍。同时，根据"以工代干"政策，吸收一批职工到干部岗位工作。

1980年后，对干部录取工作作出规定，干部的缺额主要从大中专院校毕业生中补充，同时，录用少量基层优秀干部。

1986年，农场党委严格执行中共中央《关于严格按照党的原则选拔任用干部的通知》。在干部选拔任用工作中，按照管理权限，执行民主推荐、广泛听取意见、提出选拔对象、组织人事考察、党委集体讨论决定的组织程序。当年，共调整基层领导班子成员14名。

1988年，农场按照"党管干部"的原则，完善机关和其他行政领导干部任免手续；改革企业干部管理，组织部门本着公开、平等、民主、择优的原则，对企业党组织书记和竞聘的企业承包人进行考察，场长（经理）有权自行选聘副职和中层干部。

1990年，场党委把干部在大是大非面前的政治立场坚定和廉洁自律作为重要标准，通过民主考评，调整9个单位班子成员，共考察干部16人次，提拔任用14人。

1991年，农场进一步完善干部任免手续，在常委会召开前，组织部门对拟任用干部事先征求纪检监察部门的意见。在干部任职前实行任前谈话制度，听取任免职人员的意见，并提出工作希望。

1992年，场党委制定《关于完善干部管理的若干规定》，对科级、股级干部的任免、考核、考察及干部人事的任用审批权限做具体的规定，推进干部工作规范化、程序化和制度化。继续改革企业人事制度，国营企业经理（厂长）通过公开竞聘的形式选聘，企业副职和中层干部由经理（厂长）自行选聘。

1994年后，场党委结合新时期对干部工作提出新要求，突出政治标准，加强以党支部为核心的领导班子建设。至1995年，共考察干部30余人次，提拔任用干部6名。

1996年，农场党委把加强领导班子思想作风建设作为评价班子的重要指标，根据平时考察和年底考评、考核掌握情况，对不胜任或不适应现职 3 名领导免去职务。7 月 9 日，《党政领导干部选拔任用工作条例》颁布后，场党委在选拔任用干部工作中，严格按照《条例》的规定办事，规范程序，从严把关。进一步完善民主推荐制、干部考察预告制、差额考察预告制、任前公示制等制度，新制定干部试用期制、聘任制、谈话制等制度，不断加强领导干部选拔任用工作的民主性。建立和完善一系列制度。

1998 年，场党委对各单位开展摸底考察，对所在单位 70% 的人员进行谈话。依据考察结果，破除论资排辈、平衡照顾、求全责备的旧观念，不拘一格提拔使用人才。当年，对 8 个基层单位领导班子进行调整充实，尤其是配备一定数量懂经济工作的干部。

2000 年，场党委重点抓党政主要领导、青年干部和有一定经营管理能力的干部。从场机关选派 5 名干部到生产队挂职锻炼。

2004 年，场党委建立《干部考察工作责任追究制》等干部考察制度，同时严格执行干部考察预告、任前公示制和试用期制度，注重从条件相对艰苦，各方面矛盾较多的基层一线选拔干部。全年从基层一线提拔年轻干部 6 名。

2005 年，农场党委完善领导干部"能上能下"机制。制定调整不称职领导干部办法、领导干部年内实绩认定办法、末位领导干部评定办法和引咎辞职制等。推行干部试用期制，有 1 人因试用期表现差、工作打不开局面被免职。

2006 年，农场党委研究制定《科级领导班子和领导干部绩效考核办法》，分类建立量化考核指标，同时制定出台《对科级领导班子和领导干部工作进行实绩清单公示的暂行办法》，对领导干部或考察对象年内实绩进行公示，接受群众监督。

2008 年，制定并下发《红旗坡农场党委会票决通过重要干部任职（推荐或提名）办法（试行）》。至 2010 年，场全委会共票决干部 17 名。

2013 年 4 月 11 日，农场党委研究制定《红旗坡农场干部管理（暂行）办法》：坚持党管干部的原则，按照干部队伍革命化、年轻化、知识化、专业化的方针，结合企业人力资源管理机制，全面提升农场人力资源管理水平。按照以岗定编、以编定员、以岗定薪的原则，结合农场每个时期的实际，建立《红旗坡农场干部岗位设置方案》，严格控制管理人员职数，努力降低管理成本，全面提高管理效率。农场管理人员分为场级领导、中层管理人员、一般管理人员。场级领导为地委任命的党委成员和行署聘任的场长、副场长；中层管理人员为副科及以上管理人员；一般管理人员为副科以下管理人员。除场级领导外的管理人员，实用聘用制，根据《中华人民共和国劳动法》和《中华人民共和国劳动合同法》实行劳动合同制。干部管理分农场、分场两级管理。

2016—2020 年，农场（集团公司）坚持正确选人用人导向，注重从脱贫攻坚等一线考察选拔使用、职级晋升干部。共调整干部 11 批次；持续优化班子结构，坚持老中青相结合梯次调配干部，进一步发挥各年龄段干部的最佳效能，使领导班子的整体效能与其所承担的工作任务相融合。

（三）干部监督工作

1986 年，场党委改革干部监督制度和机制，党委每年召开两次民主生活会，地委派工作组参加领导班子民主生活会，重点加强对"一把手"和权力部门干部的监督。

1988 年，地委组织部对场党委、场领导班子和领导干部进行民主考评，通过考评，认定党委、班子为较好班子。

1990 年后，场党委工作重点逐步从审查干部历史遗留问题为主转到以加强对干部选拔任用和干部实绩表现监督为主上来。把干部监督管理工作作为贯彻《干部任用条例》、推动干部队伍建设的一个重要抓手，加大力度，狠抓落实。每年对干部进行考核。

1992 年，建立与领导干部谈话制度，注意克服"重组织调整，轻教育管理"的问题。

1994 年，农场在机关进行干部年度考评（考核）工作，涉及科级干部和一般干部。副县级以上干部实行民主评议和年度考核，科级干部实行述职报告、民主评议和年度考核，一般干部实行个人年度小结和年度考核。主要从德、能、勤、绩四个方面考核，重点实绩。年度考评（考核）结果分为优秀、称职、不称职三个等次。

1998 年，农场党委按照《中国共产党地方委员会工作条例（试行）》要求，加强对基层党支部民主生活会的指导，提前介入，全面了解掌握群众的反映，有针对性地确定民主生活会议题，开展批评和自我批评。同时在原有《领导干部诫勉制度》《党员领导干部从政准则》《领导干部报告个人重大事项》《收入申报制度》基础上，建立起《领导干部谈话制度》，完善干部监督约束机制建设。

1999 年起，对全场企事业单位的正职领导每年进行业绩考核监督。

2001 年，农场党委制定下发《红旗坡农场党政领导干部推荐工作责任制》。明确规定推荐人，对推荐干部严重失真，考察人在考察干部中失察而造成用人失误的，要追究有关人员的责任。当年，首次实行干部考察预告制、考察结果通报制。在场部设立举报箱，公布举报电话，接受社会对干部人事工作的监督。同时在任用干部中先听取纪检监察部门的意见，纪检门在查处违法违纪党员干部时，及时向组织人事部门通报，防止查用脱节。

2002 年，农场印发《红旗坡农场领导干部任期责任审计工作实施意见》。规定凡是单位的"一把手"在其任期内办理调任、辞职、退休等事项前，必须接受审计。当年，对 3 名领导干部进行任期责任审计。

2004 年后，加大干部任期经济责任审计工作力度，对离任内领导干部和个别财务收支较大部门（单位）主要负责人，依法实施审计。

2008 年，农场加强对干部的八小时外的"生活圈""社交圈"的管理。每年召开干部监督联席会 2～3 次，从离退休干部及相关部门中先后聘请 4 名监督员，拓宽干部监督信息渠道。

2010 年，对中央出台的干部选拔任用四项监督制度在全场范围内进行学习，并列入干部教育培训主体班次的必学内容，开展广泛宣传，促使各级领导干部尤其是组织（人事）干部全面准确地理解和把握《条例》，加深对《条例》的认识和掌握。

2011—2016 年，农场（集团公司）党委坚持和完善干部考察"两次预告、两次征求意见"制度，对拟提拔任用科级领导干部进行"双公示"，对 8 名提拔使用和重用的干部进行任职前谈话和社会公示。对全场各单位领导班子进行一次常规考察。对 7 名干部的任职进行全委会票决。

2018—2020 年，红旗坡集团公司党委严格落实"凡提四必"，执行领导干部重大事项报告制度，加大领导干部个人有关事项报告审查力度。建立领导班子和重要岗位领导干部政治表现纪实档案，常态化识别干部，准确掌握党员领导干部现实表现。运用监督执纪"第一种形态"，对 2 名工作落实不到位的科级干部进行组织处理。

（四）干部培训工作

20 世纪 60 年代，农场党委加强对重点培养对象的管理教育工作，首先通过培训，帮助提高政策理论水平。将一些没有参加过劳动锻炼的知识青年和其他积极分子放到基层，使其通过劳动锻炼和接触并解决实际工作中的问题中得到成长。

1986 年后，农场党委通过按照上级分配的招生计划，选派干部到自治区、地委党校进行脱产或半脱产进修；倡导干部在职参加成人自学考试或函授提高学历水平。为解决学用脱节、学非所用问题，农场制定《关于干部培训工作中有关问题的规定》。1986—1987年，共培训选拔 4 名干部到各级党校脱产、半脱产进修。

1988—1989 年，结合全国和新疆的经济社会形势，农场干部培训主要以开展坚持四项基本原则、反对资产阶级自由化问题的思想认识教育为主。

1990 年开始，农场干部培训开始向探索干部培训和教学有机结合、提高干部培训质量方向发展。

1991 年，农场党委根据党建工作的具体内容和部署，举办各类学习班 2 期，参加学习的党员 86 人，参加学习的入党积极分子 26 人。

1997 年，场党委把坚持"三会一课"制度作为加强干部培训的重要手段，对党课教育的形式和内容进行改革，讲课内容统一命题，聘请专人讲课，针对不同对象，分别进行不同内容的讲课教育，使党员素质普遍提高。

1998 年，农场举办十五大专题学习班 2 期，90％的干部接受专门培训。开展学习党章、学习邓小平理论的"双学"活动，全场共举办培训班 4 期，培训干部党员 213 人次，培训率 91％。

1999 年 1 月，农场成立党校后，建立以党校为主渠道的系统培训，以培训基地为主体的专业培训和以部门争创"学习型机关"为主要形式的在职自学的多元化教育培训新格局。

2000—2003 年，按照中央、自治区提出的以"三支队伍"为重点抓好干部培训，提高干部队伍的整体素质。制定下发《2001—2005 年全场干部教育培训规划》《关于进一步加强干部教育培训工作的安排意见》等系列指导性文件。中共十六大召开后，农场干部教育培训进入历史发展最快最好的时期。按照中央提出的"大规模培训干部、大幅度提高干部素质"的战略任务，坚持以中国特色社会主义理论体系武装干部。

2003—2005 年，共举办《江泽民文选》、"三个代表"重要思想、十六大等专题辅导班 6 期，培训干部 1034 人次。

2012 年，农场党委加强基层学习教育培训基地建设，筹集资金约 30 万元，对基层 13 个党支部办公和活动场所进行修缮，配备桌椅板凳 300 余套，13 个基层党支部都建立电教室，配备电教设备，为丰富学习形式，加强党员干部和职工的宣传学习和教育，全面提高素质打下基础。

2015—2020 年，采取自办和委托地委党校办、参加上级举办培训等形式，以提高政治素质和领导水平为重点，以提高业务能力为重点，以提高理论水平、政策法规、文化素养、综合能力为重点，共举办各类培训班 18 期，培训干部约 900 余人次。

二、基层组织建设

1958 年农场组建时，全场有党员 35 人，其中 28 名党员分布在各连队，4 个基层单位没有党员。1958 年 10 月 19 日，阿克苏地委批准成立农场党委会，由 3 人组成党委。

1962—1965 年，农场党委遵照上级的指示，开始在各连队建立党的基层组织。党的基层组织建立后，坚决执行党在农村的各项方针政策，稳定社会秩序，发展生产，整个社会面貌有很大改观，党组织建设得到发展，党员队伍迅速扩大。至 1966 年，农场共有生产队以上领导干部 31 名，其中队级领导干部 22 名，队级干部平均年龄 37.9 岁。为稳定、巩固、提高干部，适当工作需要，农场制订 3 年干部培养计划，培养新生力量，并做好挑选培养对象的工作。至 1969 年，队级以上干部逐步实现一正多副的领导班子。

1970 年 6 月，农场建立党的核心小组，在全场范围进行一次整党建党运动，对各党支部进行整顿，各基层党支部逐步恢复。

党的十一届三中全会后，随着全党工作重点的转移，农场实行联产承包责任制，各项生产事业有进一步的发展，党的领导得到改善和加强，党的思想建设，组织建设成绩显著。

1986—1987 年，农场组织部门经常检查各基层党组织落实"三会一课"、民主生活会和党员评议工作开展情况。

1987 年，农场首次在基层党组织中开展"创建先进党支部、争当优秀党员活动"，重点抓好党组织"三会一课"制度的执行。1989 年 6 月 29 日，农场党委对"创建先进党支部、争当优秀党员活动"中涌现出的 5 个先进党支部和 13 名优秀党员进行通报表彰。

1990 年至 1991 年 2 月，农场党委按照《中共中央关于加强党的建设的通知》，开展社会主义思想教育工作（简称"社教"），共派出 18 名机关干部驻连队，全面调查所属党支部党建工作情况，并组织基层职工群众对党组织开展民主评议。从民主评议结果看，基层党建工作和思想政治工作总体情况较好。结合"社教"中发现的突出问题，场党委对 2 个党支部进行思想整顿和组织整顿，通过民主选举，配齐以党支部为核心的村民组织。

1993 年 3 月，农场党委成立党建目标管理责任制领导小组，党委书记、副书记进行责任分工，确定责任目标和任务。5 月 6 日，场党建目标管理领导小组办公室印发《红旗坡农场党建目标管理责任制奖惩办法》，对经考核完成党建目标任务得分在 90 分以上的党支部和优秀党务工作者、党员进行表彰奖励；对未完成目标任务的进行通报批评。同时，下派机关干部到生产队挂职，建立完善基层党组织的各项规章制度，调整基层党支部书记 2 人、支部委员 7 人。

1994 年，农场选派 20 余名机关干部充实到生产队中。抽调干部 16 人，组成 4 个工作组，开展基层组织整顿工作。

1996 年，农场推行党建目标责任制，由党委与基层组织"一对一"签订责任书，加大基层党建工作各项共管的力度。同时，农场按照自治区党委"全年经常抓、冬季集中抓""分块建设、分类指导、突出重点、整体推进"的工作方针，结合历年来基层党组织建设整顿的实际效果，确立"围绕经济抓党建、抓好党建促经济"的大党建思路。

1999 年 4 月，农场制定《红旗坡农场实施基层组织建设责任制规定》，增强基层党组织负责人抓党的建设的责任意识，对壮大党的基层组织、发挥党组织的战斗堡垒作用具有重要意义。5月，按照自治区党委、阿克苏地委关于进一步加强农村基层组织建设的指示要求，农场党委制订《关于开展创建农村基层组织建设活动的实施方案》。即开展创建"五好"（支部班子好、党员管理好、组织生活好、制度落实好、作用发挥好）党支部、农村基层组织建设先进场工作。

2002年，农场党委开始对党支部工作进行年度考核，考评结果作为评先评优的重要依据，并与个人奖惩挂钩；年底考核评议不称职票达到30％以上的党支部书记，责令限期整改，整改效果不明显的进行撤换。同年，为提高基层组织带领群众发展经济的能力，支持鼓励各党支部"把自身致富能力强和带领群众致富能力强的党员培养成干部，把优秀的党员干部培养成党支部书记"。通过场党委从机关、复员退伍军人、经商办企业的党员中广泛选拔，为4个较弱党支部书记配齐配强党支部书记。

2008年9月，为进一步贯彻落实《地直机关工委关于地区直属机关党建工作责任制的实施意见》精神，进一步明确农场各责任主体抓基层党建工作的责任，全面推进农场党建工作，农场党委办公室制定印发《红旗坡农场党建工作责任制的实施意见》。

2009年，农场党委制订下发《关于进一步加强基层组织建设工作的意见》，对加强全场基层组织建设工作作出安排。要求以"党员民族团结帮带互助组"、推行"四议两公开"机制等工作为抓手，以提高基层党组织领导和推动科学发展、服务群众、促进和谐的能力为目标，以增强广大党员的党员意识和对党的认同感、对党组织的归属感为根本，推动各基层组织建设整体上水平。

2010年，农场党委实施基层组织"三有一化"（党的基层组织有人管事、有钱办事、有场所议事，构建区域化党建格局）建设，基层工作力量得到充实。

2011年9月27日，农场印发《红旗坡农场基层党组织党务公开实施意见》，在全场各级党组织全面推行党务公开。

2012年，农场推进落实基层组织建设年"六五"工程，投资360余万元新建1400平方米的新园艺二分场办公、党员活动场所建成并投入使用；投资391万元、建筑面积3100平方米的园艺八分场阵地完成主体建设任务；制度建设进一步完善，通过基层组织建设集中整顿工作，清理完善、建立健全33项制度，严格用各项制度规范党员领导干部的行为，促进党建工作规范化、制度化。至2015年，完成5个基层阵地建设任务。筹集资金30万元，对基层13个党支部办公和活动场所进行修缮，配备桌椅板凳300余套，13个基层党支部全部建立电教室，配备电教设备。每年为保障基层党务活动经费划拨专项资金10万元。

2014年10月，农场制订出台《红旗坡农场党委中心组学习制度》《红旗坡农场基层党支部"三会一课"制度》《会议管理》《基层党组织考核办法》《红旗坡农场关于进一步加强和改进离退休干部党员教育和管理工作的意见》《红旗坡农场关于加强流动党员教育管理的实施意见》《红旗坡农场党员干部联系群众、服务群众工作制度》《领导干部调查研究工作制度》等。9月10日，农场党委决定软弱涣散基层组织进行集中专项整顿工作，并成立领导小组，制定实施方案。集中专项整顿从9月初开始，11月中旬结束，具体分为三个阶段：摸底准备阶段（成立机构，打好基础；调查摸底，确定对象；分类施策，制定方案）、集中整改阶段（配强班子，强化队伍，健全制度，解决问题）、巩固提高阶段（开展专项活动，进行及时总结）。

图 4-1-2 2016 年 12 月 19 日，源生态水务公司召开专题组织生活会
（照片提供：水务公司）

2016 年，红旗坡集团公司结合体制机制改革，整顿软弱涣散基层党组织，对班子不健全、执行力和办事效率不高、班子不团结的党组织进行整顿，免去 2 名基层党组织书记。加强制度建设。对以前的制度、办法进行清理，对过时的制度予以废除，对内容欠缺的制度进行完善，共清理、建立健全各项制度 22 项。多措并举，着力解决党员领导干部作风问题、表率问题。建立领导干部联系点制度，领导干部一周至少有一天在联系点单位调查研究，调查解决职工群众的热点、难点问题。加强党员发展工作。年内发展新党员 3 名、培养积极分子 9 名。

2017 年，红旗坡集团公司针对各单位基层阵地现状，筹集资金对分场、基层队进行加强及改造，基层组织阵地得到明显改善。按照中央"国有企业建到哪里，党的建设就建到哪里"的精神，发挥党组织的领导核心作用。集团公司结合改制进程，对成立的分公司都组建党组织。集团公司下设 2 个党总支、15 个党支部，全部完成改选换届工作，党组织领导班子结构得到优化，党组织的创造力、凝聚力和战斗力得到加强。年内，全公司收到入党申请书43份，培训入党积极分子并取得证书6人，预备党员6人，转正党员3人。集团公司党员人数119人，"一人一档"规范管理，收缴党费1.33万元，党员组织工作正常开展。

图4-1-3　2018年7月，集团公司党委被中共阿克苏地区委员会授予先进基层党组织称号

2018年，按照地委组织部的安排，持续推进基层组织建设。年内，红旗坡集团公司班子调整班子成员6人；党组及时调整班子分工，调整党建工作领导小组，形成以党组书记为主、班子成员分工协作的工作格局，加强党建领导核心作用。集团公司结合改制进程，对成立的分公司全部组建党组织，集团公司下设8个党支部。收到入党申请书53份，转正党员4名，新发展预备党员5名，积极分子7名，发展对象5名，集团公司党员人数达134人。12月，集团公司党组撤销，设立党委。公司党委班子落实党委工作措施，调整班子分工，调整党建工作领导小组，形成以党委书记为主、班子成员分工协作的工作格局，加强党建领导核心作用。按照党委的设置要求，下设7个党支部。

2019年，集团公司收到入党申请书20份，转正党员6名，新发展预备党员8名，积极分子17名。全公司党员人数146名。

2020年，集团公司党委做好发展党员工作，全年收到入党申请书12份，培养积极分子8人、发展新党员6人，对154名党员实行"一人一档"规范管理，每月按时交纳党费。

三、宣传教育工作

1958年3月，红旗坡农场成立后，即高度重视抓好党的路线、方针和政策宣传工作。

图 4-1-4 2020 年 10 月 6 日，集团公司党员先锋队带头参加植树造林
（照片提供：水务公司）

首先是注重做好在机关内部宣传教育活动，通过组织学习、举办黑板报和墙报等形式，及时向全体干部职工宣传党的路线、方针和政策；其次是向广大干部职工展开宣传工作，当好义务宣传员。

1978 年 12 月党的十一届三中全会召开后，农场重视抓好全体干部职工的思想宣传教育工作，以十一届三中全会精神为重点内容，把全体干部职工的思想认识和行动统一到十一届三中全会精神上来，全力为把工作重心转移到发展经济上来提供服务。

1987 年，农场把宣传工作纳入工作议事日程，做到有领导分管、有具体人做宣传工作，经常研究和讨论宣传工作，解决宣传工作中存在的实际问题和困难。使宣传工作有计划、有步骤地开展，为农场工作的中心任务和业务工作服务。同时，通过举办黑板报、贴宣传标语等各种方式开拓宣传领域，疏通各种渠道，为发展安定团结的大好形势、保卫农场的改革开放提供法律保障。

2000 年，农场党委围绕党的十六大精神，大力宣传"三个代表"重要思想，教育全体干部职工坚持走中国特色社会主义道路，为农场改革开放保驾护航。

2001 年，农场党委从思想上明确"宣传出战斗力"，加大宣传力度，积极主动出击，利用报纸、期刊、广播、黑板报等各种宣传阵地宣传农场在发展中取得的成果。全年出黑板报 8 期、发表新闻稿件 13 篇，取得较好成效。

2002—2005 年，农场党委将宣传工作纳入党委议事日程，成立农场宣传报道工作领导小组，围绕地委宣传部关于加强新闻宣传报道工作的指示精神，为农场改革开放和社会主义市场经济条件下的工作发挥积极的作用。

2006年，农场进一步规范对外宣传工作的考核与管理，明确对外宣传工作的原则和农场宣传工作的重点。健全对外宣传工作的激励机制，将信息员范围扩大到机关全体干部，并将任务进行分解到相关部门。全年，农场报送各类信息43篇，地区简报采用8篇。

2007年，农场利用报刊、广播、电视、网站等新闻媒体，采取各项措施，充分调动干部职工开展宣传工作积极性和主动性，发挥好宣传工作的号角、鼓手、桥梁和纽带作用，为农场中心工作服务。全年，农场报送各类信息67篇，地区简报采用、采编信息13篇。

2008—2010年，农场党委认真贯彻全国宣传工作会议精神，以学习宣传党的十七大精神为契机，加大宣传力度，树立农场机关良好形象。实行主要领导亲自抓、分管领导具体抓和主管部门协同抓的有效措施，全场上下形成一级抓一级的良好局面，把宣传工作真正落实到人头，促进宣传工作开展。场领导带头开展宣传工作，无论是在报刊宣传工具，还是在广播电视新闻媒体，或是在网络信息平台，紧密围绕农场中心工作，全面地宣传农场工作。三年来，全场共在各级新闻媒体上刊发新闻稿件80余篇，编发农场简报126期。

2011—2012年，农场以喜迎党的十八大为目标，以开展"热爱伟大祖国、建设美好家园"教育活动为契机，把宣传工作与主题教育紧密结合起来。将全年对外宣传任务进行分配，并下发考核要求。农场信息员以各种方式全方位加强农场对外宣传工作。通过开展民族团结教育月、"热爱伟大祖国，建设美好家园"主题教育，扎实开展对外宣传。

2013—2015年，农场不断加强宣传队伍建设，培养理论骨干，提高宣传水平，加强内外宣传工作力度，在加强稿件的审核、报送程序、提升稿件质量方面下功夫。组织新闻宣传骨干力量向社会主流媒体、纸质媒体、视听媒体投稿，弘扬农场的典型事例、先进工作经验，以增强干部职工职业荣誉感，提高干部开展工作的积极性和自觉性。

2016—2020年，红旗坡集团公司党委牢牢把握正确舆论导向，强化政治思想教育工作。坚持落实"两学一做"长效机制，认真做好"不忘初心、牢记使命"主题教育常态化工作，开展意识形态宣教教育工作。组织全体党员干部开展集中学习、讲党课，表彰先进党组织、优秀共产党员，开展重温入党誓词、党员先锋日等活动，参与党员人次约1000余人次，发放各类学习书籍310册。发扬"一方有难、八方支援"的中华民族精神，党员自愿为疫情捐款1.81万元。

（一）中心组理论学习

20世纪80年代，农场党委建立学习制度。

1982年，农场党委组织深入学习党的十一届六中全会精神、《关于建国以来党的若干历史问题的决议》。

1990年，农场党委以学习党的十三届四中、五中全会精神和江泽民讲话为主要内容，通过书记领学、班子成员讨论，认真领会精神，坚持做到每月1次学习。

1992年，农场党委中心组围绕改革开放和经济建设，认真学习党的十四大会议精神、邓小平南行重要谈话、江泽民在中央党校重要讲话精神，开展"奔小康"大讨论。年内党委中心组学习12次。

1995年，农场党委建立中心学习小组，制定中心组学习计划和制度，领导干部理论学习形成制度化。中心组明确学习时间、学习内容、学习人员。年内，中心组学习12次，做到每月1次学习。

1997年，以邓小平"解放思想、实事求是"的理论为重点，围绕香港回归和党的十五大召开两件举世瞩目的大事抓好党委中心组理论学习14次。

图 4-1-5　2007年12月13日，农场召开学习"十七大"精神培训班
（照片提供：杨聪靓）

1999年，农场党委中心组围绕学习邓小平理论、党的十五大精神、十五届三中、四中全会精神、江泽民考察新疆时的重要讲话及江泽民在纪念党的十一届三中全会二十周年大会上的讲话精神，强化理论学习，制定理论学习安排意见，坚持每月学习1次，严格学习考勤制度，严肃学风，在要求干部职工学习内容上做到先学一步。

2002年，农场党委中心组坚持学习制度，建立健全中心组学习计划，专题学习和研讨交流制度等；全年集中学习20天以上，平均参学率98%以上；中心组成员写学习笔记达1万字，撰写调研文稿2篇以上，制定印发《关于在全场领导干部中大兴调查研究之风的通知》。

2005 年，农场党委中心组带头学习保持共产党员先进性教育，对党的十六届四中全会、中央 1 号文件、自治区、地区三干会议精神进行系统学习，全年进行理论学习 10 次，使理论教育工作走上制度化、规范化的轨道。

2008 年，农场党委完善和加强理论教育的安排和检查制度，以"共产党好、社会主义好、祖国大家庭好、改革开放好、民族团结好、人民解放军好"教育为核心，以深化马克思主义"五观""三个离不开"为教育主题，对学习构建和谐社会、十七大及地区三干会精神进行认真系统地学习，共组织 10 次集中学习，学习 21 个专题，平均参加率 96％以上，为全场的政治理论教育活动的展开提供指导依据。

2010 年，深入学习贯彻党的十七届四中、五中全会精神，中央新疆工作座谈会，自治区党委七届九次全委扩大会议精神，做到党委中心组成员带头参加学习，带头带问题调查研究、带头发言。全年组织中心组学习 10 次，重点学习 31 个重要专题，平均参学率 96％以上。

2013 年，农场党委推行集体学习、中心组报告会、党员干部培训、理论宣讲、调查研究及个人自学制度，做到有学习计划、辅导资料、考勤制度、讨论记录、调研总结，引领党员干部学习风尚，带领全场广大党员干部深入学习贯彻党的十八大、十八届一中、十八届二中全会和自治区党委八届六次全委（扩大）会议精神，树立和落实科学发展观、荣辱观，构建社会主义和谐社会等学习内容为重点的学习教育，形成多形式、多渠道、多手段开展理论武装工作的格局。全年组织党委中心组学习 14 次。

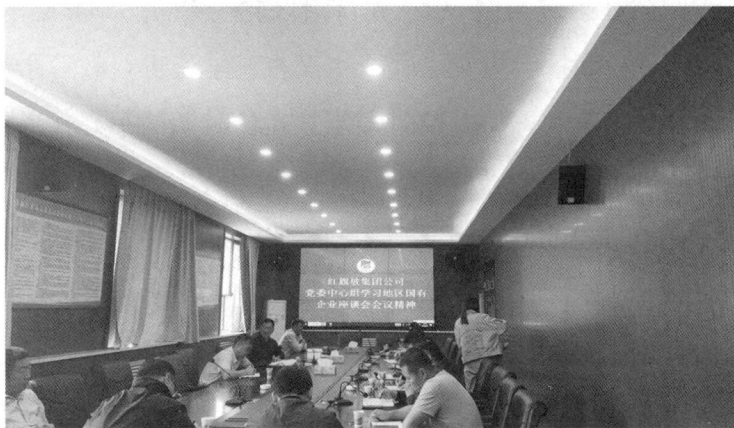

图 4-1-6　2020 年 5 月 11 日，集团公司党委中心组学习地区国有企业座谈会会议
精神（照片提供：综合部）

2015 年，农场党委完善《中心组理论学习制度》。各级领导干部带头学习，在全场兴起学习贯彻党的十八大、十八届三中、四中全会、第二次中央新疆工作座谈会和自治区党委八届七次、八次全委（扩大）会议、地委扩大会议精神的热潮。党委中心组全年集中学

习不少于 12 次。

2016 年，红旗坡集团公司党组围绕《关于在全体党员中开展"学党章党规、学系列讲话，作合格党员"学习教育方案》文件精神，带头开展"两学一做"学习教育，推动党内教育从"关键少数"向广大党员拓展，从集中性教育向经常性教育延伸。党委中心组全年集中学习 18 次，开展专题讨论 4 次。

2018 年，红旗坡集团公司党委深入学习党的十九大和十九届二中、三中全会精神，习近平新时代中国特色社会主义思想，自治区党委九届五次、六次全会和地委扩大会议精神，全年开展中心组集中学习 17 次，开展专题讨论 4 次。

2019 年，红旗坡集团公司党委围绕"不忘初心、牢记使命"主题教育，通过中心组学习、举办读书班、集中交流研讨等形式，深学细悟、研机析理，加深理解和领会，全年开展中心组集中学习 23 次。

2020 年，红旗坡集团公司党委严格落实党委理论学习中心组学习制度，制定《红旗坡集团公司 2020 年党委中心组学习计划》，开展中心组学习 15 次，参与学习 375 人次。

（二）宣传工作

1958—1959 年，进行马克思列宁主义、毛泽东思想和总路线、大跃进、人民公社、鼓干劲、争上游、多快好省建设社会主义的宣传教育，发动广大群众，开展生产竞赛评比夺红旗运动。

1960—1962 年，学习宣传社会主义教育中各项政策文件，动员鸣放、辩论，强调阶级斗争激烈；进行人民公社工作条例 60 条和自治区党委补充 38 条及整社 12 条政策的宣传教育，举办干部职工理论和社会主义、共产主义教育学习班，教育干部职工树立以场为家，把全部力量献给农垦事业的思想。及时宣传党在各时期的中心任务、方针政策和好人好事，利用黑板报、墙报、光荣榜等形式进行宣传教育活动。

1963—1965 年，结合社会主义教育运动，进行阶级教育、集体主义教育、团结教育。1965 年，农场广泛开展学习毛主席著作和学习雷锋、焦裕禄活动，以雷锋、焦裕禄为榜样，甘当老黄牛，为人民服务，好人好事不断涌现。"文化大革命"开始后，宣传教育主要是学习毛主席的《为人民服务》《纪念白求恩》《愚公移山》三篇文章（时称"老三篇"）和毛主席语录。当时，95％以上的职工对毛主席三篇著作都能倒背如流。

1968 年，邀请新和县先锋农场钱文孝到农场到各单位进行忆苦思甜活动，现场会到群众近 1000 人，引起强烈反响。

1969 年，农场多次召开大会，对职工进行爱国主义宣传教育。

1970 年，农场召开"农业学大寨"誓师大会，提出"学大寨、赶昔阳、苦战两年上纲要"的口号，全场掀起后进赶先进、先进更先进、互相挑战、应战、比、学、赶、帮的生产局面。

1976—1977 年，进行爱国爱社会主义教育。

1978—1979 年，学习宣传党的十一届三中全会公报，开展"实践是检验真理的唯一标准"的宣传教育活动。

1980 年，党委办学习班，分批分点上党课，认真学习宣传《关于党内政治工作生活的若干准则》和人民日报发表的特约评论员文章《全党都要严格遵守党规党法》，制定有关制度、加强对党员的教育。

1981 年，安排专门时间，宣传党的十一届六中全会通过的《关于建国以来党的若干历史问题的决议》，对党员及广大干部职工进行马克思主义思想教育，思想统一到《决议》的基本结论上来。

1982 年起，农场每年开展民族团结教育活动，于 5 月的"民族团结月"期间开展各项活动，并持之以恒地坚持下来。同年，全场开展五讲（讲文明、讲礼貌、讲道德、讲秩序、讲卫生）、四美（语言美、行为美、心灵美、环境美）、三热爱（热爱祖国、热爱共产党、热爱社会主义）教育活动。

1986—1988 年，开展"一五"普法宣传教育，先后学习宣传《中华人民共和国宪法》《中华人民共和国刑事诉讼法》《中华人民共和国民事诉讼法》《中华人民共和国森林法》《中华人民共和国经济合同法》《治安管理条例》等多项法律和条例。

1992—1993 年，组织学习党的十三届七中、八中全会精神、江泽民总书记重要讲话，进行马克思主义民族理论和党的民族宗教政策的学习教育，进一步增强民族团结，弘扬爱国主义、集体主义、社会主义精神。进行党规党法教育，通过音像、电教，教育党员遵纪守法，开展《中国共产党纪律处分条例》学习和知识竞赛活动，提高党员干部遵纪守法意识。

1993—1994 年，进行"二五"普法教育，按上级规定完成，经考试，及格率 100%。

1999 年，全体党员进行"三讲"（讲学习、讲政治、讲正气）的学习教育。

2001 年，开展"三个代表"重要思想学习教育，农场党委举办学习班两期，第一期各基层副职、机关干部、教师、医务人员、一般干部由各基层单位组织实施；第二期为农场领导班子成员、机关副科以上干部和基层单位主要负责人，学习班采取脱产学习，封闭式管理。同年，贯彻落实江泽民总书记关于"建立一支高素质的干部队伍"的指示精神，培养农场德才兼备的管理人才，制定《红旗坡农场干部教育培训考核实施办法》二十一条。

2003 年，开展第二个公民道德建设月宣传教育活动，落实《公民道德建设实施纲要》。活动的内容与措施是：深入宣传学习"纲要"精神，学习宣讲中华传统美德格言，营造加强公民道德建设的浓厚氛围。在醒目的地方悬挂《纲要》宣传横幅，利用墙报、黑板报、学习专栏、学习园地等载体宣传《纲要》重点内容；大力弘扬培育民族精神，激发保持昂扬向上的精神状态；开展群众性的公民道德建设实践活动。开展公民道德建设月，由纪检监审、政工、武装、政法、社会公益、劳动保险、工会、共青团、妇联等部门在党委统一领导下分工合作，齐抓共管。

2005 年，开展以实践"三个代表"重要思想为主要内容的保持共产党员先进性教育活动。根据党员个人分析材料中的突出问题，结合各支部的评议意见，从理想、信念、宗旨、观念、组织纪律、思想和工作作风等方面，本着加强对党员干部的教育管理，增强凝聚力、战斗力和加强党组织自身建设，党委召开专题民主生活会，制定整改措施十二条。

2006 年，制定政治工作、精神文明建设、行政管理、物质文明建设及社会发展工作双百分考核目标。

2013 年，农场成立开展党的十八大精神宣教活动领导小组，把学习宣传贯彻党的十八大精神、中共十八届三中全会、自治区党委八届六次全委（扩大）会议及习近平总书记系列重要讲话精神作为首要政治任务，组织知识竞赛、征文比赛、演讲比赛、学习笔记展评等活动。坚持"内宣鼓干劲、外宣树形象，向全场各族群众宣传中国梦、民生、政策法规、农场新变化等内容，为推进全场经济社会发展营造良好的舆论氛围。

2014 年，农场贯彻第二次中央新疆工作座谈会精神，坚持以习近平新时代中国特色社会主义思想为指导，贯彻落实好党中央关于新疆工作的大政方针，弘扬社会主义核心价值体系和社会主义核心价值观，立足本场实际抓好宣传，在全场营造昂扬向上的社会氛围。

2016 年，农场（集团公司）深入推进理论下基层活动，开展走家入户谈发展形势政策宣传教育，受教育人数 1 万余人。同时在全场开展"两学一做"学习教育，推动党内教育从"关键少数"向广大党员拓展、从集中性教育向经常性教育延伸的重要举措。

2018 年，红旗坡农场（集团公司）突出习近平总书记系列重要讲话精神和治国理政新理念、新思想、新战略、全国"两会"精神、党的十九大会议精神等学习内容，全场党员干部职工参加活动 6000 余人次。

2020 年，抓好习近平新时代中国特色社会主义思想和党的十九大精神的学习，用好《习近平谈治国理政》（第一卷、第二卷）、《习近平扶贫论述摘编》《习近平新时代中国特色社会主义思想三十讲》等辅助读本，坚持读原著、学原文、悟原理，通过领导带头学、研讨交流学和实践调研等方式，在深刻领会习近平总书记系列重要讲话、自治区党委的各项决策部署的核心要义上下功夫。通过集团公司微信群、张贴宣传标语等方式开展疫情防控宣传。

（三）对外宣传工作

2000年后，农场加强对外宣传工作，每年利用乌洽会、中亚南亚商品交易会等重大活动，宣传农场形象，充分利用外出招商和各级领导、客商来农场调研、洽谈等机会，宣传、推介农场。

2012年，农场围绕中心工作，借助各级各类主流媒体资源，有针对性地开展一系列对外宣传，突出展示和提升农场良好形象。

2017年9月13日，农场微信公众号"新疆红旗坡集团"上线运行。

2018年1月，为更好地提升公司形象，加强宣传力度，展示公司对外形象，新疆红旗坡农业发展集团新网站正式上线，网址为 http：//www.xjhongqipo.com。网站共设置8个一级栏目，首页展示公司多款产品、集团新闻、社会责任、资质荣誉、产业布局等几大板块。是月，在新疆人民广播电台汉语综合广播阳光895和浙江广播电视集团浙江之声直播节目《新疆瓜果优质农产品广播推介大行动——阿克苏专场》上，红旗坡集团公司旗下林果开发股份有限公司副总经理罗绍明为浙江听众讲解阿克苏冰糖心苹果。

至2020年，农场（集团公司）产品先后在《人民日报》《光明日报》、中央电视台、中央人民广播电台、《新疆日报》《新疆经济报》、新疆电视台、新疆人民广播电台等自治区级以上新闻媒体累计刊稿160余篇。

四、民族宗教工作

1958年，农场成立后，做好民族团结教育。

1991年3月，成立宗教管理领导小组，王巧云任领导小组组长，阿不力米提任副组长。

1998年3月，成立红旗坡农场宗教管理委员会，各队成立宗教管理领导小组。

2000年3月，为依法管理宗教事务，农场制定责任状，责任状由场领导、基层单位领导、宗教场所负责人共同签字，实行统一检查、考核，党支部书记对党委负责，宗教教职人员对民族宗教事务办公室负责，出现问题实行一票否决制，并追究签字人责任。6月，成立红旗坡农场宗教事务管理领导小组。

2003 年，农场成立宗教教职人员资格审定和聘用任职工作领导小组。组织宗教教职人员系统地学习党的宗教政策、中央及自治区有关民族宗教工作等一系列指示和文件材料。年内，组织宗教教职人员学习 15 次。组织农场宗教教职人员进行 10 天的参观活动。古尔邦节期间，农场领导看望宗教教职人员。加强对各单位负责民族宗教工作的干部和宗教教职人员的政治理论教育，提高干部和宗教教职人员的宗教管理能力和工作水平，提高广大群众的民族团结、社会主义道德观，形成互助互爱创的氛围。

2004 年，农场制定宗教事务管理制度及措施，由宗教事务管理办公室定期组织召开宗教教职人员座谈会，征求合理意见、建议。加强对宗教教职人员、宗教场所、宗教活动的管理，引导宗教与社会主义社会相适应。

2013 年 5 月 16 日，农场印发《进一步加强民族宗教事务管理工作实施方案》。做好民族团结教育工作，巩固和发展社会主义的新型民族关系；通过与相关部门配合，做好少数民族干部的培养和举荐工作。

2016—2020 年，农场的宗教事务管理完成社会化管理移交，配合管委会和社区完成民族宗教政策法规宣传工作，民族团结更加进步，经济、文化、教育等各项事业蓬勃发展。

五、政法工作

1999 年，农场成立武装政法部后，牢固树立"稳定压倒一切"的政治意识，把维护国家主权，维护法律尊严、维护社会政治稳定置于突出的战略地位。农场建立一整套长效管理机制，基层组织建设得到巩固和完善，维护全场政治稳定。

2000 年后，农场以"得民心"工程为重点，抓基层组织建设、基层宣传教育和基层医疗卫生方面的工作，做好基层的治安工作。

2002—2003 年，农场开展学校周边环境的治安整顿等工作。

2006 年，农场开展社会治安专项整治和治安防范，以平安建设工作为载体，推进社会治安防控体系建设和社会治安综合治理工作。

2010 年后，农场强力解决信访突出问题。加大校园周边环境治理工作力度，建立群防群治队伍。采取教育、管理、防控、打击"四位一体"综治工作举措，查找综治工作薄弱点，开展试点工作，强化流动人口服务管理，深入推进各项专项行动，确保社会大局稳定。

2016 年，农场承担的政法工作完成移交。

六、纪检工作

（一）机构

1965 年之前，农场没有专门设立党的纪律检查机构，日常纪律检查工作由场党委统一抓。1965 年 2 月，农场设监委书记，王汉臣任监委书记。1965 年 12 月 14 日，成立中共阿克苏专区红旗坡农场委员会监察委员会，监察委员会由依米提·阿西米、王汉臣、黄荣、姜春生、阿不都热衣木·尼牙孜 5 人组成，依米提·阿西木（农场党委副书记）兼任监委书记，王汉臣任专职监委副书记。1979 年 4 月，成立中共红旗坡农场纪律检查委员会（以下简称纪检委）。

表 4-1-4　1965—2020 年中共红旗坡农场纪律检查委员领导名表

职务	姓名	性别	民族	籍贯	任职时间
监委书记	王汉臣	男	汉		1965.2—1965.12
	依米提·阿西木	男	维吾尔	新疆阿克苏	1955.12—1967.1
纪检委书记	吴树枫	男	汉	河北石家庄	1979.4—1983.5
	王巧云	女	汉	江苏镇江	1984.7—1999.1
	黄松林	男	汉	湖南长沙	2001.5—2008.12
	常国宏	男	汉	河南鄢陵	2014.8—2016.6

（二）查办案件工作

1959 年，因贪污等问题，1 名基层干部受到降职和警告处分。

1960 年，农场共查处 8 个单位 38 名人员。38 名人员中，破坏生产犯 1 人，贪污在逃犯 2 人，贪污犯 4 人，违法乱纪 5 人，盗窃犯 7 人。另农场党委受理案件 11 起，其中党员案件 3 起，受留党察看 1 人，批评教育 2 人。

1961 年，处理有问题人员 17 名。其中砖队 4 人，水管站 1 人，农田一队 3 人，农田三队 1 人，加工厂 3 人，畜牧队 2 人，另农场党委处理干部贪污误案件 3 起，1 人撤职，1 人调离干部工作岗位，按农工处理，1 人行政记大过处分，调离管理员岗位，按农工处理。

1962 年，给农田五队 1 名党员党内警告处分。

1963 年，全场受理各种案件 10 起，其中 1 人经公安部门逮捕法办，1 人开除党籍，撤销行政副队长职务，1 人受党内严重警告处分。1964 年，处理 4 人，农田一队队长受撤职，戴坏分子帽子，劳动教养处分；农田六队 1 位副队长受撤职处分；农田一队 1 位副队长受撤职处分并被逮捕法办；机耕队 1 人受降级处分。

1965 年，开除干部 2 人，开除农工 3 人。

1970 年，整党中处分党员 3 名。

1971 年，1 名干部受撤销指导员职务、党内严重警告处分。

1976 年，处理农场干部 1 人，免去其领导职务，下放劳动。

1979 年，处理 3 人，其中 2 人行政记过、1 人党内严重警告。

1983 年，撤销 4 人在揭批查中被处理的记大过处分。

1990 年，全场党员评议，对不合格党员进行处理：劝退 2 人，限期改正 1 人，自行脱党 1 人。

1991 年，贯彻中纪委关于加强廉政建设，纠正行业不正之风等规定，深入基层检查执行情况，清理违犯纪律建私房、拖欠公款等问题，对有关人员进行处理，严明纪律。

2000 年，协助地区纪检委查处 1 起大要案。

2002 年，纪检监察工作加大力度，监察制约机制逐步形成，各项管理工作趋于规范，超前监督，关口前移，遏止腐败现象初见成效，审计、监督发挥作用。同年，1 名基层领导，1 党员受党内严重警告处分。

2004 年，受理案件 6 起，处理 3 人，两人受党内严重警告处分，1 人免去党内职务，追回违纪款 7950 元。

2005 年，农场党内受严重警告 1 人，并通报全农场。违规超标发放的资金上交。

2006—2010 年，场纪委监察室把查办案件、打击腐败分子作为惩治、震慑、遏制腐败的重要手段。严格按照"事实清楚，证据确凿，定性准确，处理恰当，手续完备"20 字方针严格办案，在办案工作中坚持惩处与教育相结合，打击与保护相结合，重大案件与一般案件相结合，纪律处分与组织处理相结合。切实将查办案件放在纪检监察工作的首位。受党纪处分 3 人，涉及乡科级干部 1 人、一般党员干部 2 人。

2011—2017 年，场纪检监察室坚持惩治腐败全覆盖、无禁区和零容忍的高压态势，给予开除党籍 4 名，政务撤职 4 名；给予组织处理 4 名，涉及科级干部 4 名，4 人被司法机关追究刑事责任。

2018—2020 年，农场（集团公司）纪检监察审计部按照上级纪检机关，给予开除党籍 10 名，留党察看 3 名，政务撤职 2 名，降级 8 名；给予组织处理 1 名，涉及县级干部 1，科级干部 6 名，一般干部 2 名。

（三）领导干部廉洁自律工作

1986 年，农场党委结合整党工作，每年召开 2 次民主生活会，对照党章对照检查，听取群众意见，开展批评和自我批评。1987 年，按照《关于党内政治生活的若干准则》

规定，各级党员干部以党员的身份参加所在支部的组织生活。

1991—1992 年，建立"两公开一监督"（决议的公开、组织实施决议和实施结果的公开，决议和决议实施全过程接受党员、群众的监督）为中心内容的廉政制度，加强对领导干部的监督。

1993 年，农场制定《关于加强党风廉政建设，开展反腐败斗争的决定》和《关于加强领导班子思想作风建设的决定》，在场领导干部中自查自纠，场级领导填写自查自纠登记表。

1995 年 3 月起，农场党委以狠刹吃喝玩乐风为突破口，制定《关于公务接待工作若干问题的决定》。

1996 年，场纪检委开展清理公款配置移动电话、清理领导干部建房、住房、购房、装修等超标准问题和清理整顿预算外资金收支情况，严肃财经纪律、强化增收节支。

1997 年 5 月起，农场认真学习和落实中央、自治区关于厉行节约、制止奢侈浪费行为八条规定，取消各类庆典活动，压缩会议，重新修订《公费安装和使用电话管理办法》。2000 年，进一步规范领导干部行为，建立相关监督制约机制。出台《红旗坡农场领导干部行为准则》《关于进一步转变领导干部工作作风若干问题的整改意见》《身边工作人员制度》《密切联系群众制度》《信访工作制度》等，实行领导干部个人重大事项报告制度、礼品登记制度、收入申报制度、国有企业业务招待费使用情况向职代会报告制度，从源头上遏止奢侈浪费行为。

2001—2005 年，农场深化廉洁自律工作，严格贯彻厉行节约、制止奢侈浪费的各项规定。全面推行廉政谈话和个人重大事项报告制，完善干部任免票决制、新提拔干部任前公示制、试用期制、任前谈话制、领导干部离任经济责任审计制、干部监督工作联席会议等各项制度。严肃查办党员干部特别是领导干部利用婚丧嫁娶、子女升学、乔迁时机大摆宴席借机敛财等违规行为。

2007 年，落实领导干部收入申报、礼品登记和重大事项报告制度，开展干部住房清理工作。每逢节假日都重申廉洁自律有关规定，节日期间对公车私用进行监督检查。

2009—2010 年，农场建立教育培训长效机制，制定《关于进一步加强领导干部法律法规学习的通知》，编印下发《领导干部法律法规学习手册》200 册，修订《关于开展新任职领导干部法律法规和党纪条规考试活动的实施意见》，组织各单位党政主要领导、新提拔科级干部进行法律法规知识考试。

2011 年，农场印发《关于节日期间严格执行廉洁自律各项规定的通知》，明确提出制止奢侈浪费、公款消费、公款送礼、收受礼金（礼品）等不正之风的禁令。开展重大投资项目责任审计，推进廉政风险防范和党务公开，加强内部防控机制。

2012 年开始，落实领导干部婚丧嫁娶事宜报告制度和承诺制度，全场领导干部每年集中报告一次个人事项。建立作风建设常态化督察机制，强化党内监督、群众监督和舆论监督，紧盯关键节点，采取多项措施，狠刹公款吃喝、公款送礼、公款旅游、公车私驾私用等问题。

2016—2020 年，红旗坡农场（集团公司）党委（党组）制定《党委班子落实党风廉政建设主体责任及班子成员落实"一岗双责"责任清单》，强化"一把手"监督。场纪委坚持源头防腐，全面推行党政正职"四个不直接分管"和"六重一大"事项末位表态制度，所有人事、财务、项目、采购均实行副职分管、正职监管、集体决策，党政正职"六重一大"事项决策末位表态，有效制衡"一把手"权力。组织数次观看警示教育片《伸手必被捉》等相关影片，通报数起违纪违法典型案例，教育引导广大党员干部要以案为鉴，深刻反思，始终做政治上的"明白人"。全场受教育党员领导干部 1000 余人次。查处违反廉洁纪律组织纪律党员干部 42 名，给予党内警告处分 7 名，严重警告处分 12 名，撤销党内职务 5 名，留党察看 4 名，开除党籍 12 名，开除公职 2 名；双重处分 5 名；降级 8 名。

（四）党风廉政教育

1999 年起，农场按照地区安排，开展第一个党风廉政教育月活动。1999—2020 年，共开展 22 个党风廉政教育月活动。党风廉政教育月活动以全场党员干部，特别是领导干部为重点，紧扣教育月主题，通过举办"党风廉政建设"知识竞赛、撰写心得体会、巡回宣讲、举办板报、专题图片展及广播宣传的形式，拓宽党风廉政教育月宣传教育渠道，丰富宣传教育内容，使全场教育月活动取得积极成效。

（五）纠正部门和行业不正之风工作

1987 年，红旗坡农场结合实际开展制止吃公款、婚事大操大办和公车私用问题的纠风工作，对出现的问题责令纠正。1989—1992 年，严肃处理滥罚款、"吃拿卡要"刁难群众、徇私舞弊等严重以权谋私问题 2 件。

1993 年，场纪委与下属单位签订《纠正行业不正之风目标责任书》，纠正利用职权谋取不正当利益和损害群众利益的不正之风。

1996 年后，场纪委重点查处有令不行、有禁不止、顶风违纪的案件，治理损害群众利益的"热点"问题，推动纠风工作深入进行。每年召开一次纠风工作会议，对评估验收的优秀单位进行表彰奖励。

1996—2000 年，集中力量，对群众反映强烈严重的影响改革开放和经济建设发展的不正之风，进行专项治理。狠刹乱收费、乱罚款和吃、拿、卡、要，向工乱摊派等不正之风。同时，严格落实基层单位财务政务"两公开"和乡（镇）财务预决算制度。

2001年，场纪委监察室建立完善纠风工作制度、廉政建设制度和监督机制。加大职工减负工作，建立健全"涉农收费公示制"等规章制度。

2003年后，场纪委监察室每年与各基层单位签订纠风工作目标责任书，层层落实纠风工作责任，并聘请行风义务监督员3人，对每年的纠风工作进行跟踪监督，对存在的4个问题及时进行整改，确保纠风工作有条不紊地开展。

2006年，全面开展反商业贿赂工作，对工程建设、土地出让、政府采购等领域进行专项检查，动员群众反映和举报商业贿赂问题，未发现商业贿赂行为。

2009年，场纪委监察室从各单位抽调1名专职行风评议员，通过发放调查问卷、明察暗访，收集群众对场部工作作风、办事效率的意见、建议5条，对存在的问题做整改。

2010年，农场通过宣传栏、设置咨询服务台、向社会公开承诺优质服务、扶贫措施等，争得全场的广泛监督指导，高标准推进行风整顿各项工作。以整治群众反应强烈的收受红包、吃、拿、卡、要、态度生冷等问题为重点，强化措施，认真加以解决。

2011年，场纪委监察室为认真落实中央纪委十七届六次全会、自治区纪委七届七次全会和地区纪检监察工作会议对纠风工作的部署和要求，制订《红旗坡农场2011年纠风工作实施方案》，签订目标责任书，向社会做出公开承诺。开展"服务好、质量好、效果好，职工满意"的"三好一满意"活动，并聘请3名行风评议员，发挥人民群众的监督作用。通过采取向社会和患者发放调查问卷、设立意见箱、公布投诉电话等形式，广泛征求服务对象的意见。

2012年，围绕"民生优先、群众第一、基层重要"的核心理念，部署转变作风、服务群众暨服务基层年的具体工作，组织全场干部职工开展扶贫帮困、宗教事务等多项工作。

2013年2月22日，农场为进一步密切干群关系，印发《红旗坡农场进一步深入开展各级干部赴基层转变作风服务群众活动实施方案》。

2015年，农场结合党的群众路线教育实践活动和工作实际，采取集中学习、科室学习和个人自学等形式，把改进作风与建章立制相结合，坚持一手立规矩、定制度，一手抓整改、抓落实，为整治"四风"提供制度保障。

2020年，红旗坡农场（集团公司）组织纪检监察室人员对历史旧账等问题进行全面排查梳理、集中化解处理关系群众切身利益的历史遗留问题。治理工作与加强日常管理相结合，改进内部管理与加强外部监督相结合，加强对重点部门、重点人员、重点环节、重点岗位、重点领域的权力运行监管。

（六）执法监察工作

1958 年后，农场监察工作主要围绕无组织无纪律、不执行党的政策和决议、打骂职工，或掌握纪律性不强、官僚主义严重、破坏党的团结等方面开展。其中 1960 年受理案件 11 起，处理 1 人、受批评教育 2 人。通过问题查找，针对性地开展工作，歪风邪气得到有效制止。

1984—1993 年，农场执法监督主要以纠正干部不正之风和查处违法违纪案件为主。

1996 年，场纪委围绕反腐纠风重点开展执法监察，开展减轻农工负担专项治理，对减轻农工负担各项政策落实情况进行监督检查。

1998 年，全面清理领导干部占用的耕地。有效地保护农工的利益。加强公用车辆的使用与管理。实行小车外出派车单制度，凡没有派车单私自外出的，对驾驶员进行相应的处罚。同时，对领导干部的工作车费用根据其工作性质、工作量、工作范围进行核定，超支不补。由于措施有效，小车费用明显降低。

2001 年，场纪检监察室对各单位清欠情况进行专项调查和清理，对机关及其工作人员无偿占用下属单位钱财物问题进行专项清理。

2004 年开始，每年对减轻职工负担各项政策落实情况进行一次监督检查。

2006 年后，场纪检监察室将保障改善民生作为履行职责的重要着力点，全力监督强农惠民政策落实，对农机补贴、新农合、灌溉用水分配等开展专项监督检查，至 2010 年，先后开展专项检查 15 次。对社保基金、扶贫、救灾资金管理使用情况进行监督，有效确保专项资金的安全运行。

2011—2020 年，农场（集团公司）纪检监察室贯彻落实中央八项规定和自治区、地区十项规定，开展隐身变异"四风"、侵害群众利益和不作为慢作为专项整治。对 2 名党员干部涉嫌酒驾行为进行调查处理；对党员领导干部持有会员卡进行专项清理；对 5 起损害群众利益的案件进行纠正查处。

（七）治本工作

1958—2020 年，农场（集团公司）作为国有企业，纪检监察工作在直面贪腐"存量还未清底、增量仍有发生"的现实情况下，建立起预防措施，强化政治引领，运用宣传平台、"三会一课"及组织生活等载体和途径，不断提高党员干部政治判断力、政治领悟力、政治执行力，建强政治堡垒。强化宏观部署和细节要求，考虑"三重一大"、工程建设、薪酬分配、财务核算等重点项目环节运行可能面临的廉洁风险点，并形成防控措施，在设计方案中注明、在运行过程中公示、在项目完成后逐项审计核实，形成事前预警提醒、事中跟进监督、事后分析评价的系统性管理方法，规范监督流程，提升监督质效，从源头控制廉政风险。纪检监察与生产经营等中心工作的融合，更好地激发国企纪检监察监督全面性，增强执纪精准性，推动问责实效性，发挥出"1＋1＞2"的质效，为一体推进"三不"建设和纪检监察高质量发展提供坚实基础。在教育全场党员干部的同时，纪检监察人员加强自身教育培养。农场每年派人参加地区举办的纪检监察培训班，使纪检监察工作理论和业务素质进一步提高，增强为农场经济建设和改革开放护航的力度。

（八）党风党纪教育工作

1958 年后，农场党委在地委统一领导下，农场以党支部为核心，以毛泽东思想为指针，突出政治，狠抓全体干部的思想教育，开展讲团结、讲政治和讲原则运动，克服重业务、轻政治的错误思想认识，树立人人做政治工作的意识。同时，在全体干部中掀起学习毛泽东著作的高潮，要求重点学习《实践论》和《矛盾论》，切实做到边学边用、联系实际，学而用之。

1978 年之后，农场组织全体干部学习中共十一届三中全会精神和中共中央《关于建国以来党的若干历史问题的决议》为重要内容，将思想统一到中央的路线、方针和政策上来。教育干部紧紧围绕中央以经济建设为中心，以团结一切可以团结的力量为根本，把全体干部紧紧团结在党委的工作部署上来。

1984 年，农场组织党员学习《中共中央关于整党的决定》《关于党内政治生活若干准则》《中国共产党章程》《党的纪律检查工作讲话》，以及自治区纪律检查委员会有关文件等。对党员进行党性教育。

1995 年，对全场党员开展党规党法，新党章学习与检查，查处少数党员干部违纪案件。

1996—2000 年，农场加强对全场各级党组织广大党员的党性、党风、党纪教育，把遵守政治纪律教育作为对党员干部纪律教育的主要内容，把遵守纪律教育的监督作为第一位的监督，要求全体党员特别是领导干部必须立场坚定，旗帜鲜明地拒腐防变、主动反腐，始终在政治思想上与党中央保持高度一致。

2001 年后，农场抓好反腐倡廉宣传教育活动，构建反腐倡廉"大宣教"工作格局。把加强党风廉政宣传教育纳入全场的思想政治工作总体规划，使党风廉政宣传教育紧贴党员干部的思想、工作实际，尤其是《中国共产党纪律处分条例》《中国共产党党内监督条例（试行）》《建立健全教育、制度、监督并重的惩治和预防腐败体系实施纲要》等重要党内法规颁布后，组织全场党员干部认真学习，通过组织开展座谈讨论、举办法制宣传日、党纪条规知识竞赛等活动，对党风廉政建设责任制落实、领导干部廉洁自律、行风建设等工作开展情况进行全方位、多层次的宣传报道。通过展示党风廉政建设和反腐败斗争的阶段性成果，增强广大党员干部和各族群众对反腐败斗争必胜的信心。抓好反腐倡廉警示教育活动。场纪委领导共与下级党支部及部门的负责人进行100余人次的廉政谈话，对新提拔、调整的干部进行任前廉政谈话，新提拔的领导干部到纪委签订《廉政承诺书》。为更好地适应新形势、新时期的发展要求，加强领导干部廉洁自律工作，对科级领导干部廉政档案进行管理，全场副科级以上领导干部的基本情况、重大事项申报、任期经济责任审计、（礼金）上交登记、党风廉政建设等情况都实现动态管理，为及时掌握领导干部的廉洁自律和提拔、使用情况提供可靠依据。

2004年，农场从纪检监察审计着手，抓党风廉政建设，全场推行场（队）政务公开、财务公开，维护职工的民主权利。按中纪委"为民、务实、清廉"的要求，加强对全场干部、党员的教育工作，开展学习两个"条例"板报比赛和知识竞赛，对群众来信来访进行认真调查，查清核实的问题及时纠正，反映不实的给职工群众做说明解释工作，及时化解矛盾。

2006年后，场纪委把加强党风廉政宣传教育纳入全场的思想政治工作总体规划，与创先争优、"热爱伟大祖国、建设美好家园"等活动紧密结合，在牵头抓总的同时，促使职能部门各司其职、各负其责、形成合力，使党风廉政宣传教育紧贴党员干部和各族群众的思想、工作实际，尤其是《中国共产党党员领导干部廉洁从政若干准则》《关于实行党政领导干部问责的暂行规定》《国有企业领导人员廉洁从业若干规定》等重要党内法规颁布后，组织全场干部认真学习。在每年的党风廉政教育月，通过组织开展座谈讨论、党纪条规知识竞赛、演讲比赛、漫画展等活动，对党风廉政建设责任制落实、领导干部廉洁自律等开展情况进行全方位、多层次的宣传报道。通过展示党风廉政建设和反腐败斗争的阶段性成果，增强广大党员干部和各族群众对反腐败斗争必胜的信心。至2010年，场纪委领导共与部门的负责人进行110余人次的廉政谈话，对新提拔、调整的20余名干部进行任前廉政谈话，与新任职的领导干部签订《廉政承诺书》。纪委与相关部门联合举办廉政知识专题讲座5次。

2011—2015年，场纪委深化宣传教育，推进廉政文化建设。通过开展家庭助廉、廉政文化作品展、主题演讲比赛、违纪违法案件通报回访暨警示教育会议等，广泛深入的宣传党风廉政建设，营造浓厚的廉政文化氛围。开展好廉政教育月系列活动，每年制定《党风廉政教育月活动安排意见》，开展系列教育活动，达到以月促年的效果。场党政正职每年至少上1次廉政党课。通过岗位教育、警示教育、以案说法、以案明纪，广大党员干部的廉洁从政意识得到进一步增强。累计接受警示教育达1500余人次。

2016—2020年，红旗坡农场（集团公司）纪委协助党委始终将全面从严治党主体责任抓在手上，坚持将党风廉政建设和经济社会发展工作同部署、同落实、同检查、同考核，形成"主要领导负总责、分管领导各负其责、班子成员齐抓共管、纪委协调督察"的领导体制和工作机制。将党风廉政建设相关内容纳入党委中心组学习，传达上级有关党风廉政建设会议精神、指示批示和安排。党委书记认真落实重要工作亲自部署、重大问题亲自过问、重点环节亲自协调、重要案件亲自督办。教育、引导和督促全场党员干部讲政治、顾大局、守纪律，坚定政治立场和政治方向，自觉同党中央、自治区、地区在思想上同心、目标上同向、工作上同步。

七、重大政事

（一）社会主义教育

1963年9月至1964年8月，农场开展社会主义教育运动，分两批进行。第一批从1963年9月21日开始，到1964年2月底完成，在7个基层单位进行。第二批从1964年3月初开始到8月5日结束，进行余下的7个单位。两批全程历时320天。

全场参加"社教"工作脱产干部33人，另有不脱产积极分子2人。其中自治区干部7人，专区干部13人，其他农林团场干部13人；县级以上干部3人，科级干部8人，一般干部22人；男干部30人，女干部3人；党员15人，团员12人。

"社教"运动中，评出"五好"干部17人。其中支部书记1人，大、小队长11人，会计3人，出纳1人，保管1人。参加公物还家职工236人，各种物资折合人民币659.75元，生产物资396件，生活物资37件，粮食508千克。

（二）农场整党

1985年3月，红旗坡农场按照《中共中央关于整党的决定》，对党员进行评议、登记。农场党委研究决定成立整党办公室，主抓整党工作。10月1日，农场各支部开展整党运动，至1986年2月底结束。举办3期学习班，按照党员标准进行民主评议，有177名党员符合或基本符合党员标准进行登记的党员有169名，暂缓登记1名，未登记2名，暂挂5名。党员留党察看处分1人，严重警告处分1人，新发展党员24人。经过整党，党员觉悟有所提高。

（三）"三讲"教育

1999年9月，红旗坡农场党委根据地区开展"三讲"（讲学习、讲政治、讲正气）教育活动要求，组织党员干部开展"三讲"教育活动。成立领导小组，制定各阶段实施方案，"三讲"教育共分四个阶段进行。采取集中封闭学习和讨论交流、影视录像等多种形式，深入系统地进行理论学习和思想教育。学习期间，通过阅读马列主义、毛泽东思想、邓小平理论、江泽民讲话的篇目，所有党员学习《反对自由主义》《为人民服务》《纪念白求恩》《邓小平同志建设有中国特色社会主义理论学习纲要》等内容。

（四）"三个代表"重要思想学习教育

2000 年 5 月，红旗坡农场党委开展"三个代表"重要思想学习教育，成立领导小组。学习教育分为学习培训阶段、对照检查阶段和整改提高阶段。党支部制订每个阶段的学习教育实施方案，根据实施方案，深入开展学习理论、树立形象、加强管理、增强服务为主题的学教活动，通过自查、互查，召开座谈会、民主生活会等形式，认真查找工作、思想、作风等方面存在的问题，并制订出整改计划，保证活动的效果。先后开展理论学习、下乡"同吃、同住、同劳动"活动（简称"三同"活动）、党员领导班子对照检查、开展谈心、召开"三会"、通报情况、收集反映问题和整改解决问题等环节，顺利完成 3 个阶段的各项任务，取得显著成效。通过开展"三个代表"重要思想学习教育，充分调动全所干部职工的工作积极性。

（五）保持共产党员先进性教育活动

2004 年 9 月，农场成立保持共产党员先进性教育活动领导小组。2005 年 2 月，根据工作实际，制订《阿克苏地区红旗坡农场保持共产党员先进性教育活动实施方案》，保证活动和日常工作协调有序地开展。为保证白天正常工作，利用晚上及休息日抽出时间学习有关保持共产党员先进性教育活动的材料，做到有记录，写心得。组织全体党员就如何开展活动展开讨论。大家一致认为，开展保持共产党员先进性教育活动是贯彻"三个代表"重要思想的重大举措，每个共产党员都应该有清醒的认识和高度的自觉，认真学习理论知识，提高自身党性修养。3 月，举行重温入党誓词仪式，党员领导干部面向党旗，集体重温入党誓词，庄严宣誓。通过重温入党誓词，使党员深受教育，决心努力实践"三个代表"重要思想，永葆共产党员先进本色，为全面建设小康社会做出新的贡献。

（六）科学发展观教育实践活动

2009 年 3 月，农场按照地委安排，成立深入学习实践科学发展观活动领导小组。3 月 18 日，组织全体党员和中层干部召开深入学习实践科学发展观活动动员大会，并对开展学习实践科学发展观活动进行动员和部署。根据地区的统一部署，农场按照地区《学习实践科学发展观活动实施方案》的安排，认真学习文件精神，广泛发动，周密安排，认真开展学习调研、分析检查、整改落实 3 个阶段的各项活动，先后组织学习 20 余次，召开座谈会 3 次，开展谈心交流活动 70 余人次，组织学习实践科学发展观演讲比赛 2 次，编发简报 15 期。场领导班子成员紧紧围绕制约农场发展的主要问题，选取 3 个调研课题，撰写调研报告，并制定《地区红旗坡农场学习实践科学发展观活动整改落实措施》。经过学习实践活动的开展，达到党员干部受教育，人民群众得实惠，科学发展上水平的目的。

图 4-1-7　2009 年 3 月 18 日，农场召开深入学习科学发展观活动动员大会（照片提供：档案室）

（七）创先争优活动

2010 年 6 月 9 日，按照地委的统一安排，农场召开加强基层党组织建设和在党员中开展创先争优暨热爱伟大祖国、建设美好家园活动动员大会。启动以创建先进基层党组织、争做优秀共产党员为主要内容的为期两年的创先争优活动和热爱伟大祖国、建设美好家园主题教育，成立领导小组，召开动员大会。通过狠抓学习教育，积极创新特色活动，干部职工思想大解放、观念大更新、作风大转变，形成解放思想、抢抓机遇，加快发展人人有责的生动局面。各党支部开展"党员先锋岗""一个党员一面旗帜""党员无事故"等活动。通过开展创先争优活动，提高党组织的凝聚力和党员的责任感、光荣感、使命感。为鼓励先进，激励后进，在"七一"进行评先表彰奖励。共计编发各类信息 38 期，制作宣传版面 10 块，全场干部职工书写心得体会 240 份。

（八）党的群众路线教育实践活动

2014 年 3 月，按照地委的统一安排，农场开展第一批党的群众路线教育实践活动。全场党员参加教育实践活动率 100%。教育实践活动分组织动员、学习文件、征求意见、查摆问题、制定整改措施等阶段。发放征求意见表 200 余份，上门征求意见、召开各类座谈会 4 场，个别谈话 50 多人次，与一线职工见面 100 余人次，分层面、多角度征求意见和建议，领导班子成员查找问题 68 条。7 月 10 日，场领导班子召开专题民主生活会，制定整改方案。至年末，整改方案全部落实。

2014 年 5 月 25 日，农场为推进党的群众路线教育实践活动深入开展，开展党的群众路线教育实践活动专题知识竞赛，共 6 支代表队参赛，每队由 5 人组成，其中至少有 3 人为科室领导。7 月，在教育实践活动中，先后发放征求意见表 180 余份，征求到领导班子意见建议 38 条，班子成员存在的 65 条问题及意见建议，逐条梳理，反思工作作风中的"四风"问题，深入剖析问题根源，稳步推进场风建设的步伐。10 月 20 日，召开阿克苏地区红旗坡农场党的群众路线教育实践活动总结大会。

2015 年 3 月，党的群众路线教育实践活动进入整改落实攻坚阶段，农场领导班子立足持续发展，明确责任人，加强监督检查，切实解决持续发展中的问题。通过学习，落实各项制度，全场党员领导干部对照"七个有之"认真查摆，做到严格要求自己，从根本上巩固和拓展教育实践活动成果。

（九）"三严三实"专题教育

2015 年，农场党委根据地委关于开展"三严三实"专题教育相关要求，对照"严以修身、严以用权、严以律己，谋事要实、创业要实、做人要实"要求，找准找实领导干部在"三严三实"方面存在的突出问题，边查边改。制定"七项问题"专题整治工作活动方案，逐一分析研究，明确责任领导、责任科室及整改时限，教育和引导广大党员干部树立想干事、敢于担当的良好风气，推进工作作风建设，努力解决人民群众反映强烈的突出问题。通过教育活动，农场广大干部的服务意识得到提升。

（十）"两学一做"学习教育

2016 年 5 月，红旗坡农场（集团公司）党委根据地委关于开展"两学一做（学党章党规，学系列讲话，做合格党员）"的统一部署，在全体党员中开展"两学一做"学习教育，成立"两学一做"学习教育领导小组，制订《阿克苏地区红旗坡农场开展"两学一做"学习教育实施方案》。学习党内法规；学习领会习近平总书记系列重要讲话的基本精神；教育引导党员按照"四讲四有"党员标准，树立党员先锋形象；利用举办培训讲座、组织学习交流等多种方式推动学习；各党支部书记带头为党员上党课，党员以"微党课"的方式互动交流、答疑释惑。党员领导干部严格执行双重组织生活制度，以党员身份参加支部的组织生活，与党员一起学习讨论、一起查摆解决问题、一起接受教育、一起参加党员民主评议，与每名党员谈心谈话，做到全员覆盖。要求学习效果适时抽考，整改实效定期检查。对学习研讨不深入、查摆问题走过场、整改落实不到位的点名道姓批评、约谈问责。8 月，"两学一做"活动教育期间，各党支部专题学习习近平总书记重要讲话精神、《中国共产党廉洁自律准则》；将每月 25 日定为"交纳党费日"；领导带头深入基层讲党课；组织全体党员重温入党誓词，观看宣传片《红色旗帜》，使党员干部牢记党的宗旨；在办公楼中悬挂"两学一做"相关内容，提醒党员干部懂规矩、守纪律、做表率。通过"两学一做"学习教育，全场党员干部的自觉性不断提高，"四个意识"进一步增强，清风正气、勇于担当的责任意识明显增强，在推动全面从严治党向基层延伸、保持党的先进性纯洁性方面均有所改观，工作主动性、积极性明显提高。

（十一）"聚焦总目标　作风再整顿"专项活动

2018 年 10 月 18 日，红旗坡农场（集团公司）党组按照地委安排，开展"聚焦总目标 作风再整顿"专项活动，牢固树立"抓作风促业务、干业务强作风"的理念，将学习教育延伸至全场职工，按照"对照查"要求，建立问题清单、开展谈心谈话，认真查找作风建设存在的顽疾，同时强化督察问责，对上级及本场督察出的问题严厉追责和处理，对存在问题的 5 个科室负责人进行约谈，问责 28 人次，干部职工政治意识、责任意识得到提高，工作行为进一步规范。

（十二）"不忘初心、牢记使命"专项活动

2019 年 9 月，红旗坡农场（集团公司）根据自治区党委、地委的部署，成立"不忘初心、牢记使命"主题教育领导小组，印发《阿克苏地区红旗坡农场"不忘初心、牢记使命"主题教育活动实施方案》，加强对全场主题教育的组织领导和统筹协调。党委书记亲自主持制定 5 个月的理论学习中心组主题教育学习活动安排，带头深入学习党的十九大报告、习近平总书记在主题教育工作会议上的重要讲话精神及系列重要讲话精神、《习近平新时代中国特色社会主义思想学习纲要》《习近平关于"不忘初心、牢记使命"重要论述选编》等，围绕主题分别举行组织集中学习 10 次、中心组研讨学习 9 次，共计 19 次，每个支部每周组织 1 次集体学习。集中观看学习老英雄张富清事迹报告片，通过学习先进典型，让党员干部接受思想洗礼，弘扬奉献精神。全体党员前往阿克苏地区博物馆观看红色传承精神、党风廉政画展等，让党员干部深入学习老一辈红色革命精神。党委班子成员深入分管单位、分管领域，共计开展党课教育 6 次。12 月 7 日，在集团公司召开"不忘初心、牢记使命"主题教育专题民主生活会深入查摆问题，开展批评和自我批评，梳理汇总班子成员之间相互提意见 90 条，剖析查找问题班子 11 条、班子成员 73 条。7 个党支部按照要求完成组织生活会，共计 145 名党员参加会议。共收集各类问题 19 条，调研过程中解决问题 6 件。开展专项整治，制定专项整治方案，建立问题台账，完成 20 个问题的整治，建立问题台账，解决 4 个发展问题。通过主题教育，集团公司党员干部理论上进一步清醒，政治上不断得到坚定，行动上示范作用充分体现，解决诸多群众关心的热点难点问题，在举办第六届新疆特色果品（阿克苏）交易会暨 2019 年全国农产品产销对接扶贫行活动中，团结一心齐"上阵"，确保交易会的成功举办。

八、扶贫与脱贫攻坚

农场在做好自身建设的同时，积极承担社会责任，参与各项扶贫工作。

2016 年，农场（集团公司）完成新和县扶贫房屋建设项目，砖混结构，总投资 58.57 万元。

2018 年，农场（集团公司）下属子公司阿克苏林果公司按照集团安排，到各县（市）、乡（镇、村）对销售困难的西瓜、苹果等产品实行托底收购和市场干预，较好地起到农产品销售价格引导作用，为保障农民增收起到国有企业和联合运营公司的龙头作用，发挥脱贫攻坚的载体作用。年末，由林果公司承担库沙新东四县的红枣托市收购工作，组织对接各县乡镇村及驻村工作组，共收购红枣 435 吨。

2019 年 9 月，林果公司在依杆旗乡托底收购采购西瓜共计 200 多吨，为精准扶贫脱贫攻坚尽到国有企业的一份责任。为实现 2020 年全面建成小康社会总目标，林果公司与周边乡镇劳务输出部门接洽，吸收贫困及劳动力富余人员 200 余人到金物联公司充实生产一线，公司给予每人每月 2000 月薪资并免费提供食宿。通过这项工作既解决企业用工问题也增加务工人员收入。公司全年累计发放工资 430 万元。

2020 年，红旗坡农场（集团公司）以农民增收为目标，助推脱贫攻坚。发挥国有企业稳定器和引领作用，不断完善措施，助推脱贫攻坚。为巩固提升脱贫攻坚成果，统筹推进常态化疫情防控和经济社会发展工作，做好"六稳"工作，全面落实"六保"任务，红旗坡集团公司承办第七届新疆特色果品（阿克苏）交易会，组织展出面积 2 万平方米，展位 359 个，参展品种达到 1000 余种，首次设立消费扶贫特装馆，集中展示七县两市扶贫产品，新增加文旅产品展示区和美食餐饮区，交易会中 235 家农业产业化龙头企业、专业合作社与其他省份客商达成 350 项购销协议，交易各类农产品近 42 万吨，协议金额突破 39 亿元，农业产业化招商引资项目 10 个，金额 41.2 亿元。发挥国有企业引领作用，带动扶贫产业发展。通过林果新型栽培、管理模式和技术的推广示范，红旗坡集团公司与乌什县对接，开展"企业＋合作社＋农户"合作模式，在乌什县建设 66.67 公顷苹果种植示范基地，2020 年完成 44.67 公顷的苹果种植，带动农户约 4000 户。依托市场，发挥国有企业托市作用。推进 2020 年农产品托市实施，特别是在苹果市场价格滑坡时，果断出手，稳定后期苹果价格，保护群众利益，增加群众收益，为推动地区完成脱贫攻坚任务打下基础。

第二章 人民团体

1958—2020 年，红旗坡农场（集团公司）工会、共青团、妇联等组织在农场（集团公司）的领导下，充分发挥人民团体的影响力、号召力，认真履行职责，发挥好桥梁和纽带作用，讴歌新时代、唱响主旋律、凝聚正能量、弘扬新风尚，为农场（集团公司）经济发展、政治稳定、社会和谐、民生改善、民族团结等发挥重要作用。

第一节 工 会

一、职工代表大会

（一）第一次工会职工代表大会

1958 年 11 月，红旗坡农场成立工会筹委会，12 月召开第一次工会会员代表大会，大会选举出 7 人组成红旗坡农场工会委员会，选出主席 1 名。

（二）第二次工会职工代表大会

2000 年，红旗坡农场召开第二次工会会员代表大会。大会选举产生农场工会第二届委员会委员 9 名委员，选出主席 1 名、专职副主席 1 名，副主席 1 名。

（三）第三次工会职工代表大会

2005 年 4 月，红旗坡农场召开第三次工会会员代表大会，参会代表 160 名，其中男性 140 名，女性 20 名；与会代表听取、审议并通过农场工会第二届委员会工作报告及经费审查委员会工作报告。大会选举产生农场总工会第三届委员会委员 7 名、经费审查委员会委员 1 名、女职工工作委员会委员 1 名。选举主席 1 名、副主席 2 名。

（四）第四次工会职工代表大会

2008 年 4 月，红旗坡农场召开第四次工会会员代表大会，参会代表 68 名，其中男性 53 名，女性 15 名；与会代表听取、审议并通过农场工会第三届委员会工作报告及经费审查委员会工作报告。大会选举产生农场总工会第四届委员会委员 7 名、经费审查委员会委员 1 名、女职工工作委员会委员 1 名。选举主席 1 名、副主席 2 名。

（五）第五次工会职工代表大会

2011年4月，红旗坡农场召开第五次工会会员代表大会，参会代表123名，其中男性75名，女性48名；工会工作者7名，先进人物13名，一线职工42名，专业技术人员13名，领导干部26名。列席代表7名。与会代表听取、审议并通过农场工会第四届委员会工作报告及经费审查委员会工作报告。大会选举产生农场总工会第五届委员会委员13名、经费审查委员会委员1名、女职工工作委员会委员1名。选举主席1名，副主席2名。

二、工会组织机构

（一）场总工会

1958年3月，农场成立工会。工会建制为兼职机构，没有编制，工会主席和工会委员均为兼职。

2000年，农场工会重新恢复，由农场党委副书记兼任工会主席。

2003年3月5日，农场工会委员会批准，场部分会由5人组成。

2017—2020年，工会换届选举，重新选举产生工会主席1名、副主席2名、工会干事1名。

（二）基层工会组织

1958年12月，农场有两个基层工会委员会及两个工会小组，有会员58人。

2000年，农场第二次工会会员代表大会后，各基层单位成立工会分会，大单位分会成员由5～9人组成，小单位分会成员由5～7人组成，分会设主席、副主席、组织委员、宣传委员、生产委员、妇女委员等。

2003年3月5日，农场工会委员会批准，在部分基层单位正式建立基层分会，并批准各单位工会委员会组成人数和主席副主席名单。场部分会由5人组成；园艺一分场分会由7人组成，园艺二分场分会由5人组成，园艺三分场分会由5人组成，园艺四分场分会由5人组成，一队分会由5人组成，二队分会由5人组成，三队分会由5人组成，四队分会由5人组成，五队分会由5人组成，六队分会由5人组成，七队分会由5人组成，十队分会由5人组成，十一队分会由5人组成，第一中学分会由5人组成，第二中学分会由7人组成，第一小学分会由3人组成，第二小学分会由5人组成，园艺实验站分会由3人组成，轧花厂分会由3人组成，工程队分会由5人组成，医院分会由3人组成，队办学校分会由3人组成。全场共23个基层单位建立工会分会。年末，在场范围内发展工会会员733名。

2006 年，农场有基层工会分会 16 个，会员 50 人。其中一队分会 25 人，二队分会 20 人，三队分会 19 人，四队分会 34 人，六队分会 25 人，七队分会 12 人，十队分会 21 人，十一队分会 20 人，园艺一分场 39 人，园艺二分场 22 人，园艺三分场 139 人，园艺四分场 20 人，园艺五分场 21 人，工贸中心 19 人，实验站 6 人，场部 62 人。

2010 年，全场共有基层工会 13 个，工会会员 554 人。

至 2020 年，全场工会会员 269 人。

三、工会组织活动

（一）维护职工的民主权利

20 世纪 90 年代，由于农场的种植结构以农业为主，造成职工群众的经济收入较低。场党委通过调查研究及先行试点，计划走以林果业种植为主的路子，实施结构调整，通过职工代表大会决议，把经济收入较低的农作物耕地建设成果园，重新合理分配土地，农场经济步入发展的快车道，职工收入大幅增长。

2000 年后，农场工会长期坚持"组织起来、切实维权"的工作方针，对凡在农场务工人员，凭身份证或暂住证即可在辖区加入工会组织，做到哪里有职工、哪里就组建工会，哪里组建工会、哪里就有维权组织，建立健全工会各项制度和各项维权机制，协调劳动关系。在签订集体合同过程中，要求下属企业必须遵循《中华人民共和国工会法》《自治区实施工会法的办法》有关规定，不得损害职工的合法权益。

2002—2007 年，农场工会每年开展《中华人民共和国工会法》宣传活动，利用双休日或节假日在农场集中的地段、企业宣传《中华人民共和国劳动法》《中华人民共和国工会法》《企业工会工作条例》等法律法规。各级工会组织代表职工与企业就职工的劳动报酬、工作时间、休息休假、劳动安全、保险福利等事项，进行协商后，签订合同。在工会维权月活动中，组织工会分会开展送法律、送健康、送清凉，维护职工的合法权益，提升职工的社会地位。

2008 年，农场第一批土地承包合同到期后，农场工会指导和帮助职工签订二轮土地承包合同。指导管理人员签订劳动合同，提高劳动合同覆盖率。推行平等协商集体合同的力度，最大限度地实现对职工的"广覆盖、深维护"。

2012 年，农场工会接受农民工法律咨询服务 13 人次，为群众解决处理实际问题 8 件，联系协调相关部门落实相关政策 2 人次，调解劳资纠纷 2 起。

2016 年，农场（集团公司）工会贯彻落实《新疆维吾尔自治区企业工资集体协商条例》和《集体合同条例》，在全场企业中开展工资集体协商活动，覆盖率 80% 以上。

2018 年，农场（集团公司）工会为职工无偿提供法律咨询和法律援助，接受职工法律咨询服务员 7 人次。"三八"妇女节期间举办女职工维权周活动。督促指导建立工会组织的 4 家企业开展厂务公开及集体合同、工资集体协商合同和女职工专项集体合同签订等。

2020 年，全场已建工会组织职代会召开率、工资集体协商建制率、厂务公开率、集体合同签订率全部达到 100%，职工会员合法的政治权益、经济权益和劳动权益得到维护。场（集团公司）工会指导建立工会组织的 9 家企业进行厂务公开及集体合同、工资集体协商合同和女职工专项集体合同签订工作。企业"三项合同"的签订率达 100%。

（二）送温暖活动

农场建场初期，工会每年对负担过重、生活困难的职工给予补助。1959 年，共发放补助资金 422.5 元。农场工会每年定期不定期开展"送温暖"工作，为职工排忧解难。坚持以"温暖、关心、帮扶"为内容，有重点地开展工作，向困难职工、贫困、受灾地区捐款捐物，向社会奉献一片爱心。逢年过节慰问离退休老职工；搞好职工福利，关心职工生活，对生病、住院的职工及时组织看望。

1995 年后，农场大力开展扶贫帮困"送温暖"活动，为职工群众办好事、办实事。

1997—2000 年，在全国发生东北洪灾、伽师地震发生后，852 名干部职工捐款 27889 元。

1999—2003 年，农场对有困难的职工及家属长期困难补助 29.68 万元，冬季给困难职工补助 4.19 万元，两项合计 33.87 万元。工程队一职工儿子得病，家庭经济困难无钱治病，农场干部捐款 3264 元。退休职工巴拉提·阿不拉家失火，家产烧毁，场职工捐款 7400 元帮其建起新房。农场园艺一分场职工为患病的退休职工捐款 2600 元。园艺二分场党员干部、职工为困难户张士伟、牙生买明、郑德全等人捐款 4373 元。园艺四分场职工孩子上学遇到困难，分场领导捐款 590 元。农田七队职工吐尔逊·阿西木得病，场职工捐款 550 元。七队、十一队购买 1200 元的大米、清油送给困难户过年。第一小学帮助 3 名贫困生交学费 191 元，使辍学的孩子返校。农田三、四、七、十一队、园艺一、二、三、四分场、第一小学等单位给有困难的职工过年捐款、送米、送面，价值 11394 元。

2004 年，第二中学女教师郑爱芳因几年来的癌症治疗，家中的积蓄全部用完，无法支付昂贵的治疗费。农场工会第二中学分会主动申请 3000 余元的救急金，并先后发起 2

次大规模的募捐活动，全校师生共募捐总额 5000 余元。

2005 年后，农场在发展经济的同时，每年不忘关注弱势群体，定期不定期地开展慰问活动。至 2010 年，共开展慰问及困难职工过冬帮扶 15 场次，发放慰问品价值 12 余万元。

2011—2016 年，为让孤寡老人、困难职工、退伍老人、病残老弱群体安全度过寒冷的冬季，对各分场连队 56 名贫困户捐款、送煤、送生活用品价值 34.8 万元。

2017—2020 年，为 35 名困难户发放长期困难补助，共 16 次，慰问金额 28.27 万元。

（三）　职工文体活动

1986 年后，场工会每年 5 月举办民族团结理论和民族政策知识竞赛、舞会。把解决思想问题同为职工办实事结合起来，举办黑板报比赛、歌咏比赛等文体活动等活动。

1991 年，对职工进行"四职"（职业责任、职业道德、职业纪律、职业技能）教育，以庆祝建党 70 周年为主题，举办黑板报比赛、歌咏比赛、党的基本理论竞赛、民族歌舞会演、篮球比赛、拔河比赛和棋类比赛等文体活动。

2001 年，农场广泛开展丰富多彩的群众性文化体育活动，场工会检查督促各基层单位恢复职工文化活动场所（阅览室、篮球、排球、乒乓球场等）供职工开展文化体育活动。利用节假日组织有男女职工都能参加的各种项目的体育比赛，每次组织大型体育比赛，以工会为主，各群团组织参与组成比赛组委会。

2005—2020 年，场（集团公司）工会在每年春节、三八妇女节、五一劳动节、七一党的生日和十一国庆节期间，组织职工开展文艺汇演、歌咏比赛、拔河、跳绳、投篮比赛及"三项棋类"比赛，观众达 5 万余人次。

第二节　共　青　团

一、共青团代表大会

（一）　共青团红旗坡农场第一次代表大会

1966 年 3 月，红旗坡农场召开第一次共青团代表大会，产生第一届团委员会。

（二）　共青团红旗坡农场第二次代表大会

1973 年 4 月，红旗坡农场召开第二次共青团代表大会，大会选举产生由 9 人组成的共青团红旗坡农场第二届委员会。选举书记 1 名，副书记 2 名。

（三）共青团红旗坡农场第三次代表大会

1983年5月，红旗坡农场召开第三次共青团代表大会，选举团委书记1名。

（四）共青团红旗坡农场第三次代表大会

1991年4月，红旗坡农场召开第四次共青团代表大会。选举团委书记1名，副书记1名。

（五）共青团红旗坡农场第五次代表大会

1999年5月，红旗坡农场召开第五次共青团代表大会，选举副书记1名。

二、共青团组织机构

1958年3月，阿克苏专区第一农场成立中国共产主义青年团总支部，下设7个团支部，有团员113人。

1965年，全场共有12个团支部、29个团小组、团员213名，占全场青年总数的24%。

1971年1月，进行整团建团。农田八队成立团总支委员会，书记张子敬。农田四、五、十三队及机耕队、副业队、试验站建立团支部。

1986年，全场共有青年700余人，团员253人，其中新入团73人，有团支部20个。

1998年，培养136名优秀青年加入共青团组织。

2015年，全场有共青团员612人。

2016年，农场改制为集团公司后，根据场办社会职能改革要求，各分（子）公司团员归其所在社区管理。

2020年，农场（集团公司）机关有共青团员153人。

三、共青团组织活动

1958—1966年，农场共青团各基层组织在各单位党支部领导下，开展学习毛主席著作和学雷锋活动，开展"双五好"（"五好"支部、"五好"团员）活动，开展"比、学、赶、帮"（比先进、学先进、赶先进、帮后进）活动，开展"出满勤、超定额、保质量、夺丰收"红旗竞赛活动。在团员、青年群众中开展"五好"青年突击队活动。组织青年种试验田、丰收田。

1963年，农场团总支组织团员和青年开展向雷锋学习的活动，艰苦创业，勤奋工作。

当年，开始进行少先队工作，在学校发展少先队员 237 名，并在部分生产队开始建队。

1965 年，农场团总支组织团员学习毛主席著作、看报纸、教唱革命歌曲、办黑板报等，开展各项文化娱乐活动，充实各族团员青年的生活。对申请入团的青年给予热情的鼓励，提高团员青年的思想觉悟。培养教育青少年，不断扩大队伍。开展"比、学、赶、帮"运动，农场涌现出一批政治思想好、参加集体生产劳动好、学习政治文化知识好、关心集体利益好、助人为乐团结好的"五好青年"。在 1966 年 6 月 25 日的团委会议上，农田二队团支部因工作表现优异，被农场评为"四好团支部"。

1971 年，进行整团建团，各级团组织重新组建开展工作。经常开展谈心活动，做好组织上的吐故纳新工作。

1974 年，农场团委加强对团员和青年的思想教育，成立业余宣传队，开展各种宣传教育活动。

1980 年，农场团委两次对全场青年和共青团员发出向雷锋的号召，继续开展"十提倡十反对"和"热爱"活动和争当社会主义"四化"建设中的新长征突击手活动。利用墙报板报光荣榜、点将台进行宣传鼓动，并组织业余宣传文艺演出和大唱革命歌曲比赛。

1982 年，农场团总支开展做一名合格共青团员的教育活动，组织团员学习团章，学习《关于建国以来党内若干问题的决议》，把坚持四项基本原则及共产主义道德教育同开展学雷锋、树新风、"五讲四美三热爱"活动结合起来，引导团员青年继承党的优良传统、移风易俗、婚事新办、树立为人民服务的思想。

1986 年，农场团委共召开会议 7 次，主要抓组织建设和精神文明及思想教育工作，园林队团支部在队党支部的支持下，组织青年团员学文化，开展文体活动，工作进展的生动活泼。当年，二中团支部被评为农场先进团支部。

1991 年，团委抓基层组织建设和对团员及青少年教育，利用黑板报、墙报、有线广播进行宣传教育，针对青年特点，寓教于乐，举办舞会、篝火晚会、歌咏比赛、智力竞赛、球类比赛等各种形式活动。

1993 年 3 月，农场团总支组织团员青年开展"学雷锋青年志愿者行动"，为人民群众义务服务。

1995 年，农场各基层团支部响应团中央"开展服务万村行动"，开展讲授果树栽培修剪管理技术学习班，组织团支部、少先队 130 余人到民航站学雷锋、树新风活动，组织学生帮助农田队捡棉花，激发青少年爱祖国、爱人民、爱科学、爱党、爱中华。广大团员青年在两个文明建设中发挥主力军作用。

1998年，农场团委发动团员踊跃捐款，为特大洪水受灾人民献爱心。当年，团委组织团员青年开展"五四"文艺活动、"庆七一 迎回归"大型歌咏比赛，医院团支部开展"面向基层，为病人服务"和医疗知识竞赛活动等内容丰富、形式多样的活动。

1999年，红旗坡共青团委被地区团委评为先进团委。

2006年，团总支为引导青年职工弘扬艰苦创业和爱岗敬业精神，立足本职岗位，提高业务技能，争创一流成绩，围绕全场中心工作开展创建活动。

2008年，农场团总支于五四前后以广大团员为主体开展"迎奥运"春季运动会。

2010年，农场团总支开展以比贡献、增效益的服务意识教育。组织团员、青年讨论弘扬雷锋精神和加强民族团结、维护社会稳定的重要性，营造各族人民团结友爱、同心同德、携手奋进的良好氛围，号召团员、青年向身边的优秀共产党员、先进人物学习。

2012年，开展以"青春在学习中成长、在创先争优中闪光"为主题的系列活动。组织全体团员青年在"五四"青年节进行徒步春游。2013年，农场团总支组织争创"青年文明号""机关建设青年示范岗"等活动，80人次参与活动，引领团员青年树立正确的人生方向和远大的人生目标，争做岗位标兵，展现农场青年优秀风貌。

2014年，农场团总支组织广大团员青年立足本职岗位，围绕大局服务，发挥党的助手作用。利用业余时间开展健康有益的文体活动和志愿活动。3月12日，组织开展"生态文明，健康生活"志愿者服务活动，15名青年志愿者服务队到农场小区打扫卫生。4月29日，为纪念五四运动95周年，组织开展"热爱伟大祖国，维护民族团结，共建和谐家园"为主题的座谈会，各团支部书记、团员青年代表共30余人参加座谈会。

2018年，在"五四"青年节期间，农场（集团公司）团委联合驻阿克苏市依干其乡阿苏克村工作队组织机关青年干部与阿克苏市依干其乡阿苏克村村民群众开展迎"五四"活动，开展公民宣誓、集体大合唱、文艺汇演等，120余人参加活动。

2019—2020年，团总支为提高青年团员的服务意识，增强大家的奉献精神，组建志愿者服务队等多项志愿服务及爱心活动。

第三节 妇 联

一、妇女代表大会

（一）红旗坡农场第一次妇女代表大会

1966年4月，红旗坡农场召开第一次妇女代表大会，选举妇联副主任1名。

图 4-2-1　1994 年，农场召开第二次妇女代表大会（照片提供：档案室）

（二）红旗坡农场第二次妇女代表大会

1994 年，红旗坡农场召开第二次妇女代表大会。

（三）红旗坡农场第三次妇女代表大会

2013 年 5 月，红旗坡农场召开妇女联合会第三次代表大会。出席会议代表 50 人，特邀代表 3 名。与会代表听取、审议并通过农场妇女联合会第二届执行委员会工作报告。大会选举产生由 3 名执行委员组成的农场妇女联合会第三届执行委员会。选出农场妇女联合会第三届主席 1 人，副主席 2 人。

二、妇女组织机构

1962 年，农场成立妇女联合会（以下简称妇联）。同时，农场各基层连队成立妇女联合小组。

1974 年 5 月，农场各基层单位重新组建妇联组织，全场基层单位共成立 18 个妇联小组。

2000 年，农场基层单位共有 13 个妇联小组。

2010—2015 年，农场基层单位共有 4 个妇联小组。

2020 年，农场（集团公司）基层单位共有 9 个妇联小组。

三、妇女组织活动

农场妇女组织成立后，积极组织各族妇女解放思想，更新观念，投身于农场的各项建设中去，为农场农业生产做出重要贡献。各行各业的各族妇女发挥自己的聪明才智，热爱本职工作，勤勉向上，用自己辛勤、灵巧的双手，在农场各显身手。在社会主义建设各个时期，在精神文明和物质文明建设中，农场妇联组织发挥重要作用，各族妇女在各单位、部门、各自工作岗位上发挥着半边天作用，许多妇女被评为农场、地区、自治区先进工作者、三八红旗手、优秀共产党员、优秀共青团员。在评聘的专业技术职务行列中，很大一部分是妇女。

1994年，全场共有女知识分子268人，其中获得中级专业技术职称的有11人、初级专业技术职称的有126人，在全场3138名职工中，女职工有1354人，占全场职工的43％，在农场的教育、卫生、财会等行业中大多数是妇女，在各项文明建设副业中发挥着重要作用。农场通过多种不同形式对妇女开展"五讲四美三热爱""三基"（基本国情、基本国策、基本路线），使各族妇女树立"四有（有理想、有道德、有文化、有纪律）、四自（自尊、自信、自立、自强）"教育。妇女节期间，和连队党支部共同开展"五好"家庭、"好婆婆""好媳妇"评选活动。贯彻"二五"普法规划，宣传《中华人民共和国妇女权益保障法》，优化妇女进步与发展的社会环境，保证妇女在政治、经济、文化、社会、家庭生活等方面与男职工平等权利的实现。组织巡回医疗队，每年为妇女开展免费检查500余人次。

2013年3月，农场妇联落实国务院《女职工劳动保护规定》，处理与女工有关的各项事宜。

2015年三八节前夕，农场开展丰富多彩的娱乐节目，开展"让美丽的头发飘起来，漂亮的脸蛋露出来"等系列活动，通过举办民族服装秀、"大辫子展示""手工刺绣展"、知识竞赛等活动，用谈体会、亮观点、讲故事等形式努力营造浓厚的节日氛围。

2015—2020年，农场（集团公司）妇联每年积极宣传贯彻党和国家对妇女、儿童的有关方针政策、法律法规。对妇女儿童权益问题进行调研，提出意见建议，并参与决策。结合全场女职工婚姻、家庭、女性健康、妇女维权等实际情况开展工作。在女职工中积极开展思想政治教育，组织女职工进行维权培训、读书活动、文艺比赛、体育活动等，不断增强女职工自信、自立、自强精神，全面提高女职工素质。在妇女节前夕，开展以"关爱女性、关爱健康"为主题庆祝活动。女职工委员会在全场组织女职工树立"自尊、自立、自信、自爱、自强"信念。号召女职工正确处理工作生活家庭关系，开展"巾帼建功"等竞赛活动。在妇女节召开女职工座谈会，表彰一批三八红旗手、"五好"家庭。

图 4-2-2　2018 年 3 月，红旗坡集团公司及阿克苏分公司联合开展妇女节庆祝活动（照片提供：阿斯古丽）

（一）妇女权益保护（妇女维权工作）

1986 年后，场妇联每年组织全场妇女及群众学法，开展《中华人民共和国妇女权益保障法》《中华人民共和国婚姻法》等普法宣传。

1990 年，场妇联开展普法和妇女维权工作，出普法墙报 4 期，广播宣传 12 次。

1992 年 7 月，开展《中华人民共和国妇女权益保障法》宣传活动。1994 年，场妇联会同有关部门，开展《中华人民共和国婚姻法》宣传，引导职工勤俭办理婚事。

1995 年 3 月 28—29 日，场妇联举办《百名妇女法律骨干培训班》，分别讲授《婚姻法》《继承法》《妇女权益保障法》等。

2001 年后，场妇联每年举办 1 期维权工作及有关法律知识培训班。至 2005 年，在场部悬挂横幅 16 条，设法律咨询点 31 个，现场解答法律咨询 20 人次，散发宣传资料 2000 余份，受教育群众 1.2 万人次。

2007 年，场妇联向全场妇女发出倡议，动员妇女积极参与到维护妇女权益的志愿服务活动中来，并举办妇女维权志愿者签字仪式，全场 200 余名妇女志愿加入维护妇女权益志愿者行列。

2010 年，场妇联在基层建立 13 个妇女儿童维权工作站。广泛开展维护妇女权益法的宣传教育，举办法制教育，宣传男女平基本国策等。开展贫困妇女救助工作，将孤老妇女及时纳入最低生活保障范围，同时享受基本医疗救助、大病救助、住房救助。农场建立完善推荐、考核、培养、选拔女干部工作机制，提高全场妇女参与决策和管理的水平，一大批优秀女干部走上各级领导岗位。

2011—2015 年，农场妇联把法制宣传工作与"三八"维权周、法律宣传月、三下乡等活动相结合，大力开展法律宣传与咨询活动，解答咨询，发放宣传资料 2 万余份。

2020 年，农场（集团公司）妇联建立反家庭暴力妇女儿童救助（庇护）站。结合

图 4-2-3　2019 年 3 月 8 日，集团公司组织下属各分、子公司妇女干部、职工代表共 70 余人召开红旗坡集团公司"倾情礼赞新中国　巾帼奋进新时代"妇女节宣教活动（照片提供：阿斯古丽）

"一对一"帮扶等工作，"三八"维权月、宪法宣传月等节点开展法律法规、政策宣传，引导广大妇女学法、用法，提升法治意识和依法维权能力。

（二）关爱儿童（儿童少年工作）

1990 年，场妇联举办 2 天家庭教育培训班，参加妇女骨干 100 余人。1993 年 6 月，组织开展"小能手"作品展评活动，同时举办庆"六一"文艺汇演活动。1994 年 6 月，开展以"一切为了孩子献爱心"为主题的知识竞赛、文体比赛及作诗绘画比赛。

1996 年 3 月，场妇联举办家庭教育培训班，100 余人参加培训。

2001 年，场妇联开展"春蕾"女童帮扶行动，向评选出的 13 名优秀贫困女童颁发荣誉证书，并每人发放奖学金 100 元。

2003 年 5 月底，召开庆"六一"献爱心、救助贫困春蕾女童捐赠大会，将社会各界捐赠款 5000 元分发给贫困女童。

2007 年"六一"儿童节期间，为 6 名贫困女童分别发放慰问金 100 元。2009 年，举办家庭教育培训班 13 场次，培训 500 余名家长。

2010 年，场妇联在基层建立 13 个妇女儿童维权工作站。广泛开展维护妇女儿童权益法的宣传教育，举办法制教育，宣传男女平基本国策等。

2014 年，场妇联开展"恒爱行动""母亲邮包""健康暖心包"等各类公益活动，价值 2.8 万余元的爱心物资发放给 280 余名困难、残疾、留守妇女儿童。

2016—2020 年，农场（集团公司）开展"恒爱行动，百万家庭一线牵"送毛衣活动，为 250 名贫困儿童送去 250 件毛衣、330 件围巾，共计 11460 元。"六一"儿童节期间，对柯柯牙街道解放碑社区辖区的私立幼儿园的 48 名贫困儿童进行慰问，慰问金和慰问品价值 2 万余元。

第四节 贫下中农协会

1963 年，红旗坡农场贫下中农协会（以下简称贫协）在社会主义教育运动中成立。1963 年 5 月，各基层单位成立贫协委员会 4 个、贫协小组 10 个，发展会员 187 人，其中贫农 124 人、下中农 59 人、其他 4 人。会员中中共党员 5 人、团员 16 人。发展会员依据农场制定的《贫下中农职工委员会章程》，通过个人申请、群众评议、组织审查批准。至 1964 年 8 月农场社会主义教育运动结束时，会员发展到 384 人，其中党员 15 人、团员 46 人。

1966 年 12 月，农场各基层单位全部成立贫协组织。1970 年，成立贫下中农纠察队，成员 20 人，在清队办公室领导下，在园林队等单位开展大批判和清队工作。

1974 年，各基层单位贫协委员会、贫协小组重新选举产生贫协主任或小组长。同年召开首次贫下中农代表大会。贫下中农协会在农场党委直接领导下进行工作，不受场、队管委会的领导。

1976 年，农场贫协撤销。

第三章　民兵组织与国防教育

1958年以来，农场人民武装部以民兵建设、征兵、国防动员、军事训练、拥军优属为工作重点，在阿克苏市人民武装部和农场党委的领导下，参与维护社会治安和急、难、险、重工作任务，为农场社会稳定和经济发展做出了贡献。农场把国防教育与全民教育相结合纳入社会宣传活动之中，以国防精神、国防理论、国防知识、国防科技、国防法制、国防形势及国防体育等内容为重点，运用广播、宣传栏、专题学习等广泛宣传。2001年后，农场把国防教育纳入全民教育范畴。

第一节　民兵组织

一、民兵建设

（一）组织建设

1962年，红旗坡农场始有民兵组织。

2000年后，农场根据阿克苏市人武部安排，落实民兵人员保障、安全保障、装备保障、生活保障和经费保障。

2016年，场办社会职能改革，人武工作完成移交。

（二）政治建设

1962年农场民兵组织成立后，在民兵中进行有关民兵知识及政治教育，提高民兵的思想觉悟。主要学习民兵光荣传统、民兵三大任务十项要求、民兵工作条例以及三八作风等。为加强对民兵的组织领导，巩固民兵队伍，场党委与军分区工作组共同拟订《红旗坡农场关于如何做好民兵工作的几点意见》和《民兵"五好"（政治思想好、生产工作成绩好、维持治安好、服从组织纪律好、团结互助好）条件》。为不影响农活，每个月利用晚上时间开展2次政治学习。

（三）军事建设

农场针对农村特点，根据季节确定安排民兵的活动，利用农闲时间，进行民兵野营拉练。民兵军事训练主要进行队列训练，掌握动作要领，并着重加强体育锻炼。20 世纪 60 年代，军事训练利用早上进行，每周 3 次。

1978 年，农场在农田八队办民兵骨干训练班，通过训练，民兵军政素质得到提高。年内，召开全场"纪念毛主席民兵工作三落实"光辉题词 16 周年庆祝比武大会，各单位参加比武。

1994 年，农场民兵在 5 月、9 月共开展 2 次集中训练，训练项目有盾棍训练、擒敌拳、军体拳、队形训练等。当年，民兵训练工作得到南疆军区、地区军分区的表彰。

1998 年，农场人武部加强民兵工作的组织领导，大力开展练兵习武军事训练，培养一支能吃苦、能战斗、讲团结、讲奉献的民兵队伍，以优异成绩完成集训、考核、八一阅兵、战备执勤等各项任务，再次为农场争得荣誉。

2000 年后，农场按照《民兵军事训练大纲》的要求，坚持"训用一致、分类指导、科技兴训、依法治训、勤俭练兵"的原则，强化成建制训练和专业针对性训练，提高农场民兵预备役部队各项能力。

二、发挥作用

20 世纪 60 年代，通过提高广大民兵的思想觉悟，民兵在农场的生产中发挥出积极带头作用，在生产中不怕苦、不怕困难，模范带头，推动生产活动。经常在植树中担任突击任务，作物成熟时轮流查夜放哨，主动担任农场各单位的保卫工作。

20 世纪 70 年代以来，民兵成为工农业生产的主要生力军。发挥民兵先锋突击作用，夏收期间的尖子组大多数由民兵组成，重活累活走在前，完成任务又好又快。

第二节　国防教育

1986 年后，农场开始开展全民国防教育。把国防教育与全民教育相结合纳入社会宣传活动之中，以国防精神、国防理论、国防知识、国防科技、国防法制、国防形势及国防体育等内容为重点，运用广播广泛宣传。此后，每年"八一"建军节，农场党政领导都要在驻地部队过节。

1997 年，农场把国防教育纳入征兵宣传、民兵预备役教育计划之中，利用征兵工作、组织整顿、集中训练等时机，重点宣传《中华人民共和国国防法》《中华人民共和国兵役法》等法律法规。

1998 年，农场成立人民武装国防动员委员会。主任由场长担任，委员由场相关部门负责人组成。

2001 年 4 月，《中华人民共和国国防教育法》颁布实施后，农场把国防教育纳入职工教育范畴。利用"八一"建军节，场领导组织干部职工到驻地部队进行慰问。动员全场各单位开展"国防教育月"活动，共发放征兵宣传单 500 余张，宣传横幅 10 余条。至 2004 年，军地双方举办国防教育活动 3 场，举办 1 次国防教育知识竞赛。

2005 年，深入开展国防战略方针、国防历史、国防法规和国家安全形势教育。采取结合建党、建军、国庆等重大节日，开展"赞伟大祖国，抒边关情怀、做守法公民"主题实践活动，激发爱国热情、强化国防意识。教育内容突出爱国主义。教育采取多种形式进行，国庆、元旦等重大节日对民兵预备役人员进行国防教育；结合征兵、拥军优属活动对居民进行爱国主义教育。通过开展国防教育，激发干部和各族群众的爱国热情，增强国防观念。

2010 年，农场把国防教育纳入党委的议事日程，按照《中华人民共和国国防教育法》的有关规定，制定国防教育工作要点，把国防教育作为各群体教育的重要内容，列入全场各项工作之中，一起安排部署和检查落实。在日常工作中，场主管领导协调，军、地双方认真履行职责，密切配合，形成工作合力。定期对全场国防教育开展情况进行督促检查，促进国防教育工作的落实。把党员领导干部作为国防教育的重点对象。通过中心组集中学习、国防教育专题讲座、民兵整组等形式，加强国防教育，进一步强化国防观念。

2015 年，全场国防教育以爱国、爱新疆、增强民族团结为主要内容，举办国防知识教育展览。采取升国旗、唱国歌、办讲座、搞军训、阅读爱国主义书籍、唱爱国主义歌曲、观看爱国主义电影、参观爱国主义教育基地等多种形式，广泛开展国防动员宣传教育活动。

2016—2020 年，红旗坡农场（集团公司）采取理论宣讲、观看影视片等形式搞好国防教育，增强干部职工的国防观念，增强全民国防意识。开展过国防教育日，与国旗合影及签名寄语活动。军地双方举办国防教育活动 5 场次，举办国防教育 1 次，受教育干部、职工和群众 5000 余人次，强化全场各族人民的国防观念和忧患意识。

第五编

文　化

中国农垦农场志丛

第一章　科学技术

农场成立后，视科技为第一生产力，认真实施科技兴农战略，不断加强和健全组织机构，注重培养和引进技术人才。根据生产需要，组织农业科技人员开展粮、棉、油、瓜、果、菜等新品种选育，农田、水利、农机方面的创新试验与技术推广服务。同时，广泛开展农业实用技术培训，为农场的经济可持续发展提供技术保障。1978 年后，深化科技体制改革，增加科技投入，加强科技自身能力建设，建立创新型科技服务体系。党政一把手亲自抓，全面落实"科技兴场"各项工作任务，科技工作步入健康、稳定、快速发展的轨道。全场科技事业逐步发展壮大，为全场经济和社会发展提供强大的智力支持。

第一节　科学技术事业

一、科技队伍

1958 年，农场有农业技术干部 9 人、园艺技术干部 1 人、其他 4 人，共 14 人，主要分散在各队，协助队长、领导生产。

1959 年，部分队设非专职兽医卫生员，承担全场畜禽疫病防治工作。后经多次培训和调配充实，各队均设兽医卫生员。

1961 年 8 月底，根据专区科委和总场科委的指示，红旗坡农场本着"科研为生产服务"的方针成立科研领导小组，成员由农业技术员、经验丰富的农民组成。在工作过程中，不断加强和健全组织机构，壮大科研队伍，为做好科研工作创造条件。

1963 年 1 月 23 日，总场将红旗坡试验繁育站（试验站）交红旗坡农场，此后农场的良种繁育试验基本上由试验站承担。

1989 年，农场聘任高、中、初级职称专业技术人员，其中高级农艺师 1 人。

1991 年，园艺分场新建果树研究培训中心，投资 15.8 万元，建筑面积 680 平方米。

2002 年 2 月 6 日，农场聘任李培新为专职总农艺师、聘任姚桂池为专职园艺师，2 人

图 5-1-1　2009 年 7 月 16 日，由河南省援建的红旗坡农场科技研发中心奠基（照片提供：档案室）

不再担任其他职务。

2010 年，全场共有专兼职园艺技术人员 37 人。为规范对基层园艺技术人员的管理，农场制订出台《基层园艺技术人员工作职责》《基层园艺技术人员管理制度》《基层园艺技术人员任职要求》，并定期对技术人员开展专业技术考试和培训。

至 2020 年底，红旗坡农场（集团公司）通过抓技术员队伍建设，不断提升管理服务工作水平，为基层林果业生产提供保障。

二、农业科学研究

建场初期，农场自然条件与生产条件很差，多数职工未曾从事农业生产，农业技术力量薄弱。农场根据实际情况，着力进行农业技术培训传授与栽培技术措施规范工作。1959年，农场制订农作物栽培技术措施规范，1962 年全面修订。在实践中，不断补充、修订、完善各项栽培技术措施。在生产条件逐步改善与农业技术不断创新发展的情况下，不断探索、借鉴、应用、推广各种作物栽培的新技术、新措施，促使栽培技术不断更新，生产水平不断提高。

1961 年，农场科研领导小组成立后，根据农场生产发展需要，主要围绕农业、林业开展科学技术研究工作。当年，开展重黏土如何才能保证苗齐、苗全试验。通过试验，得出结论：深犁、犁细，多耙、耙碎，墒饱播好，可以提高出苗率。

1962 年，农场科研项目有三大技术作物（棉、烟、麻）丰产技术、建立实验果园及速生栽培技术、苜蓿采种研究、瓜类品种整理与初步观察、马鼻疽治疗试验、技术资料的积累与记载（生育期记载、常见病虫灾害、作物与土质的关系、大田选点观察等），并对人员进行分工，定人定责。

1963年，自治区下发农业科学技术发展规划红旗坡农场项目4项，其中果树蔬菜方面2项（果树品种区域化研究；果园土壤管理制度、肥水管理技术及其理论研究）、农业机械化方面1项（有关农业机械化区划的基本情况的调查研究）、农作物品种方面1项（主要农作物品种资源的收集、整理和利用的研究）。

1964年，农场试验站共播种试验田10余公顷，其中配制双交玉米5公顷，总产9.44吨，平均每公顷单产1.89吨，完成试验任务的188.82％；配单交胜利0.67公顷，收获177千克；自交系133品种0.13公顷，收获150千克；引种红薯0.33公顷，平均每公顷单产15吨，引种东北3个品种大豆共0.17公顷，共收230千克；油用葵花0.12公顷产量122千克；引种选种各品种冬小麦0.92公顷，产量1.28吨，其中种乌克兰0246品种0.6公顷，收1.08吨；穗选乌克兰0246品种95千克，穗选乌克兰83号90千克，去杂奥德萨16号0.17公顷，产量105千克；棉花0.33公顷，总产籽棉354千克；早熟胡麻试验0.07公顷，收40千克；甜瓜保纯遴选0.53公顷和大田西瓜栽培0.47公顷，总产15.85吨。其中配制单双交玉米多次去雄多次人工授粉；小麦选种一株一株地精挑细选；红薯的栽插及棉花整枝严格按照技术规定操作。

1965年，农场贯彻中央科学技术会议精神，进一步发展以管理好样板田为中心的农业科学技术，在领导干部、技术员、农工结合的基础上，投入科技四项经费1.5万元，其中新产品试种2500元、购买仪器设备1150元、购买新设备1.34万元。当年，全场播种样板田213.33公顷，其中一队种植油菜样板田10.8公顷，总产7.19吨，每公顷产量665.25千克；三队冬小麦18.67公顷，每公顷产量达到2.94吨，玉米20公顷，每公顷产量3.15吨。当年，农场派出1名技术员、2名工人先后前往吐鲁番采无核白、八一农学院或兵团农六师采梨接穗，去头屯河农场采苹果接穗，共采集无核白1汽车，约2万原条，梨穗5000条，以鸭梨、雪花梨、杜霞西梨为主，苹果接穗1000穗，以冬力檬、秋力檬、皮克为主。建立标本园，主要种植品种为表现优良的国光、金冠、元帅，及其他少量品种，先在苗圃进行品种鉴定和进行生长记录，以便来年按果园技术要求配置。

1966年前，由于农场的农田基建方面推选的是筑高埂、修梯田，在灌溉管理工作上一直采用高埂大水漫灌。场部以南部分地区地下水位逐年上升，条田内"碱斑"面积有所扩大，土壤开始趋向盐碱化。在耕作制度上实行的是犁前灌水、灌后犁地播种法，作业方法较为粗放，机耕作业在犁耙播阶段使用，部分平地、收割、脱粒、扬场作业实行机械化作业，但作业技术不够过硬，机农关系不融洽，机农配合不密切，机械未能发挥应有的作用，因而显得劳力紧张，田管工作压力大。1966年7月2日，由新湖总场6名机务人员和西郊一五农场3名灌水人员所组成的工作组到红旗坡农场，协助推广畦灌、畦播、沟植沟灌、细流沟灌等试验工作及组织机务管理。高埂大小块灌是农场多年来的老办法，每年集中50％以上的劳力打埂筑田，堆梯田，高0.8～1.7米、宽1～1.5米的纵横田埂将条田侵害成很多"豆腐块"，每块面积约0.15公顷，每年需筑埂、平埂7～8次，平田整地需花费大量的人力、畜机力。由于地里埂子多，渠道大，土地有效利用率很低，如一个500余公顷的条田，因纵横向埂子及大量的渠道所占用的面积不少于2.67公顷，再加之大水冲刷，拉沟冲槽，实收面积只占总面积的60％～70％，浪费水也很严重。同时，小梯田为机耕造成阻碍。工作组到来后，先在八队进行耕、平、开沟、灌水作业试验。在场、队、工作组的共同努力下，经过试验，水可渗透50～60厘米以上，试验获得成功。此后，在试验地里先后组织3次现场会，并先搞小部分试验。同时，工作组举办由各队浇水班和部分技术员参加的沟畦灌溉训练班，通过讲课、讨论、田间操作，经过20天的训练，基本掌握畦沟灌溉方法。在总结八队细流沟灌工作的基础上，对场部以南盐碱地区也开始作畦、沟灌试验，方法是机械筑埂，作大水压碱处理，后进行耙地播种，实行畦播或沟植沟播。试验证明，此方法既减少劳力，提高机械利用率，又消灭大埂子，省水又省工。经过110天的工作，作出进一步总结，场部以北坡降大，无盐碱，沙质戈壁地，可以考虑大量推行细流沟灌，进行沟植沟播；场部以南盐碱重，条田内碱斑需先改良或作压碱处理后进行畦播或沟植沟播。机务方面，工作组根据现有生产条件、机具情况、土地情况及原有的耕作制度和机农关系，协助制订《关于机农配合的几项规定》《关于田间作业的技术规定》《机耕作业定额草案》《机耕作业统计核算报表》，加强机耕队的行政管理、技术练兵等制度。虽然农场犁、耙、播三项作业机械化程度达90％以上，但机耕作业水平尚有差距，质量不高，犁地一般深12～18厘米，不带副犁，不规划作业区，渠边地角留下很多。耙地不进行复式作业，转圈耙，播种不带划行器，行距不一，1965年所播冬麦距宽到32厘米、窄行仅4厘米，中耕作物播行不直，行距宽窄不一，有80厘米、40厘米，无法进行机械中耕。工作组抽调4人组成大田组，会同生产室及机耕组领导深入田间，现场示范，参加劳动。在八队进行试耕，打破原有带五体犁耕深12～13厘米的框框，将五体犁改成三或四体犁。采用消灭开闭垄的耕翻法，平均耕深25厘米以上。7月6日，农场组织召开现场会进行技术推广。年内，犁地作业质量普遍有所提高，犁地带上副犁，耕地带上复式农具，对角线耙地方法也基本学会，冬播期间田间较大的地都使用对角耙作业法，田间筑埂、开沟、开毛渠等开始以机械代替人力，机耕作业项目比往年增加4项。

1966年，全场样板田扩大到总面积的18%，达到总播种面积的23.2%，指导田面积扩大为总播种面积的50%。为进一步抓好样板田，农场成立样板田领导小组，各队亦由领导、技术员和负责样板田的职工组织成立样板田小组，做到落实地块、落实措施、落实责任"三落实"，加强对样板田的管理。

20世纪80年代初期，红旗坡农场成为在南疆首家引种红富士苹果的农场，小规模试种20公顷，其后，对杂果进行红富士品种高接换头，以改良品种，并通过一代代的不断优选，成功培育出果品色泽自然、肉质细嫩、酸甜可口、皮薄无渣的独特口感的红旗坡红富士苹果。20世纪90年代，农场不断引进优质苗木及新技术，改粗放管理向科学管理转变，加强科技投入，使果业管理上档升位。在规范管理的同时，采用疏花疏果、套袋、铺反光膜、摘叶、转果等措施来优化果品品质。至2000年，农场科技人员通过10余年的不断试验，探索出一套成熟的红富士苹果种植经验，使林果业生产的规模和水平提高到一个新阶段、新档次，跻身于全国林果业生产先进行列，并产生巨大的经济效益，是科技兴场、林果业富场的一个重要举措。

1986年，农场的八队主动与地区农业技术开发中心、农一师农科所挂钩，在全队进行测土配方施肥和施用微量元素，合理施用化肥，提高化肥利用率，达到增产的目的。通过科学施肥和合理灌水，至1991年，经过对比，全队的化肥利用率比一般的高5%，甜菜每公顷产量提高15吨以上。此后，农场全面推广科学施肥，按不同土壤采取测土配方施肥，增施油渣、优质农家肥，辅施叶面肥，喷施植物生长调节剂。

图5-1-2　2008年9月，农场实验站在戈壁荒滩种植果树（照片提供：杨聪靓）

1994 年，农场农田七队总结往年种棉灭虫经验，在棉花生长期注重提高壮苗率，增强棉苗抗虫能力，做到生育期不打药，培育繁殖蚜虫的天敌，有效控制蚜虫的繁殖，同时在放水的时间、施肥量、肥料的结构等一系列田管上讲求技术，使成本降低，棉花等级提高，平均单产增加，经济收入提高。农田十一队在玉米的种植上，打破常规，将行距由过去的 68 厘米减到 60 厘米，株距由过去的每米 4 株增到 6 株，在每公顷株数增加 4500 株的情况下，分期分批施肥，加强田管，虽受雹灾危害，每公顷产量比上年增产 675 千克，总产增加 18 吨，经济收入增加 9000 元。

1998 年，农场大力实施科技兴农战略，把科技兴农工作落到实处。园艺分场在加大科技含量和增强果树后劲上大胆进行 2 次尝试，打破传统管理模式，引进新技术、新产品。当年，投资 3000 余元，引进蜜蜂 100 余箱，使用蜜蜂传花授粉技术，打破常规的自然授粉方式，彻底解决因授粉问题引起的"花多果少"的现象，年终果品总量达到 2810 余吨，可说是投之毫厘、收之万余。为防止腐烂病的再度发生，该队发动职工除采取常规的剥皮、涂药、清园、烧病枝等措施外，还大胆推广使用"绿风 95"产品，使用后表明，"绿风 95"除能调节果树营养，增强树势，促进叶片光合作用，改善树体微循环外，还有使果品个大、果型正、色泽鲜艳之功效，并对果树的腐烂病、黑星病等起到一定的防治作用。通过两次尝试，该队在果园管理技术方面取得明显效果。

2008 年春，农场按照"三位一体"（在苹果园穿插种植红提葡萄，但由于红提葡萄生长周期为三年，职工群众在种植苹果树的过程中投资巨大，最后为充分利用果园又在果园种植蔬菜、育苗，既利用土地资源，又增加职工的经济收入。经过几年的实践形成"三位一体、立体种植"）模式栽植，首次引进、种植优质大樱桃 58 公顷。同时，种植苹果 50.67 公顷。当年，从山东聘请专家温棚育苗 16 个大棚，共 2.67 公顷，其中葡萄 6 个品种 10 个棚 30 万株、澳洲青苹 6 个棚 12 万株、美国樱桃 2 万株，育苗成活率达 90% 以上，5 月底正式出棚，移入大田，进行"三位一体"栽植。

2012 年，农场从山西引进果树辩证管理技术，通过实验，效果明显，果树挂果期提前 3～4 年，大大缩短果树效益转换期。为进一步推广技术，3 月，农场请专家推行现场指导，参加新技术学习的果农有 2000 余人次，并和其中的 100 余户果农签订果园辩证管理技术效益挂钩协议书，果园改造面积达到 60 余公顷，后期受益新果园 200 余公顷，为农场林果业可持续发展提供技术保障。

2017 年 3 月，红旗坡农场（集团公司）联系国家"十三五"规划农业项目——"化学肥料和农药减施增效综合科技研发"项目负责人，在农场实施该项目。项目通过明确不同区域苹果化肥农药减施增效潜力和关键限制因素，因地制宜地进行技术筛选与改进，创

图 5-1-3　2010 年农场推广的"三位一体"种植技术　照片提供：杨聪靓

新以复合微生物菌肥、有机肥为核心的保障性土壤改良和果园生草起垄覆盖为核心的土壤质量提成养分调控、高光效树体构建为核心的群体结构优化技术，根层养分调控和水肥耦合为核心的化肥高效利用技术，生态-生物-物理-化学防治相结合的病虫害综合防治技术、化肥农药新产品和农机农艺结合高效施用技术，集成创新乔砧密植和矮砧集约两种栽培方式的苹果化肥农药减施增效技术模式及配套技术规程，通过物化和简化，形成周年营养套餐和病虫害综合解决方案，以农业部"化肥农药使用量零增长行动"试点县为主建立万亩（667 公顷）示范基地、千亩（66.67 公顷）示范方，进行大面积示范推广，实现苹果化肥农药减施增效目标，为苹果产业转型升级和可持续发展提供有力的科技支撑。项目结合红旗坡农场（集团公司）以总场、分场、小队三级"双减"项目启动会和总场、分场、小队三级项目标准示范园为主落实项目实施，再以标准示范园为核心组织观摩学习推广落实"双减"项目集成技术和实现药肥双减 1.33 万公顷的推广面积。为落实好项目，项目组成立阿克苏地区红旗坡农场技术落地服务团队，优先让果农为"双减"项目签约合作果农，享受"十三五""双减"项目系列集成技术试点、专家技术人员的定点指导、优质物化产品的国家经费补贴。项目组为所有签约果农建立客户档案，建立线上电话技术和资讯服务平台，全天接收所有果农的技术咨询及定时为签约果农提供技术和资讯的指导和传递。农林卫视作为一家专业从事农林科技推广和普及的卫星电视频道，全程跟踪报道整个"十三五""双减"项目的实施落地进展情况，通过媒体平台把新的技术和优质物化产品、药肥双减的成果惠及更多的果农。

三、技术革新

1964 年，农场机修队购入 1 台 4135 型旧发电机，每次发电起动十分麻烦，用蓄电池带动，一年需要消耗 4 个，成本达 800 元以上，用拖拉机起动，不仅影响农时，而且成本也大，如果用人拉，需要 15 个人拉，每次起动需要 1 个小时左右，一天拉 2 次，严重影响机修队的工作。修养车间搬迁至新厂房后，晚上为满足工人生活用电，每天下午下班后还要发电数小时，造成更大损失浪费。但由于无可替代，十余年时间都在凑合使用，对生产影响很大。机修队从上到下都有将发电机改造革新的愿望。

1978 年 6 月，机修队保养间班长刘友根去打井队观看钻机上离合器的结构与原理后开始对发电机进行改装。经过两次失败，终于试制成功，如汽油机输出功率太小，带不动发电机，经分析，经过减速传动后，可以提高动率，根据这个原理继续改革，终于成功。改装后的起动设备只要 1 个人操作半分钟就可将发电机带动，1 人即可操作，2 千克汽油可以用 1 个星期，1 个月成本只有 6.4 元，与原来的人工成本相比每年可以节约 1200 人工，相当于 3600 元左右，与原来的电瓶使用成本相比每年可节约 700 元左右。更重要的是，保养间工作的正常运行得到保障。

第二节　科技交流和推广服务

一、技术推广服务

1959 年，农场制订《农作物栽培技术措施规范》，1962 年全面修订。在实践中，不断补充、修订、完善各项栽培技术措施。在生产条件逐步改善与农业技术不断创新发展的情况下，不断探索、借鉴、应用、推广各种作物栽培的新技术、新措施，促使栽培技术不断更新，生产水平不断提高。

1961 年，农场组建成立场技术研究推广委员会，负责开展技术推广工作；各生产队也相应成立技术研究推广小组，便于及时结合本地实际，向有经验的农民请教，规范记录试种过程，通过试验总结经验，向职工推广技术、指导生产，促进各项农业生产工作，带动农场全面丰收。当年，农场试验田种植的主要作物为小麦，品种为乌克兰 0246。

1962 年，在取得经验的基础上在全场推广。通过科学种植、管理，全场单产和总产均得到大幅提高。

1963 年，农场在各单位种试验田 2.44 公顷，种植作物有杏、桃、棉花、玉米。试验田上底肥 16 吨，每公顷平均 6.55 吨，做到精耕细作，及时管理，并开展间作套种等试验，试验田作物比大田生长的作物生长得更好更多，如园林队的试验果园不仅成活率达 90％以上，苗也很旺。

1965 年，全场大力提高和推广良种，提高种子纯度。除试验站负责全场良种繁育以外，各队加强良种繁育推广工作，逐步达到自选、自育、自留、自用，争取在 3 年内实现全场主要作物良种化。

1966 年，农场推行压草盖沙灌水洗盐的新方法，在地块盐碱斑处挖坑，坑内先铺 5 厘米厚麦草、胡麻草或田埂杂草压实，再以沙子填平，最后灌水洗盐压碱。这种方法重点在土地盐渍化严重的二队、三队、四队、五队实施，洗盐质量逐步提高。当年，全场耕地填沙掺沙面积 479.33 公顷，占农作物面积的 22.4％。同年，农场抽调技术干部、职工在四队进行土壤改良试验试点，综合治理盐碱地。

20 世纪 80 年代中后期，农场加大科技应用的深度、科技推广的广度，完善程度及综合服务层次，粮食、油料、甜菜年年稳产高产，科技示范田有新的起色，粮食平均每公顷产量 6.56 吨，比场平均产量 4.2 吨每公顷增加 2.36 吨，6.67 公顷甜菜丰产试验田每公顷产量 64.8 吨，比常规管理每公顷产量增加 24 吨。

1990 年，农场被评为自治区"开拓奋进科技兴农"园艺生产先进单位。

1995 年后，农场大力宣传教育职工科学种植，如棉花种植选育良种，播种后放好冬水、突出开春地膜早播、抓早出苗保全苗，一水晚灌，适时施追肥，采用生物防治，保持生态平衡，降低成本，提高单产，增加经济效益。实行测土配方施肥和轮作，强化秸秆还田，抓好播种质量，做好田间技术管理，注重提高机械化作业水平。

20 世纪 90 年代后期以来，农场果业继续坚持栽培常规管理，逐步因地制宜因情而异推广应用新技术、新措施。以果树修剪为重点，采取请进来、走出去、办培训班的方式，不断提高操作技术水平。农场牢固树立科学技术是推进农业发展的必由之路的理念，打破传统种植思想观念，全力以赴实施科教兴农、科技兴农，以科技开展农业，以科技推进农业，以科技发展经济。农业一队、二队、三队、九队、六队、八队、园艺分场、园林二队及以种植蔬菜为主的副业队等，产品质量提高，单产增长幅度大，生产管理得当，经济效益好，都与科学技术的推广实施密不可分。

1999 年，农场将 2000 年定为"园艺科技质量效益年"。至 2000 年，红富士苹果、贡梨套袋技术在全场普遍推广，果品品质和经济效益得到提高。

2000 年后，农场园艺生产科每年编发《园艺生产简报》10 余期，根据生产季节，就林果业栽培技术要点、林果新技术推广、病虫害防治、防灾救灾等方面进行技术指导，促进农场的安全规范生产。

2006年，农场先后3次组团赴温宿、库尔勒学习观摩，聘请北京园艺专家来场授课、指导，举办培训班，建立示范园、示范户。部分分场（队）自办培训班，传授各种新技术，其中三分场参加培训职工1500多人次，修剪示范地3.33公顷，树1000多棵，四队参加培训职工350人，十一队参加培训职工300人。农场借鉴红枣产区的成功经验，采取高密度栽植（每公顷栽6675株）模式，建起高标准红枣示范园33.33公顷。各分场（队）进一步强化科学修剪，推行新方法、新技术。五分场举办果树高接、改接培训班，修剪采用十字形、三挺立形等树形，高接采用舌接技术，对嫁接成活枝条进行摘心疏除竞争枝，对二次枝进行拿枝处理。五分场职工邓小江、魏德宏示范采用铺反光膜技术，果品着色率达95％以上，效果明显。农场与陕西省果树研究所等科研单位合作进行果树腐烂病的新药实验及生物肥料（阿姆斯）的引进推广。

2007年，园艺二分场被农场授予科技示范先进单位。

2008年起，农场为全面促进"红旗坡"系列果品的生产、销售等各环节的水平提升，建立从消费者到生产者的全过程产品质量跟踪，实现从果品生产到食用的全过程质量追溯，开始实施"红旗坡果品产品质量追溯系统建设项目"。至2010年建设完成。

2009年，园艺二分场加大园艺技术培训措施的落实，全年共举办各项园艺生产技术培训班16次，参加培训2000人次，各类果品总产量达到3559.5吨。

2011年，农场为提高示范户的热情，提供大量的有机叶面肥和杀虫灯。在国家林业局的主持下，与自治区林业厅的有关领导在农场实施"健康果园项目"并在项目实施的过程中开展2次现场会，为农场的品牌宣传以及新技术发展奠定基础。

2012年，农场开展"生态健康果园"建设。按照项目要求，春季加大有机肥的施肥力度，并按照技术要求，施入充分腐熟的有机肥。在苹果生长追肥期，示范园按照化肥减半追肥，配合施入一定量的生物有机肥。对核心试验区不施化肥，仅施生物有机肥。分别在春季萌芽前、幼果膨大期进行追肥，并在8月中旬果实着色期进行叶面喷钙和钾，防治果实贮藏期病害和增加果实含糖量，使果品质量得到大幅提升。开展有害生物防治预测预报，定期进行虫情监测，根据监测情况，及时向农科院植保所提供测报信息，制订防治方案。开展病虫害生物防治技术。为提高苹果坐果率，开展果园放蜂、人工授粉工作，并现场培训116人次。严格按照项目实施方案对化肥及农药的使用要求，由项目负责人统一购买生物农药和肥料，由地区林业局和技术支撑单位验证后，逐一分发给果农。确保生态健康果园用药和施肥的安全性，保证果品质量。安排疏果，结合疏果及时清除虫果。通过生态健康果园的建设，水、肥、有害病虫生物防治等关键技术及修剪、花果管理等系列配套技术初步得到广大果农认可。果农施药次数相对减少，学会科学施肥，降低果园投入成本、人工费用，很大程度上改善果品质量，初步达到"提质增效"目的。

图 5-1-4　2011 年 1 月，农场利用农闲时节开展林果技术现场培训
（照片提供：杨聪靓）

2019 年 4 月 2 日，为使红旗坡农场（集团公司）注入科技力量，阿克苏优能农业科技股份有限公司注册成立。当年，阿克苏红旗坡"好果源"溯源系统体系建设向各县市加盟企业发放好果源标识二维码共计 1300 余万枚，累计激活数量 900 万枚、企业数据录入 130 家、产品信息录入 275 种。

2020 年，红旗坡农场（集团公司）以科技为引领，推进特色林果业提质增效。红旗坡集团公司作为农业产业化龙头企业，做好特色林果业提质增效示范带头作用，强化特色林果业种植标准化建设、质量追溯体系建设、新型栽培技术的研究及应用，强化病虫生物防治措施，努力提高林果业商品果率。推进新种植模式基地建设，按照"统一规划、合理布局、相对集中、连片栽植"的原则，发展集中连片、透光透气、机械化操作、水肥一体化的乔化密植的现代化果园 1333 公顷。优化林果产业结构，完成 333 公顷樱桃种植、333 公顷大粒无核葡萄种植，林果产业结构由单一型向多元化发展。

二、科技中介服务

2007 年 12 月 25—30 日，农场选派 57 人在上海农产品中心批发市场经营管理公司进行为期 5 天的首届农村经纪人培训。通过培训，广大学员深刻认识到新时代经纪人的意义，为发展现代化大农业，推进社会主义新农村建设，指导职工生产，提高职工生产效率，带领职工闯市场，奔小康，成为建设社会主义新农村的新生力量奠定基础，对于推进社会主义新农村建设，解决"三农"问题，实现市场化和农业现代化具有重大、深远的意义。

2008年1月，农场再次派出22名中层管理人员去上海等地进行为期半个月的经纪人培训。

2010年，全场有经济人40余人。

2020年，全场有经济人70余人。

三、科技合作

1992年9月，农场在乌喀公路997千米处东侧划拨荒地33.33公顷，作为塔里木农垦大学农业科技开发中的开发用地，标志着农场与塔里木农垦大学正式在农业科技方面开展合作。

2000年，地区在红旗坡农场一队建立地区级农业科技示范园，占地面积33公顷。

2006年，新疆农业大学在红旗坡农场十队建成33公顷的园艺示范基地，通过基地建设带动农场的园艺科技发展。

2008年1月，农场与塔里木农业大学签订实习基地建设协议，成为塔里木大学的实训基地。当年，全场共组建3个实训基地，均设在园艺十分场，面积共100余公顷。其中与中科院合作成立的实训基地面积为33.33公顷，每年可进行五期培训，每期培训100人次，每年能培训人数500人次以上；与地区林业局合作成立的实训基地面积为33.33公顷，每年可进行4期培训，每期培训100人次，每年能培训人数400人次以上。2月，新疆农业大学在园艺十分场成立实训基地，面积为40余公顷，每年可进行5期培训，每期培训人数在120人次，每年能培训600人次以上。当年，30多名塔里木大学毕业生在园艺一分场进行为期5天的培训班，对果树的修剪技术、种植技术等进行培训，培训规模达150人次。

2011年，农场为更好地提高果品的商品率，提升科技水平，与新疆农业大学进行科技合作，对红枣生长发育过程中的落花、落果和裂果，苹果的果形、果色改良，化肥施用效果等项目实施专项研究。

2019年，红旗坡农场（集团公司）联合天津科技大学，共同建设全新工艺智能化的果品分选线一条，日处理能力提高到500吨。强化特色农产品深加工产品的研发，开发果品深加工产品34个。

2020年，加强与塔里木大学、阿克苏职业技术学院等高校及科研院所深度合作，在苹果种植技术和分选技术上取得突破。在深加工技术上创新，加快盘活金物联冻干食品资产，进一步延伸产业链，提高农产品附加值。

第三节　科技培训

建场初期，农场针对自然条件与生产条件很差，多数职工未曾从事农业生产农业技术力量薄弱等实际情况，着力进行农业技术培训传授与栽培技术措施规范工作。

1979年，农场针对科学种田的水平较低，耕作粗放，水的利用率低等导致单产水平低、生产发展缓慢的情况，于冬春两季集中力量举办机务、水灌、畜牧等培训班，培训一批领导干部和技术力量，进行科学种田指导和经验传授。

20世纪80年代，随着生产责任制的落实，职工的劳动积极性极大提高，全场兴起学科学、用科学的新风气。职工对土壤的土质状况、作物的布局、倒茬细心琢磨，做到心中有数，选种、犁地、放水、施肥、中耕除草等生产的每个环节都做到科学合理。同时，注重学习科学知识。1985年，仅园林队订阅的科技类杂志就有30余份。

1991年，园艺分场新建果树研究培训中心680平方米，为科技培训提供活动场所。

1999年，农场将2000年定为"园艺科技质量效益年"。全场各单位举办果树修剪、管理等培训班，累计参加培训5000余人次。为提高职工果树管理水平，实行全员培训，就春、夏、秋、冬四季果树生长特点开展技术培训，并多次派代表赴库尔勒、山东等地进行参观学习，借鉴外地先进经验。

2006年，农场制订5年培训方案，对基层干部、技术员、职工进行有组织、系统化、规模化的培训，建立和完善技术员、技术能手（骨干）跟踪培训管理机制，提高农场整体管理水平。针对职工进行实用技术推广普及和新知识、新品种、新技术的培训及质量意识培训，对职工进行农业环境保护、无公害农产品生产、食品安全、标准化生产、绿色食品生产技术与标准无公害农产品等方面知识的培训，使每户有一个"科技明白人"。

2007年7月16—20日，农场为加强干部教育培训，提高干部政治理论水平和生产、财务知识及管理能力，使广大干部深刻理解科学发展观是农场建设和发展过程中必须高度重视的一项工作，也是广大管理干部适应时代要求，增长新知识的有效途径，农场党委决定举办为期1周的干部综合培训班，培训对象为各分场、各单位中层以上管理干部和机关副主任科员以上干部。9月，农场在场部四楼会议室进行50余人次的农信通知识培训，

图 5-1-5 2009 年 8 月，农场林果业技术人员走进田间地头，向职工传授种植技术（照片提供：杨聪靓）

培训人数 50 人次。当年冬季，组织技术人员前往北京昌平学习培训。次年春，为解决果树郁闭造成减产、病虫害严重等问题，北京昌平派园艺科技人员来农场传授落头、提干、开心"3+1"苹果种植技术。

2008 年，农场共组织 100 多次的培训班，培训人数达到 1.2 万余人次，培训技术骨干 60 人次，学时达到 20 学时/人次。与塔里木大学进行联合修剪培训 400 人次。通过专家讲课，实地现场交流探讨授课 5 天，培训 120 人次。

2009 年，园艺二分场紧抓园艺技术培训措施的落实，全年共举办各项园艺生产技术培训班 16 次，参加培训 2000 人次，各类果品总产量达到 3559.5 吨。

2010 年，农场在生产经营过程中，不断调整产业结构，根据农场自身优势和特点，发挥园艺生产科、植保站、销售公司等部门的各项职能作用，做好各项工作的产前、产中、产后服务，利用培训班、专家座谈、实地修剪等多项措施，提高农场中基层管理人员的理论及实际操作技术水平，不断提高自身的综合素质，在地区农办及林业局的安排协调下，先后举办农村经济人培训班、继续再教育专业技术培训、与塔里木大学联合修剪培训、科技之冬技术培训等。

2011 年 3 月，在各分场举办多次培训班，推广果树辩证管理技术，开展技术咨询，发放技术培训光盘，把技术送到田间地头，并多次在各分场进行现场修剪管理技术田间培训，培训人数达 3000 余人次。当年，农场选派 52 名技术人员分 4 组前往其他省市考察培训，同时通过发放技术资料、专家讲座等多种方式，进行新技术宣传和培训工作，如夏季修剪，有害生物的农业防治、物理防治及生物防治技术，以此提高理论知识水平以及实际

图 5-1-6　2011 年 2 月，农场选派技术人员前往山西运城学习果树种植知识（照片提供：
　　　　　杨聪靓）

操作能力和综合素质，以标准园为中心，举办技术培训 3 期，发放技术资料 150 余份，培训果农 3000 人次，取得良好的成效。为提高示范户的热情，向果农提供有机叶面肥和杀虫灯。在国家林业局的主持下，与自治区林业厅的有关领导在农场实施"健康果园项目"并在项目实施的过程中开展 2 次现场会，为农场的品牌宣传以及新技术发展奠定基础。

2016 年后，农场（集团公司）每年对职工进行有组织、有计划的知识和技能培训，达到公司与职工共同发展的目的。

2019 年，红旗坡农场（集团公司）学习"洛川经验"，在林果管理措施上下功夫，提高果品品质，推动特色林果业健康发展。组织开展技术培训，提高职工林果管理水平，组织开展 179 场 1 万余人次培训。

2020 年，由阿克苏分公司牵头，在果树管理、修剪等方面在全场（集团公司）开展一对一的指导培训。

第四节　人工影响天气

2000 年前后，农场区域冰雹灾害频发，林果业受损严重。当年，为促进林果业安全生产和特色林果业提质增效，农场党委决定投资 12 万元，在原园艺二分场上片靠革命大渠边上修建 1 个固定防雹点，开始人工影响天气作业。防雹点归阿克苏市人工影响天气办公室管理，业务由其指导。全年防雹作业 5 次，有效降低灾害对农业生产的影响。

2008 年，由于受全球气候异常和特殊地理环境的影响，天气变化频繁，在作业中地区人影办的密切协调下，共作业 14 炮次。当年，农场防雹点作业用的火箭架、通信器材经审验报废，通过地区人影办引进新设备。

2015 年，机场扩建后，航班增加，为不影响航线，农场购置 1 辆移动防雹车，建成移动防雹点，由农场保卫科兼职人工影响天气工作。

2020 年，完成防雹作业 51 次，在防雹作业中严格按规定操作，并及时完成防雹点出勤任务，确保安全有效地完成任务。

第二章 教　　育

农场党委始终把基础教育放在"重中之重"和优先发展的战略地位，在发展经济、壮大农场的同时，坚持科教兴场，教育事业发展迅速，师资力量、基础设施建设不断加强，校舍建设步伐逐年加快，教师待遇逐步提高，学生德、智、体、美、劳全面发展。

第一节　学前教育与初等教育

一、学前教育

1960 年 8 月，农场场部建起托儿所。

1980 年 3 月，场部、学校、二队、三队、六队、七队、八队、十队 6 个生产队办起幼儿班（教室、教员队上自行解决）。当年，全场常年和农忙时托儿所受托儿童 300 人，保育员 30 人。

1984 年，全场有托儿所 21 个，场部、园林队各有一个儿童学前班。当年全场 6 岁以下儿童 1080 名。当年，托儿所经费差额补贴 0.23 万元。

1987 年开始，场部学前班每年招生 40 人。

1990 年，场队有常年托儿所 3 个。

2004 年，农场域内幼儿园完成社会化管理移交阿克苏市。

二、初等教育

1960 年 8 月，农场建起职工子弟学校，有 1 间容纳 30 名学生的教室。1961 年，阿克苏专员公署为学校配备教师 2 名。

1962 年 8 月，有学生 25 人，其中一年级 14 人，二年级 3 人，三年级 5 人，四年级 3 人，教师 1 人。全场适龄儿童尚有 160 人未能上学。

1965 年，全校有 11 个班，四二制学生 233 人，一年级 2 个班 97 人，二年级 2 个班 61

人，三年级 2 个班 52 人，四年级 8 人，五年级 15 人。五年制复式班学生 138 人，一年级 71 人，二年级 37 人，三年级 30 人。教职人员 9 人，其中教师 8 人，工勤人员 1 人，教师中高级中等学校毕业的 5 人，其中 2 人受过师范教育，初级中等学校毕业的 3 人，其中 1 人受过师范教育。学校有上课桌椅 64 套，缺 53 套。

1966 年，在一队、六队、七队建立 3 所半耕半读小学。同年，全场入学儿童 340 名，有教员 14 名。

1968 年，职工子弟学校附设初中班。

1975 年，全场有学校 8 所，班数 35 个，专职教师 23 人，其中女教师 4 人，行政人员 1 人，工勤人员 1 人。代课教师 18 人，其中女教师 12 人。学生 792 人，其中女生 345 人，一年级 11 个班，261 人；二年级 10 个班，161 人；三年级 7 个班，169 人；四年级 4 个班，108 人；五年级 3 个班，93 人。全场学龄儿童 1459 人，已入学学龄儿童 603 人，入学率 41.3%。校舍总面积 572 平方米，教室 25 间，560 平方米，职工宿舍 1 间，12 平方米。

1996 年，全场小学有高级教师 13 人，其中女教师 6 人；大学本科 1 人，大学专科 3 人，中专 6 人，高中 3 人；41 岁至 45 岁 3 人，46 岁至 50 岁 4 人，51 岁至 54 岁 6 人。一、二、三级教师 66 人，其中女教师 26 人；大学本科 2 人，大学专科 13 人，中专 35 人，高中 8 人，初中 8 人；31 岁至 35 岁 1 人，36 岁至 40 岁 8 人，41 岁至 45 岁 18 人，46 岁至 50 岁 16 人，51 岁至 55 岁 12 人，55 岁至 59 岁 11 人。

2000 年初，对第二小学进行改革，农场每年支付 23 名场聘教师 5% 的工资，其余 35 名教职员工的工资和学校基本建设投资及其他一切费用均由第二小学自担。

2002 年，全场有完全小学 2 所（一小、二小），队办小学 6 所（三队、四队、六队、七队、十一队、园艺二分场）。

2004 年，农场域内的小学全部完成社会化管理移交阿克苏市。

表 5-2-1　1961—2004 年阿克苏地区红旗坡农场各小学基本情况表

年份	学校（个）	教职工（人）	其中教师（人）	在校学生（人）	其中新招生（人）	当年毕业（人）
1961	1	2	2	25	25	—
1962	1	3	3	25	—	—
1964	1	9	8	233	112	—
1965	1	9	8	371	259	—
1966	4	17	14	340	81	—
1975	8	23	21	792	257	69
1977	8	47	—	1122	—	—

（续）

年份	学校（个）	教职工（人）	其中教师（人）	在校学生（人）	其中新招生（人）	当年毕业（人）
1978	9	58	46	1544	500	273
1979	10	70	57	1639	428	192
1980	8	75	73	1127	195	100
1981	9	70	64	1069	240	180
1982	9	75	61	1332	—	—
1984	10	68	58	1050	287	170
1985	9	40	37	381	96	31
1986	9	39	39	475	156	60
1987	9	43	36	392	150	36
1988	10	61	60	845	304	132
1989	10	44	43	976	232	120
1990	12	74	66	1162	300	142
1991	11	21	20	1238	317	—
1992	10	82	73	1472	339	124
1993	14	84	75	1427	339	124
1994	11	103	75	1440	285	145
1995	11	68	68	1418	305	145
1996	11	118	118	1785	310	142
1997	11	116	116	2096	420	247
1998	11	110	110	2331	480	279
1999	11	119	113	2433	121	74
2000	11	136	105	1649	387	262
2001	10	157	146	2591	461	371
2002	8	201	201	890	186	87
2003	7	47	37	619	180	150
2004	7	68	64	648	150	298

第二节 中学教育

1968年，经阿克苏军分区生产办公室批准，在农场子校开设初中班，拨款5000元修建教室。同年暂借基建队伙房当教室，初中班开课。

1971年，初中毕业23人。

1976年，开设高中班，当年初中毕业生43人，解决升高中就读的困难。

1981年，在校生达到445人，教职员73人，其中教员53人。当年毕业生146人，新招120人。

1984年2月14日，子弟中学分为第一中学、第二中学，第一中学有教职工36人，其中教师28人，管理、工勤人员8人。在校学生438人，其中新招86人，当年毕业115人。第二中学教职工49人，其中教师37人，管理、工勤人员12人。在校学生615人，其中新招 185 人，当年毕业 163 人。

1996 年，农场中学有高级教师 1 人，高中学历。一级教师 20 人，其中女 12 人；大学本科 5 人，大学专科 8 人，中专 4 人，高中 3 人；31 岁至 35 岁 3 人，36 岁至 40 岁 5 人，41 岁至 45 岁 5 人，46 岁至 50 岁 3 人，51 岁至 55 岁 4 人。二、三级教师 20 人，其中女 8 人；大学本科 1 人，大学专科 8 人，中专 4 人，高中 3 人，初中以下 4 人；31 岁至 35 岁 3 人，36 岁至 40 岁 7 人，41 岁至 45 岁 4 人，46 岁至 50 岁 3 人，51 岁至 55 岁 3 人。

2002 年初，农场对第二中学、园艺二分场小学进行内部改革，内改后，场每年分别支付第二中学、园艺二分场小学教职工 5％、7％的工资，其他一切费用自理。

2003 年 9 月，第二小学更名为第三中学，初一至初三班全程开课，有教师 70 人，学生 1800 人。

2004 年 3 月，学校移交阿克苏市教育局，红旗坡农场第一、二中学更名为阿克苏市库木塔木第一、第二中学，第三中学更名为库木塔木阔滚其中学。

表 5-2-2　1961—2004 年阿克苏地区红旗坡农场场办学校基本情况统计表

年份	学校（个）	教职工（人）	其中教师（人）	在校学生（人）	其中新招生（人）	当年毕业（人）
1977	1	31	—	326	—	
1978	1	35	—	485	—	—
1979	1	39	27	453	60	36
1980	1	56	40	454	100	50
1981	1	73	53	445	120	146
1982	1	50	43	452	—	—
1984	2	85	65	1053	271	278
1986	2	72	56	980	341	310
1987	2	77	62	792	138	199
1988	2	70	54	488	96	157
1989	2	86	59	480	75	125
1990	2	62	47	449	203	154
1991	2	78	57	300	94	100
1992	2	72	56	333	117	113
1993	2	56	41	268	81	79
1994	2	54	44	216	92	44
1995	2	99	83	246	105	38
1996	2	33	33	256	80	59
1997	2	48	48	311	123	99
1998	2	45	31	364	145	92
1999	2	33	33	405	145	81

（续）

年份	学校（个）	教职工（人）	其中教师（人）	在校学生（人）	其中新招生（人）	当年毕业（人）
2000	2	47	39	249	152	97
2001	2	49	34	695	188	121
2002	2	45	35	1660	152	38
2003	3	201	198	2716	160	102
2004	3	202	190	2420	130	290

第三节　成人教育

一、扫盲教育

20 世纪 60 年代，农场文盲半文盲占职工很大比例。农场采取多种办法进行扫盲，冬季农闲办夜校，办识字班，要求职工（文盲）全部参加，老人自愿，每天教 8 至 10 字，达到会认、会写，冬季 4 个月要学会 1000 字左右。农忙时间，田间地头，当成学习课堂，有文化的职工都是教员，开展"百人教，千人学"的活动，扫盲效果很好。1960—1962 年，农场办有业余学校 11 个，17 个班，参加扫盲的 843 人，占全体职工的 43％。20 世纪 80 年代后，扫盲工作实行"一堵""二扫""三提高"。"一堵"是抓普及五年教育，堵住新文盲的产生；"二扫"是通过各种形式把干部职工中的文盲基本扫清；"三提高"是把脱盲有条件的职工组织到各种学校继续提高。

二、业余教育

1960 年，根据自治区文教会议关于立即掀起全党全民大办业余教育新高潮的会议精神及阿克苏专区职工业余教育会议对专区 1960—1967 年工农群众业余教育的规划草案，农场对职工业余教育工作做出计划：以扫除文盲为纲、扫盲与大办业余初级教育并举，并尽力开展中等和高等业余教育。当年起，农场办起并普及业余小学教育，要求普及小学程度的青壮年职工从 1960—1963 年达到小学程度，将脱盲的职工及时组织转入业余小学，使脱盲者在 3 年内达到小学文化程度。

20 世纪 70 年代，农场兴办各种学习班、培训班，培养培训农技、农机和副食品生产方面的技术人才。20 世纪 80 年代后，农场成立业余文化教育领导小组，从各队、学校中抽出部分教员担任业余文化教师，根据职工的文化水平，分别组织各族职工学文化、学科学、学技术，普及初中文化教育。建立学习制度，制定学习内容，保证学习时间，将参加学习的情况和态度，列入评比及奖惩机制项目进行考核。

2000年后，农场鼓励职工参加电大、夜校、函授等各种形式的业余教育，提高学历及干部政治理论水平和生产、财务知识及管理能力，使广大干部职工适应时代要求，增长新知识。

2017年10月10日，红旗坡农场（集团公司）制定印发《新疆红旗坡农业发展集团有限公司员工培训管理办法（试行）》，鼓励员工根据自身的愿望和条件，利用业余时间通过自学积极提高自身素质和业务能力。

至2020年，农场先后有100余人参加本地的职业技术学院、塔里木大学以及国内其他省市高校成人教育，提升学历，增强专业技能。

第四节　办学经费

农场学校属社会力量办学。建场至1977年，办学所有经费均由农场负担。1962年，农场支出教育经费0.22万元。1977年，农场支出教育经费4.36万元。1978年开始，地区财政以政策性社会性支出拨款补贴农场教育经费。全年一次下达包干使用，要求农场学校在保证教学质量的前提下，发扬自力更生精神，开展勤工俭学活动，增加收入。当年，农场教育经费支出8.55万元，其中教职员工工资5.35万元，补助工资1500元，职工福利费100元，公务费7800元，修理费300元，设备购置费1.74万元，其他费用4800元。当年，地区财政拨入教育经费补助7.9万元，学校勤工俭学收入1100元，学杂费及其他收入5200元，收支基本平衡。

至20世纪80年代末，农场教育经费支出大多数年份由地区财政拨补基本到位，少数年份有补贴缺口。1989年，农场中小学教育经费支出37.75万元，其中工资25.17万元，补助工资2.08万元，退休人员费用4000元，公务费3.04万元，设备材料购置费9600元，修缮费4万元，业务费2600元，其他费用1.84万元。当年，地区财政拨款补助33.6万元，农场自补4.15万元。

20世纪90年代以来，农场中小学教育经费支出逐年迅速增加，地区财政拨款补贴，除专款专用的基本建设、设施设备购建拨款外，正常费用支出的财政拨款补贴基数保持80年代中期每年20万元的水平，农场以营业外支出自补教育经费逐年增加，以致负担越来越重而不堪重负。农场为缓解教育经费不足的矛盾，采取场队集资和职工捐资办学的办法，1991年和1992年场内各单位集资办学投入分别为7.79万元和17.1万元，1993年，农场中小学教育经费补贴 95.08 万元，比 1985 年增加 1.5 倍，其中地区财政拨款补贴 59 万元（内含基数补贴 20 万元，基建和购置专项拨款补贴 39 万元）；农场以营业外支出自补 36.08 万元，相当于当年农场盈利总额 92.14 万元的 39.2%。1997 年，农场中小学教育经费总支出 136.9 万元，学校勤工俭学、学杂费等收入 7.88 万元，教育经费补贴 129.02 万元，比 1993 年增加 35.7%，其中地区财政拨款补贴 23 万元；农场以营业外支出自补 106.02 万元，比 1993 年增加 1.94 倍，农场教育经费自补额相当于当年农场盈利总额的 36.6%。

2000 年，农场中小学教育经费补贴 137.89 万元，其中地区财政拨款补贴 21 万元；农场以营业外支出自补 116.89 万元，相当于当年农场盈利额。2001—2002 年，农场以营业外支出自补中小学教育经费分别为 122.91 万元和 87.68 万元。2001 年以后，农场对企业自办教育，实行内部改革，首先从第二中学、第三中学、园艺二分场小学开始，实行责任承包定员限额拨付经费，不足部分自收自支。2001—2004 年，农场教育经费支出逐年减少。

2004 年，农场所有学校人员、资产移交阿克苏市教育局。

表 5-2-3　1962—2002 年阿克苏地区红旗坡农场教育经费补贴情况表

单位：万元

年份	教育经费补贴	其中地区财政拨款补贴	年份	教育经费补贴	其中地区财政拨款补贴
1962	0.22	—	1983	15.12	16.4
1963	0.27	—	1984	16.51	16.51
1964	0.46	—	1985	37.89	34.3
1965	0.78	—	1986	37.5	37.5
1966	0.83	—	1987	27	31.7
1967	0.79	—	1988	31.5	31.5
1968	0.85	—	1989	37.76	33.7
1969	0.92	—	1990	38.99	31.4
1970	0.73	—	1991	42.13	33.4
1971	0.54	—	1992	89.71	67.4
1972	1.76	—	1993	95.08	59
1973	1.09	—	1994	75.86	30
1974	1.43	—	1995	96.95	22
1975	2.18	—	1996	104.44	20
1976	3.26	—	1997	129.02	23
1977	4.36	—	1998	141.09	30
1978	7.90	7.90	1999	149	20
1979	12.08	5.9	2000	137.89	21
1980	13.08	13.12	2001	122.1	—
1981	13.14	13.38	2002	87.68	—
1982	14.65	14.19			

说明：经费补助含农场自补和上级财政拨入补贴。2001—2002 年为农场自补教育经费数。

第五节　学校基础设施建设

1964年，始建场办学校校舍（教室、办公室、宿舍等），当年投资1.48万元，建筑面积744平方米。此后至20世纪70年代，校舍建设规模较大的1977—1978年累计为1238平方米，投资3.92万元。20世纪80年代，累计新建校舍3021平方米，土建及配套设施共投资40.2万元。1991年，场办中小学实有校舍面积5210平方米，其中大部分为土木结构校舍。

1992年，场办第一中学新建砖混结构教学楼1600平方米，投资45万元。1993—1994年，场办第二中学新建砖混结构教学楼1600平方米，投资66万元。1994年，第一、二中学取暖配套工程（锅炉房建筑184平方米、锅炉购置安装）共投资23.8万元。1997年，共有4个小学新建教室547平方米和其他配套建筑以及维修校舍，共投资21.25万元。

第三章 卫 生

1958—2004 年，农场不断改善医疗卫生条件，加强专业技术人员培养，农场职工群众病有所医，卫生意识逐年增强。1976 年，红旗坡农场医院建成并投入使用后，通过购进先进的医疗设备，医疗卫生条件得到极大改善，医务技术力量得到加强。1958—2020 年，农场每年开展卫生知识宣传，为保障职工群众的身体健康，创造整洁、优美的工作、生活环境，大力开展爱国卫生运动，组织开展环境卫生整治，辖区卫生面貌逐年改观。

第一节 医 疗

一、机构

1958 年，农场设立医疗所 2 处，有医务人员 3 人。1960 年，吸收 1 名中医、1 名西医。1961 年，医疗所 9 人，其中医务人员 7 人，管理、工勤人员 2 人，医疗所设病床 10 张。

1964 年，场医务所有医务人员 6 人，其中主治医生 1 人、中级医生 4 人、助产士 1 人。

1976 年 11 月，成立红旗坡农场医院，有职工 53 人，医务人员 26 人，其中医生 12 人，有病床 64 张。基层单位有医疗机构 3 个。1985 年，医疗机构发展到 6 个，有职工 54 人，医务人员 37 人，其中医生 9 人，有病床 67 张。2003 年，有医疗机构 3 个，职工 37 人，医务人员 27 人，其中医生 7 人，病床 70 张。

2004 年 7 月，农场医院人员、物资全部移交阿克苏市。

二、卫生防疫

建场初期，卫生条件较为简陋。农场为防伤寒等疾病的发生，规定每天往田间地头送开水 4 次，并禁止饮用生水。1961 年 1 月中旬，农场发生较大规模的流行性感冒。组织人力、物力普治普防，送药到队、到家，共开展巡回治疗 710 人次，使病情得到控制。

1962年春季，开展清除住房附近杂草垃圾、整治羊圈牛棚、疏通房前屋后堵塞的渠道及污水坑，以便铲除蚊蝇滋生场所，防止各种传染性疾病发生。

20世纪60—70年代，农场开展食品卫生知识宣传，普及吃熟食、热食，喝开水，生吃瓜果首先用开水洗后去皮再吃。

2004年后，每年协助卫生管理部门开展脊髓灰质炎免疫工作，对辖区内的儿童数量进行摸底汇总。

三、医疗护理

1958年，全场共诊治3500余人次（初诊1000余人次，复诊2500余人次）。

1961年，农场既定点门诊，又巡回医疗，共诊治1.08万人次。

1965年，为做好农场的医疗保健工作，对各队（站）选派的1名义务保健员进行集中培训。

1966年，农场根据医务人员与生产季节实行分片包干巡回医疗，对急诊做到不分昼夜，随叫随诊，对偏远单位设立临时病床，对附近单位能送药上门、打针上门。

1991年，医疗费用改革，农场出台《医疗经费政策具体规定》：1949年以前参加工作报销医疗费用100％，30年以上工龄90％，20年工龄85％，10年以上80％，10年以下70％。

1993年，对1991年《医疗经费政策具体规定》进行完善补充：①1991年规定的比例不变。②到外地或场外检查治疗，须经医院领导批准，否则一切费用自理。③离退休后在场外被聘就业者，费用自理。④因公出差或探亲的职工因患急病或慢性病急性发作，在当地或旅途医院就医，按1991年规定的比例报销。⑤因公出差、探亲就医的中药费用自理。⑥领导批准外地住院治疗的，治疗费、床位费报销50％，抢险、救灾、舍己救人产生的医疗费用农场承担。⑦计划生育手术享受公费医疗的规定。

2000年，改革实行场内医疗保险，实现医疗保险与地区的初步接轨。

表5-3-1　1958—2004年红旗坡农场医疗机构（医院、卫生院、诊所）基本情况表

年份	医疗机构（个）	病床（张）	职工人数（人）		
			小计	其　中	
				医务人员	其中医生
1958	2	—	3	3	—
1959	1	—	3	—	—
1960	1	—	5	3	2

（续）

年份	医疗机构（个）	病床（张）	职工人数（人）		
			小计	其 中	
				医务人员	其中医生
1961	1	10	9	7	5
1976	4	64	53	26	12
1977	4	64	53	26	12
1978	6	64	39	29	10
1979	6	64	56	42	16
1980	6	64	65	55	23
1981	6	64	60	38	22
1982	6	64	54	37	15
1983	6	64	50	31	13
1984	6	70	60	45	14
1985	6	67	54	37	9
1986	7	76	46	30	9
1987	7	76	51	36	9
1988	7	70	51	36	8
1989	7	70	54	32	8
1990	7	70	55	32	8
1991	7	76	51	35	9
1992	3	72	44	34	10
1993	3	72	49	34	10
1994	3	70	33	30	9
1995	3	70	35	30	9
1996	1	70	60	37	8
1997	1	70	58	37	8
1998	1	70	57	38	9
1999	1	70	44	35	8
2000	1	70	32	25	7
2001	1	70	32	25	7
2002	3	70	34	27	7
2003	3	70	34	27	7
2004	3	70	34	27	7

四、医疗机构经费补贴

农场医疗机构经费补贴由农场负担，在福利费项下支出。农场医疗机构经费及职工医疗补贴，1962 年为 1.85 万元，1972 年为 3.07 万元，1989 年为 6.01 万元，1994 年为 45 万元，1998

年为 113 万元，2002 年为 62.48 万元。

2005 年，农场基本医疗纳入统筹，当年参加 2828 人，农场为职工支付医保费 120 多万元。至 2006 年底，农场参加医疗保险 3073 人，全年支付医保费 190 万元。

五、医院用房建设

建场至 20 世纪 70 年代初期，场队医院、诊所用房全部为其他建筑用房和旧房改建。1972 年，始建医疗用房 285 平方米。1989 年新建医院用房 120 平方米，投资 2.12 万元。1991 年购置救护车 1 辆，投资 6.28 万元。1995 年维修病房 500 平方米，补助投资 1.2 万元。1999 年新建砖木结构病房及门诊房 586 平方米，投资 23 万元。2000 年，医院锅炉房建设投资 5.92 万元。2001 年，新建医院门诊用房 527 平方米，投资 17.37 万元。

第二节　爱国卫生运动

一、爱国卫生运动组织

1961 年，农场及各基层连队成立爱国卫生运动委员会，组织开展爱国卫生运动。在各级爱国卫生运动委员会的组织下，农场每年都要安排几次大的环境卫生治理，进行几次大的全面检查，并形成制度。此后，随着领导的调整，对爱国卫生运动委员会成员进行多次调整。

二、环境卫生整治

1958 年，全场发动群众开展除"四害"（老鼠、苍蝇、蚊子、麻雀）的爱国卫生运动（后来麻雀改为臭虫），老鼠拿尾巴，麻雀按只数进行登记计算成绩。

1964 年，开展爱国卫生突击月运动，利用黑板报、壁报等宣传工具进行卫生知识宣传，防止传染病流行。全体动员将住地周围 20 米内的垃圾、粪坑、畜圈清除掉。管好饮用水源，水源周围 30 米内不能有垃圾、便坑、厕所、畜圈，人与牲畜饮用水分开。家庭卫生要求：每餐吃熟、热食，喝开水，生吃瓜果用开水洗后去皮再吃，食堂消灭苍蝇。进行卫生宣传，由医生向职工讲防病课。

1965 年，开展夏季爱国卫生运动，发动所有职工、家属进行卫生大扫除。为防止肠道传染病传播，各单位没有厕所的修建厕所，厕所远离水源。教育职工、家属不随地大小便，不随地倒垃圾，保持环境清洁，指定专人看管饮用水源，人畜分开使用涝坝。做好个人卫生，不吃生水，不吃生冷饮食。

20世纪80年代，结合开展"五讲、四美、三热爱"和"文明礼貌月"活动，集中治理存在于本单位的"脏、乱、差"现象，搞好单位卫生，做到清洁、整齐、美观，开展爱国卫生运动。

1992年，开展强化消灭脊髓灰质炎活动，农场成立强化免疫领导小组，全场组成11个小组，专人负责，设指定地点，0～4岁儿童服苗率100％。此项工作年年按时按质完成。

1997年，开展"讲文明、树新风、创建卫生单位"活动，农场成立领导小组，主要领导担任组长，各单位成立相应机构，制定制度，分工负责，落实到人，彻底清扫各单位环境，不留死角，营造良好的工作、生活环境。整治环境卫生，修建公厕，定期清除，修建垃圾池，集中堆放垃圾，定期拉运掩埋。各单位明确责任，分片承包，确保各自的卫生区域改变面貌，彻底改变单位环境差的状况。

2003年，"非典"疫情发生后，农场成立防治"非典"工作领导小组，从预防的角度，狠抓各单位卫生工作，对人群集中的学校及公共场所，进行全方位的消毒，对全场10所学校近4000名学生，每天坚持晨检校园的清洁卫生。

2006年春季，农场开展爱国卫生运动，为有效预防和减少传染病，各单位动员全体职工（居民）广泛进行室内外卫生大扫除，并建立各单位环境卫生责任区和定期检查评比制度。对314国道、飞机场路、温宿迎宾路等道路沿线组织人员进行一次整治。彻底清理整治全场环境卫生，为新农村建设开好局、迈好步。当年，开展对高致病性禽流感的防治工作，农场投入人力、物力，在东城加油站片区和红旗坡各单位进行抽查、设卡、扑宰等方面的防疫工作，共设卡60余处，15天投入6053人次，投入设卡所需各种生活物品、消毒物资和运输费用12万多元。对五个片区的养殖户，抽查50余户，抽查禽类700余只，免疫达100％。

2010年后，农场每年都重视爱国卫生运动的开展，动员全场职工群众行动起来，投入人力物力开展卫生整治，并采取重点工作分线作战的办法，对清理整顿验收合格的单位开展"回头看"，对"脏乱差"、易反复的地方下大力气整顿，提升农场居住环境的品质和面貌。同时，在全场悬挂宣传横幅、张贴宣传画、制作标语、安装垃圾池指示牌、制作安装健康教育宣传栏、在公共场所张贴控烟标志，每年发放卫生科普知识宣传册1万余份。

2013年，农场推动卫生厕所建设，推广普及"无害厕所"，提高使用卫生厕所覆盖率。采取"宣传引导、典型示范、以点带面、集中连片"的修建模式引导职工开展改厕工作。卫生厕所普及率达到100％。

2020年初，新冠肺炎疫情暴发后，红旗坡农场（集团公司）建立健全疫情防控领导小组，明确工作职责，压紧压实责任，严格落实各项工作举措。成立后勤保障小组，组建志愿者服务队，全力保障群众生产生活，解决群众困难诉求。推进常态化疫情防控工作，做好物资储备，坚持以家庭储备为基础，落实疫情防控各项工作举措，做好疫情防控。

第四章　文化艺术

农场在发展经济的进程中，逐步完善文化活动网络，专业性、群众性的文化体育活动蓬勃开展。农场以节庆日大型文化活动为龙头，以日常阵地性活动为依托，配合党的中心工作举办各类文化活动。每年的春节、"五四""民族团结月"、七一、八一、十一等节日都有不同内容和形式的文化娱乐活动，如"迎新春"文艺晚会，"庆三八""庆六一""庆七一"等系列比赛，以及文艺展演、书画摄影展览等，集中反映全场各族群众积极进取的精神风貌，营造良好的社会文化氛围。

第一节　文化事业

建场初期，农场职工因受条件的限制，除放映电影外，其他文化活动开展较少。

1965年元旦、春节，农场举办文艺晚会，三队、五队、八队、园林队、场部、基建队、学校等单位积极排练参加演出，活跃职工文化生活，并选拔参加自治区文艺会演节目。

1966年，全场建起9个文化室，以文化室为中心的文化活动普遍开展起来，组织职工读革命书籍，教唱革命歌曲，排练表演节目，办黑板报、墙报等。场部成立业余文工队，下基层演出数十场，深受职工群众欢迎。队与队之间举办联欢会，丰富职工文化生活，增进团结、友谊。

20世纪80年代，农场每年在五一、五四、十一、春节等节日期间开展文艺演出活动。部分基层单位组织业余文艺演出队，开展大唱革命歌曲歌咏比赛等群众性的文化活动。1985年，全场有文化站（室）4个。

1990年，全场共出各种墙、板报、专刊达40余期。

1999年，庆祝中华人民共和国成立五十周年，农场举办黑板报、图板展览比赛，内容有建国五十周年以来国家重大变化，建场41年农场及本单位的巨大变化及取得的成就。组织每个单位有20人以上参加的合唱队，参赛歌曲有《歌唱祖国》《团结就是力量》《我们走在大路上》《新疆好》《走进新时代》《没有共产党就没有新中国》等10首歌曲，展览

图 5-4-1　1992 年，农场举办板报展览（照片提供：档案室）

和歌咏比赛设一、二、三等奖。当年，为更好地开展职工文化活动，农场成立职工业余文化技术培训中心。

2001 年起，农场逐步建立起以企业经营理念、道德规范等为主体的企业文化。通过企业建章立制，达到管理约束职工的目的，通过开展各种健康的文化娱乐和体育活动，提高企业向心力。通过企业文化活动，在职工中培育和树立共同理想，从而增强职工的责任心、上进心，激发职工工作生产的积极性和创造性。当年 6 月 28 日，为庆祝中国共产党成立 80 周年，农场开展建党 80 周年知识竞赛，20 余人参加活动。

2003 年，农场为提高职工的科学文化素质，在农田十队修建 1 座职工文化活动中心。

2004 年，开展板报评比，举办两个条例《中国共产党党内监督条例》和《中国共产党纪律处分条例》的知识竞赛活动，各基层单位组成 3～5 人的代表队，每队由 1 名科、队领导参加，另组织 3～5 人的观赛代表。两项比赛活动是对基层党组织一次开展"三个文明""一手抓学习、一手抓生产"的具体检验。

2006 年后，围绕建设社会主义新农村，大力推进农村文化阵地建设。着力推进企业文化建设。加强农场文化宣传工作，弘扬农垦精神，为农场改革、发展、稳定营造良好的舆论环境和文化氛围。重点突出新时期农场的地位、作用、改革开放和现代化建设成就的宣传，重视企业文化建设，树立企业良好形象。在各基层单位恢复职工文化活动场所，每年购入科技、文化、普法书刊、杂志，摆放在阅览室，购买电教器材、棋牌等及篮球、排球、乒乓球，丰富职工群众的业余文化体育生活。

2007—2012 年，农场为每个文化娱乐室购置 3000～5000 元的科技知识方面的工具书以及文化娱乐工具。每年在三八、五一期间，农场都举办内容多样的文艺文体知识竞赛活动。通过活动，职工群众身体素质得到增强，同时增强集团的凝聚力，丰富职工群众的业余文化生活，活跃企业文化氛围，展示职工群众积极向上的精神风貌。

图 5-4-2 2018 年 12 月 28 日，源动力水务公司与林海社区联合举办
迎元旦文艺演出活动（照片提供：杨聪靓）

2011 年 6 月 17 日，农场开展"歌颂党、谋发展、促和谐"庆祝建党 90 周年红歌大赛，14 支代表队参加比赛。场机关代表队获第 1 名，园艺一分场获第 2 名，园艺五分场、园艺九分场获第 3 名。

2015 年，新建四分场十三队职工活动广场 2425 平方米，投资 46.65 万元。6 月末，农场开展庆祝中国共产党成立 94 周年系列活动，以"情暖党员心"为主题，开展走访慰问活动和"特殊党日活动"。以党支部为单位开展"党在我心中"入党誓词"重温月"活动。6 月下旬，农场为庆祝中国共产党成立 94 周年和自治区成立 60 周年，进一步激发农场干部职工爱党、爱国主义热情，丰富农场文化生活。7 月，开展党的基本知识集中学习教育，开展庆祝中国共产党成立 94 周年系列文体活动，开展唱红歌比赛等，丰富农场文化生活，展示各单位精神风貌。

2016 年，农场（集团公司）为丰富农场居民的精神文化生活，投资 94.57 万元，分别在七分场、一分场园林五队建设乡村大舞台 1 座。6 月 17 日，农场印发《红旗坡农场庆祝中国共产党成立 95 周年系列活动实施方案》。围绕"学党章党规、学系列讲话、做合格党员"学习教育，以"颂伟业、强党性、促团结、促稳定"为主题，举办主题鲜明、内容丰富、形式多样、各具特色的庆祝活动。开展学党章知识竞赛、讲党课评比活动。开展"情暖党员心"走访慰问活动和"特殊党日活动"，开展"重温誓词、牢记宗旨"主题宣誓活动。召开一次以"歌颂党的丰功伟绩、弘扬党的优良传统"为主题的党员座谈会，开展庆祝建党 95 周年系列文体活动。

2018—2020 年，红旗坡农场（集团公司）注重软环境、软实力建设，在三八、五一、十一、元旦、春节期间共举办 10 余场丰富多彩的文艺演出及文化活动，全场干部职工纷纷参加，为职工群众营造温馨和谐的氛围。

第二节　地方史志工作

2006 年 8 月 3 日，农场为庆祝 2008 年农场建场五十周年，全面总结和回顾五十年来红旗坡农场的发展史和奋斗史，农场成立史志编纂办公室，开始着手《红旗坡农场五十年》的编纂工作。该书历时一年多编纂完成，上限 1958 年农场建场，下限至 2007 年，以 10 篇、43 章、143 节的记述展现红旗坡农场的历史与现状。于 2008 年印刷出版。

第三节　广播、电视、电影

一、广播

（一）有线广播

20 世纪 60 年代，农场在场部大门安装 1 只喇叭，主要用收音机接收短波广播节目分时段转播，转播中央人民广播电台、新疆人民广播电台的联播节目，每天播音 4 小时。70 年代后期，农场建立广播站，随传输技术更新，对有线广播频率全面采取调频传输手段发射，每天播出时间为 6 个多小时。农场职工家庭广播入户率达 95%。

1990 年，全场各生产队有广播室，广播内容由干部自行安排，主要发挥通知的作用。

1995 年，农场对有线广播线路进行调整，高音喇叭全部换成音质好的低音音箱。1996 年，广播覆盖率达 92%。

2000 年，在全场安装调频广播接收音箱。此后，有线广播更新换代，转为无线广播。

2009 年，农场争取国家实施的"村村通"大喇叭工程，全场各分场全都完成大喇叭的安装工作。

2016 年，农场广播站撤销，业务移交社区。

（二）无线广播

1990 年后，农场及各生产队为调频广播。1999 年，国家实施"村村通"工程，农场开播 3 套调频广播，分别转播中央人民广播电台 2 套、新疆人民广播电台节目 1 套。

2010 年，实施大喇叭工程，广播节目覆盖全场。广播覆盖率为 100%。

2016 年，农场广播业务移交社区管理。

二、电视

（一）有线电视

2001年，农场开展安装有线电视，开始安装卫星接收设施，入户终端300余户，经全频道隔频传送26套电视节目。

2011—2014年，不断加大资金投入，主干线原有电缆改造光缆传输。

2016年，农场开始投入100余万元用于数字电视的推广工作，购置机顶盒，免费发放给用户。初步实现数字电视整转工作。

2020年年底，有线电视实现向数字化电视的全面整转，数字电视共有164套节目，其中70套基本频道。

（二）无线电视

1983年，农场职工每天可收看地区电视录像转播台节目3个半小时。

1990年1月11日，阿克苏市电视转播台建成试播，有分米波彩色电视发射机1台，发射功率为1000瓦，使用15频道播出，每天播出两次，农场职工每天可收看节目合计约6小时。

2010—2012年，农场开始实施农村数字无线广播电视覆盖工程，覆盖农场人口达100%，安装数字无线电视的职工能收看到包括地区台和阿克苏市台在内的节目。

至2020年，农场卫星接收覆盖全场职工，实现电视户户通。

三、电影

1958年工会成立后，每周组织为职工放映电影1次。

1962年，上级分配给农场1套35毫米放映机，当时职工的文化活动主要是看电影。

1982年，农场成立电影放映队，配备职工6人，其中5人为放映员，3部电影放映机，分别为35毫米1部、16毫米1部、8.75毫米1部，年放映电影340场。收支相抵，一般都是亏损。1984年，农场对电影队差额补贴0.31万元。

20世纪90年代后，随着电视的普及，群众文化活动的多样化，电影观众逐年减少而逐渐停止电影放映活动。

第五章　体　育

第一节　学生体育

2006年前，农场学校学生的体育活动，按照国家颁布的中小学体育教学大纲，有体育锻炼标准，有体育教学老师，每周有体育课和体育锻炼活动，正规经常化，各种体育器材齐备，场所规范。

第二节　群众体育

20世纪60年代至70年代，农场职工开展体育活动，主要有篮球、排球、乒乓球，棋类有象棋、军棋、跳棋，另有拔河等项目活动。平时劳动工作之余，饭前饭后，自行组织活动、锻炼，逢节假日由单位或农场组织比赛活动，成绩好的，发物质奖励或荣誉奖状。场各单位有篮球、排球场地，单双杠、乒乓球桌活动器材，有些活动器材自己制作。

20世纪80年代后，体育活动场所条件有很大改善，全民强身健体活动蓬勃开展，每年五一国际劳动节、五四青年节、十一国庆节，农场举行体育比赛，由工会、青年团、妇联及有关部门组成比赛组委会。比赛活动项目有篮球、排球、乒乓球（男女）、拔河（男女）、百米和千米跑（男女）、中国象棋、国际象棋等。

2001年，农场按照《全民健身计划纲要》，初步建成面向大众多元的体育服务体系。随着经济的快速发展，职工喜爱的体育活动也呈现出蓬勃发展之势。5月2—3日，农场为庆祝五一国际劳动节195周年及自治区工会成立50周年、五四运动82周年，场工会、团委举行体育比赛。比赛设拔河、乒乓球、中国象棋、篮球、排球等项目。

2003年，农场在五一、十一、春节期间，组织3次体育比赛活动，全场干部职工、离退休老干部及各学校中小学生纷纷参加比赛。

2006年，农场投入7.5万元，购置健身器材，建成健身场所。

2012年，投资59万元，修建农场场部、十分场篮球、排球场地。

图 5-5-1　2011 年 4 月 28 日，农场开展庆"五一"体育比赛活动
（照片提供：杨聪靓）

图 5-5-2　2014 年 4 月 28 日，农场运动会拔河比赛项目（照片提
供：杨聪靓）

2015 年春节前，农场举办由各单位参加的文体活动比赛，比赛项目为拔河、篮球、排球、乒乓球、中国象棋、斗鸡、斗羊、自行车慢赛，每个基层单位分别组成男、女代表队，每个代表队 12 名队员参加。

2017—2020 年，红旗坡农场（集团公司）以全国卫生与健康大会、体育工作座谈会、全国群众体育电视电话会议精神和《全民健身计划（2016—2020 年）》为指导，以全面落实全民健身国家战略为重点，推动群众体育创新发展、协调发展、融合发展。农场每年开展体育类的休闲娱乐活动，通过排球、篮球、乒乓球、象棋、围棋以及职工运动会等各项活动，陶冶职工情操，活跃职工生活，参加活动人数达 1.2 万人次。

中国农垦农场志丛

第六编

社　会

中国农垦农场志丛

第一章 居 民

　　1958 年，农场成立后，农场职工和居民的生活长期仅维持温饱。1978 年党的十一届三中全会后，伴随着农场经济的快速发展，居民消费水平和消费观念也随着收入水平的提高而发生很大变化。消费水平迅速提升，消费观念发生变化，生活质量明显改善。各族群众在饮食、服饰、生活习惯等方面相互交融。以吃、用为主的生存型消费成为历史，文化教育、医疗保险等支出逐渐增加，受教育程度和健康水平明显提高，并向娱乐、旅游等享受型消费发展，档次不断升级，饮食注重营养美味，穿用追求品牌时尚，居室讲究舒适现代，生活环境明显改善。家用电器普及快，换代快；道路设施从简陋不便到四通八达，居民出行方便快捷；交通、通信日益便捷，家用耐用消费品、固定电话已在全场基本普及，手机、电脑、照相机、摄像机成为新宠，私人家用小轿车进入寻常百姓家。重大节庆，各族群众不分民族，共同欢庆。人们享受多样消费带来的生活乐趣，消费全面升级。从富裕的生活状态中体现出居民社会生活的巨大变化。人民群众的生活更加充实有保障，获得感、幸福感、安全感显著提升。

第一节　生活水平

一、居民收入

（一）从业人员工资总额

　　由于档案资料的缺失，1995 年前红旗坡农场的职工工资总额已无从查找。1995 年，全场职工工资总额 671 万元。2000 年，全场从业人员工资总额 972.92 万元，比 1995 年增加 301.92 万元。2010 年，全场单位从业人员工资总额 1456.12 万元。2020 年，全场单位从业人员工资总额 1102.45 万元。

表 6-1-1　1995—2020 年红旗坡农场（集团公司）职工工资总额情况表

年份	工资总额	年份	工资总额	年份	工资总额
1995	671.00	2004	854.12	2013	1376.51
1996	759.84	2005	1102.14	2014	1411.36
1997	816.51	2006	1150.24	2015	1409.12
1998	1044.20	2007	1146.32	2016	1561.23
1999	1021.48	2008	1204.67	2017	1501.33
2000	972.92	2009	1300.21	2018	1511.89
2001	956.56	2010	1456.12	2019	1560.54
2002	897.25	2011	1423.56	2020	1102.45
2003	946.12	2012	1389.45		

（二）职工收入

1958 年建场至 20 世纪 70 年代，农场基础薄弱，生产力不发达，职工家庭收入来源单一，家庭纯收入处于较低水平，主要为工资和奖金。1975 年，全场职工年均收入 308 元。1984 年，全场职工年均收入 860 元，人均收入 420 元。

20 世纪 80 年代中期以来，实行承包责任制，农场加快经济结构调整，在稳定粮食种植面积的基础上，调整种植业结构。农产品价格进一步放开，政府多次提高粮油等农产品收购价格，制定农产品收购保护价格措施，发展多种经营，引导职工在推进非农业产业方面增加收入。职工承包经营收入扣除费用成本，上交各种费用，其余归自己，收入逐步增加。庭院经济逐步发展，成为职工家庭一项经济收入。1980—1985 年，职工平均工资 897.07 元。1985 年，全场职均收入 1285 元，人均收入 550 元。当年，农田八队人均收入 960 元，名列全场前茅。1987 年，全场职均收入（不含庭院经济收入）1325 元，人均收入 516.6 元。全场庭院经济收入 41 万元，职均 125.3 元。当年，园林队年收入上万元的 30 余户。1990 年，全场职工中，收入 5000 元的占 19.3％，3000～5000 元的占 23.1％，2000～3000 元的占 39.8％，2000 元以下的占 17.8％。

1994 年，全场职均收入 3034 元，人均收入 1205 元。当年，职工庭院经济收入 278.4 万元。1997 年，全场职工平均收入 7440 元，人均收入 2063 元，为 20 世纪 90 年代之最。

2000 年后，农场农业经济结构加快调整，调整以林果业为主的种植业结构，鼓励职工在发展林果业及畜牧养殖业的基础上，发展多种经营，多形式、多渠道增加收入。深入发展，第二、三产业兴起，尤其第三产业发展快，居民的经济收入呈现多元化。全场劳均收入 6000 元，人均收入 1880 元。职工庭院经济总收入 794.39 万元，纯收入 446.42 元。至 2005 年，全场劳均收入达 11030.2 元，人均收入 3769.5 元，职工庭院经济收入 1161.35 万元。

　　2011年后，全场大力发展特色林果业，打造特色电商、物流、冷链体系，并组建一批专业合作社，职工增收势头强劲。

　　2012年，农场人均纯收入9764元，比上年增长264元。

　　2014年，红旗坡冰糖心苹果获历史价格最高一年，全场果农平均收入突破万元大关，达到10068元。

　　至2020年，全场有职工2582人，居民劳均收入增长到19182元。比2000年增加13182元，增长2.2倍。

二、居民支出

　　农场建场后，农场居民生活基本以自产自食为主。

　　1985年后，农场居民从封闭转为开放，居民的物质生活水平不断提高，居民粮、油、肉供应市场化基本形成，定量供应粮、油、肉成为历史，居民餐桌上的饮食结构逐步发生变化，由吃饱转向吃好，生活消费层次不断提升。衣、食、住、行等方面都发生了显著变化。居民消费水平和观念也发生着深刻变化。长期以吃、穿为主的生存型消费所占的比重大幅度下降，衣着和基本生活用品支出和体现发展与享受需求的住房、交通、通信、医疗保健、文教娱乐、休闲旅游等项支出的比重则迅速上升。主要生活用品为粮食、蔬菜、肉蛋奶、烟酒糖茶、布等为主。耐用消费品中，缝纫机、钟表、电视机、录音机、洗衣机消费支出增加。

　　1990年后，农场居民粮食消费呈逐年减少，而肉、禽、奶消费逐年提高。农场家庭承包责任制的推行和农场经济结构的调整，农场居民从事多种经营使居民收入稳步提高，消费也结构发生变化，电冰箱、录像机、照相机、摩托车等消费水平明显提高，农村砖木结构住房增多。

　　1996—2000年，农场居民消费主要用于生活和生产消费。食品消费主要是粮食、奶及奶制品、肉等。交通工具主要是自行车，摩托车也逐渐增多。家电主要是电风扇、收音机、黑白电视等，彩色电视、冰箱、洗衣机等也走入居民家中。通信工具主要是固定电话和传呼机。生产工具主要是牲畜，机械化水平不高。

　　2000年后，随着经济收入不断增加，农场居民消费水平也随之不断提高。居民消费支出更多地向衣着、生活日用品、住房、旅游和文化娱乐等方面倾斜。居民满足吃、穿为主的生存型消费需求阶段基本结束，逐步向以发展型和享受型消费的阶段过渡，日用品消费增长减缓，进入多元化消费时代。

2001—2005 年，农场居民收入增加，生活水平提高，消费水平快速提高，消费结构进一步优化。消费主要是农业生产消费和生活消费。用于购买农业机具的消费增长，农业机械化水平提高。饮食结构进一步合理化，蔬菜量增加。服装改变单一的样式，开始追求时尚性、时装化。交通工具主要是自行车、摩托车、公交车，通信工具主要是固定电话，手机数量也增多。家庭耐用品增多，彩色电视逐渐普及，电脑也走入农场居民家中。

2006—2010 年，农场居民家庭消费水平大大提高，居民的生活环境和社会保障制度进一步改善。在饮食方面开始注重饮食结构。衣着方面追求时尚、美观、新颖、质地好等，风格越来越现代化，跟城镇居民衣着差别不大。交通工具主要以电动车、摩托车、电动三轮车、城乡公交车为主，电动三轮车既可以是交通工具，又可以是农具，成为农场居民首选。家用小汽车也进入农场居民家中，成为交通工具或经营工具。手机已经普及，通信工具以手机为主，网络成为新的时尚。

2009 年，农场的一分场人均收入达 8000 元，职工生活水平明显提高，生产积极性明显提高。农场班子组织职工利用空闲时间修枝，去冷库包梨子，职工的物质生活也有明显进步，在市区购买楼房的承包户有 10 户，新增家用小汽车 15 辆。农场新铺一条宽阔的柏油马路直通柯柯牙主干道，方便群众的出行。道路环境的改善也方便了生产资料的运输和果品的销售。2009 年，分场新建冷库 4 座，库容量增加 5000 吨，使果品能就地储存反季节销售，进一步增加果农的收入。

2010 年后，消费更加丰富和多样化。饮食方面，人们更注重饮食健康卫生，注重营养的丰富和均衡，饭菜注意粗细、荤素搭配，新鲜蔬菜品种丰富多样。衣着更注重时装化和品质化，特别是年轻人更追求流行时尚，电子商务的迅速发展，网络购物也成为人们消费的一种流行方式。家用电器中，大屏幕的液晶电视、轻便品牌的笔记本电脑、智能上网手机、全自动洗衣机、智能冰箱等家电成为家庭消费的主要部分。交通出行的主要工具是电动车、摩托车、家用小汽车、公交车，小汽车、电动车成为农场居民最普及的交通工具。

2011—2020 年，农场居民消费多样化发展，居民的生活质量进一步提高。饮食结构进一步合理。家庭小汽车数量明显增多，几乎每家每户都拥有至少 1 辆家用小汽车，自驾出行也成为农场职工群众首选的出行方式。智能手机得到普及，安装宽带、拥有电脑的家庭也增多。至 2020 年，全场居民消费水平和消费观念也随着收入水平的提高而发生很大变化。不仅体现在消费支出的数量增长，更表现在消费档次和消费结构发生的新变化。人们的消费观念也产生巨大改变，由吃饱穿暖的满足型向吃好穿戴时新的质量型和方便型转变；由新三年、旧三年、缝缝补补又三年的节俭型穿衣理念转向讲求漂亮、时尚和名牌服装的消费观念。过去望尘莫及的消费梦想，变成普通百姓的消费现实。消费的档次和结构也发生很大的变化，消费档次已从一般家庭消费向服务、旅游、保健、信贷、小轿车和住房等消费延伸，消费结构从温饱型转向享受型和发展型。当年，全场人均消费性支出15099.63 元，其中食品烟酒支出 3836.45 元，衣着支出 1813.24 元，生活用品及服务支出1163.58 元，交通通信支出 5791.67 元，教育文化娱乐支出 1056.42 元，医疗保健支出981.93 元，其他用品和服务支出 456.34 元。社会消费品零售总额是 2000 年的 24.63 倍。

第二节　居民生活水平

一、食品

1958 年，由于农场初建，所需口粮、油料全部由国家供给。至 1963 年，随着粮食产量的年年增长，已完全达到自给有余。当年，职工的口粮标准全劳力每人每月 19 千克、半劳力 17 千克，油料 250 克。

1978 年后，随着社会、经济发展，农场居民收入不断增加，购买力明显增强，消费档次显著提高，消费领域不断拓宽，生活消费由"基本生存型"逐步转向"享受发展型"。20 世纪 80 年代初，农场居民主要食品粮、油、肉仍然是定量供应凭票购买。居民口粮每人每月定量标准，重体力劳动者以不同劳动强度分为 22.5、20.5 和 18.5 千克三个标准，轻体力劳动者分为 17.5 和 16.5 千克两个标准。随着市场商品逐年丰富，农场居民生活水平在温饱型的基础上有所提高。居民消费除日常饮食、服装支出外，家庭购置录音机、洗衣机、电视机、自行车的支出为多。饮食方面，主食以细粮为多，副食品供应较充足。

1986—2000 年，农场居民日常食品消费主要是面、米、油、盐、肉、菜等，服务性、娱乐性消费支出不大。食品类消费和自给性消费占主导。

1990 年后，农场在广大居民生活消费中，满足基本生存需求的食品消费占整个消费支出的比重（恩格尔系数）不断下降，而消费层次较高的家用电器、文化娱乐、通讯、流行服饰、医疗保健、交通工具、旅游等，在消费结构中所占的位次和比重显著提高。

2000 年后，农场居民收入的增速不断加快，食品消费也由追求数量向讲求质量、注重营养均衡方面转化，逐步多元化。随着特色林果业的快速发展，居民收入也逐年增多，农场居民餐桌上的食物品种也逐渐丰富起来。居民食品消费结构变化较大，由温饱型向营养型转变，膳食结构也逐渐向多品种、高质量的方向发展，食品消费结构水平由量的满足向质的提高方向发展。蛋、鸡、鸭、鱼、肉成为居民家庭日常生活中的家常便饭。肉、禽、蛋、奶、水产品的消费占整个消费量的比重上升。在食品消费方面，居民消费以粮食为主，追求数量向讲求质量和营养多元化的方向转变。粮油类的消费占全部消费量的比重逐年下降。由于经济的增长，居民健康保健意识增强，讲究营养、科学，主张选择绿色食品、无公害食品。冬储蔬菜所占比例逐渐减少，大棚蔬菜、反季节的瓜果蔬菜已成为日常消费。奶制品、烟、酒、干鲜瓜果和其他食品的消费品占全部消费支出日益增加，消费结构已由温饱型过渡到小康型。至 2020 年，农场居民人均食品消费1829.45 元。

二、衣着

1958 年，农场建场初期，生活条件非常艰苦，由于物资的匮乏，职工缺吃少穿，甚至零度以下的严寒时节尚有身穿夏季单装、打着赤脚、光着头的职工。农场居民的服装以手工制作为主，主要布料有棉布、化纤布、棉纤混纺布。对主要商品实行统销，凭票证供应。对棉布实行计划供应，按人口发放布票，规定每人年定量 9.5 米，上半年 4.5 米，下半年 5 米，以此保证居民用布的正常供应。1960 年下半年，商品物资趋于紧张，棉布、棉毛衫裤、床单、睡衣裤等人民衣饰用品实行凭票供应，袜子、汗衫、背心等小商品凭户口簿及购资证供应。1967 年，随着棉花生产和化纤纺织品生产的发展，凭票供应的范围缩小，线袜、涤棉布免票供应。1978 年，中共十一届一中全会以后，农场经济全面恢复发展，人民生活水平提高，到 1983 年所有商品取消凭票供应，1984 年起，农场服饰发生变化，服饰品种多，花色全，成品服装开始成批上市。当年，农场职工家庭平均每年衣着支出 59.54 元。1990 年后，人们的衣着观念已从过去的"御寒遮体"走向追求美观、时髦。材料由粗布、化纤布为主，逐步走向混纺兼顾。1996 年后，农场居民人均衣着支出逐渐增加。衣着服饰变得亮丽、丰富多彩起来，逐渐开始呈现出个性化，穿着打扮开始跟随潮流。2000 年后，随着经济繁荣，市场放开，衣着服饰消费趋势也由单调、低档向多样化、成衣化、中高档方面转变。衣着由穿暖向穿好发展，款式多样的时装、鞋帽等在普通居民家庭屡见不鲜。2010 年以后，居民衣着鞋帽更加绚丽多彩，式样翻新瞬变，衣着支出增加。2020 年，全场居民人均衣着消费支出 1813.2 元，占总支出的 19%。姹紫嫣红时装潮，正是人民生活质量的生动写照。

三、居住

1958 年，建场伊始，职工居住条件极其艰苦。缺少住房，不少职工挖地窖子居住，甚至于劳动后休息和睡觉在露天地，日晒、雨淋、风吹、受冻。当年，组织职工开展房屋建设，完成宿舍 8 栋共 96 间 1536 平方米，并利用和改造数十间平房。

1960 年开始，农场统一规划、设计居民点建设，统一安排、组织住房施工，主要为土木结构单面和双面营房式建筑。1958—1964 年，累计新建住房 1.72 万平方米（临时住房 7973 平方米、地窖子 600 平方米），累计投资 44.01 万元。至 1964 年底，实有住房 8606 平方米，分布于 12 个居民点，职工搬出临时房和地窝子，全部住进正式住房。1965 年，新建居民点 3 个（其中支边青年新建队居民点 2 个），新建住房 5095 平方米，投资 14.27 万元。

20 世纪 70 年代开始，采取农场公建、自建公助、职工自建等多种形式，扩大住房建设，改善居住条件。20 世纪 70 年代，各种形式累计新建住房 2.04 万平方米，其中农场投资 57.59 万元。

20 世纪 80 年代以来，住房建设逐步以自建为主。1980—1987 年，累计新建住房 2.65 万平方米，其中农场公建投资 9.33 万元。1987 年底，农场实有住房 6.58 万平方米，其中职工自建住房 3.8 万平方米。随着经济发展较快的、距离阿克苏市区近的居民先行开始对住宅进行改造，以砖混结构住房取代过去土木结构的住房，建房的基础处理由原先铺垫麦草、墙根底垫芦苇防潮，发展为砂浆砌石结构。居住消费以照明用电、生活用煤为主要支出。

20 世纪 90 年代至 2003 年，累计新建住房 5050 平方米，其中农场公建 1138 平方米，投资 17.52 万元。2003 年底，全场实有住房 6.74 万平方米。

2007 年，按照"生产发展、生活宽裕、乡风文明、村容整洁、管理民主"的建设社会主义新农村的要求，园艺三分场投资 50 万元新建民居 1400 平方米，20 户职工乔迁新居；场部示范点总规划建设别墅式小二楼 1.1 万平方米，总投资 1000 万元，社会主义新农村建设示范点初具规范。为改善人居环境和生态环境，农场实施拆墙透绿，全场累计拆除沙枣以及木枝围栏 88.7 千米，投入人力、物力折合 152.31 万元（含各分场投资）。

2009 年，新农村建设稳步推进，职工生活条件得到改善，新修铺柏油 20 千米，铺设管网 30 多千米，解决农场 3500 余人的饮水问题。

2010 年后，随着单位修建的住宅楼投入使用，一部分干部职工住进宽敞明亮的楼房，一部分居民或租住或购买空置的公房。还有部分干部职工在阿克苏市自购商品房。一些农场职工率先进行房屋改造，以砖混结构楼房为主。大多数居民家庭告别设施简陋的住房，迁入宽敞明亮、设施齐全的新房。同时，居住质量和配套设施质量不断提高，居民在改善住宅和家具、住房装饰、家庭设备等方面的消费支出成倍增长。居住类支出快速增加。

至 2020 年，居民住房全部商品化，住房配套设施更加齐全。全场住户饮用上自来水。在配套设施齐全后，更多的居民开始追求舒适的生活环境，追求屋内设施现代化。同城里居民一样，全自动、多功能、豪华型的微波炉、电磁炉、电饭煲、电烤箱、电热水器等高科技产品也逐步进入农民百姓家庭。

四、耐用品

至 1990 年后，农场居民生活变化最为显著的就是各类用品消费，特别是耐用消费品的消费。随着耐用消费品产品更新换代加速，周期越来越短，速度越来越快，居民购买日用家电消费品也随之越来越多。耐用消费品主要以彩色电视机、双缸洗衣机、冰箱等千元级消费品为主。此后，随着收入的快速增长，购买品种上发生较大变化，空调、影碟机、摄像机、家用电脑、照相机、淋浴热水器、移动电话等新型耐用消费品逐步进入普通居民家庭并呈现出快速增长势头。微波炉、电饭煲、电烤箱、电热水器等高科技产品更是层出不穷，更新换代迅速，各类家电商品朝着全自动、多功能、豪华型的方向转换，特别是新型家庭设备倍受居民青睐，如数码照相机、手机等高档消费品进入居民家中，极大地方便人们的生活，新型耐用消费品不断展现出更为广阔的消费空间。

五、出行

1958 年，农场居民出行大多是步行、坐毛驴车、牛车和自行车。随着农场经济的不断发展，交通建设逐年完善。至 1994 年，农场基本完成路网化，修筑柏油公路 10 千米，家家都有自行车，将近一半的连队购置了交通车辆，人们的交通出行越来越便利。

1986 年，少量摩托车开始进入居民家庭。

2000 年后，居民出行多为骑自行车或摩托车，出远门乘坐公共汽车。

2005 年后，电动自行车风靡，由于其轻便、不需驾照等特点，取代自行车成为主要代步工具。

2011 年后，由于农场面积大，居住点较为分散，受益于林果业的良好收益和道路条件的提升，大部分家庭都购买了小汽车。至 2020 年，几乎每家每户都拥有至少一辆小轿车，家用小汽车成为很多家庭的第二大主要消费。

六、通信

农场建场初期，就开始铺设电话线路。1973 年，地区邮政局在农场设邮政点，农场居民通信、打长途电话到邮政点办理。1990 年，农场居民固定电话开始进入普通居民家庭，固定电话发展迅速。2000 年，农场开始接入互联网，互联网开始迅速进入农场家庭。随后，移动电话随着人民收入增加和产品价格、话费下降以及通信网络的完善而迅速普及。2010 年，手机成为人们日常信息联系必不可少的工具。QQ、微信等社交软件的涌现，智能手机普及，功能更为多样。通信工具的现代化，使农场居民可以和任何一地的朋友、亲戚或客户直接联系，"天涯若比邻"已不是神话，极大改善居民社会交往和信息传递效率。居民家庭在通信方面的消费也日益增大，成为农场居民消费支出增长最快的款项，也是居民需求持续增长的消费热点。

七、医疗保健

1958 年，建场初期，农场设立医疗所 2 处，有医务人员 3 人，卫生条件较为简陋，职工生病一般在医疗所就医，急诊随叫随诊。对附近的就地上门服务，对远队的病人亦设有临时病床。

1961 年，医疗所有职工 9 人，其中医务人员 7 人，管理、工勤人员 2 人，医疗所设病床 10 张。

1976 年 11 月，成立红旗坡农场医院，有病床 64 张。基层单位有医疗机构 3 个。居民医疗方面的支出基本由农场承担。

1985 年，医疗机构发展到 6 个，有病床 67 张。

1990 年，农场居民医疗保健方面支出较少。随着医疗制度的改革、医疗手段的现代化、医保服务费标准的提高和新药的增多，居民个人自付的医疗保健费用增加幅度比较大，居民患大病或疑难杂症到外地求医问药，或到大医院医治，医疗保健费用明显增加。

2003 年，全场有医疗机构 3 个，设病床 70 张。

2020 年，随着饮食的多样化和丰富性提升，人们的保健意识增强，用于购买保健类药品的城镇居民人数越来越多，所占人均消费总支出的比重增大。

八、休闲娱乐

1996年，农场文化体育等设施还比较落后，群众的文化生活比较单调。遇到节假日和农闲时，居民三五成群闲聊、打扑克，看电影、电视是主要的娱乐活动。在民间也会开展摔跤、跳麦西来甫等群众性的活动。2005年后，随着农场经济的发展，农场文化体育设施逐年增多。农闲时期，农场开办"科技之冬"培训，科普农业技术知识，提高科学文化知识。互联网普及到农场后，在家中上网聊天、玩游戏的人增多。条件好的家庭相约出门旅游，自治区内外自驾游成为一种时尚。

第二章　社会保障

2003 年后，随着社会保险机制不断完善和保障面的扩大，农场纳入基本养老保险社会统筹。随后先后推行职工养老保险、基本医疗保险、生育保险、工伤医疗保险，为农场经济社会发展、社会稳定、人民和谐团结发挥保障作用。

第一节　基本保险

2003 年，农场纳入基本养老保险社会统筹。初期，因职工群众接受程度不同，有人有抵触情绪。农场通过多种方式，宣传社会统筹。因初次缴纳需十年半的统筹，所需资金较大，农场处于转型期，经营困难，农场克服难题，通过鼓励开荒、卖掉荒地等多种渠道筹措资金，鼓励农场职工、群众缴纳社会统筹。当年 10 月 16 日，自治区政协副主席黄昌元带领劳动厅一行到红旗坡农场，参加由地区劳动局在农场组织召开的阿克苏地区国有农场参加基本养老保险社会统筹试点工作会议。当年底，农场纳入基本养老保险社会统筹，全场 5000 余名职工缴纳社会统筹。

2009 年，农场坚持把完善社会保障体系作为事关农场发展稳定的大事来抓，大力实施养老保险社会统筹、基本医疗保险、工伤医疗保险政策。2009 年，农场缴纳三项费用 1100 万元。

2012 年，为照顾农场部分未参加职工基本养老保险统筹的老职工及家属，依据文件精神，农场把符合条件的"五七工"和"家属工"全部纳入基本养老保险统筹。农场成立"五七工"和"家属工"纳入基本养老保险统筹工作领导小组，印制文件及各种报表材料，确认身份，并申请纳入基本养老保险统筹。将审核校对后的"五七工"和"家属工"名单张榜公示，接受社会监督。全场申报纳入基本养老保险统筹的"五七工""家属工"累计 63 人。当年，农场为职工承担养老及医疗统筹总额 1224.99 万元（养老统筹 516.63 万元、医疗保险 650.11 万元、工伤保险 58.25 万元）。

2013 年，农场参加社会统筹 4614 人，其中在职职工 3211 人，退休职工 1403 人，农场承担在职职工社会统筹 1264 万元，退休职工医疗费用 346 万元，合计 1610 万元，占农场总收入的78％。

至2013年，累计向地区社保局缴纳社会统筹资金1.29亿元。

至2020年，农场（集团公司）全面落实各项社会保险政策，布置农场居民参加各项社会保险工作，全场做到社会保险宣传工作，让符合条件人员应保尽保。同时，做好代收代缴工作。通过时间证明，大量职工获益，使大批职工老有所养，老有所医，为农场的社会稳定和人民生活打下良好的基础。

一、基本养老保险

（一）养老保险费收缴

20世纪70年代，农场离退休职工逐年增多。1982年，农场退休职工371人。1990年，农场离退休人员485人，工资总额48.34万元。1999年，农场离退休人员768人，工资总额360万元。2002年，农场离退休人员1062人。农场离退休职工工资由农场负责。各单位自批的退休、病休人员由各单位负责。退休费支付办法在不低于国家和自治区最低保证数的基础上，根据农场经济效益和承受能力，逐年向政策规定标准靠拢。1989年前退休最低生活费为40元。1990年最低生活费57元，1991年最低生活费为67元，1992年最低生活费为80元，1993年最低生活费为85元，1994年最低生活费为108元。1995年最低生活费为160元，1996年最低生活费为215元。至2002年，离退休人员连续4次调整增加养老金，离休人员养老金从人均700多元增为1700多元；退休人员养老金由人均300多元增为600多元，至2007年退休职工（生产一线工人）有相当一部分达到月养老金800余元。

2003年，按照自治区党委印发的《新疆维吾尔自治区地方国有农场参加基本养老保险社会统筹实施办法》，结合农场人员结构复杂、遗留问题多、社会负担沉重等实际情况，农场制定统筹实施方案。离退休人员凡国有身份职工经审核达到法定退休年龄（男60岁，女干部55岁，女职工50岁）的，均纳入基本养老社会统筹，实行社会化发放。虽属国有身份职工，但未达到法定退休年龄提前退休，虽由农场办理退休手续，仍不算为退休，仍按在职人员，直至补费到法定退休年龄，再由地区劳动社保局办理正式退休手续。国有身份职工统一按1993年1月1日补费至2003年6月30日。1992年底之前参加工作的，从参加工作之日至1993年1月1日可视作交费年限。1993年1月1日以后参加工作的，按实际工作年限补费。非国有身份职工：农场根据其来场承包土地签订合同的时间，予以区别对待。1990年12月31日前来场，其补交时间从1993年1月1日起计算，按照国有身份人员享受待遇。1991 年 1 月 1 日至 1995 年 12 月 31 日来场的，其补交费用参照国有身份职工标准，按来场年限，企业帮其补交，属企业的补费 50%。1996 年 1 月 1 日以后来场的，按来场实际年限计算参保年限，补费由个人全部承担。

2003 年底，农场纳入基本养老保险社会统筹。全场离退休人员纳入统筹 923 人，在职职工纳入统筹 3320 人，其中国有身份职工 2080 人，非国有身份职工 1240 人。全场一次性补交 2003 年 6 月 30 日前统筹费 1107 万元，其中农场补交 459 万元，个人补交 648 万元。7 月 1 日后，农场每个统筹交费年度向地区社保部门缴纳养老保险费 361 万元，在职个人交纳 108 万元，合计 469 万元，较纳入统筹前每年减少开支 50 多万元。

2007 年，农场参加养老保险人员 4166 人，其中退休人员 976 人。

2008—2020 年，农场（集团公司）养老保险参保、收缴、发放实现三个 100% 的目标。基本养老保险实行社会统筹与个人账户相结合，基本养老保险费由企业和职工共同负担。单位缴纳基数为上一年度本单位职工月平均工资总额的 20%；职工个人缴纳基数为上一年度本人工资额的 8%。13 年来，农场（集团公司）将养老保险费纳入农场刚性预算管理，按月足额缴纳养老保险费，确保全场离退休人员养老金按月及时发放，不差一人，不欠一分。

表 6-2-1　1995—2020 年红旗坡农场（集团公司）养老统筹交费情况表

单位：万元

年份	工资总额	其中		合计
		单位缴费	个人缴费	
1995	671.00	187.88	33.55	221.43
1996	759.84	212.76	37.99	250.75
1997	816.51	228.62	40.83	269.45
1998	1044.20	292.38	52.10	344.59
1999	1021.48	286.02	51.07	337.09
2000	972.92	273.54	48.85	322.39
2001	956.56	191.31	76.52	267.84
2002	897.25	179.45	71.78	251.23
2003	946.12	189.22	75.69	264.91
2004	854.12	170.82	68.33	239.15
2005	1102.14	220.43	88.17	308.60
2006	1150.24	230.05	92.02	322.07
2007	1146.32	229.26	91.71	320.97
2008	1204.67	240.93	96.37	337.31

（续）

| 年份 | 工资总额 | 其 中 | | 合计 |
		单位缴费	个人缴费	
2009	1300.21	260.04	104.02	364.06
2010	1456.12	291.22	116.49	407.71
2011	1423.56	284.71	113.88	398.60
2012	1389.45	277.89	111.16	389.05
2013	1376.51	275.30	110.12	385.42
2014	1411.36	282.27	112.91	395.18
2015	1409.12	281.82	112.73	394.55
2016	1561.23	312.25	124.90	437.14
2017	1501.33	300.27	120.11	420.37
2018	1511.89	302.38	120.95	423.33
2019	1560.54	312.11	124.84	436.95
2020	1102.45	220.49	88.20	308.69

（二）养老金发放

2003 年前，农场党委高度重视、支持社会保险费缴纳工作，将退休养老保险待遇费用列入刚性预算，按月优先、及时拨付，确保离退休职工养老金按时足额社会化发放。1993—2003 年，累计发放离退休人员养老金 3209.53 万元。2003 年 10 月后，养老金发放工作由社保局负责。

表 6-2-2 1993—2003 年红旗坡农场养老金发放明细表

年份	离退休人数（人）	养老金发放金额 （元）
1993	429	164.74
1994	467	190.54
1995	498	203.18
1996	553	238.90
1997	597	257.90
1998	668	288.58
1999	723	312.34
2000	795	343.44
2001	803	346.90
2002	896	397.82
2003	923	465.19

说明：2004—2020 年离退休人员养老金实现 100％社会化发放。

二、医疗保险

农场按照政策规定，医疗保险分为职工基本医疗保险、大额医疗费补助保险、居民基本医疗保险和居民大病医疗保险。参保单位和职工个人共同缴费。

（一）职工医疗保险

2005年开始，农场为干部职工解决医疗保险。单位按上年度职工工资总额与本单位退休人员养老金总额之和的26％缴纳；职工按本人上年度工资总额的8％缴纳。大额医疗补助保险费按人缴纳，每人每月5元，其中单位为职工及其退休人员缴纳5元，职工及退休人员个人每人每月缴纳5元。当年，共交纳医疗保险312.77万元，参保人数4000余人，其中退休人员976人，基本实现"应保尽保"。

2007年，全场缴纳医疗保险521.87万元，全场参加基本医疗保险人员4166人，其中退休人员1283人；参加城镇居民医疗保险2016人。

自2010年起，大额医疗补助保险费调整为每人每年120元。

2011年，在农场党委的重视和支持下，农场居民医疗保险参保实现质的突破，参保率首次实现100％。

2019年，农场（集团公司）的生育保险险种整合至医疗保险，统称为医疗保险。

2020年，全场（集团公司）基本医疗保险参保人数2013人。

表6-2-3　2005—2020年红旗坡农场（集团公司）职工医疗保险基金征缴情况表

单位：人、万元

年份	基本医疗保险 参保人数
2005	4012
2006	4078
2007	4166
2008	3872
2009	3617
2010	3259
2011	2926
2012	2835
2013	2729
2014	2618

(续)

年份	基本医疗保险 参保人数
2015	2507
2016	2416
2017	2358
2018	2261
2019	2178
2020	2013

(二) 新型农牧区合作医疗

2007年，阿克苏地区启动城镇居民医疗保险。根据规定，城镇居民基本养老保险的参保范围是具有农场户籍、不属于城镇职工基本医疗保险制度范围内的中小学生、少年儿童和其他非城镇居民及在校学生。城镇居民医疗保险缴费实行年度一次性缴纳的办法。当年缴费当年享有城镇基本医疗保险待遇。农场代收代缴。当年，全场参加城镇居民医疗保险2016人。

2008年，根据新政发〔2007〕13号《关于全面推进新型农牧区合作医疗制度的指导意见》和《自治区卫生厅关于进一步明确新型农牧区合作医疗参合人员的通知》，及《地区国有农林牧场新型农村合作医疗工作会上的讲话》精神，将农场人员纳入2008年新型农牧区合作医疗制度范围，参保人员每人每年缴费15元。当年，农场1893人缴纳新型农牧区合作医疗保险。

2012年，新型农牧区合作医疗与城镇居民医疗并轨运行后，由属地管理。

三、工伤保险

2009年4月，农场职工全部纳入工伤保险范围，缴费标准按一类企业执行。工伤保险以上一年度单位职工月平均工资总额为缴费基数，在行业差别费率的基础上实行浮动费率，企业一般按缴费基数的0.6%～1%缴纳。

表6-2-4 2009—2020年红旗坡农场（集团公司）工伤保险缴费情况表

年份	职工人数（人）	工资总额（元）	企业缴纳工伤保险费 （元）	参保率（%）
2009	3617	1300.21	13.00	97.23
2010	3259	1456.12	14.56	99.09

年份	职工人数（人）	工资总额（元）	企业缴纳工伤保险费（元）	参保率（%）
2011	2926	1423.56	14.24	98.23
2012	2835	1389.45	13.90	99.12
2013	2729	1376.51	13.77	99.13
2014	2618	1411.36	14.11	99.15
2015	2507	1409.12	14.09	98.20
2016	2416	1561.23	15.61	97.56
2017	2358	1501.33	15.01	99.02
2018	2261	1511.89	15.12	99.12
2019	2178	1560.54	15.61	99.05
2020	2013	1102.45	11.03	99.06

第二节　住房公积金和补充保险

2019 年 6 月，红旗坡集团公司办理住房公积金的相关手续，有 219 人享受此项福利待遇，单位及个人月共缴纳 30.15 万元。另外，根据《企业年金办法》（劳社部令第 36 号）和有关规定，经集团协商，拟订集团公司将建立企业年金制度，有 240 余人享受此项福利待遇，单位及个人每月共缴纳 12 万元。

第三章　社会主义精神文明建设

　　1958—2020年，农场（集团公司）在发展经济的同时，大力开展精神文明建设。坚持进行爱国主义教育、社会主义教育、党的基本路线教育、法纪教育、公民道德教育、民族政策和民族团结教育，开展社会主义核心价值观教育，全场职工思想政治觉悟及爱国热情不断提高，民族团结意识不断增强，社会治安得到好转。通过提高群众思想道德素质，推动全场经济社会的全面发展进步。

第一节　精神文明创建

　　中共十一届三中全会后，农场按照党和国家的工作重心转移到经济建设上来，各项事业开始稳定发展。1981年2月，全国总工会、共青团中央、全国妇联等9个部门联合向全国人民特别是青少年倡议开展以讲文明、讲礼貌、讲卫生、讲秩序、讲道德和心灵美、语言美、行为美、环境美为内容的"五讲四美"文明礼貌活动，拉开改革开放新时期精神文明创建的序幕。

　　1982年，农场党委提出要继续进行"五讲四美三热爱"教育，开展"学雷锋 树新风"活动，抓环境的净化、绿化和美化，以人民喜闻乐见的形式开展社会主义精神文明建设。1984年，农场成立"五讲四美三热爱"活动委员会成立，负责开展全场社会主义精神文明建设。1987年，农场印发《关于"七五"期间社会主义精神文明建设的规划》，提出在全场范围内开展创优质服务、优良秩序、优美环境和学习先进的"三优一学"竞赛活动。全场各族干部、职工、学生积极响应号召，纷纷走上街头，参加修建道路，清运垃圾，绿化环境等各种义务服务活动。各队各部门认真制订和完善文明公约，形成男女老少讲社会公德，各行各业讲职业道德的风尚。20世纪90年代，农场精神文明建设得到持续发展，逐步转向抓人的基础素质教育，开展以"说文明话、办文明事、做文明人"的实践活动。2001年，《公民道德建设实施纲要》颁布实施后，农场开展"公民道德建设月"活动，推动精神文明创建工作向更多领域延伸辐射，形成全场共同关心、积极参与精神文明建设的局面。2003年，农场对精神文明建设作出规定：农场对基层单位的考核，支部工作及支部领导的考核以支部工作、精神文明建设为 70％，经济工作为 30％；行政班子和行政领导的考核，行政工作为 70％，支部工作、精神文明建设为 30％。经考核达不到良好以上的按应承担责任比例，下浮相应比例工资和扣发奖金。

一、创建文明单位

20 世纪 80 年代，农场以建设精神文明单位为工作重点。首先抓领导机关，以领导机关带动各队各业。从党支部抓起，与开展"五好"家庭（热心公益好、爱岗敬业好、尊老爱幼好、少生优育好、保护环境好）结合起来。1983 年，七队阿不都外力·阿不拉、三队达尼西·达衣木家庭被农场授予"五好"家庭称号。

1985 年，农场以建设精神文明单位为工作重点。首先抓领导机关，以领导机关带动各基层单位。与开展"五好家庭"结合起来。11 月，场党委提出精神文明建设要抓好四项教育：一是深入进行形势教育和党的路线方针政策教育；二是坚持四项基本原则教育；三是加强社会主义法制教育；四是进行理想、道德、纪律教育。场各单位采用请英模做报告，组织观看有教育意义的影剧，时事政策讨论，读书演讲、娱乐活动等各种形式，同时利用报纸、广播、宣传窗口等工具开展精神文明建设活动，收到很好效果。

1986 年，红旗坡农场开展"五讲"（讲文明、讲道德、讲礼貌、讲卫生、讲秩序）、"四美"（心灵美、语言美、行为美、环境美）、"三热爱"（热爱祖国、热爱中国共产党、热爱社会主义）活动。在开展活动中，开展办宣传专栏、黑板报工作，组织学雷锋送温暖小组，大做好人好事。

1987 年，开展"三优一学"（优质服务、优良秩序、优美环境、学雷锋）、"四有"（有理想、有道德、有文化、有纪律）教育和"五热爱"（爱祖国、爱人民、爱劳动、爱科学、爱社会主义）活动。

1989 年，农场以业务为中心，以提高干部、职工的思想道德素质和科学文化素质，培养"四有"新人，提高单位文明程度为目标，推进单位两个文明协调发展。文明单位建设被列入重要工作议程，纳入目标管理。

1990 年，开展"学雷锋、学赖宁"活动，共做好事件，评选出学雷锋积极分子 3 人。

1995 年，农场开展向孔繁森学习活动。

1996 年，开展"学习张家港精神文明"创建活动，开展文明股室、文明家庭创建活动，并制定"文明股室""文明家庭"评选标准。

1997 年，农场开展"文明干部、文明职工、文明学生、文明家庭、文明小区"的

"五文明"活动，以加强农场的精神文明建设，提高干部职工素质。"五文明"的条件分别为：1. 文明干部的条件：（1）讲学习、讲政治，在思想上、政治上与党中央保持一致；（2）工作中讲制度，按制度办事；（3）爱岗敬业，不以权谋私；（4）忠于职守、不脱岗、有献身精神；（5）遵纪守法，廉洁自律；（6）业务精益求精，处事能力强，效果好。2. 文明职工条件：（1）努力学习政治和业务，爱党、爱国、爱社会主义；（2）正确处理国家、集体、个人三者之间的利益关系；（3）爱岗敬业，能完成生产任务，保证质量，节约原材料有成绩；（4）诚实劳动，勤劳致富；（5）听从指挥，服从组织管理，组织纪律性强；（6）敢于同各种损害公共利益的不良行为作斗争。3. 文明学生条件：（1）爱党爱校爱老师爱父母，热爱社会主义；（2）上课认真听课，按时完成作业；（3）实事求是，诚实可靠；（4）在考试和作业中不弄虚作假；（5）关心他人，团结同学；（6）有正确的劳动观，不娇生惯养。4. 文明家庭条件：（1）地位平等，树立恋爱婚姻自由的新型家庭道德观；（2）民主协商，树立相互尊重的家庭新风；（3）计划生育，树立优生优育的人生观；（4）崇尚节俭，树立勤奋的良好生活作风；（5）讲究高尚的道德情操；（6）结婚是喜事，喜事都要讲文明。5. 文明小区条件：（1）有组织管理机构，人员分工和工作计划；（2）小区内种树、种花、种草，水渠成体系；（3）家中、庭院中家家户户盆花不少于4盆；（4）不准随地大小便，垃圾要入坑，粪便应入池，有专人负责，按时清理垃圾堆；（5）庭院外、屋顶上不准放杂物，庭院内杂物堆放有序；（6）无刑事案件发生，无吵嘴打架，无偷鸡摸狗的事；（7）邻居关系和睦。6. "五文明"活动共同规范：（1）不准在公共场所吸烟；（2）不准在公路上、房前、屋后乱扔废弃物；（3）不准参与赌博；（4）不准参与封建迷信活动；（5）不准传看反动、黄色书刊、录像、影碟片。

1998年，农场制订精神文明建设规划，要求每位干部、职工从自身做起，努力学习时事政治、业务知识，提高思想政治觉悟和业务能力，做好本职工作。开展职业道德教育、文明单位、卫生单位创建活动。同时，参加救灾捐献、助残济困、帮建扶贫等社会公益活动，奉献爱心，回报社会。

1999年3月，农场制定下发《红旗坡农场精神文明建设考核实施细则》。为把精神文明建设由虚变实，增强操作性和实效性，检查考核各科室、单位1999年度落实精神文明建设《考核实施意见》及《考核实施细则》的情况，总结工作成效，发现存在问题。

2001年，农场根据"公民道德建设实施纲要"的精神，开展以"讲文明树新风"为主题的创建活动。

2003年，农场在创建活动中组织干部职工进行普法教育学习，要求每月至少组织干部职工学习1次普法知识。

2006年后，农场将加强领导班子建设放在精神文明创建工作的首位，不断强化学习意识，提高领导班子的战略思维能力；强化创新意识，提高领导班子勇于竞争的能力；强化发展意识，提高领导班子开拓市场的能力；强化民主意识，提高领导班子科学决策能力；强化自律意识，提高领导班子拒腐防变能力；强化服务意识，提高领导班子凝聚人心的能力。形成一个团结奋进、求真务实、勤政廉洁、高效为民的领导班子，班子号召力、战斗力、凝聚力不断增强。

2008年，农场把队伍建设作为创建活动的基础工作常抓不懈。除对干部职工加强思想道德经教育外，还注意加强岗位培训，重视学历教育。组织各种类型培训班，进行不同内容、不同形式的培训。7月，开展迎奥运业务知识和党建知识文体竞赛活动。

2012年，农场坚持开展争创"文明科室""文明家庭"活动。在文明建设上，同政治学习、业务培训、严格内部管理有机地结合起来，一季一小结，一年一总评，不断提高文明水平，保证创建方案的全面落实。

2013年4月5日，农场以建设"美丽红旗坡，幸福红旗坡"为工作目标，在农场广泛开展农场党员干部及职工的社会公德、职业道德、家庭美德、个人品德教育，通过开展形式多样的学习宣传教育和四德初中活动，形成公平正义、互爱互助的良好氛围，弘扬社会主义正气，锻造培育社会新风。成立领导小组，下设办公室。

2014年，农场开展"文明用餐、节约用餐、健康用餐"为主题的文明餐桌活动。通过专题讲座、开会等多渠道、多形式，普及餐桌文明意识，推广餐桌文明礼仪，倡导节约用餐行为，教育和引导民警、职工养成良好的用餐习惯。6月，举办以"爱岗敬业"为主题的道德讲堂活动。扎实推进社会主义核心价值体系建设，重点学习几十年如一日服务人民，在自己平凡的岗位上，尽心尽力，将责任心、使命感化作坚守动力的雷锋传人——郭明义的感人事迹。8月，为提高广大干部文明素质，全面加强社会公德、家庭美德、职业道德、个人品德教育，制订《红旗坡农场"四德教育"活动方案》，并召开"四德"教育专题会议。助推干部职工爱国守法、明理诚信；文明礼貌、助人为乐；爱岗敬业，诚实守信；尊老爱幼，邻里团结；为人正直，对人友善。

2015年，农场将文明用语、环境建设、工作效率等方面作为考评主要内容，对全场文明服务进行检查，对不符合要求分场提出批评和整改意见。

2016—2020年，红旗坡农场（集团公司）在文明单位创建过程中，严格创建标准，严把创建质量关。从软件建设、硬件建设、环境建设、制度建设、素质教育、档案管理等各方面制定一整套具体的细则。研究制定年度精神文明建设工作要点，把长远规划和年度工作安排相结合，形成精神文明建设例会制，每年组织召开两次以上全场精神文明建设例会，听取各成员单位有关创建工作情况汇报，进行专题研究讨论部署。把精神文明建设实绩作为考核领导班子、领导干部政绩和工作能力的重要依据之一。

二、创建文明家庭

1991 年开始，农场重视家庭这一细胞在社会主义精神文明建设中的作用，开展"十星级文明户"活动。十星分别为：平安守法、诚实守信、团结友爱、计生健康、卫生环保、勤劳发展、孝老爱亲、教育文化、文明新风、助人为乐。实行每户一表，建档立卡，记载各户平时的表现、评定情况和群众的反映，作为下次评选的依据，使评选制度化、规范化、常态化，确保创建活动始终保持旺盛的生命力。

1993 年，扩大十星级文明户评选活动范围，通过以点带面总结经验。全场共有 250 余户参加评选。

1996 年，农场文明委专门组织召开"十星级文明户"挂牌现场会，对评上的文明户红榜公布，由领导送牌上门，落选的采取帮教措施，并将各项优惠政策与评选结合起来，使落选户既不光荣又有压力，促进精神文明建设和社会风气的根本好转。

1997 年，农场组织家家学科学文化、家家树文明新风、家家美化家庭环境、家家开展文体活动，"五好"家庭评选活动不断深入。至 2000 年，全场有文明户 231 户。

图 6-3-1　1998 年，农场召开"五好"家庭表彰会（照片提供：档案室）

2000 年后，全场开展"家庭承诺，做遵守公民道德模范"和"家庭告别不文明行为"承诺活动，使文明家庭创建工作进一步深化。全场文明家庭创建工作将经济建设、维护稳定、精神文明、服务群众、改善民生等各项工作融为一体，不断推动家庭和睦、社会稳定、经济发展。

2016 年，文明家庭创建工作移交社区。至 2020 年，全场评选"十星级文明户"400余户。

第二节 精神文明共建

1958 年，农场成立后，至 20 世纪 70 年代，接收大量退役军人。

20 世纪 80 年代，农场解决安置 90 余名军队干部及家属就业。在每年植树造林活动中，农场除完成自身植树任务外，帮助驻地部队植树。同时，利用春节、元旦和其他节假日为烈军属做好事，并组成 2 个学雷锋送温暖小组，为困难户排忧解难。驻地部队与农场共建文明生产队 3 个，文明家庭 200 多户。农场着眼于自身建设开展军民共建活动。经常与共建单位开展学雷锋、学文化、培养军地两用人才等各种集教育性、知识性、娱乐性、社会性为一体的活动。坚持把军民共建活动与"文明礼貌月""五讲四美三热爱"、民族团结教育等活动相结合，深入开展军民共建活动。

1990 年起，农场始终把军民共建活动作为一项战略任务列入党委工作的重要议事日程，并把拥军爱国作为开展军民共建活动的主要内容，召开双拥工作专题会议，安排双拥工作，在春节、八一建军节期间，开展走访慰问，组织召开拥军优属座谈会及军民联欢活动，看望复退老军人和现役军人家属，邀请官兵开展国防知识讲座等，增强军地交流。场党委每年在春节、八一建军节慰问驻地部队。

1992 年起，逢年过节，农场各单位纷纷自发组织干部、职工慰问驻地部队，为部队官兵缝补衣服、理发，表演文艺节目共同联欢。

1998 年 8 月 12 日，阿克苏市暴发特大山洪水灾，农场辖区居民房屋、农田、生产设施等受到严重影响，驻地部队紧急出动官兵组成抗洪抢险突击队，连续奋战 47 个小时，转移群众 1.2 万人，装运沙袋 2.41 万个，加固堤坝 1100 多米，挽回经济损失 8 亿元。

2000 年，农场开展"互献爱心、互办实事、互育人才、互解难题、互学经验"活动，部队与部分单位共建文明单位，签订"军民共建协议书"，并开展共建单位联谊活动。农场广泛开展拥军优属慰问活动，向驻地部队、军烈属祝贺节日。

2001—2010 年，农场加强军民联防，驻地部队在共建活动中，与驻地生产队、学校等基层单位结成双拥共建对子。广大官兵帮助农场修路、植树、清扫卫生、治理环境和扶贫济困。农场为部队官兵增添文体器材，送去慰问和物质。双方在共建社会主义精神文明中，增进感情，加深理解，促进军民团结。

2012—2014 年，农场加强军民联防，签订军民共建协议，驻地部队深入开展扶贫帮困活动，帮助 46 人实现脱贫。

2020 年，农场（集团公司）建立拥军优属、拥政爱民服务小组，使军地双方形成"上下一条线、纵横连成片、事事有人管"的双拥组织体系。做好春节、八一、中秋节节日慰问工作。制订慰问方案，传达党和政府对军人的关怀。为军烈属退役军人悬挂光荣牌 80 余块，推进军人荣誉体系建设，在全场形成尊崇军人的浓厚氛围。

第三节 文明教育

一、"三爱"教育

1986 年，红旗坡农场开始在全场范围内根据不同年龄、不同职业、不同社会经历、不同思想觉悟，有层次地广泛开展有理想、有道德、有文化、有纪律"四有"教育。对广大青年进行"振兴中华"教育，在中、小学学生中开展"做四有新人"教育，在妇女中开展自尊、自爱、自立、自强"四自"教育，在党政机关开展"遵纪守法、廉政奉献"党风党纪教育，健全党内政治生活，改变机关"门难进、脸难看、事难办、办事效率低下"的不良作风。

1989—1990 年，农场针对复杂的国内国外形势，编发《认清形势，坚定信念、沿着社会主义道路奋勇前进》的宣传提纲 1000 册，派出形势教育工作组深入各队宣讲；农场团委举办"话说十年改革"演讲会，宣传改革开放 10 年农场各项建设取得的成就；农场统战民族宗教部门组织召开宗教教职人员座谈会宣传党的宗教政策；各级党组织普遍开展四项基本原则、反对资产阶级自由化、维护民族团结的爱国主义教育中，通过宣传教育，使全体党员干部和广大群众认清形势，坚定走社会主义道路的信念。

1993 年，农场举办系列活动组织广大干部职工纪念毛泽东 100 周年诞辰，组织开展老干部书画展、革命传统报告会、革命历史题材影片展播等 10 项大型纪念活动。1994—1998 年，全场各单位广泛开展以"三爱"（爱党、爱祖国、爱社会主义）、"三观"（世界观、人生观、价值观）、"三德"（社会公德、职业道德、家庭美德）为主要内容的爱国主义主题教育。

1995 年，《爱国主义教育实施纲要》实施，农场广泛开展《中华人民共和国国旗法》宣传，在场部、学校、办公场所都悬挂起国旗。

1997 年，农场举办庆香港回归、迎十五大召开"爱祖国、庆回归、迎接十五大"诗词、美术、书法、摄影作品展。1998 年，农场各学校开展迎接澳门回归活动，在中小学生中深入开展爱国主义教育。

2006年，农场开展庆祝建党85周年、长征胜利70周年知识竞赛、演讲比赛和报告会、有奖征文。

2008年，农场工会、团委、妇联在全场组织"共产党好，社会主义好，祖国大家庭好，改革开放好，民族团结好，人民解放军好"为主题的演讲比赛。

2011年，全场围绕庆祝建党90周年活动和"创先争优"活动的开展，通过举办党史知识竞赛、建党90周年理论征文、"我身边的变化"主题演讲比赛、"维护社会稳定、共建美好家园"签名活动、"一先双优"（先进党支部，优秀共产党员、优秀党务工作者）评选表彰等系列活动，不断增强宣传教育的吸引力和感染力。利用宣传牌、横幅、标语、展板等有效宣传载体，在场显要位置树立永久性宣传牌余块，制作宣传版面20余块。

2016—2020年，农场（集团公司）组织各单位开展学习贯彻习近平总书记重要讲话精神、中国特色社会主义和中国梦的教育、社会主义核心价值观等主题教育，以多种形式共同开展丰富多样的爱国主义和革命传统教育活动。组织1次"我是中国公民"大规模宣誓活动，全场200余名干部群众参与，让各族干部群众普遍接受一次爱国主义教育。在各族群众中开展"感恩伟大祖国、建设美好家园"教育。在党员干部中开展"爱党爱国、敬业奉献"教育。各基层单位党组织利用"今冬明春"有利时机，集中开展爱国主义思想政治教育活动。在广大青年中开展"奋斗改变生活、爱国点亮青春"教育。组织宣讲团在全场范围内面向青年群体广泛开展讲变化、讲政策、讲法律等宣讲20余场（次）。

二、"三德"教育

农场的道德建设与思想建设同步开展，相辅相成。1996年后，建设力度不断加大，通过倡导学雷锋精神，激励广大干群干事创业的热情。2001年10月，中共中央颁布《公民道德建设实施纲要》，全场道德建设迎来新的发展阶段。场文明委印发《关于认真学习贯彻落实〈公民道德建设实施纲要〉的实施意见》，以集体主义为原则，围绕"爱国守法、明礼诚信、团结友善、勤俭自强、敬业奉献"的基本道德规范，开展广泛的道德教育。

（一）社会公德教育

20世纪80年代开始，农场结合开展"五讲四美三热爱"（讲文明、讲道德、讲礼貌、讲卫生、讲秩序；心灵美、语言美、行为美、环境美；热爱祖国、热爱中国共产党、热爱社会主义）活动，在全场深入开展社会公德教育活动。

1991年，农场机关、企业、学校的各族团员、青年、少先队员600余人，走上街头巷尾、公共场所，做好事树新风。全场掀起学雷锋树新风热潮，涌现大量学雷锋的新人新事，获得良好的社会效益。

1996年，社会主义道德教育的重点是"三义"（爱国主义、社会主义、集体主义）、"三德"（社会公德、职业道德、家庭美德教育）、"三观"（人生观、价值观、世界观）教育和共产主义理想教育，同时开展学习张家港活动和企业精神文明建设。

2001年10月，中共中央颁布《公民道德建设实施纲要》，农场道德建设迎来新的发展阶段。农场印发《关于认真学习贯彻落实〈公民道德建设实施纲要〉的实施意见》，以集体主义为原则，围绕"爱国守法、明礼诚信、团结友善、勤俭自强、敬业奉献"的基本道德规范，开展广泛的道德教育。

2002年3月，农场按照要求，在全场开展社会公德、职业道德、家庭美德学习教育。决定从2002年开始，将每年3月作为"公民道德教育月"，以3月促全年，推动公民道德教育建设广泛深入开展。组织开展主题为"学雷锋，做新时期好公民"第一个公民道德建设月活动。全场各单位结合实际，制订计划，开展公民道德"每月一课"等活动，培养公民职业道德、家庭美德和社会公德。以活动为载体，组织多种形式的公民道德实践活动，弘扬社会正气，激发和引导广大干部职工树立爱岗敬业意识。举办黑板报评展2次，利用墙报、宣传栏写稿40余篇，发放各类宣传材料1.38万份。农场各学校把德育放在学校教育的首位，抓行为规范教育。制定《德育管理规范》，实行目标管理，做好养成教育。重视班主任的培训与考评。

2003年，农场《红旗坡农场关于开展第二个公民道德建设月活动安排意见》，组织广大干部职工继续学习《公民道德建设实施纲要》。巴楚、伽师地震发生后，全场广大干部群众无私向灾区捐款。

2005年，农场党委对公民道德建设月活动提出具体要求，迅速在全场范围内掀起公民道德建设活动的高潮。开设"公民道德建设大家谈"专题专栏，宣传报道涌现出的道德先进典型。3月5—10日，举办以"加强公民道德建设，永葆党员先进性"为主题的黑板报展评，共展出板报20块。

2007年3月16日，被定为农场公民道德建设活动实践日，各单位进行为民服务活动，农场出动宣传车进行《公民道德建设纲要》宣传。

2010年3月，农场成立由党委书记为组长的"公民道德建设月"活动领导小组，"公民道德建设月"活动以倡导"爱国守法、明礼诚信、团结友善、勤俭自强、敬业奉献"20字公民基本道德规范，切实加强社会公德、职业道德、家庭美德和个人品德建设。农场利用宣传载体，加强宣传教育，营造浓厚的活动氛围。制作宣传横幅和宣传标语；以分场为单位制作1期专题板报，大力宣传《公民道德建设实施纲要》内容，营造学习、教育活动的舆论氛围，并在场机关展示。同时，利用每周一次的政治学习，加强对干部、职工的思想道德教育，认真组织干部、职工深入学习《公民道德建设实施纲要》、"八荣八耻"等内容，并以此规范自己的言行。

2013年3月，农场不断拓展活动内容、丰富活动载体，扎实推进干部队伍"四德"教育，采取多种形式丰富活动内容，同时根据不同阶段的工作要求，充实和完善活动内容。

2014年，农场通过开展学习宣传社会主义核心价值观和法律法规、评选道德模范和宣传、学雷锋、强化公民道德意识等活动，使广大干部职工深受教育，公民道德意识和文明素质得到提升。

2016年，农场（集团公司）成立"行业道德讲堂"建设领导小组，组织开展"四德"（社会公德、职业道德、家庭美德、个人品德）教育。开展社会主义核心价值体系教育，弘扬爱国主义精神，提升干部职工的思想道德素质。

2020年，农场（集团公司）开展爱国家、爱集体、爱社会主义教育；开展社会公德、职业道德、家庭美德教育。改善基层服务功能，活跃文化活动。

（二）职业道德建设

20世纪80年代，农场开展"有理想、有道德、有文化、有纪律"的"四有"教育。

1991年后，农场普遍开展学习英雄模范人物，进行职业道德教育活动。

2003年3月，场文明办印发《关于在全场联合开展"共铸诚信"活动的实施方案》，开展"以人为本、健康维权"活动，打击制假售假等各种违法行为，保护消费者合法权益，推进社会信用体系建设。2004年后，围绕《公民道德建设实施纲要》的贯彻落实，以"爱国守法、明礼诚信、团结友善、勤俭自强、敬业奉献"为基本道德规范，开展"在社会做个好公民、在单位做个好职工、在家庭做个好成员"等道德实践主题活动。

2012—2020年，农场（集团公司）以社会主义核心价值体系为根本，以提升居民文明素质为核心，以职业道德建设为重点，在全场形成"知荣辱、讲道德、铸诚信"的良好社会风尚，深入推进公民道德建设。

（三）家庭美德教育

20世纪80年代，农场开展以关心集体、积极参加生产工作好，互相友爱、尊老爱幼、邻里家庭团结好，勤俭持家教育子女、实行计划生育好，维护社会治安、加强民族团结、遵守社会公德好，讲究卫生、移风易俗、破旧立新好为内容的"五好"家庭评比活动，在全场启动"五好"家庭创建活动。

1991年，在"五好"家庭活动基础上，开展家庭文化建设，进行职业道德、社会公德、社会主义婚姻观、家庭伦理道德教育。

1997年，场妇联印发《关于大力加强家庭美德建设的意见》，大力倡导以尊老爱幼、男女平等、夫妻和睦、勤俭持家、邻里团结为主要内容的家庭美德，鼓励人们在家庭里做一个好成员。

2001年后，农场各单位把"五好"建设和创建"星级文明户"结合起来。至2020年，全场社会道德风尚发生可喜变化，崇尚先进、学习先进蔚然成风，追求科学、文明、健康生活方式成为广大家庭的自觉行动。

2017年3月，红旗坡农场（集团公司）以"爱国感恩 团结奋进"为主题，重点组织开展"围绕传递春的声音——上一堂首先教育课""立下春的誓言——开展一次宣誓活动""讲述春的故事——举办一次故事会""洒满春的阳光——开展一次献爱心活动""绽放春的笑脸——进行一次全家福征集活动"5项教育实践活动。

至2020年，农场（集团公司）社会道德风尚发生可喜变化，崇尚先进、学习先进蔚然成风，追求科学、文明、健康生活方式成为广大家庭的自觉行动。

三、法制教育

1979年，农场为抓好《中华人民共和国刑法》和《中华人民共和国刑事诉讼法》宣传，组成2个宣讲团，深入基层，广泛深入地宣传。除召开青年、妇女、民兵等各种不同类型的会议进行宣传外，还到田间地头，边劳动边宣传，或走家串户，送法上门，宣传政策法规。同时，把法制宣传与整顿组织、整顿纪律结合起来，与培训基层法制宣传骨干，建设基层法制网络结合起来。1979—2020年，场党委先后集中组织宣传《中华人民共和国宪法》《中华人民共和国民法》《中华人民共和国刑法》等一批重要法律法规，并配合整顿社会治安和打击重刑事犯罪活动的斗争，进行大量的有针对性的法制宣传；共组织宣传人员1.37万人次，出动宣传车72辆次，悬挂横幅180条，刷写永久性宣传标语345条，发放各类宣传材料2.37万份。2012年9月21日，农场印发《关于进一步加强职工普法用法工作的实施意见》。

（一）法制宣传月活动

1979年后，农场每年都组织各部门抓好日常性的法制宣传教育。2月，配合地区种子管理部门开展为期两个月的种子市场集中整治宣传活动；3月，配合工商部门开展"3·15"维权活动和妇联部门开展的"三八"妇女维权周活动；4月，开展以《中华人民共和国宪法》为主要内容的"宪法宣传月"活动和"4·26"世界知识产权日宣传活动；6月，联合公安部门开展的"6·26"国际禁毒日等活动。2020年，全场就近0.7万各族群众参加相关系列的"法律宣传月"活动，参与宣传人员0.2万人次，出动宣传车辆4次，悬挂横幅32条，刷写永久性宣传标语36条，出黑板报16块，发放各类宣传材料0.53万余份。全场公民普法教育面达98%以上。

（二）普法教育

1985年后，农场开展多种形式法制宣传，让法治文化进入千家万户。采取开展义务法律咨询、法律宣传，"送法下乡"活动，利用多种宣传手段宣传法律法规。每年3月，抽出工作经验丰富的工作人员组成法制宣传组，对重点普法对象开展法律宣传工作；深入基层进行"送法下乡"活动，搭设法律咨询台，散发法律宣传材料，出动宣传车，播放法制宣传录像带，开展法律宣传、义务法律咨询活动。

1. **"一五"普法**（1986—1990年）　1986—1987年，农场开始在全场干部中开展普法学习工作，场领导带头授课，政工部门牵头，人保科组织实施，配备1名专职宣传干事，购买普法教材800本，开展普法学习班20余次60余课时，共学习11门法律课程，在全场干部中掀起学法普法的高潮。1988年，在全场范围内进行普法学习教育，年均接受教育2400余人次，普及率93%以上，合格率96%。通过学法，人人懂法，提高守法的自觉性，保证物质文明和精神文明的建设，使全场治安明显好转。1990年9月，经地区普法办公室检查验收，为"一五"普法合格单位。

2. **"二五"普法**（1991—1995年）　"二五"普法期间，农场着重学习并掌握《中华人民共和国宪法》《中华人民共和国行政诉讼法》《中华人民共和国土地管理法》《中华人民共和国义务教育法》《中华人民共和国婚姻法》《中华人民共和国国旗法》、全国人大常委会《关于禁毒的决定》《关于惩治走私制作贩卖淫秽物品的犯罪分子的决定》《新疆维吾尔自治区宗教活动管理暂行规定》《中华人民共和国森林法》《中华人民共和国草原法》《中华人民共和国水法》《中华人民共和国矿产资源法》《中华人民共和国环境保护法》和廉政建设等有关法律法规。1991年5月，农场下发《关于在全场公民中开展法制宣传教育的第二个五年规划的意见》，制订"二五"普法宣传提纲，启动"二五"普法。农场召开普法动员大会，调整充实场普法领导小组，征订普法教材900册，除利用广播、报刊、传单等方式宣传外，还开展知识竞赛，给青少年上法制课，开展法律咨询、法治书刊阅览、挂图讲解，共宣传10部法律法规。1994年10月底，农场"二五"普法工作通过地区普法领导小组检查验收，并获得地区、自治区普法先进普法单位。

3. **"三五"普法**（1996—2000年）　1996—2000年，农场实施第三个五年法制宣传教育规划。重点对象是各级领导干部、企业经营管理人员和青少年。总体目标主要是通过在全体职工中开展《中华人民共和国宪法》和社会主义市场经济法律知识普及教育，使全体职工特别是广大干部增强法律意识和法制观念，提高各级干部依法办事、依法行政的自觉性与能力，初步实现全方位依法治县。1996年3月，农场制订"三五"普法规划，印发《干部普法知识问答》《职工普法知识问答》《学生普法知识问答》等8种不同的普法书籍。场长与各单位签订《红旗坡农场"三五"普法责任状》。建立健全普法、依法治理工作机制，推行普法、依法治理领导责任制。举办法律培训班4期，培训人员100余人次。举办法律法规知识竞赛1次。2000年，按照"三五"普法规划要求，分阶段、分层次，分步骤进行普法依法治理工作。采取以会代训，干部上门宣传，办专栏，刷写标语等方式，加强对重点对象的普法宣传教育。组织青少年学习《中华人民共和国未成年人保护法》等法律基本常识，对青少年进行普法教育。领导干部举办2期《中华人民共和国行政复议法》《中华人民共和国合同法》专题讲座，全场组织各类不同形式宣传活动6次，举办专业法学习班5期，直接受教育群众达3.5万余人。2000年6月22日，农场"三五"普法工作顺利通过地区普法依法治理领导小组验收。

4. **"四五"普法**（2001—2005年） 2001年，农场制定下发《红旗坡农场全面推进普法依法治场工作第四个五年规划》，确定在一切有接受教育能力的公民，尤其是各级领导干部、行政执法和司法人员、青少年学生、企业经营管理人员、外来流动人口中全面启动"四五"普法宣传教育工作。"四五"普法期间，农场各单位都成立相应的领导和工作机构，指定专人负责"四五"普法工作，并设立普法联络员，制订《红旗坡农场普法依法治理工作"一抓双挂"制度》《红旗坡农场开展"四五"普法依法治理工作责任追究制度》《红旗坡农场2001—2005年法制培训工作实施方案》等相关制度。五年来，全场共组织各级领导干部法制讲座5期，举办法制培训班2期。在2003年非典疫情防治期间，认真组织全场副科级以上领导干部学习《中华人民共和国传染病防治法》《突发性公共卫生事件应急条例》等法律法规。

5. **"五五"普法**（2006—2010年） 2006年，农场在总结"四五"普法工作的基础上，进一步调整充实普法依法治理工作领导小组，制订《红旗坡农场普法依法治理领导小组关于深入开展法制宣传教育推进依法治场工作第五个五年规划》。征订《干部法律知识读本》《法律法规实用教材》等书籍1200册。共组织各级领导干部法制讲座2期，进行法制培训3期210人，建立《领导干部任前法律考试制度》《领导干部学法用法考试考核办法》，共组织领导干部进行任前法律知识考试2次，参试人员人，参考率98％，合格率达100％。全共场发放法制宣传单1.2万份，张贴各类标语、悬挂各类横幅20余条，解答群众法律问题 27 件次，受教育人数达到 2.2 万余人次。

6. **"六五"普法**（2011—2015 年）　2012 年 9 月 21 日，农场为实施"六五"普法规划和"法治进企业"创建活动，制定《红旗坡农场普法、依法治场"法治进企业"创建活动实施方案》。建立法制宣传短信平台，发送法制宣传信息 0.6 万条。宣讲相关法律法规 21 部，解答问题 5000 余人次。开展"送法下乡"和"法律进社区"活动 12 次，累计散发资料 1.2 万余份，接受群众法律咨询 589 人次。共举办法律法规知识各类培训班 32 期，参训人员 543 人次。

7. **"七五"普法**（2016—2020 年）　2016 年，农场（集团公司）组织开展第七个五年普法依法治理活动。制订《关于在全场公民中开展法治宣传教育的第七个五年规划（2016—2020 年）》，将普法依法治理工作纳入精神文明、综合治理考核内容。在全场（集团公司）推行公职人员网络学法用法无纸化考试。面向基层职工开展法治教育 32 场（次），受教育人数达 3.3 万人次。实施"宪法法律宣传月""综治宣传月""安全生产宣传月""知识产权宣传周""六·二六"国际禁毒日等各类主题法治宣传活动，营造良好的普法宣传氛围。举办领导干部法治报告会、法治大讲堂、"与法同行、万人宣讲"等活动 5 场，受教育群众 4700 余人次；将党的十九大报告、习近平总书记关于新疆工作总目标会议精神及各项新颁布的法律法规纳入集团公司党委学习内容；推行重大决策法律咨询制度、领导干部述法考评制度等，落实《关于加强领导干部学法用法的若干意见》《领导干部学法用法考核办法》，有效加强领导班子法治化建设；开展法律知识竞赛、演讲比赛等 3 场（次），企业开展安全生产法律法规知识再教育 36 场（次）。2017 年，实施法律顾问制度。开展"法治机关""法治单位""法治企业"等基层法治创建活动。

四、艰苦创业教育

1958 年，农场建场时，职工吃饭没伙房，睡觉没住房，劳动力休息、吃住都在戈壁滩上，连棵避荫的树都找不到，经常刮大风，沙尘连天蔽日，一觉睡醒嘴巴、鼻子全是土，有些职工到了冬天还穿不上冬衣、鞋子，职工口粮标准也只有每人每月 35 斤。职工在条件极其艰苦的情况下，贯彻执行勤俭办场的方针，克服各种困难，在开荒造田劳动的同时，坚持"边建设、边生产、边开荒、边扩大、边积累"的"五边"方针，当年，利用工余时间修建水渠 14 千米，建起职工宿舍 96 间，修补各种临时房屋和地窝 3000 余平方米，同时进行各项工副业生产，用节约下来的资金投入各项生产，夏末抢种晚秋作物 100

余公顷，收获玉米 25 吨、黑糜子 37 吨、马铃薯 40 吨、甜菜母根 5 吨，为下一年积存籽种。年内，共为国家节约各种费用 10 余万元，仅开荒一项就节约资金 8.4 万余元。

1960 年，农场把"勤俭办场、勤俭持家"作为开展各项工作的方针，本着勤俭办企业、勤俭办一切事业的方针，发挥人力、物力、财力，做到人尽其力，物尽其用，财尽其利，从各方面堵塞浪费，节约投资。如制糖厂用油桶代替蒸发锅、全面土法自动化水磨加工面粉、热制甘草膏，在戈壁滩上制盐、硝，在没有交通工具的情况下跑数十里打野麻、打芨芨草做绳子，千方百计就地取材，节约资金，扩大收入。畜牧生产上，由于农场没有正式草场，几千头（只）牲畜全靠牧工分群上山牧放，牧工的生活条件极其艰苦，经常生活在野外，吃干粮，住帐篷。就在这种情况下，畜牧业年年发展。至 1963 年，全场大小牲畜由 1958 年末的 3922 头（匹、只）增长至 7622 头（匹、只），1967 年突破 1 万余头（匹、只）。

1972 年 1 月，农场筹建糖厂，在一无实践经验、二无资料的情况下，要设计自动化程度较高的工厂，存在着很多困难，但广大设计人员和以工人为主体的设计小组本着"独立自主，自力更生"的精神，大胆设计，反复研究，不断修改，发挥集体的智慧，在工艺流程设计中，攻克一个又一个难关。在主体工程施工中，遇到最大的困难是材料缺乏，运输赶不上。农场在地区范围内跑遍 5 个县和 20 余个单位，得到有关兄弟单位的支援，没有运输汽车用毛驴车一车车运，使工程不断前进。就这样解决一个又一个难题，于年底竣工投产。

2000 年后，农场不断调整产业结构，以苹果为主的林果业经济给农场职工带来良好的收益，职工的生活水平不断提高。农场不忘创业之艰辛，开展艰苦创业教育，强调干部特别是领导干部起模范带头作用，严于律己，克己奉公，不仅工作上敢于吃苦，自觉奉献，而且要讲科学、讲效益、讲效率，正确处理艰苦创业与改善生活水平的关系，在职工群众中提倡艰苦奋斗、勤俭朴素与最大限度满足日益增长的物质文化需求相结合，努力提高职工群众的物质文化需求，努力为职工群众提供丰富多彩的物质文化生活。

五、社会主义核心价值观教育

2013 年 12 月，中共中央办公厅印发《关于培育和践行社会主义核心价值观的意见》，明确提出，以"三个倡导"为基本内容的社会主义核心价值观，与中国特色社会主义发展要求相契合，与中华优秀传统文化和人类文明优秀成果相承接，是中国共产党凝聚全党全社会价值共识作出的重要论断。农场围绕"助推中国梦"这一主题，组织建立百名党员

"中国梦宣传队"，以职工为宣传重点，巡回在各园艺队，通过讲故事、看短片的方式，引导各族职工树立正确的社会主义核心价值观，实现自身价值。

2014年，农场除开展各种形式的安全教育课外，通过PPT、大合唱、现场提问等形式，让干部职工理解"富强、民主、文明、和谐、自由、平等、公正、法治、爱国、敬业、诚信、友善"社会主义核心价值观，做一名有道德的公民。

2016年，农场（集团公司）开展习近平总书记"建设美丽新疆、共圆祖国梦想"题词宣传教育，发挥好党员干部、公众人物和先进典型的示范引领作用。

2017年，红旗坡农场（集团公司）召开示范性"道德讲堂"推进会，推进"道德讲堂"活动进基层。

2018—2020年，红旗坡农场（集团公司）组织开展"我的中国梦""清明祭英烈"等主题学习教育，通过中央文明网敬献花篮并撰写2万余条留言，引导未成年人自觉培育和践行社会主义核心价值观。

2020年，红旗坡农场（集团公司）开展推动习近平新时代中国特色社会主义思想进万家，以培育和践行社会主义核心价值观为根本，围绕社会稳定和长治久安总目标，发挥各级各类资源作用，打通宣传群众、教育群众关心群众、服务群众的"最后一公里"，更好满足人民群众日益增长的精神文化需求，让新时代党的治疆方略更加深入人心、落地生根。

六、"五个一"建设

2012年，农场开展精神文明创建"五个一"活动，即：一队（志愿服务队）、一堂（道德讲堂）、一桌（文明餐桌）、一牌（文化宣传牌）、一传播（网络文明传播）。成立学雷锋志愿服务队，加强志愿服务队的管理。

（一）道德讲堂

2012年7月，农场印发《关于在全场开展"道德讲堂"工作的实施意见》，道德讲堂活动启动，成为新的思想道德建设教育阵地。道德讲堂以提升干部职工思想道德修养和文明素质为核心，以加强社会公德、职业道德、家庭美德和个人品德"四德"建设为重点，以"身边人讲身边事，身边人讲自己事，身边事教身边人"为主要形式，以"我听、我看、我讲、我议、我选、我行"为主要模式，传播凡人善举，引发道德自觉，倡导修身律己，推动"知行合一"的道德实践，营造"崇德尚善"的浓厚氛围、形成"好人好报"的社会共识。2013—2019年，农场建立道德讲堂，每季度开展一次道德讲堂活动，全场共开展活动 400 余次。共开展各类活动 1000 余次，受益群众达 2.3 万人次。

2020 年，农场（集团公司）相继开展以"议议身边事""你感动了我""德在我身边""孝在我们家"等为主题的"道德讲堂"活动，在各单位广泛开展活动。各单位结合自身工作实际，坚持每 2 个月开展 1 次活动。

图 6-3-2 1991 年 3 月，红旗坡二中学生参加学雷锋志愿服务活动
（照片提供：档案室）

（二）志愿服务

2012 年，农场以"传承雷锋精神，参与志愿服务"为主题，印发《关于深入开展学雷锋志愿活动的通知》。开展卫生清扫、义诊、亲情陪伴、文艺表演、法律宣传与咨询、献爱心、捐赠衣物、环境保护、劝阻不文明行为、关爱孤寡、空巢老人等活动。

至 2020 年，农场（集团公司）先后以学雷锋活动为主题，不断提升公民文明素质。结合"去极端化"工作，以"我们的中国梦"——文化进万家活动为主题，开展"文艺下乡""春联祝福进万家""科技讲座进农家""法制讲堂进农家"等活动，场志愿者开展环境卫生大扫除活动，倡导居民爱护环境，提升公民文明素质。结合学雷锋活动，开展"邻里一家亲"、学雷锋便民利民系列活动；在春节、肉孜节、古尔邦节期间为贫困户、道德模范、"身边好人"送温暖，开展"关爱空巢老人、留守儿童"慰问活动等，逐渐形成"帮助别人，快乐自己"的社会共识。

（三）文明餐桌

2012 年起，农场大力弘扬中华民族勤俭节约、艰苦奋斗的传统美德，广泛开展"讲文明、树新风"和道德领域突出问题专项治理教育活动，营造节约用餐、文明消费的良好氛围，全场开展文明餐桌活动。农场发出文明餐桌倡议，并要求机关食堂悬挂"文明就餐、杜绝浪费"标识牌，统一制作节约用餐标签放在每个餐馆每张餐桌上。全场各单位积极响应，承诺用实际行动践行"光盘行动"。

2013年，农场在春节期间下发关于做好春节期间厉行勤俭节约反对铺张浪费有关工作的通知。场各园艺队、单位结合开展自查自纠工作，认真落实具体措施，确保厉行勤俭节约、反对铺张浪费的各项规定落到实处。并通过监督检查，督促各单位及广大党员干部严格执行反对铺张浪费的各项规定。

2020年，红旗坡农场（集团公司）响应习近平总书记的号召，开展制止餐饮浪费活动，向全场发出倡议，发动全场干部职工和居民积极参与到活动中来，机关食堂、各类餐饮企业和商铺均张贴宣传海报和标语，开展习近平总书记关于节约精食论述的学习宣传。请客吃饭光盘行动、餐后打包等成为餐饮新常态。同时，结合新冠肺炎疫情防控工作，倡导用公勺公筷，隔位就餐。

（四）文化宣传牌

2012年后，农场以《公民道德建设实施纲要》"二十字"公民道德规范、社会主义核心价值观以及日常文明用语等内容制作成宣传牌悬挂于办公大楼走廊、楼梯口等显眼处，引导干部职工从自身做起、从小事做起、从现在做起，规范服务行为，把"爱岗敬业、诚实守信、办事公道、服务群众、奉献社会"的职业道德规范落实到具体行动中，营造道德之风、礼仪之风。

至2020年，农场（集团公司）各基层单位均设立社会主义核心价值观专栏；依托居民小区、建筑围挡等场所，设立30余块以社会主义核心价值观、民族团结、文明礼仪等为主要内容的宣传牌，让社会主义核心价值观走到群众身边，融入群众生活。

第四节　民族团结教育

为认真贯彻和落实党的民族政策，进一步加强民族团结，农场每年5月都组织开展民族团结教育月活动，始终把民族团结摆在整体工作的首位，渗透到各项工作中去，身体力行，做民族团结的表率，从而使各族干部职工增强维护民族团结的自觉性。在民族团结教育活动中，领导班子通过召开民主生活会、谈心等方式充分交换意见，妥善解决不利于民族团结的问题，搞好班子内部的民族团结，以带动各族干部职工增强民族团结。经过民族团结教育，全场各族干部职工和睦相处、平等团结、相互信任、相互尊重、相互学习、相互谅解、相互支持。

1982年，农场党委根据自治区党委下发的《关于在全区进行贯彻党的民族政策、增强民族团结教育的通知》，决定从 5 月中旬起，在各民族党员、干部和群众中进行一次民族政策和民族团结教育，制定《民族团结公约》和《民族团结守则》。并把民族政策教育同检查民族政策执行情况、解决实际问题结合起来。

1983 年，农场党委成立民族团结教育月活动领导小组，决定每年 5 月为"民族团结教育月"。4 月，场党委召开"民族团结教育月"动员大会，标志着农场第一个民族团结教育月活动正式启动。农场中学召开 400 余名师生参加的联谊会。同时召开座谈会，组织检查组，了解、检查执行民族政策和进行民族团结教育的情况。

1984—1990 年，农场开展各种形式的民族团结教育活动，召开各民族青年友谊座谈会，引导职工互相帮助，相互大办好事，加强团结协作，发展经济。在节日举办不同形式的民族理论民族团结演讲会、歌咏比赛等活动，形式多样，内容丰富，进一步促进和加强民族团结。各民族职工群众和睦相处，两个离不开思想深入人心，热爱党、热爱社会主义祖国、热爱人民的精神倍增，园林队广大党员、干部、职工集资 4.33 万元，赠送农田六队（少数民族队）东方红拖拉机 1 台，在全场乃至全疆被传为佳话。

1991 年，农场各族干部职工不断加强民族团结，涌现出一大批的民族团结先进集体和先进个人，形成民族团结良好的社会风气。农田二队党支部副书记把自家的粮食送给新来的汉族职工吃，把钱借给汉族职工购买化肥，以实际行动带动民族团结；8 月，园林二队已去世的老干部沙吾提·阿皮孜 14 岁的儿子乌斯满江患心脏病急需转院治疗，农场党委得知其家庭经济困难，号召全场广大干部职工集资 1.22 万元，充分体现民族大家庭的温暖。农田二队党支部把民族团结列入各项工作的议事日程，汉族职工没有口粮、钱、运输工具，维吾尔族职工帮助运化肥、种子，汉族职工帮少数民族职工盖房子，互相协助，亲如一家。

1996 年后，农场通过巡回宣讲、座谈讨论、知识竞赛、演讲比赛、典型宣传、社会氛围营造等多种形式开展马克思主义"五观"（国家观、民族观、宗教观、历史观、文化观）、新疆"三史"（新疆三史、民族发展史、宗教演变史）、"三个离不开"、党的民族宗教理论政策以及民族区域自治制度的宣传教育。民族连队领导和职工主动要求场党委派汉族职工到民族连队承包土地，大家互帮互学共同进步，为发展农场经济、增强民族团结作出新贡献。

1999—2000 年，农场围绕"农场人民是一家，稳定发展靠大家"的主题，开展形式多样、丰富多彩的民族团结活动。重点加强新疆民族发展史和宗教演变史的教育，使新疆自古以来就是一个多民族、多语言、多宗教信仰并存的地区，新疆历史是各族人民共同创造的历史，坚持共产党领导、坚持社会主义道德观念更加深入人心。1999 年 5 月，八队的职工托乎尼亚孜家中突遭大火，队领导迅速组织灭火，干部、共产党员、共青团、民兵们纷纷冒着房顶随时可能倒塌的危险，破窗跳入房中，将衣服、箱子、家具抢救出来。大火过后，党支部又安排人员帮助清理废墟，送来衣料和水泥；10 多名团员及青年自愿承担房子的维修任务，队上共投入 4000 余元，帮助托乎尼亚孜重建家园，这些民族团结的先进事迹，将民族团结工作落到实处。

2001 年 7 月 27 日，农场举办首次民族团结知识竞赛，译制包括党的民族宗教政策、新疆历史知识、精神文明建设和"三个代表"重要论述等方面内容的 150 道知识问答题并打印成册分发给各生产队和机关各单位。此次竞赛共有 12 支代表队参加，产生一等奖 1 名、二等奖 2 名、三等奖 3 名，组织奖 1 名。通过竞赛，对加强民族团结知识的学习，促进各民族的团结起到推动作用。

2002 年，开展第 22 个民族团结教育月活动，组织广大干部群众学习《新疆维吾尔自治区民族团结教育条例》《民族区域自治法民族团结教育读本》《建设有中国特色的社会主义民族宗教理论学习纲要》等以及自治区级民族团结模范的先进事迹等内容。

2005 年 5 月，农场突出"构建社会主义和谐社会，树立和落实科学发展观"主题，深入宣传党的方针政策，进一步巩固和发展全场民族团结的大好局面，结合国庆 56 周年和自治区成立 50 周年，唱响"共产党好、社会主义好、祖国大家庭好、改革开放好、民族团结好"的主旋律，"三个离不开"的思想深入人心。各单位认真组织广大干部群众开展学习教育。以理论研讨会、座谈会、演讲比赛等多种形式，出宣传板报 60 余块、专题报告会 2 场，发放宣传材料 2000 余份。大力加强国情、场情的宣传教育，用 50 年来新疆所发生的翻天覆地的巨变和全面建设小康社会宏伟目标所展示的光明前景，教育和激励各族干部群众热爱祖国、热爱新疆，不断增强各族干部群众的自信心、自豪感和凝聚力。

2006—2010 年，农场在每年 5 月均开展民族团结教育月活动，以"抓五月，促全年"为契机，开展多种形式的教育活动，围绕"三爱"（爱党、爱祖国、爱社会主义）"六好"（共产党好、社会主义好、祖国大家庭好、改革开放好、民族团结好和人民解放军好）"五个好"（好搭档、好同事、好邻居、好伙伴、好朋友）"五个一"（共照一张全家福、共度一个节庆日、互写一封书信、共讲一个团结故事、共种一棵团结树）等不同主题，开展民族大团结活动。全场各族干部群众形成人人讲民族团结，人人做民族团结的好事，人人争当民族团结的模范良好氛围，巩固和发展全场民族团结大好形势，为不断深化民族团结教育奠定坚实基础。在宣传形式上，按照"典型引路、舆论推动、突出主体、注重实效"的总体方针，举办演讲会、报告会、知识竞赛、体育比赛、联谊活动、送温暖献爱心等寓教于乐的活动。

图 6-3-3　2018 年 2 月春节前夕，农场（集团公司）在阿苏克兰干村开展"迎新春"民族团结联谊晚会（照片提供：综合部）

2011—2015 年，农场以"热爱伟大祖国、建设美好家园"为主题，以开展党领导人民的奋斗史、创业史、改革开放史和新疆历史、民族发展史、宗教演变史的"六史"为学习内容，进行宣传教育，开展向先进个人学习活动，组织干部职工学习先进个人舍身救人、爱党爱国、民族团结、克己奉公、忠于职守、助人为乐、敬老爱幼的先进事迹。开展"学英雄，见行动"活动，在农场形成人人重视民族团结，人人争当民族团结模范的良好氛围。促进各民族相互信任、相互尊重、相互学习、相互支持，始终做到同呼吸，共命运。农场对在各自工作岗位上为民族团结工作发挥积极作用、做出突出贡献的个人进行表彰。开展"唱一首民族经典歌曲、讲一个身边的民族团结故事、举办一次民族团结板报比赛、评选一次民族团结先进个人和先进集体、举办一次民族团结征文"等活动，推动农场民族团结工作。

2016 年，红旗坡农场（集团公司）组织干部职工学习《自治区民族团结进步工作条例》，将民族理论、民族知识纳入业务学习、支部学习、党课教育。宣讲党的恩情、国家的支持，宣讲自治区成立 60 年来的辉煌成就，宣讲党和国家的援疆政策，宣讲爱国主义、社会主义核心价值观、"三个离不开"，宣讲民族团结先进典型，宣讲新疆民族团结进步事业的巨大成就。广泛开展干部相互结对、结对帮扶、民族共建工作，有效凝聚各族群众的向心力和团结力，促进民族工作的深入开展。

2017年，开展"大美新疆·大爱故事""我是一棵石榴籽"等民族团结活动16场，创建8个民族团结先进典型及2个民族团结模范集体，民族团结深入人心。

图6-3-4　2020年4月2日，农场（集团公司）召开民族团结工作大会（照片提供：综合部）

2018年，农场（集团公司）引导全体干部职工支持、参与和维护各民族大团结，努力在全公司形成团结友好、和谐共进的良好局面。定期组织党员干部集中学习和宣传民族宗教政策、宣传国家法律、各项惠民便民政策措施及党的十九大精神，并组织观看《库尔班大叔上北京》《十八年后的拥抱》等视频，全年共组织学习55次，参加学习人数1300余人次。集团公司要求各级党员干部每月前往联系村。多角度、多层面、多方位了解基层真实情况和群众心声，进一步促进各族群众交往交流交融，做到"真帮扶"，共为"亲戚"赠送各类慰问品1043件，解决生产生活困难问题18个。集团公司每月组织一次活动，增强各族群众之间的友谊。通过开展各类联谊活动、林果知识技能培训、"大美新疆·大爱故事"评选等各类现代文化文体活动，加深各族干部群众之间的了解，拉进各族干部群众之间的距离。全年共开展民族团结有关活动10场，参与干部群众6500人次。

2020年，红旗坡农场（集团公司）开展第38个民族团结教育月，开展民族团结结对子活动，丰富民族团结进步活动的形式与内容。以"共居·共学·共事·共乐"为主题，不断丰富活动形式、深化活动内涵、提升活动成效、营造活动氛围积极团结和带领全场各族干部群众，谱写民族团结进步事业新篇章。

第五节　扶贫济困

20 世纪 50—60 年代，农场对场内的五保户和劳动能力多病、残疾的职工都给予妥善安排，不仅在穿衣、吃饭方面给予照顾，而且也改善这些特殊群体的居住条件，房子坏了队上派人修理，对五保户吃饭免票，免费供应粮油、衣服、布匹等一应生活用品。

1963 年，农场共为五保户、残疾人等特殊人群免费供应棉衣 16 件、布 172 米、棉花 13 千克、毡子 3 条等，折合金额 414.93 元。农场提高生活上困难职工的工作积极性，帮助生活困难职工度过冬季，分别给予经济上和布票补助，共发放补助款 1902 元，补助免费布票 1446 米、成衣 323 件、棉花 104 千克及毡子、棉鞋、网套等。

20 世纪 80 年代，实行包产到户后，有一些职工家庭因各种原因出现生产、生活上的困难，各基层单位都采取各种有效措施，扶贫脱贫。1985 年，全场 1465 户中，因经营管理能力差、人多劳少、老弱病残的贫困户有 388 户，占总人数的 26.5%。1986 年，采取一教二带三照顾、扶贫必须先扶志的方式，至年底仅剩 186 户困难户，比上年减少 202 户，占总户数的 13.2%。全场抓脱贫，各队都采取各种有效措施，如园林队为贫困户无偿减免指标，推平土地，提供化肥、农药、树苗、技术，进行困难救济总计达 3.25 万元。队里组织经营管理能力差的人，用汽车拉往九队、十一队、副业队进行参观取经，提高管理水平，取得很好效果。九队队长大年初二便带头放弃休息，给困难户甜菜地送肥。

1987 年，农场把扶贫工作列入重要议事日程。1988 年，农场改变原来单纯的经济救济，引导贫困户科学自救，贫困户由上年的 87 户减少到 36 户。

1990 年，农场各队集资 9808 元发展教育事业，捐资 2500 元救灾，机关捐资 223 元慰问病人，全场集资 4329 元捐赠亚运会。农田二队副支部书记毛拉·阿不拉经常教儿子用自己的小四轮无偿帮助他人拉运肥料、收运粮食，还主动给困难职工肉孜·巴吾冬送去面粉 3 袋。机关党员、干部在领导的带领下，捐资购买物品慰问住院病人和孤寡老人。

1991 年，园林二队党员毛拉不都主动帮助经济困难的职工，为困难职工借给现金和面粉，及时解决生产资料和生活上的困难。玉米地放水时，水渠被冲垮，党员吾加洪拿出私人一车饲草及时堵住水口，避免灾害的发生。九队党员在职工艾力困难时，齐出动帮其种甜菜 0.8 公顷，秋收时帮助朱马洪装甜菜 60 吨。农田十队党员艾孜木和沙的克两人长期为困难户阿依那木汗挑水送柴，将党的温暖送到群众家中。仓库党员郭希荣富了不忘别人，主动帮助 8 户职工犁地 5.3 公顷。砂砖厂退休党员田向银、马德增得知困难户需增加种植面积后，主动把自己动手开的荒地让给困难户，并经常给予技术指导，希望困难户尽快富裕。当江苏、安徽等地遭受特大洪水时，全场党员、干部、职工纷纷捐款，不到10天时间，全场共捐款2.8万元。园林二队14岁的吾斯满江因重病无钱治疗，全场共为其捐款1.2万元。

1999—2003年，农场对有困难的职工及家属发放长期困难补助29.68万元，冬季向困难户发放补助物资或补助金价值4.2万元。

2001年，农场为支持残疾人员及特困群众，帮助他们搞好生产和生活，对无劳动能力的伤残人员给予必要的扶助，设立场内助残、特困基金并成立基金管理委员会，基金来源主要是通过多种形式和途径向全场党员、干部和职工群众募集，实行统一管理、民主管理，专款专用。

2002年，农场各学校对贫困学生实施爱心行动。仅一年时间，广大师生为贫困生捐款700余元，衣物2000余件，为4位贫困学生捐校服4套，为1名孤儿捐学费240元。全场职工为生病的退休职工捐款2600元，为困难户捐款4373元。

2008年，农场职工斯拉木江因去世后，导致其家庭收入下降，子女抚养困难。农场根据《农场企业综合管理办法》，为妥善安排其家属生活，对斯拉木江承包的土地管理费用全部减免；对于其子女农场每人每月给予补助200元。当年5月15日，农场召开向四川地震灾区捐款动员大会后，农场各族干部群众踊跃捐款献爱心。至5月19日，全场机关干部、各基层单位、私营业主及个人捐款人数达2467人，捐款额12.99万元。10月23日起，农场发挥各级干部和共产党员的带头作用，动员广大群众，弘扬团结协助、扶贫济困、"一方有难、八方支援"的中华民族传统美德，以"捐赠衣被，温暖灾区"为主题，开展"送温暖、献爱心"救助捐助活动，再次为地震灾区群众捐赠过冬衣被或捐款。

2009年，农场开展扶贫帮困工作，针对困难职工、弱势群体，落实领导联系户、定时慰问等相应的保障措施，保证困难群众的基本生活，全年累计落实发放扶贫帮困的物质和现金11.27万元；纳入农村低保范围95户247人，发放低保金12.59万元。当年，农场1名少数民族职工因车祸受重伤，急需帮助，园艺一分场的邓勇伸出援助之手，帮助其垫付1万元的住院费，用车接送家人到医院护理。同时，帮助其果园打药、施肥。邓勇的事迹感动全体职工，得到上级有关部门的关注，电视台和报社纷纷对其事迹进行报道。园艺一分场重视扶贫帮困工作，对个别困难户采取捐款、过年过节到家中慰问、农忙季节干部到田间帮助生产劳动的方式，为贫困户送去温暖。

2010年，随着农场种植结构调整，把大田农业改为果园后，种植面积减少，但因新定植果园还未挂果，大部分职工群众仍处于较为贫穷状态。场里多年来对老、弱、病、残、孤儿、去世干部配偶等人群发放长期困难补助70人，场里每年发放7.42万元的生活补助，每年 11 月向各单位生活非常困难及贫困家庭发放冬季生活补助，每年开支 4 万元的过冬费。长期困难补助及冬季生活补助合计每年开支 11.42 万元。

2012 年，农场推行场领导、机关部门同各分场单位建立联系点工作机制，定期深入基层，及时了解情况，提供指导和服务。从政策、人才、技术、物资、信息、资金等方面不断加大帮扶力度，深入困难户家中，访贫问苦，积极帮助脱贫致富。

2014 年 10 月 19 日，农场党委制订出台《贫困户联系帮扶制度》。当年，农场自己解决并补发长期困难补助人员 197 人，经阿克苏市民政部门享受补贴人员有 142 户 302 人。

2015 年 12 月，农场对越冬存在困难的人员进行救济，特困户一分场 41 人、二分场 23 人、三分场 68 人、四分场 34 人、五分场 12 人、农工商总公司 21 人，共 199 人。每户以 650 元的标准发放大米、面粉、清油等救济慰问品。

图 6-3-5　2016 年 8 月 1 日，农场（集团公司）基层单位前往贫困户家中慰问（照片提供：水务公司）

2017 年，红旗坡农场（集团公司）党组组织社会各界人士为烫伤儿童、因车祸、疾病等原因造成生活困难等人群捐款 3.7 万余元。

2019 年，林果公司与周边乡镇劳务输出部门接洽，吸收贫困及劳动力富余人员 200 余人来金物联公司充实生产一线，公司给予每人每月 2000 月薪资并免费提供食宿，通过这项工作增加务工人员收入。

2020 年，红旗坡农场（集团公司）驻阿克苏市依干其乡阿苏克兰干村帮助村孤寡老人、困难户修缮房屋、搭建蔬菜拱棚、发展种植养殖业等共计 3 户 9 人，接通安装自来水共计花费 3.06 万元，走访慰问困难群众共计 120 余人次，帮助购置物资 30 余次，解决突出困难诉求 7 件。

第六节　农场文化

农场文化是农场在管理、生产等活动中所形成的信念目标、行为规范、农场精神以及干部职工共同意识的总和，涵盖精神文化、经营文化、形象文化、管理文化、政治文化、行为文化等。农场历经 60 余年，在建设和发展过程中逐步形成自己独特的农场文化。尤其是 2000 年以来，营造和倡导积极健康的文化环境和价值观念，使之成为全场干部职工认同并自觉遵守和奉行的基本信念和行为准则，使职工在农场文化潜移默化的作用下，团结奋发、勇于创新，完成各项目标，提高竞争能力，更好地为社会做出更大的贡献。

一、农场文化形成

1958 年农场初建时，条件极其艰苦，绝大部分干部职工文化水平不高，很少有人懂得专业管理知识。当时，物资条件简陋，办公地点、设备都欠缺，干部们只能因陋就简从事生产劳动。为使干部适应工作，使其掌握最基本业务知识，农场时常举办各类培训班。20 世纪 70—80 年代，农场领导积极支持干部参加各类文化补习班，有脱产与有不脱产，短期与长期。90 年代，农场把政治思想教育作为一个重要方面，学习"为人民服务""纪念白求恩"，要求干部职工树立为人民服务的思想，学好专业知识，在业务上精益求精。讲授农场发展史强调农场干部的优良传统，把农场的优良传统接过来，充分发挥农场的职能作用，为"四化"建设作出贡献。农场开展"五讲"（讲文明、讲道德、讲礼貌、讲卫生、讲秩序）、"四美"（心灵美、语言美、行为美、环境美）、"三热爱"（热爱祖国、热爱中国共产党、热爱社会主义）活动，工作质量、劳动纪律等方面都有改进和提高。

2000 年后，对农场文化资源进行整合，增强农场的凝聚力。用各种方式宣传农场文化，推广农场文化，促进农场"两个文明"建设。

2007 年后，农场全体干部职工充分认识到农场文化是农场为提高管理，在长期发展过程中形成的独特风格、基本宗旨、共同理想、道德规范和行为准则，为农场成员普遍遵循和奉行的价值观念。

2008 年 3 月 3 日，随着农场人员不断发展壮大，农场文化的建设的重要性更加凸显，农场成立场庆领导小组，编纂《红旗坡农场五十年》。根据农场特点，利用重大节日，组织春节联欢晚会、歌咏比赛、体育运动会等一系列的群众喜闻乐见的活动。

2009 年，农场加强干部职工学习教育，开展各种健康向上活动，活跃文化生活，陶冶思想情操，增强凝聚力；注意培养树立先进典型，弘扬正气，营造浓厚农场文化氛围；建立规章制度，学习业务知识，树立农场精神；规范干部职工行为，接受社会监督；环境卫生常抓不懈，创造温馨工作环境，塑造美、亮、净单位形象；定期检查，坚持做到美化、亮化、净化。

图 6-3-6　2019 年 10 月 1 日，源动力水务公司全体干部庆祝中华人民共和国成立 70 周年活动（照片提供：杨聪靓）

2010 年，农场强化文化软实力。结合实际不断创新宣传教育活动形式，开展主题宣传活动和主题文化活动，使干部职工的精神文化生活更加丰富多彩，精神风貌更加昂扬向上，增强各族干部职工的向心力和凝聚力。具体内容是：每季度读一本好书，写一篇读书笔记；3 月中旬开展公民道德建设月；7 月 1 日，举办一场以展示农场工作辉煌成就和农场干部奉献精神为主题的演讲比赛；7 月中旬，举办一次以反映农场发展变化和干部职工奉献精神为主题的征文比赛；8 月初开展一次先进事迹报告会；8 月，举办民族团结知识竞赛；10 月举办一次以民族团结为主要内容的庆国庆板报比赛。通过组织开展形式多样的读书学习、文化娱乐、运动健身等活动，用健康向上的文化活动引领农场干部职工的精神文化生活，进而激发广大干部职工积极投身农场建设，为农场的和谐发展营造良好的文化环境。同时，农场积极开展以"承传和弘扬中华优秀传统文化，提高干部职工的道德素养，培育民族精神，导读经典构建和谐农场"为主题的弘扬中华优秀传统文化经典导读活动，注重弘扬中华优秀传统文化与提高干部和职工思想认识相结合，弘扬中华优秀传统文化与和农场文化建设相结合，弘扬中华优秀传统文化与少数民族的优良传统习俗相结合，弘扬中华优秀传统文化与干部、职工行为规范相结合，弘扬中华优秀传统文化与干部和职工家庭生活相结合"五个结合"。把弘扬中华优秀传统文化融入丰富干部和职工家庭活动中，以开展母亲节、父亲节、老年节等节日活动为契机，组织开展"夸夸我的好儿媳""说说我的好公婆、好妻子、好丈夫""讲述生活中的感人故事"等活动，发现各族干部职工中涌现的"父慈子孝、领导仁德、下属忠诚、夫妇恩爱、兄弟和睦、朋友有信"的"好儿子""好儿媳""好公婆"和"好公民"，形成礼义文明的和谐家庭生活。

2011年，农场召开管理提升年动员大会。主题是"转变思想意识、提升干部素质、努力打造农场文化"，为农场发展奠定坚实基础。其内涵：一是要增强农场凝聚力；二是要调动干部积极性和创造性；三是要增强干部遵章守纪意识；四是要协调农场和社会关系；五是要确立现代管理理念，树立农场良好社会形象。达到在管理工作上领导班子履职能力要提升；中层干部执行力要提升；干部业务能力、理论水平、政治思想觉悟要提升。农场开展多种形式活动，提高全员业务水平、增强理论知识学习，适应农场发展。同时农场开展"迎春文艺汇演"、组织召开老干部迎春茶话会、创建学习型农场读书活动。

2012年，农场举行"用心去工作、工作要用心"读书活动。组织全员进行读书学习。

2013年，农场明确发展愿景，统一价值取向；开展文化活动，建立文化管理体系；丰富文化载体。为农场后续发展营造良好的内部文化氛围，逐渐提高农场文化的引领作用。构建符合农场发展阶段的特色文化；建立有素质、高效的文化传播队伍。

图 6-3-7　农场（集团公司）宣传栏

2015年5月28日，农场举办"民族团结，从我做起"为主题的第34个民族团结月知识竞赛活动。9月3—4日，为纪念中国人民抗日战争胜利暨世界反法西斯战争胜利70周年，农场开展纪念抗日战争胜利70周年文艺汇演暨红歌大赛，农场各党支部分别表演精彩的节目，从多角度演绎和诠释干部、职工对伟大祖国的无限热爱，展现干部、职工默默奉献、忠诚履职、朝气蓬勃、团结向上的精神。

2016年7月15日，农场（集团公司）组织干部、职工600余人观看大型抗战题材影片《百团大战》。8月16日，举办以"勇于担当，不忘初心"为主题演讲比赛。共15名选手参与。8月19日，举办一次书画展，共展出农场干部、职工书法作品48幅。9月28日，农场（集团公司）在全场干部职工中开展庆祝中华人民共和国成立67周年暨纪念红军长征胜利80周年系列活动，通过活动，坚定各族干部职工"弘扬长征精神·传承红色记忆"，竭力捍卫和平、确保安全稳定的信心和决心。

图 6-3-8　农场（集团公司）文化墙

2019—2020年，红旗坡农场（集团公司）把干部职工的自我发展和价值实现与农场发展结合起来，营造平等、分享、和谐的文化氛围。通过建立一整套人才发展和激励机制，让个人的价值得到体现，充分发挥干部职工的主人翁作用，提高干部职工对农场文化建设的认同度与参与度，形成内力引领、外力推动的良好局面。实施场内环境及人文建设。组织开展升国旗、合唱《我和我的祖国》等，彰显农场人的爱国主义情怀。

二、农场形象塑造

农场始建于1958年，当时的红旗坡是一片不毛之地，一望无际的戈壁，因为地势北高南低，视野开阔，最大地面落差达到100米/千米。当时的创业者们为之取了一个极具鲜明时代特征并符合地势特征的名字——"红旗坡"。

红旗坡农场漫长的发展历程中，先后经营过粮油作物的大农业种植、以棉花为主畜牧养殖为辅的传统农业生产。

1988年，农场引进一批原产于日本的苹果苗木，小规模地种植20公顷，通过不断的探索和选优，成就了一个苹果品牌——"红旗坡"苹果。该苹果产于新疆南部天山南麓塔里木盆地北缘的阿克苏地区红旗坡农场周边方圆 30 千米的地域，这里特有的暖温带大陆性气候，干旱少雨昼夜温差大，全年无霜期长，光照时间长的气候条件和依托天山山脉托木尔峰冰川，远离污染的地域条件，使这里成为发展有机农产品的理想家园。孕育出阿克苏"冰糖心"苹果、香梨、薄皮核桃、红枣、樱桃等一批极具地域特色的果中珍品，被誉为新疆的"瓜果之乡"，尤以红旗坡农场生产的"红旗坡"苹果最具代表性，"红旗坡"苹果以其果品色泽自然、表相优良、肉质细嫩、香气浓郁、酸甜可口、皮薄无渣的独特口感和独一无二的内在品质，赢得消费者的青睐，具有良好的产品认知度和一定的品牌美誉度，成为阿克苏乃至新疆的一张亮丽的名片。

20 世纪 90 年代起，优质红富士苹果逐步成为农场果品的支柱和拳头产品。农场自始至终把品质放在第一位，果品品质逐年提高。1993 年 2 月，农业部颁发证书，认定农场生产的红富士苹果符合"绿色食品"标准。

2000 年后，农场开始打造"红旗坡"品牌。作为食品的红旗坡苹果，在食品安全方面尤为重要，农场赋予品牌"以人为本、以质取胜、以质促赢"的核心价值。红旗坡苹果凭借着其绿色、有机、健康的品质特点，凭借着始终如一的诚信服务，赢得消费者的喜爱。

2001 年，"红旗坡"牌商标在农场正式启用。

2005 年后，农场把形象塑造提到农场文化建设的重要位置。围绕"农场"两字，为提升竞争能力，以良好的形象得到认可，抓视觉形象，确立场徽标识及农场的经营理念等文化口号，体现出整体有序的现代场风场貌。同时，提出"红旗坡"品牌经营理念：

"以人为本、以质取胜、以质促赢"；

"红旗坡苹果，绿洲上的一面红旗，苹果行业里的一面红旗"；

"红旗坡苹果，红遍全世界"。

2007 年 5 月，农场成为北京 2008 奥运会推荐果品生产基地，"红旗坡"苹果在北京奥运会推荐果品综合评选活动水果评比中荣获苹果品种一等奖。当年，在中国国际林业博览会上，"红旗坡"苹果获得金奖。

2008 年起，红旗坡农场开始致力于推进"红旗坡"苹果产业化经营。强化阿克苏苹果"红旗坡"品牌意识，通过"红旗坡"品牌连接千家万户果农，增强农场的龙头作用，从而推动阿克苏苹果的整体发展；狠抓市场开拓，做好产品与市场的对接，培育阿克苏苹果"红旗坡"品牌产品。建立健全名牌产品质量管理体系，拓展市场营销资本结构，吸纳更多的国内有资金实力的企业和民营经济参与"红旗坡"品牌的经营。进一步完善农场、果农、经销商的利益分配机制；依托阿克苏果品协会作用，建立机制，规范运作，扩大经营规模，带动阿克苏苹果产业做大做强。

随着"红旗坡"苹果的成长和壮大，市面上出现大量的假冒伪劣的"红旗坡"苹果，严重损害消费者、商家、生产者的利益和"红旗坡"苹果的市场形象，为更好地为广大消费者服务，重树红旗坡苹果形象，红旗坡农场决定在经济较为发达、具有一定消费实力和"红旗坡"品牌认知度的大、中城市以合作、合资的方式寻求经销商，以减少中间流通环节，达到维护消费者的权益、保护"红旗坡"苹果的品牌权益的目的，最终达到果农、企业、经销商、消费者共赢的局面。区域经销商专销"红旗坡"苹果、香梨、葡萄，以及阿克苏红枣、核桃和阿克苏产的其他特色、优质农产品。2009 年，农场在稳定乌鲁木齐、北京、上海的市场同时，开拓嘉兴市、杭州市、金华市、宁波、温州、杭州、绍兴、苏州、无锡、常州、南京、郑州、哈尔滨、沈阳、深圳、广州、东莞等地市场，并建立销售网点。

2010 年，"红旗坡苹果""红洁蜜香梨"获第六届新疆著名商标。当年起，红旗坡苹果提出宣传标语：

"阿克苏苹果红旗坡打造"。

2017 年 9 月 13 日，为更好地提升公司形象，加强宣传力度，展示公司对外形象，农场（集团公司）开通新疆红旗坡集团微信公众服务平台，成为农场（集团公司）对外传播品牌文化、市场营销的途径之一。2018 年 1 月，新疆红旗坡农业发展集团新网站正式上线。

至 2020 年，通过"红旗坡"苹果的品牌的带动效应，红旗坡农场（集团公司）发展成为自治区较大的国有农业企业，区域面积 217.018 平方千米，耕地面积为 16869.93 公顷，其中果园面积达到 14252.6 公顷。在职职工总人数 2518 人，人均纯收入 19182 元。是以林果业为龙头，农、林、牧多业并举的大中型国有农业企业。农场形成重点突出（红富士苹果）、品种齐全（香梨、葡萄、核桃、红枣、樱桃）具有较强抵御市场风险能力的良好格局，果品畅销全国各地，远销新加坡、泰国、马来西亚及中亚各国。"红旗坡"系列果品成为新疆驰名商标和消费者受欢迎的产品。当年的红旗坡，如今不仅是一个地名，还是一个品牌，更是一种精神。

第四章　生态文明建设

　　红旗坡农场荒漠化面积大、分布广，水土流失严重，加之几十年来不断的开荒造林，造成生态环境相对脆弱，自然灾害频发，生态环境的恶化成为制约林果业生产和生态安全、区域社会经济可持续发展的障碍因素，加大生态建设力度以改善生态环境是当前的必然之举。

　　1985年后，阿克苏地区在农场区域内相继实施柯柯牙绿化一期工程、四期工程，使昔日不毛之地变成一片林海，使风沙浮尘得到遏制，发挥良好的社会效益和生态效益。1990年，农场由鼓励开荒转为适度开荒，重点转移到条田改建和改造低产田。2011年后，农场严禁境内土地开荒，在开土地一律停止。同时，把加强生态环境建设和自然保护作为重要工作之一。同时，贯彻落实中央和自治区党委关于推进生态文明建设系列决策部署，按照"绿水青山就是金山银山"的号召，以生态建设作为经济发展的切入点，相继实施塔里木周边防沙治沙工程、生态林建设工程、重点防护林建设工程等荒漠绿化工程。通过水利工程建设，使水资源均衡利用，解决季节性缺水和生态用水问题；通过生态防护林和农田防护林建设，减轻风沙危害，改善区域生态环境。至2020年，一系列的生态保护工程，使农场的生态环境发生质的变化，生态环境和人居环境明显改善，生态环境建设成效逐步显现。

第一节　生态环境建设与保护

一、生态环境建设

农场的防护林分为干道林、条田林、渠道林、村庄林、场界林。

（一）防护林建设

1. 造林　20世纪50年代的红旗坡农场区域，沟壑纵横，植被稀少，干旱荒芜。经常黄沙漫天，自然灾害频繁，环境极其恶劣。尤其是春季3—5月间，经常有9～11级大风侵入农场，使气温骤降，土壤水分损失严重。

　　1958年，有9级以上大风20余次，每次持续6～18小时，白天能见度仅为二三十米，人们难以出门。一觉睡醒，耳、口、鼻都被沙土堵塞。刚打好的田埂被大风吹平，挖好的渠道被沙土掩埋。因此，农场根据发展需要，下决心改善自然环境，为农场大开发创造条件，开展植树造林，固定植被。当年，投入1.4万个工，在干渠两侧种植防护林4560棵1.53公顷。

1959年开始，每年春秋两季，农场统一组织植树造林。农场成立植树造林指挥部，各队分配任务，统一时间，统一供苗。当年，农场计划植树造林53.33公顷，由于缺水，实际造林19.53公顷。至1964年，以场界林、干渠林、沙荒沙（支柱林）为主，累计造林91.87公顷，还有绿化零星植树5.67万株。由于缺水、盐碱及管理等诸多原因，年年植树，年年补栽，林带和零星植树成活率不到60%，少数林带成活率仅为10%～30%。

1965年开始，林带建设作为农村"五好"（好条田、好林带、好道路、好渠道、好居民点）建设的一项内容，实行场队两级植树造林，农场统一组织重点造林，各队以农田保护林、道路林为主，分别实施。同时，采取杨树、榆树、柳树与杏树等经济林、薪炭林树种混栽的方式，场部统一规定8米林带、10米林带、16米林带的各种树种布置要求，按林带类型分别实施。1965—1966年，全场造林56.33公顷，零星植树5.26万株，农场植树造林进入第一个高峰期。1966年底，全场有林带33条，总长22.5千米。通过几年的植树造林活动，光秃秃的戈壁荒滩穿上新装。更宝贵的是，通过几年的工作，初步摸索到一些在戈壁荒地上栽树造林的经验，为发展林果业打下基础。

20世纪70年代末期开始，按照"三北"防护林建设的要求，开展农田林网化建设，加速农田林带造林。1979—1981年，全场累计造林113.73公顷，零星植树4.69万株。

1982年开始，开展义务植树运动，有植树能力的男女老幼人人有义务植树任务。当年，全场零星植树4.4万株，为建场以来零星植树最多的一年。

1984年，农场贯彻中央文件指示，放宽林业政策，实行国家、集体、个人一齐上的造林方针，鼓励承包开发性造林，试办家庭林场，允许职工在房前屋后和规划的宜林地植树。1985年，全场造林56公顷，其中家庭林场造林21公顷，零星植树6.02万株，其中家庭林场和个人植树2.95万株。至20世纪80年代末，随着柯柯牙绿化工程的实施，农场受到"柯柯牙精神"的鼓舞，出现第二个植树造林高峰。20世纪80年代，年均造林42.8公顷。同时，零星植树累计15.19万株。1990年，全场林网化程度达70%。

1989年末，全场实有林地面积464.6公顷。

20世纪90年代，年年植树造林，规模不大。

2000年，农场为改善西部区域的生产条件和环境，计划营造万亩生态林。其中东一支干渠西侧433公顷、农田六队总干渠西侧100公顷、防洪坝以北133公顷，三部分互相配套，成为整体，东一支干渠和总干渠西侧以防风林和经济林结合的原则，发展林果业

267公顷，防洪坝以北营造人工防风林。

2001年后，个体投资开荒造林升温。全场大兴植树造林之风，造林面积每年以15％的速度递增，特别是秋季植树取得新经验。至2003年底，约有267公顷荒地完成土地整治。

2007年，根据自治区林业厅2007年度"三北"四期工程建设作业设计有关工作的安排部署，农场按照《造林技术规程》（GB/T15776－2006）、《造林作业设计规程》（LY/T1607－2003）等规程的要求，进行作业设计，完成对2007年度"三北"四期工程造林数据统计、填写小班卡片、建档等工作。作业设计总面积1208.8公顷，主要分布于红旗坡农场的园艺六分场、园艺七分场、园艺八分场、园艺九分场、园艺十分场、园艺十一分场、园艺十二分场、园艺实验站等8个场（站），项目总投资684.6万元，其中国家补助132万元、地方配套（投工投劳）552.6万元。至年底，农场柯柯牙以北四期工程范围内共完成开垦种植5467公顷。年末，全场实有林带面积207.73公顷。

2008年，农场在柯柯牙四期绿化工程革命大渠以北红旗坡农场境内，组织劳力、机械开垦土地1300余公顷，完成土地平整规划、引水渠系、道路等基础设施的建设，并育苗、种苗45万株。总投资800余万元。

图 6-4-1　2008年，农场实验站防护林建设（照片提供：杨聪靓）

2009年1月12日，农场决定与上海三条贸易发展有限公司共同投资组建成立新疆阿克苏柯柯牙生态特色林果有限公司，在柯柯牙四期工程内共同合作开发万亩有机特色林果基地。

2009年，农场新增中央预算内资金重点防护林建设工程项目区分布在十一分场和十二分场。建设总面积为人工造林133.33公顷。项目建设期1年，从2008年11月至2009年10月。项目总投资95.77万元，其中中央新增预算内资金40万元，农场配套10万元。

其中造林工程 92.8 万元，占总投资的 96.9%。

2011 年 6 月 8 日，农场加快林业建设，进一步构建防护林体系，有效改善农村环境，促进农村林网化体系建设，提高林果业生产效益，促进林业发展新高潮，保障 100 公顷中央预算内重点防护林工程项目顺利实施。

2012 年，农场在革命大渠以北进行生态造林工程建设，生态造林面积已达 1.13 万公顷。

至 2016 年，柯柯牙四期工程范围内种植苹果面积约 1400 公顷，核桃面积约 467 公顷，红枣面积约 333 公顷，林带面积约 133 公顷，其余面积为引渠及道路，取得良好的生态效益和社会效益。

至 2020 年，农场共有防护林带 453.14 公顷。

2. 树种配置　农场林带按其作用和位置划分，有场界林、农田防护林、干支渠林、道路林、水土保持林、防沙林、绿化林等。按类型划分，有主林带，宽度为 16 米；副林带，宽度为 10 米、8 米两种。林带树种有钻天杨、银白杨、新疆杨、小叶白蜡、榆树、桑树、紫穗槐、柳树、沙枣树、杏树、核桃树等。各种林带配置树种不尽相同，一般多采取多树种交叉配置方式。

1958 年，林带配置树种为钻天杨、银白杨、紫穗槐。

1959 年，各种林带的主树种为银白杨、小叶白蜡，钻天杨配置于场界林、干支渠林、水土保持林，桑树配置于农田防护林、防沙林，紫穗槐配置于农田防护林、干支渠林、水土保持林、防沙林，沙枣树配置于场界林、干支渠林、防沙林，柳树配置于场界林。

1965 年，16 米主林带定植 8 行树，树种配置为中间 4 行钻天杨，两边各 1 行杏树，杏树内侧各 1 行榆树；10 米副林带定植 6 行树，树种配置为一边 2 行榆树，另一边 1 行榆树，中间 3 行钻天杨，8 米副林带定植 5 行树，树种配置为 3 行榆树夹 2 行钻天杨。

1966 年，新植林带以银白杨、钻天杨为主树，分别配植桑树或沙枣树。此后，逐步以新疆杨替代钻天杨，新疆杨逐步成为林带的主树种，很多林带逐步成为单一新疆杨林带。

3. 林木抚育和管理　建场初期，农场统一植树造林，实行"四包"（包整地、包栽植、包灌溉、包成活）。农场园林队专事园林生产，负责本队承植树林管护。农场设护林组，专负林木管护职责。

1962 年，农场针对少数单位和个人任意砍伐树木，发出通报，规定各队范围内林木由各队负责管理，干支渠林由水管站安排人员看管，农场职工人人有责检举，有权制止。任意砍伐公有林木者，轻者没收工具，予以批评教育，较重者经过群众民主评议，罚款 5～15 元，严重者由农场处理。本地农业社转入农场职工宅院四周自栽树木为个人私有自管，亦不可自由砍伐，需要砍伐时报队部批准。

1964年，农场发出通知，确定农场公有林管护除护林组、园林队外，各队分段负责管护，调派专人负责松土除草，及时浇水和保护，工资由农场支付。明文规定，严禁在林带放牧，严禁车辆在林带行驶，严禁任意砍伐、盗伐林木及攀折幼树、树枝，违反者，公养、私养牲畜进入林带不论啃吃踏毁与否，按1头牲畜罚款1元，如有啃伤踏毁林木，按1棵赔款1元，由放牧人承担；人为损坏林木，照价赔偿，追回原物。对积极护林、检举和制止破坏林木有功者，农场予以表扬和酌情给予物质奖励。

1965年，农场撤销护林组，所有林带和零星树木按区域分由各队管护，各队成立护林小组，按管护林地面积多少设专职护林员2～7人，指派组长，管护面积较小的单位设专职护林员1人，护林小组或专职护林员由队长或单位领导直接领导。各队管护任务分配到组，组分配到人。管护技术要求：灌蕾期每月灌水2次，水深20厘米，禁止串灌，串灌1块罚款1元；每月全面松土1次，深度10～15厘米，全面松到，土层翻转，深埋杂草，经常修整田埂、水渠，田埂高度70厘米，水渠畅通；每年6—7月追肥1次；每年春秋修剪2次。修剪操作按农场统一技术要求。护林员各项作业由队（单位）统计员统计，按各项工作数量、质量和各项作业定额计工，由队（单位）评工记分。每月由农场生产室检查验收全部林带质量，按质量等级标准（100％、90％、80％）评定验收等级，发给质量等级验收单，农场财务室凭单发放林业工资。护林员负有看护林带的责任，发现损坏林带及树木即带往队部（单位）按有关规定处理，如有林木损坏护林员没有发现，由护林员赔偿。

1966年，增配专职护林员，各队（单位）按每1.67公顷林地配护林员1名。同时，农场统一修订林木管护项目及各项作业技术、质量要求，按新老林带分别规定全年林事活动时序。

1983年，农场对在未满3年林木林带放牧牲畜作出处罚规定：公有牛、马每头罚款1元，羊群第1次罚10元，第2次罚15元，第3次罚20元，私人牛、马、驴每头罚款2元，羊群第1次罚5元，第2次罚10元，第3次罚15元。对发现牲畜并将牲畜送往队场处理者，按大小牲畜头数计数给予奖励。

1986年，农场《生产经济责任制实施细则》规定：大公路两旁幼林1984—1985年成活率95％以上，给承包者0.53公顷地自耕自养。1988年修改为0.27～0.33公顷地，10～15年内，树干距地1.3米处要求树径15～20厘米，年均每超过1厘米，每公顷给承包者奖150元。

2002年，农场《林木管理、收益分配暂行规定》规定：国道、省道旁栽植的林带由各分场（队）管理，收益归农场。其他林带及树木，2002年以前定植的，由分场（队）

负责管理，收益交场财务科后，50％归场，50％归分场（队）；2002 年以后（含 2002 年）定植的林木，由单位提供树苗并组织规划种植的，由单位管理或落实到个人负责管理，保证成活率 85％以上，收益按六四分成，即 60％归属农场，40％归属分场（队）或管理者个人，并签订协议或合同；由个人提供树苗的，单位协助组织规划种植，个人负责管理，保证成活率 85％以上，收益四六分成，即 40％归属农场，60％归属管理者个人，并签订协议或合同；个人房前屋后栽植的树木，采伐收益 30％归属农场，70％归属个人。

至 2020 年，农场的农田林网化，与西边的柯柯牙工程连为一体，红旗坡已是"夏至绿海遮阴蔽日，秋来处处瓜果飘香"，阿克苏区域的生态环境质量亦明显改善。

表 6-4-1　1958—2020 年红旗坡农场（集团公司）防护林植树造林情况表

年份	年末林地面积（公顷）	造林（公顷）	零星植树（万株）	年份	年末林地面积（公顷）	造林（公顷）	零星植树（万株）
1958	1.53	1.53	0.02	1992	488.80	8.27	—
1959	8.53	19.53	0.02	1993	500.00	20.00	—
1960	11.40	9.87	0.07	1994	506.53	6.53	—
1961	23.87	12.47	0.30	1995	510.00	3.00	—
1962	35.93	20.27	0.33	1996	511.00	1.00	—
1963	39.87	12.00	0.96	1997	514.00	3.00	—
1964	53.13	16.20	2.98	1998	521.00	7.00	—
1965	77.07	23.93	3.95	1999	550.00	29.00	—
1966	93.73	32.40	1.31	2000	560.00	10.00	—
1967	94.73	1.27	0.40	2001	561.60	7.60	—
1968	111.47	21.80	1.49	2002	578.00	15.00	—
1972	155.60	46.80	1.00	2003	525.00	14.00	—
1973	175.53	9.80	0.50	2004	446.00	4.00	—
1976	130.93	12.07	1.89	2005	459.07	11.13	—
1977	100.00	1.07	2.50	2006	458.27	0.00	—
1978	66.67	7.20	1.10	2007	477.73	23.33	—
1979	82.60	20.60	2.35	2008	460.66	33.33	—
1980	131.20	64.27	1.34	2009	446.60	2.27	12.43
1981	147.33	28.87	1.00	2010	469.60	21.20	0.47
1982	168.13	33.73	4.40	2011	478.37	10.77	2.25
1983	219.67	52.13	1.98	2012	487.47	10.59	0.50
1984	287.00	76.33	1.22	2013	497.60	11.01	0.41
1985	356.93	56.00	6.02	2014	507.00	10.67	30.60
1986	406.27	116.00	1.39	2015	521.1	15.10	0.10
1987	421.40	28.73	1.43	2016	536.67	15.57	0.50
1988	453.13	23.67	0.86	2017	552.20	12.29	0.50
1989	464.60	12.33	0.84	2018	567.24	15.80	2.60
1990	466.20	6.93	—	2019	579.60	12.63	1.60
1991	480.53	14.33	—	2020	593.03	11.55	1.50

说明：不含经济林。

表 6-4-2　2020 年红旗坡农场（集团公司）防护林面积情况表

单位：公顷

单 位	成材林（5 年以上）	幼林（1~5 年）
阿克苏分公司园艺一分场	18.67	0.67
阿克苏分公司园艺二分场	39.53	3.67
阿克苏分公司园艺三分场	38.07	3.2
阿克苏分公司园艺四分场	16.87	0.65
阿克苏分公司园艺五分场	320.22	11.33
园艺七分场	6.67	0.15
源生态	119.08	14.25
合 计	559.11	33.92
总 计	593.03	

（二）柯柯牙绿化工程建设

红旗坡农场的原始地貌为干旱荒漠地带，地表只有稀疏的杂草、飘浮的黄土和零乱的碎石，以及纵横的沟壑。大风季节，大风席卷沙土泻向城区，黄土迷漫，浮尘蔽天，笼罩着阿克苏市区和温宿县城，城区大气中总悬浮颗粒物超过国家规定的大气环境质量三级标准的 3.7 倍，人们饱受黄尘及风沙侵袭之苦。

柯柯牙阶地地形十分复杂，其间有许多大面积的碱包和高地，纵横着众多又宽又深的洪沟。海拔高度 1124~1230 米，地面坡降 1/80~1/1500。阶地的部分地段生长有骆驼刺等杂草，但数量极少，分布稀疏。

1984 年，为改变市区环境，阿克苏市提出"大街小巷基本绿化、机关院落基本美化、城郊荒滩基本成林"的口号。通过调查，设想从西沿多浪渠、南沿国道线阿克苏东城段，东沿柯柯牙阶地、北沿温宿县革命大渠，搞一态体系工程，用宽幅林带把阿克苏市区包围起来。

1. 柯柯牙一期绿化工程　1985 年 4 月，为解决乌喀公路阿克苏东城段两旁新植树木的用水问题，决定从温宿县革命大渠开设龙口，通过红旗坡农场西渠，引水灌溉乌喀公路两旁林带。经与水利、林业诸方面的专家多次商讨，选择在柯柯牙阶地修建一条引水大渠，并在渠两旁各营造 100 米宽林带的方案。6 月，地委动员有关部门和城区各单位职工营造柯柯牙林带，先造林 266.67 公顷、长 16.8 千米、宽 100 米，名为阿克苏东城绿化工程。共植树 1530.2 公顷。柯柯牙一期绿化工程东西宽约 4 千米，南北长 25 千米，为一长条形的黄土台地。至 1990 年秋季植树造林结束后，整个柯柯牙绿化工程共开荒、平地 1576.67 公顷，其中红旗坡农场域内土地面积 1200 公顷。柯柯牙一期绿化工程规划目标基本实现。

柯柯牙绿化造林一期建设完成，并发挥良好的社会效益和生态效益。阿克苏市和温宿县风沙的主要源头得到较好的治理，风尘浮土污染对市区的不利影响得到遏制，各族军民用汗水浇灌起来的长达 16 千米的绿色长城已在柯柯牙亘古荒原上拔地而起。防护林生机盎然，经济林逐年分批挂果，昔日不毛之地变成一片林海。

为把柯柯牙绿化造林工程管理好，地委、行署决定由阿克苏河管处、地区林业处、红旗坡农场三方联营。经地委 1989 年第 20 次委员会研究，同意地区林业处、阿克苏河管处、红旗坡农场关于《阿克苏地区柯柯牙绿化造林工程联营协议书》，合同定为 20 年。根据联营协议书，红旗坡农场为柯柯牙绿化工程无偿提供 1200 公顷荒地。三方各负其责，收益分成。

1991 年，为便于管理，地区将 1200 公顷林地整体划拨给地区水管站。

2. 柯柯牙四期工程 2006 年，在地区开展柯柯牙绿化四期工程中，红旗坡农场区域内 200 公顷列入绿化造林工程范围。工程仍实行土地权属不变、只改变种植规模，由土地权属单位按统一的规划设计完成混交林和经济林的建设，并由阿克苏市政府给予一定的补贴。

至 2016 年，柯柯牙四期工程范围内种植苹果面积约 1400 公顷，核桃面积约 467 公顷，红枣面积约 333 公顷，林带面积约 133 公顷，其余面积为引渠及道路，取得良好的生态效益和社会效益。

3. 生态效益 从 1987 年春，包括红旗坡农场职工在内的阿克苏数万名群众第一次在柯柯牙绿化工程种植 170.6 公顷树木开始，历年春、秋两季的植树造林，形成一条绿色长廊，逐步改变柯柯牙阶地和阿克苏市区、温宿县城区的自然环境，产生明显的生态效益。通过地区气象台（距柯柯牙 3 千米）数十年的资料记录，以及柯柯牙气象站的资料记录，经过地区气象处的科学分析，柯柯牙绿化工程及四周的小气候变化较大。

（1）气温。冬季 1 月，离柯柯牙最近的温宿气象站测量，造林后（1987—1990 年）的平均气温比造林前的平均气温提高 3.6℃；距柯柯牙较近的阿克苏测量，比造林前平均气温提高 2.9℃。受林带影响较大的温宿、阿克苏两地，夏季 7 月气温下降 0.3℃。

表 6-4-3 1991 年 4—7 月柯柯牙各月平均气温表

单位：℃

站　名	4 月	5 月	6 月	7 月
柯柯牙站	13.7	19.1	21.9	23.8

（2）降水。1987—1990 年，平均降水量普遍偏多。阿克苏、温宿两地测量 1987—

1990 年，平均年降水量比 20 世纪 80 年代以前的历年平均年降水量多 6.1～18.0 毫米。主要是受大尺度降水天气系统、地形和下垫面性质影响所致。

表 6-4-4　1991 年 4—7 月柯柯牙各月降水量表

单位：毫米

站　名	4 月	5 月	6 月	7 月
柯柯牙站	8.3	0.2	11.9	0.7

（3）蒸发。阿克苏、温宿两地测量，1986 年以前的历年平均蒸发量为 1881.1～1925.0 毫米，而造林后的 1987—1990 年，年平均蒸发量为 1755.3～1851.2 毫米，造林后所减少年平均蒸发量 328.5～73.8 毫米。1991 年 4—7 月，各月蒸发量，柯柯牙测量各月蒸发量均小于阿克苏测量值。

表 6-4-5　1991 年 4—7 月柯柯牙各月蒸发量表

单位：毫米

站　名	4 月	5 月	6 月	7 月
柯柯牙站	155.5	233.5	212.2	244.8

（4）相对湿度。1987—1990 年，冬季 1 月平均相对湿度，阿克苏、温宿两地比历年同期平均值小 6%；春季 4 月，平均相对湿度比历年同期增大 3%～4%；夏季比历年同期增大 5%；秋季比历年同期增大 3%～6%。1991 年 4—7 月同期，各月平均相对湿度，在树木生长季节里，柯柯牙的空气湿度明显增大。

表 6-4-6　1991 年 4—7 月柯柯牙各月平均相对湿度表

单位：%

站　名	4 月	5 月	6 月	7 月
柯柯牙站	51	51	59	55

（5）风速。1987—1990 年，阿克苏、温宿两地平均风速明显减小，年平均风速比 1986 年以前的历年平均值减小 0.3～0.8 米/秒。年平均风速，造林后年平均值为 1.7 米/秒，比造林前的 1981—1986 年的年平均值增大 0.2 米/秒。

表 6-4-7　1991 年 4—7 月柯柯牙各月平均风速表

站　名	4 月	5 月	6 月	7 月
柯柯牙站	2.2	1.8	1.9	1.4

（6）沙尘暴日数。1987—1990 年，阿克苏、温宿两地 3—7 月，防沙效益显著。8—10 月，由于受季风或多阵风的影响，防沙效益较差。年平均沙暴日数，阿克苏比 1981—

1986 年的年平均值减少 6.5 天，比 1980 年以前的历年平均值减少 7.6 天；温宿比 1981—
1986 年的年平均值减少 4.2 天，比 1980 年以前的历年平均值减少 4.6 天。

二、生态环境保护

图 6-4-2 农场人工鸟巢引鸟治虫（照片提供：杨聪靓）

（一）生态健康果园建设

2012—2014 年，农场为响应自治区"林果业提质增效"，解决林果产业常规生产中的
严重威胁和农药，化肥残留导致的环境破坏问题，进一步提高全民的环境保护意识、食品
质量安全意识，响应自治区林业局建立生态健康果园的号召，发挥资源环境优势，打造
"红旗坡"苹果优势品牌，在自治区林业厅、农业厅及地区有关部门的帮助下在园艺十分
场设立"生态健康果园"示范园 86.67 公顷。为保证环保及果品安全，达到"无公害"果
品标准，按照项目要求，少施或不施化肥，多施有机肥。因此，加大有机肥的施肥力度，
提前动手动员果农提前沤制绿肥和购买羊粪，使有机肥施入量较往年增加 1/3 左右，并按
照技术要求，施入充分腐熟的有机肥。在苹果生长追肥期，示范园按照化肥减半追肥，配
合施入一定量的生物有机肥。对核心试验区不施化肥，仅施生物有机肥。分别在春季萌芽
前、幼果膨大期进行追肥，并在 8 月中旬果实着色期进行叶面喷钙和钾，防治果实贮藏期
病害和增加果实含糖量，使果品质量得到大幅提升。开展有害生物防治预测预报工作，开
展病虫害生物防治技术。在苹果萌芽期开展喷洒石硫合剂统防工作，既有效杀灭越冬虫

卵，又防治苹果腐烂病的发生；一年两次悬挂迷向丝，防治梨小食心虫、苹果蠹蛾；悬挂糖醋液诱杀香梨优斑冥、梨小食心虫和苹果蠹蛾成虫。根据监测，2008年5月20日，数据显示叶螨发生量达6.672头/叶，达到叶螨防治指标，由此针对叶螨进行1次全面防治，使用的药剂为1.8%阿维菌素4000倍液、99%矿物油200倍液。7月14日，调查数据显示虽然平均螨量为2.52头，但是害螨多点暴发，为害严重的果树平均达到200多头/叶，由此进行第二次全面防治，使用的药剂仍为1.8%阿维菌素4000倍、99%矿物油200倍。另外于8月中旬对核心区以外害螨为害严重的果园进行第三次防治，使用的药剂为1.8%阿维菌素4000倍液和5000倍液的四螨嗪。为有效提高苹果坐果率，开展果园放蜂、人工授粉工作，并进行现场培训人员116人次。并联系其他省厂商购买花粉20千克。在苹果生长季节，为促进苹果提早结果，采取拉枝、扭枝、拿枝、刻芽、摘心打顶等措施；对生长过旺，不结果或结果少的树，采取环割措施促进花芽分化；为有效提高果实品质，及时采取疏果、套袋、摘叶转果等技术，确保果品产量和质量都较往年有所提高。严格按照项目实施方案对化肥及农药的使用要求，由项目负责人统一购买生物农药和肥料，然后地区林业局和技术支撑单位验证后，逐一分发给果农。确保生态健康果园用药和施肥的安全性，保证果品质量。安排疏果，结合疏果及时清除虫果。

至2014年，通过生态健康果园的建设，初见成效，水、肥、有害病虫生物防治等关键技术及修剪、花果管理等系列配套技术初步得到广大果农认可。果农施药次数相对减少，学会科学施肥，降低果园投入成本、人工费用，很大程度上改善果品质量，初步达到"提质增效"目的。

（二）河长制

科克亚尔河两岸，起点龙口至314国道20余千米、老314国道至实验林场大桥右岸10余千米，河流域总长度约30千米。

2017年11月28日，为落实党中央、国务院、自治区党委决策部署，坚持节水优先、空间均衡、系统治理、两手发力，以保护水资源、防治水污染、改善水环境、修复水生态为主要任务，在红旗坡集团公司河流区域推行河长制，构建责任明确、协调有序、监管严格、保护有力的河流管理保护机制，为维护河流健康生命、实现河流功能永续利用提供制度保障，经红旗坡集团公司党组决定，成立集团公司河长、副河长及主管单位成员。河长范江明，副河长贺章平，成员闫小明、晁璐、郸云辉、曾永光、徐佩祺，下设河长制办公室，办公室设在水务公司。

至2020年，农场（集团公司）竖立河长公示牌1块。总河长2018年5月签发巡查一号令，全面启动河巡查工作。召开河长制工作会议4次，进行专项行动部署1次，组织开展巡河湖 34 次。年底，农场（集团公司）河长为李波涛。

图 6-4-3　2017 年 12 月，农场（集团公司）竖立河长制公示牌（照片提供：综合部）

三、生态环境修复

（一）退耕还林

20 世纪 80 年代，农场在场北部边缘栽植 50 余公顷生态林，在调节生态平衡、绿化环境、净化空气特别是对阿克苏市区防风固沙等方面起到不可低估的作用。

2002 年，根据生态环境保护需求，农场被地区纳入退耕还林项目。当年，农场与 54 户职工协商完成退耕还林任务 133 公顷，其中退耕还林面积 100 公顷、荒地造林面积 33 公顷。54 户退耕户的林权证、粮食供应证等手续经温宿县林业局等部门审批，由农场统一分发给退耕户，苗木补贴、粮食补贴、生活补贴已落实兑现到每个退耕户。

2003 年，完成地区下达的退耕还林 66.67 公顷的荒山造林任务。随着农场农业用水的日趋紧缺，部分生态林因缺水干枯死亡。为拯救生态林，并加大片区植树造林力度，在该片区新打 2 口机井，缓解用水紧张。

2007 年，退耕还林项目结束。

（二）水资源保护

2000 年后，农场严格落实水资源管理保护制度。实行水资源消耗总量和强度双控行动，防止不合理新增取水，做到以水定需、量水而行、因水制宜。为保证灌溉的有效开展，严格落实水资源"总量控制、定额管理"制度，严格落实轮灌制度，合理调配水源。为确保灌溉顺利进行，成立用水督察组，对各队的用水情况进行督促指导，并对管理不严浪费水的问题及用水矛盾纠纷问题进行协调整改，有效防止因供水紧缺而引发社会不稳定因素。

2013—2020年，农场（集团公司）为促进水资源的节约、保护和管理，特别是控制地下水的开采量，实施"井电双控"计量设施项目。增强用水户节约用水、依法用水的意识，为实现水、电的双计量，对水资源实行严格控制，避免水资源的浪费，为更好实现地下水"总量控制，定额管理"做好基础，推动全场水资源管理和保护工作。

（三）水土流失治理

农场水土流失类型主要为水力侵蚀、风力侵蚀和土壤盐碱化。由于农场位于科克亚河冲积砾质平原上，纵坡较大，水流对科克亚河渠道的冲刷较严重，对土壤的侵蚀强度为轻度；农场气候干旱少雨，蒸发量大，光照充足，无霜期短，夏热冬寒，风沙较多，风力大，时间长，常伴有风沙、浮尘，可将地表土刮走，造成风蚀；农场土壤的含盐量较高，化学组成为亚氯盐类，属强盐渍土。形成盐渍土的原因主要是干旱少雨，蒸发强烈的气候特点及地下水径流缓慢，岩性颗粒细，地形坡降缓等，使盐分表聚。由于植被具有较好的水土保持效果，农场自建场起，开始陆续建设防风固沙林。为防止水土流失的危害，在植树种草、封沙育草、农田水利工程建设等方面做出大量的工作，为水土保持工作的全面展开打下的基础。2002年后，场党委在贯彻执行《中华人民共和国水土保持法》工作中坚持"预防为主、全面规划、综合防治、因地制宜、加强管理、注重效益"水土保持工作方针，实行"因地制宜，因害设防"的原则，结合工程地理环境的特点，有道路的做到农、林、渠、路相结合，乔草相结合，形成既注意当前利益，又有长远打算的林草结构。采取林草和造林结合治理方案。每年抓住世界水日和水土保持宣传周、宣传月契机，利用宣传车、专栏、标语（牌）、印发宣传材料等形式，宣传《中华人民共和国水土保持法》及有关法律、法规，职工的水土保持意识得到提高。全面落实开发建设项目水土保持"三同时"（同时设计、同时施工、同时投产使用）制度，不定期地在全场范围内开展生产建设项目水土保持监督管理和检查工作，查处水土保持违法违规行为，促进生态建设和水土资源可持续利用，实现社会、经济和环境协调发展。

至2020年，全场通过种植经济林和防护林，从而起到防风固沙，治理水土流失，减轻风沙灾害，改善生态环境。进一步保护开发水土资源，把防治性治理和开发性治理结合起来，发展商品经济，尽快控制水土流失，实现生态良性循环，促进群众脱贫致富奔小康。经多年建设，已林渠成网，农田密布，形成灌溉绿洲，环境较好，水土流失也得到有效治理，取得较好的社会效益和经济效益。

第二节　资源循环利用

2008年，农场1万余公顷果园的果树每年都要修剪枝条，大量枝条的堆积产生细菌，从而引发果树病虫害，果农不得不大量焚烧枝干，对环境造成影响。

2010年后，农场部分职工响应国家关于环境保护的号召，开始购进粉枝机，通过将果枝等粉碎还田，使其自由腐烂提高土地有机质。碎料覆盖裸露土壤，起到保持水土的作用，在节省劳力的同时提升工作效率。

图6-4-4　2016年6月26日，农场与河北辛集市万隆食用菌有限责任公司签订战略合作协议书，引进食用菌生物生产技术（照片提供：综合部）

2017年6月26日，红旗坡农场（集团公司）与河北辛集市万隆食用菌有限责任公司签订战略合作协议书，结成深度的战略合作伙伴关系。通过合作，引进食用菌生物生产技术，将果园修剪的枝干变废为宝，培养菌种，惠农增收，保护环境，也成为集团公司发展的一个新的经济增长点。

2018—2020年，鉴于食用菌项目搁置，农场（集团公司）开始有组织开展果树修剪下的枝条回收，送往阿克苏市生物发电厂发电。

第三节　美丽乡村建设

2005年10月，中共十六届五中全会提出建设社会主义新农村，农场按照"生产发展、生活宽裕、乡风文明、村容整洁、管理民主"的要求，推进社会主义新农村建设。为做好社会主义新农村建设规划工作，切实加强新农村建设的宏观指导和有关部门的协调配合，2006年3月，农场成立社会主义新农村建设规划领导小组及办公室，为新农村建设工作提供组织保证。

2006年，根据地区三干会精神、"十一五"规划及"红旗坡农场要做好社会主义新农村建设示范"的要求，农场按照"因地制宜、量力而行、尊重民意、注重民俗、有利生产、方便生活"的规划原则，逐步改善场容场貌、队容队貌。7月6日，成立红旗坡农场社会主义新农村建设领导小组。确定园艺三分场和农田四队为新农村建设示范点，并进行整体规划。居民住宅定在314国道旁、邻近飞机场路以南和靠近单位主干道。设计采用民族式、汉族式、欧式、小二楼和平房院式等不同结构，展示新农村风貌。

2007年，园艺三分场投资50万元新建民居1400平方米，20户职工乔迁新居；场部示范点总规划建设别墅式小二楼1.1万平方米，总投资1000万元，社会主义新农村建设示范点初具规范。当年起，根据农场职工所处地理位置和经济承受能力，实行统一设计、统一规划、布局，采取自筹自建的办法，每个分场每年建成2～3栋职工住宅，暂不实行集中供暖，设计上达到供电、供暖、供排水样样通的要求，至2012年，农场50％的职工住上新房，职工住宅、生活环境明显改善。

2009年，农场加大环境整治力度，创建社会主义新农村模式。到年底，全场所有果园主干道公路拆墙透绿工作全部完成，使分场基础设施和整体生活环境有整体提升。

2010年，农场开始实施危房改造及保障性住房建设项目。项目总投资10329万元，至2017年2月，共建设完成3206套危房改造住房，其中职工互助自助自建平房2753套、统建房453套，并完成乡村道路建设及红苹果小区地面硬化等配套设施建设。

2018年，红旗坡农场（集团公司）为确保美丽乡村建设项目实施顺利，召开专题会议，研究部署项目的具体落实。发挥全场各队干部了解村情的优势，所有美丽乡村建设项目先由各队一事一议的原则上报到各分场，由各分场汇总按急需解决和必须解决的先后顺序排序，再列出各项目工程量、预算投资总额等，统一行文上报到农场（集团公司）项目办，同时由项目办及时组织人员深入各队核实情况汇报农场（集团公司）相关领导。严把项目规划关，做到因地制宜，广泛征求全场职工群众意见，合理规划，在项目选择上考虑大局及综合效益，解决职工困难的项目实施，同时也考虑为农场（集团公司）提供长远发展、长期见效的实际情况，更多的是为职工群众办好事、办实事。年内，确定为改善红旗坡农场园艺一分场乡村生产生活条件，解决部分职工群众通行难问题，美丽乡村建设专项资金200万元，用于乡村公路建设，项目总投资500万元，农场自筹资金300万元，新建公路766米，路灯安装94套，种植树木600棵。为确保美丽乡村建设专项资金运行安全，资金管理进行规范运作，农场财务部专门成立专项资金管理办公室，做到资金专户、专人管理，专款专用，封闭运行。同时严格资金拨付与报账程序，实行联签制，资金拨付由财务部、项目办、红旗坡农场（集团公司）领导严格把关，所有拨付款全部采取转账支付。

2019年，红旗坡农场（集团公司）将美丽乡村道路建设项目剩余工程实施完毕，完成竣工验收工作，提高美丽乡村建设的层次和水平。全年建设项目有：新建防渗渠7千米，投资200万元；新建连队公用旱厕6座，投资120万元；新建乡村公路15千米，投资1300万元；建设农用灌溉机电井2眼，投资75万元；农村电网改造5千米，投资80万元；建设农村桥涵2座，投资70万元；建垃圾收集池10座，投资40万元；村内公共活动场所2处，投资60万元。

至2020年，农场通过开展美丽乡村建设，进行环境卫生整治，拆除危旧房，实现生活垃圾有效处理，加大人居环境整治力度，使居民居住环境得到改善。

第四节　城镇化建设

农场地处阿克苏市东大门，亦属于市郊的城乡结合地段。为改变市容市貌，改善农场职工生活条件，农场按照阿克苏市的总体规划，不断加强城镇化建设。

2012年，农场配合阿克苏市的整体规划，推进阿克苏市城市建设。大力配合阿克苏市两个工业园区的选址搬迁工作。加大三角地32公顷土地的棚户区改造力度。与阿克苏市协商，对三角地进行改造，与柯柯牙办事处共同开展拆迁工作。按照阿克苏市的总体规划，在园艺七分场拟修建高标准、设施齐全的职工集中住宅区，完成26.67公顷土地规划工作。与阿克苏市、温宿县协商，达成上下水、电、供暖、天然气的互通建设协议，为改善职工居住条件、促进农场城镇化建设奠定基础。

2017年8月1日，红旗坡集团公司举行阿克苏地区红旗坡特色田园小镇项目奠基仪式。项目是贯彻落实自治区第九次党代会"积极稳妥推进新型城镇化"要求的具体实践，是地委、行署推进特色小镇建设的重大部署。红旗坡田园特色小镇主要结合红旗坡地缘优势，打造以"农场牧歌、优活小镇"为主题的乡村都市，建设成为群众宜居、生态旅游观光、休闲娱乐、商务为一体的天山脚下田园小镇。

第五章　社会治安综合治理

农场始终坚持预防为主，群防群治，突出重点，保障安全的工作方针，强化全员防范意识和内部管理，推行目标管理责任制，在人防、物防、技防三结合防范体系及整体防范能力上下功夫。在机构设置、制度建设、设施建设等方面取得长足发展。

第一节　安全保卫

1961年1月，农场机关成立治安保卫股，各队先后成立起5～7人的治保调解小组。治安组织成立后，先后破获多起偷盗案件。1963年，各单位建立健全治安保卫小组。

1966年8月，针对场部、园林队、机耕队等单位连续被偷盗，农场制订五条预防措施：一、对各单位职工进行防盗、防火、防特、防毒的"四防"教育；二、各队依靠贫协组织对治保委员会、治安小组进行整顿；三、加强站岗放哨制度；四、严格实行登记报告制度；五、对"四类分子"（地主分子、富农分子、反革命分子、坏分子）严加管制。

1975年9月，农场恢复保卫科。

1985—1986年，开展法制宣传教育，开展法律顾问工作。两年间发生各类治安案件338起，破获325起，没有发生大案要案。1988年，各单位领导和场保卫科签订治安保卫工作合同。农场规定：凡发生偷盗损失1000元以上，火灾损失1万元以上案件一次，民事纠纷被派出所拘留审查全队发生3～5起者，由场保卫科调解7～10次，年末该单位不能评先进集体，领导不能评先进。

1989—1993年，农场贯彻稳定压倒一切的方针，开展社会治安综合治理，全场、全民、全社会动员，坚持"打击、防范、教育、管理、建设、改造"六项措施，形成全方位、立体式、网络化社会防范结构。农场成立社会治安领导小组，组长由场长、党委书记王福堂担任，政工、人保、共青团负责人为领导小组成员，成立以保卫科为主的综合治理办公室，各单位建立相应组织机构。场党委和各单位制定社会治安综合治理议事制度，农场与所属单位，单位与职工签订社会治安综合治理责任状，把社会治安综合治理的任务、要求分解为若干具体目标，制定出易于检查、执行的措施，建立检查、监督和定量考核、评比奖惩制度，将社会治安综合治理目标管理同责任人的政治荣誉，政绩考核、职级提升和经济利益结合起来，把社会治安责任制同经济责任制及评选文明先进单位、先进支部挂钩，实行社会治安综合治理一票否决制。农场下属单位分别成立工人纠察队分队、班或组，以防突发事件。实行区域治安，开展群防和联防相结合，按单位分布划分区域范围，多个单位组成联防小分队，常年义务巡逻、值班，一家有事，八方支援，一家过日子，四邻照看。重点单位，常年有人值班，夜间领导值班，风雨无阻。谁主管谁负责，绝大多数案件及时侦破。

1992年1月，为防止各类案件和事故，确保节日期间的安全，农场在节日前对各基层单位进行安全检查，发现隐患及时排除，并针对问题，对全体干部职工进行治安形势教育，教育大家不要存有侥幸麻痹思想，都要严格遵守各项规章制度，并切实落实好要害部位的安全措施。节日期间领导带班坚持岗位，履行职责。9月，园林分场八组破获4起蒙面抢劫、盗窃案，对罪犯进行处罚，1人劳改，2人劳教，2人判监外执行，1人被判缓刑。

1993年，农场为进一步加强安全保卫工作，认真贯彻落实地区保卫工作会议精神，切实加强对保卫工作的领导，坚持"谁主管、谁负责"的原则，落实安全保卫责任制，严防各类案件的发生。研究制订防范预案，提高防范能力，做到客观、实际、全面、可行。

1994年，农场严格规章制度，组织力量进行一次全面的安全检查。检查的重点放在基层。在检查中暴露出的薄弱环节立即进行整改，严格规章制度，加强值班力量。节日期间，领导亲自带班，值班人员遵守纪律，尽职尽责，坚守岗位。

1998年，将安全保卫工作纳入经营管理目标，实行分级管理、逐级负责、层层落实、责任到人的管理办法。安全保卫责任制的基本形式是承包责任制、目标管理责任制、安全保卫岗位责任制。农场把安全保卫责任制与领导任期目标责任制结合起来，制定若干具体工作目标，层层落实到部门和单位个人。全场贯彻落实上级和公安部门有关文件和会议精神，制订安全保卫工作规划，结合任期目标责任，及时研究和部署安全保卫工作任务，制定安全保卫规章制度并组织落实等责任。组织经常性的安全检查考核。检查考核安全保卫规章制度执行情况，组织有关部门落实整改隐患措施；加强保卫队伍的思想建设、组织建设和业务建设，定期听取保卫部门的工作汇报，认真分析全场安全保卫专项工作现状，解决保卫工作中存在的问题。节日期间，落实好领导带班、干部值班。值班人员严格执行有关值班的各项规章制度，坚守岗位，不迟到、不早退。带班领导夜间不离开单位。

1999年，成立集中专项整治专项治理领导小组，组长由场党委书记、场长郝广雄担任。重点单位成立相应机构，一把手负责，对全场流动人员全部进行登记造册，评定分类。

2000年，农场制订《社会治安综合治理工作计划》。把社会治安综合治理工作摆到重要的议事日程来抓，做到年初有计划，年中有检查，年终有成果，把具体工作落到实处。建立健全有关综合治理的各项规章制度，做到以制度来规范、约束综合治理工作活动的开展。推行看家护院制度，坚持"看好自己的门，管好自己的人，办好自己的事"的原则。加大对综合治理工作的宣传力度，采取出板报和挂条幅的方法进行宣传。加强防盗、防火设施建设，完善防盗设备和灭火器具。当年，经阿克苏地区安全生产委员会等有关部门全面检查，红旗坡花炮厂因存在重大安全隐患，被吊销烟花爆竹生产许可证和烟花爆竹销售许可证，对库存超期积压的790余件烟花爆竹予以销售，并由地区工商局收缴营业执照。

2003年，农场完善内部互相监督机制，提高防范意识，对各单位安全保卫和各项制度执行情况进行检查，安全保卫领导小组对安全设施、治安联防和消防措施进行全面检查，并对不合格的进行整改。

2006年，农场加强单位内部治安工作，进行治理落实。健全各项规章制度（24小时值班制度、重大情况上报制度、值班人员交接班制度），责任落实到人；实行24小时领导带班，对当日值班发生的上访、民事纠纷、重大案情及时处理上报，24小时值班电话畅通；加大四防（防火、防盗窃、防破坏、防诈骗）措施的宣传、检查和落实。加强宣传、增强广大职工、承包户的自我保护意识，对不明身份人员进行留滞，检查相关证件，组织人员对本单位自来水管、老化电路及易发生灾害事故的部位及时检查；加强单位内部的人口管理，对寄（暂）住的外来人员摸底调查，掌握基本信息。

2007年，农场成立平安建设领导小组，研究制定创建平安单位、平安家庭工作方案，与各科室签订平安建设责任书，做到责任明确到人。年终，对各科室的平安建设工作进行考评，并将考评结果进行排序，在单位内进行通报。为单位安全工作进行全面检查和整改，把安全隐患消灭在萌芽状态。

2008年5月，农场进一步落实奥运专项自查、整改工作，检验应急管理的有效性，确保奥运期间重要信息系统安全、持续、稳定运行，提高干部应对突发事件的能力。

2009年1月，农场制订消防安全责任书。场长与各单位签订责任书，全面落实消防安全责任制。各单位切实贯彻"预防为主，防消结合"的消防工作方针，按照《中华人民共和国消防法》《新疆维吾尔自治区消防监督条例》，明确各部门及各单位的消防安全责任，开展考评工作，确保消防安全措施层层落实到位。加强消防宣传，增强干部职工消防意识、预防和扑救火灾的本领，克服麻痹思想，实行群防群治。

2010年，全场加强社会治安综合治理工作，预防各种不安全因素的发生，确保单位稳定，根据地委综治办的要求，认真分析，把综治工作列入年度工作计划，使全场职工认清社会治安状况，提高安全与平安的责任感和紧迫感，把综治工作贯穿于农场生产的全过程。每月组织一次工作检查与不定期检查，落实夜间值班人员，对场重点部位进行常规检查和巡视等措施。全年举办各类综治安全学习培训10余期，在场内形成遵纪守法、安全规范的氛围。

2011年3月，农场为让普法依法活动顺利进行，制订工作要点，进一步加大重点法律法规宣传力度。增强法律意识和依法治理的理念，实现各项工作制度化、科学化。做好重点对象的法制宣传教育。全面推广"五五"普法经验，认真做好"六五"启动工作。

2012年，农场加强组织领导，建立健全责任制。形成领导班子齐抓共管、各科室、单位人员各司其职，办公室协调配合的管理体系，同时签订目标责任书，将责任落实到人。制定考核量化标准，按季对各科室及单位进行检查，半年进行一次考核，对工作突出的部门给予奖励，对工作消极的部门给予通报批评。9月19日，农场印发《红旗坡农场社会综合治理工作制度》。

2013年8月5日，农场设综合治理办公室，在5个分场设治安办公室，制定《红旗坡农场综合治理办公室管理（暂行）办法》。

2014年，农场做好节假日安全保卫工作安排，制订值班表，由领导班子成员带班，机关各部室人员轮流值班，保证节假日安全防范到位，不发生违规违纪问题。在全场范围内组织"综治宣传日"系列活动，开展入户宣传。内容以消除公共安全隐患，整治社会治安重点地区和突出治安问题，全面提升群众安全感，提高群众对平安创建的知晓率和参与率，全力维护社会和谐稳定。

2016—2020年，红旗坡农场（集团公司）开展法制宣传教育，传播法律知识，提高干部职工法律素质，推动平安建设工作发展。加强值班制度，落实带班领导责任制，强化值班队伍建设，增加值班力量，保障全场安全。从治安安全、消防安全等多方面强化，确保全场内外生产生活安全开展。每季组织一次安全业务协调会，针对存在的问题实行销号制管理与反馈，实行责任追究制。加大综治工作经费及人防、物防、技防、法制宣传教育力度。着力加强全场治安防范体系建设，完善治安防范网络。

第二节　平安创建和青少年教育工作

一、平安创建

2005年2月，农场按照阿克苏市开展平安创建活动，提出10项机制，制定下发《2005年度创建平安重点工作实施方案》。

2006年4月，农场下发《关于在全场深入开展"平安农场"建设实施办法》，在全场范围内开展以"平安机关（企事业）单位、家庭"为重点的"平安农场"建设，并逐步拓宽领域，提高层次，总结经验，完善机制，全面推进。农场把平安创建工作纳入目标考核责任体系，成立以主要领导为主任的综治委，按照"一岗双责"、分片包干、捆绑式管理的原则，领导班子成员划分责任区，明确工作职责，对口指导。坚持定期召开全场综治委全委会专项会议，不断健全完善平安创建工作领导小组和基层综治组织。进一步细化、量化平安创建工作目标任务、工作标准，每年与各成员单位主要领导签订《红旗坡农场社会治安综合治理和平安建设工作目标管理责任书》，并要求各成员单位层层签订责任书。

2007年，农场在全场开展实施平安单位、平安企业、平安家庭"平安细胞"工程。与各科室、基层单位签订平安建设责任书，做到责任明确到人。年终，对各科室、基层单位的平安建设工作进行考评，并将考评结果进行排序，在单位内进行通报。为单位安全工作进行全面检查和整改，把安全隐患消灭在萌芽状态。年内，被阿克苏市评为平安单位。

2008年，推进"平安农场"建设。全场命名"平安单位"14家，创建率为91.2%；已命名挂牌"平安家庭"占全总场户数的93.4%。

2013年7月25日，为深入推进农场经济社会跨越式发展和长治久安两大任务，全力解决影响农场社会和谐稳定的突出问题，农场决定从7月29日起，本着"什么问题突出就解决什么问题，重点抓，抓重点"的原则，按照"综合施策，标本兼治，整体推进"的工作思路，开展长治久安集中整治工作。制定《红旗坡农场集中整治工作方案》，农场整治时间为7月29日至10月31日，为期3个月。

2014年，农场广泛发动职工群众参与综治和平安创建活动，形成社会治安人人关心、平安建设人人参与、平安成果人人共享的良好局面。全场平安家庭创建率达98.1%；平安单位16个，创建率达97.3%。为进一步扩大平安建设创建工作范围，在原来"平安细胞"工程的基础上，拓展平安建设范围，制定《红旗坡农场2014年"平安物业管理小区"创建活动实施方案》《红旗坡农场"平安商户"创建活动实施方案》等平安细胞创建实施方案，新创建命名"平安商铺"43家、"平安物业小区"6家。

2020年，农场（集团公司）坚持"以小细胞覆盖大领域、以小平安带动大和谐"的工作思路，成立场、队两级组织机构，制定创建标准和考核办法，开展各具特色的"平安和谐细胞"工程创建活动，把平安建设延伸到千家万户，实现基层平安建设全覆盖。坚持点面结合原则，以队为主网格，对本辖区内各行各业平安和谐创建进行评价。按照属地管理、条块结合、全面覆盖的原则，不断拓展、提升、示范、带动平安创建活动，对达不到标准的及时摘牌，对新创建的及时命名，从制度层面上保证平安建设的持久生命力。至年底，平安队创建率达到100％，平安家庭创建率达到95.04％，"平安细胞"创建工作全覆盖。

二、青少年教育工作

1986年，农场加强学生思想道德教育，要求中小学校学生增加民族团结知识和法制课时。同时针对青少年犯罪多发问题，明确学校、家庭、社会各方面的责任，学生在校时由学校负责，回家后由家长负责，努力使学生思想道德教育不留死角。1988年，各中小学校结合民族团结教育，举办中小学民族团结书画评选、幼儿园小朋友讲民族团结故事会等活动。1990—1991年，农场各中小学校开展"学雷锋"月活动，主题先后为"学雷锋、弘扬时代精神""学雷锋、树新风""学雷锋、学赖宁"等，学生做好人好事不断涌现。

1990年，农场对中小学主要进行"五爱"（爱祖国、爱人民、爱劳动、爱科学、爱社会主义）、"四有"（有理想、有道德、有文化、有纪律）及"两个团结"（民族团结、军民团结）教育，组织未成年人开展学雷锋和学赖宁活动，加强对未成年人的思想道德教育。

1994年，学校政治课程中增加邓小平建设有中国特色社会主义理论、中共十四大、十四届三中、四中全会精神的内容。在中小学中开展"爱我中华、爱我家乡"主题队会竞赛、作文比赛活动和收看百部爱国主义影片活动。

1995年，在中小学坚持升国旗、唱国歌仪式和成人宣誓。

2000年，在学生中深入开展爱国主义、共产主义理想、中华民族优良传统和革命传统教育。

2004年，按照《中共中央 国务院关于进一步加强未成年人思想道德建设的若干意见》文件精神，农场制定《加强和改进未成年人思想道德建设实施办法》，推动未成年人思想道德建设工作走上科学化、制度化和规范化轨道。农场在公共场所张贴加强未成年人思想道德建设的公益广告，营造良好的社会舆论氛围。组织开展"告别网吧""远离毒品"

宣誓、民族团结手拉手联谊等未成年人喜闻乐见的道德实践活动，培养学生树立正确的世界观、人生观、价值观。学校建起家长学校，举办家长座谈会和家长培训班，引导家长做好道德表率。

2008年，以建立长效机制为重点，初步构建起农场总协调，工青妇相关部门积极参与的社会、家庭教育网络。通过"家庭才艺表演""为国教子系列讲座""未成年人书画展"、评选"绿色网络室"等载体活动，推动未成年人思想道德建设工作健康发展。

2010年，农场对未成年人思想道德建设工作力度不断加大，在中小学广泛开展"知礼仪讲团结"才艺大赛和"明礼诚信民族团结"少儿征文大赛，扎实推进文明礼仪进校园活动，培育文明礼仪示范学校。

2012年，对学校周边环境开展整治活动，在主要公共场所设立宣传未成年人思想道德建设的公益广告牌，对学校周边从事非法经营活动的游商和无证照摊点进行严格查处，净化社会文化环境。

2016—2020年，农场（集团公司）组织团员青年开展"清明祭英烈""文明交通我参与""向国旗敬礼"网上签名寄语等多种文化活动，丰富青年的业余生活。组织开展"学雷锋志愿服务"等主题实践活动，引导青少年在活动中传承中华美德、提升自身素质、弘扬文明新风、促进社会和谐。

第三节　人民调解

1989—1993年，农场成立调解组织24个，调解人员117人，调解查处大量的民事纠纷和轻微案件，化解矛盾，息讼平讼，促进各族职工之间、干群之间的团结，促进本单位及社会稳定。

1996年，农场开展相关法律法规和政策宣传，教育职工、居民遵纪守法，尊重社会公德，减少民间纠纷的发生；收集矛盾纠纷信息，向上级主管部门汇报等工作。

1996年，农场健全人民调解委员会的组织机构，各队相继建立人民调解委员会，配全人民调解员，开展人民调解工作。人民调解委员会作为调解民间纠纷的群众组织，在依法调解，处理和疏导矛盾纠纷，减少诉讼，防止矛盾激化，避免民转刑和非正常死亡案件中发挥出积极作用。

2003年，根据《阿克苏地区人民调解试点工作通知》精神，农场由一名副场长主持此项工作，挂帅成立由工会、武装保卫、共青团等部门组成的人民内部矛盾纠纷调解领导小组，设人员11人，指导、督察农场各类矛盾纠纷的解调工作。农场下属的21个单位，根据其人口、职工数量、生产经营规模分别成立由 3～7 人组成的基层人民调解委员会，由基层单位主要负责人抓此项工作。全场共有人民调解组织 21 个，人民调解员 116 人。以其居住地为依托，分片包干，负责周边 10～30 户的调解工作，发挥人民调解组织的作用，维护农场的社会稳定，促进农场的经济建设和各项事业发展。至 2004 年，全场累计调解处理各类纠纷 148 起，其中婚姻家庭纠纷 16 起、侵权性纠纷 45 起、财产性纠纷 52 起、生产经营性纠纷 32 起、规模较大群体上访事件 3 件。

2006 年后，全场建立党政统一领导，各有关部门共同参与的民间纠纷调解委员会，具体负责本辖区民间纠纷调解工作的规划、领导、组织协调和检查指导，以及对重大疑难矛盾纠纷的调处，初步形成以场人民调解领导小组为为基础，队（分场）人民调解委员会和人民调解员为一线的网络。场各级调解组织始终贯彻"调防结合，预防为主"的方针，本着"人民调解为人民"的思想，开展人民调解工作，实现职工上访小事不出分场、大事不出农场，把问题解决在基层、解决在萌芽状态，发挥人民调解在维护社会稳定中的第一道防线作用。至 2010 年，共调解民间纠纷 221 件，调成率为 90％。

2011—2015 年，农场组织开展矛盾纠纷大排查专项活动，通过开展矛盾纠纷排查化解专项活动，群众表达诉求渠道更加畅通，群众反映比较集中的、多年积累的矛盾及纠纷得到及时化解，群体性上访事件明显减少，矛盾纠纷调解率、调解成功率、协议履行率、人民群众满意率明显提高。共调解民间纠纷 235 件，调成率为 99.1％。

2016 年，此项工作移交社区。

第七编

人　物

中国农垦农场志丛

第一章 人物传略

建场以来，农场全体干部职工在中国共产党的带领下，发扬劳动人民的智慧和坚韧不拔的精神，艰苦奋斗，涌现出一大批先进人物和优秀个人，这些来自五湖四海的各族人士，在各行各业不同的岗位上以骄人业绩，为全场的建设和发展呕心沥血，不断引领着农场人坚定跟着共产党走的信念，共同创造农场的历史。人物传略主要记述在农场的建设发展进程中，为农场建设做出突出贡献，尔后逝世的离退休老干部。具体包括离休老干部 4 人、退休老干部 4 人，排列以卒年为序。

第一节 离休老干部

陈恩恒

陈恩恒（1920 年 8 月—2002 年 6 月），男，汉族，河北省静海县人，中共党员。1938年 11 月参加革命工作，1939 年任一二〇师七一七团战士、班长、副排长、排长；1943 年4 月任新四军四军分区副连长、指导员；1946 年 7 月任三五九旅七一七团连长；1948 年 3月任二军五师连长；1953 年 3 月任兵团农一师畜牧总场场长；1956 年 8 月任兵团农一师农牧场八场副场长；1965 年 9 月任农一师胜利八场场长；1979 年 4 月任地区红旗坡农场副场长。1983 年 10 月离休，2022 年 6 月逝世，终年 82 岁。陈恩恒亲历和平解放新疆、留在新疆屯垦戍边，始终不畏艰苦、乐于奉献、谦虚谨慎、崇尚实干、对党忠诚、艰苦朴素、扎实奋进，积极投身地方建设，搞好民族团结，为农场的发展做出贡献。

桑世芳

桑世芳（1932 年 3 月—2005 年 3 月），男，汉族，辽宁省营口市人。大学专科文化程度。1949 年 9 月，参加人民解放军。1950 年至 1951 年 5 月，于航空学校学习；1951 年至1954 年，任空军航空机械员。在此期间，参加朝鲜战争。1954 年 11 月，吉林蛟河机械厂助理技术员；1958 年 12 月至 1961 年 10 月，担任新疆民航局航空机械员；1961 年 10 月至 1994 年 5 月，于红旗坡农场园林队先后任技术员、统计员、管理员；1994 年 5 月，离休。2005 年 3 月，因病去世。桑世芳一生致力于机械制作等，凭借其扎实的机械知识，向群众传播航空科技知识，制作的模型曾作为阿克苏地区青少年科技大赛的展品。

柴有德

柴有德（1919 年 5 月—2012 年 2 月），男，汉族，四川省荣经县人，中共党员。1935 年 1 月参加革命，任红四方面军三十二军一营通讯员。1936 年 3 月任三五九旅司令部警卫员、教导营学员、警纪连排长、侦察队副队长、七一七团连长、二军宪兵团连长；1937 年 9 月加入中国共产党。1950 年 9 月进疆后，任农一师后勤处管理员；1955 年为生产建设兵团速成中学学员；1956 年 7 月任农一师加工厂政委、地委牧改队指导员；1958 年 12 月任共青团农场场长；1960 年 10 月任红旗坡农场场长，1962 年 10 月离任；1980 年 4 月离休。2012 年 2 月 6 日因病逝世，终年 93 岁。柴有德在二万五千里长征、抗日战争、解放战争中，工作勤勉，一贯吃苦耐劳、浴血奋战、屡立战功，出色地完成党交给的各项任务，为中国人民解放事业建立了历史功绩。转业地方后，谦虚谨慎、崇尚实干，积极投身地方建设，为农场繁荣昌盛稳定做出贡献。

王福堂

王福堂（1935 年 6 月至 2014 年 9 月），男，汉族，1935 年 6 月出生，山东文登人，中共党员。1948 年参加工作，毕业于速成中学无线电训练班，技术职称研究员。历任中国人民解放军济南公安军无线电台长、通信参谋，西北煤炭地质勘探局三测队队长，新疆煤田地质勘探局测量队队长，新疆四联钢铁厂副厂长，煤矿工程处团委书记、机电安装队队长。1962 年，到红旗坡农场工作，1964 年 5 月，任农场办公室副主任；1975 年 2 月，任场革委会副主任；1984 年 7 月，任农场场长兼党委副书记；1987 年 11 月，任农场场长兼党委书记。1998 年 7 月离休。2014 年 9 月 12 日，因病去世。王福堂在部队作战勇敢，荣获四等功两次、三等功一次、山东军区通报嘉奖一次。在农场工作期间，连续几年被农场评为先进工作者，1990 年被阿克苏地委授予连续 10 年丰收先进工作者、国家农业部农业商品基地建设先进工作者称号，获自治区人民政府营造阿克苏柯柯牙三北防护林科技成果四等奖；1994 年获得共和国群星奖章。

第二节 退休老干部

马文宗

马文宗（1937年7月—2012年5月），男，汉族，河北定州人，中专文化程度，中共党员。1955年7月至1958年2月，为新疆八一农学院林学系学生；1958年2月至1958年10月，于农一师十团实习；1958年10月至1976年6月，于农一师十三团、农一师直属绿化排、园林实验站等单位工作，先后任技术员、副连长、绿化排长、实验站副站长、园林队副队长等职；1976年5月至1984年7月，任红旗坡农场园林队副队长、生产科技术员；1984年7月至1997年，任红旗坡农场副场长。1997年退休。马文宗工作40年来，一直奋战在园林、园艺战线上，为农一师、红旗坡农场乃至阿克苏的园艺事业发展、壮大做出卓越的贡献。尤其是1976年调至红旗坡农场后，利用学到的专业知识和积累摸索十几年的经验，采取间作培育授粉树等措施，解决农场园林队60余公顷果园的坐果率低的问题，使濒临绝收的数百亩香梨亩产达到3吨多，虫病果率不到0.5％，使年年亏损的园林队一跃成为农场的经济支柱连队。马文宗刻苦钻研园艺知识，引进培育世界优质苹果品种——红富士，在退休前农场已定值0.13万公顷果园，为农场特色林果业的发展奠定基础。马文宗具有扎实的园艺知识理论功底，又有丰富的实践经验，是阿克苏屈指可数的资深园艺专家，把所学的知识、取得的经验，无私地奉献给红旗坡农场的园艺事业，传、帮、带培育出一支园艺技术力量队伍，这支队伍时至今日仍奔波活跃在红旗坡农场及周边地区，是红旗坡农场园艺事业的奠基人与开拓者。

姜春生

姜春生（1933年3月至2016年1月），男，汉族，河南镇平人，大学文化程度，中共党员。1957年9月至1961年8月，为新疆八一农学院农经系学生；1961年9月至1970年9月，任红旗坡农场财务室财务负责人；1970年10月至1971年3月，于红旗坡农场某队工作，任革委会小组组长；1971年3月至1974年10月，筹建红旗坡糖厂，任筹建处负责人；1974年11月至1978年10月，任红旗坡农场计财科负责人；1984年7月，任红旗坡农场副场长；1997年12月退休。2016年1月24日，因病去世。

严发斌

严发斌（1939 年 12 月—2019 年 9 月）。男，汉族，山东省宁津县人，中共党员。1959 年 3 月，参加人民解放军；1966 年 4 月，任地区红旗坡农场供销科任负责人，实验站副站长；1973 年 7 月，任红旗坡农场实验九队队长，人保科副科长；1979 年 4 月，任红旗坡农场园林一队队长，党支部书记；1986 年 4 月，调离至地区实验林场任副场长。2019 年 9 月，因病去世。

郝广雄

郝广雄（1955 年 5 月—2021 年 12 月），男，汉族，中共党员，新疆大学政治经济学专业在职研究生学历。1974 年 9 月至 1978 年 8 月，在兵团农一师十二团二十八连任文书；1978 年 9 月至 1990 年 9 月，在地区农业机械化学校上学；1980 年 9 月至 1989 年 10 月，任地区农机校教师、教务副科长（1985 年 9 月至 1987 年 9 月，于北京农业工程大学农机分院农机化管理专业学习）；1989 年 10 月至 1991 年 3 月，任地区农机局办公室副主任；1991 年 3 月至 1995 年 3 月，任温宿县阿热勒乡副乡长、乡党委书记；1995 年 5 月至 2005 年 11 月，任红旗坡农场副场长、场长、场党委书记；1999 年 3 月至 2000 年 12 月，新疆大学政治经济学专业在职研究生毕业；2005 年 11 月至 2013 年 12 月，任地区粮食局正县级调研员；2013 年 12 月，退休。2021 年 12 月 21 日，因病在乌鲁木齐市去世。

第二章 先 进

先进记载获得自治区、地区及农场表彰的红旗坡农场先进集体、先进个人。

第一节 先进集体

一、上级表彰

1964年，农田四队评选为专区级"五好"单位。

1964年，农场被评为专区"五好"单位。

1965年3月，农田四队被评为专区"五好"集体。

1966年，农田十一队被评为地区级"五好"单位。

1975年，机耕队、农田四队党支部、农田一队党支部，获专区"农业学大寨"先进单位称号。

1989年，农场被自治区农业厅授予先进集体称号。

1991年，农场获自治区级"先进财会工作集体"称号，受到自治区人民政府表彰。

1995年，农场荣获"柯柯牙工程绿化先进单位"称号，受到地委、行署表彰。

1995年，农场荣获"计划生育目标管理工作"一等奖，受到阿克苏市委、市政府表彰。

1998年3月，农场被评为"民兵预备役全面建设标兵"单位，受到阿克苏市委、市政府、市人武部表彰。

1998年12月，农场被阿克苏地区献血委员会评为"无偿献血先进单位"。

2007年，农场团委荣获地区"共青团优秀工作奖"。

2008年6月13日，地直机关工委命名红旗坡农场园艺三分场党支部、园艺十一分场党支部、园艺六分场党支部、园艺十分场党支部为地直机关"五好"党支部。

2018年7月，红旗坡集团公司党组被阿克苏地委授予先进基层党组织称号。

二、场内表彰

1963 年，表彰 3 个生产队，8 个作业组。

1964 年，表彰 5 个先进集体。

1965 年，表彰"五好"生产队 2 个，"五好"分队 5 个，"五好"作业组 12 个。

1981 年，表彰先进党支部 1 个，先进连队 4 个，先进团支部 1 个，先进班组 18 个，集体三等功单位 3 个。

1985 年，授予九队、十一队、四队、机关先进党支部；授予八队、十队、园林队先进队，授予第二中学先进集体。

1987 年，授予园林队、一队、八队先进党支部；授予二、三、四、八、九、十队、工程队、园林队先进单位。

1989 年，授予园林队、八队、十队、机关先进党支部；授予三、四、八、九、七、十队、园林队、饮料厂、榨油厂先进单位。

1990 年，授予园林队、八队、园林二队、二队先进党支部；授予园林队、一、六、八队、饮料厂先进单位；授予八队、二队、第一中学、医院团支部先进团支部。

1991 年，授予园艺分场、园林二队、二队、八队党支部先进党支部；授予三队、四队、六队、八队、九队、园艺分场、综合厂、榨油厂、工程队先进单位；授予第一中学、园林二队、八队团支部先进团支部。

1992 年，授予园艺分场、八队、工程队"双先"单位；授予园林二队、一队、四队党支部先进党支部；六队、七队、榨油厂先进单位；授予园林二队、一队、八队团支部先进团支部。

1993 年，授予八队、园艺分场、工程队"双先"单位；授予园林二队、四队党支部先进党支部；授予七队、榨油厂先进单位；授予三队、九队产粮百万斤先进单位；授予十一队抗灾自救先进单位；授予园林二队、七队、八队、二队团支部先进团支部。

1996 年，授予农田一队、农田二队、农田八队、园艺分场、园林二队、工程队"双先"单位；授予职工医院党支部先进党支部；授予农田三队、农田四队、农田六队、农田七队、农田九队先进单位；授予农田二队团支部、农田七队团支部、农田八队团支部、职工医院团支部先进团支部。

1997 年，授予农田二队、农田八队、农田十一队、园艺分场、园林二队、工程队"双先"单位；授予农田三队、农田六队、农田七队、机修队、水管站先进单位；授予农田四队、职工医院、仓库党支部先进党支部；授予农田二队、农田三队、农田八队、职工医院团支部先进团支部。

1998年，授予农田二队、农田八队、农田十一队、园艺分场、园林二队、工程队"双先"单位；授予职工医院党支部、仓库党支部先进党支部；授予农田二队团支部、农田七队团支部、农田八队团支部、职工医院团支部先进团支部。

2000年，授予园艺二分场、二队、八队、十一队、建材厂、第二小学"双先"单位；授予场机关党支部先进党支部；授予一队、三队、四队、五队、十队、农贸市场、轧花厂、医院、仓库、水管站、实验站先进单位；授予园艺分场、九队园艺管理优胜单位；医院、三队、二中团支部先进团支部。

2001年6月，授予二队、七队、十一队、园艺二分场、园艺三分场党支部、第一老年党支部、第二小学、场机关党支部先进党支部。

2001年，授予二队、三队、园艺四分场、农贸市场、水管站、实验站、二中、第二小学先进单位；授予园艺一分场、园艺三分场、四队、十队"双先"单位。

2002年，授予园艺二分场、园艺三分场、四队、七队、十队、十一队、第二小学"双先"单位；授予二队党支部先进党支部；授予园艺一分场、一队、三队、五队、第二中学、第一小学、医院、农贸市场、果品厂、水管站、面粉厂、实验站、轧花厂先进单位。

2003年6月，授予四队、十队、十一队、园艺二分场、园艺三分场、第二小学、机关七个单位、部门党支部先进党支部。

2003年，授予园艺二分场、园艺三分场、园艺四分场、一队、四队、十队、十一队、第三中学"双先"单位；授予园艺一分场、三队、五队、七队、水管站、实验站、农贸市场、果品厂、医院、第二中学、第一小学先进单位；授予工程队党支部为先进党支部。

2004年7月，授予一队党支部、四队党支部、十队党支部、十一队党支部、园艺二分场党支部、园艺三分场党支部、园艺四分场党支部、第三中学党支部先进党支部。

2004年，授予一队、四队、七队、十队、十一队、第三中学、第一小学"双先"单位；授予三队、五队、水管站、实验站、农贸市场、工程队、医院、第二中学先进单位；授予二队、园艺二分场、园艺三分场、园艺四分场党支部先进党支部。

2005年，授予园艺二分场、园艺三分场、七队、十队、十一队"双先"单位；授予园艺一分场、园艺四分场、园艺五分场、一队、二队、四队、水管站先进单位；授予工程队党支部、第二联合党支部先进党支部。

2006年，授予园艺三分场、园艺六分场、园艺十一分场"双党"单位；授予园艺二分场、园艺十分场、园艺十二分场、水管站为先进单位；授予园艺四分场、园艺八分场、园艺九分场党支部先进党支部。

2007年，授予园艺三分场、园艺四分场、园艺六分场、园艺十一分场、园艺十二分场、工贸中心"双先"单位；授予园艺十分场、园艺十三分场、水管站先进生产单位；授予园艺二分场科技示范先进单位。

2008年1月30日，授予园艺三分场、园艺四分场、园艺六分场、园艺十一分场、园艺十二分场、工贸中心"双先单位"；授予园艺十分场、园艺十三分场、水管站先进生产单位；授予园艺二分场科技示范先进单位。

2008年6月25日，授予机关党支部等6个党支部先进党支部。

2009年6月27日，授予园艺二分场党支部、园艺十二分场党支部先进党支部。

2010年3月1日，授予园艺二分场先进集体一等奖；授予园艺一分场、园艺五分场先进集体二等奖；授予园艺三分场、园艺十一分场、园艺十三分场先进集体三等奖。

2010年6月29日，农场党委授予机关党支部等4个党支部先进党支部。

2011年2月24日，农场党委、管委授予园艺二分场2010年度先进集体一等奖；授予园艺四分场、园艺十一分场先进集体二等奖；授予园艺三分场、园艺五分场、园艺十分场先进集体三等奖。

2011年6月26日，农场党委授予机关党支部、园艺二分场党支部、园艺四分场党支部先进党支部。

2012年6月26日，农场党委授予园艺二分场党支部等3个党支部先进党支部。

2012年6月29日，农场授予园艺二分场先进集体一等奖；授予园艺九分场、园艺六分场先进集体二等奖；授予园艺十三分场、园艺三分场、园艺十一分场先进集体三等奖。

2013年1月29日，农场党委、管委授予园艺二分场先进集体一等奖；授予园艺三分场、园艺四分场先进集体二等奖；授予园艺一分场、园艺九分场、园艺十三分场先进集体三等奖。

2014年3月13日，农场授予园艺二分场先进集体一等奖；授予园艺四分场先进集体二等奖；授予园艺一分场先进集体三等奖，授予园艺三分场先进集体四等奖。

2014年6月30日，农场党委授予园林五队党支部等4个党支部先进基层党组织称号。

2015年2月9日，农场授予园艺二分场2014年度先进集体一等奖；授予园艺一分场、园艺四分场先进集体二等奖；授予农工商总公司、园艺三分场、园艺五分场先进集体三等奖。

2015年6月29日，农场党委授予园艺四分场党总支、园林六队党支部、园林三队党支部、园林九队党支部民族团结先进基层党组织称号；授予园林五队党支部等4个党支部先进基层党组织称号。

2016年6月29日，农场党委授予园艺四分场党总支、园林六队党支部、园林三队党支部、园林九队党支部民族团结先进基层党组织称号。

2018年6月30日，红旗坡集团公司党组授予阿克苏分公司园艺二分场党支部、水管站党支部、新疆明隆满疆生物科技有限公司党支部、园艺五分场党支部先进基层党组织称号。

2019年6月30日，红旗坡集团公司党委授予新疆红旗坡源动力水务有限公司党支部、阿克苏红旗坡雪峰生态旅游牧业有限公司党支部先进基层党组织称号。

2020年6月30日，红旗坡集团公司党委授予新疆红旗坡农业发展集团有限公司机关党支部先进基层党组织称号。

第二节 先进个人

一、上级表彰

1960年，夏士友等2人获自治区支边青壮年积极分子称号。

1961年，1人获自治区三八红旗手称号，5人获地区"三八红旗手"称号。

1962年，帕达汗·依明被评为地区级"五好"工人。

1960年，阿哈·尼牙孜被评为地区级"五好"工人。

1965年，阿不都热衣木·阿不拉、吐尼牙孜·达吾提、衣麻木尼牙孜·买买提尼牙孜3人获地区"五好"工人称号。

1965年，夏士友获"全国劳动模范"称号，并参加全国劳动模范代表大会。

1965年，阿不都热衣木·阿不拉、吐尼牙孜·达吾提、衣麻木·尼牙孜、买买提·尼牙孜、吾介克·依地力斯5人出席地区"五好"积极分子代表大会，受到表彰。

1966年，吐尼牙孜依明出席自治区农垦厅召开的"学习毛主席著作积极分子"代表大会，受到表彰。

1966年，王巧云、吾守尔·夏尤甫、吾介克·依地力斯、托乎提·阿吾提、吐尼牙孜·大比提、睦生年6人获地区"五好"积极分子称号。

1989年，党委书记、场长王福堂被农业部授予果品基地建设先进个人称号。

1990年，王炳申获自治区普法先进个人称号。

1993 年，党委书记、场长王福堂获国家"共和国群星"金质奖章。

2000 年，王炳申获地区第三个五年普法先进个人称号。

2000 年 5 月，张守珍获阿克苏地区劳动模范（先进工作者）称号。

2001 年，王炳申获第五次全国人口普查地区级先进个人称号。

2003 年，李海峰、蒋文军受地区工会表彰。

2004 年 7 月，园艺二分场职工魏春娥获地直机关工委授予的优秀共产党员称号。

2004 年 7 月，党办副主任尤存平获地直机关工委授予的优秀党务工作者称号。

2007 年，依力哈木·吐逊获地区优秀团干部称号。

2007 年，张世勇获地区优秀团员称号。

二、场内表彰

1960 年，首次劳模会，表彰 47 人。

1961 年，表彰先进 98 人。

1963 年，表彰先进 114 人。

1964 年，表彰五好工人 126 名，五好干部 20 名。

1966 年，表彰"三八"女能手 6 名；学习毛主席著作积极分子 35 名。

1976 年，表彰先进 249 名。通报表彰和物质奖励 3 名治保积极分子。

1981 年，表彰先进工作（生产）者 271 人，授予二等功 2 人、三等功 4 人。

1982 年，表彰优秀党员 15 名，优秀团员 12 名，"三八红旗手"9 名，先进工作者 228 名，"五好"家庭 2 个。

1985 年，授予一等劳模称号 69 人，二等劳模称号 31 人，三等劳模称号 35 人，先进工作（生产）者称号 59 人。

1987 年，授予先进工作（生产）者称号 153 人。

1989 年，授予先进工作（生产）者称号 123 人；优秀共产党员称号 8 人；双文明标兵称号 34 人。

1990 年，授予双文明标兵称号 13 人；先进工作者称号 51 人；先进生产者称号 72 人，优秀共产党员称号 9 人。

1991 年，授予优秀共产党员称号 10 人；双文明标兵称号 13 人；优秀团员称号 13 人；先进工作者称号 41 人；先进生产者称号 75 人。

1992 年，授予优秀共产党员称号 12 人；优秀共青团员称号 9 人；先进工作者称号 52

人，先进生产者称号82人。

1993年，授予优秀共产党员称号12人；优秀团干部称号3人，优秀团员称号6人；先进工作者称号38人；先进生产者称号82人。

1996年，授予优秀共产党员称号7人；优秀共青团员称号6人；优秀民兵称号4人；先进工作者称号84人；先进生产者称号79人。

1997年，授予优秀共产党员称号9人，优秀共青团员称号4人；优秀民兵称号13人；先进工作（生产）者称号157人。

1998年，授予优秀共产党员称号13人；优秀团干部称号2人，优秀共青团员称号4人；优秀民兵称号10人；先进工作（生产）者称号161人。

1999年，表彰先进工作者33人；优秀民兵6人；集中整治先进工作者4人；先进生产者92人。

2000年，表彰优秀共产党员7人；优秀团干部3人，优秀共青团团员8人。先进工作者32人，先进生产者95人。

2001年6月，表彰优秀党务工作者7人，优秀共产党员26人。

2001年，表彰先进工作（生产）者144人。

2002年6月，表彰优秀共产党员26人，优秀党务工作者7人。

2002年，表彰：先进工作（生产）者144人。

2003年6月，表彰优秀党务工作者6人，优秀共产党员27人。

2003年，表彰先进工作（生产）者159人。

2004年7月，表彰优秀党务工作者8人，优秀共产党员27人。

2004年，表彰先进工作（生产）者123人。

2005年7月，表彰优秀党务工作者6人，优秀共产党员20人。

2005年，表彰先进工作（生产）者119人。

2006年，表彰先进工作（生产）者127人。

2007年，表彰先进工作（生产）者117人。

2008年1月30日，农场授予园艺二分场科技示范先进单位称号，授予田小平等117人先进生产（工作）者称号。

2008年6月25日，农场授予姜毅等9人优秀党务工作者称号，授予艾买尔江·司马义等18人优秀共产党员称号。

2009年6月27日，授予尤存平等21人优秀共产党员称号。

2010年3月1日，农场授予粟杨等24人先进工作者称号；授予园艺一分场郑志高等

28 人先进工作者称号；授予园艺一分场买提尼亚孜等 25 人先进生产者称号。

2010 年 6 月 29 日，农场党委授予姜毅等 11 人优秀党务工作者称号；授予陈照文等 20 人优秀共产党员称号。

2011 年 2 月 24 日，农场党委、管委授予园艺一分场王长寿等 44 人为 2010 年度先进工作者称号；授予园艺一分场于德龙等 26 人为先进生产者称号。

2011 年 6 月 26 日，农场党委授予姜毅等 13 人为优秀党务工作者称号；授予李强等 17 人为优秀共产党员称号。

2012 年 6 月 26 日，农场党委授予姜毅等 14 人为优秀党务工作者称号；授予阿布都热依木·卡斯木等 20 人为优秀共产党员称号。

2012 年 6 月 29 日，农场授予园艺一分场王长寿等 43 人为先进工作者称号；授予园艺一分场王焕成等 25 人为先进生产者称号。

2013 年 1 月 29 日，农场党委、管委授予园艺一分场王长寿等 42 人为先进工作者称号；授予园艺一分场徐居峰等 27 人为先进生产者称号。

2013 年 6 月 28 日，农场党委授予郸云辉等 4 人为优秀党务工作者称号；授予姜艳等 14 人为优秀共产党员称号。

2014 年 3 月 13 日，农场授予园艺一分场吕杰强等 48 人为先进工作者称号；授予园艺一分场张秋梅等 14 人为先进生产者称号。

2015 年 2 月 9 日，农场授予园艺一分场郑志高等 35 人为先进工作者称号；授予园艺一分场哈力丹·阿不力孜等 14 人为先进生产者称号。

2015 年 6 月 29 日，农场党委授予刘秀梅等 4 人为民族团结优秀党务工作者称号；授予李春发等 12 人为民族团结优秀共产党员称号。

是日，农场党委授予李旭峰等 7 人为优秀党务工作者称号；授予李军等 16 人为优秀共产党员称号。

2016 年 6 月 29 日，农场党委授予刘秀梅等 4 人为民族团结优秀党务工作者称号；授予李春发等 12 人为民族团结优秀共产党员称号。

2017 年 6 月 29 日，红旗坡集团公司党组授予李旭峰等 4 人为优秀党务工作者称号；郭建忠等 8 人为优秀共产党员称号。

2018 年 6 月 30 日，集团公司授予蒋先龙、王全、白云正、郭建、依力哈木·吐尔逊 5 人为优秀党务工作者称号；授予王新荣、张为明、龙杰、毕文军、萨依甫加马丽·热合曼、郭建忠、晁璐、张树国、于会明、杨聪靓 10 人为优秀共产党员称号。

2019 年 6 月 30 日，集团公司授予赵建成、晁璐、覃莉、张红梅、阿布都赛麦提·阿布力孜 5 人为优秀党务工作者称号；授予王长寿、尤存平、羊春香、王猛、郭田、魏德宏、杨荣、张树国、李湘平、王朝、吴晓东、龙杰 12 人为优秀共产党员称号。

2020 年 6 月 30 日，集团公司党委授予何俊杰、郸云辉、李泉、阿布都赛麦提·阿布力孜、杨育才、杨庆媛 6 人为优秀共产党员称号。

附　　录

阿克苏地区红旗坡农场（新疆红旗坡农业发展集团有限公司）第十四个五年规划纲要

第一章　"十三五"发展回顾

第一节　发展成就

"十三五"时期是阿克苏地区红旗坡农场（红旗坡农业发展集团）经济实力增长较快的五年，是发展理念不断创新的五年，是转型升级取得重大突破的五年，是农场面貌变化最快的五年，也是人民生活水平显著提高的五年。五年来，集团上下认真贯彻落实中央、自治区、地区各项决策部署，按照建设"美丽红旗坡、幸福红旗坡"总体远景目标，强力实施全面深化改革、产业转型升级、基础设施先行、生态环境保护、民生优先保障五大战略，锐意进取、真抓实干，圆满完成了"十三五"规划目标任务，经济社会发展取得新的成就。

全面深化改革稳步推进。按照阿克苏地区地委、行署对国有农场改革的安排部署，红旗坡农场积极开展改制工作，落实各项改革措施，目前政企关系基本理顺，集团化经营、公司化运作管理机制基本形成，产业化经营全面开展，农场改制工作已取得初步成效。公司正逐步壮大，业务蒸蒸日上。目前已拥有全资及控股子公司9家，分别为阿克苏金物联电子商务有限公司、阿克苏红旗坡林果开发有限公司、新疆红旗坡源动力水务有限公司、阿克苏优能农业科技股份有限公司、阿克苏云农物流股份有限公司、阿克苏振泰房地产开发有限公司、阿克苏红旗坡源生态农业发展有限公司、阿克苏汇源红水果产业发展有限公司、阿克苏红旗坡雪峰生态旅游牧业有限公司。

产业升级逐步实施。"十三五"以来，红旗坡集团一二三产业比例由2016年的45：4：1逐步优化调整为45：15：4。按照稳步提高第一产业，优化调整第二产业，加快发展第三产业，加快实现三次产业联动发展的发展思路，五年来红旗坡集团公司投资近14.6亿元，加快发展第二产业。其中2016年集团公司投资2.5亿元，建成真空低温油炸果蔬食品生产线 2 条、冻干果蔬食品生产线 2 条、果蔬膨化食品生产线 2 条，目前果品、蔬菜系列产品试生产成功，食品质量检测已经完成。2017 年集团公司投资 2.7 亿元，建成设施完善、现代化程度较高的果蔬及其他农副产品集散交易市场；项目实际生产能力达到 1 万吨，每年就地加工转化水果蔬菜达 10 万吨；2019 年投资 7.9 亿元，建成全疆最大的冷链物流及果品深加工基地，主要新建 3 万吨相温气调库，日产量 600 吨智能化果品分选加工车间（果品采后自动化果品分选包装加工车间），科技研发中心（与天津科技大学合作的新疆特色林果研究院暨院士站科技研发大楼），纸箱生产包装加工车间，果筐生产车间，果酒生产储藏酒库，并购置安装选果成套设备、果筐生产设备、纸箱生产设备、物流信息管理系统等附属设施。2020 年投资 1.5 亿元，实施 30 万吨果蔬饮料加工建设项目，建设果浆厂和果汁厂及果汁饮料灌装厂。

总体经济实力平稳较快增长。红旗坡集团公司始终立足红旗坡资源优势，聚焦林果主导产业，坚持以市场为导向，以科技为支撑，以现代农业产业强镇为载体，以绿色、有机为主攻方向，大力发展高效、精品、品牌农业，加快发展休闲食品加工，大力推进农业产业化经营，2020 年完成地区生产总值 7 亿元，比 2015 年（下同）增加 2 亿元，年均增长 7%；固定资产投资年均增长 20%；农场居民人均可支配收入 20157 元，年均增长 8.1%；五年来，争取国家重点投入项目 64 个，到位资金 1.4 亿元；争取融资项目 12 个，落实资金 12.6 亿元；引进招商项目超过 2 个，到位资金突破 3000 万元。

产品经营销售策略逐步优化。积极实施"走出去引进来"经营策略，不断完善生产基地、品牌建设、营销体系、物流体系为一体的综合产业化经营销售体系。在原"红旗坡品牌"的基础上，结合优能公司发展经营，进一步完善了品牌商标和产品包装体系，为进一步提升品牌形象和市场影响力打下了基础。持续加强与京东、中粮我买网、盒马鲜生、本来生活网、每日优鲜等企业的产品营销战略合作，巩固线上线下结合的销售网络。与浙江省援疆指挥部、浙江省林业局、共青团浙江省委、浙江广播电视集团、浙江金融企业合作，开展"我有一棵树，长在阿克苏"活动，结合生态发展、产业发展，积极探索新型农产品营销模式。

积极助力脱贫攻坚。集团公司积极发挥国有企业稳定器和引领作用，不断完善措施，助推脱贫攻坚。统筹推进常态化疫情防控和经济社会发展工作，扎实做好"六稳"工作，全面落实"六保"任务，承办了第七届新疆特色果品（阿克苏）交易会。通过林果新型栽培、管理模式和技术的推广示范，红旗坡集团公司与乌什县对接，开展"企业＋合作社＋农户"合作模式。积极推进农产品托市实施，保护了群众利益，增加了群众收益，为推动地区完成脱贫攻坚任务打下了一定的基础。

配套基础设施逐步完善。五年来，新铺农村公路 300 千米，与 314 国道、土和高速、机场大道、城乡主干道形成纵横交错的交通主干道网；全农场道路硬化率 95％，交通运输快捷便利。通讯方面，架设线路 150 千米，各队均通光纤入户、移动网络实现全覆盖。用水安全方面，有自来水厂 2 处，生产规模 1 万吨/天，自来水水质 100％ 达标。能源方面，通天然气的队 8 个，集中供热的队 2 个。公共服务水平逐步提高，医疗方面，有农场卫生院 1 座，能满足群众的一般治疗需求。在基础教育方面，农场共有学校 2 所、幼儿园 2 所，共有各类学生 1600 人，教职员工 84 人。能充分满足一般教育需求。

党的建设工作全面推进。按时召开巡察整改民主生活会、国有企业专题民主生活会，及时调整集团公司党委班子，增强了党委的凝聚力和战斗力。严格落实红旗坡集团公司党委理论学习中心组学习制度，坚持落实"两学一做"长效机制，认真做好"不忘初心、牢记使命"主题教育常态化工作。认真做好发展党员工作，仅 2020 年收到入党申请书 12 份，培养积极分子 8 人、发展新党员 6 人，对 154 名党员实行"一人一档"规范管理，每月按时交纳党费。扎实开展民族团结工作，成功整改部分软弱涣散支部。

第二节　问题挑战

"十三五"以来，集团公司特色林果主业发展取得了显著的效益，但发展过程中仍然存在着明显的短板和不足。

一是品种结构单一产业链过短。集团公司主营方向多集中于苹果、核桃产销环节，在其他农产品开发和品牌建设上涉足不多，缺少其他农产品深加工、配套设施，产销脱节，特色果蔬的发展水平还有待提高。适合市场需求的早中晚熟、四季均衡的时令水果品种少，部分果品上市期过于集中、果品口味和加工产品还不够丰富。

二是特色果品加工转化能力有待提高。公司产品科技含量不高，销售的果品仍以原产品或粗加工的产品为主，产品附加值较低，果品精深加工和贮藏能力不足凸显，且加工技术标准、精选能力不能满足市场需求的矛盾还是客观存在。

三是科技支撑服务能力还需要提升。新品种选育、林果种植新技术、精深加工产品及林果专用机械的研发力度不够，一年四季关键环节生产技术的时效性、到位率有欠缺。企业发展所需的新型技术管理人才，专业技术人员严重缺乏。

四是自治区内外购销"两张网"需要完善。公司距离国内其他省市市场远，运输成本高，林果储藏保鲜能力不强，储藏的鲜果占鲜果总量的比例较低，冷链物流基础较薄弱，在有效时间、成本可控的条件下，完成果品从收购到消费者手中这项流程还需要进一步探索购销链接机制模式。

第二章 "十四五"发展环境形势

第一节 国内外宏观环境形势

全球经济形势不确定性因素显著增加。当今世界正处于百年未有之大变局，地缘政治格局空前复杂，国际格局和政治力量对比加速演变，黑天鹅、灰犀牛事件多出迭出，2020年疫情全球大流行的影响已波及全球产业链、价值链、进出口贸易和消费等各个方面，将加快全球格局变化，这将导致"十四五"时期整体外部环境更加复杂，不确定性和挑战更多。但危机并存，危中有机，新兴市场国家和发展中国家加速发展，国际力量对比发生重大变化，二十国集团、金砖国家集团、"一带一路"、亚投行等国际组织和全球治理机制的出现表明，多极力量往均衡化方向演变，然而，和平与发展的主题没有根本改变。

国内国际双循环新发展格局加快构建。我国经济发展有着巨大的潜力、韧性和回旋余地，整体发展形势长期向好，已进入高质量发展阶段，社会主要矛盾已经转化为人民日益增长的美好生活需要和不平衡不充分的发展之间的矛盾。"十四五"时期，人民对美好生活的向往内涵会更丰富，对消费品的需求会更趋个性化、品质化，据国内饮料行业专家预测，2021年国内饮料行业消费水平将达到 1.5 万亿元以上，而果蔬汁饮料的发展速度将高于其他饮料。因此，抓住机遇，应对挑战，更加充分地融入产业分工，依托自身丰富的特色资源优势，加快创新驱动，助力产业升级，向产业链、供应链、价值链中上游攀升，有助于集团公司有效应对国内外市场形势变化。

第二节 区内外林果业发展形势

发展基础进一步夯实。2019 年，新疆林果种植面积 123.73 万公顷（不含兵团，下同），产量 850 万吨，产值 550 亿元，是我国果品的主要产区和重要产地。目前主产区农民人均林果业收入占总收入的近 30%，部分主产县市高达 60%，林果业对农民增收的贡献越来越大，已成为覆盖范围最广、惠及人口最多、发展潜力最大的脱贫产业，成为农民增收致富的"摇钱树""幸福果"和"绿色银行"，在促进全区特别是南疆地区社会稳定、脱贫攻坚、农民增收、生态治理方面发挥重要支撑作用。

消费需求进一步升级。据农业农村部市场预警专家委员会发布的《中国农业发展报告》，我国果品直接消费量和加工消费量分别为 1.23 亿吨和 3358 万吨，预计 2025 年果品产量 3.09 亿吨，直接消费量和加工消费量分别为 1.53 亿吨和 4152 万吨，产量增速放缓，品质不断提高，消费持续增长，符合消费升级需求的优质果品价格趋于上涨，相对过剩、同质化的普通果品价格下跌风险较大，消费者对果品的质量要求不断提高，更加青睐优质、特色、品牌水果，水果消费结构向多样化、优质化、品牌化转变。进入"十四五"新发展阶段，新疆林果产业发展面临重要战略机遇期，要扭住供给侧结构性改革，注重需求侧改革，打通堵点，补齐短板，贯通生产、分配、流通、消费各环节，形成需求牵引供给、供给创造需求的更高水平动态平衡。

第三节　阿克苏林果产业发展机遇

特殊的资源优势。阿克苏地区位居沙漠地带、降水少，日照时间长、昼夜温差大，全年无霜期长达 227 天，利于苹果果实的着色和糖分的积累，使糖分凝结于心，形成了"冰糖心"，这是全国其他地区生产的红富士所不具备的特点。阿克苏地区冬季寒冷、气温低，夏季干旱少雨，病虫发生率低，打药次数少，苹果树天山雪水浇灌，无污染。因而苹果果面光滑细腻、色泽光亮、皮薄、肉质脆、口感风味极佳。独特的气候光热资源和区域比较优势，为阿克苏地区苹果产业发展提供了得天独厚的自然条件。

便捷的区位条件。阿克苏市地处南疆地理中心，区位优势极为明显，500 千米的半径内辐射南疆 5 个地州和吉尔吉斯斯坦首都比什凯克、哈萨克斯坦的重要经济城市阿拉木图，从乌什口岸出发，仅 440 千米就可到达中亚通往欧洲的铁路大动脉吉尔吉斯斯坦巴雷克其市，从这里进入欧洲市场，比从欧亚大陆桥进入欧洲市场距离缩短 1200 千米，比海运时间缩短 3/4，运输成本可降低 1/3。随着乌什口岸的开通，南疆铁路复线的开工建设，国道 314、217 主干线全面改造升级以及红旗坡机场改扩建后 6 条航线的全面开通，阿克苏市将形成集铁路、公路、航空于一体，四通八达、便捷高效的立体交通运输网络，为集团公司开拓更加广阔的国内外市场提供充分的可能。

强力的政策支持。近年来，国家相关部委制定的全局性和战略性的果业结构调整对策，有力地指导了新疆果业结构调整和发展，加大了对新疆果业的支持力度；国家对新疆造林实行特殊政策，放宽退耕还林林种比例，鼓励非公有制经济成分进入农村和涉农产业开发，政策环境进一步宽松。2020 年 9 月 26 日，第三次中央新疆工作座谈会召开，习近平总书记强调，发展是新疆长治久安的重要基础，新疆要培育壮大新疆特色优势产业，带动当地群众增收致富。特色林果业作为新疆优势产业和农民增收致富的支柱产业，在新的历史时期，必将会进一步得到强力的政策支持，发挥在农民致富增收和乡村振兴中的重要作用。

第三章　"十四五"发展思路目标

第一节　指导思想

高举中国特色社会主义伟大旗帜，深入贯彻党的十九大和十九届二中、三中、四中、五中全会精神，以习近平新时代中国特色社会主义思想为指导，增强"四个意识"，坚定"四个自信"，做到"两个维护"，全面贯彻党的基本理论、基本路线、基本方略，贯彻落实第三次中央新疆工作座谈会精神，完整准确贯彻新时代党的治疆方略，牢牢扭住新疆工作总目标，统筹推进经济建设、政治建设、文化建设、社会建设、生态文明建设的总体布局，协调推进全面建设社会主义现代化国家、全面深化改革、全面依法治国、全面从严治党的战略布局，坚持依法治疆、团结稳疆、文化润疆、富民兴疆、长期建疆，坚定不移贯彻创新、协调、绿色、开放、共享的新发展理念，坚持稳中求进工作总基调，以推动高质量发展为主题，以深化供给侧结构性改革为主线，以改革创新为根本动力，按照地委、行署"十四五"发展总体思路，落实国资委工作要求，积极融入新发展格局，推进红旗坡产业升级，扩大品牌影响，拓展产品市场，提升企业文化，夯实企业经济发展基础，构建现代企业经济体系，增进企业职工民生福祉，推动企业绿色发展。当好阿克苏地区经济社会高质量发展排头兵、领头雁，创响"红旗坡"品牌，打造新疆林果产业发展先进生产力示范区，在建设团结和谐、繁荣富裕、文明进步、安居乐业、生态良好的新时代中国特色社会主义新疆进程中贡献红旗坡力量，全面开启红旗坡集团新时代中国特色社会主义现代化建设新征程。

第二节 基本原则

——坚持党的全面领导。坚持和完善党领导经济社会发展的体制机制，毫不动摇地坚持和加强党对"三农"工作的领导，确保党在"三农"工作中始终总揽全局、协调各方，为实现红旗坡集团高质量发展提供根本保证。

——坚持新时代党的治疆方略。贯彻落实第三次中央新疆工作座谈会精神，坚持社会稳定和长治久安总目标，坚持铸牢中华民族共同体意识，坚持弘扬和培育社会主义核心价值观，坚持推进融合发展，坚持发挥好红旗坡集团国企优势。

——坚持以人民为中心。坚持人民主体地位，坚持共同富裕方向，发挥国企示范引领作用，始终做到发展为了人民、发展依靠人民、发展成果由人民共享，维护人民根本利益，激发全体人民积极性、主动性、创造性，促进社会公平，增进民生福祉，不断实现人民对美好生活的向往。

——坚持新发展理念。把新发展理念贯穿发展全过程和各领域，构建新发展格局，切实转变企业发展方式，推动质量变革、效率变革、动力变革，实现红旗坡集团更高质量、更有效率、更加公平、更可持续、更为安全的发展。

——坚持深化改革开放。加强企业治理体系和治理能力现代化建设，破除制约高质量发展、高品质生活的体制机制障碍，强化有利于提高资源配置效率、有利于调动企业积极性的重大改革开放举措，持续增强企业发展动力和活力。

——坚持系统观念。加强前瞻性思考、全局性谋划、战略性布局、整体性推进，积极主动应对国内外新形势新变化，统筹企业发展与安全，着力固根基、扬优势、补短板、强弱项，注重防范化解重大风险挑战，实现企业发展质量、结构、规模、速度、效益、安全相统一。

——坚持绿色发展。牢固树立和践行习近平生态文明思想，统筹山水林田湖草系统治理，着力转变农业企业生产方式，推进绿色布局，推广绿色模式，推动要素跨界配置和产业有机融合，走出一条林果业高质量发展的新路子。

第三节 发展目标

"十四五"时期经济社会发展主要目标。锚定2035年远景目标，聚焦聚力高质量、竞争力、现代化，发挥国企优势、提升改革效能、打造硬核成果、形成发展胜势、融入新发展格局，加快建设区域一二三产业深度融合发展示范企业，推动共建共治共享共同富裕先行先试取得实效。到2025年，企业优质林果种植面积稳定在1.8万公顷，果品产量达到30万吨，果品贮藏保鲜率达到90%，加工率达到35%。林果品种布局科学合理，经营水平显著提升，市场占有率明显提高，初步建成比较完善的特色林果业产业体系和林果业灾害综合防控体系，确立企业绿色、有机林果领先地位。

经济发展取得新成效。生产总值年均增长7%以上，企业一二三产业发展结构更加优化，林果产业发展基础更加稳固，产业基础高级化、产业链现代化水平显著提升，初步建立实体经济、科技创新、人力资源协同发展的现代林果产业发展新体系，打造新疆林果产业发展先进生产力示范区。

改革开放迈出新步伐。企业重要领域和关键环节改革实现突破，市场主体更加充满活力，产权制度和要素市场化配置改革取得重大进展，林果新品种引进推广取得成效，农产品加工新技术实现突破，企业示范带动区域林果业更高质量发展机制基本形成。

生态文明建设实现新进步。企业生产生活绿色发展成效显著，化肥农药使用减量，能耗水耗减少，农产品加工环保达标。生态修复机制基本形成，生态环境持续改善，生态安全屏障更加牢固，城乡人居环境明显改善。

推进发展形成新格局。推进企业发展的投入保障体系、林果科技服务体系、企业人才支撑体系、灾害防控体系建设得到新提升。企业生产效率明显提高，企业一二三产业发展人才队伍不断壮大，经营者素质明显提高，防灾减灾能力明显增强。

企业发展达到新水平。全面实现一产上水平，二产抓重点，三产大发展。职工更加充分、更高质量就业加快实现，职工收入增长和企业经济增长基本同步，中等收入群体逐步扩大，职工的获得感、幸福感、安全感不断提升。

到2030年，企业林果产业发展取得重要进展，一二三产结构布局更加科学合理，优势特色农产品比重明显提升，农产品加工转化率显著提高，林果产业发展体系基本完备，农业供给侧结构性改革成效明显，绿色发展模式更加成熟，"红旗坡"品牌建设全国打响，企业职工获得感、幸福感、安全感指数更高。

附表1　"十四五"时期发展主要指标表

指　标	2020 年 基期值	2025 年 目标值	指标属性
公司总资产（亿元）	113	135	预期性
年均增长（%）		3.8	预期性
实现利润（万元）	1300	10000	预期性
年均增长（%）		33.8	预期性
林果提质增效面积（公顷）	1333	4000	预期性
建设区域林果示范田面积（公顷）	333	1333	预期性
农田灌溉水有效利用系数	0.2	0.58	预期性
林果耕种收综合机械化率（%）	0	25	预期性
农膜回收率（%）			约束性
畜禽粪污综合利用率（%）	45	80	约束性
"两品一标"认证数量年增长率（%）		20	预期性
农业科技进步贡献率（%）		70	预期性
农产品加工业与农业总产值比	20	55	预期性
休闲农业旅游接待量（人次）	10000	200000	预期性
土地适度规模经营占比（%）		30	预期性
畜禽养殖规模化率（%）			预期性
场区生活垃圾处理率（%）	80	100	预期性
场区卫生厕所普及率（%）	75	100	预期性
场区绿化覆盖率（%）	60	95	预期性
新型职业农工占比（%）	20	60	预期性
企业职工人均可支配收入增幅（%）		25	预期性
企业职工恩格尔系数	46	25	预期性
企业职工收入比	4∶1	2∶3	预期性
企业职工基本医疗保险参保率		100	预期性
企业职工社会基本养老保险受益比		100	预期性

第四章　优化林果业发展空间布局

第一节　优化林果品种结构

大力发展市场前景广阔、特色鲜明、效益显著的苹果、红枣、核桃、樱桃、香梨、葡萄等树种品种，有计划地采用高接改优、乔化栽培、隔株间伐、更新改造等方法，逐步淘汰市场需求量少、品质差、效益低、产业化程度不高的传统树种。瞄准国内外市场，加大新品种、新技术引进力度，加快更新换代，优化树种品种，改善内在品质，提高经济效益。根据市场消费和加工转化需求，合理配置早、中、晚熟品种，协调发展制干、鲜食与精深加工品种，建成种植科学、布局合理、结构优化、优势集中、产业发达的现代林果业。继续发挥好国有企业引领作用，强化与乌什县对接，完善"企业＋合作社＋农户"合作模式，加强乌什县66.67公顷苹果种植示范基地建设。到2025年，企业苹果种植面积发展到1.47万公顷、红枣2000公顷、核桃3333公顷、樱桃667公顷、香梨133公顷、葡萄667公顷。

第二节 大力发展设施林果

立足红旗坡独特的水土光热资源，以"控制规模、提高效益、降低风险"为方向，坚持"设施和露地并举、规模速度和质量效益并重"的原则，进一步调优种植结构，构建现代设施林果产业体系、生产体系、经营体系，全面提升特色设施林果附加值。广泛借鉴大连设施林果种植经验，选择部分定植三四年樱桃园，建设连体日光温室，2021—2022年开始设施林果连体日光温室建设试点示范，一期发展6.67～33.33公顷，2023—2025年，依据效益及市场营销情况，逐步扩大设施樱桃栽培面积，提高温室大棚比较效益。

第三节 加快栽培良种化

强化良种苗木繁育体系建设，以抗逆性强、品质优良、果形美观、丰产稳产、市场需求量大、加工性能好作为选育标准，增加科技含量，加快优良品种培育推广。建设良种苗木引进繁育基地和采穗圃，切实解决林果良种繁育滞后、优质穗条短缺问题，为全地区乃至南疆林果业发展提供优质种苗。积极开展对林果种质资源的收集、保存和利用，注重对现有优良乡土树种和品种资源的挖掘汇集、选优提纯和整理保护，大力引进、繁育、推广国内外优良品种，提高良种普及率，到2025年，使林果种苗培育成为企业发展的重要产业。企业主栽树种品种的良种使用率达到98%。

第四节 推进林果提质增效

把林果业发展的战略重点转移到加强科学管理、提高综合效益上来，实行科学栽培，强化有效株数理念，推进精细管理，提升综合效益和整体水平。积极推广测土配方施肥、科学整形修剪、合理疏花疏果、果实套袋、摘叶转果和铺反光膜等技术，统一确定采收时间，做好果品产后商品化处理，提高商品率和档次。联合新疆农科院、林科院、农业大学等的科研专家，充分利用冬春农闲时间，在企业范围内大规模、广覆盖、深层次开展林果科技进千家培训活动，指导果园疏密改造、果树修剪等，全面巩固和提升企业林果生产水平。加强林果科技示范园建设。抓好典型示范，集中项目资金，以密植园疏密改造、老果园更新改造、整形修剪、品种改良、配方施肥、保花保果、病虫防治、适期采收、果品分级、标准化制干等技术措施的综合应用为主，努力在品牌优势突出、带动能力强的地块，打造特色林果业示范园，通过挂牌建档、加强管理、强化效益考核等措施，切实发挥示范带动作用。

第五章　推进林果产品加工营销

第一节　突出林果产品加工

积极实施林果产品加工提升行动，统筹推进林果产品初加工、精深加工、综合利用加工协调发展，推动农业产业链向纵深延伸。依托红旗坡云农物流产业园，以苹果、香梨、葡萄等储藏保鲜为重点，加快冷链物流及果品深加工基地（二期）建设，项目总投资7.9亿元，主要包括3万吨恒温气调库、智能化果品分选车间、纸箱生产加工包装车间，科技研发中心、果筐生产车间。3万吨恒温气调库及果品分选线采用国内外先进设备，确保生产自动化达到国内较高水平，日处理能力达到600吨。推进汇源深加工项目建设，投资4亿元，引进北京汇源控股有限公司合作项目，建设果浆厂、果汁厂及果汁饮料灌装厂。加强贮藏窖、果蔬通风库、冷藏库和冻干等初加工设施建设，着力提升企业农产品加工转化和贮藏保鲜能力。支持发展适合家庭林场和农民合作社经营的林果产品初加工。依托"红旗坡品牌"，以满足市场需求为导向，积极发展科技含量高、加工程度深、增值水平高的林果产品精深加工业，提升林果产品精深加工水平。以阿克苏特色水果为原料，融汇药食同源、味料同源和民风民俗元素，开展糖心苹果、枣、梨、葡萄等特色农产品的饮料、干脆片、高水分干鲜果、糖果、果汁等系列新产品研发。充分利用区域特色水果原浆、果粒、皮渣、果粉等材料，通过现代微囊化、模压成型、胶体聚合、交联、共挤、烘焙等技术，研制出系列糖果、糕点和果茶等休闲、伴手礼、婚庆专用食品等。推动林果副产品综合利用。稳步提升葡萄籽、核桃皮和分心木等林果副产品综合利用水平。实现特色水果全效加工标准化，完成苹果分选加工线、系列食品加工、安全监测三大版块核心技术与新产品的研发和转化。加快红旗坡冷链物流及果品深加工基地（二期）建设，完成纸箱设备、果筐设备安装，完善果酒酒库及冷库配套设施。积极开发果品冻干、冰酒等系列产品。到2025年，果品仓储能力达4万吨，苹果生产加工达到3万吨。升级配套设备功能，将果筐生产车间改造升级为可生产灌装瓶、塑料桶、储物箱等多种塑料制品的车间，生产纸箱7500万个、果筐400万个。推进果酒深加工，果酒生产储藏量达到1000吨。

第二节　开拓林果产品市场

强化林果产品产销对接，依托自治区内外农产品收购销售"两张网"建设和南疆林果产品托市收购政策，积极介入南疆林果产品购销，构建公司区域林果产品物流网络体系。积极参加自治区年度林果广州展会、农产品北京、上海展会。积极参与并承办好年度"新疆特色果品（阿克苏）交易会""新疆特色果品（杭州）交易会"。以浙江援助阿克苏为契机，用好援疆机制，继续开展好"十城百店""十仓百企"供货对接，提供质优价廉的特色果品，满足浙江消费者的需求。加快在国内其他省市和区域性中心城市布局建设阿克苏农产品物流配送中心和分仓。鼓励农产品直销直供，推进农超对接，继续开展电子商务进农村综合示范，组织实施"互联网＋"农产品出村进城工程。充分发挥红旗坡果品国内其他省市市场的知名度和影响力，展开对接洽谈业务。继续扶持鼓励农夫山泉、安利达、塞外红、西域香妃、华丰、源兴、悯农、逸恒、王掌柜等果品收购、保鲜公司，加大对阿克苏果品收购力度。支持本企业果品经纪人在红旗坡辖区代理果品公司、超市、批发市场、网店等销售商收购果品。完善果品销售相关人员培训机制，支持在流行的抖音、快手、微博等App平台注册官方账号，开展红旗坡果品的种植、管理、采收、销售网上直播。积极扶持本企业果农发展电商、微商，鼓励开设网上店面、平台和微信销售，对成绩突出的给予二级、三级代理商加盟优惠政策，促进果农增收。持续加强与京东、中粮我买网、盒马鲜生、本来生活网、每日优鲜等企业的产品营销战略合作，巩固线上线下结合的销售网络。推进新型营销模式发展，与浙江省援疆指挥部、浙江省林业局、共青团浙江省委、浙江广播电视集团、浙江金融企业合作，不断推进"我有一棵树，长在阿克苏"活动。完善农产品托市收购政策，继续发挥国有企业托市作用，确保果品价格稳定。鼓励和支持开发设计红旗坡林果旅游产品，推动红旗坡名优特及精深林果产品进机场、进景区、进列车、进宾馆、上网店。

第三节　促进林果物流发展

着力打造集收购、加工、储藏、保鲜、运输、销售、配送、监管、服务为一体的现代农产品物流体系，加快建设红旗坡云农物流产业园。着力提高仓储能力，根据林果产品物流需要，在枢纽站点加强中转仓储设施建设，以租赁等方式，有效利用相关省区的仓储设施，提高跨省外销的中转仓储水平。着力提高保鲜能力，重点加强以保鲜运输设施为重点的冷链体系建设，突破鲜食农产品季节性供应的瓶颈，做到四季销售、保鲜供应。着力提高运输能力，根据企业林果产品物流的实际需要，优化配置铁路、公路、民航三大运输网络资源，积极发展第三方物流运输。着力提高配送能力，建设林果产品配送中心，以现代流通网络为依托，采取各种灵活方式，向目标市场的超市、社区延伸配送。着力提高协调能力，加快建立林果产品物流公共信息平台和信息网络，建成"仓储保鲜＋加工＋集散＋物流运输"综合体，打造阿克苏特色优势农产品加工全冷链物流基地。项目分三期建设，一期主要建设六个专业批发市场和一个零售批发中心。专业市场主要经营干果、蔬菜、粮油副食、水果；零售批发中心主要展示特产及举办会展。二期建设十个交易大棚，作为林果产品整车交易区域。三期以冷链建设、物流服务、住宿、信息服务等配套设施为主，为园区商户生活提供服务，健全完善的园区软件配套。发挥红旗坡云农物流产业园功能优势，利用园区便利的交通条件，建设南疆农产品物流集散中心、自治区内二级、地区内一级综合性农副产品批发交易市场。依托吐尔尕特口岸、伊尔克什坦口岸、红其拉甫口岸、卡拉苏口岸、喀什航空口岸打造国际贸易园区，推进外向型农业加快发展。

第四节　深入实施品牌战略

大力实施品牌提升行动，不断推进"红旗坡"品牌建设。在原"红旗坡"品牌基础上，进一步完善品牌商标，提升品牌形象和市场影响力。着力建设"红旗坡"区域公用品牌，推进企业及区域品牌协同发展，打造"人无我有、人有我优、人优我特"的"红旗坡"林果产品亮丽名片，走出一条具有新疆特色的品牌兴农强农之路。突出阿克苏区域特点，带动红旗坡周边林果品牌打造。借助农产品博览会、农贸会、展销会等渠道，充分利用电商平台、线上线下融合、"互联网＋"等创新方式，大力宣传推介"红旗坡"品牌。加强"红旗坡"品牌保护监管。坚持保护与打假相结合，建立"红旗坡"区域公用品牌授权使用机制，实行品牌使用动态管理。增强品牌保护意识，争取地区农业农村综合部门支持，加强"红旗坡"品牌监管执法，完善跨区域、跨部门的打假维权协作机制，严厉打击对"红旗坡"品牌侵权假冒的行为。

第六章　鼓励推进新业态发展

第一节　做精休闲旅游业

围绕实施旅游兴疆战略，强化规划引导，推进红旗坡农场林果业与旅游、休闲、康养等产业深度融合，不断丰富休闲度假、农耕体验、创意农业、采摘观光等产业类型，促进红旗坡休闲农业和乡村旅游多样化发展。打造红旗坡乡村旅游精品景区。围绕红旗坡特色林果产业发展，打造产业文旅融合品牌，加强休闲农业和乡村旅游基础设施建设投入，积极开展产业旅游示范创建，建设一批设施完备、功能多样的休闲特色林果精品园区、田园综合体、精品民宿等，打造林果特色突出、主题鲜明的"春赏花""夏纳凉""秋采摘""冬年庆"等为主题的"农业＋旅游"精品景点线路，提升"红旗坡"品牌影响力。办好旅游节庆林果特色产品会展营销活动，开发多元化乡村旅游产品和旅游模式。鼓励支持将红旗坡特色林果加工产品开发设计成为旅游商品。支持利用闲置职工住房发展特色民宿和家庭旅馆、庭院式休闲农庄、小型采摘园等特色休闲项目。积极创建红旗坡物流园 4A 级景区，打造"购－销－游"一体化的经营模式，提高地区农副产品销售，引领地区林果业发展。

第二节　做活新型服务业

加快推进国有企业改革，强化企业兼并重组、股份合作、资产转让等形式，不断壮大增强企业发展实力。围绕发展现代农业，积极推进企业大招商、招大商，用好、用足、用活国家给予新疆的特殊优惠政策，加强项目库建设，发挥援疆机制作用，吸引国内其他省市农业企业来红旗坡投资兴业。持续深化"放管服"改革，全面落实减税降费和支持企业复工复产政策，优化营商环境。推进红旗坡云农物流产业园园区建设，高标准规划建设农产品加工区，引进一批国内外行业领军农业企业入驻园区。支持浙江等援疆省市在红旗坡建设"飞地园区"。积极培育农商产业联盟、农业产业化联合体，打造产加销一体的全产业链企业集群。发挥国有企业带动作用，构建利益联结机制，积极与红旗坡周边小农户合作，拓展周边县市农户，加快建立契约型、分红型、股权型等合作方式，把利益分配重点向产业链上游倾斜，促进农民持续增收。完善农业股份合作制企业利润分配机制，推广"订单收购＋分红""农民入股＋保底收益＋按股分红"等模式。开展土地经营权入股从事农业产业化经营试点，开展果园托管服务试点，发展周边产业关联度高、辐射带动力强、多种主体参与的乡村产业融合模式，实现优势互补、风险共担、利益共享。

第三节　发展生产性服务业

强化公益性服务基础作用，加强区域性林果统防统治和预测预报、绿色高质高效技术推广等服务。依托企业强大技术力量和设备，扶持发展各类生产性合作服务组织，立足服务周边林果业生产产前、产中、产后全过程，重点在林果业市场信息、农资供应、绿色生产技术、农机作业及维修、农产品加工、市场开拓、品牌建设等方面拓宽服务内容。引导林果专业合作社等新型经营主体与生产性服务主体之间的联合与合作，着力培育一批产业规模大、辐射带动力强的服务型联合社（体）。积极拓展乡村生活性服务业。积极发展订制服务、体验服务、智慧服务、共享服务、绿色服务等新形态，探索"线上交易＋线下服务"的新模式。

第七章　创新驱动高质量发展

第一节　强化农业科技支撑

强化林果业科技支撑，加强与新疆农科院、林科院、农业大学等农业科研院所的合作，改革企业科技管理体制，营造良好的科研环境，落实科技成果转化及农业科技创新激励相关政策，稳定林果科技服务队伍，完善林果科技服务体系，建立健全"科技人员到户、技术要领到人、良种良法到田"的服务机制，提高主导品种和主推技术入户率和到位率。通过工程带动、项目支持、专项补贴、有偿服务等方式，引导林果产业发展科技人员到生产一线开展技术服务和技术攻关，建设林果业发展科技示范户、示范基地、示范园区，推动林果业科技成果转化应用。继续深化基层农技推广服务体系改革，理顺管理体制，推行农技人员包队联户制，改善服务手段，提高待遇条件，调动基层农技人员积极性、创造性。建立健全基层农技人员补充长效机制，增加岗位设置，确保农技人员数量稳步增长。建立实施实用人才带头人培训计划和"一户一个明白人"培训工程，发展一批"土专家""田秀才"力争每个连队培养5～10名懂技术、会管理的林果技术员，每户培养1名科技明白人，打造一支素质优良、结构合理稳定的林果科技创新团队。按照"栽植标准化、管理科学化、品种优质化"要求，进一步规范绿色栽培、整形修剪、果品采收、贮藏加工以及经营销售等管理环节，推进林果业高效优质发展，适时组织技术人员针对职工开展果树管理技术培训，提高管理水平，依靠科技带动发展。加强林果科学种管技术推广，强化林果业新技术的推广，加大果园有机肥增施力度，改善果树生长环境，不断提高生产果品品质。结合企业实际，"公司扶持，群众参与，分步实施，重点突破"，有计划、有步骤地推进示范基地建设，全面推广规范化、标准化、专业化栽培技术，做到科学布局、规模建设、整体推进，示范引导、扶持发展一批示范园。

第二节 提升装备信息化水平

加快林果业全程机械化建设，推进农机装备转型升级，推动智能化、信息化、精准化新型农机具的引进、示范和推广，扩大绿色环保、高效节约农机装备和技术的推广应用，加快高耗能、高污染、低效率老旧农机装备的报废更新。大力推进企业农业机械化向全程全面高质高效升级，强化农机农艺融合、机械化信息化融合、农机服务模式与农业适度规模经营相适应、机械化生产与农田建设相适应、与区域林果业发展相适应，提升林果产品初加工综合机械化水平，提高林果收获后处理、初加工等生产关键环节机械化应用程度。大力发展数字林果产业，围绕林果业生产、经营、管理和服务等环节，推动物联网、云计算、大数据、区块链、人工智能、第五代移动通信网络、智慧气象等现代信息技术在农业领域的技术集成应用，大力发展"互联网＋现代农业""智慧林果业"。重点围绕特色林果产业，规模化推广应用集农业遥感、精准控制、远程诊断等功能于一体的智能精准农业生产系统，打造智慧农业技术应用示范样板。完善农产品质量监管系统、质量追溯系统，推动农产品质量追溯体系信息化进程。推进农业信息化进队入户，依托"互联网＋"推动公共服务向农村延伸。

第三节　推动规模标准化生产

大力推进林果标准化生产，进一步规范完善企业林果优良品种、栽培条件、灾害防范、基地管理以及采收、分级、包装、贮运、保鲜和精深加工等生产环节的技术标准，建立起涵盖林果业生产全过程的企业标准化生产体系，引导企业职工及合作组织林果生产者逐步推行规模化、集约化、精细化、标准化、信息化生产。积极开展联合攻关，全面系统研究制约林果业发展的关键性技术，及时将先进适用的科研成果总结提炼，形成规程，以标准形式在企业及全地区乃至南疆地区推广使用。大力宣传林果业标准化生产的意义和成效，建立一批富有南疆区域特色、品牌特色鲜明的标准化生产示范基地，发挥国有企业带动作用，通过政府推动、宣传示范、标准引导、检查监督，扩大实施范围，提高林果业的综合生产能力。鼓励林果生产和加工企业参与技术标准的制定、修订。加大对标准化管理人员和专业技术人员的培训，壮大标准化专业技术队伍，为提升林果业的质量安全和生产经营水平创造条件。健全林果产品质量标准体系和农产品质量安全监管体系、监测体系、追溯体系，完善农产品例行监测和监督抽查制度。

第四节　推进农田水利建设

遵循"节水优先、空间均衡、系统治理、两手发力"的水利发展方针，统筹节水、蓄水、调水，统筹生产、生活、生态用水，强化水资源保护，提高红旗坡区域水资源配置能力。强化水资源集约节约利用，落实最严格水资源管理制度，科学确定水资源承载能力，以农业水价综合改革为抓手，继续实施农业节水工程，大力发展高效节水农业和现代生态农业。加强农田、果园水利基础设施提档升级，强化农业灌溉排水设施建设，大力发展高效节水灌溉，结合高标准农田建设，加大田间节水设施建设力度。开展农业用水精细化管理，科学合理确定灌溉定额。推广喷灌、微灌、滴管、低压管道输水灌溉、水肥一体化、覆盖保墒等技术，促进农业节水提质增效，加强农田土壤墒情监测，实现测墒灌溉。加强地下水超采区综合治理与修复，实行地下水开采量与水位双控制度，合理配置地表水和地下水开采量，逐步实现地下水采补平衡。"十四五"期间，力争红旗坡区域高效节水灌溉面积达到3333公顷，农田灌溉水有效利用系数达到0.58。

第八章　全面推进农业绿色发展

第一节　倡导绿色生活方式

加强红旗坡区域污染治理和生态环境保护。坚持绿水青山就是金山银山、冰天雪地也是金山银山的理念，坚决守住生态功能保障基线、环境质量安全底线、自然资源利用上线。统筹推进山水林田湖草系统治理，积极推动绿色发展。深入贯彻落实《土壤污染防治行动计划》（土十条）、《新疆维吾尔自治区土壤污染防治工作方案》，积极推动《新疆维吾尔自治区耕地质量保护条例》立法，完成耕地土壤环境质量类别划分，扎实推进农用地分类管理，持续开展耕地轮作休耕，推进耕地质量保护与提升。加大农业面源污染治理力度，严格农业投入品生产管理，开展农业节肥节药行动，实现化肥农药使用量负增长。发展生态循环农业，推进畜禽粪污、秸秆、农膜等农业废弃物资源化利用，增施有机肥、生物菌肥。推广杀虫灯、糖醋液、黄板、迷向剂等物理、生物技术作为绿色无公害生物措施防治病虫害。提倡苹果园全园铺设反光膜，采取摘叶转果，拉枝扭梢等措施，增加果品着色度、光亮度，提高果品品质。下大力气治理白色污染，开展农田废旧地膜综合治理，严格落实《自治区农田地膜管理条例》，健全废旧地膜回收加工体系，完善扶持政策，鼓励使用可降解地膜，到 2025 年，当季农田废旧地膜回收率达到 85％。扩大轮作休耕制度试点，支持在果粮间作田，开展冬小麦休耕试点。积极创建红旗坡农业绿色发展先行区，全面保护天然林，加强退化防护林修复，实施森林质量精准提升工程。巩固完善农田、果园防护林体系，探索防护林修复和改造新模式。加快沙化土地封禁保护区和防沙治沙综合示范区等工程建设，实施水土保持工程，推进荒漠化、水土流失、土地沙化综合治理。

第二节　推动低碳循环发展

坚持底线思维，明确生态保护红线、永久基本农田、城镇开发边界三条控制线。严守生态保护红线，严禁不符合功能定位的各类开发活动，严禁任意改变用途。对永久基本保护农田实施特殊保护，确保永久基本农田总量不减少、用途不改变、质量有提高。明确城镇开发边界内外不同空间政策，强化城镇空间内国土空间集约利用和优化结构，形成生产空间集约高效、生活空间宜居适度、生态空间山清水秀的国土空间战略格局，引导经济社会开发指标在空间分区范围内有序、高质量发展。强化资源循环利用，提高产业层次，降低高耗能产业比重，采取转性、转型、提升和关停等方式淘汰落后产能。在重点行业和产业园区推行绿色管理，开发节能、环保、安全、高可靠性、长寿命和易回收等特性的绿色产品，支持企业绿色化改造。实施节能改造工程，推广节能技术应用，严格建设项目在产业导向及土地、环保、节能、技术、安全等方面的准入标准，鼓励投资节能环保领域企业入驻。

第三节　完善灾害防控体系

加强产业安全风险预警、防控机制和能力建设，实现重要产业、基础设施、战略资源、重大科技等关键领域安全可控。坚持以防为主、防抗救相结合，扎实推动灾害风险调查和重点隐患排查、地质灾害综合治理、自然灾害监测预警信息化等重点工程建设。强化自然灾害监测预报，全面提高企业气象灾害、水旱灾害、地震灾害、火灾等灾害风险防控和预警能力。切实强化农作物病虫害监控和植物疫情阻截工作，做到早发现、早预警、早处置。强化主要农作物病虫害综合防治工作，切实提高各地病虫害防治技术到户率。抓好林果有害生物防控防治，做到整形修剪、秋施基肥、果树防冻害管理及石硫合剂基础防治全覆盖。大力推进气象灾害防御体系、人工影响天气工程建设，发展智慧气象，全面提升气象为农服务能力。建立健全灾害应急反应机制，开展灾害应急预案编制和演练，加强救灾应急物资储备和志愿者队伍建设。完善应对灾害的政策支持体系和灾后重建工作机制。

第九章　提高公共服务能力水平

第一节　提升场区人居环境

把场区建设摆在社会主义现代化建设的重要位置，按照农村人居环境整治提升行动要求，全面开展场区人居环境整治提升行动，提升企业城乡公共服务均等化水平，塑造生态宜居的场区新风貌。推进场区生活垃圾治理。加大垃圾收集及处理设施建设力度，大力推广"户集、队收"垃圾处理模式，推广无害化防渗处理技术，鼓励有条件的队推行适合场区特点的垃圾就地分类和资源化利用方式。积极开展垃圾收集责任落实宣传活动。"十四五"期间，场区实现90％的生活垃圾得到治理。持续推进厕所革命。合理选择适合职工居住生活特点的改厕模式，因地制宜采用卫生旱厕、水冲式等农村厕所类型，分区分类重点推进粪污无害化治理，人口规模较大分场、队配套建设公共厕所。采取多种行之有效的宣传教育方式，积极引导各族职工群众改变生活观念、培养健康卫生习惯。实施场区生活污水治理。根据场区地理环境和人口聚集程度，因地制宜地采取集中与分散相结合的方式，实施生活污水处理。积极推广低成本、低能耗、易维护、高效率的污水处理技术，引导职工树立节水意识。强化分场、队居民点的排水渠清淤疏浚，采取综合措施恢复水生态。全面改善场区风貌。按照地区"千村示范、万村整治"工程要求，推进场区风貌提升。实施乡村通沥青（水泥）路和硬化路工程，加快推进分场、队居民点及入户道路路面硬化，配套分场、队居民点道路照明、绿化等配套公共设施。全面实施场区居民点绿化美化行动，持续开展场区居民点清洁行动，实施场区居民点净化、美化、亮化、硬化和绿化工程，深入开展农村爱国卫生运动。充分利用庭院闲置土地发展庭院经济，提高场区居民点绿化覆盖率。按照休闲旅游型、生态产业型、生态宜居型等不同类型，开展美丽场区居民点建设，加大场区居民点公共空间和职工庭院环境整治，打造宜居宜业的美丽场区居民点。

第二节　改善场区基础设施条件

加大场区居民点公共基础设施投入。加快补齐场区居民点基础设施短板，促进城乡基础设施互联互通，推动场区居民点基础设施提档升级。深入实施场区居民点饮水安全巩固提升和供水保障工程，推进水利设施智慧化改造，构建"从源头到龙头"的场区居民点饮水安全工程建设和运行管护体系。按照推进"四好农村路"建设要求，加强场区居民点硬化路管护，推进城乡客运服务一体化。继续推进电网改造，多措并举降低农业及农产品加工业用电成本，构建清洁低碳、安全高效的现代业能源体系。加快推进场区居民点数字化基础设施建设。推进场区居民点 5G 通信基站、光纤宽带、广播电视的新建和升级改造。鼓励开发适应"三农"特点的信息终端、技术产品、移动互联网应用（App）软件。加快推动场区水利、公路、电力、冷链物流、农业生产加工等基础设施的数字化、智能化转型，推进智慧水利、智慧交通、智能电网、智慧农业、智慧物流建设。加快发展数字经济，深化信息惠民服务，加强场区居民点网络文化阵地建设。利用场区居民点商业网点、信息服务站点、电商服务站点等建设益农信息社，提升公益服务和农产品上行服务能力。

第三节　加快完善企业人才支撑体系

建立健全畅通的人才流动机制。落实吸引人才政策支持体系，打通企业人才培养交流通道，解决好人才引不进、留不住、用不好的问题，吸引各类人才投身红旗坡建设，推动红旗坡人才振兴。健全完善和创新红旗坡人才引进、培养、使用、评价、流动、激励体制机制，落实自治区鼓励引导人才向艰苦边远地区和基层一线流动的特殊激励政策，加快构建机制完善、充满活力、富有效率的企业人才支撑体系，建立总量稳定、结构合理、素质优良、作用明显的红旗坡人才队伍。推动实施红旗坡现代化人才提升计划，加大急需紧缺高层次人才引进力度，加快培养林果业生产、加工、营销科技领军人才和创新创业人才。完善创业支持保障体系，落实好减税降费政策，加快解决用地、信贷等困难，优化红旗坡创业环境。建立人才合作交流机制，探索通过岗编适度分离等多种方式，推动城市教科文卫体等工作人员定期服务红旗坡。充分利用援疆机制，与对口援疆浙江省开展人才引进、培养等交流合作，有针对性地鼓励其他省市人才来红旗坡就业创业。实施红旗坡高校毕业生创业促进计划，强化创业服务和职业技能培训，鼓励、引导大学生创新创业。大力培育"互联网＋"专业人才队伍，引导电商人才、营销人才、管理人才等就业创业。

第十章　全面优化企业发展环境

第一节　深化企业系统改革

充分发挥市场在资源配置中的决定性作用，毫不动摇巩固和发展公有制经济，继续深化国企国资改革，加快完善中国特色现代企业制度。按照地委要求，加快推进国有企业混合所有制改革，鼓励国有资本以多种方式入股非国有企业，实现各种所有制资本相互促进、共同发展。积极争取与中央企业、自治区企业合资合作，做强做优做大红旗坡国有资本。健全管资本为主的国有资产监管体制，加强国有资产的管理和监督，深化国有资本投资、运营公司改革和国有资本授权经营试点改革。

第二节　加大招商引资力度

加强红旗坡林果产品精深加工、市场营销、品牌建设等重点环节招商，围绕林果产品精深加工，瞄准重点地区、重点企业、重点技术，借助各方资源力量，扩大招商引资，推进红旗坡特色优势产业集聚发展。借力援疆优势招商，借助好浙江省招商队伍和平台，资源共享，承接产业转移。强化林果业发展产业集群招商，针对具有引领性质的产业项目开展招商，力争形成林果产业链体系，增强整体集聚效应。创新招商管理制度。推行招商引资项目集团公司领导包联制度，落实领导具体分工负责。有针对性地开展差别化招商、产业链招商，做好项目分析研判，提高招商引资项目落地质量。

第三节　扩大对内对外开放

依托"红旗坡"品牌优势，发挥红旗坡云农物流产业园南疆公铁联运综合物流节点作用，着力打造"一带一路""西进东出"的重要交通物流节点。积极开拓国内外市场，建立完善阿克苏特色农产品生产、营销、服务网络。积极参加中国进出口商品交易会（广交会）、厦门国际投资贸易洽谈会（厦洽会）和中国—亚欧博览会等国内外知名展销会、博览会，增强企业开拓市场和防范风险能力，加强农产品、高新技术产品和机电产品出口政策支持，建设阿克苏特色农产品"西进东出"基地。

第十一章　积极实施文化润疆战略

第一节　提高企业社会文明程度

坚持以社会主义核心价值观为引领，铸牢中华民族共同体意识，不断巩固各民族大团结。坚定文化自信，围绕举旗帜、聚民心、育新人、兴文化、展形象的使命任务，深入开展文化润疆工程，繁荣发展企业文化，提升红旗坡企业文化魅力。把学习宣传贯彻习近平新时代中国特色社会主义思想作为首要政治任务，健全用党的创新理论武装党员、教育群众工作体系，不断增强"四个意识"，坚定"四个自信"，做到"两个维护"，深入开展"习近平新时代中国特色社会主义思想进万家"活动，持续推进中华经典诵读工程。创新开展新时代爱国主义教育，加强党史、新中国史、改革开放史、社会主义发展史学习教育，建设红旗坡场史荣誉馆，推动理想信念教育常态化、制度化。深入实施公民道建设工程，广泛开展道德模范、身边好人等先进典型选树宣传活动。完善群众性精神文明创建工作机制，统筹推进文明企业、文明场队、文明单位、文明家庭创建活动，开展理论政策、法律普及、科技宣传、技能培训、文体活动、志愿服务等活动，不断丰富各族职工群众精神文化生活。

第二节　铸牢中华民族共同体意识

把铸牢中华民族共同体意识，作为做好新时代企业民族工作的主线，不断巩固红旗坡各族职工共同团结进步奋斗、共同繁荣发展大好局面。把各民族文化的"多元"体现在中华文化"一体"之中，将中华民族共同体意识教育纳入干部职工教育之中，深入实施文化润疆工程，引导各族干部群众树立正确的国家观、历史观、民族观、文化观、宗教观，让中华民族共同体意识植根心灵深处。广泛开展民族团结进步宣传教育，持续深入推进民族团结教育进机关、场区、进队入户，切实增强"五个认同"，树牢"三个离不开"思想。促进各民族像石榴籽一样紧紧抱在一起。推动建立企业互嵌式的社会结构和场区环境，创造各族群众共居、共学、共事、共乐的社会条件。

第十二章　健全现代企业治理体系

第一节　加强企业基层党组织建设

健全以党组织为核心的组织体系。强化分场、队基层党组织领导作用，坚持党组织对企业基层、自治组织、群团组织、集体经济组织和社会组织的统一领导，提高企业职工中党员的比例，完善以党的基层组织为核心、群团组织和集体经济组织以及专业合作组织为纽带、各类经济社会服务组织为补充的企业组织体系。加强企业基层党组织带头人队伍建设，坚持好干部标准，选优配强企业党组织书记，注重从企业优秀职工中培养选拔入党积极分子，采取"集中培训＋实践锻炼"模式，建立完善的素质培养体系，常态化开展企业干部职工信念教育、理论教育、形势教育、革命传统教育和能力素质教育，培养一批政治过硬、本领高强、具有市场经济意识、懂现代经营管理的企业党组织带头人。加强企业党员队伍建设，强化企业党员教育、管理、监督，推进"两学一做"学习教育常态化、制度化，组织党员认真学习和忠实践行习近平新时代中国特色社会主义思想，推行"三宣誓"活动，强化"四个意识"。推进党支部建设标准化、规范化，坚持抓好"三会一课"、组织生活会、民主评议党员、主题党日等各项基本制度落实。加强和改进流动党员教育管理，畅通党员参与党内事务、监督党的组织和干部、向上级党组织提出意见和建议的渠道，稳妥有序开展不合格党员组织处置工作。

第二节　促进企业法治德治有机结合

推进法治企业建设，高举社会主义法治旗帜，弘扬法治精神，坚持全面依法治疆，完善企业法律服务体系，强化法律在维护职工权益、规范市场运行、化解社会矛盾等方面的权威地位。加大企业普法力度，全面落实"谁执法谁普法"普法责任制，扎实开展"法治进企业"普法教育，加强企业法治宣传队伍建设，组织开展形式多样的法律服务，推进企业法治宣传制度化、经常化。增强企业干部职工法治观念、法治为民意识。建立健全社会矛盾预警机制、利益表达机制、协商沟通机制、救济救助机制，畅通群众利益协调、权益保障法律渠道，保障人民群众的知情权、参与权、表达权、监督权。深化企业基层组织依法治理。提升企业德治水平。深入挖掘企业熟人社会蕴含的道德规范，结合时代要求进行创新，强化道德教化，引导企业职工爱党爱国、向上向善、孝老爱亲、重义守信、勤俭持家。建立道德激励约束机制，引导职工自我管理、自我教育、自我服务、自我提高，实现家庭和睦、邻里和谐、干群融洽。推广道德评议活动，广泛开展好媳妇、好儿女、好公婆等评选表彰活动。深入推进移风易俗，倡导"婚事新办、丧事简办、其他喜庆事宜不办"新风，遏制大操大办、厚葬薄养、人情攀比等陈规陋习，抵制封建迷信活动。

第三节　全面加强干部作风建设

认真落实党要管党、全面从严治党要求，牢记作风建设永远在路上，深刻认识干部作风不实仍然是企业发展最大的敌人，坚持把力戒形式主义、官僚主义作为作风建设的重要任务，认真贯彻落实中央八项规定精神和自治区党委"十改进、十不准""十要十严禁"各项要求，持续整治"四风""四气"，坚持惩前毖后、治病救人，运用监督执纪"四种形态"，抓早抓小、防微杜渐。强化监督执纪问责，让企业党员、干部知敬畏、存戒惧、守底线，习惯在受监督和约束的环境中工作生活。认真贯彻落实基层减负各项安排部署，清理规范各级各类督查检查考核，不断精文简会，切实减轻基层场队负担，让干部轻装上阵，推动干部作风发生根本转变，求真务实、狠抓落实，以良好作风确保红旗坡"十四五"规划的顺利实施。

第四节　全面提高经济工作本领

集团公司党委要管大事、议大事，充分发挥把方向、管大局、保落实作用，定期研究分析企业经济形势、决定重大经济事项。各分公司、场队因地制宜地创造性开展工作，加强对经济运行情况的研究分析，找准问题症结所在、及时制定具体措施。切实加强分公司、场队间统筹协调、形成工作合力，加强对中央、自治区和地区有关经济工作的政策研究，确保落地见效、转化为发展优势。集团及分公司、场队领导要自觉加强学习、补充专业知识、培养专业能力，摸清情况、研究问题、找出对策、择善而从，确保作出的决策、采取的措施符合企业经济规律、符合群众愿望。充分发挥市场机制作用，坚持市场化运作方式，更多运用市场化、法治化手段，吸引导各类社会资本参与红旗坡重大项目建设。树好政绩导向，贯彻新发展理念，坚持高质量发展，完善集团公司绩效考核评价机制，规范干部政绩考核机制，鼓励引导各级干部把精力集中到聚焦总目标、推动企业高质量发展上来，确保集团"十四五"各项工作有部署、有督促、有落实。

第十三章　保障推进规划有效实施

第一节　做好规划协调衔接

充分发挥"十四五"规划的导向作用，有效衔接本规划与企业其他各类专项规划，在促进林果产业发展、功能配套等方面有效对接融合，建立本规划与地区规划、专项规划相互协调的工作机制，在主体功能定位、重大生产力布局、重点项目安排、基础设施建设上，确保总体要求一致，空间配置和时序安排科学合理，形成各级各类规划定位清晰、功能互补、统一衔接的规划体系。集团及分公司、场队要针对所担负的中长期发展任务，制定年度具体措施，强化组织落实。进一步完善考核指标体系，加强对经济增长质量等宏观调控指标的监测预警。

第二节　严格规划实施保障

围绕企业"十四五"产业布局、人才服务、创业投资等重点领域，研究出台细化实施方案，加强衔接协调，保证规划实施效果。发挥规划对企业发展的导向指引作用，用规划执行推动产业结构优化升级。实行规划目标责任制，及时分解落实规划确定的发展战略、任务、分工，落实集团及分公司、场队责任。加大统筹协调、督促检查力度，科学严格绩效考核，构建领导有力、衔接有序、配合密切、协调顺畅和运转高效的工作机制。集团公司相关部门紧密跟踪、监测、分析相关领域规划实施情况，分析研究规划年度实施情况和实施中发现的问题，提出解决方案，并及时向集团党委报告。

红旗坡农场制度汇编

红旗坡农场党委议事规则

为坚持和健全党的民主集中制原则，切实加强和改进红旗坡农场党委工作，规范和监督领导集体的决策行为，实现红旗坡农场党委集体领导的制度化、规范化、科学化，根据《中国共产党章程》《中国共产党农村基层组织工作条例》《阿克苏地区党政机关事业单位党委（党组）议事规则》及其他有关规定，制定本规则。

一、党委议事的原则

红旗坡农场党委是农场各种组织和各项工作的领导核心，对各方面工作实行政治、思想和组织领导。党委议事以"三个代表"重要思想和科学发展观为指导，遵循"集体领导、民主集中、个别酝酿、会议决定"的原则。

二、党委会议议事范围

（一）研究制定贯彻落实党的路线、方针、政策和地委、行署决定的具体意见、措施。

（二）研究部署党的建设，包括本级班子、基层单位和农场机关党的思想、组织、作风、制度和反腐倡廉建设中的重要问题。

（三）研究决定农场长期经济、社会事业发展规划和年度工作计划，研究一个时期的中心任务和完成工作任务的措施、要求。

（四）根据农场工作实际，按照干部管理权限，研究决定干部的培养教育、管理监督、推荐、提名、任免、调整、调入调出及奖惩事项；研究决定干部年度考核等次评定、表彰等事项。

（五）研究审定农场改革、重要工程项目安排、大额度资金使用（5万元以上）等事项。

（六）按有关规定讨论审批所属党组织的成立、变更或撤销，讨论审批党员和处置不合格党员；研究决定召开党员代表大会的有关事项，对需要由党员代表大会表决的事项事先进行审议和提出意见。

（七）讨论决定思想政治工作和精神文明建设、民主法治建设、维护稳定工作、社会管理及综合治理等方面的重要问题。

（八）研究审定困难党员、群众补助资金分配原则、福利待遇等问题。

（九）研究以党委名义上报、下发的重要文件和材料。

（十）其他需要党委研究的问题。

三、党委会议议事程序

（一）会前准备。会前农场党办应根据党委的安排，做好党委会议议题征集工作，及时将需要提交党委会研究的议题进行汇总，报告党委书记、副书记，明确会议议题、内容和程序，一般在会前2天将开会时间、地点、议题以书面或其他形式通知与会人员。

（二）讨论和表决。会议对议论议题应安排足够时间进行讨论。讨论决定问题时，应畅所欲言，充分发表个人的意见。各党委委员允许有不同意见，但不能没有意见。主要负责人应当在班子成员允许发表意见的基础上，再表明自己的意见。因故未到党委委员的意见，可用书面形式提出。

党委会在充分发扬民主的基础上，按照少数服从多数的原则进行决策，重要问题需要进行表决。表决时，以赞成票超过应到会党委委员的半数为通过。表决可根据讨论事项的不同内容，分别采取口头、举手、无记名投票或记名投票的方式。

会议如对重要问题发生争论，双方人数接近，除在紧急情况下必须按多数人意见执行外，应当暂缓作出决定，会后进行调查研究，交换意见，并进一步酝酿，提交下次会议进行表决。必要时，可将争论情况向上级党委和有关部门报告，请求裁决。

（三）形成纪要。党委会决定事项应编发会议纪要，除有特殊保密要求的议题，内容可以从简外，会议纪要须记录每个议题讨论、表决情况及最后决定。

四、党委会议具体要求

（一）党委会议，每月至少召开一次，遇有重要紧急问题需要即时研究的可随时召开。党委会必须有三分之二以上党委委员到会方可举行。党委会由党委书记召集并主持，党委委员参加，党委办公室主任列席，负责会议记录。也可委托副书记召集并主持。对重大突发事件和紧急情况，来不及召开党委会的，党委书记或副书记、党委委员可相机处置，但事后应及时向党委会报告。

（二）党委会议应有专人记录，详细记录会议时间、地点、参加人员、主持人、会议的议题、每个党委委员发言的主要观点和明确意见。属于表决的，须注明是口头还是投票表决，并记录同意、不同意和弃权的票数，暂缓表决的意见。会议记录须经会议主持人审阅签字后，由专人保管，并按有关规定存档。党委委员有权查阅党委会议内容，了解本人发言及表决情况。

（三）党委会与会人员在议事中必须讲党性，顾大局，实事求是，公道正派。严禁违反议事程序决定重大问题，违规作出的重大决定无效，并追究有关人员的责任。

（四）党委委员必须严格执行回避制度。凡讨论干部任免、奖惩等事项时涉及与会人员本人及其亲属的，本人必须回避。

（五）党委委员对应该保密的党委会内容、讨论表决情况必须严守秘密，不得泄露。

（六）党委会决定的事项，由委员按照职责分工负责组织实施，决定实施情况及时向党委会报告，接受党委监督。

（七）党委委员对党委会决定有不同意见，可以保留，也可向上级党委反映；在执行中发现新的情况可提请党委会重议，但在党委会没有作出新的决定之前，任何人不得擅自更改党委会的决定。

关于加强农场党委抓基层党建工作责任制的安排意见

各党支部、各单位：

为深入贯彻落实中共中央办公厅《关于建立健全地方党委、部门党委（党组）抓基层党建工作责任制的意见》，进一步明确红旗坡农场党委及班子成员抓基层党建工作的责任，不断加强和改进党的基层组织建设，提高党的执政能力，巩固党的执政地位，现根据《中国共产党章程》和党内有关规定提出如下意见。

一、抓基层党建工作的总体要求

以邓小平理论和"三个代表"重要思想为指导，全面落实科学发展观，进一步强化党的执政能力建设和先进性建设，努力形成责任明确、领导有力、运转有序、保障到位的工作机制，结合基层组织建设年活动，加强基层组织建设整顿工作，推动基层党建工作科学化、制度化和规范化，不断增强基层党组织的创造力、凝聚力和战斗力，为促进红旗坡农场和社会各项事业跨越式发展提供坚强的组织保证。

二、抓基层党建工作的主要原则

（一）坚持党要管党、全面从严治党。充分发挥党委在党建工作中的关键作用，始终把党建工作摆在突出位置，纳入农场经济社会发展体系一并研究、规划、部署和考核。明确责任，强化措施，整合各方面力量，切实加强领导和指导，推动工作深入开展。党委领导班子要亲自抓基层党建工作，督促各方面切实履行好职责，努力形成上下联运、齐抓共管，一级抓一级、层层抓落实的工作局面。

（二）坚持围绕中心、服务大局。始终把基层党建工作放到建设社会主义新农村、全面建设小康社会的大局中去研究和谋划，按照自治区党委、地委的重大决策和工作部署，全力抓好基层党建工作，促进农场改革发展稳定及各项工作任务落到实处、取得实效。

（三）坚持分类指导、整体推进。坚持从基层单位党建工作的实际出发，结合党组织的性质和特点，找准基层党建工作的着力点，有针对性地确定目标，强化措施，全面推进。坚持思想、组织、作风、制度和反腐倡廉齐头并进，不断提升基层党组织的整体建设水平，推动党建工作迈上新台阶。

（四）坚持与时俱进、开拓创新。要努力把握基层党建工作的客观规律，不断提出新思路、寻求新途径、实现新突破。要以改革的精神研究新情况、解决问题问题、总结新经验，创新工作机制，拓展工作领域，改进工作方法，使党的基层组织和党员队伍始终充满生机与活力。

三、抓基层党建工作的主要责任

（一）贯彻执行中央和上级党组织关于基层党建工作的决议、决定和指示，研究制定本单位基层党建工作规划、计划、制度和措施，并组织实话。

（二）建立健全党的基层组织，适应新形势、新任务的发展要求，结合农场改制工作，总结和扩大基层组织建设年工作成果，创新基层党组织的设置方式，改进工作方法的活动方式，领导和指导基层党组织有效开展工作，不断扩大党的工作覆盖面。

（三）加强基层党组织领导班子建设，农场党委将在能不能团结带领群众又好又快地发展、及时敏锐地发现和解决本单位的问题、维护社会稳定等方面，选好配强党支部书记，优化领导班子结构，及时整顿软弱涣散、不发挥作用的党组织。

（四）加强党员队伍建设，指导基层党组织做好发展党员工作，培养壮大入党积极分子队伍，注重在生产一线、优秀团员青年中发展党员，尤其在基层分场干部、致富能手、科技示范户中发展党员。加强对党员特别是流动党员的教育、管理、监督和服务。完善民主评议党员制度，认真做好处置不合格党员工作。引导党员自觉履行义务，保障党员充分行使权力。建立健全党员服务机构，积极开展党内关怀帮扶活动。

（五）大规模开展党员培训工作，大幅度提高党员队伍素质。对在职党员的培训时间每年不少于8天，对基层分场党员培训时间累计不少于4天。

（六）依据年初制定的目标责任考核内容和细则，按照基础工作、重点工作、创新工作等方面，实事求是，定期不定期地做好基层党建工作的督促检查，公开、公正、公平地做好考核评价工作。

四、抓基层党建工作要达到的主要目标

（一）组织坚强有力。党的基层组织健全，设置合理，隶属关系明确，领导班子团结，各项制度健全配套，发展思路清晰，落实措施得力，真正成为促进农场改革发展稳定的坚强战斗堡垒。

（二）党员作用突出。广大党员自觉运作最新的理论成果武装头脑，理想坚定，政治坚强，宗旨观念牢固，在生产、工作、学习和社会生活中充分发挥先锋模范作用，为农场经济发展和各项建设做出积极贡献。

（三）工作得到促进。党的路线方针政策得到贯彻落实，科学发展观得到全面落实，广大党员和群众的积极性、创造性得到发挥，影响改革发展稳定的突出问题得到解决，各项工作取得新进展。

（四）人民群众满意。基层党建工作体现群众意愿，组织群众、宣传群众和服务群众工作成效明显，群众权利得到有效维护和发展，党群干群关系密切，无无序集体越级上访。

五、抓基层党建工作的主要工作措施

（一）建立和落实领导责任制。各基层单位党支部书记要牢记树立"不抓党建是失职，抓不好党建是不称职"的观念，不断强化抓基层党建工作的责任意识，把基层党建工作列入重要议事日程。农场党委对基层党建工作负总责，书记是抓基层党建工作的第一责任人，分管领导是主要责任人，各党支部书记是直接责任人，领导班子其他成员根据分工抓好职责范围内的基层党建工作。各党支部要建立健全党建工作领导小组，每年要至少两次向农场党委汇报基层党建工作情况。

（二）建立和落实基层党建工作重点调研制度。农场党委和基层党支部要结合党建工作实际，每年确定重点课题，组织党员干部进行专题调查研究，总结成功经验，发现问题和不足，提出切合实际、富于创新的办法、措施，形成调研报告。领导班子成员要经常深入基层，总结推广典型经验，研究解决实际问题，推动工作深入开展。要注重调研成果的转化和应用，将理论成果转化为实践成果，将实践成果转化为制度成果，并在工作中不断总结完善，形成长效工作机制。调研工作要认真细致、扎实深入，力求通过调研解决一些突出问题。各党委及各基层党支部形成的调研报告在每年12月20日前报农场党委党建领

导小组办公室。

（三）坚持和完善党员领导干部联系点制度。进一步完善农场党委班子成员基层组织建设联系点工作制度，班子成员都要结合各自分工，建立基层党建工作联系点（班子成员具体联系单位党组织及协办科室、协办人安排另文通知），帮助基层总结新鲜经验，以点带面，指导推动面上的工作。要经常深入联系点具体指导，帮助联系点理清思路，确定目标，制定措施，解决问题。要注重从整体上推动联系点工作的开展，努力把联系点建成党的建设示范点，以点上的经验推动面上的工作。

（四）实行抓基层党建工作述职制度。农场各基层单位党支部书记每年要向党委报告抓基层党建工作情况。农场党委每半年定期听取各党支部书记抓基层党建工作情况述职，一般在每年6月底和12月底完成。召开述职会议时，农场党委书记、副书记和有关领导参加。述职坚持实事求是，客观真实，重点突出，特色鲜明，反映基层党建工作和支部书记抓基层党建的真实情况。农场党委书记对述职情况进行总结，对各党支部书记履行职责情况作出总体评价，指导存在的问题和不足，提出需要改进的工作和要求。

（五）建立和落实基层党建工作载体。结合本单位实际开展主题实践活动，确定工作载体，不断深化拓展。以建设社会主义新农村、构建和谐社会为主题，深化党建示范点和"五个好"党组织创建活动、"双创活动"、党员设岗定责活动、党组织和党员承诺活动、党务公开活动等活动。以服务群众、服务社会为主题，大力推进基层党组织、工作、服务"三覆盖"建设。

（六）坚持开展争先创优、示范全名表彰活动。各基层党组织要根据基层党组织和党员干部队伍建设的目标任务和具体要求，深入开展"五个好"党组织创建等"创先争优"活动，努力形成比学赶超的浓厚氛围。要以先进基层党组织创建活动和各种行之有效的载体活动为抓手，不断丰富活动内容，创新方式方法，培育一批成绩突出、群众公认的先进基层党组织和个人。深入推进党建示范点建设，切实发挥示范点的示范辐射和带动引领作用，不断提升基层党建工作水平。大力推选表彰先进基层党组织、优秀党支部书记和优秀共产党员，农场党委在每年年初全名一批"五个好"党组织，于每年"七一"表彰一批先进基层党组织、优秀党支部书记和优秀共产党员。深入宣传新形势下先进基层党组织和优秀共产党员的先进事迹，及时总结、推广、介绍基层党建工作的好经验、好做法，形成积极向上、奋发有为的浓厚氛围。

（七）强化督促检查和指导。农场党委采取随时督查、巡回检查和随机抽查等方式，每月定期或不定期地对基层党建工作进行督促检查，重点督查各级责任人履行抓党建工作责任制情况，把履职情况作为评优评先的重要依据。检查着重放在党员经常性教育、党员联系和服务群众、流动党员管理等基层党建工作各项制度的落实情况，认真研究和解决工作中存在的问题，努力营造运行规范、落实有力的良好工作局面。

（八）建立健全考核激励机制。农场党委结合目标管理、业绩考核等，把抓基层党建工作的情况纳入领导班子和领导干部考核、年度工作实绩考核内容，认真进行考核和群众满意度测评，根据考核结果表彰先进，鞭策后进。

六、考核及考核结果的运用

（一）农场党委把抓党建工作责任制的落实情况作为考核领导干部的重要内容，与经济社会发展和业务工作同安排、同检查、同考核。主要考核重大部署、重要工作落实情况以及结合实际创造性开展党建工作的情况。

（二）考核评价坚持自查述职、上级检查、群众评议相结合，全面考核各党支部党建工作目标的完成情况，重点评价党支部抓基层党建工作责任制的落实情况。考核结果以适当方式公开，接受群众监督。对抓基层党建工作业绩突出的，予以表彰；对抓基层党建工作不力、没有达到目标要求的，予以通报批评，限期整改；对不认真履行职责，责任范围内基层党建工作存在的问题没有得到及时解决，有"不作为"现象，造成不良影响和严重后果的，依据有关规定追究相关责任人的责任。

（三）农场党建工作领导小组办公室负责基层党支部书记履行党建工作责任制的检查考核。并对各基层党组织抓党建工作情况进行通报。

红旗坡农场党委中心组学习制度

为提高领导干部政治理论素质和政策水平，提高分析和解决实际问题的能力，增强工作的原则性、系统性、预见性和创造性，促进领导班子思想作风建设，推进农场的改革与发展，加强和改进干部队伍的全面建设，制定本学习制度。

一、组成成员和职责

（一）中心组由党委成员、正科级以上领导干部（含主持工作的副科领导）组成。中心组成员工作变动时，应及时进行调整、充实。

（二）党委书记任中心组组长，党委副书记任副组长。组长对中心组学习负总责，审定学习计划，主持中心组学习和年终全面考核，定期不定期检查中心组成员的学习情况。副组长协助组长工作。

（三）党委秘书组担任中心组秘书。参与学习计划的制定，负责学习计划、学习活动的具体安排，负责学习记录、学习考勤考核、学习档案和学习资料的准备工作，及时完成中心组组长、副组长交办的其他工作。

二、学习内容

（一）学习马克思列宁主义、毛泽东思想、邓小平理论、"三个代表"重要思想和科学发展观、习近平新时代中国特色社会主义思想。

（二）学习党的路线、方针、政策、法律法规、重要文献。

（三）学习自治区、地区的重要文件、重要会议精神和领导人的重要讲话。

（四）学习林果业生产管理、市场经济、科技、法律等方面知识，与业务工作的学习结合起来，不断提高理论素质和领导工作水平。

三、学习时间、方式和方法

（一）学习时间。中心组每月至少集中学习一次，每次学习保证 3 小时，全年学习不少于 10 次，全年必须保证 40 学时的学习任务。遇特殊情况可以增加学习次数和时间。

（二）学习计划。每年年初由学习秘书根据中央、自治区、地委的学习要求，依据地委的部署，结合农场实际，对全年理论学习作出计划安排，送中心组组长审定。年度学习计划要对学习目的、学习专题、阅读书目、中心发言作出明确规定，并提出具体要求。中心组每一位成员都要根据农场年度学习计划制定个人自学计划，并报中心组组长审阅。

（三）学习方法。集中学习与个人自学、集体讨论和个别交流相结合、系统通读与专题辅导相结合、日常自学与集中培训相结合。

个人自觉。每次集中学习前，中心组成员根据中心组安排的学习专题认真阅读有关文件和书目，深入基层调研，做好读书笔记，进行集中学习讨论。在搞好自学的基础上围绕农场改革与发展的实际，针对重点、难点和热点问题，写出发言提纲。

集中学习讨论。每位成员必须认真做好学习笔记，按事先布置的题目，准备好发言及材料，发言既要围绕主要议题，又要各抒己见，交流的内容应有一定的理论深度，观点要鲜明。交流的内容必须紧密联合工作实际，认真思考，切实做到理论联系实际。采取专家作辅导、看录像、重点参观等多种形式，开展理论学习和研讨活动。

四、学习要求

（一）中心组成员要从讲政治、讲正气的高度认真坚持理论学习，以积极的、主动的、饱满的政治热情坚持参加中心组学习，场领导班子成员要作出表率。

（二）中心组成员要树立"不学习不是好干部、学习不好不是称职领导"的自律意识，要根据学习计划的内容，认真坚持自学和参加集中学习讨论并做好学习笔记。

（三）集中学习讨论前，中心组成员应统筹安排好工作，做到学习时不请假、不会客、关闭手机，保证时间、集中精力参加学习和讨论。因公务等特殊情况不能参加学习的，应向组长请假，并主动补课。

（四）中心组学习要始终坚持理论联系实际的学风，紧密联系工作实际和思想实际，着力解决在党性、党风方面和工作中存在的突出问题。中心组成员要结合农场工作出现的新情况、新问题，注重调查研究，每人每年至少撰写1篇结合实际的学习论文或调研报告。

（五）紧紧抓住理想信念这个核心，不断增强改造主观世界的自觉性。把理论学习同解决自身在党性党风方面存在的突出问题结合起来，找差距、查不足，不断增强党性修养和拒腐防变能力，进一步坚持正确的人生观、价值观。

（六）根据学习的需要，保证及时购买书籍、资料等学习所需服务器和落实其他有关费用，做到经费安排到位。

五、学习考核

（一）严格学习考勤。每位成员集中学习时必须实习签到制度，因故不能参加学习的，须向组长请假，每半年由组长负责通报一次学习考勤情况。年终对中心组成员的学习情况进行全面考核，考核结果作为个人年度实绩考核的内容之一。

（二）每次重大的学习内容或活动结束后，中心组成员应结合本人的思想和工作实际写出学习体会或论文。

（三）建立学习档案。学习档案包括学习制度、学习计划、学习记录、集中学习考勤情况、中心组成员撰写的学习论文（学习心得或调研报告），平时检查和年终考核结果，年度学习总结等。

党委中心组学习制度是加强党委自身建设和干部队伍建设的重要举措。党委书记要亲自抓，党委其他成员要高度重视，切实履行好自己的职责，积极参加学习研讨，同时要抓好分管部门的学习。要把坚持学习制度、完成学习任务的情况以及运用理论指导工作，加强党性锻炼方面的情况作为年终述职的重要内容，作为干部考评的重要依据。

红旗坡农场基层党组织（党支部）议事制度

为进一步加强农场基层党支部建设，保证农场党委各项决定、决议的贯彻执行，实现基层组织工作的科学化、制度化、规范化，结合农场实际，制定本制度。

一、议事内容

（一）传达学习上级党政重要会议精神和重要指示、决定、决议，研究具体贯彻措施。

（二）讨论研究党支部年度工作计划。制定党员干部思想政治教育工作任务，分析党员思想政治状况，讨论确定组织开展党员思想政治教育活动内容。

（三）研究党组织建设、新党员的发展、预备党员转正工作，制订单位的发展工作计划。

（四）领导班子确定的责任分工，制定产业结构的调整方案及中心工作完成措施。

（五）重大突发事件和紧急情况的研究处理。

（六）研究确定单位重大财务开支事项，支出在5000元以上（含5000元）的，必须经支委会议决定，开支在5000元以下的事项由单位主管领导审批使用。

（七）党支部在聘用干部时，必须经过支委会集中研究决定，报农场党委审批、备案。

（八）研究确定分场（队）考核工作、党员干部的评先评优及奖金分配方案。

（九）组织开展党支部年度工作总结及党员民主评议工作。

（十）组织开展党支部场（队）党务、政务公开工作。

（十一）决定必须由党支部讨论的其他事项。

二、会议的确定和召开

（一）党支部委员会讨论议题，由支部委员提出，支部书记审定后，提出正式议题。

（二）支部委员会由书记召集并主持。每月至少召开一次，如遇重要情况可随时召开。

（三）支部委员会必须有半数以上支委委员到会才能举行。

三、议事规则

（一）坚持集体领导的原则。凡属党支部委员会职责范围内决定的问题，严格按照少数服从多数的原则，必须由集体讨论决定，任何个人或少数人不得越权决定重大问题。

（二）支部委员会讨论决定重要问题，必须根据民主集中制的原则，在充分酝酿的基础上作出决定。

（三）议决事项的一般程序：由议题的主要提出人就议题进行汇报；支部委员就议题发表意见，并明确表明同意或不同意的态度；会议主持人归纳委员讨论情况，提出初步意见；到会的支委委员进行表决。

（四）支部委员会决定问题时，实行一人一票表决制，表决以超过应到会的半数赞成为通过，未到会支委委员的书面意见不计入票数。表决可根据讨论事项的不同，选用口头、举手、无记名投票或记名投票的方式。

（五）支部委员会决议的事项，必须做好会议记录，议决的重要事项应及时向党委或有关领导汇报。

四、实话议决事项的要求

（一）支部委员会议决的事项，支部委员要带头维护和执行，个人有不同意见允许保留，但必须无条件地服从和执行集体的决定。支委会对决议的事项的执行，要做出明确分工，落实责任。

（二）支部委员会议决的重要事项，要保持相对的连续性和稳定性，不得随意作出变更。确需对决策进行重大调整或变更时，应由支委会决定。

（三）支部全体党员必须以认真负责的态度，贯彻执行支委会的决定，并及时汇报执行决定的情况和需要帮助解决的问题。

红旗坡农场党员干部联系群众、服务群众工作制度

为增强党员的宗旨意识，密切联系群众，自觉服务群众，切实落实党章规定的群众路线的宗旨，结合基层组织建设年活动和地区赴基层、转变作风、服务群众活动，特制定红旗坡农场党员干部联系群众、服务群众工作制度。

一、联系和服务群众工作的任务

（一）做好群众的思想政治工作。积极向群众宣传解释党的路线方针政策和国家的法律法规，传达国家、自治区、地区有关方针政策和部署，激励广大干部职工树立正确的利益观，凝聚群众力量。

（二）认真听取并反映群众的意见。深入基层，体察群众情绪，倾听群众呼声，掌握意愿和要求，做群众工作的知情人。

（三）帮助群众解决实际困难。关心群众，为群众办好事、办实事、解难事，帮助解决群众在工作、学习和生活上的实际困难、问题及思想上的困惑，做群众的知心人。

（四）尊重和维护群众的合法利益。尊重和维护宪法、法律赋予的各项权利和正当利益，自觉同侵害群众合法权益的现象作斗争。

（五）接受群众的监督。把联系和服务群众作为向群众学习的过程，从中汲取营养，自觉接受群众的教育、评议和监督。

二、联系和服务群众工作的内容与方式

（一）建立健全联系点制度。党员干部都要明确联系点。要经常深入联系点调研，与基层职工群众座谈交心，了解联系点群众的思想状况，切实解决实际问题。

（二）坚持调查研究制度。农场、基层单位领导班子成员要坚持调查研究，制定和落实调研计划；党员干部每年要经常深入基层调研。要改进方法，提高质量，注重实效，防止和克服形式主义，要总结形成有价值的调研材料。

（三）完善决策制度。按照集体领导、民主集中、会议决定的原则，完善党内议事和决策制度。完善深入了解民情、充分反映民意、广泛集中民智、切实珍惜民力的决策机制，扩大广大职工和群众的参与度。对涉及群众利益的重大问题，要广泛征询基层党员、

群众的意见，充分进行协商和协调，保证决策的科学化、民主化。建立和完善与群众利益密切相关的重大事项公示制度，高度重视和维护群众的利益。

（四）坚持送温暖制度。要经常开展党员干部下基层、送温暖活动，力所能及的帮助基层解决实际困难，尽心竭力地为群众办实事。

（五）建立健全信访接待制度。要认真贯彻落实群众来访接待制度，农场领导要坚持亲自批阅重要来信、接待重要来访，不断提高领导干部信访接待的工作成效，切实解决好群众反映的信访问题。

（六）建立健全定期征求群众意见制度。要充分发扬民主，坚持走群众路线，根据具体情况，采取公开设置意见箱、电子信箱、召开座谈会等方式，方便群众反映情况。在每次领导班子民主生活会召开之前，广泛征求干部群众的意见和建议。定期走访工作服务对象、单位的群众，诚恳征求他们对工作的意见和建议。

三、联系和服务群众工作的要求

（一）党委、基层党支部每位成员要确定联系 1～2 个联系点，基层党员干部要确定 1～2 名联系群众。负责联系和服务基层的农场党委成员，每年至少 1 次参加并指导联系点领导班子民主生活会。

（二）负责联系的领导干部每年要到联系点调研不少于 2 次，畅通联系职工群众渠道，形成联系群众职工群众网络，协调有关方面按政策解决好职工群众反映强烈的突出问题和事关职工群众切身利益的实际问题。

（三）负责联系群众的党员领导干部要定期将联系和服务群众工作的情况向党委汇报，汇报内容包括联系对象的基本情况、工作、学习及思想情况，以及自己帮扶的情况。要加强对联系和服务群众工作的督促、指导与检查，掌握情况，互相交流，形成制度。

红旗坡农场场务工作督察办法（试行）

第一条　为认真贯彻国家法律、法规和地委、行署及其有关职能部门、红旗坡农场党委的重要决定，确保政令畅通，改进场务工作作风，结合农场实际，特制定本办法。

第二条　农场党委办公室（以下简称农场党办）负责农场场务工作的督察工作，其主要职责是制定农场场务工作督察相关规章制度和督察计划并组织初稿。

农场机关相关部门积极配合农场党办做好相关督察工作，并针对督察中发现的问题按照职责分工认真做好整改工作。

第三条　场务工作督察的主要任务是：紧紧围绕农场党委各个时期的中心工作，突出重点，狠抓落实，积极、有效地对农场各党总支、党支部贯彻执行国家法律、法规和地委、行署及其有关职能部门、农场党委的重要决定、领导交办事项等进行督促、查办、催办、协调和反馈。

第四条　督察内容

（一）地委、行署及其有关职能部门、农场党委明确规定需要报告贯彻落实情况的事项。

（二）地委、行署及其有关职能部门、农场党委会议决定需要落实并反馈结果的事项。

（三）地委、行署及其有关职能部门、农场党委领导讲话、批示需要查办落实并报告办理结果的事项。

（四）地委、行署及其有关职能部门、农场党委领导以其他形式交办的需要查办落实并报告办理结果的事项。

（五）其他需要督察落实的事项。

第五条　督察程序

（一）农场党办按照地委、行署及其有关职能部门、农场党委的要求，将需要督察落实的内容分解立项，明确承办单位和办结时限，提出办理要求，经分管领导同意后，下发《督查通知》或以其他形式将督察事项及要求交承办单位。

（二）承办单位要认真负责地向农场党办及相关部门报告公文和会议决定事项、领导讲话、批示和交办事项的贯彻落实情况。凡明确报告时限的，按照要求的内容和时限及时报告；没有明确报告时限的，一般要在 20 个工作日内办结。因特殊情况不能按要求时限报告的，要根据事情的轻重缓急，适时报告进展情况，待有结果后再续报。农场领导对交办单位有特殊要求的，要特事特办，及时报告查办结果；确因情况复杂等原因难以在规定时限反馈或办结的，要及时向农场党办报告原因，并在规定的时限内先报告办理进展情况，待办结后再续报查办结果。

（三）承办单位应按要求及时、全面、准确地向农场党办及相关部门报告公文和会议决定事项、领导讲话、批示和交办事项的落实情况，报告内容包括：本地、本部门落实公文和会议决定事项、领导讲话、批示和交办事项的部署和安排，抓落实的具体实施办法，落实过程各个阶段的情况，落实中的成绩和经验、遇到的困难、问题以及解决问题的建议等。承办单位在反馈落实情况时，要讲真话、报实情，提供对农场党办抓落实有参考价值的情况和建议。

（四）农场党办接到承办单位向农场党委报送的反馈报告后，要及时汇报整理，经办公室主任把关，呈送分管领导或场长、书记阅示。根据农场领导要求，对本级督察件在适当范围内通报。

第六条　督察方式

（一）专项督察。对重大决策、重要工作部署或农场领导指示、交办的事项，按问题分解立项，确定承办部门，提出办理要求，制发《督查通知》督促有关部门按规定时限落实。

（二）催办督察。对规定需要落实的事项，采取发催办通知单、打电话等形式，督促承办部门按时上报贯彻落实情况。

（三）实地督察。对重要的督察事项，由督察人员直接配合承办部门进行实地督察落实。

（四）跟踪督察。对一些关系全局的重大事项，在阶段性督察基础上，进行动态跟踪督察，掌握全过程的进展情况。

第七条　督察制度

（一）专人负责制度。督察督办工作要按照专人负责的原则，做到件件有落实，事事有部门承办，结果有反馈。

（二）检查制度。在督察督办工作过程中，农场党办要根据不同工作内容运用不同的形式，对被督察单位的工作进展情况和落实情况进行普遍检查和重点抽查。

（三）报告制度。凡重要文件和重大工作部署下达后，农场党办应将各党总支、党支部的工作进度和落实情况及时向农场党委写出报告；对各党总支、党支部在执行中遇到重大、特殊的问题，应随时报告。

（四）情况通报制度。农场党办通过督察专报等途径，定期或不定期对各党总支、党支部落实上级和本级重大决策、重要工作部署以及重要批示的办理情况，在一定范围内进行通报。对落实好的予以表扬，加以推广；对不足之处，及时指出，督促改进；对落实不到位的，要进行通报批评，必要时将通报情况呈报农场党委主要领导和分管领导。

第八条　结果处理

（一）督查组应在督察结束后10个工作日内向农场党办提交书面督查报告。

（二）督查通报由农场党办印发各党总支、党支部。各被督查党组织在接到督查通报后20个工作日内，应及时进行整改，并就整改情况向农场党办提交书面报告。农场党办根据整改情况适时组织复查，直至达到整改目标。

（三）对督察中发现的问题，农场规章和规范性文件有相关处罚规定的，依照规定执行；未作规定的，按管理权限给予通报批评、警告、责令改正以及罚款等处罚，并将结果纳入绩效考核。

（四）农场党办每年将对各党总支、党支部综合督察情况按评分结果进行排序，并对排序前三名的党组织予以通报表扬；对工作中好的经验和做法予以推广。对督察中发现问题较多、性质较严重的党组织，给予通报批评，并建议追究责任人的相关责任。

红旗坡农场关于改进工作作风、密切联系 群众的十项规定

根据中共中央政治局、自治区党委及地委关于改进工作作风、密切联系群众的有关规定，党委决定，从党委班子做起，率先模范遵守，带头真抓实干，切实做到调查研究不走过场、公务接待不求奢华、宣传报道突出价值、办文办会讲求实效，工作生活力求节俭，推进农场跨越式发展和长治久安，与全国同步全面建成小康社会目标的实现。

一、自觉加强学习

牢固树立终身学习观念，完善集体学习制度，推动理论学习制度化、规范化。党委理论学习中心组原则每月举行一次集体学习，结合民族团结教育月、党风廉政教育月等活动，灵活制定学习计划，精心组织党的方针政策、法律法规、廉洁自律等方面知识的学习，确保取得良好效果。认真学习党章，坚定理想信念，站稳政治立场，讲党性、重品行、做表率，以实际行动彰显共产党人的人格魅力。

二、改进调查研究

党委要经常深入基层一线和各族干部群众中进行调研，到基层调研每年应不少于50天。针对关系职工群众切身利益的难点热点问题，切实帮助基层出主意、想办法、解难题。加大扶贫帮困力度，建立完善走访慰问长效机制。提倡蹲点调研，不打招呼、不作安排的随机性调研。要轻车简从，尽可能集体乘车；减少陪同和随行人员，不搞层层陪同，

不给基层干部和群众增加负担。坚持和完善领导干部接访制度。

三、精简会议活动

提高会议质量和效率，切实减少各类会议活动。严格把关党委会材料，未经分管领导审核把关的议题坚决不上会，遇有特殊情商临时决定召开。压缩会议数量和规模，能通过文件或其他方式传达会议精神、部署工作的不再召开会议，内容相同或相近的会议合并召开。必须召开的会议，要准备充分，简化程序，讲实话、讲短话、讲管用的话，减少集中开会和层层开会。未经批准，不得举办各类节会、庆典活动。不出席与自己分管工作不相关的活动，确需出席的按程序报批。党委对全场工作部署后，分管领导抓好贯彻落实。

四、精简文件简报

减少发文数量，法律法规已有明确规定的一律不再发文，现行文件规定仍然适用的不再重复发文，没有实质内容、可发可不发的文件一律不发，全文公开播发见报的一律不再发文，可长可短的文件一定要短。压缩公文篇幅，不讲空话、套话。一般性的文稿必须正反面打印或印刷，杜绝浪费现象的发生。

五、规范考察活动

合理安排、严格控制考察活动，没有招商引资任务、重大工作交流等实质性内容的外出活动一律禁止。经批准的外出学习、考察活动，不得擅自更改行程、增加考察地区、延长考察时间、增加考察费用。外出学习、考察活动，从严控制人数和次数。对外出学习、考察等一律不准探望、接风、送行。

六、规范检查考核

农场综合考核要规范设置、科学量化、突出重点、严格程序、保证效果。要严格控制时间和规模，不得以检查考核为由增加基层，影响职工群众的正常生产经营。

七、改进安全保卫工作

上级领导来农场检查调研、出席活动，严格按照上级规定要求执行。不得限制职工群众的正常的生产经营活动。

八、厉行勤俭节约

带头艰苦奋斗、勤俭办事创业，坚决反对讲排场、比阔气、大手大脚、铺张浪费。公务接待用餐要严格执行有关规定，不得擅自提高接待标准。领导干部或工作人员到基层单位检查指导、开展调研等工作，一般不安排就餐，确因工作需要的，在农场区域食堂实行工作餐，不提高标准，不安排宴请。举办会议活动要简约简朴，不发放不必要的文具，严禁发放纪念品。

九、坚持廉洁自律

严格执行领导干部党风廉政建设责任制和廉洁从政若干准则，自觉抵制庸、懒、散、奢等不良风气。带头移风易俗，在办理婚丧喜庆事宜中严格执行有关规定。自觉接受组织和群众的监督，以良好的作风和奋发努力的精神状态当好表率、取信于民。

十、领导干部要带头落实

领导干部要带头改进工作作风，带头深入基层调查研究，带头密切联系群众，带头解决实际问题，狠抓落实，确保实效，把改进工作作风、密切联系群众纳入领导班子、领导干部年度考核和民主生活会的重要内容。

红旗坡农场干部管理（暂行）办法

第一条　认真贯彻党的干部路线、方针、政策，坚持党管干部的原则，按照干部队伍革命化、年轻化、知识化、专业化的方针，结合企业人力资源管理机制，全面提升农场人力资源管理水平。

第二条　按照以岗定编、以编定员、以岗定薪的原则，结合农场每个时期的实际，建立《红旗坡农场干部岗位设置方案》，严格控制管理人员职数，努力降低管理成本，全面提高管理效率。

第三条　农场管理人员分为场级领导、中层管理人员、一般管理人员。场级领导为地委任命的党委成员和行署聘任的场长、副场长；中层管理人员为副科及以上管理人员；一般管理人员为产以下管理人员。除场级领导外的管理人员，实行聘用制，根据《中华人民共和国劳动法》和《中华人民共和国劳动合同法》实行劳动合同制。

第四条　建立和完善《红旗坡农场干部聘（任）用办法》，规范和约束场、分场两级党、政组织和领导干部在选人用人上的行为，积极实行公开竞聘、公开招聘等方式选拔管理人员，形成富有生机和活力的用人机制。

第五条　干部管理分农场、分场两级管理。中层管理人员的选拔、考核由农场组织实施。副科级以下管理人员的选拔、考核由分场或机关办公室组织实话，报农场人事部门审批审核备案。

第六条　选拔管理干部必须坚持的原则。

（一）党管干部的原则。

（二）德才兼备、任人唯贤的原则。

（三）群众公认、注重实绩的原则。

（四）公开、平等、竞争、择优的原则。

（五）民主集中制的原则。

（六）依法办事的原则。

（七）以岗定编、以编定员、以岗定薪的原则。

第七条　中层管理干部选拔的基本条件。

（一）具有履行职责所必需的理论政策水平。

（二）坚决执行党和国家的路线、方针、政策和法律、法规，立志农场改革发展和稳定事业并作出实绩，经民主测评，综合评价良好或优秀以上。农场干部考核结果胜任的。

（三）坚决执行农场党委、管委的指示和决定，努力完成各项生产、经济任务，带领职工、承包户发展生产、科技致富、勤劳致富。

（四）正确行使和履行党和人民赋予的权力，清正廉洁、不谋私利，经常深入生产第一线，深入群众，加强与群众的密切联系。

（五）必须做到本人及家属包括近亲属不欠农场管理费或其他债务。

（六）从本规定实施之日后，选拔的中层管理人员必须在下一级岗位工作三年以上，年龄在男45岁、女40岁以下，具备大专以上文化程度，近两年连续考核合格。

第八条　中层管理干部选拔程序。

（一）分场及科室主要领导干部选拔程序。1. 党委推荐。农场党委集体中个人按照中层管理人员选拔条件，根据农场组织人员提名推荐对象。推荐的人选必须在2人以上（包括2人）。2. 组织考察。农场党委、管委派专人组成干部考察组进行考察和民意测验。主要了解任（聘）用对象在德、能、勤、绩、廉方面的情况。3. 组织聘任。根据考察结果，党委或管委召开会议讨论决定人选。各科室、单位的行政领导由农场党委聘用，党务、政工干部由农场党委任命。

（二）副科级领导干部选拔程序。整科级领导干部按照问出竞聘方式进行选拔。1. 党委、管委根据工作需要，确定需要的岗位，发布竞聘公告。2. 组织参加竞聘的人员进行笔试。根据成绩确定面试人员。3. 面试。主要对参加竞聘人员的各项条件进行确定。4. 按照竞聘公告的要求进行竞聘演讲，确定入围人员。5. 农场党委、管委派专人组成干部考察组进行考察和民意测验。主要了解任（聘）用对象在德、能、勤、绩、廉方面的情况。6. 根据笔试、竞聘演讲和考察结果，党委召开会议讨论决定人选。各科室、单位的行政领导由农场管委聘用，党务、政工干部由农场党委任命。

第九条　中层管理干部聘（任）办法。

（一）经农场聘（任）的中层领导干部，聘（任）期限为三年（含试用期一年）。试用期考核不合格，解除聘（任）用。试用期满后，一年考核不合格者，职级降一级；连续两年考核不合格者，解除聘（任）用。聘（任）期考核连续三年合格者，可以继续聘（任），达到升迁条件者，按照选拔聘（任）程序聘（任）用。

（二）分场、机关科室的主要党政领导、负责人任职三年应予以交流，最多在同一个单位、部门任职务时间不能超过两届。场党委、管委应对全场中层管理干部作出交流计划，确因岗位或其他原因交流有困难的，在党务、政务岗位上实行轮换。分场实行党政领导交叉任职制度，基层园林队实行党政"一肩挑"。

（三）为推进干部队伍年轻化进程，从本规定实话之日后，凡是年龄男45周岁、女40周岁以上的同志在中层副职岗位的一般不再提拔担任正职，按考核情况晋级工资待遇。

第十条　一般管理人员聘（任）用办法。一般管理干部实行竞聘或招聘方式录用。

（一）一般管理人员录用条件。

1. 具有良好的品行，勇于担当；身体健康、无重大疾患，具有正常履行职责的身体条件。2. 具有所工作岗位的相关技术知识水平。3. 必须做到本人及家属包括近亲属，不欠农场管理费或其他债务。4. 从本规定实施之日后，一般管理人员必须在下一级岗位工作三年以上，具备中专及以上文化程度，连续两年考核合格。5. 新录用人员，年龄在男40岁、女30岁以下，具备中专及以上文化程度。

（二）一般管理人员录用程序。

1. 根据工作需要，确定需要的岗位，发布竞聘公告。2. 组织参加竞聘的人员进行笔试。根据成绩确定面试人员。3. 面试。主要参加竞聘人员的各项条件进行确定。4. 按照竞聘公告的要求进行竞聘演讲，确定入围人员。5. 进行考察和民意测验。主要了解任（聘）用对象在德、能、勤、绩、廉方面的情况。6. 根据笔试、竞聘演讲和考察结果，党委召开会议讨论决定人选。7. 报党委、管委审核批准。

（三）一般管理人员聘任办法。

1. 一般管理人员聘（任）期限为三年（含试用期一年，新录用人员试用期为三个月）。试用期不合格，解除聘（任）用，解除劳动合同。试用期满后，一年考核不合格者，工资降一级；连续两年考核不合格者，解除聘（任）用，解除劳动合同。聘（任）期考核连续三年合格者，可以继续聘（任），达到升迁条件者，按照选拔聘（任）程序选拔聘（任）用。2. 一般管理人员在同一个单位、部门任职务时间不得超过三届。财务人员在同一个单位任同一个职务为三年，确实需要最多不得超过两届（六年）。3. 为推进干部队伍年轻化进程，从本规定实施之日后，年龄男45周岁、女40周岁以上的在岗一般管理人员不再提拔，按考核情况晋级工资待遇。

第十一条　实行领导干部任职回避制度。场、分场领导任职回避的亲属关系为：夫妻关系、直系血亲关系和近姻亲关系，以上关系人员不得在同一单位担任同一级（含副职）管理干部，或在同一单位重要部门或重要岗位任职（人事、财务部门或岗位）。

第十二条　管理人员工资，根据农场生产经营特点及现代企业制度，采取多元结构的分配形式。分配办法由农场统一根据法律法规和企业效益，以岗位、职责、学历、职称、贡献积累（工作年限）多种要素构成的分配方案，经职工代表大会讨论通过后，售后在职在岗管理人员对照相应类别、职级享受相关待遇报酬，即《红旗坡农场管理人员工资实施方案》，并根据地区当年规定的标准，实行最低工资制度（包括勤杂工）。

农场人事管理工作的人员在职在岗期间可按国家规定享受探亲、休假、生育等相关待遇，逐步实行带薪休假制度。

第十三条　管理人员的考核及考核结果的应用。

（一）考核方式。考核包括平时考核、季度考核、年终考核。平时考核是指通过督导检查、个别谈话、专项调研等多种形式和渠道，了解干部的有关情况。半年考核是指按照农场整体部署和基层单位工作计划，考核基层领导干部半年的工作业绩情况，通过民主评议、总结汇报、专项调查等形式进行。年度考核是指年终对基层领导干部进行全面评定德、能、勤、绩、廉的考核。通过个人述职、群众评价、民主测评、农场领导综合评价等形式进行。

（二）考核组织。平时考核、季度考核由绩效考核督察室负责，年度考核由农场党委、管委安排统一组织实施。副科以上中层管理干部由农场党委、管委审核；一般管理人员由所在分场负责，机关一般管理人员由机关党支部负责，结果报人事组织部门审核备案。

（三）从本办法实施起，绩效考核督察室建立健全《红旗坡农场干部绩效考核管理办法》，根据每年农场安排的工作实际情况，确定考核的对象、内容、标准、程序。

（四）管理人员考核结果的应用。考核结果作为领导干部选拔任用、职务升降、奖惩、晋级、工资调升等重要依据。

1. 考核中连续两年被评为优秀、良好等次或三年被确定为称职等次的，优先考虑职务晋升，按《红旗坡农场管理人员工资实施方案》晋升工资等级。2. 被评为称职以上等次的，按《红旗坡农场干部绩效考核管理办法》规定兑现不同的绩效工资。3. 被评为不称职的，农场党委应对其提出诫勉、限期改进，不予考虑绩效工资。4. 试用期年度考核不合格的，一律解除聘（任）用，扣罚全年绩效工资。5. 试用期满后，一年年度考核被评为不称职，领导干部职级降一级，一般管理人员降工资一级，扣罚全年绩效工资。连续两年考核被评为不称职，领导干部解除聘（任）用，一般管理人员解除劳动合同，扣罚当年绩效工资。

第十四条　管理人员解除聘（任）用的规定：全场管理人员都应遵守农场规章制度和劳动合同规定，按照工作职责，完成本职工作任务。

（一）严重违反农场规章制度和劳动合同规定，达到解除聘（任）用程度的，应及时办理解除聘（任）手续，解除劳动合同。按照考核规定，经考核认定不合格或不能正确履行职责的，按照规定应解除聘（任），解除劳动合同。个人申请辞职的管理人员，按照劳动合同规定执行。

（二）在职干部不得私自承包土地。否则，解除聘（任）职务，按承包户身份处理。

（三）在职干部不得私自人事果品经营活动。否则，解除聘（任）职务，解除劳动合同。

（四）在职干部利用职务之便为亲戚、朋友划拨土地、宅基地或倒卖土地、宅基地的，解除聘（任）职务，解除劳动关系，党员给予党内纪委处分，情节严重的移交司法机关处理。

（五）农场干部在征地、拆迁过程中，违反国家规定，煽动亲戚、朋友和其他拆迁户阻碍征地、拆迁工作的，阴谋套取国家政府拆迁资金的，解除聘（任）职务，解除劳动关系，党员给予党内纪律处分，情节严重的移交司法机关处理。

（六）在职干部在工作中有令不执、有禁不止，发现问题不及时上报，社会道德低下的，解除聘（任）职务，解除劳动关系，党员给予党内纪律处分，情节严重的移交司法机关处理。

（七）副科及以上中层管理人员的解聘（任）经党委研究决定，人事组织部门实施；副科以上管理人员的解聘（任），由所在单位（部门）总支（支部）研究决定，报农场人事组织部门审核。

（八）解除聘（任）用的干部，不再保留聘（任）用期间的待遇和干部身份，聘用劳动合同终止。

（九）因年龄或身体条件不再续聘的管理人员，在农场有承包地的，可以转为职工，签订职工劳动关系合同，按职工身份管理执行。

红旗坡农场土地管理（暂行）办法

为把本场土地管理工作纳入法制化、规范化、科学化轨道，依照《中华人民共和国土地管理法》的有关规定，结合本场实际，特制订本管理（暂行）办法：

第一条　根据《中华人民共和国土地管理法》的相关规定，任何单位和个人不得侵占、买卖或者以其他形式非法转让土地。农场土地属于国有性质，他与农村集体经济组织土地有着根本性的区别，农村集体所有土地是以"人人都有一份"的方式分配而获得土地承包经营权的，农场作为国有农业企业，其土地承包经营权主要是按职工身份（国有、非国有）及通过公开竞标、拍卖经营权方式获得土地承包经营权，土地（果园）经营责任承包必须严格按照农场管理办法和责任承包合同履行责任和义务。故土地承包经营权转让、继承都应以合同约定为依据，禁止农场土地自由流转，但因特殊原因需要转让土地承包经营权的必须经农场审批。

第二条　土地承包人因调动、退休、死亡，经劳动部门鉴定丧失劳动能力又无经济能力继续承包而主动提出的，可依法进行土地承包经营权的转让。本场的职工和承包户土地承包经营权的转让，优先转让给本场的职工及有意在农场承包土地服从农场管理的老职工子女，或者转让给有经济实力和一定的园艺管理技术的外来人员。

第三条　土地承包经营权转让双方，必须写出书面报告经分场同意报农场批准并清理完债权债务后，经具有评估资质的机构据实评估，即将果园分为三部分评估：（一）土地所有权价值；（二）土地上的果园（青苗）及合同剩余期的预期效益（人工管理积累、物化投入等）；（三）附着物（房屋、棚圈）。1. 土地使用权价值（拆迁征地时为土地补偿、安置补偿）归农场；2. 承包地上的青苗（果树）经评估后应以农场和承包人各50％；3. 附着物（房屋、棚圈）归承包者个人。因公益事业和政府征地拆迁给予的土地补偿和安置补偿归农场。如因管理不善、投入不足造成果树死亡，应测算损失，由乙方赔偿其损失的60％。

第四条　土地承包经营权转让的收费标准及权利和义务。

（一）转让双方须按规定缴纳过户费。果园定植年限在七年以下（含七年）按500元/亩缴纳。果园定植年限在7年以上的每亩按1000元缴纳。

（二）受让者承包的该宗土地，如已划拨宅基地的，不另行划拨宅基地。如未划拨宅基地的由转让方和受让方协商自行解决，农场各基层单位没有义务再给双方解决宅基地问题。

（三）转让双方必须签订土地承包经营权转让的协议书，协议双方必须按规定缴纳场有关的费用，转让双方的养老统筹、医疗统筹、工伤保险应缴的费用，全部由个人承担，农场可代收代缴。

（四）受让方经与农场签订合同后，若遇政府或农场进行征地拆迁补偿，必须按有关规定执行。

（五）转让双方为直系亲属，且转让者已办理退休手续的，双方可以免交过户费。

第五条　土地承包经营权转让的程序。

（一）转让者写出书面申请，受让者提供相关证明材料。

（二）基层单位提出意见。

（三）经农场相关科室核实土地面积及果树种类和数目。

（四）转让者与农场清理债权、债务。

（五）转让双方按规定缴纳各项费用后，在基层单位的监督下双方签订土地承包经营权的转让协议书。

（六）报场领导审批签字，并与受让者签订承包剩余期的合同。

第六条　违规责任追究及其他规定。

（一）严禁土地自由流转，凡未经农场同意私自进行转让的，农场一律不予认可其承包的合法性，并将转包的土地收回，由农场以竞卖方式转包给本场职工及职工子女，或有经济实力的外来人员。

（二）与农场签订长期土地承包及买断土地承包经营权的承包人，农场只认可与农场签订合同关系的人，其造成的劳动、劳务及土地转包纠纷，由其承包一切责任，农场概不承担任何连带责任。

（三）受让者必须按时缴纳有关费用，否则农场有权解除合同。

第七条　各分场、基层单位必须对承包户承包土地的性质、品种、面积、定植年限、方位及本辖区住宅户的住宅面积、分布情况进行详细登记、建档、分册、造图，随时更新信息，始终与农场土管部门掌握的资料保持一致。对土地利用情况建立三级网络监督，若出现违规用地和抢占土地造成恶劣影响的实行责任倒查，依次追究基层单位、分场、农场土管部门相关责任人的责任。基层单位不得对土地用途随意进行变更。

第八条　根据《中华人民共和国土地法》和新农村建设的要求，农场对全场非生产性用地进行清理。由土地管理科协同相关部门对宅基地、果棚（窖）、畜禽圈舍、自留地等进行丈量、制图、登记造册。建立申报、勘查、审批、办证等规范的用地程序，制定统一的用地标准和制度，严格土地管理，实行有偿使用。按《中华人民共和国土地管理法》第五章第六十二条的规定，每户只能有一份宅基地，住宅建设必须符合农场土地利用总体规划，尽量使用原有的宅基地和空闲地。禁止将作为农业用地的土地和林地改为住宅和其他建设用地。如确需将农业用地改为宅基地和建设用地的，可将用地计划提前报于土管部门，由土管部门收集汇总，经场领导同意后，报政府有关部门。根据相关法律、法规五年进行一次土地变更调整。在居民点的宅基地面积每户不得超过0.5亩，原宅基地面积超过0.5亩的，其子女在场内承包土地，但宅基地未解决的，可在其超面积的宅基地内按规定给予划拨宅基地，收费标准为每平方米按10元缴纳；新划拨的宅基地，每平方米按30元缴纳。原则上不允许外来人员在场内申请宅基地，特殊原因必须由农场领导同意批示后，可按有关土地管理办法的程序，办理土地使用手续。

第九条　申请宅基地的条件。

（一）申请人必须为与农场签订承包合同的职工或承包户。

（二）申请人不拖欠农场任何上缴费用。

第十条　申请建房的程序。

（一）个人写出书面申请。

（二）申请人单位领导核实申请人条件，并签署意见。

（三）根据基层领导签署的意见，土管科核实测量后，报场主管领导审批。

（四）经场主管领导审批后，由土管科及基层单位监督，按要求建设住房。

第十一条　住房建设的要求。

（一）结合农场新农村建设和抗震安居工程项目的实施，住房建设必须按照统一规划、统一外观、统一朝向的要求进行建设。

（二）有条件的，可鼓励职工修建别墅，由场里统一提供户型和外观设计。

第十二条　住房建设管理及责任追究。

（一）严禁私自买卖住房或宅基地。对已经买卖住房或宅基地的外来人员，收取宅基地管理费每平方米 30 元和综合管理费每人每天 2 元。

（二）场土管科负责农场住房的登记及清理，擅自乱建不听劝阻的，由土管部门配合有关执法部门对其进行强行拆除。

（三）批准的住宅用房，用于其他经营活动或出租的，按使用实际面积，房产缴纳每年每平方米 2 元的综合管理费，否则农场不再解决其子女承包土地及宅基地，并通报农场各部门不给予出具其经商或出租所需的相关证明手续。

第十三条　各基层单位若出现违法用地和抢占土地，基层单位领导必须及时制止，经多次劝说和阻止无效，可将其违法行为写成书面材料报农场土管部门，由农场土管部门整理收集报上级相关部门，上级部门安排市行政管理执法局人员依法对其违法行为进行处罚，农场执法大队人员予以配合执行。

第十四条　土地被征收的承包户，原则上不安置土地，年龄条件符合的承包户由落户企业解决就业问题和生活医疗养老保障问题；年龄条件不符合的承包户，可按有关规定给予货币一次性补偿，或者与其协商，将其部分拆迁安置补助费代缴养老统筹费用。

红旗坡农场园艺管理制度

为规范红旗坡农场园艺生产管理，积极打造绿色、有机、无公害果品基地，继续发挥"红旗坡"品牌的优势作用，特制定本园艺管理制度。

一、新定植果园的管理

（一）凡新定植的果园，实行"五统一"的管理办法。

1. 统一基本建设规划和总体布局。

2. 统一科技、环保、植保措施。

3. 统一定植年限、品种，上交产品数量、质量标准。

4. 统一土地资源和水利资源管理。

5. 统一商标使用、品种资源管理。

（二）各分场需要新定植果园和新品种引进时，必须先做好可行性调研，以书面报告形式报农场，经农场审批后方可实施。

（三）新定植果园必须实行"三落实"，即落实承包人、落实地块和种植品种、落实资金，以确保承包人有管理好果园的基本条件。

（四）新承包土地的程序。

1. 土地承包人的审核，需经分场出具承包人的申请报告及身份证明，经劳资科核查承包人的身份（国有、非国有职工及承包户），由生产科根据承包人相关资料确立缴纳相应定植费。

2. 土地承包人凭劳资科、生产科相关认定手续到财务科缴纳定植费后，凭缴费单由分场及生产科分地。

二、园艺技术人员管理

（一）热爱园艺工作，具备专业文化程度和自身所人事行业管理的相关技术知识水平。

（二）具有从事本专业所具有的吃苦耐劳、求真务实的工作作风，能将本专业的科学结合实际的熟练应用。

（三）能坚决执行贯穿园艺生产管理各个时期的各项园艺技术措施，及时反馈园艺生产过程中的各项信息，依靠科技创造性地开展工作。

（四）正确履行职责，清正廉洁，经常深入生产一线，加强与群众的密切联系。

（五）基层园艺技术人员，每年技术推广、专业技术学习不得低于20课时，每月召开一次园艺例会，解决每月存在的技术难题和下月工作安排。

（六）园艺技术人员每年由农场考核组进行年中、年末考核，对年度各项园艺生产技术的应用、实施及关键期的落实情况，以及取得的实效进行量化考核，考核结果作为留任、解聘、转岗的依据。

三、职工、承包户的管理

（一）职工：在农场人事生产和管理岗位上与农场签订了劳动合同的人员。并且在农场人事生产的用工人员还必须签订土地承包合同。

（二）承包户：只是与农场签订了土地承包等经济合同的人员。

（三）职工、承包户必须接受农场生产科及分场技术人员的指导，从果园保护、修剪、土、肥、水管理、病虫害防治等，都必须严格按照技术要求严格实施。

（四）职工、承包户，必须按《红旗坡农场企业综合管理办法》的各项规定进行生产，严格履行各项义务，否则农场有权终止合同，收回土地经营权。

（五）职工、承包户的劳动报酬，以承包合同和承包责任书为依据，个人在完成各项承包任务，按时交清各项费用后剩余部分归个人所有，实行盈亏自负、风险共担。

四、园艺生产管理

（一）从年初生产至年末采收，在贯穿于整个园艺生产过程中的各项具体生产技术措施，各单位都必须不折不扣的严格按要求执行。

（二）具体执行措施，各单位可根据园艺生产科下发园艺简报的详细要求具体实施，由生产科不定期检查监督落实情况，对落实不力的，将追究相关人员的责任。

（三）园艺简报从冬季修剪、冻害预防、授粉、疏果、套袋、夏剪、土肥水管理、施药、病虫害防治等具体措施每月下发。各单位在实施过程中应根据实际情况酌情实施。

（四）各项园艺技术的落实需分片、定点、专人负责，生产科委派专人监督实施，并对实施结果进行汇总，有针对性的指导例会，避免浮于形式，落实不到位、不彻底的现象发生。

（五）在新技术的推广应用上，应充分发挥示范户的模范带头作用，先示范、后推广应用，加大科技推广力度，发挥示范辐射作用，让实用的新科技及早应用。

（六）在各项生产过程中，必须始终牢固树立"安全生产"的防范意识，"安全生产"贯穿始终，对有毒、有害药品严格按要求使用和保管，使用后包装要焚烧或深埋，各项植保、生产器械要规范使用。

（七）及时做好灾害防范，提高抵抗灾害能力，对灾害造成植株缺失的，合理补齐或以立体种植方式弥补因主栽品种缺失所造成的损失。

（八）在果品质量、包装要求、采收时间上力争做到统一，严格按照《中华人民共和国农产品质量安全法》做好各环节的管理，以保证品牌资源优势。

（九）经有机认证注册和质量追溯体系的果园，必须按有机生产的标准规范化生产，系统化地做好详细的生产记录，按要求规范登记信息。

五、病虫害防治管理

（一）大力推广"预防为主，综合防治"的八字植保方针，以生物防治为主，物理、化学、人工防治为辅的病虫害综合防治技术，确保农产品质量安全，推行绿色、有机、无公害标准经模式生产。

（二）生产科在经常和地区植保站、林业局、气象站等有关部门沟通联系下，强化对灾害预警、病虫害的预测预报工作。

（三）通过气象站的气象信息、植保站的病虫害发生规律预测，及时掌握病虫害发生种类、发生量、发生区域和发育进度及所采取的措施，抓住病虫害发生进程的薄弱环节进行除治，从而达到以最小投入获得最佳效果的目的，做到用药准确，用药量小，压低下一代虫源基数和病源繁殖能力，减轻危害，避免污染。

（四）在采用以生物防治为重点的同时，采取有效方式保护好自然天敌，各单位严格按照园艺生产要求减少广谱杀虫菌剂的用量。

1. 大力使用生物源农药，如：阿维菌素、Bt乳剂、可防治多种害螨、鞘翅目（蚧壳虫）、双翅目（梨木虱）及鳞翅目（蛾类）害虫。

2. 植物源农药：如印楝素、除虫菊酯、松脂合剂、烟碱等，可起到趋避害虫、抑卵孵化、预防空气污染、防治小害虫等功效。

3. 矿物源农药乳：石硫合剂、索里巴尔，具有杀虫、杀菌的双重功能，其次是释放天敌，如捕食螨、赤眼蜂、七星瓢虫，通过天敌达到减轻果园有害昆虫杀害的目的。

（五）通过加强栽培管理措施，增强树势提高树体抵抗力，进行耕翻树盘，消灭土壤中越冬害虫，降低虫口密度。

还可利用某些害虫的群集性、假死性、趋光性、趋化性等行为，进行人工捕杀、黑光灯、糖醋液、性诱剂、黄板诱杀害虫。

（六）在园艺生产过程中，限量作用高效低毒农药，在必要情况下，可使用高效、低毒、低残留农药，绝对禁止使用高毒高残留农药。

（七）对农场辖区生产资料销售点，应加强检查、监督、监管力度，严禁销售生产物肥料、农药。

新疆红旗坡农场志
XINJIANG HONGQIPO NONGCHANG ZHI

后记

《新疆红旗坡农场志》在红旗坡集团公司党委、董事会的领导支持下，在中国农垦农场志编纂委员会的关怀指导下，即将印刷出版，虽然过程艰辛，但结果欣慰。

盛世修志是中华民族的优秀文化传统，是华夏文明的重要组成部分，是传承中华民族历史文化的重要载体，是人类文明进步的见证，是功在当代、利在千秋的一项伟业。编写志书是我们党和国家的历史重任和义不容辞的义务。

古人云："治天下者，以史为鉴；治郡国者，以志为鉴。"红旗坡农场历来高度重视对历史资料的收集和整理工作，早在2008年，即编写出内部资料《阿克苏地区红旗坡农场五十年》。2013年10月，农场党委、管理委员会组织编写出《阿克苏地区红旗坡农场制度汇编》。2018年后，红旗坡集团公司大力推进文化建设，把强化农场文化、增强农场软实力作为农场建设和发展的基础性工作来抓，促进社会文明进步和全面发展。2021年，集团公司按照中国农垦农场志编纂委员会的部署，启动编纂《新疆红旗坡农场志》。2021年10月，集团公司党委召开会议，成立《新疆红旗坡农场志》编纂委员会，把编写《新疆红旗坡农场志》工作提到重要议事日程，抽调业务骨干对机关档案进一步进行整理和归档，为编写工作奠定了基础。2021年11月，农场党委确立编纂编目，并抽调人员专门负责收集和整理《新疆红旗坡农场志》资料。

为确保编纂《新疆红旗坡农场志》工作顺利进行，红旗坡集团公司党委按照《中华人民共和国地方志工作条例》规定，将地方志工作纳入场国民经济和社会发展规划之中，做到了认识到位、领导到位、机构到位、编制到位、经费到位、设施到位、规划到位、工作到位，在组织机构、人员配备、经费保障、办公设备等方面给予大力支持。

在编写《新疆红旗坡农场志》过程中，编辑委员会办公室人员始终坚持以马克思列宁主义、毛泽东思想、邓小平理论、"三个代表"重要思想、科学发展观、习近平新时代中国特色社会主义思想为指导，运用历史唯物主义与辩证唯物主义立场观点方法，客观、翔实、实事求是地记录红旗坡农场1958年建场以来的历史进程，全面、系统、科学地反映全场的自然、经济、政治、文化和社会发展的历史与现状。

以中共中央《关于若干历史问题的决议》和《关于建国以来党的若干历史问题的决议》《中共中央关于党的百年奋斗重大成就和历史经验的决议》为编写准则，运用辩证唯物论和历史唯物论的立场、观点和方法指导编写志稿，做到求实存真、全面反映历史情况；实事求是地记述、记载红旗坡农场62年来发展演变情况，力求做到全面、系统、客观、完整、准确和真实，做到思想性、科学性与资料性的统一。

《新疆红旗坡农场志》是农场成立以来社会发展的一个历史见证，更为重要的是农场建制以来的社会关系、发展历程的一个缩影。编写好《新疆红旗坡农场志》，对于认识和总结农场的历史发展和当今时代，对于农场今后加快经济发展、社会文明进步均具有十分重要的现实意义和深远的历史意义。

在编写《新疆红旗坡农场志》过程中，编辑办公室工作人员甘于寂寞，埋头奉献，克服各种困难积极开展工作。在档案资料短缺的情况下，充分发挥主观能动性，变被动为主动，积极走出办公室深入基层翻阅档案、查找资料；数次深入离退休老同志家中进行座谈访问，走访调查了解当年工作情况，先后收集文字资料100

余万字、图片资料库 300 余张，为编写《新疆红旗坡农场志》提供翔实可靠资料，做到对历史负责、对人民负责、对农场事业负责。

在编写《新疆红旗坡农场志》过程中，得到集团公司各部门、分（子）公司、分场、队的大力支持和帮助。尤其是得到农场场长、红旗坡集团公司党委书记、董事长李波涛，红旗坡集团公司党委副书记、副董事长、总经理李志平，红旗坡集团公司党委委员、纪检委书记、监事长倪忠，红旗坡集团公司副总经理穆合塔尔·达吾提，综合部经理、机关党支部书记李旭峰以及杨聪靓、袁博文等各位领导和同志对修志工作的关心、支持和帮助。在此，对以上各部门、各单位领导和同志表示衷心感谢。

在志稿编纂过程中，由于历史年限跨度时间较长，特别是在"文化大革命"时期，一些档案资料丢失，一些离退休老同志离世，一些离退休老同志回其他省市居住等，致使部分资料无法查找查证，在内容上出现个别断代现象；同时，场各族干部群众纷纷建言献策，向编纂者提供亲历资料。在此，我们谨向所有关心、支持《新疆红旗坡农场志》编修工作的各界人士表示诚挚的感谢和崇高的敬意！

在志书出版之即，由于照片是由各部门提供，我们一时很难确定书中部分图片的摄影者，在此向图片资料的提供者深致谢忱。因时间仓促，史料有限，资料收集和考证不易，加之编者水平有限，难免存在错谬疏漏之处，恳请读者批评指正。

新疆红旗坡农场志编纂委员会

2022 年 8 月